O ILUMINISMO COMO NEGÓC

ROBERT DARNTON

O ILUMINISMO COMO NEGÓCIO

História da publicação da "Enciclopédia" 1775-1800

Tradução:
LAURA TEIXEIRA MOTTA
MARIA LUCIA MACHADO (textos franceses)

COMPANHIA DAS LETRAS

*Publicado por acordo com a
Harvard University Press*

Título original:
*The business of Enlightement
A publishing history of the
"Enciclopédie", 1775-1800*

Capa:
Ettore Bottini

Preparação:
Otacílio Fernando Nunes Jr.

Revisão:
*Ana Maria Barbosa
Carmen S. da Costa
Cecília Madarás*

Dados Internacionais de Catalogação na Publicação (CIP)
(Câmara Brasileira do Livro, SP, Brasil)

Darnton, Robert, 1939-
O Iluminismo como negócio : história da publicação da "Enciclopédia", 1775-1800 / Robert Darnton ; tradução Laura Teixeira Motta, Marcia Lucia Machado (textos franceses). — São Paulo : Companhia das Letras, 1996.

Título original: The busines of enlightement : a publishing history of the "Encyclopédie", 1775-1800
ISBN 85-7164-576-0

1. Enciclopédias e dicionários franceses 2. Encyclopédie; ou Dictionaire raisonné des sciences I. Título.

96-2684 CDD-034.1

Índice para catálogo sistemático:
1. Enciclopédias francesas 034.1

1996

EDITORA SCHWARCZ LTDA.
Rua Bandeira Paulista, 702, cj. 72
04532-002 — São Paulo — SP
Telefone: (011) 866-0801
Fax: (011) 866-0814

Para Susan

ÍNDICE

AGRADECIMENTOS

Quero expressar minha gratidão a dois centros de pesquisa dos quais obtive apoio e financiamento para a consecução desta obra — o Center for Advanced Study in the Behavioral Sciences, de Stanford, Califórnia, onde comecei a escrever o livro em 1973, e o Netherlands Institute for Advanced Study em Wassenaar, Holanda, onde o terminei, em 1977, após tê-lo interrompido em favor de outros trabalhos. Minhas pesquisas tiveram início em 1965, época em que comecei a explorar os arquivos da Société Typographique de Neuchâtel (STN) e as coleções da Chambre Syndicale e Anisson-Duperon, na Bibliothèque Nationale. Graças ao generoso apoio da Society of Fellows da Universidade de Harvard em 1965-1968 e da Fundação Guggenheim em 1970-1971, essas pesquisas prosseguiram por vários anos, originando ainda outras publicações além desta. No cargo de *directeur d'études associé* na VIe Section da École Pratique des Hautes Études (atual École des Hautes Études en Sciences Sociales), durante um semestre em 1971, aprendi muito com os mestres franceses da *histoire du livre*. Aprendi, sobretudo, com Jacques Rychner, hoje diretor da biblioteca da cidade de Neuchâtel, que me desvendou os mistérios da bibliografia analítica ao longo de incontáveis xícaras de café tomadas nas imediações da biblioteca em Neuchâtel. Ele permitiu que, em minhas pesquisas sobre a *Enciclopédia*, eu adentrasse a tipografia da STN, que é sua área de estudos e cuja riqueza ele revelará quando publicar sua tese de doutorado. Meu trabalho em Neuchâtel também foi muito favorecido pelo incentivo do saudoso Charly Guyot, e espero que este livro possa contribuir para perpetuar a memória de sua generosidade. Outra personalidade de Neuchâtel que me auxiliou imensamente, apesar de não nos conhecermos, foi Jean Jeanprêtre, químico aposentado, que devotou os últimos anos de sua vida à catalogação dos papéis da STN. Seu trabalho e a prestimosa cooperação da equipe da biblioteca da cidade de Neuchâtel tornaram para mim um prazer trabalhar nos arquivos da STN.

Sou igualmente grato a várias pessoas que também contribuíram na preparação deste livro. Caroline Hannaway forneceu informações sobre cinco colaboradores pouco conhecidos da *Encyclopédie méthodique*. Marie-Claude Lapeyre, do laboratório cartográfico da École des Hautes Études en Sciences Sociales, preparou os mapas, e Charlotte Carlson desenhou os gráficos. Giles Barber leu o Capítulo V e Raymond Birn fez a leitura atenta de todo o manuscrito. Elizabeth Suttel preparou a edição, Susan Darnton elaborou o Índice Remissivo. O projeto gráfico do livro ficou sob a responsabilidade de Marianne Perlak, a composição deve-se à American-Stratford Graphic Services, e a impressão e encadernação foram feitas pelo Maple Book Manufacturing Group.

NOTA SOBRE TERMINOLOGIA E ORTOGRAFIA

No século XVIII não havia em francês um termo equivalente a "editor" — *publisher* em inglês e *éditeur* em francês moderno. Falava-se normalmente em *libraires*, *libraires-imprimeurs* ou simplesmente *entrepreneurs*. Muitos *libraires*, obviamente, vendiam livros sem produzi-los, e por essa razão os termos "editor" e "publicar" são usados em sua acepção atual nesta obra. A palavra "edição" também é ambígua. Hoje em dia os bibliógrafos fazem distinção entre "edições", "impressões", "estados" e outras unidades da produção e reprodução de textos, mas no século XVIII *libraires* e *imprimeurs* falavam imprecisamente em *éditions*, que eram reimpressões de uma tiragem incompleta, ou que, por vezes, nem mesmo existiam, como veremos ao tratar das segundas edições "perdidas" das *Enciclopédias in-quarto* e *in-octavo*. Para evitar confusões, e em detrimento do purismo bibliográfico, empregamos aqui o termo "edição" na acepção informal em que ele aparecia no século XVIII. Desse modo, será possível acompanharmos os comentários dos editores sobre suas obras sem tropeçar em termos anacrônicos e sem desviar a atenção para notas de rodapé supérfluas.

1
INTRODUÇÃO: BIOGRAFIA DE UMA OBRA

Ao apresentar a biografia da *Enciclopédia*, este trabalho almeja dissipar um pouco da obscuridade que envolve a história dos livros em geral. Um livro a respeito de um livro — tema que parece enigmático, reproduzível em escalas cada vez menores até o infinito, como espelhos refletidos em espelhos. No entanto, se adequadamente abordado, ele pode melhorar a compreensão de muitos aspectos do alvorecer da história moderna, pois a *histoire du livre*, como a denominam os franceses, explora as mais abrangentes questões da pesquisa histórica. De que modo grandes movimentos intelectuais como o Iluminismo disseminaram-se por toda a sociedade? Qual a sua extensão e impacto? Que forma adquiriu o pensamento dos filósofos ao materializar-se nos livros, e o que esse processo revela acerca da transmissão das idéias? Teriam a base material da literatura e a tecnologia de sua produção influenciado significativamente sua essência e difusão? Como funcionava o mercado literário e qual era o papel de editores, livreiros, caixeiros-viajantes e outros intermediários na comunicação cultural? Como funcionava a atividade editorial enquanto negócio, e como ela se inseria nos sistemas político e econômico da Europa pré-revolucionária? As questões poderiam multiplicar-se indefinidamente, uma vez que os livros movimentavam uma ampla gama de atividades humanas — de apanhar trapos a transmitir a palavra de Deus. Eram produtos de trabalho artesanal, objetos de troca econômica, veículos de idéias e elementos de conflitos políticos e religiosos.

Esse tema tão sedutor, situado no cruzamento de tantos caminhos de pesquisas é, contudo, quase inexistente hoje em dia nos Estados Unidos, onde não há uma expressão equivalente para *histoire du livre*. "History of the book" soa esquisito, o que denota o pouco conhecimento desse que emergiu do outro lado do Atlântico como um gênero histórico distinto, com métodos próprios, publicações especializadas e um lugar conquistado entre as disciplinas afins. Nos Estados Unidos, a história do livro foi relegada aos estudiosos de biblioteconomia e às coleções de livros raros. Ao entrar em qualquer sala de livros raros, vemos aficionados admirando encadernações, epígonos contemplando filigranas, eruditos preparando edições de romancistas famosos, mas não deparamos com nenhum historiador comum e prático procurando compreender o livro como uma força da história.

Isso é lamentável, pois os generalistas poderiam aprender muito com os especialistas nos tesouros de livros raros — aprender a vasculhar as riquezas e extrair o veio de informações engastado em seus periódicos: *The Library*, *Studies in Bibliography*, *Papers of the Bibliographical Society of America*, *Revue Française d'Histoire du Livre*, *Den gulden passer*, *Gutenberg Jahrbuch* e muitos outros. É certo que essas publicações parecem ter sido escritas por bibliógrafos para bibliógrafos, e pode ser difícil localizar assuntos relevantes sob a linguagem esotérica e o arcaísmo. Mas a bibliografia não precisa restringir-se a problemas do tipo "com que assiduidade o compositor X grafou incorretamente o texto de *O mercador de Veneza*", ou "os padrões das formas revelam ou não uma regularidade nas práticas de composição?". A bibliografia conduz diretamente ao lufa-lufa da história da classe trabalhadora, fornecendo um dos poucos meios de analisar os hábitos de trabalho de artesãos especializados antes da Revolução Industrial.

É curioso, porém, que essa área não tenha atraído significativamente a atenção dos franceses, que tanto contribuíram para tirar a história dos livros do reino da erudição pura e simples e trazê-la para os vastos horizontes da *histoire totale*. Os estudos franceses enfatizam a estatística e a sociologia. Geralmente assumem a forma de levantamentos macroscópicos da produção editorial ou de análises microscópicas de bibliotecas individuais, deixando de lado os processos de produção e distribuição dos livros. Os melhores estudos sobre tais processos foram realizados na Grã-Bretanha, onde os pesquisadores laboriosamente foram buscar dados nos livros contábeis dos editores e livreiros, e não meramente nos arquivos oficiais e notariais, como na França. Associando o empirismo britânico à atenção dos franceses pela história social mais abrangente, talvez seja possível desenvolver uma combinação original da história dos livros na América.[1]

Evidentemente, é mais fácil sugerir como a história deve ser escrita do que escrevê-la, e o historiador, após equipar-se de prolegômenos e metodologia e adentrar o campo da história dos livros, provavelmente tropeçará no maior de todos os obstáculos: a inadequação das fontes. Ele pode trabalhar em uma biblioteca abarrotada de volumes antigos, mas não tem como saber por onde os mesmos já circularam e se de fato eles representam os hábitos de leitura do passado. Os arquivos oficiais mostram como os livros apareceram perante as autoridades que os controlavam, os catálogos de leilões e os *inventaires après décès* permitem vislumbrar as bibliotecas particulares, mas as fontes oficiais pouco revelam sobre a experiência da literatura entre os leitores comuns. De fato, os catálogos e os livros tinham de passar pela censura na França setecentista, e assim não surpreende que o Iluminismo deixe de aparecer em pesquisas baseadas em catálogos e solicitações de *privilèges*, uma espécie de direito autoral régio. O Iluminismo existiu em outra esfera, primeiro nas especulações dos filósofos, depois nos empreendimentos dos editores, que investiram no mercado das idéias além das fronteiras da lei francesa.

O modo como essas especulações se reuniram em livros e como esses livros conquistaram leitores permanece um mistério, pois os papéis dos editores desapareceram quase completamente. No entanto, os registros da Société Typographique de Neuchâtel, uma das mais importantes editoras de livros franceses no século XVIII, encontram-se preservados na cidade suíça de Neuchâtel. Eles contêm informações sobre todos os aspectos da história dos livros; mostram como eram tratados os autores, processadas as cópias, compostos os tipos, impressas as folhas, remetidas as encomendas, cortejadas as autoridades, lograda a polícia, abastecidos os livreiros e satisfeitos os leitores em toda a Europa no período de 1769 a 1789. A profusão de informações pode aniquilar o pesquisador; um punhado de cartas de um livreiro é capaz de revelar mais do que uma monografia inteira sobre a atividade livresca, e os documentos de Neuchâtel encerram 50 mil cartas de pessoas que ganhavam a vida de todos os modos possíveis naquele ramo. Seria impossível, em um só volume, fazer justiça a todo esse material e reconstruir o mundo dos livros no século XVIII. Assim, após algumas verificações em 1963, decidi pesquisar toda a coleção de Neuchâtel e suplementar o estudo com pesquisas em outros arquivos para escrever uma série de trabalhos sobre intelectuais, livros e opinião pública na era do Iluminismo.

Esta obra constitui a primeira etapa desse projeto, e visa estudar os caminhos da atividade editorial do Iluminismo analisando o ciclo de vida de uma única obra — não uma obra qualquer, certamente, mas a obra suprema do Iluminismo, a *Enciclopédia* de Diderot. Em face da riqueza de fontes e da complexidade do assunto, pareceu-me melhor dedicar-me à *histoire totale* de uma obra isolada do que lidar com a totalidade das obras publicadas. Seguindo um tema único por onde ele conduz, pode-se ramificar o estudo em várias direções e penetrar em territórios inexplorados. Esse tipo de abordagem tem a vantagem da especificidade; em vez de esconder-se por trás de afirmações vagas a respeito dos livros em geral, é melhor, na fase preliminar em que se está tateando no desconhecido, descobrir precisamente como os editores redigiam os contratos, os revisores tratavam as cópias, os mestres-impressores recrutavam empregados e os livreiros conseguiam fregueses enquanto se fabricava e se comercializava uma única obra. Há também o atrativo da novidade: nunca antes fora possível acompanhar a trajetória da produção e difusão de uma obra setecentista. E, por fim, a história editorial da *Enciclopédia* merece ser escrita porque ela é interessante.

Pode-se reconstituí-la a partir das cartas dos editores, a maioria delas de teor bem pouco comercial. São pródigas em denúncias de conspirações e epítetos como "pirata", "corsário" e "bandido", que indicam o caráter da indústria livresca no Antigo Regime. Impelidos por um ilimitado apetite por lucro, irrefreados por escrúpulos de consciência por trair os sócios e arruinar os concorrentes, os editores da *Enciclopédia* foram o epítome da fase da história econômica em que as pilhagens figuravam na ordem do dia — o *booty capitalism*. Eles talvez tivessem mais em comum com os mercadores aventureiros da Renascença do que com os executivos modernos, mas, pensando bem, quanto se conhece da história íntima dos negócios em qualquer época? Que outro empreendimento pode ser estudado tão minuciosamente quanto a *Enciclopédia*, não só com base em sua correspondência comercial, mas também nos livros contábeis, nos memorandos secretos dos administradores, nos diários dos caixeiros-viajantes, nas reclamações dos clientes e nos relatórios dos espiões industriais, estes usados em massa pelos editores contra os inimigos e também contra os aliados? A *Enciclopédia* originou tantas alianças e alinhamentos que seus contratos e aditamentos — *traités*, no jargão dos editores — têm de ser estudados como se faz com documentos diplomáticos. Ademais, os editores escreviam tantas cartas que se torna possível investigar o seu modo de pensar, bem como seu comportamento. Compreender como tomavam decisões, concebiam as estratégias e o que os preocupava é penetrar no mundo mental dos primeiros empreendedores. A história da *Enciclopédia* indica a possibilidade de se escrever a história intelectual dos empresários, assim como a história diplomática do mundo dos negócios. É difícil, porém, relatar a história e analisar os padrões de comportamento simultaneamente. Neste livro, passaremos do estilo narrativo ao analítico quando parecer adequado; o leitor, conforme suas preferências, pode selecionar os trechos que lhe interessam no texto, orientando-se pelos subtítulos dos capítulos.

A história tem início por volta da época em que Diderot encerrou sua participação na *Enciclopédia* — ou seja, em 1772, ao ser produzido o último volume de ilustrações. Pode parecer estranho começar a história da *Enciclopédia* justamente quando Diderot já havia encaminhado a obra para publicação, mas esse procedimento se justifica por dois motivos. Em primeiro lugar, já existe uma vasta literatura sobre Diderot e a *Enciclopédia* original; o texto da obra foi objeto de inúmeras análises e antologias, e recapitular todos os estudos e seu conteúdo intelectual seria redundante, mesmo se importante para os objetivos da história editorial.[2] Em segundo, pouco se pode descobrir sobre a produção e divulgação da primeira edição. Foram encontrados alguns fragmentos de livros contábeis dos editores originais, e podemos deduzir algumas das atividades comerciais desses editores a partir de material reunido por Luneau de Boisjermain, um assinante irritado que em vão os processou por fraude. Apesar de vários estudiosos haverem vasculhado minuciosamente esses documentos, não foi possível descobrir o local da produção da primeira edição, onde ela foi vendida e quem a comprou. A história da segunda edição permanece igualmente obscura, a despeito de algumas revelações obtidas a partir de material conseguido a duras penas em arquivos de Genebra por George B. Watts e John Lough. E, conquanto estudiosos italianos tenham trazido à luz uma parte da política envolvida nas edições de Lucca e Livorno, não descobriram quanto custaram as reimpressões italianas e o número de cópias que elas contiveram.

No que respeita à difusão da *Enciclopédia*, porém, as quatro primeiras edições têm relativamente pouca importância. Eram luxuosas edições *in-folio*, inacessíveis ao poder aquisitivo dos leitores comuns e, consideradas em conjunto, perfazem apenas cerca de 40% das *Enciclopédias* existentes antes de 1789. A grande massa de *Enciclopédias* na Europa pré-revolucionária provinha das edições *in-quarto* e *in-octavo*, menos dispendiosas, impressas entre 1777 e 1782. Aproximadamente 50% a 60% das cópias na França eram em formato *in-quarto*, e pode-se acompanhar a trajetória de todas elas graças aos documentos da Société Typographique de Neuchâtel (STN). Os arquivos de Neuchâtel também possibilitam relatar a história da edição *in-octavo* e as origens da *Encyclopédie méthodique*, a suprema enciclopédia do Iluminismo, cujo destino pode ser retraçado ao longo da Revolução a partir de outras fontes. Adicionalmente, os documentos de Neuchâtel revelam as ligações de todos os empreendimentos com a *Enciclopédia*, inclusive alguns que jamais se materializaram, de 1750 a 1800. Mostram como mudou a forma da obra à medida que os editores a adaptaram à sempre crescente clientela, e como os consórcios de editores se sucediam enquanto os especuladores se engalfinhavam para explorar o maior *best seller* do século. Da perspectiva da história do livro, portanto, a história da *Enciclopédia* tem seu momento mais importante na década de 1770; só então ela entra em uma fase que representa a difusão do Iluminismo em grande escala. Se a documentação não permite estudar a fundo as primeiras corporificações da obra de Diderot, ela é rica o bastante para mostrar como essa obra atingiu a maioria de seus leitores depois de ele a haver concluído.

Antes de procurarmos acompanhar as posteriores transmigrações do texto, é importante salientar um fato fundamental que se tornou evidente para as autoridades francesas tão logo o primeiro volume da primeira edição chegou às mãos dos assinantes: a obra era perigosa. Não se tratava meramente de uma coleção, em ordem alfabética, de informações a respeito de tudo; a obra registrava o conhecimento segundo os princípios filosóficos expostos por D'Alembert no Discurso Preliminar. Embora reconhecesse formalmente a autoridade da Igreja, D'Alembert deixava claro que o conhecimento provinha dos sentidos, e não de Roma ou da Revelação. O grande agente ordenador era a razão, que combinava as informações dos sentidos, trabalhando com as faculdades irmãs, memória e imaginação. Assim, tudo o que o homem conhecia derivava do mundo que o cercava e do funcionamento de sua própria mente. A *Enciclopédia* defendia o argumento graficamente, com a gravura de uma árvore do conhecimento mostrando como todas as artes e ciências originavam-se das três faculdades mentais. A filosofia compunha o tronco da árvore, enquanto a teologia ocupava um tronco remoto, vizinho à necromancia. Diderot e D'Alembert haviam destronado a antiga rainha das ciências, reordenando o universo cognitivo e nele realocando o homem, deixando a divindade do lado de fora.

Eles sabiam que era arriscado intrometer-se na concepção do universo, e por isso disfarçaram com subterfúgios, ironia e falsos protestos de ortodoxia. Mas não esconderam a base epistemológica de seu ataque à velha cosmologia. Pelo contrário, o Discurso Preliminar explicitou-a em uma breve história da filosofia, que estabelecia a linhagem intelectual dos filósofos e arrasava de um lado o tomismo ortodoxo e de outro o cartesianismo neo-ortodoxo, deixando ilesos apenas Locke e Newton. Assim, Diderot e D'Alembert apresentaram sua obra como uma compilação de informações e um manifesto filosófico. Procuraram fundir esses dois aspectos da obra, fazê-los parecer os dois lados de uma mesma moeda: o enciclopedismo. Tal estratégia funcionou como um modo de legitimar o Iluminismo, pois os enciclopedistas identificaram sua filosofia com o próprio conhecimento — ou melhor, com o conhecimento válido, aquele que derivava dos sentidos e das faculdades mentais, em oposição ao do tipo fornecido pela Igreja e o Estado. O conhecimento tradicional, insinuavam eles, não passava de preconceito e superstição. Portanto, sob a massa dos 28 volumes *in-folio* e da enorme variedade de seus 71 818 verbetes e 2885 pranchas residia uma mudança epistemológica que transformava a topografia de tudo o que o homem conhecia.

Era esse rompimento com as noções estabelecidas do conhecimento e da autoridade intelectual que tornava a *Enciclopédia* tão herética. Uma vez constatada a ruptura, e tendo aprendido a olhar o mundo do conhecimento sob a perspectiva do Discurso Preliminar, os leitores podiam perceber heresias menores disseminadas por toda a obra. Encontrá-las tornava-se um jogo; não adiantava procurar nos lugares óbvios, pois ali os enciclopedistas tiveram de tomar o máximo cuidado com a censura, embora à socapa houvessem introduzido certa impiedade no verbete CHRISTIANISME. Era melhor investigar em verbetes sem relação com o assunto perigoso, com títulos absurdos como ASCHARIOUNS e EPIDÉLIUS, em busca de observações sobre os absurdos do cristianismo. Naturalmente, tinham de ser observações dissimuladas. Os enciclopedistas fantasiaram o papa com um quimono japonês antes de o ridicularizarem em SIAKO, disfarçaram a Eucaristia em um exótico ritual pagão em YPAINI, metamorfosearam o Espírito Santo em um pássaro grotesco em AIGLE e fizeram a Encarnação parecer tão simplória quanto uma superstição sobre uma planta mágica em AGNUS SCYTHICUS. Ao mesmo tempo, apresentaram uma profusão de hindus, confucionistas, hotentotes, estóicos, socinianos, deístas e ateístas, todos muito corretos e de espírito elevado, que via de regra pareciam levar a melhor sobre os ortodoxos nas discussões, embora a ortodoxia sempre triunfasse no final graças a algum *non sequitur* ou à intervenção de autoridades eclesiásticas, como em UNITAIRES. Desse modo, os enciclopedistas estimulavam os leitores a buscar os significados nas entrelinhas e a prestar atenção nas mensagens de duplo sentido.

Quando o leitor aprendia a exercitar dessa maneira seu raciocínio, passava a descobrir irracionalidade em todas as esferas da vida, inclusive a social e a política. A *Enciclopédia* dava ao Estado um tratamento mais respeitoso do que à Igreja, não contestando a supremacia das ordens privilegiadas. No entanto, em meio aos verbetes convencionais e por vezes contraditórios, o leitor atento podia deparar com muita irreverência pelas grandes personalidades do mundo secular. Diderot parecia condicionar a autoridade do rei ao consentimento do povo em AUTORITÉ POLITIQUE, enquanto D'Holbach preconizava uma monarquia constitucional de tipo burguês em REPRÉSENTANTS; Rousseau antecipava os argumentos radicais de seu *Contrato social* em ÉCONOMIE *Morale et Politique*, e Jaucort popularizava a teoria da lei natural em dezenas de verbetes que implicitamente contestavam a ideologia do absolutismo dos Bourbon. Vários verbetes ridicularizavam a pompa e as pretensões da aristocracia. Conquanto as isenções fiscais das ordens privilegiadas fossem defendidas em alguns trechos (EXEMPTIONS e PRIVILÈGE), eram criticadas em outros (VINGTIÈME e IMPÔT). A dignidade das pessoas comuns era salientada em muitos pontos, não só nos verbetes sobre a burguesia (NÉGOCE), mas também em eloqüentes descrições da vida sofrida dos trabalhadores (PEUPLE).

Seria um erro tomar essas observações como um chamado à revolução. A *Enciclopédia* era um produto do seu tempo, da França de meados do século, época em que os autores não podiam discutir abertamente as questões sociais e políticas, em contraste com a era pré-revolucionária, quando um governo vacilante permitiu maior liberdade de expressão. A *Enciclopédia* sequer favorecia uma forma avançada de capitalismo. Apesar de enfatizar a tecnologia e a fisiocracia, desincentivava a concentração de homens e máquinas em fábricas e apresentava um quadro arcaico da atividade manufatureira em vez de uma antevisão da Revolução Industrial em verbetes como INDUSTRIE e MANUFACTURES. O elemento radical da *Enciclopédia* não residia em uma visão profética das distantes revoluções Francesa e Industrial, mas em uma tentativa de mapear o mundo do conhecimento segundo novas fronteiras, determinadas única e exclusivamente pela razão. Como proclamava a página de rosto, a obra pretendia ser um "dicionário *raciocinado* das ciências, das artes e dos ofícios" — ou seja, medir toda a atividade humana com padrões racionais, e assim fornecer a base para reinterpretar o mundo.

Para os contemporâneos não foi difícil detectar o objetivo da obra, declarado abertamente pelos autores em verbetes importantes como ENCYCLOPÉDIE, de Diderot, e no "Avertissement" de D'Alembert no volume 3. Desde o lançamento do primeiro volume em 1751 até a grande crise de 1759, a *Enciclopédia* foi denunciada pelos defensores das velhas ortodoxias e do Antigo Regime, bem como por jesuítas, jansenistas, pela Assembléia Geral do Clero, o Parlamento de Paris, o Conselho Real e o papa. As denúncias sobrevieram tão numerosas e com tamanha rapidez em artigos, panfletos e livros, bem como em decretos régios, que a *Enciclopédia* parecia estar com os dias contados. Mas os editores haviam investido ali uma fortuna, e contavam com protetores poderosos, em especial Chrétien-Guillaume de Lamoignon de Malesherbes, o liberal *directeur de la Librairie*, superintendente da atividade livresca durante os cruciais anos de 1750 a 1763.

Malesherbes salvou a *Enciclopédia* várias vezes, a primeira delas em 1752, por ocasião do envolvimento da obra no caso De Prades. Um dos colaboradores de Diderot, o abade Jean-Martin de Prades, apresentara à Sorbonne uma tese em teologia que parecia diretamente extraída do Discurso Preliminar — ou quem sabe do próprio inferno, como observou o bispo de De Prades. Na esteira do escândalo subseqüente, De Prades fugiu para Berlim, onde Frederico II o nomeou leitor. A *Enciclopédia* foi denunciada ao rei como prova do sorrateiro ateísmo. Diderot, que apenas dois anos antes passara quatro penosos meses encarcerado em Vincennes como punição por sua *Carta sobre os cegos*, parecia prestes a ser novamente detido. E corria o boato de que a *Enciclopédia* seria entregue ao controle dos jesuítas, em recompensa por seu zelo em revelar a conspiração para destruir a religião. Graças a Malesherbes, a crise resultou apenas em um *arrêt du Conseil* condenando os dois primeiros volumes por "várias máximas tendentes a destruir a autoridade real, a estabelecer o espírito de independência e de revolta e, sob termos obscuros e equívocos, elevar os fundamentos do erro, da corrupção dos costumes, da irreligião e da incredulidade".[3] Parecia uma punição terrível, mas na verdade não produziu grande efeito, pois os volumes já haviam sido distribuídos aos assinantes, e o governo autorizou a continuidade da obra sem revogar seu privilégio.

O escândalo prosseguiu e intensificou-se nos sete anos seguintes, com o aparecimento dos volumes 3 a 7 e à medida que hábeis polemistas como Charles Palissot e Jacob-Nicolas Moreau o alimentaram com ataques aos padres. Por outro lado, Voltaire empenhou sua pena e seu prestígio pela causa, e as fileiras de colaboradores de Diderot e D'Alembert fortaleceram-se com outros autores ilustres, inclusive a maioria dos que começavam a ser identificados como filósofos: Duclos, Toussaint, Rousseau, Turgot, Saint-Lambert, D'Holbach, Daubenton, Marmontel, Boulanger, Morellet, Quesnay, Damilaville, Naigeon, Jaucourt e Grimm. Diderot e D'Alembert apontavam também como colaboradores Montesquieu e Buffon, cujas obras citavam constantemente, embora, ao que parece, nenhum deles tenha escrito algo expressamente para a *Enciclopédia* (Montesquieu morreu em 1755, deixando um trecho que foi publicado postumamente no verbete GOÛT, e Buffon manteve distância da *Encliclopédia*, talvez por já estar em apuros defendendo as passagens pouco ortodoxas de sua *Histoire naturelle*, cuja publicação começou em 1749).

Nada poderia favorecer tanto os negócios quanto a prolongada controvérsia e o batalhão voluntário de autores. Os editores, André-François le Breton e os sócios Antoine-Claude Briasson, Michel-Antoine David e Laurent Durand, haviam planejado uma tiragem de 1625 cópias, mas o número de assinaturas cresceu com tanta rapidez que eles a triplicaram, atingindo 4255 cópias em 1754. No prospecto de 1751, haviam-se comprometido a fornecer oito volumes *in-folio* de texto e dois de ilustrações, a um custo total de 280 libras, em fins de 1754. O prospecto, de fato, previa a possibilidade de um volume adicional, que seria vendido com um desconto de 29%, mas assegurava aos assinantes que o texto e as pranchas estavam completos, muito embora Diderot estivesse mais de vinte anos aquém do término de seu trabalho e apesar do fato de que ele iria produzir quase três vezes mais volumes do que o prometido no prospecto. Esse golpe de publicidade enganosa estabeleceu um padrão que os editores da *Enciclopédia* manteriam persistentemente durante os cinqüenta anos seguintes. Na verdade, se o público soubesse que a obra seria ampliada para dezessete volumes de texto e onze de ilustrações, que o preço aumentaria para 980 libras e que o último volume só seria publicado em 1772, o empreendimento não teria prosperado. Embora Luneau de Boisjermain tentasse em vão embargá-lo processando os editores por fraude, a verdadeira ameaça surgiu, mais uma vez, das autoridades francesas durante uma segunda crise, de 1757 a 1759.

A França atravessava então um período sombrio de sua história, iniciado com a tentativa de assassinato de Luís XV por Damien. A nação, já ensangüentada pela Guerra dos Sete Anos, envenenou-se com rumores a respeito de ateístas e regicidas, e a Coroa aguçou o medo das conspirações com a Declaração de 16 de abril de 1757, ameaçando executar quem escrevesse ou imprimisse o que quer que fosse contra a Igreja e o Estado — de fato, até mesmo qualquer coisa que tendesse a "exaltar os ânimos". Foi nessa época que os antienciclopedistas abriram fogo com sua artilharia de propaganda mais pesada, não apenas denunciando as heresias contidas nos volumes 4 e 7 da *Enciclopédia*, mas também associando-as a um descarado ateísmo que, acusavam eles, tivera o atrevimento de irromper abertamente em público, ainda por cima com a aprovação de um censor, quando Helvétius publicou *De l'esprit*, em julho de 1758. Esse livro provocou ainda mais celeuma do que a tese do abade De Prades, e apesar de Helvétius não ser colaborador da *Enciclopédia*, grande parte da indignação que ele suscitou recaiu sobre a obra de Diderot. Em janeiro de 1759, o procurador geral do Parlamento de Paris alertou que subjacente a *De l'esprit* estava a *Enciclopédia*, e que por trás desta espreitava uma conspiração para destruir a religião e solapar o Estado. O Parlamento prontamente proibiu a venda da *Enciclopédia* e nomeou uma comissão para investigar a obra. Mas o Parlamento, apesar de sua experiência secular na caça às bruxas, jamais fora capaz de controlar a palavra escrita na França.

A autoridade para tal pertencia ao rei, que a exercia por intermédio de seu chanceler, o qual, por sua vez, a delegava ao *directeur de la Librairie* — cargo que, na ocasião, era ocupado por Malesherbes. Em 8 de março de 1759, o Conselho de Estado reafirmou a autoridade do rei, tomando a si a tarefa de destruir a *Enciclopédia*. Revogou o privilégio da obra e proibiu aos editores dar-lhe prosseguimento, comentando, à guisa de justificativa, a estratégia que seus autores haviam seguido: "A dita *Enciclopédia,* tendo-se tornado um dicionário completo e um tratado geral de todas as ciências, seria bem mais procurada pelo público e bem mais freqüentemente consultada, e por isso difundir-se-iam ainda mais e afiançar-se-iam de alguma maneira as perniciosas máximas de que os volumes já distribuídos estão cheios".[4] A *Enciclopédia* foi incluída no Index em 5 de março de 1759, juntamente com *De l'esprit*, e em 3 de setembro o papa Clemente XII ordenou que todos os católicos que a possuíam mandassem queimá-la por um padre, sob pena de excomunhão. Era a condenação máxima para uma obra. A *Enciclopédia* incorreu na ira das mais importantes autoridades do Antigo Regime e, apesar disso, sobreviveu. Sua permanência marca um momento decisivo do Iluminismo e da história dos livros em geral.

No decorrer dessa crise, Diderot, que laboriosamente continuava escrevendo às escondidas, foi avisado por Malesherbes de que seus papéis estavam prestes a ser apreendidos pela polícia — e que poderiam ser salvos se fossem confiados ao próprio Malesherbes, que acabara de emitir a ordem para o confisco. Ao que parece, Malesherbes também esteve por trás do acordo que finalmente salvou o empreendimento. Em 21 de julho de 1759, um *arrêt du Conseil* determinou que os editores ressarcissem a cada assinante 72 libras, para ostensivamente liquidar suas contas. Na verdade, porém, o governo permitiu-lhes aplicar o dinheiro na coleção *Recueil de mille planches* [...] *sur les Sciences, les Arts libéraux et les Arts mécaniques*, que era nada mais, nada menos do que o conjunto das pranchas da *Enciclopédia* com um novo título. Tendo readquirido o controle legal de seu empreendimento com um novo privilégio concedido para a *Recueil de planches* em 8 de setembro de 1759, os editores puseram-se a imprimir os últimos dez volumes de texto. Para minimizar o escândalo, foram todos lançados simultaneamente, em 1765, com um falso termo de impressão: "A Neufchastel,/ chez Samuel Faulche & Compagnie, Libraires & Imprimeurs". E, para maior garantia, Le Breton expurgou o texto nas páginas das provas, às escondidas de Diderot. Este jamais perdoou o editor por sua "atrocidade", mas ainda assim continuou a trabalhar nas ilustrações, e os dois últimos volumes foram publicados em 1772. No entanto, já não havia mais o entusiasmo pelo trabalho. Abandonado por D'Alembert, Voltaire e pela maioria dos outros autores que se haviam unido a ele no início da década de 1750, Diderot montou os últimos volumes a esmo, usando cada vez mais os serviços do fiel Jaucourt, que copiou e compilou incansavelmente, levando a obra adiante até sua conclusão. Diderot encerrou-a decepcionado e desiludido. Contemplando o resultado de 25 anos de trabalho, descreveu a *Enciclopédia* como uma monstruosidade, que precisava ser reescrita de ponta a ponta.[5] Seu veredito desencadeou uma série de projetos para remodelar a obra, culminando na ainda mais monstruosa *Encyclopédie méthodique*, pois os sucessores de Le Breton e os livreiros em toda a Europa consideraram a obra de Diderot demasiadamente imperfeita para ser deixada intacta e por demais lucrativa para ser abandonada. Contudo, quaisquer que sejam seus defeitos, a consecução da obra significa uma grandiosa vitória do espírito humano e da palavra impressa.

Ao autorizar a publicação da obra de Diderot a despeito de sua ilegalidade formal, o Estado deu aos filósofos a oportunidade de vender seu produto no mercado das idéias. Mas qual foi o resultado dessa ruptura das restrições tradicionais à imprensa na França? Concentrando-se no embate entre os enciclopedistas e as autoridades do Antigo Regime, os historiadores contaram apenas metade da história. A outra metade compreende questões fundamentais da história dos livros no século XVIII. Em primeiro lugar, será possível situar a obra em um contexto social? De onde provinham os enciclopedistas e para onde foram as *Enciclopédias*? Em segundo, como foi que as edições posteriores se originaram da primeira, e o que elas revelam a respeito do funcionamento da atividade editorial?

Os estudos sobre as origens sociais dos enciclopedistas preocuparam-se em descobrir se eles poderiam ser considerados burgueses que moldaram a consciência de sua classe e ajudaram a estabelecer o capitalismo industrial no século XVIII. Para a geração mais antiga de acadêmicos marxistas, a resposta a essa questão era uma afirmativa — indiscutível e sem necessidade de comprovação.[6] Entretanto, uma geração mais nova de estudiosos da história social constatou complexidades e contradições de todo tipo na burguesia setecentista, enquanto na área de história econômica não foi possível fornecer provas suficientes da industrialização na França antes da segunda metade do século XIX. Deparando com tanta ambigüidade nessas disciplinas afins e com uma mudança generalizada no clima intelectual, os estudiosos da literatura viram-se desafiados a adotar uma revolução conceitual no estudo da *Enciclopédia*. O desafio partiu de Jacques Proust, na França a autoridade máxima sobre a obra. Ele afirma que os enciclopedistas devem ser considerados um grupo especial, uma *société encyclopedique* com uma *formation structurée* básica, embora também possam ser identificados com a burguesia.[7] Essa abordagem analítica originou estudos importantes, mas, após árduo trabalho com os dados, a constatação generalizada entre os pesquisadores foi que as "estruturas" e a "burguesia" desaparecem em meio à babel de informações sobre os indivíduos; além do mais, as informações são incompletas. Em quase 40% dos verbetes não é possível identificar o autor, e quase um terço dos autores identificáveis escreveram apenas um verbete, em contraste com Diderot, o abade Mallet e Boucher d'Argis, responsáveis pelo grosso do trabalho. O cavaleiro de Jaucort, nobre cuja linhagem remontava à Idade Média, escreveu cerca de um quarto de toda a obra, mas ninguém ousaria afirmar que a *Enciclopédia* é 25% aristocrática, especialmente porque muitas das contribuições de De Jaucourt consistem em apenas algumas linhas, em contraste com tratados como VINGTIÈME, escrito por Damilaville, que participa com apenas três verbetes.

Considerando a pouca representatividade dos verbetes cujos autores podem ser identificados e a disparidade entre as suas contribuições, como é possível estabelecer um padrão de medidas significativo visando um estudo sociológico dos enciclopedistas? Mesmo se colocados juntos e classificados por categorias sócio-ocupacionais, eles não parecem realmente burgueses, pelo menos não na acepção moderna e capitalista do termo. Apenas 4% eram comerciantes ou manufatores. A mesma proporção corresponde aos que possuíam título de nobreza, e ambos os grupos parecem pequenos se comparados aos médicos e cirurgiões (15%), altos funcionários do governo (12%) e mesmo aos membros do clero (8%). O que identificava os enciclopedistas como um grupo não era sua posição social, mas seu comprometimento com uma causa. É certo que muitos deles desertaram quando essa causa se viu mais ameaçada, porém eles deixaram sua marca na obra, a qual viria a tornar-se o epítome do Iluminismo. Pelos escândalos, perseguições e pela sobrevivência pura e simples, a *Enciclopédia* passou a ser reconhecida, por amigos e inimigos, como a síntese de um grandioso movimento intelectual, e os homens que dela participaram ficaram conhecidos não meramente como colaboradores, mas como os "enciclopedistas". Seu trabalho assinalou o surgimento de um movimento, o "enciclopedismo".[8]

É difícil deduzir o comportamento da *Enciclopédia* no mercado imediatamente após os enciclopedistas haverem concluído a obra, pois os papéis de Le Breton e seus associados desapareceram quase por completo. Alguns dados contidos no precário material apresentado durante o processo movido por Luneau de Boisjermain indicam que para a primeira edição *in-folio* as vendas não foram significativas na França: apenas metade, ou mesmo um quarto das cópias permaneceram no reino.[9] Entretanto, com elas os editores conseguiram uma fortuna. Com um investimento inicial de cerca de 70 mil libras, o lucro pode ter chegado a 2,5 milhões de libras. A renda líquida aproximou-se de 4 milhões de libras, e os custos líquidos situaram-se na faixa de 1,5 milhão a 2,2 milhões de libras, das quais cerca de 80 mil foram para Diderot.[10] Eram quantias vultosíssimas para os padrões do século XVIII, e os editores somente conseguiram tê-las à disposição obtendo capital dos assinantes. Graças a esse fluxo de caixa, o custo da *Enciclopédia* já estava totalmente coberto em 1751, muito embora o papel e a impressão dos dez últimos tomos de texto, lançados simultaneamente, tenham provavelmente requerido um dispêndio substancial.

O empreendimento parece ter sido gerido como muitos outros da área editorial. Em 18 de outubro de 1745, Le Breton e seus três sócios firmaram um *traité de société* estabelecendo um fundo de capital de 20 mil libras e dividindo as cotas segundo as proporções da contribuição de cada um; a parte de Le Breton foi de três sextos, e a cada um dos outros coube um sexto. Cláusulas adicionais destinaram a Le Breton uma quantia fixa por folha, para cobrir as despesas de impressão; portanto, os sócios lhe delegaram a responsabilidade da produção, e ele fez o que pôde dentro do que lhe permitiram as condições do contrato.[11] Não é possível saber precisamente o modo como ele conseguiu levar a cabo essa gigantesca tarefa, tampouco se conhece bem a maneira como ele forneceu o produto aos clientes e quem eram estes. Os documentos de Luneau contêm nomes de aproximadamente 75 assinantes. A maioria deles compunha-se de nobres, inclusive diversos cortesãos ilustres — visconde de Noailles, marechal de Mouchy, duque de La Vallière — e vários magistrados dos parlamentos e bailiados. O restante provinha basicamente da área jurídica, da Igreja e dos escalões superiores da administração real. Comerciantes, havia apenas dois.[12] Naturalmente, esses nomes, citados pelas partes em meio à polêmica de um processo, não constituem uma amostra representativa do universo de 4 mil assinantes. Da história da publicação da primeira edição tudo o que se pode inferir é que o texto da obra foi escrito por um grupo heterogêneo de autores, unidos por um comprometimento comum com a tarefa, que seus luxuosos volumes *in-folio* foram adquiridos por leitores abastados e aristocráticos dispersos pela Europa e que ela foi extremamente lucrativa.

Uma das primeiras pessoas a chegar a esta última conclusão foi um ousado editor de Lille, Charles Joseph Panckoucke, que se estabelecera em Paris em 1762 após breve aprendizado com Le Breton. Panckoucke cultivava a amizade de filósofos, especialmente Buffon, Voltaire e Rousseau, além de cortejar protetores no governo. Em 1768, já se tornara o livreiro oficial da Imprimerie Royale e da Académie Royale des Sciences, e já estava prestes a tornar-se a figura dominante na imprensa francesa, graças a uma série de monopólios concedidos pelo governo para a publicação de periódicos. Em 16 de dezembro de 1768 — quatro anos antes da publicação dos derradeiros tomos de ilustrações — Panckoucke e dois sócios, um livreiro de nome Jean Dessaint e um fabricante de papel, Chauchat, compraram de Le Breton e associados os direitos das futuras edições da *Enciclopédia* e os clichês de cobre das ilustrações da obra.[13]

Enquanto os editores originais completavam a impressão das ilustrações, o novo consórcio tratava de conseguir por intermédio de seus contatos influentes a permissão para produzir uma *refonte*, ou seja, uma edição totalmente revista. Para ajudar nesse *lobby*, Panckoucke recrutou Diderot, que compôs um eloqüente ensaio em favor de uma nova *Enciclopédia*, arrolando os defeitos da antiga. O chanceler, Maupeou, recusou a permissão, mas o duque de Choiseul, personagem mais liberal que estava em vias de ser excluído do governo, autorizou a reimpressão do texto original. Esses contratempos afugentaram Dessaint e Chauchat, que venderam suas cotas a Panckoucke, que por sua vez as transformou em cotas para a empreitada da reimpressão, vendendo-as a novos sócios em 26 de junho de 1770. A nova sociedade incluía o editor de Voltaire, Gabriel Cramer e Samuel Tournes, de Genebra, Pierre Rousseau, diretor da Société Typographique de Bouillon, e dois parisienses, o notário Lamblot e o livreiro Brunet. Nove meses depois, em 12 de abril de 1771, Panckoucke formou um outro consórcio, agora para uma série de *Suppléments* destinados a corrigir os erros e preencher as lacunas do texto original. Essa sociedade compunha-se dos sócios participantes da reimpressão — com exceção de Lamblot, que provavelmente vendera sua parte a Panckoucke no início daquele ano — e dos dois genebrinos, que haviam tencionado participar mas acabaram desistindo, além de Marc-Michel Rey, o editor de Rousseau em Amsterdã, e Jean-Baptiste Robinet, erudito que editaria o *Supplément*.[14] E, assim, o que começara como uma pequena sociedade de três livreiros parisienses evoluiu para dois consórcios internacionais, alicerçados em um sistema de alianças sobrepostas entre os mais poderosos editores do Iluminismo.

A história subseqüente da *Enciclopédia* tem muito em comum com a diplomacia setecentista: intricados conchavos e súbitas inversões de alianças, tudo isso em um clima de guerra. Os primeiros editores haviam deparado com a ameaça de uma edição pirata da *Enciclopédia* na Inglaterra em 1751, e embora houvessem suprimido a contrafação pagando aos que pretendiam editá-la uma compensação pela desistência, não conseguiram impedir que duas edições *in-folio* fossem produzidas na Itália. A primeira delas começou a ser lançada em 1758 na república de Lucca, e a segunda apareceu em Livorno, a partir de 1770. Conquanto ambas se enredassem em atrasos e contratempos, conquistaram parte do mercado da *Enciclopédia* fora da França, especialmente ao sul dos Alpes. O mercado ao norte foi então dominado em grande parte por um monge apóstata italiano chamado, na versão francesa do nome, Fortuné-Barthélemy de Félice. Após estabelecer-se na cidade suíça de Yverdon, próxima a Neuchâtel, Félice anunciou que produziria a tão esperada *refonte* da *Enciclopédia* — ou seja, uma versão totalmente reescrita em formato *in-quarto*, que contaria como colaboradores sábios de toda a Europa para corrigir erros, preencher lacunas e, como se veria, substituir as impiedades do original por um sensato protestantismo. Com isso, os compradores da *Enciclopédia* depararam com as seguintes alternativas: ficar com o texto de Diderot, com ou sem o *Supplément* de Robinet, ou adquirir de Félice a versão expurgada e aperfeiçoada da obra.

Já que milhões de libras estavam na dependência de tais decisões, os editores não tardaram a engalfinhar-se em uma guerra comercial. Contra a dupla aliança de Panckoucke, que abrangia Genebra, Bouillon e Amsterdã, Félice mobilizou dois de seus aliados: a Société Typographique de Berne, que o ajudara a estabelecer seu negócio (Yverdon localizava-se em território bernês), e um poderoso livreiro de Haia, Pierre Gosse, cujas transações abrangiam todo o Norte europeu. Gosse e a sociedade de Berna adquiriram na íntegra a edição de Félice, deixando-lhe a tarefa de editar e imprimir enquanto cuidavam eles próprios da comercialização.[15] Em prospectos, cartas circulares e anúncios em periódicos, proclamaram insistentemente as imperfeições da obra de Diderot e a excelência da de Félice. Hoje em dia, tendo a reputação de Diderot eclipsado a memória de seu rival, fica difícil avaliar a eficácia desse tipo de propaganda. Mas a *Encyclopédie d'Yverdon* obteve boa aceitação no século XVIII, e não só nos rincões pietistas da Alemanha e da Holanda. Voltaire, cujo trabalho *Questions sur l'Encyclopédie* resultou de uma promessa não cumprida de colaborar no *Supplément*, afirmou que se desejasse comprar a *Enciclopédia*, daria preferência à de Félice.[16] E os patrocinadores de Félice incentivaram tal atitude por meio de periódicos como a *Gazette de Berne* e a *Gazette de Leyde*, onde podiam manipular as notícias literárias. Em 1771, por exemplo, Gosse censurou a STN por publicar uma crítica desfavorável ao primeiro volume de Félice em seu próprio jornal, o *Journal Helvétique*, e a STN imediatamente mudou de atitude, pela simples razão de que Gosse era seu maior cliente nos Países Baixos.[17]

A facção de Panckoucke replicou à altura em suas publicações, principalmente no *Journal des Savants*, de Panckoucke, e no *Journal Encyclopédique*, de Rousseau. Cramer chegou mesmo a enviar a Rousseau instruções detalhadas sobre o modo de ridicularizar Félice: em vez de parecer levar a sério a *Enciclopédia* protestante, o *Journal Encyclopédique* deveria salientar o absurdo que era um italiano desconhecido, que nem mesmo sabia escrever corretamente em francês, querer corrigir um texto produzido pelos mais ilustres filósofos da França.[18] Félice respondeu que havia simplesmente eliminado os disparates da obra de Diderot e que reunira textos compostos por autoridades como Albrecht von Haller e Charles Bonnet, que faziam os colaboradores de Diderot parecerem fora de moda. Prosseguiu, então, oferecendo aos assinantes um suplemento que incorporaria qualquer texto aproveitável do *Supplément* de Robinet a uma coletânea mais atualizada das artes e das ciências. E foi além: em 1775, anunciou que publicaria seu suplemento em uma edição *in-folio* e também em formato *in-quarto*, e que preencheria o fólio com o material original mais importante contido no texto principal da *Encyclopédie d'Yverdon*. Esse foi um golpe duríssimo para a publicação rival, visto que Robinet destinara seu *Supplément* aos proprietários de todas as edições *in-folio* da *Enciclopédia* — a de Lucca, a de Livorno e a de Paris, bem como a reimpressão de Panckoucke-Cramer. Adquirindo os suplementos de Félice, os donos das edições *in-folio* podiam combinar a versão original da *Enciclopédia* com as revisões mais atualizadas da obra, e isso solaparia o mercado de Robinet.

Panckoucke procurou, então, atrair os assinantes de Félice anunciando uma edição *in-quarto* do *Supplément* de Robinet. Esse contra-ataque não foi levado adiante, pois uma guerra declarada de suplementos certamente seria muito mais prejudicial a Robinet do que a Félice, já que os proprietários das *Enciclopédias* em edições *in-folio* eram pelo menos seis vezes mais numerosos do que os assinantes da *in-quarto* de Félice. Panckoucke acabou cedendo: concordou em desistir de sua edição *in-quarto* se Félice desistisse da sua *in-folio*, e ambas as partes se comprometeram a trocar suas folhas impressas, para poderem plagiar uma à outra com máxima eficiência.

Nesse meio tempo, Panckoucke enfrentou dificuldades mais graves com seu empreendimento mais importante, a própria reimpressão da obra. Em fevereiro de 1770, após denúncia da Assembléia Geral do Clero Francês, a polícia parisiense apreendeu 6 mil cópias dos três primeiros tomos e os trancafiou na Bastilha, onde permaneceram por seis anos, apesar de todos os esforços de Panckoucke para reavê-los, usando sua influência e subornando. Depois dessa catástrofe, os editores da reimpressão decidiram transferi-la de Paris para as tipografias de Cramer e de de Tournes em Genebra. Mas estes nem bem haviam começado a compor os tipos e já a Venerável Companhia de Pastores de Genebra tentou obrigá-los a parar, denunciando-os às autoridades civis. Enquanto Cramer defendia a causa perante o Conselho Magnífico da cidade, Panckoucke secretamente manobrava para excluí-lo do negócio e transferir a reimpressão para Bouillon e Amsterdã, onde a obra poderia ser remodelada por Robinet, Rousseau e Rey, mais uma vez como uma *refonte*. Contudo, Rey recusou-se a tomar parte em uma guinada violenta e dispendiosa no projeto, e Cramer acabou por conquistar os próceres genebrinos, que se deram conta da importância daquele empreendimento para a economia local. Cramer aplacou os pastores com uma oferta de abrandar o controvertido verbete GENÈVE, de D'Alembert, que os fazia parecer deístas, e deixá-los expurgar do texto do *Supplément* tudo o que ofendesse seus princípios calvinistas. Esse acordo não resolveu todos os problemas da reimpressão, pois as autoridades francesas continuaram a manter na Bastilha os três primeiros volumes, e Panckoucke continuou flertando com outros impressores. Tais dificuldades, porém, não resultaram em mais do que ásperos comentários na correspondência entre Genebra e Paris. No final, os genebrinos não só mantiveram o lucrativo trabalho da reimpressão, mas também refizeram os volumes 1 a 3 e procuraram assumir o controle do *Supplément*.

Ao projetar a reimpressão do *Supplément*, em abril de 1771, Panckoucke oferecera a Cramer e a de Tournes uma participação de 6/24 no empreendimento. Eles ficariam também incumbidos da impressão, mas, antes de aceitar, exigiram que lhes fosse dado o controle das assinaturas e das finanças, e ainda que Robinet transferisse para Genebra suas atividades editoriais. Na esperança de manter Robinet em Bouillon e de conseguir transferir para lá os trabalhos da impressão, Rousseau vetou essa proposta, apoiado por Rey. Em conseqüência, os genebrinos retiraram-se da empreitada do *Supplément* em novembro de 1771; com isso, durante quase um ano, os sócios remanescentes altercaram sobre o modo de dividir os 6/24 dos genebrinos e sobre a localização da impressão. Panckoucke e Brunnet, por fim, compraram as cotas e concordaram em adiantar o capital para os trabalhos da impressão. Como compensação, obrigaram Rousseau e Rey a deixá-los negociar com as autoridades francesas uma impressão em Paris ou, se isso não fosse possível, deixar a impressão para Cramer, pois reiteravam que Genebra serviria melhor do que Bouillon como base para seus contrabandos. Eliminado esse pomo de discórdia, Panckoucke e Rousseau enredaram-se logo em seguida em uma disputa acerca de seus jornais. Panckoucke tencionava reservar o mercado francês para sua mais recente aquisição, o *Journal Historique et Poli-*

tique de Genève, enquanto Rousseau lutava para para manter em circulação na França o *Journal de Politique* e o *Journal Encyclopédique*, que ele publicava em Bouillon. Graças à proteção do ministro do Exterior, Panckoucke finalmente obrigou Rousseau a pagar 5 mil libras anuais pelo direito de distribuição dos periódicos de Bouillon na França, e simultaneamente conquistou o apoio de Robinet, que figurava nos conchavos contra os jornais de Rousseau enquanto produzia a cópia do *Supplément* em Bouillon. Em fevereiro de 1776, as tramas e subtramas tornaram-se intoleráveis para Rousseau. Ele vendeu sua parte de 6/24 no *Supplément* ao impressor parisiense Jean-Georges-Antoine Stoupe, que passou a imprimir a obra em Paris, enquanto Rey produzia uma edição em Amsterdã. As duas edições, cada uma com quatro volumes de texto e um de ilustrações, foram concluídas em 1777.

Àquela altura, Cramer terminara a reimpressão. Apesar de suas cartas a Panckoucke serem repletas de lamúrias a respeito das dificuldades da tarefa, esta provavelmente foi muitíssimo bem-sucedida, uma vez que em várias ocasiões ele e De Tournes ofereceram-se para comprar a parte de todos os outros sócios. Mas ninguém quis abrir mão de suas cotas, e em 13 de junho de 1775 Panckoucke e os genebrinos firmaram um acordo, embora a impressão devesse continuar por mais um ano e Panckoucke tivesse também de entrar em acordo, posteriormente, com os sócios a quem vendera parte de suas cotas originais. No acordo de Genebra de 13 de junho de 1775, Panckoucke liquidou a sociedade, pagando aos genebrinos 200 mil libras pela parte do lucro a que tinham direito, um terço, enquanto estes se comprometiam a administrar a fase final da produção e das vendas para Panckoucke. Nessa época, os lucros atingiam apenas 71 039 libras, mas havia ainda 670 das 2 mil cópias para serem vendidas. Se pudessem ser comercializadas ao preço da assinatura, 840 libras, renderiam 562 800 libras. Decerto boa parte dessa quantia seria perdida com atrasos, descontos a livreiros, falta de pagamentos e o prejuízo com as 6 mil cópias dos volumes 1 a 3, que Panckoucke avaliava em 45 mil libras. Porém, mesmo que Panckoucke e seus sócios secretos obtivessem um lucro líquido de 400 mil libras (o equivalente, considerando sua parte de dois terços, às 200 mil libras dos genebrinos), teriam tido um bom retorno pelo investimento.[19]

A edição *in-folio* de Genebra caracterizou-se pela tiragem relativamente baixa e pelo preço elevado, e por isso não representou uma expansão significativa no mercado da *Enciclopédia*. O mesmo vale para os *Suppléments*, que preencheram algumas lacunas do texto de Diderot, porém sem a verve desse autor. No longo prazo, a obra de Félice provavelmente não produziu grande impacto sobre os leitores da *Enciclopédia*. Ela jamais penetrou em território francês porque as autoridades tiveram êxito em proibir seu acesso, e mesmo em outras regiões européias encontrou dificuldades, pois Félice constantemente a aumentava, encarecia e atrasava sua conclusão. Em 1780, ao publicar o último dos 58 tomos, dez anos após o primeiro, ele perdera numerosos assinantes, e os editores da *Enciclopédia* de Diderot nos formatos *in-quarto* e *in-octavo*, menos dispendiosas, haviam penetrado em seu mercado. Foi por meio dessas edições que o texto original, bem como o *Supplément*, atingiram os leitores comuns em toda a Europa. Depois de formar e desmantelar vários consórcios internacionais, lutar contra sócios e concorrentes e aprender a operar com o governo do seu lado em vez de contra ele, Panckoucke estava pronto para o empreendimento do enciclopedismo destinado ao *grand public*.

Antes de iniciar a história de como a *Encyclopédia* chegou ao grande público leitor, vale a pena remontar aos primeiros tempos da obra, procurando descobrir se ao longo de sua tortuosa trajetória existiu uma linha comum. De 1749, quando Le Breton e os sócios rogaram ao governo que libertasse Diderot da prisão em Vincennes, até 1776, quando Panckoucke persuadiu as autoridades a liberar os 6 mil volumes trancafiados na Bastilha, dois objetivos evidenciaram-se nas manobras dos editores: aplacar o Estado e ganhar dinheiro.[20] No entanto, a *Enciclopédia* devia suas vendas exatamente ao motivo que impelia o governo a confiscá-la: ela desafiava os valores tradicionais e as autoridades constituídas do Antigo Regime. Os editores procuraram sair desse dilema atenuando a virulência do texto. Não só Le Breton mutilou os últimos dez volumes, mas também Panckoucke planejou refrear a postura filosófica de sua *refonte* ao usar sua influência para obter a permissão de reimprimi-la em 1768 — ou pelo menos foi o que os partidários da *Encyclopédie d'Yverdon* alegaram durante as primeiras batalhas da guerra comercial. Em uma circular impressa, Gosse alertou os livreiros de toda a Europa para que se precavessem contra os expurgos na obra:

> Foi a partir de informações de muito boa fonte de Paris que se mencionou em nossos informes que os senhores livreiros de Paris, ao pedir um novo privilégio, haviam-se comprometido a suprimir nessa nova edição todos os artigos que puderam chocar o governo na primeira edição, assim como temos informações de muito boa fonte de que esse novo privilégio lhes é recusado e de que o senhor Chanceler e o Parlamento opõem-se à reimpressão da *Enciclopédia* na França. Todos aqueles que estão informados das perseguições que os autores e os primeiros editores sofreram na França compreenderão facilmente que apenas um país de liberdade convém à perfeição dessa obra.[21]

É claro que, para Félice, "perfeição" também implicava eliminar "filosofia" e, adicionalmente, substituir catolicismo por protestantismo nos verbetes que haviam conseguido a aprovação dos censores franceses — tática essa destinada a agradar as autoridades de Berna, mas não as de Versalhes. Ao reconsiderar a idéia de uma *refonte* em sua proposta infrutífera de transferir as operações de impressão de Genebra para Amsterdã e Bouillon em 1770, Panckoucke deixou bem claro que acima de tudo estavam as considerações comerciais: "Não se deverá permitir nenhuma ousadia ímpia que possa assustar os magistrados. Ao contrário, será preciso que toda a obra seja escrita com muita prudência, moderação, que possa mesmo merecer encorajamentos de vosso governo [...]. Este aqui é um assunto de dinheiro, de finança, no qual todo o mundo pode ter interesse".[22] Negócios são negócios, mesmo em se tratando do Iluminismo. Analogamente, o *Supplément* converteu-se em um empreendimento marcado pela cautela no aspecto ideológico, se não também no comercial. No acordo de 12 de abril de 1771 previa-se a colaboração de um elenco de *savants*, e não de *philosophes*, e Robinet comprometeu-se a orientá-los para as ciências naturais em vez de para a filosofia. O contrato determinava que ele "escrevesse os *Suppléments* com prudência e neles não admitisse nada contra a religião, os bons costumes e o governo, tendo os *Suppléments* como principal objeto a perfeição das ciências naturais".[23] Com essa linha de ação, não surpreende que Panckoucke tenha não só conseguido transferir a impressão para Paris mas também obtido o privilégio para publicar a obra.[24]

Enquanto Panckoucke conduzia a *Enciclopédia* em direção à ortodoxia oficial, os altos funcionários do governo aproximavam-se do enciclopedismo. Durante os últimos anos do reinado de Luís XV, o governo havia recrudescido a severidade de sua política de controle dos livros, mas o reinado de Luís XVI principiou sob a influência de um enciclopedista, Turgot. Os volumes da *Enciclopédia* que haviam sido confiscados de Panckoucke foram liberados da Bastilha, e os novos empreendimentos do editor prosperaram ao longo da gestão de vários ministros reformadores, que não só abrandaram o controle oficial sobre a atividade livresca mas também consultaram Panckoucke sobre o modo de fazê-lo. A tradição de Malesherbes, relegada ao esquecimento após sua saída do posto de diretor da Librairie, em 1763, reviveu a tempo de estimular um surto de progresso para a *Enciclopédia*, que teve início em 1776 e prosseguiu até a Revolução.

A legalização da *Enciclopédia* também contribui para estabelecermos as relações entre uma série de empreendimentos ligados à obra entre 1745 e 1789. A legalidade para se publicar uma obra era conferida pelo privilégio, ou seja, o direito exclusivo de reproduzir o texto, direito esse concedido pelo rei, administrado por intermédio da *Direction de la Librairie* e registrado na Communauté des Libraires et des Imprimeurs de Paris. Embora tivessem algo em comum com os direitos autorais de nossos dias, os privilégios para publicar livros, assim como os privilégios em geral durante o Antigo Regime, dependiam de concepções e instituições antigas — a autoridade do rei, a intricada burocracia e o monopólio da corporação. Ao conceder um privilégio, o rei não estava meramente autorizando a publicação de um livro; estava apondo seu selo de aprovação à obra e recomendando-a aos súditos por intermédio de um ou mais censores, que profusamente discorriam sobre sua importância e até mesmo seu estilo em prolixas *permissions* e *approbations*, geralmente impressas no livro acompanhadas de uma *lettre de privilège* formal concedida pelo rei. Adicionalmente, o privilégio era uma propriedade, que podia ser comprada e vendida, dividida em cotas e legada a esposas e filhos. No entanto, valia apenas onde vigorava a autoridade do rei. Fora do reino, outros editores podiam reproduzir um texto francês à vontade, a menos que houvesse objeção de seu próprio governo. O editor que detinha um privilégio na França podia protestar contra as edições piratas, mas na verdade só lhe restava solicitar ao diretor da Librairie, aos funcionários da alfândega, aos inspetores das corporações e à polícia que fechassem as fronteiras para a edição rival e confiscassem as cópias que conseguissem chegar ao mercado nacional.

Esse sistema estimulava a produção de obras francesas no exterior, uma vez que a disseminação do idioma francês criara em toda a Europa uma demanda por edições piratas mais baratas e também porque apenas as obras de imaculada ortodoxia podiam ser publicadas legalmente no reino. Por sua própria natureza, a organização da atividade editorial na França impeliu o Iluminismo para a clandestinidade e o exílio — para as tipografias de Amsterdã, Bouillon, Genebra e Neuchâtel — pois como poderia o rei sancionar a publicação de textos que contestavam os valores fundamentais do regime? O rigor dos privilégios mantinha fora do alcance da lei uma atividade de milhões de libras. Em face desse dilema, administradores como Malesherbes incentivavam o desenvolvimento de uma área obscura de semilegalidade na indústria editorial. Concediam *permissions tacites*, *permissions simples*, *tolérances* e *permissions de police*, ou seja, autorizações para que os livros fossem publicados sem o imprimátur real, mas também sem direitos de propriedade formais e exclusivos. Assim, caso o clero ou os parlamentos protestassem contra um livro pouco ortodoxo, o governo não pareceria tê-lo patrocinado e poderia comprometer-se a confiscá-lo, por vezes alertando a tempo os editores para que salvassem seus estoques.[25]

A luta para imprimir e reimprimir a *Enciclopédia* travou-se no centro e em toda a periferia desse sistema complexo e contraditório. Os editores originais obtiveram, na verdade, três privilégios para a obra, um em abril de 1745, outro em janeiro de 1746 e por fim mais um em abril de 1748. Cada um deles correspondeu a um estágio da expansão do plano original de publicar uma tradução em quatro volumes da *Cyclopaedia, or Universal Dictionary of the Arts and Sciences*, de Ephraim Chambers, cuja publicação na Inglaterra se iniciara em 1728. Mas em 8 de março de 1759, o governo revogou os direitos da derradeira e completa *Enciclopédia*, cancelando o privilégio para sua publicação. É bem verdade que os editores prosseguiram na produção da obra, mas acobertados por "uma tolerância tácita, inspirada pelo interesse nacional", nas palavras de Diderot.[26]

Como, então, foi possível a Panckoucke alegar ter adquirido da sociedade de Le Breton os direitos exclusivos sobre a obra? Tal afirmação serviu de base para a maioria dos empreendimentos com a *Enciclopédia* entre 1768 e 1800; Panckoucke reiterou-a categoricamente em todas as suas cartas e contratos. Escrevendo a Marc-Michel Rey, por exemplo, declarou: "Não ignorais que adquiri há cerca de dezoito meses, com o sr. Dessaint e um papeleiro de Paris chamado sr. Chauchat, todos os direitos e clichês da *Enciclopédia*".[27] Em seu contrato com Cramer e de Tournes para a edição *in-folio* de Genebra, o editor designou-se como "proprietário dos direitos e clichês da obra intitulada *Dicionário enciclopédico*".[28] Longe de questionar a validade desses direitos de propriedade, os outros editores os reconheceram. Assim, a Société Typographique de Neuchâtel observou em 1779 que Panckoucke podia comercializar a *Enciclopédia* em toda a França, graças a seu "privilégio exclusivo para essa obra".[29] Os editores setecentistas não usavam essa linguagem por descuido; sabiam que *droits* derivavam de *privilèges*, e mesmo assim reconheciam o direito de Panckoucke sobre a publicação de uma obra cujo privilégio fora revogado.

A explicação desse paradoxo evidencia-se em um contrato assinado por Panckoucke e pela Société Typographique de Neuchâtel em 3 de julho de 1776 (ver Apêndice A. I). No documento, Panckoucke identificou-se, como sempre fazia, como "proprietário dos direitos e clichês do *Dicionário enciclopédico*", e, como de hábito, atribuiu a origem de seus direitos e da posse dos clichês a seu contrato com Le Breton, David e Briasson de 16 de dezembro de 1768. Observou, a seguir, que havia adquirido as cotas de seus próprios sócios, Dessaint e Chauchat, em 1769 e 1770, e que seus direitos exclusivos à obra haviam sido confirmados por um privilégio real com data de 20 de maio de 1776, "sob o título de *Recueil de Planches sur les Sciences, Arts et Métiers*". No registro da corporação dos livreiros parisienses de 1776 consta um privilégio em nome de Panckoucke para uma obra justamente com esse título, e um privilégio semelhante aparece na primeira edição da *Enciclopédia* — não nos volumes 1 a 7 do texto, publicados sob o privilégio revogado em 1759, mas no volume 6 das ilustrações, publicado em 1768, quando Panckoucke comprou os direitos da obra de Le Breton e seus sócios.[30] No tomo de ilustrações, a referência ao privilégio indica que ele fora registrado na corporação dos livreiros em 8 de setembro de 1759 — ou seja, exatamente na época em que o governo salvara a *Enciclopédia* após ostensivamente tê-la destruído, permitindo a Le Breton aplicar o dinheiro dos assinantes nos volumes de ilustrações.[31] Portanto, a operação de salvamento de 1759 não se constituiu meramente em uma tentativa de preservar o capital dos editores enquanto lhes permitia continuar a impressão na semiclandestinidade; ela restaurou sua reivindicação dos "direitos" sobre a obra, direitos de propriedade que possuíam imenso valor comercial na atividade livresca. Conseqüentemente, quando a sociedade liderada por Panckoucke comprou a parte da sociedade de Le Breton em 16 de dezembro de 1768, pagou 200 mil libras pela "totalidade dos direitos nas reimpressões futuras e na totalidade das pranchas de cobre". Essa vultosíssima quantia cobria muito mais do que o valor dos clichês de cobre, como esclarecia o contrato, embora recorresse a um fraseado intricado para descrever a natureza dos "direitos".[32]

No empreendimento seguinte de Panckoucke, a sociedade de 26 de junho de 1770 da qual resultou a reimpressão *in-folio* genebrina, o editor permitiu aos sócios fazerem uso de seus "direitos" para que fosse produzida apenas uma edição, insistindo, porém, em permanecer na posse desses direitos.[33] De modo semelhante, ao constituir a sociedade para a edição do *Supplément* em 12 de abril de 1771, exigiu que os direitos dessa obra lhe fossem revertidos após concluída uma edição.[34] A seguir, na primavera de 1776, confirmou seus direitos ao *Recueil de planches* obtendo um novo privilégio, e por meio deste consolidou sua afirmação de ser o único proprietário de toda a *Enciclopédia* — textos, ilustrações e suplemento. Desse momento em diante, passou a referir-se a seu "privilégio" assim como a seus "direitos". Por fim, ao associar-se à Société Typographique de Neuchâtel, pôde vender a esta a metade de sua propriedade dos "clichês, direitos e privilégio" por 108 mil libras. E assim, após ter sido proibida, a *Enciclopédia* gradualmente readquiriu um grau de legalidade que possuía valor monetário para os editores, apesar de não proteger os 6 mil volumes de Panckoucke do confisco em 1770, e essa legalidade serviu de base para uma série de empreendimentos que adentraram a década de 1770 e se prolongaram, com um consórcio sucedendo a outro à medida que os editores iam vendendo por quantias sempre crescentes sua parte no "atestado de legalidade" da obra.

Essa legalidade, obviamente, permaneceu ambígua, e a sucessão de contratos e parcerias parece bizarra e confusa hoje em dia: uma obra ilegal legalizada? Um privilégio para a publicação de um texto substituído pelo privilégio para algumas ilustrações, muito embora estas tenham sido publicadas sob um título diferente que não incluía palavras-chaves como *Enciclopédia* e *Dicionário*? "Direitos" sobre esse ser complexo, híbrido, semi-ilegítimo, semifictício, dividido em minúsculas frações e mascateado pelos círculos editoriais, não só na França, onde os privilégios possuíam certa validade, mas em países vizinhos, onde os editores viviam da arte de infringi-los? Foi preciso uma mentalidade como a setecentista para conceber tais expedientes; no entanto, eles faziam sentido no contexto daquele século. Os editores tinham de proteger seu investimento, e não meramente tratar da impressão da obra. Queriam vender e comprar os direitos sobre os livros além das obras propriamente ditas, dividir esses direitos em cotas e vendê-las a sócios, formando consórcios que podiam ser formados, divididos e novamente constituídos de acordo com as diferentes circunstâncias. Era assim que decorria o jogo da atividade editorial — com infinitas *combinaisons*, nas palavras do próprio Panckoucke.[35]

Negociar com "combinações" em empreendimentos tão vultosos requeria mais do que simplesmente dinheiro: eram imprescindíveis as *protections*, usando aqui outra das expressões favoritas de Panckoucke. Os editores precisavam de protetores para fazerem valer seus direitos que, sem protetores, muitas vezes de nada adiantavam. Portanto, a história da *Enciclopédia* foi marcada pelo *lobby* e pelo tráfico de influências — bem-sucedidos em 1752 e 1759, quando o governo salvou a primeira edição, infrutíferos em 1770, quando as autoridades sacrificaram ao clero a segunda edição, e novamente bem-sucedidos em 1776, quando Panckoucke levou para Paris a impressão do *Supplément* amparado em um privilégio. A partir dessa data, até o final do século, Panckoucke e seus aliados lutaram para defender seus "direitos" cultivando os poderosos no governo. Sua defesa — e os ataques desferidos de Yverdon, Lyon, Lausanne, Berna e Liège — constituem o tema central das páginas seguintes. Cabe notar que a *Enciclopédia* dependeu de *combinaisons* de dinheiro e poder desde o princípio, que os interesses políticos e econômicos interligaram-se por toda a fase inicial de sua história, e que a obra abriu caminho na estrutura social francesa porque seus patronos souberam avançar habilmente pelo emaranhado de contradições que caracterizou a cultura do Antigo Regime.

Para melhor orientação do leitor, relacionamos a seguir as edições da *Enciclopédia*, com alguns fatos básicos sobre cada uma.

(1) Edição *in-folio* de Paris (1751-72): compôs-se de dezessete volumes de texto, publicados de 1751 a 1765 (os dez últimos foram lançados simultaneamente em 1765, sob o falso termo de impressão de Neuchâtel), e onze volumes de ilustrações, publicados de 1762 a 1772. Os editores — uma sociedade formada em 18 de outubro de 1745 por Le Breton, David, Briasson e Durand — planejaram uma tiragem de 4225 cópias, mas o número de cópias completas deve ter sido menor, devido a folhas danificadas e a atritos com os assinantes, que nem sempre adquiriram os últimos

tomos. Embora o preço da assinatura tenha sido originalmente fixado em 280 libras, acabou por atingir 980. Em anos posteriores, o preço de mercado alcançou 1400 libras, mas essa quantia, citada pelos editores das edições mais baratas, pode ter incluído o *Supplément*, a *Table* e até mesmo a encadernação.[36]

O *Supplément*, no formato *in-folio* com quatro volumes de texto e um de ilustrações, foi publicado em Paris e Amsterdã em 1776 e 1777, seguido de uma *Table analytique* em dois volumes, em 1780. A tiragem do *Supplément* parece ter chegado a 5250 cópias, ao preço de 160 libras. Esta obra não possuía ligação formal com a *Enciclopédia* original, e foi produzida por um novo grupo de colaboradores e editores.[37]

(2) Edição *in-folio* de Genebra (1771-6): trata-se de uma reimpressão da primeira edição, com tiragem de 2150 cópias, incluindo o *chaperon*, ou seja, as folhas extras para cobrir as produzidas com defeitos. O preço da assinatura foi de 840 libras, mas em 1777 a concorrência da *Enciclopédia in-quarto* baixou o preço para setecentas libras, ou até menos.[38]

(3) Edição *in-folio* de Lucca (1758-76): essa reimpressão viu-se atolada em atrasos, pois acompanhou de perto a impressão da obra original. Do pouco que se pode conhecer de sua história, ela parece ter tido uma tiragem de 1500 cópias, pelo menos durante a impressão dos primeiros volumes, a um preço de aproximadamente 737 libras. Conquanto não existissem leis internacionais protegendo os direitos autorais no século XVIII, os editores franceses provavelmente a consideraram uma contrafação e procuraram mantê-la fora do reino. Na minúscula república de Lucca, porém, este foi um empreendimento importante e legítimo, gerido por um ousado aristocrata, Ottaviano Diodati, com o apoio financeiro de algumas figuras ilustres e a proteção política do senado de Lucca, ao qual a obra foi dedicada.[39]

(4) Edição *in-folio* de Livorno (1770-8): essa foi a última reimpressão nesse formato, seguida por uma edição do *Supplément* (1778-9). Compôs-se de 1500 cópias, e seu preço talvez tenha sido de apenas 574 libras, sem o *Supplément*. Seu editor foi Giuseppe Aubert, um especialista na literatura do Iluminismo, que persuadiu três burgueses abastados a fornecer o capital. Mais importante foi ter o esclarecido arquiduque de Toscana, Pedro Leopoldo, aceito a dedicatória da obra, protegendo-a do papa e chegando mesmo a providenciar empréstimos e um local para a instalação dos prelos.[40]

(5) Edições *in-quarto* de Genebra e Neuchâtel (1777-9): na verdade, trata-se de duas edições, com o *Supplément* combinado ao texto original. Cada cópia continha 36 volumes de texto e três de ilustrações, com o preço de assinatura de 384 libras. Devido à concorrência da edição *in-octavo*, as últimas cópias foram vendidas no mercado por 240 libras em 1781. As edições *in-quarto* foram impressas com uma tiragem total de 8525 cópias,

incluindo o *chaperon*. Todavia, em função de muitos defeitos e contratempos, apenas 8011 cópias completas puderam ser produzidas e vendidas, segundo Joseph Duplain, livreiro de Lyon que dirigiu o empreendimento para um consórcio composto por ele próprio, Panckoucke, a Société Typographique de Neuchâtel, Clément Plomteux de Liège, Gabriel Regnault de Lyon e alguns sócios minoritários.[41]

(6) Edições *in-octavo* de Lausanne e Berna (1778-82): apesar de terem sido anunciadas como duas edições, tratava-se na realidade de uma edição ampliada, baseada em duas campanhas para captar assinaturas. Sua tiragem conjunta foi de 5500 ou 6 mil cópias, e o preço de assinatura chegou a 225 libras; continham 36 volumes de texto e três de ilustrações. As sociedades tipográficas de Lausanne e Berna, aliadas, produziram as edições *in-octavo* conjuntamente, reimprimindo o texto da *Enciclopédia in-quarto* em formato reduzido. Assim, as *in-octavo* foram consideradas "edições piratas" por Panckoucke e seus sócios, que detinham os direitos sobre o texto e o *Supplément*.[42]

Essa relação de fatos e números induz a uma conclusão surpreendente: com exceção dos editores setecentistas, ninguém imaginava que as *Enciclopédias* existentes na Europa pré-revolucionária fossem tão numerosas. E, em adição às seis versões do texto básico de Diderot, houve duas obras bem diversas que usaram esse mesmo texto como ponto de partida: a *Encyclopédie d'Yverdon*, de Félice, impressa entre 1770 e 1780 com 1600 cópias, e a *Encyclopédie méthodique*, de Panckoucke, iniciada em 1782 com tiragem de aproximadamente 5 mil cópias. Alguns editores provavelmente também reconstituíram algumas edições a partir de folhas que sobraram dos *chaperons*. Assim, o número total de *Encyclopédias*, excluindo a *Encyclopédie d'Yverdon* e a *Encyclopédie méthodique*, pode ser estimado como a seguir:[43]

	TOTAL	*NA FRANÇA*	*FORA DA FRANÇA*	*CHAPERON*
in-folio de Paris	4225	2000 (?)	2050	175
in-folio de Genebra	2150	1000 (?)	1000	150
in-folio de Lucca	1500 (mais 100)	250 (?)	1250	(150)
in-folio de Livorno	1500 (mais 100)	0 (?)	1500	(100)
Genebra-Neuchâtel *in-quarto*	8525	7257	754	514
Lausanne-Berna *in-octavo*	5500 (mais 300)	1000 (?)	4500	(300)
	23 400 (mais 500)	11 507	12 054	839 (mais 500)

Os prelos de todos os editores produziram cerca de 24 mil cópias da *Enciclopédia* antes de 1789. Dessas, pelo menos 11 500 chegaram às mãos de leitores na França, e das cópias francesas 7257 foram em formato *in-quarto*. Assim, a *Enciclopédia* tornou-se um *best seller* no país em que se originou e em que mais sofreu perseguições. Felizmente, a maioria das *Enciclopédias* na França pré-revolucionária (cerca de 60%) pertenceu às únicas edições cujas vendas podem ser reconstituídas em detalhes. Portanto, estudando a produção e a difusão das edições *in-quarto*, poderemos compreender como a *Enciclopédia* penetrou no Antigo Regime.

2
GÊNESE DE UM EMPREENDIMENTO EDITORIAL

Os diretores da Société Typographique de Neuchâtel planejaram produzir uma *Enciclopédia* tão logo se estabeleceram no ramo. Em 25 de julho de 1769, antes mesmo de haverem imprimido um único livro, e possuindo apenas três prensas de segunda mão e algumas fontes de tipos em mau estado, enviaram um memorando ao mais poderoso editor da França, Charles-Joseph Panckoucke:

> A *Enciclopédia*, barrada na França em sua origem, ainda hoje impedida pelos mesmos obstáculos, talvez jamais possa ser publicada no reino com a liberdade necessária. O público, ávido de conhecer as opiniões dos diversos sábios da Europa, espera com impaciência que essa obra destinada a instruir os homens seja impressa sem nenhum embaraço [...]. Resta um meio infalível de evitar as oposições que se tem motivo de temer no reino e de proporcionar à obra toda a superioridade que ela pode ter. A Société Typographique recém-estabelecida em Neuchâtel, na Suíça, e dirigida por certo número de homens de letras, oferece encarregar-se da impressão por conta dos senhores livreiros de Paris. Satisfeita, por essa vez, com um lucro muito módico pela impressão, a Société, que deseja conferir alguma celebridade à sua estréia, comprometer-se-á a entregar toda a edição e a dela não fazer nenhuma oferta, nem na Inglaterra, nem na Holanda, nem na Alemanha, nem na Itália — em uma palavra, a tirar-lhe apenas o número de exemplares combinado. Sabe-se que o Condado de Neuchâtel é uma das províncias mais livres da Suíça, de maneira que não haveria nenhum obstáculo a temer da parte do governo e do magistrado.[1]

O PROJETO DE REIMPRESSÃO DE NEUCHÂTEL

A Société Typografique podia carecer de notoriedade e experiência, mas tinha pontos a seu favor. A cidade de Neuchâtel oferecia um ambiente ideal para a produção de livros que não podiam ser impressos com segurança em território francês. Apesar de seu caráter marcadamente suíço, como Lausanne ou Genebra ao sul, Neuchâtel era um principado prussiano desde 1707, e portanto seus editores deviam lealdade a um rei filósofo, Frederico II, que os deixava sob a indulgente supervisão das autoridades locais e os protegia do gigante do outro lado das montanhas do Jura. A França era perfeitamente capaz de invadir tipografias além de suas fronteiras, mas os editores de Neuchâtel consideravam-na mais um mercado do que uma ameaça.[2] Os *porteurs* suíços desde o século XVI atravessavam as montanhas do Jura transportando nas costas livros proibidos destinados aos franceses. Em 1769, a censura, as práticas monopolistas da corporação dos livreiros parisienses e o aparelho estatal que controlava a atividade livresca já obrigavam os filósofos a publicar suas obras em dezenas de *sociétés typographiques* que proliferavam ao redor das fronteiras francesas. Presenciando o florescimento da indústria editorial por toda a Renânia e a Suíça, os empreendedores de Neuchâtel decidiram fundar sua própria editora. Como anunciaram em cartas circulares aos livreiros de toda a Europa, a Société Typographique de Neuchâtel (STN) pretendia produzir "bons" livros de todos os gêneros; seus primeiros trabalhos indicavam a intenção de trabalhar com obras de Voltaire, Rousseau e até mesmo D'Holbach.

Em certa medida, essa linha de publicação pode ter derivado das preferências dos três fundadores da STN, Frédéric-Samuel Ostervald, Jean-Elie Bertrand e Samuel Fauche.[3] Ostervald era um líder cívico — um *banneret*, ou seja, chefe da milícia local, e membro do Conseil de Ville, que governava a cidade — e um homem de letras, que publicara dois eruditos tratados de geografia. Seu genro, Bertrand, era professor de literatura no Collège de Neuchâtel, além de pastor. Bertrand abandonara suas funções eclesiásticas em 1769 para devotar-se por completo à STN, onde seus conhecimentos enciclopédicos se revelaram especialmente úteis em um projeto enciclopédico: uma edição pirata e ampliada da coleção *Description des arts et métiers*, que vinha sendo produzida em Paris sob o patrocínio da Academia de Ciências. Fauche encarregava-se dos aspectos comerciais e técnicos da empresa. Quando se associara a Ostervald e Bertrand já possuía uma experiência de vários anos como editor e livreiro em Neuchâtel, e se especializara em obras proibidas — a área da atividade livresca que concentrava os maiores lucros e os maiores riscos. Em 1772, Fauche tentou vender um panfleto obsceno e subversivo às escondidas dos outros dois sócios, que retaliaram forçando-o a sair da empresa. Mas prosseguiram no projeto que haviam iniciado em 1771 para produzir uma edição do *Système de la nature*, a ateísta obra de D'Holbach, empreendimento que lhes rendeu lucros e humilhações, ocasionando tamanho escândalo que obrigou Ostervald e Bertrand a afastarem-se temporariamente de suas funções no Conseil de Ville e na Compagnie des Pasteurs.

Independentemente de qualquer afinidade dos diretores com as idéias das obras que publicavam, a STN não se especializou na literatura do Iluminismo; imprimiu e comercializou todos os tipos de livros — de viagem, de medicina, romances, história e direito, como por exemplo *Voyage autour du monde*, de Bougainville, e *Lettres de Sophie*, de Madame Riccoboni, que serviam ao gosto de leitores instruídos mas sem altas pretensões intelectuais. Basicamente, os diretores da STN desejavam ganhar dinheiro, e não difundir as idéias iluministas. No entanto, sabiam que o Iluminismo era lucrativo. Pierre Rousseau, ator e dramaturgo medíocre, fizera uma fortuna popularizando a obra dos filósofos — especialmente a *Enciclopédia* — com a Société Typographique de Bouillon. E logo ali na outra margem do Lago de Neuchâtel, Barthélémy de Félice montara uma editora que estava prosperando com a produção da versão expurgada e protestante da *Enciclopédia*. O próprio Fauche havia ganho 834 libras simplesmente emprestando seu nome para o falso termo de impressão dos volumes 8 a 17 da *Enciclopédia* original: "A Neufchastel, chez Samuel Faulche & Compagnie, libraires & imprimeurs". Ostervald e Bertrand eram homens importantes e influentes, que se consideravam muito superiores a Rousseau, Félice e Fauche. Estavam ávidos para ganhar dinheiro com o enciclopedismo, e essa avidez derivava do interesse próprio tanto quanto do interesse pelo Iluminismo na ocasião em que se ofereceram para imprimir a *Enciclopédia* para Panckoucke.

Em vez de procurarem Panckoucke diretamente, tentaram negociar por intermédio de Jean-Frédéric Perregaux, de Neuchâtel, que em 1800 seria um dos fundadores do Banco da França e que em 1769 estava começando em Paris sua carreira de financista. Enviaram seu memorando a Perregaux com uma carta anexa explicando: "sabemos que a interdição lançada contra a primeira edição da *Enciclopédia* na França não pôde ser retirada pelos livreiros que acabam de anunciar uma segunda. Oferecemo-lhes nossas prensas no memorando que encontrareis aqui e que vos rogamos aceiteis comunicar ao sr. Panckoucke". Acrescentavam que não só fariam a impressão com segurança como também melhorariam a qualidade do texto, pois eram letrados, e não meramente impressores, e podiam recorrer a outros eruditos suíços para ajudá-los.[4]

Após várias semanas de sondagens e negociações, Perregaux finalmente ficou sabendo que a STN fizera a oferta tarde demais.

> Eis aqui o segredo do negócio, que descobri apenas ontem e com toda a dificuldade imaginável. Não tendo podido obter a permissão para Paris, contentaram-se com a edição da Holanda que ali se começou a imprimir, e todos os belos arranjos feitos aqui servirão apenas para os suplementos à edição de Paris. [...] Apesar da permissão que os livreiros interessados têm atualmente para mandar vir os volumes da Holanda, considerai todas as revoluções às quais essa obra ainda está sujeita dentro de dois anos, época em que deve estar pronta.[5]

Perregaux julgara corretamente: a STN podia dar graças por não se ter envolvido na reimpressão da edição *in-folio*, que foi produzida em Genebra, e não em Amsterdã, em 1771-6. Como já mencionamos, essa edição teve uma história tempestuosa. Provocou brigas entre Panckoucke e seus sócios, 6 mil cópias de seus três primeiros volumes foram confiscadas pelo governo francês e tiveram de ser reimpressas, e a campanha para captar assinaturas foi um fracasso. Em junho de 1775, quando os sócios do empreendimento se reuniram em Genebra para um acerto de contas preliminar, um terço de suas 2 mil cópias ainda não fora vendido, e os lucros pareciam mirrados, conquanto dessem a esperança de crescer nos anos seguintes.

Justamente quando Panckoucke estava liquidando o empreendimento da segunda edição *in-folio* em Genebra, Ostervald chegou a Paris com uma proposta para associar-se a ele em um novo empreendimento com a *Enciclopédia*. Ao saber que o homem a quem procurava encontrava-se na Suíça, Ostervald escreveu a Neuchâtel sugerindo que a STN atraísse Panckoucke para a cidade, onde poderiam negociar em posição privilegiada: "Se ele aceitar vosso convite, fazei-o beber do melhor, isto é, de dois nichos bem à esquerda no fundo de minha adega".[6] Panckoucke estava por demais ocupado em Genebra e não pôde fazer a viagem, mas escreveu, auspiciosamente, que ficaria "encantado de ser informado do negócio que tendes em vista".[7] Em abril de 1770 havia repelido uma tentativa da STN de associar-se a ele em um empreendimento, e esse novo tom de afabilidade indicava um respeito recém-adquirido pela firma de Neuchâtel, que evoluíra tornando-se uma grande editora nos seis anos decorridos após a primeira oferta de participar nos negócios da *Enciclopédia*. A STN em 1775 não apenas já imprimira numerosas obras de todos os gêneros mas também efetuava um alentado comércio atacadista com livreiros de toda a Europa, de Moscou a Nápoles e de Dublin a Budapeste. E aumentara seu capital durante a expansão, atraindo para a sociedade Abram Bosset-DeLuze, um dos mais abastados homens de negócios de Neuchâtel. Panckoucke, por sua vez, também se encontrava em melhor situação em meados da década de 1770. Suas 6 mil *Enciclopédias*, que haviam sido confiscadas em 1770, foram devolvidas em fevereiro de 1776 — sinal de que em Versalhes o ambiente mudara e, com ele, a influência do editor. A ascensão de Luís XVI ao trono em 10 de maio de 1774 conduziu ao poder uma nova estirpe de ministros reformistas, que favoreciam a maior liberdade de comércio para os livros e o trigo e cobriam Panckoucke de favores, pois este os ajudava a liberalizar a atividade editorial. Com o apoio de Versalhes, Panckoucke livrou-se de concorrentes, impôs-se no ramo jornalístico e livresco, subsidiou numerosos autores, formou e desmantelou consórcios editoriais em escala gigantesca. No entanto, acumulara os empreendimentos de forma tão precária que seus recursos se encontravam exauridos, e ele precisava de uma nova injeção de capital em meados de 1776, quando chegou a Neuchâtel para conversar sobre a *Enciclopédia* com a STN.

Dessa vez, na terceira tentativa de trabalhar com a *Enciclopédia*, as circunstâncias favoreciam a STN. Não só o governo estava desenvolvendo uma política mais liberal para a indústria livresca, mas também vinha sendo conduzido nessa direção por Panckoucke, que detinha os direitos de publicação da *Enciclopédia*. Como liquidara havia um ano a sociedade para a publicação da segunda edição *in-folio*, Panckoucke julgava que o mercado estava maduro para uma nova edição, e precisava de financiamento. A STN podia realizar as negociações em seu próprio território, exibindo o porte e a solidez de sua empresa, e Ostervald finalmente poderia valer-se dos compartimentos secretos de sua adega. Assim, na véspera da declaração de independência das colônias americanas, esses empreendedores do Iluminismo associaram-se para produzir uma nova *Enciclopédia*.

O contrato de 3 de julho de 1776 (ver Apêndice A. I) estabeleceu a primeira de uma série de alianças e alinhamentos que moldaram a história da *Enciclopédia* no último quartel do século XVIII. Panckoucke e a STN tornaram-se sócios com cotas iguais no empreendimento da reimpressão de uma reimpressão. Tencionavam incorporar as 2 mil cópias dos volumes 1 a 3 que Panckoucke recentemente recuperara da Bastilha a uma nova versão da edição *in-folio* de Genebra; assim, as condições do contrato que firmaram assemelhavam-se às do contrato de Panckoucke com os genebrinos de 1770. A STN deveria imprimir os volumes 4 a 17 com a mesma tiragem (2 mil cópias e 150 folhas à guisa de *chaperon*, para cobrir as folhas defeituosas) a um preço fixo de 34 libras por folha; usaria a mesma qualidade de papel (*grand bâtard fin*, a dez libras a resma) e de tipos (todos da fundição de Fournier le Jeune, de Paris), e imprimiria as ilustrações com os mesmos clichês, como exigia Panckoucke. A nova edição custaria menos (720 libras para os assinantes, em vez de 840), e ficaria a cargo da STN, que cuidaria da contabilidade, publicidade e vendas. Sua parte na empreitada custaria 108 mil libras, que eles pagariam a Panckoucke em intervalos determinados ao longo de quatro anos, com dezesseis notas promissórias no valor de 6750 libras, a começar de 1º de abril de 1777. Dessa maneira, Panckoucke obteve capital, de que carecia desesperadamente, e a STN tornou-se co-proprietária da obra mais importante do Iluminismo.[8]

A associação criada em Neuchâtel diferia da sociedade anterior formada por Panckoucke em um aspecto crucial: ela conferia à STN em caráter permanente, e não meramente para uma única edição, metade dos direitos sobre a *Enciclopédia*. O contrato para a segunda edição *in-folio*, que Panckoucke assinara com Cramer e de Tournes em Genebra no dia 26 de junho de 1770, excluía especificamente os genebrinos de tudo o que não fosse a sua terça parte nas cotas da edição que iriam imprimir. A STN, por sua vez, firmara um contrato não simplesmente para imprimir a terceira edição *in-folio*, mas para adquirir a metade da posse de Panckoucke "na totalidade dos clichês, direitos e privilégios do *Dicionário enciclopédico*, tanto no presente quanto no futuro". O acordo estipulava que a STN poderia reimprimir o *Supplément*, que Panckoucke estava começando a publicar juntamente com outros sócios, e previa a possibilidade de, em alguns anos, Panckoucke e a STN terem direitos iguais em um empreendimento de "uma nova edição corrigida do dito Dicionário enciclopédico na qual se fundiriam todos os suplementos". Assim, em vez de tornar-se meramente a firma impressora de Panckoucke, como procurara fazer em 1769, a STN tranformou-se em sua aliada. Essa aliança teve conseqüências fundamentais, pois embora o projeto da terceira edição *in-folio* logo fosse posto de lado, Panckoucke e a STN permaneceram unidos em um prolongado esforço de extrair lucro de sua propriedade em comum do texto e das ilustrações que Diderot e seus colaboradores tão arduamente haviam reunido.

DA REIMPRESSÃO À EDIÇÃO REVISTA

Logo após retornar a Paris, em meados de julho de 1776, Panckoucke decidiu deixar de lado o projeto de Neuchâtel para uma nova edição do texto antigo e criar uma *Enciclopédia* com uma revisão tão completa que poderia ser considerada uma nova obra. Não é possível saber com absoluta certeza como e por que ele tomou essa decisão, já que se perderam muitos dos documentos relativos a esse período; entretanto, resta ainda um número suficiente deles para podermos acompanhar aproximadamente a rápida mudança em sua linha de ação.

Partindo de Neuchâtel no início de julho de 1776, Panckoucke fez uma escala em Genebra para encontrar-se com Samuel de Tournes, seu ex-sócio na edição *in-folio* genebrina, que concordara em administrar as vendas de 670 cópias que restaram depois de a sociedade ser desfeita, em junho de 1775. De Tournes informou que cerca de trezentas cópias continuavam encalhadas. A lentidão para esgotar a velha reimpressão não era nada auspiciosa para as vendas da nova edição; além disso, como a nova *Enciclopédia* seria 120 libras mais barata do que a anterior, Panckoucke com certeza arruinaria um empreendimento ao precipitar-se no lançamento do outro.[9] Enquanto arrefecia seu entusiasmo pelo acordo com Neuchâtel, Panckoucke começava a interessar-se por um projeto mais grandioso, testando-o, ao chegar a Paris, com alguns de seus amigos filósofos, notavelmente seu cunhado, Jean-Baptiste Antoine Suard, um membro ilustre da Academia Francesa. Tendo granjeado a simpatia de filósofos influentes, sido admitido nos salões da alta sociedade e conseguido uma boa renda com pensões e sinecuras, Suard representava o Iluminismo em sua forma mais madura e mundana — o tipo de Iluminismo advogado por D'Alembert, e que tinha na Academia o seu lar espiritual.[10] Panckoucke, aparentemente, sugeriu que Suard arregimentasse um grupo de filósofos para remodelar o texto de Diderot e compor uma edição revista. Suard aceitou avidamente a proposta, logrando persuadir dois dos mais importantes acadêmicos franceses, D'Alembert e Condorcet, a administrar com ele a tarefa. Os três filósofos esboçaram seu projeto em um memorando com data de 27 de julho de 1776, enviado por Panckoucke à STN. Esse documento já não pode ser encontrado, mas seus pontos principais evidenciam-se em correspondências subseqüentes entre Panckoucke e Neuchâtel: 1. Os novos editores inseririam no texto os cinco volumes do *Supplément*, que na época estava sendo publicado por Panckoucke; 2. corrigiriam erros e omissões e aperfeiçoariam a correspondência deficiente do texto com as ilustrações; 3. incluiriam numerosos verbetes novos; 4. incorporariam um *Dictionnaire de la langue française*, que Suard vinha preparando para publicação. Em suma, Suard, D'Alembert e Condorcet propunham remodelar a *Enciclopédia* do princípio ao fim. Planejavam reunir toda uma equipe de filósofos para realizar o trabalho, e esperavam ser pagos regiamente por Panckoucke e seus sócios.

As origens dessa proposta remontam a uma data muito anterior à da formação do grupo de Suard; tudo começara com os primeiros planos de Panckoucke para trabalhar com a *Enciclopédia*. Pouco antes ou pouco depois de adquirir os direitos sobre a obra em 16 de dezembro de 1768, Panckoucke procurou obter a ajuda de Diderot para persuadir as autoridades francesas a permitir a publicação de uma edição totalmente revista. Diderot colaborou, escrevendo um relatório extraordinário sobre as imperfeições da obra na qual havia trabalhado tão arduamente nos últimos vinte anos. A obra fora prejudicada, explicou, pela mediocridade de seus colaboradores — e apontou seus nomes, juntamente com as vastas seções da *Enciclopédia* por eles maculadas. Alguns dos colaboradores eram incompetentes. Outros haviam pago a escritores medíocres e lhes repassado suas tarefas, que saíram igualmente medíocres. E esses verbetes malfeitos tornavam incongruentes os de boa estirpe. Não existia homogeneidade na qualidade do texto, e a coordenação na alocação das tarefas fora péssima. Assim, temas importantes haviam sido omitidos porque alguns colaboradores julgaram que outros os estavam escrevendo, as remissões recíprocas dos verbetes haviam sido esquecidas e o texto não fora cuidadosamente relacionado às ilustrações. Diderot não teve papas na língua; a *Enciclopédia* era caótica: "A *Enciclopédia* foi um sorvedouro, no qual esses perfeitos trapeiros lançaram desordenadamente uma infinidade de coisas mal digeridas, boas, más, detestáveis, verdadeiras, falsas, incertas, e sempre incoerentes e discordantes".[11] "Os novos editores poderiam produzir uma enciclopédia muito melhor", prosseguiu Diderot, "se a confiassem a um diretor que planejasse meticulosamente a tarefa de reescrevê-la, mantivesse os colaboradores atrelados a um cronograma rígido, pagasse a um copista para produzir uma cópia legível, coordenasse o texto e as pranchas e escolhesse apenas os melhores autores, que seriam bem pagos." Com as frustrações de sua própria gestão da obra ainda vívidas na mente, Diderot mostrou como a *Enciclopédia* poderia ser transformada em um trabalho novo e muito superior.

O relatório de Diderot revela a idéia que moldou os empreendimentos de Panckoucke com a *Enciclopédia* desde o princípio: a convicção de que a obra original era bastante imperfeita e precisava ser reescrita e transformada em uma nova edição — uma *refonte*, como a denominava Panckoucke em sua correspondência. Ao contrário dos literatos modernos, o editor não tratou a *Enciclopédia* como se fosse um texto sagrado ou um clássico intocável. Desde o início, pretendeu reformá-la para melhor. As circunstâncias impediram-no de concretizar suas intenções originais, mas ele se aferrou ao projeto até o fim da vida, quando estava editando a *Encyclopédie méthodique*, obra que só foi concluída em 1832, depois de atingir 202 volumes, trinta anos após a morte de Panckoucke.

O relatório de Diderot enquadra-se em uma visão que obcecou Panckoucke ao longo de toda a sua carreira, mas também serviu a um objetivo imediato e francamente admitido em 1768: destinava-se a convencer as autoridades francesas de que a *Enciclopédia* original era tão eivada de defeitos que Panckoucke deveria ser autorizado a publicar uma edição revista. A solicitação do editor foi recusada, e o relatório de Diderot, esquecido — até o dia em que foi publicado com um propósito totalmente diferente, em 1772 e depois novamente em 1776, por Luneau de Boisgermain. Este beligerante literato enredara os primeiros editores da *Enciclopédia* em um célebre processo judicial. Queria a condenação dos editores por lograrem os assinantes da obra, pois, alegava ele, haviam fornecido um produto de qualidade inferior a um preço muito mais elevado do que o determinado para a assinatura. De algum modo, caíra-lhe nas mãos o relatório de Diderot, e ele o usou como prova no processo. Luneau perdeu a causa, mas Panckoucke nunca desistiu de sua intenção de produzir uma nova *Enciclopédia*. Ao reviver seu projeto favorito em julho de 1776, ele trouxe novamente à tona o relatório de Diderot, dessa vez para convencer a STN a aceitar a mudança dos planos.

> Envio-vos o memorando de Diderot, que jamais deveria ter sido publicado. Foi um abuso de confiança que deu lugar a isso. Luneau suprimiu tudo que é a favor da *Enciclopédia*, como era de esperar, mas a leitura desse memo-

rando vos convencerá da necessidade da revisão. Havíamos pensado nisso há oito anos [ou seja, em 1768], mas Diderot é também uma pessoa de mau gênio que nos pedia 100 mil escudos e que nos teria desesperado.[12]

Essa nota de Panckoucke, para o historiador tão promissora e ao mesmo tempo tão frustrante, é uma das suas duas únicas cartas daquele período ainda preservadas e indica que o relatório de Diderot foi continuamente usado como uma arma nos *lobbies*, nas brigas e tramóias que caracterizaram o tempestuoso ramo da atividade editorial setecentista. A versão original do documento desapareceu, e Panckoucke observou que Luneau eliminou dele alguns trechos, para ajudar na condenação da *Enciclopédia*. Portanto, Diderot não tinha uma atitude tão crítica com relação à sua obra como Luneau quis dar a entender, mas ele de fato a censurou — e com muita mordacidade — porque tinha em mente trabalhar na edição revista que Panckoucke originalmente quisera publicar. A carta de Panckoucke indica que ele propôs a Diderot a tarefa de revisar a obra, e que este exigiu 300 mil libras pelo trabalho. Talvez Diderot tenha levado a oferta suficientemente a sério para escrever o relatório, que constituiu o principal argumento na campanha de Panckoucke para conseguir a permissão do governo para a nova obra. Assim, enquanto terminava sua associação com os editores originais, Diderot, ao que parece, começou a planejar uma nova *Enciclopédia*, a qual redimiria todos os erros que o deixavam tão desgostoso com o produto de seus 25 anos de trabalho para Le Breton. Trabalhar para Panckoucke seria mais gratificante, embora Diderot talvez não tenha efetivamente esperado receber em pagamento uma quantia tão elevada como 300 mil libras. Mais importante, talvez, era o fato de que Panckoucke não mutilaria a cópia: ele era amigo dos filósofos, e daria a Diderot liberdade para concretizar a *Enciclopédia* de seus sonhos.[13]

O projeto de Panckoucke nos permite vislumbrar, fascinados, o grande enciclopedista, já idoso, preparando-se para refazer o trabalho que consumira toda a sua vida adulta; o plano, contudo, não vingou, pois o autoritário ministro Maupeou recusou a permissão para aquela empreitada tão ambiciosa, que poderia acabar resultando em uma *Enciclopédia* ainda mais ousada que a de Le Breton. Um ano mais tarde, Panckoucke voltou com um projeto para reimprimir o texto original e corrigir seus erros e omissões produzindo alguns volumes suplementares — o projeto que acabou conduzindo à segunda edição *in-folio* de Genebra e ao *Supplément*. Ele pediu a Diderot que dirigisse a edição do *Supplément* e recebeu a famosa resposta: "Para o inferno, vós e vossa obra, não quero mais trabalhar nela. Ainda que me désseis 20 mil luíses e eu pudesse despachar a tarefa num piscar de olhos, não faria nada. Contentai-vos em sair daqui e deixar-me sossegado''.[14] Não admira que Panckoucke se referisse a Diderot como *mauvaise tête* e não o procurasse sete anos mais tarde, ao reviver seu projeto da *refonte*. No entanto, o fato é que Diderot ajudara a moldar aquele projeto inicialmente, devendo ser considerado o pai ou avô do plano de Suard.

O projeto assumiu sua forma definitiva em um contrato assinado por Panckoucke e Suard em 14 de agosto de 1776 (ver Apêndice A. II). Segundo esse acordo, D'Alembert e Condorcet ''presidiriam'' a nova edição *in-folio* da *Enciclopédia*, mas Suard seria o responsável pela sua preparação. Reuniria uma equipe de autores ilustres para produzir o texto; o contrato arrolava como prováveis candidatos Saint Lambert, Thomas, Morellet, D'Arnaud, Marmontel, La Harpe, Petit e Louis — nomes que hoje em dia já perderam a notoriedade, mas que ocuparam as posições de maior prestígio na República das Letras durante a década de 1770. Tantos acadêmicos estavam incluídos que a *refonte* teria parecido um produto da Academia Francesa, que D'Alembert e Voltaire haviam abarrotado de filósofos de sua própria estirpe.[15]

Suard e seus colegas deveriam reescrever o texto, incorporando material novo extraído do *Supplement*, de certos verbetes da *Encyclopédie d'Yverdon* de Félice e de outras fontes, tais como o *Dictionnaire de la langue française* proposto por Suard. Atentariam especialmente para a correção da má coordenação entre as ilustrações e o texto e das remissões recíprocas, como recomendara Diderot em seu relatório. Adicionalmente, também seguindo sugestão de Diderot, ficariam atrelados a um cronograma rígido, um copista produziria uma versão clara e elegante de todo o trabalho, e seriam todos bem pagos. Dando a Suard o controle total sobre o processo de reescrever a obra, Panckoucke provavelmente visava corrigir a heterogeneidade e as incongruências que tanto incomodavam Diderot. Mas Panckoucke exigiu que Suard produzisse um fluxo constante de cópias — no mínimo três volumes por ano — a partir de 1º de maio de 1777, quando os dois primeiros volumes já deveriam estar nas mãos do impressor, até o final de 1781, quando presumivelmente o último volume estaria concluído. Suard teria de pagar quinhentas libras para cada semana em que a tipografia permanecesse ociosa por falta de cópias. Mantendo esse rígido cronograma de produção, Suard receberia 5 mil libras por volume e 20 mil libras quando o trabalho fosse concluído. O contrato não especificava o número de volumes que comporia uma coleção completa na edição revista, mas Panckoucke evidentemente planejava que fossem cerca de vinte tomos de texto. Nesse caso, Suard receberia 120 mil libras, das quais deveria pagar pelo menos 40 mil aos autores sob sua supervisão.

Arregimentar toda uma equipe de filósofos para trabalharem por quatro anos e meio a um custo de 120 mil libras era uma tarefa de vulto, e

Panckoucke sabia que para isso necessitaria de apoio intelectual, político e também financeiro. Assim, ele provavelmente considerava importantíssimo o apoio de D'Alembert ao projeto. Como autoridade da Academia Francesa e um dos mais prestigiosos filósofos da França, D'Alembert atrairia os maiores talentos e conferiria à nova *Enciclopédia* a aura de legítima sucessora da obra original, que ele editara juntamente com Diderot. Ademais, o patrocínio de D'Alembert poderia atrair o de figuras ainda mais ilustres. Em 8 de dezembro de 1776, esse filósofo escreveu à STN a seguinte carta:

> Senhores,
>
> Embora minha saúde, de um lado, e do outro ocupações indispensáveis não me permitam ter a mesma participação que antigamente na obra importante de que me falais, podeis estar certos de todo o interesse que tenho nela e do desejo que tenho de para ela concorrer na medida que me for possível, tanto em razão da utilidade da obra quanto pelos laços de estima e de amizade que há muito tempo me unem ao sr. Suard, meu digno colega, que seguramente conduzirá esse empreendimento à vossa satisfação e à do público. Conto ir a Berlim no próximo mês de maio, e farei por vós junto ao rei da Prússia tudo o que depender de meu fraco crédito e das amabilidades com que esse príncipe me honra. Podeis fazer e fareis sem dúvida dessa obra, graças à liberdade honesta de que gozais, um dos mais belos monumentos da literatura antiga e moderna, e não tenho outro pesar que não o de não poder colocar nesse belo edifício tantas pedras quanto desejaria. Mas levarei pelo menos um pouco de argamassa aos arquitetos, e gostaria apenas que fosse melhor e mais abundante.
>
> Tenho a honra de ser respeitosamente,
>
> Senhores,
>
> Vosso muito humilde e obediente servidor d'Alembert.[16]

D'Alembert não fez tal viagem a Berlim, mas prometeu usar sua influência para conseguir o apoio de Frederico II à nova *Enciclopédia*. Isso era importantíssimo para a STN, pois Frederico II era o soberano de Neuchâtel, podendo protegê-los contra a interferência das autoridades locais ou francesas. No contrato original firmado com Panckoucke, os impressores suíços haviam estipulado que deveriam tentar obter a proteção de Frederico II. Após D'Alembert cancelar sua viagem, enviaram-lhe um memorando relatando a necessidade que tinham de uma declaração formal (*rescrit*) de Frederico II, que usariam no caso de precisarem repelir qualquer tentativa de interromper os trabalhos de impressão. Salientavam também a esperança de que Frederico II aceitasse a dedicatória da obra. Ostervald e Bosset discutiram esses planos com D'Alembert em Paris, na primavera de 1777. Suas cartas desse período e as observações em correspondências de datas posteriores indicam que D'Alembert empenhou-se decididamente na promoção do projeto. Evidentemente, ele compartilhava com Diderot a idéia da necessidade de melhorar a obra original; prometeu ajudar na edição revista com um texto de sua própria autoria, a "Histoire de l'*Encyclopédie*".[17]

Assim, para Panckoucke, a *Enciclopédia* revista não representava apenas mais um empreendimento corriqueiro; tratava-se de uma incursão fundamental na área de produção editorial que lhe interessara desde o início, aquela que lhe recomendara Diderot em 1768 e que parecia mais viável em 1776, quando o novo reinado de Luís XVI trazia auspícios de uma atitude mais tolerante para com as publicações, quando Frederico II talvez lhe estendesse sua proteção fora da França e quando D'Alembert, Condorcet e Suard poderiam ajudar recrutando os mais ilustres autores de Paris. Foi por essa *Enciclopédia* que Panckoucke optou em julho de 1776; faltava persuadir a STN a concordar com seus planos.

Panckoucke podia antever a resistência dos sócios suíços a uma guinada tão drástica nos planos. O contrato de 3 de julho de 1776 de fato previa um eventual empreendimento conjunto com uma edição revista, mas determinava que os sócios começassem a trabalhar imediatamente na reimpressão da edição *in-folio*. Logo após a partida de Panckoucke, os sócios da STN compraram uma casa contígua à sua tipografia a fim de conseguir espaço para a execução da gigantesca tarefa da reimpressão. Lançaram-se à procura de novos empregados, prelos, tipos e fornecedores de papel, esperando pelo menos duplicar sua capacidade de impressão em poucos meses. O prospecto anexo ao contrato com Panckoucke atrelava a STN a um rígido cronograma de produção, que a firma teria de manter mesmo sem o contrato, pois precisava de capital suficiente para pagar a Panckoucke a primeira das dezesseis notas promissórias. Os papéis da STN não revelam o modo como Panckoucke lhes apresentou sua proposta, mas indicam que o editor lhes enviou cinco itens em defesa de sua causa: o relatório que Diderot escrevera em 1768, algumas "Réflexions" críticas acerca do prospecto de Panckoucke-STN para a terceira reimpressão *in-folio*, o esboço de um contrato entre Panckoucke e Suard para a preparação da edição revista, a proposta de uma emenda ao contrato entre Panckoucke e a STN, que associaria esta última ao plano de Suard, e por fim um memorando de 27 de julho de 1776, escrito por D'Alembert, Condorcet e Suard, defendendo a necessidade de reescrever em vez de reimprimir o texto original. Nenhum desses documentos se encontra preservado, mas nos papéis de Neuchâtel existe algo mais revelador: um memorando enviado por Bosset aos outros diretores da STN na véspera de uma reunião que trataria da proposta de Panckoucke, que mostra como os editores setecentistas enfrentavam as decisões cruciais.[18] A STN deveria aceitar o plano de Suard? Centenas de milhares de libras e muitos anos de trabalho seriam determinados por essa decisão, que os diretores tomariam no dia seguinte, às duas da tarde. Bosset considerava o assunto tão importante que escreveu suas idéias da maneira como elas lhe vieram à mente, enviando as anotações a Ostervald e Bertrand. Memorandos, reuniões, exame dos prós e contras das complexas questões de finanças e marketing — era assim que os diretores da STN operavam, de modo idêntico ao dos homens de negócio atuais, muito embora seu ramo fosse o Iluminismo.

Em primeiro lugar, argumentava Bosset, a STN devia encarar o fato de que Panckoucke estava agindo movido pelo interesse próprio: ele precisava adiar a reimpressão a fim de ter mais tempo para vender as trezentas cópias encalhadas (o que representava para ele 210 mil libras). Mas os motivos de Panckoucke eram irrelevantes para a verdadeira questão que se colocava à STN: os custos mais elevados do projeto de Suard resultariam em lucros substancialmente maiores? Bosset estava inclinado a julgar que sim, pois achava que as "Réflexions" escritas por Panckoucke salientavam um perigoso ponto fraco na estratégia da reimpressão: o mercado da edição original podia muito bem estar saturado. Seria razoável supor a existência de uma demanda para uma *Enciclopédia* significativamente nova — desde que o preço fosse correto. Mas nesse ponto Bosset detectava uma falha no plano de Suard: ele deixaria a edição revista além do poder aquisitivo de todos os que não estivessem entre os mais abastados compradores de livros. Bosset acreditava que o maior lucro possível estava em explorar a demanda pela *Enciclopédia* entre os leitores comuns: "Não pode ser senão pelo preço baixo que se estabelecerá para essa nova edição que se poderá facilitar-lhe a venda, colocando-a mais ao alcance de todos". A história subseqüente da *Enciclopédia* provaria que Bosset havia percebido uma profunda verdade sobre o mercado literário; entretanto, a política de preço mais baixo interessava-lhe por outra razão: ao satisfazer o interesse da STN como sócia do empreendimento, essa política seria ainda mais benéfica para a firma enquanto encarregada dos trabalhos de impressão. A STN esperava imprimir na íntegra a edição revista, sendo paga com o dinheiro das receitas de acordo com sua produção. Desse modo, receberiam muito mais com uma edição mais barata de 3 ou 4 mil cópias do que com uma edição dispendiosa de 2 mil. Ademais, uma edição mais barata, com tiragem maior, diminuiria o risco de contrafações. E poderia até mesmo ser mais vantajosa para Panckoucke, acreditava Bosset: os onze volumes de ilustrações, que Panckoucke propusera vender por 36 libras cada um, poderiam ser comprimidos em seis tomos um pouco maiores e vendidos a quarenta libras cada, a um custo total de 240 libras em vez de 396. Bosset julgava que o texto poderia ser mantido em vinte volumes (os dezessete tomos originais e três volumes de texto do *Supplément*), pois a adição de novo material compensaria a eliminação dos erros e repetições da velha edição. Cada volume de texto poderia ser vendido a 24 libras, totalizando 480 libras pelos tomos de texto e mais 240 libras pelos de ilustração, ou seja, 720 libras pela coleção completa — o mesmo preço que Panckoucke e a STN haviam originalmente planejado cobrar pela reimpressão *in-folio*. A esse preço, poderiam vender duas vezes mais cópias do que o planejado por Panckoucke. E 3 ou 4 mil cópias de 720 libras dariam mais lucro do que 2 mil de 864 libras, o preço que Panckoucke propusera para a edição revista. O melhor seria direcionarem a edição para o *grand public*.

Obviamente, a margem de lucro não aumentaria se os custos ultrapassassem um determinado patamar. A STN teria de obrigar Panckoucke a reduzir as 100 mil a 120 mil libras que ele propusera como pagamento aos filósofos. Bosset argumentou que a revisão exigia tão-somente "ordem e bom gosto", e não genialidade, objetando particularmente às "pretensões excessivas" de Suard. Nada comentou a respeito do fato de ele ser cunhado de Panckoucke, mas propôs que Suard fosse pago segundo o número de folhas do texto recém-escrito, e não por volume — política essa que o impediria de receber pagamento por material do texto de Diderot que usasse sem modificações. Bosset sugeriu também que ao término da tarefa de reescrever a obra, Suard recebesse 12 mil libras e vinte coleções grátis, em vez das 40 mil libras propostas por Panckoucke. Finalmente, recomendou que a STN exigisse três modificações nas emendas ao contrato de 3 de julho de 1776 sugeridas por Panckoucke. Em primeiro lugar, Panckoucke quisera ampliar a base financeira do empreendimento vendendo um terço das cotas a outros livreiros; propusera, portanto, que ele e a STN vendessem, cada um, um terço de suas cotas — cada parte detinha 50% — por 25 mil libras. Para Bosset, a idéia era boa, mas o preço, não, já que um terço do preço que a STN pagara a Panckoucke importava em 36 mil libras: o editor estava pedindo à STN que assumisse um prejuízo de 25% sem compensações, e portanto não deviam concordar. Em segundo lugar, a STN pagara a Panckoucke 35 400 libras para cobrir o custo de produção dos três volumes da edição genebrina que ele resgatara da Bastilha e que tencionava usar para a proposta terceira reimpressão *in-folio* (essa quantia cobria também um tomo de ilustrações, o frontispício e os retratos de Diderot e D'Alembert). Se o editor abandonasse o projeto da reimpressão, não poderia esperar que a STN pagasse a metade do prejuízo que teriam com aqueles volumes. Em terceiro lugar, Panckoucke havia determinado que a edição revista fosse mantida em segredo até 1º de julho de 1777, data em que seria anunciada publicamente, com o lançamento dos dois primeiros volumes. Isso lhe daria mais seis meses para vender suas trezentas cópias encalhadas da reimpressão genebrina, pois seu contrato com a STN obrigava-o a publicar o prospecto da reimpressão de Neuchâtel em 1º de janeiro de 1777. Bosset atribuía enorme importância à rapidez. A STN empregara um capital vultoso demais para sacrificar seis meses sem receber nenhum retorno financeiro;

comprara uma casa, pagando um preço inflacionado, para expandir suas instalações de imediato, e Bosset achava que deviam opor-se ao pedido de adiamento. Provavelmente sentado em casa no fim do dia, Bosset encerrava sua argumentação: "Aí estão, senhores, em linhas gerais, minhas reflexões sobre esse negócio que submeto absolutamente à vossa decisão e às vossas luzes. Terei a honra de ver-vos, senhores, amanhã às duas horas para conversarmos sobre ele [...] Tenho a honra, senhores, de vos desejar boa-noite".

Não existe registro do que aconteceu na reunião das duas da tarde, mas a peça seguinte desse quebra-cabeças mostra que a STN aceitou a proposta da edição revista. Em 31 de agosto de 1776, assinaram um acordo que adaptava seu contrato anterior com Panckoucke ao projeto de Suard (ver Apêndice A. III). Nesta "Addition au traité avec M. Panckoucke", consentiam em adiar o anúncio da nova edição para 1º de julho de 1777, data em seriam lançados os dois primeiros volumes de texto e o primeiro de ilustrações; o restante da obra seria publicado segundo o cronograma especificado no contrato da reimpressão. A STN teve de aceitar o prejuízo com sua parte nas cópias antigas dos volumes 1 a 3 da edição de Genebra, que seriam vendidas como refugo, com a exceção de alguns clichês e artes-finais aproveitáveis. Aparentemente, foi preciso ceder também à posição de Panckoucke quanto ao preço, pois o acordo não continha nenhuma cláusula para reduzir o número de volumes da coleção e fixava o preço de cada tomo no patamar ditado por Panckoucke, ou seja, 24 libras por volume de texto e 36 libras por volume de ilustrações (esses eram os preços no varejo; para os livreiros, cada volume de texto sairia por vinte libras, e os de ilustrações, por trinta libras cada). A STN concordou em permitir a venda de um sexto de suas cotas, em vez de um terço, a um preço especificado em cartas que hoje não mais é possível localizar. Panckoucke venderia a metade de suas próprias cotas. O empreendimento seria dividido em cotas de 1/12 cada uma; assim, a propriedade do mesmo ficaria alocada da seguinte maneira: STN, 5/12; Panckoucke, 3/12; outros livreiros, 4/12. Com esse ajuste, diminuiriam as dificuldades financeiras de Panckoucke e reduzir-se-iam os riscos de contrafações, pois seriam recrutados sócios poderosos, como Marc-Michel Rey, com quem Panckoucke planejava encontrar-se no outono em Amsterdã. Em vez de estabelecer uma relação contratual com Suard, a STN simplesmente autorizou Panckoucke a negociar com ele segundo linhas gerais especificadas em um memorando, que foi extraviado dos documentos de Neuchâtel. Como Panckoucke já havia estipulado as condições do projeto de Suard no contrato de 14 de agosto, a STN não teve êxito em sua tentativa de enxugar o orçamento. Assim, como já explicado, Suard foi autorizado a contratar os filósofos para reescrever o texto de Diderot ao preço de 5 mil libras por volume. Concluída a obra, ele receberia adicionalmente 20 mil libras, em vez das 40 mil da proposta original de Panckoucke.[19] Bertrand, da STN, também receberia 20 mil libras pelo copidesque e a revisão das provas, e a STN imprimiria a obra na íntegra, mas com uma tiragem de apenas 2 mil cópias. Portanto, Panckoucke cedeu o suficiente para abrandar os suíços, mas abriu mão de bem pouco, forçando seus relutantes parceiros a aceitar o plano de uma ambiciosa e dispendiosa remodelação do texto de Diderot, plano esse que ele havia formulado juntamente com o próprio filósofo. Apesar da irrefutabilidade dos argumentos de Bosset, a STN perdera a segunda rodada de negociações com o mais poderoso editor da França.

JOSEPH DUPLAIN E SUA "ENCICLOPÉDIA IN-QUARTO"

No outono de 1776, Panckoucke viajou a negócios para a Holanda e a Inglaterra. Ao retornar, informou à STN que vendera duzentas cópias da edição de Genebra, "mas ainda há sobras e percebeis que não posso ocupar-me seriamente de nosso negócio a menos que esses exemplares sejam vendidos. Mas isso deve ser feito sem demora". Havia vendido também cotas da edição revista, mencionando Marc-Michel Rey, de Amsterdã, C. Plomteux, de Liège, e Gabriel Regnault, de Lyon, como os outros associados. Cada um deles evidentemente adquiriu uma só cota de 1/12, pois Panckoucke tinha para vender quatro cotas de 1/12, e escreveu relatando que Rey havia comprado apenas 1/12 em vez de 2/12 como Panckoucke esperava. Regnault, na verdade, adquirira sua cota em julho de 1776, quando Panckoucke passara por Lyon após concluir o contrato original com a STN em Neuchâtel e depois de se encontrar com De Tournes em Genebra. Panckoucke devolveu à STN a cota restante de 1/12, "que me retrocedestes com tanta dificuldade". E assim, o empreendimento podia contar com a participação de importantes livreiros de Lyon, Liège e Amsterdã em associação com os editores de Neuchâtel e Paris.[20]

O projeto seguia sem percalços, embora a um ritmo mais lento do que o esperado, informava Panckoucke. Suard, que tentara regatear acerca de detalhes em seu contrato, não conseguira completar os dois primeiros volumes antes de agosto de 1777, mas prometera entregar o restante conforme o cronograma. Panckoucke procuraria apressar Fournier, que deveria fornecer à STN a fonte de tipos mas estava sobrecarregado de encomendas. Os três primeiros volumes de ilustrações deveriam ser concluídos em fins de 1777; era um trabalho lento, sendo necessário reduzi-los em escala e regravá-los para adequá-los ao formato mais compacto do projeto. Nenhum desses atrasos incomodava Panckoucke, que ainda precisava vender cem de suas velhas *Enciclopédias*, mas ele os mencionava como uma vantagem: "O sr. Rey é da opinião de não anunciar nada no prazo de um ano. Demasiada precipitação pode estragar o mais excelente negócio. O público poderia ter pouca confiança em um empreendimento em que se põe tanta diligência [...]. Ver-se-á que é um empreendimento livreiro mal concebido. Seremos acusados de avidez. Não nos apressando demais, ao contrário, teremos a aprovação do público, dos conhecedores, e não poderemos deixar de fazer um belo e útil empreendimento". Nesse ínterim, Panckoucke continuava em apuros financeiros. O capital obtido com os novos sócios trouxera certo alívio, mas ele tinha 80 mil libras de dívidas pendentes para 1777, e por esse motivo precisava que a STN cumprisse estritamente os prazos do pagamento das 108 mil libras que a firma lhe devia. Os pagamentos a Suard já haviam começado; cartas posteriores revelam que Suard havia recebido mil libras por mês a partir de setembro de 1776, que alugara um sala por trezentas libras anuais para ser seu *bureau de travail*, contratara um *commis intelligent* por 1200 libras ao ano e um copista por oitocentas libras e se pusera a trabalhar, pesquisando diligentemente outras enciclopédias e obras de referência, corrigindo erros da *Enciclopédia* original e coletando material para novos verbetes. O empreendimento, portanto, já se encontrava em bom andamento quando um livreiro de Lyon, Joseph Duplain, ameaçou arrasá-lo.[21]

Duplain era um dos livreiros mais velhacos de uma das cidades mais desregradas do ramo livresco. Lyon servia como principal canal para o contrabando dos *mauvais livres* e dos *livres philosophiques* produzidos em Genebra e Lausanne e levados para Paris a fim de satisfazer a demanda por literatura proibida. Os livreiros de Lyon não hesitavam em encomendar em grandes quantidades obras como *La naissance du dauphin dévoilée* e *Le système de la nature*, fazendo-as passar pela corporação, cujos síndicos teriam por obrigação confiscá-las e entregá-las ao carrasco para serem rasgadas e queimadas. É bem verdade que alguns livreiros da cidade — Bruysset e Périsse, por exemplo — trabalhavam honestamente e advogavam a integridade de Lyon em profusos memorandos enviados a Versalhes, onde os funcionários do governo, que conheciam muito bem os lioneses, os refutavam ponto por ponto.[22] É provável que por Lyon passassem mais livros proibidos do que por qualquer outra cidade das províncias francesas. Lyon tinha um pendor para o comércio ilegal não só por constituir-se em um ponto de venda natural para os impressores da Suíça e de Avignon, mas também porque liderava os editores franceses das províncias em uma longa e infrutífera batalha contra a corporação em Paris. O governo concedera aos parisienses o domínio da atividade livresca em fins do século XVII, e eles não abriram mão de suas prerrogativas no século seguinte. Como os parisienses monopolizavam as obras legais — as que contavam com privilégios —, os provincianos retaliavam comercializando obras piratas, mais baratas graças ao capitalismo implacável dos contrafatores que as negociavam a preços arrasadores e que operavam em refúgios como Neuchâtel. Esses contrafatores encontravam numerosos aliados em Lyon, onde por vezes os livreiros encomendavam a produção de edições piratas ou as vendiam por atacado em grande escala, ou ainda ajudavam a contrabandeá-las. Os livreiros de Lyon podiam ser também adversários, pois às vezes imprimiam em segredo obras ilegais em suas próprias tipografias.

Como clientes, eles eram igualmente intratáveis. Caixeiros-viajantes testemunharam que era preciso muita coragem e cautela para enfrentar um livreiro lionês em sua loja. Antes de confrontar os clientes, Jean-Elie Bertrand, da STN, anotava em um caderninho suas características pessoais e os pontos a serem abordados nas negociações. Por exemplo, ressaltou: "J. M. Bruysset, homem frio e hábil", observando que o melhor seria conduzir a conversa em direção a três temas, que relacionou com pormenores e provavelmente ensaiou antes de pisar na sala de Bruysset. Parecia menos intimidado quando se tratava de "dos irmãos Périsse, homens de espírito, que se gabam de conhecer literatura", com quem planejou discutir seis temas meticulosamente estudados. E colocou "Jacquenod, pai e filho", quase por último na hierarquia dos livreiros de Lyon; estes permitiam unicamente uma conversa rápida: "uma simples visita, tratar ligeiramente com eles; o filho é preferível".[23]

Impressão semelhante sobre os lioneses foi registrada no diário de Emeric David, impressor de Aix-en-Provence, durante uma viagem de negócios em 1787: "Visto o célebre De Los Rios: triste figura [...] não é muito mais que um alfarrabista [...] diz-se que é charlatão, mentiroso". "Cizeron: homem idoso e indolente." "Visto o sr. Regnault, homem enérgico: ar seguro, vontade firme; parece ter golpe de vista justo e idéias claras." "Jantar no Château Périsse em mesa de 25 talheres. Polidez excessiva e que não se relaxa jamais. Tom cerimonioso, mesmo entre parentes próximos [...]. Périsse Duluc passa, com razão, por ser homem de espírito." A despeito dessa suntuosidade ocasional, David concluiu que um clima de grosseria e má-fé imperava na atividade livresca de Lyon: "Doze tipografias — três quartos ocupam-se apenas de contrafações [...]. Nenhum impressor que procure agir bem [...] amor pelo dinheiro [...] pilhagem".[24]

Outros observadores locais eram da mesma opinião. Um livreiro clandestino, passando uma temporada na Bastilha, escreveu para a polícia um relato minucioso sobre o comércio ilegal, caracterizando os livreiros de Lyon como especialistas no "nobre ofício de trapaceiros" — ou seja, na contrafação de obras: "Os Réguilliat, Regnault [...] de Lyon são as pestes do ramo livreiro de Paris, tanto mais perigosos quanto são protegidos".[25] Um cobrador da STN constatou que eram tão matreiros que raramente conseguia fazê-los pagar suas contas sem ameaçar arrastá-los ao tribunal: "Quase gastamos um par de sapatos atrás de Cellier, que é um verdadeiro desmiolado, rabiscador e mentiroso".[26] E Panckoucke não só abominava os livreiros de Lyon individualmente, como por exemplo Jean-Marie Barret, "homem de uma insigne má-fé", mas também os amaldiçoava como um grupo: "Se eu tivesse de escolher um homem desonesto, seria preciso procurá-lo entre os livreiros de Lyon. Ali não há fé nem pudor".[27] Joseph Duplain criou-se e prosperou naquele ambiente. Seu pai, Benoît, e seu primo, Pierre-Joseph, eram livreiros; e quando ele assumiu os negócios da família, tornou-se conhecido entre os amigos como um negociante particularmente astuto.[28] Um deles, contrabandista, tentou causar boa impressão à STN salientando o quanto seu caráter diferia do de Duplain: "Não nos parecemos de modo algum com os Duplain e com os Le Roy, com [*sic*] os quais, embora amigos íntimos desde a infância, por nos termos entregue a eles de boa-fé e termos confiado em sua palavra, pretenderiam nos extorquir um objeto de mais de 4 mil libras que nos são devidos".[29] A essa altura, a STN já tivera a oportunidade de conhecer Duplain a fundo, em decorrência de seus próprios negócios com ele, o que ilustra a simbiose entre os livreiros provincianos e os editores estrangeiros.

Na primavera de 1773, Duplain e a STN combinaram a permuta de duas obras ilegais. Duplain comprometeu-se a enviar 84 cópias de uma edição que ele imprimira em doze volumes das obras de Rousseau, em troca de um valor equivalente em cópias da edição publicada pela STN das *Questions sur l'Encyclopédie*, de Voltaire. As trocas em espécie eram comuns entre os atacadistas de livros, e a STN enviou suas obras pontualmente, mas teve de esperar três meses para receber as de Duplain. Os diretores da STN interpretaram o atraso como uma tentativa de impedi-los de concorrer com Duplain no mercado das obras de Rousseau, enquanto o livreiro competia com a STN nas vendas de Voltaire. Depois de finalmente receberem os livros de Rousseau, os diretores da STN pediram a Duplain que lhes fizesse um favor, provando assim sua boa vontade e compensando-os por sua má conduta: precisavam obter um carregamento com a proibida *Encyclopédie d'Yverdon* para a feira de Beaucaire, e pediram a Duplain que tratasse da liberação por intermédio da corporação de Lyon. O livreiro concordou, ficando assim credor de uma dívida que cobraria mais tarde da STN. No outono de 1773, a editora suíça ficou sabendo que Duplain estava produzindo uma edição pirata do *Dictionnaire des arts et métiers* (cinco volumes, *in-octavo*), obra que a STN também já começara a imprimir. A STN suprimiu sua contrafação em favor da de Duplain — pedindo-lhe, então, outro favor. Precisavam de ajuda para conseguir a liberação de três caixas de livros proibidos, apreendidos na corporação de Lyon. Duplain tratou da liberação e enviou os livros ao cliente da STN, Gaude, de Nîmes. Alguns meses mais tarde, concordou em cuidar da liberação de outro carregamento da *Encyclopédie d'Yver-*

don pela corporação: "A *Enciclopédia* não passa mais aqui. Nossa câmara sindical recebeu a esse respeito ordens muito precisas, mas como não esqueci de modo algum o serviço que me prestastes, endereçai-me os que quereis fazer passar e eles passarão".[30]

Foi então a vez de Duplain solicitar um serviço. Ele imprimira uma edição contrafeita de *Les lois ecclésiastiques*. A viúva Dessaint, dona de uma poderosa livraria parisiense que detinha o privilégio da obra, conseguira a apreensão de um carregamento da edição de Duplain e o estava processando por contrafação. Para livrar-se de pagar uma pesada indenização e talvez de ser expulso da corporação, Duplain pediu à STN que enviasse uma petição ao chefe de polícia em Paris, com a falsa afirmação de que a STN comprara aquele carregamento de um editor de fora da França, enviando-o a Duplain, que descobrira a falta de algumas folhas na obra. A STN devia explicar que persuadira Duplain — depois de muito suplicar — a imprimir ali mesmo as folhas que faltavam, com isso preservando o valor da obra sem que fosse preciso enredar-se em negociações com o verdadeiro editor da edição pirata. A viúva Dessaint, ao saber desse pequeno trabalho de recuperação, acusara Duplain de publicar a obra na íntegra — calúnia essa que poderia acarretar um desastroso erro judicial. Por conseguinte (a STN deveria argumentar), as autoridades francesas tinham de retornar o carregamento a Neuchâtel e inocentar Duplain "de uma acusação e de um processo em que ele não deve entrar". A STN não tinha a mínima vontade de fazer uma falsa confissão à polícia de Paris, mas sabia o valor de um aliado na corporação de Lyon, e por isso enviou a petição por Duplain: "Encontrareis sob este sobrescrito a petição que desejais. Fazemos votos de que tenha o efeito que dela esperais, tudo sem nosso prejuízo, e ficaremos encantados de ter muitas vezes a oportunidade de vos provar nosso devotamento".[31] Era assim que decorriam as relações entre os livreiros de Lyon e os editores suíços — acúmulo de favores concomitante a renhidas negociações, manobras entre extremos de competição e cooperação, supressão da desconfiança mútua o suficiente para poderem prejudicar os inimigos comuns em Paris.

Em dezembro de 1776, esse homem, epítome do finório estilo de negociação imperante no ramo livresco de Lyon, publicou um prospecto sobre uma reimpressão da *Enciclopédia*, mais barata e em formato *in-quarto*. Duplain não tinha o direito de editar tal obra; os "direitos" pertenciam a Panckoucke e seus sócios, e mesmo eles não ousavam imprimi-la em solo francês. Assim, Duplain estava arriscando: anunciava a publicação de uma obra grandiosa e ilegal antes de ter certeza de que seria capaz de produzi-la ou de fazê-la entrar na França. Mas os prospectos não custavam caro; Duplain meramente anunciou seus propósitos em um folheto, que enviou pelo correio a seus clientes e contatos. Evidentemente, queria saber qual seria a reação antes de gastar dinheiro com tipos e papel. Como propunha vender a obra mediante assinaturas, poderia aplicar a receita proveniente do primeiro pagamento dos assinantes no dispendioso investimento inicial. E, enquanto sondava o mercado, podia manter-se oculto, pois emitira o prospecto em nome de Jean Léonard Pellet, um editor genebrino que por 3 mil libras concordara em servir de testa-deferro.

Esse processo de sondar o mercado — ou "tomar o pulso do público", no jargão dos editores setecentistas — envolvia também *annonces* e *avis* impressos, ou matérias publicitárias em jornais. Em 3 de janeiro de 1777, a *Gazette de Leyde* publicou um *avis* acerca do empreendimento de Duplain que constitui a mais rica fonte de informações sobre o caráter original da obra proposta. A matéria mostra que Duplain pretendia seguir a mesma estratégia recomendada por Bosset, ou seja, explorar um mercado amplo com a produção de uma *Enciclopédia* barata. Lamentava o fato de a suprema obra do século — que por si só já constituía uma biblioteca — ter sido posta à venda a um preço fora das possibilidades financeiras das pessoas que mais poderiam se beneficiar com ela. Por isso, os *nouveaux éditeurs* — cujos nomes não eram mencionados — estavam-na oferecendo com uma espetacular redução de preço: por 344 libras em vez de 1400, o preço vigente então. Esse corte drástico no preço, explicavam, devia-se à produção de apenas três volumes de ilustrações — o que não representava grande perda, pois a maioria das pranchas dos onze volumes *in-folio* originais era de pouca utilidade. A nova edição conteria versões regravadas das ilustrações verdadeiramente importantes, e qualquer leitor que desejasse colecionar pranchas sobre os ofícios poderia adquirir a um preço acessível os *Cahiers des arts et métiers*, patrocinados pela Academia de Ciências. O texto da nova edição, contudo, seria muitíssimo superior ao da antiga. Impresso (apropriadamente) com um tipo denominado *philosophie* e em papel de alta qualidade, incorporaria o *Supplément*, corrigiria os numerosos erros da edição *in-folio* e apresentaria material novo, descrito vagamente na nota como "alguns trechos que, por sua raridade ou utilidade, tornam-se preciosos". Os assinantes pagariam uma entrada no valor de doze libras e enviariam dez libras após o recebimento de cada volume de texto e dezoito libras ao receberem cada tomo de ilustrações (destes, o último custaria apenas seis libras). Seriam enviados 29 volumes de texto e três de ilustrações, à razão de seis a oito volumes anuais. Os editores limitariam a impressão ao número de assinaturas que fossem adquiridas; por isso, seria impossível aproveitar essa pechincha depois de encerradas as assinaturas. Os interessados deveriam enviar bem rápido o dinheiro da entrada a um livreiro genebrino de nome Téron, que aparentemente estava servindo de agente comercial para Duplain.

Anunciar uma *Enciclopédia* barata quando Panckoucke estava produzindo outra de preço elevado equivalia a apontar uma pistola para sua cabeça, mas Panckoucke não era do tipo que ficaria esperando o inimigo disparar primeiro. Ele contra-atacou com um outro projeto para a *Enciclopédia*, que formulou juntamente com a STN em um contrato com data de 3 de janeiro de 1777 (ver Apêndice A. IV-V). Em primeiro lugar, reconheciam que o anúncio da *prétendue nouvelle édition* de Duplain obrigava-os a reduzir a tiragem de sua edição revista de 2 mil para mil cópias. Mas dariam o troco com uma outra edição *in-quarto*, que excluiria Duplain do mercado porque esta se constituiria em uma versão de baixo preço da edição revista, impressa com a elevada tiragem de 3150 cópias. Esta obra conteria apenas três ou quatro volumes de ilustrações e 36 a quarenta de texto, ao preço de doze libras por tomo. Portanto, seria um pouco maior e mais cara do que a *Enciclopédia* de Duplain, mas não a ponto de incluir-se em outra faixa de preços. Os compradores em potencial com certeza desistiriam da edição de Duplain ao saber que um ilustre grupo de filósofos estava preparando uma obra superior. E Panckoucke assegurar-se-ia de que os clientes não teriam contato com a edição *in-quarto* rival, fazendo valer seus *droits et privilèges*.

A proteção conferida pelo privilégio representava um elemento crucial na estratégia de Panckoucke. Ele detinha o direito exclusivo de reproduzir a obra — um direito tão válido, segundo as normas da época, que ele podia dividi-lo em cotas e vendê-lo por preço elevadíssimo em toda a Europa ocidental. Seria inútil transformar uma ficção legal em um ativo palpável se não fosse possível conseguir o respeito à lei. Por conseguinte, o Estado tinha de ser forçado a caçar as cópias *in-quarto* de Duplain com tanto rigor como se buscasse um contrabando de sal. Alguns confiscos exemplares, ou até mesmo a publicação de uma veemente proibição, acarretariam a deserção de muitos dos assinantes de Duplain em favor do grupo de Panckoucke. Assim, Panckoucke conseguiu fazer com que Le Camus de Néville, o *directeur de la Librairie*, enviasse uma carta circular às várias corporações de livreiros e aos *inspecteurs de la Librairie* alertando que a edição de Duplain era uma obra ilegal e pirata, e informando que todas as cópias seriam confiscadas pelas autoridades. Com isso, Panckoucke e seus sócios contra-atacaram em duas frentes: procuraram atrair os assinantes efetivos e potenciais de Duplain oferecendo sua própria edição *in-quarto* da *Enciclopédia*, de qualidade superior, e tentaram arrasar a edição de Duplain com o poder do Estado francês. Essa contra-ofensiva, porém, suscita uma questão de importância suficiente para merecer uma digressão: como é que o governo francês, que quase destruíra as duas primeiras edições da obra, poderia servir como linha principal de defesa para salvar a terceira?

Esse paradoxo parece menos intrigante se considerarmos as diferenças entre o governo que em 1770 trancafiou na Bastilha as 6 mil *Enciclopédias* de Panckoucke e o governo que as liberou, em 1776. A situação política tornara-se cada vez mais opressiva durante os últimos anos do reinado de Luís XV. Da dispendiosa e humilhante experiência da Guerra dos Sete Anos e da dissolução da ordem dos jesuítas em 1764 ao caso da Bretanha e da crise parlamentar de 1771-4, o governo provocara uma crescente oposição, a qual vinha sufocando com um autoritarismo cada vez mais exacerbado. Reservava especial severidade ao policiamento da atividade livresca, como Panckoucke aprendeu à custa de muito prejuízo. Mas a ascensão de Luís XVI em maio de 1774 pôs um fim ao implacável "triunvirato" dos ministros Maupeau, Terray e D'Aiguillon. Turgot, um colaborador da *Enciclopédia* e amigo dos filósofos, traçou as diretrizes do novo reinado. Mesmo após sua queda, em junho de 1776, o governo continuou com freqüência a manter sua postura reformista, sendo especialmente liberal na política relativa ao ramo livresco. Em 30 de agosto de 1777, emitiu vários decretos destinados a enrijecer as medidas contra obras falsificadas e a enfraquecer o monopólio dos privilégios em poder da corporação dos livreiros parisienses (Communauté des Libraires et des Imprimeurs de Paris).

A corporação, em 1777, encerrava ainda vestígios da estadística de Luís XIV. O governo a usara na segunda metade do século XVII para conseguir o controle sobre a palavra impressa. Colbert eliminara inúmeros prelos nas províncias, concentrara a publicação de livros em Paris sob a autoridade da corporação e recrutara os serviços desta para suprimir todas as obras sem privilégio. Com a censura, a burocracia régia e a polícia reforçando seu monopólio econômico, os membros da corporação haviam obtido a maioria dos privilégios para a publicação de livros, impelindo seus concorrentes das províncias para os braços de editoras como a STN, que se especializavam em obras piratas e proibidas. Na época da ascensão de Luís XVI, essa política se revelara contraproducente; ela provocara um surto no ramo das obras ilegais enquanto conferia ao patriciado parisiense um monopólio sobre a literatura ortodoxa. Os reformadores de Luís XVI queriam liberalizar a ortodoxia e criar uma liberdade limitada para o comércio de livros. Sua lei determinava que, em vez de conferir um direito ilimitado e perpétuo sobre uma obra, o privilégio deveria extinguir-se após dez anos ou com a morte do autor. Os autores e seus herdeiros poderiam manter indefinidamente seus privilégios (o poder da corporação tornara-lhes quase impossível possuir o privilégio de suas próprias obras), e os impressores das províncias poderiam produzir qualquer livro que passasse a domínio público — isto é, o grosso da literatura que havia sido reservada aos parisienses. Os decretos de agosto admitiram que o monopólio dos parisienses obrigara os editores das províncias a trabalhar com contrafações, e por isso permitiram-lhes liquidar seu acervo de obras falsificadas, estabelecendo, porém, um sistema de severas penalidades e policiamento para impedir todo e qualquer comércio posterior de obras contrafeitas e proibidas.[32]

Esses decretos, inspirados pelo desejo de infundir um espírito moderno e empreendedor a uma atividade que se debilitara sob a organização arcaica moldada por Colbert, causaram consternação à oligarquia parisiense. A corporação reagiu com petições, protestos, panfletos, processos judiciais e uma espécie de greve informal, que levou ao caos a atividade livresca, até que a Revolução solucionou a disputa acabando de vez com os privilégios e o corporativismo. Em todos esses protestos, o mais poderoso membro da corporação parisiense primou pela ausência. Em dezembro de 1777, o agente da STN em Paris relatou: "Os livreiros daqui estão exaltados contra os novos regulamentos. Cem deles se reunirão dentro de alguns dias na câmara sindical e darão uma petição ao guarda-selos. Se ela não tiver o sucesso desejado, dirigir-se-ão ao rei. Trata-se principalmente da conservação dos privilégios [...]. Panckoucke não estava na assembléia dos livreiros, que o acusam de ser o autor de todos esses regulamentos".[33] Em suas cartas, Panckoucke não discutiu abertamente seu papel nas reformas, mas também não escondeu que suas relações com os outros membros da corporação andavam estremecidas e que ele apoiava a nova legislação. "Fala-se muito de um novo regulamento, mas ainda ignoro quando ele aparecerá", escreveu em 4 de julho de 1777. "O ramo livreiro tem necessidade de uma reforma. Os abusos produziram os excessos, que por sua vez fizeram todo o mal de que somos testemunhas." Em 19 de novembro de 1777, informou: "Os decretos causam muita sensação aqui. Há representações de todas as partes. Os homens de letras e os livreiros parecem ter calcado aos pés sua razão. É impossível ver pior e raciocinar pior".[34] Em 1791, tentou provar seu *civisme* enfatizando que antes de 1789 já se opunha a "aos abutres do ramo livreiro, aos déspotas das câmaras sindicais". Alegou que combatera o *esprit de corps* dos livreiros parisienses empenhando-se pelas reformas de 1777.[35] No entanto, esse empenho deve ter sido bem discreto, pois tudo o que Panckoucke conseguiu apresentar como prova de seu caráter progressista na era pré-revolucionária foi um memorando, aparentemente destinado à *diréction de la Librairie*, que defendia a posição do governo contra um memorando apresentado pela corporação. Mas não seria de esperar que Panckoucke rompesse abertamente suas relações com a corporação em 1777, e ele pode muito bem ter tido um papel fundamental na reforma da atividade livresca, como acreditavam seus contemporâneos, mesmo permanecendo nos bastidores, aconselhando e usando seus contatos influentes, no estilo que preferia.[36]

Uma das razões do alheamento de Panckoucke com relação aos outros membros da corporação era o fato de ele não trabalhar como os demais. Com exceção de alguns mais aventureiros, a grande maioria tendia ao conservadorismo, à exploração de privilégios concedidos para as obras sem risco — clássicos, tratados jurídicos, obras religiosas e similares — que lhes permitiam uma renda relativamente segura, regular e restrita. Panckoucke, por sua vez, fazia negócios em grande escala com novas obras e enormes compilações: *Grand vocabulaire français*, de trinta volumes, *Abrégé de l'histoire générale des voyages*, de 23, e *Répertoire universel et raisonné de jurisprudence*, de 86. Em 1763, quando se estabelecera em Paris adquirindo o acervo do livreiro Michel Lambert, Panckoucke assumira a responsabilidade de vender as vastas obras que estavam sendo produzidas pela Imprimerie Royale: *Histoire naturelle*, de Buffon, que acabou abrangendo 36 volumes *in-quarto*, os 41 volumes de *Mémoires de l'Académie des Inscriptions et Belles-letres* e as *Mémoires de l'Académie Royale des Sciences*, que vinham sendo impressas desde 1699 e chegaram até o volume 188 em 1793.

Panckoucke não financiou sozinho esses empreendimentos mastodônticos; formou consórcios, vendeu cotas e coordenou créditos e débitos em combinações tão complexas que é impossível calcular efetivamente a magnitude de seu patrimônio. É evidente que suas obras rendiam-lhe o suficiente para pagar de 70 mil a 80 mil libras anuais a Anisson Duperron, o *Directeur de l'Imprimerie Royale*; seus empreendimentos jornalísticos foram ainda mais vultosos. Ao longo das várias fases de sua carreira, Panckoucke investiu em dezesseis jornais. Incorporou nove jornais ao *Mercure*, e absorveu outros a um ritmo tão vertiginoso que podemos considerá-lo o primeiro magnata da imprensa na história francesa. Na década de 1770, Panckoucke adotou a política geral de passar da publicação de livros ao jornalismo, como explicou ele próprio à STN: "Acabo de ter o alvará do *Mercure* por 25 anos, com vantagens que meu predecessor não tinha. Aí acrescentei o *Journal de Politique* e as subscrições de cinco jornais que suprimo. Essa operação leva-me a realizar o plano que sempre tive de vender meu acervo, com exceção de *L'histoire naturelle*".[37] Em 1776, chegou mesmo a cogitar de estabelecer residência em Neuchâtel, para poder realizar seus empreendimentos livrescos em uma base segura fora do reino nos meses de verão, enquanto administraria seu império jornalístico em Paris durante o inverno.[38]

Aos contemporâneos, a construção desse império parecia uma tentativa de monopolizar toda a atividade livresca. O *Mémoires secrets*, após a aquisição por Panckoucke do jornal mais antigo da França, *La Gazette de France*, em 1786, comentou: "A avidez do sr. Panckoucke é insaciável: se pudesse, invadiria sozinho todo o ramo livreiro".[39] Dez anos antes, a STN perguntara-lhe se eram verdadeiros os boatos de que ele oferecera à Coroa 8 milhões de libras por ano em troca do domínio completo da atividade editorial. Panckoucke atribuía os boatos ao ressentimento por seu papel na reforma do ramo livresco: "A oferta de 8 milhões para ser o único impressor não tem senso comum. Esse rumor também correu [aqui], e mil outras calúnias. Como se acredita que tenho grande participação nesses decretos, os livreiros estão irritados contra mim. Isso se acalmará".[40]

A posição singular de Panckoucke como o "Atlas de la librairie" transformava-o em um aliado natural do governo contra a corporação.[41] Independentemente de haver ou não colaborado na elaboração dos decretos de 1777, ele representou o espírito empreendedor que a nova legislação procurou infundir à atividade livresca. Sem dúvida, Duplain também era um empreendedor, mas operava com obras piratas, à margem da lei. Panckoucke, o livreiro da Imprimerie Royale, trabalhava no centro do sistema — cujo reformismo esclarecido e política de comércio liberal harmonizavam-se perfeitamente com os interesses e atitudes do editor. No entanto, os empreendimentos de Panckoucke com a *Enciclopédia* pareciam contradizer seus princípios e políticas gerais; ele favorecia as reformas para restringir os privilégios e liberar o mercado enquanto usava o privilégio que detinha sobre a *Enciclopédia* para fechar o mercado a Duplain. Mas com relação aos interesses próprios de Panckoucke não havia contradições, pois o limite de dez anos para os privilégios, decretado pelas reformas de 1777, não ameaçava seus direitos sobre a *Enciclopédia*. As parcas vendas da edição genebrina indicavam que haveria pouca demanda no futuro para a obra em sua forma original, especialmente se fosse produzida a reimpressão de Neuchâtel. Porém Panckoucke esperava ótimos resultados para a edição revista, e os decretos de 1777 estipulavam que qualquer obra cujo texto houvesse sido aumentado em pelo menos um quarto deveria ficar isenta da extinção do privilégio. Ademais, a nova legislação proporcionava uma proteção mais eficaz contra as contrafações, que representavam o maior perigo para a edição revista. Esta, por conseguinte, seria mais beneficiada com as novas leis do que com as antigas. O plano geral de Panckoucke de transferir seus investimentos em livros para os periódicos iria protegê-lo da expiração do prazo de seus outros privilégios no caso de algum deles ser ameaçado, já que os decretos de 1777 não abrangiam os privilégios para a publicação de jornais. E sobretudo seu apoio ao governo e sua posição de confronto em relação à corporação deixavam-no em condições de defender todos os seus interesses usando sua influência em Versalhes.

Esta última consideração provavelmente é a mais importante, pois a atividade livresca no Antigo Regime não se revestia do verniz cavalheiresco que lhe imprimiriam mais tarde, e a política do Antigo Regime assumia a forma de intrigas palacianas, irrefreadas devido à ausência de participação popular. A administração envolvia a exploração do cargo sem o estorvo de uma tradição de serviço público. E os detentores dos cargos governamentais esperavam auferir uma renda de seu investimento, sem qualquer escrúpulo quanto à corrupção e ao suborno. Assim, os conflitos de interesses eram solucionados mediante o tráfico de influências, ou *protection*, como se dizia no século XVIII.[42]

Os protetores de Panckoucke estavam entre os mais poderosos de Versalhes. As cartas do editor com freqüência aludiam à sua influência nas mais altas esferas, especialmente entre homens como Jean-Charles-Pierre Lenoir, o *lieutenant-général de police* em Paris, que podia confiscar as cópias piratas das obras de Panckoucke, Le Camus de Néville, o *directeur de la Librairie*, que podia zelar pelos interesses de Panckoucke em meio à burocracia que cercava a atividade livresca, e o conde de Vergennes, ministro do Exterior, que podia abrir as fronteiras francesas aos livros que Panckoucke desejava importar e fechá-las para seus concorrentes. Tamanha era a influência de Panckoucke no governo que Linguet o acusou de tirania, provando-o com a publicação de uma carta do editor a Vergennes, que fora "escrita com tanta cordialidade, afeição, polidez e consideração que escapa absolutamente ao protocolo ordinário", segundo o *Mémoires secrets*.[43] Panckoucke granjeara as boas graças do governo a tal ponto que os contemporâneos o consideravam uma espécie de ministro *ex-officio* da cultura: "Seu carro o levava até os ministros em Versalhes, onde era recebido como um funcionário com pasta".[44]

Naturalmente, Panckoucke fazia uso dessa proteção para defender seus interesses. Quando a ousada edição da *Histoire philosophique et politique des établissements et du commerce des européens dans les deux Indes*, de Raynal (Genebra, 1780), foi proibida na França, Panckoucke recorreu a Vergennes e Maurepas, e não tardou que seus agentes passassem a vendê-la no Palais Royal enquanto a polícia fazia vista grossa. Somente ele conseguiu obter permissão para comercializar a edição genebrina *in-quarto* das obras de Voltaire em 1776. Os ministros de Luís XVI não só devolveram seus volumes confiscados da *Enciclopédia* genebrina, mas também autorizaram-no a importar gigantescos carregamentos da mesma e levá-los diretamente a seu depósito em Paris, sem passar pela alfândega e pelos inspetores da corporação.[45] A influência de Panckoucke em Versalhes era tão notória que os livreiros o temiam. J. M. Barret, um dos editores mais astutos de Lyon, alertou a STN para que não tentasse contrabandear para a França uma edição contrafeita da *Histoire naturelle*, de Buffon, porque o privilégio da obra pertencia a Panckoucke: "Não ignorais que o sr. Panckoucke, furiosamente ciumento desse artigo, obterá facilmente dos ministros, com os quais está em boas relações, as ordens mais severas para deter-lhe o curso; e o livreiro da França que fosse apanhado de improviso seria esmagado".[46]

Panckoucke empregava sua proteção com máxima eficácia na defesa de seu império jornalístico. A STN publicava um pequeno jornal literário; durante anos tentara, usando de todas as maquinações e subornos possíveis, obter a autorização para sua entrada na França, mas nada funcionou, pois Panckoucke não admitia a menor incursão no mercado de seu *Mercure*.[47] Em 1779, Panckoucke alegou que o *Journal de Littérature, des Sciences et des Arts* invadira seus domínios ao publicar algumas notícias políticas disfarçadas de cartas ao editor. O governo determinou que a publicação violara o privilégio de Panckoucke e que teria de pagar-lhe uma indenização vultosíssima se continuasse a tratar de assuntos que estavam reservados ao *Mercure*. O *Journal de Paris* envolveu-se em contenda semelhante com o *Mercure* em 1786, e tinha toda probabilidade de sair perdendo, comentava o *Mémoires secrets*, porque Panckoucke "distribuiu cerca de mil luíses nos gabinetes das Relações Exteriores, do Ministro de Paris e da Polícia".[48] Panckoucke de fato obrigou o *Journal de Paris* a interromper suas atividades por um período em 1777, conseguindo também a suspensão do *Journal Encyclopédique* em 1773 por publicar um comentário que desagradou a um ministro. A verdadeira razão de tal severidade, segundo o *Mémoires secrets*, era o fato de o *Journal Encyclopédique* controlar um mercado que Panckoucke desejava dominar com seu *Journal Historique et Politique*. O *Journal Encyclopédique* não possuía situação legal na França por ser publicado em Bouillon; só conseguiu salvar-se pagando a Panckoucke 51 500 libras. O próprio Panckoucke tinha de efetuar pagamentos regularmente a vários ministros para manter seus monopólios. Em janeiro de 1777, ele descobriu que não conseguiria as 22 mil libras devidas ao ministro do Exterior, e três meses depois seu déficit era de 340 mil libras. Dessa vez, usou suas proteções para livrar-se da falência. Amelot, ministro do Département de Paris e da Maison du Roi, permitiu-lhe suspender temporariamente os pagamentos, e logo depois Panckoucke restabeleceu as finanças o suficiente para reiterar suas relações especiais em Versalhes.

O *lobby*, portanto, era essencial para a atividade livresca como Panckoucke a exercia, e ele era um lobista sabidamente implacável, acionando o aparelho do Estado contra seus concorrentes. Mas não recorria ao governo por qualquer motivo. Negou-se a atender aos constantes pedidos da STN para que a ajudasse em seus próprios *lobbies*, comparativamente insignificantes, explicando que reservava sua influência para as ocasiões de suprema importância: "Ainda não vos posso prestar serviço junto ao sr. de Néville, que protegerá nosso grande negócio. Não devo importuná-lo com pequenos pedidos. [...] Servir-vos-ei melhor nas coisas importantes conservando junto aos magistrados uma boa reputação, que as gritarias de meus colegas não poderão atingir".[49] "Nosso grande negócio" significava a *Enciclopédia*. Panckoucke tencionava defender seu privilégio sobre a obra valendo-se de seus protetores.

O confronto entre a *Enciclopédia* revista e a *in-quarto* foi, pois, tão complexo quanto qualquer conflito de interesses no Antigo Regime. Não se pode interpretá-lo simplesmente como uma luta do privilégio contra o espírito empreendedor, já que Panckoucke foi um empresário privilegiado que eliminou seus concorrentes mediante o recurso a aliados no governo mas que tomou partido dos não privilegiados quando esse governo tentou liberar a atividade livresca. Pode parecer paradoxal que o Estado defendesse uma obra que proibira dezoito anos antes, mas não menos paradoxal é o fato de essa defesa ter-se baseado em um princípio — o privilégio — que o governo questionou com suas reformas, princípio esse que a própria *Enciclopédia* solapou. O Antigo Regime mostrou-se permeado de contradições desse tipo, especialmente durante seus anos derradeiros, quando os reformadores procuraram remodelar elementos do sistema sem alterar sua estrutura. Apesar de tudo, um objetivo constante pairou sobre todas as idas e vindas da política de Panckoucke em relação à *Enciclopédia*: o interesse próprio. Independentemente de seu valor pessoal e de sua amizade com filósofos, ele se manteve fiel à velha estratégia de subornar e impor sua vontade. E dispôs-se até mesmo a abraçar o inimigo quando isso aumentava sua margem de lucro.

DA EDIÇÃO REVISTA À "ENCICLOPÉDIA IN-QUARTO"

Por conseguinte, era perfeitamente natural para Panckoucke requerer ao directeur de la Librairie que decretasse o fim da *Enciclopédia in-quarto* de Duplain. Contudo, nem bem pusera em andamento esse contra-ataque, Panckoucke começou a acalentar um pensamento mais tentador: não seria possível ganhar mais unindo-se a Duplain do que lutando contra ele? Essa questão surgiu em virtude de uma outra peculiaridade do ramo livresco setecentista: a espionagem industrial.

Em 26 de dezembro de 1776, Panckoucke enviou à STN um relatório secreto sobre o empreendimento de Duplain, que recebera de Gabriel Regnault, seu sócio em Lyon: "É por seu intermédio que estou informado de todas as diligências de Duplain, mas ele não deve ser comprometido". Regnault, um dos livreiros mais astutos de Lyon, obtivera informações confidenciais acerca do sucesso das assinaturas da edição *in-quarto*, presumivelmente fornecidas por contatos que mantinha dentro da própria firma de Duplain. As informações eram tão convincentes e o êxito tão espetacular que Panckoucke subitamente decidiu reverter seus planos. Duas semanas e meia mais tarde, encontrou-se com Duplain em Dijon, e os dois concordaram em explorar conjuntamente a edição *in-quarto*, em vez de combaterem um ao outro.[50]

Por ser a documentação demasiadamente esparsa, não se pode determinar exatamente como foi que Panckoucke efetuou essa quarta mudança drástica na política relativa à *Enciclopédia*. No entanto, seu contrato com Duplain de 14 de janeiro de 1777, que mais tarde geralmente designariam como o Traité de Dijon, fornece um relato incomumente rico sobre o modo como se organizava um empreendimento editorial no século XVIII. Como esse contrato determinou o caráter da *Enciclopédia* que finalmente emergiu de todas as maquinações de Panckoucke, vale a pena estudá-lo pormenorizadamente (ver Apêndice A. VI). O contrato criava uma *société*, ou associação, entre Panckoucke e Duplain, dando a cada um metade dos direitos sobre a edição *in-quarto*. Panckoucke recebeu metade do dinheiro obtido com as assinaturas já adquiridas, cujo número continuaria a aumentar em virtude dos prospectos que haviam sido espalhados por *toutes les provinces* da França. Em troca, ele conferia ao empreendimento "todos os direitos que ele pode transmitir" — ou seja, o status de obra legal, derivado de sua propriedade dos "direitos [e] clichês do *Dicionário enciclopédico* e do privilégio da coletânea de ilustrações sobre as ciências, artes e ofícios". Panckoucke supervisionaria a produção dos três volumes de ilustrações e cuidaria das remessas para o mercado de Paris — aspecto delicado do empreendimento, em que sua proteção poderia ser crucial. Duplain administraria a produção e distribuição dos 29 volumes de texto. Cada sócio faria a captação de assinaturas e apresentaria um relatório mensal do progresso realizado. Os lucros seriam divididos equanimemente, após a contabilização semestral. As assinaturas haviam chegado com tamanho volume e rapidez que Duplain esperava acumular, com a receita da primeira parcela, um capital suficiente para cobrir os custos iniciais de produção; porém, se esses custos temporariamente ultrapassassem as receitas, cada sócio adiantaria metade do capital necessário para continuar a impressão.[51] Para simplificar a contabilidade, Duplain receberia uma quantia fixa para cada folha impressa, com uma tiragem de 4250 cópias, e Panckoucke seria pago da mesma forma pelo retoque e regravação das pranchas. Como a produção dos volumes de texto representaria a fase mais trabalhosa da operação, Duplain receberia 2 mil libras anuais para cobrir as despesas. A nova sociedade também pagaria seiscentas libras por ano a um *rédacteur*, que incorporaria ao texto os quatro volumes do *Supplément*, "sem adição nem correção — isto é, ele não deveria modificar a obra, e sim agir mais como um copista do que como um editor de texto. Esse era o único ponto em que o contrato diferia das cláusulas apresentadas no prospecto original de Duplain, que prometia incluir material inédito na nova edição. Panckoucke provavelmente fez questão de manter o texto original para não prejudicar o mercado da edição revista.

O contrato especificava qual o tipo a ser usado (*philosophie*) e o papel (deveria pesar entre dezoito e dez libras, *poids de Lyon*, e custar nove libras a resma), e determinava um rígido cronograma de produção. Duplain teria de produzir quatro volumes a cada seis meses, a começar em 1º de julho de 1777. O texto seria distribuído a partir de um depósito central em Genebra e vendido sob o nome de Pellet, mas Duplain encomendaria a impressão a quem achasse melhor, contratando o trabalho de impressores em Genebra e outras cidades da Suíça, e talvez até mesmo em Lyon. O preço no varejo foi estipulado no mesmo patamar indicado no prospecto de Duplain: dez libras para cada um dos 29 volumes de texto e dezoito libras para cada um dos três tomos de ilustrações, perfazendo um total de 344 libras. O preço no atacado para os livreiros seria de sete libras e dez soldos por volume de texto e quinze libras e dez soldos por tomo de ilustração, totalizando 264 libras; a cada dúzia de cópias adquiridas, o livreiro receberia uma gratuitamente.

Em suma, Panckoucke trocou seu monopólio sobre a legalidade da obra por metade dos lucros de um empreendimento com sucesso garantido. Em cartas posteriores à STN, ele explicou que o ritmo de entrada de assinaturas comprovava que Duplain muito provavelmente venderia duas vezes mais *Enciclopédias* do que o número especificado no contrato, sendo portanto mais acertado lucrar com o golpe do que neutralizá-lo. Podemos refazer seus cálculos: a receita total do empreendimento atingiria cerca de 1 milhão de libras, e o custo total, aproximadamente a metade daquela quantia, gerando um lucro de meio milhão — lucro esse que poderia ser auferido quase sem esforço ao longo de quatro anos, sem riscos e com pequeno desembolso de capital.[52]

Mas a edição *in-quarto* não iria arruinar para Panckoucke as vendas das cópias encalhadas da *Enciclopédia in-folio* de Genebra? Panckoucke havia obrigado a STN a adiar para 1º de julho de 1777 o anúncio do lançamento da edição revista a fim de proteger o mercado da edição genebrina, reiterando essa exigência após retornar de uma viagem de negócios em novembro de 1776. Contudo, em 1º de dezembro, um banqueiro de nome Batilliot, especialista em desconto de notas promissórias de livreiros, publicou uma circular anunciando que adquirira de Panckoucke todas as *Enciclopédias* em edição *in-folio* e as venderia aos livreiros por seiscentas libras cada cópia. Isso representava 240 libras a menos do que o preço da assinatura, e portanto Batilliot provavelmente encontraria compradores, obtendo também um bom lucro, pois mais tarde soube-se que Panckoucke vendera-lhe duzentas cópias por 100 mil libras, ou seja, quinhentas libras cada uma. Essa transação possibilitou-lhe uma receita líquida de 20 mil libras, mas também serviu aos interesses de Panckoucke, que precisava de capital com urgência e sabia, depois de sua viagem de negócios, que não mais conseguiria comercializar suas cópias *in-folio* encalhadas ao preço da assinatura. O negócio com Batilliot parece representar um caso raro de divisão dos lucros, em contraste com a prática de especulação inescrupulosa imperante no ramo livresco. Seis semanas depois de concluí-lo, porém, Panckoucke aliou-se a Duplain, sabendo perfeitamente que a edição *in-quarto* poderia arruinar o mercado das *Enciclopédias in-folio* de Batilliot. Se este houvesse tomado conhecimento do Traité de Dijon, certamente teria acusado Panckoucke de fraude. Mas o editor manteve em segredo sua parceria com Duplain. Um ano mais tarde, Panckoucke salvou da falência Batilliot, que acabou vendendo todas as suas *Enciclopédias*. Assim, não parece provável que Panckoucke tencionasse prejudicar seu amigo. Os acontecimentos sucediam-se com muita rapidez. Panckoucke mudava velozmente de estratégia a fim de acompanhá-los — era rápido e implacável, mas não desonesto. Com isso, em janeiro de 1777, ele já se livrara da edição *in-folio* e estava pronto para lucrar com a *in-quarto*.[53]

Nessa época, Panckoucke estava com uma necessidade premente de capital. Em abril de 1777, viu-se com um déficit de 340 mil libras, conseguindo um decreto real autorizando-o a suspender legalmente seus pagamentos. Em junho, ofereceu à STN a possibilidade de adquirir a *Table analytique* da *Enciclopédia*, o gigantesco índice-sumário do texto de Diderot, que um pastor de Basiléia, Pierre Mouchon, acabara de concluir após cinco anos de trabalho. Essa oferta de Panckoucke ilustra o seu aperto financeiro, mostrando também a versão setecentista do que hoje em dia se conhece como técnica agressiva de vendas. A *Table* significava lucro garantido, salientou Panckoucke. De fato, muitas pessoas que não possuíam a *Enciclopédia* a comprariam, e ele tinha tanta certeza do sucesso que se propunha a devolver o dinheiro à STN em caso de fiasco. Panckoucke descreveu pormenorizadamente o manuscrito e discorreu sobre o melhor modo de produzi-lo e vendê-lo. "Ficai certos de que tudo se venderá e de que fareis um bom e seguro negócio", concluiu. "Mas não se deve perder tempo em tergiversar." Ele comprara o manuscrito por 30 mil libras, e queria vendê-lo por 60 mil — uma verdadeira pechincha, considerando seu valor de mercado. Mas precisava do dinheiro rápido, e só estava fazendo aquela oferta devido às suas urgências financeiras. "Sabeis, senhores, das infelicidades que experimentei no último ano. Encontrei-me com quase 300 mil libras de falências. Perderei 100 mil libras com [nome ilegível]. Boisserand de Roanne acaba de malograr e me encontro nisso com uma soma considerável. Entretanto, não suspendi meus pagamentos, mas fui obrigado a moderar meus empreendimentos, e é essa posição que me obriga a fazer-vos a oferta desse índice. [...] Posso gabar-me de que, tendo feito os maiores e mais ousados empreendimentos livreiros, nenhum falhou, e de que todas as pessoas que trabalharam comigo ganharam muito. [nome ilegível]."[54]

É fácil entender essa avidez de Panckoucke para participar dos lucros de Duplain. Mas o que essa nova sociedade para produzir a edição *in-quarto* acarretou para o velho plano da *Enciclopédia* revista? O Traité de Dijon mencionou uma única vez a edição revista, em uma cláusula que obrigava Panckoucke a adiar por dois anos a publicação do prospecto da obra, de modo a não prejudicar o mercado da edição *in-quarto*. O contrato também oferecia a Duplain a opção de adquirir 3/12 das cotas do empreendimento, mas não mencionava a possibilidade de os sócios de Panckoucke comprarem cotas da edição *in-quarto*. Panckoucke não podia excluí-los do negócio com Duplain, pois em janeiro de 1777 ele possuía apenas 3/12 dos *droits et privilège*, os quais trocou por 50% de participação no empreendimento. Assim, Regnault, Rey, Plomteux e a STN podiam esperar tomar parte naqueles 50%, que seriam proporcionais às suas cotas no projeto da edição revista. Em 3 de fevereiro, Panckoucke escreveu uma *rétrocession* para o Traité de Dijon, especificando que os 50% de participação da STN na edição revista davam-lhe o direito a 25% de participação na *Enciclopédia in-quarto* (ver Apêndice A. VI). Presumivelmente, o editor enviou subcontratos semelhantes aos outros três sócios. Mas será que essa concessão os teria satisfeito?

Da perspectiva da STN, o Traité de Dijon era um desastre. Prejudicava a firma principalmente no mais importante aspecto de seus negócios: a impressão. Quando abandonara o projeto original de reimpressão da edição revista, Panckoucke havia negado a maioria das exigências da STN, mas abrandara os parceiros com a perspectiva de um gigantesco trabalho de impressão. E esse trabalho subitamente duplicara de tamanho em 3 de janeiro de 1777, quando Panckoucke concordou em enfrentar a ameaça de Duplain produzindo uma edição *in-quarto* além de uma edição revista *in-folio* da *Enciclopédia*. O Traité de Dijon cancelava tais planos e adiava por dois anos a edição revista. O que a STN faria com suas instalações vastamente ampliadas nesse meio tempo? O próprio Panckoucke, em suas negociações com Suard, ressaltara a importância de manter em atividade a tipografia da STN, e mais tarde reiterou essa idéia em sua oferta de vender a *Table analytique*.[55] A STN recusou a proposta porque desejava obter um retorno sobre o que investira, e não entrar em mais um empreendimento. Assim, seus diretores devem ter ficado consternados com o artigo 4 do Traité de Dijon, no qual se estipulava que os trabalhos de impressão da edição *in-quarto* seriam feitos "segundo a conveniência do sr. Duplain". Este já contratara dois genebrinos para começar o trabalho, e estava planejando encomendar parte da tarefa a impressores de Lyon. Duplain não tinha motivo para contratar a STN, e mesmo que tivesse, só poderia fazê-lo a um preço mais baixo do que as 54 libras por folha que o Traité lhe concedia. O acordo anterior, de 3 de janeiro, havia estabelecido para a STN um preço semelhante pela impressão de cada volume em mil cópias *in-folio* e 3150 *in-quarto* da edição revista, independentemente dos custos reais. O Traité de Dijon parecia excluir totalmente a STN dos trabalhos de impressão, e até mesmo negar-lhe um papel na administração do empreendimento, pois o contrato tratava apenas de Panckoucke e Duplain. Como este último deixou bem claro mais tarde, o documento não estipulava obrigações entre ele e a STN. Por conseguinte, essa súbita guinada na política para a *Enciclopédia* ameaçava prejudicar a STN tanto quanto beneficiar Panckoucke, e os editores suíços tinham motivos para recear que os dois impetuosos franceses sorrateiramente lhes haviam ludibriado.

A REUNIÃO DE PARIS DE 1777

Ostervald e Bosset consideraram tão grave a situação que viajaram a Paris em meados de fevereiro para investigá-la pessoalmente. Planejaram chegar em segredo e obter o máximo possível de informações sobre Panckoucke antes de se encontrarem com ele — ou seja, tencionavam inquirir sobre ele como ele próprio inquirira sobre Duplain, contando com a ajuda de espiões. Explicaram seu plano em uma carta a Perregaux: "Fazei-nos a gentileza de tomar algumas informações particulares, antes de nossa chegada, do sr. Panckoucke, livreiro, Hôtel de Thou, rua dos Poitevins, mas que sejam pessoas que possam conhecer não apenas sua fortuna mas também o que pode referir-se à sua boa-fé, probidade etc. Compreendemos que isso não é absolutamente fácil; mas como essas informações nos importam essencialmente em nossa chegada a Paris, pedimo-vos instantemente o favor de não negligenciar nada para isso, e sobretudo que ele não seja informado, direta ou indiretamente, dessas informações, não desejando de modo algum que ele saiba de nossa chegada a Paris". Uma semana mais tarde, Perregaux respondeu: "Tenho duas pessoas nas informações sobre o homem de que desejais conhecer as faculdades, o coração etc.". E logo após a chegada dos dois suíços, ele informou à sede da STN em Neuchâtel que sua missão fora cumprida: "Comuniquei aos vossos associados as informações que desejáveis que tivessem". Ostervald e Bosset não deixaram um relato completo sobre o que ficaram sabendo, mas escreveram que as informações eram favoráveis quanto à riqueza e os contatos de Panckoucke, conquanto nada dissessem de seu "coração": "Em primeiro lugar diremos que as informações mais exatas tomadas sobre a solvência do homem com quem temos de negociar reuniram-se a seu favor. Não podemos duvidar, a partir de nossas próprias observações, de que seja muito competente, muito ativo, bem-visto por seus superiores e gozando de muito crédito".[56]

Para viajar de Neuchâtel a Paris, Ostervald e Bosset tinham de cobrir uma enorme distância cultural. Os dois requintados suíços já haviam feito diversas viagens à capital francesa. Bosset possuía contatos comerciais em toda a França e Países Baixos, e Ostervald, que em 1777 estava com 64 anos, correspondia-se regularmente com livreiros de todas as grandes cidades européias; seu horizonte mental deve ter sido bem vasto. No entanto, a rotina diária dos dois sócios mantinha-os confinados a uma cidadezinha onde os habitantes alpinos falavam um francês lento e com sotaque alemão. Em Neuchâtel não existia nada parecido com uma *café society*, embora as pessoas ali houvessem aprendido a consumir o café — para desgosto dos visitantes vindos de Paris, que lá chegavam à procura da simplicidade rústica e do bucolismo de Rousseau.[57] A principal fonte cultural de Neuchâtel ainda emanava dos sermões dominicais, proferidos nos velhos moldes calvinistas do alto do púlpito de Guillaume Farel. Da igreja em estilo românico de Farel, no topo de uma colina, os fiéis tinham uma vista perfeita de toda a cidade, cercada por muralhas medievais, com os Alpes a leste e ao sul e as montanhas do Jura a oeste e ao norte.

Ostervald e Bosset deixaram esse minúsculo universo em um domingo, 17 de fevereiro, e após dois dias de árdua cavalgada chegaram a Besançon, principal posto avançado da cultura francesa nas escabrosas encostas ocidentais dos Jura. Um corvo voando precisaria de cinco vezes mais tempo para ir de Besançon a Paris do que teria demorado em uma jornada de Neuchâtel a Besançon. Mas por terra o tempo necessário era apenas duas vezes maior, graças a uma modificação da infra-estrutura criada para os viajantes na França, concluída havia apenas um ano, que já estava ajudando a transformar o reino de um heterogêneo mosaico de províncias em uma nação unificada. O veículo dessa "revolução" era a diligência, uma leve e confortável carruagem com suspensão de molas, que cavalos trocados em intervalos regulares puxavam a galope por um soberbo sistema de estradas recém-criadas. Ostervald e Bosset embarcaram na diligência em Besançon no dia 20 de fevereiro. Quatro dias depois, tendo feito rápidas escalas em Dole, Dijon, Châtillon, Troyes e Provins, desembarcaram em Paris.[58]

Atravessando o país a uma velocidade sem precedentes para renegociar seu empreendimento com a *Enciclopédia*, Ostervald e Bosset pareciam agentes da modernidade, das forças sintetizadas pela diligência e pelos livros. Mas eles também viajavam no estilo dos cavalheiros do Antigo Regime — isto é, não como aristocratas, mas como homens cujas maneiras derivavam de um código internacional de fidalguia. Assim, em alguns aspectos, eles tinham mais em comum com Panckoucke do que com os camponios de suas terras. Antes de partirem de Neuchâtel, pediram a Perregaux que lhes providenciasse o aparato necessário à vida de cavalheiros em Paris, "um bom doméstico, inteligente, ativo e seguro", e ainda que lhes reservasse dois quartos contíguos, "com preço de cerca de trinta soldos, pequenos mas limpos e na casa de pessoas seguras".[59] Depois de se instalarem, puseram-se a percorrer a capital e a corte. Foram a cafés e teatros, jantaram com abades mundanos e belas damas, tiveram audiências com potentados em Versalhes e aprenderam quais secretários deveriam agradar, que favoritos bajular e que valetes subornar. Era assim que se faziam negócios no coração do ramo livresco. Mas com toda a sua experiência e sofisticação, Ostervald e Bosset sentiram-se como alienígenas em Paris — o que de fato eram. De nacionalidade suíça e cultura francesa provinciana, pareciam um tanto perplexos nas cartas que enviaram a Neuchâtel: "Iremos hoje à audiência do sr. de Néville e à do sr. Boucherot e vos deixamos para vestir-nos. [...] É uma vida bem estranha a que levamos". Ostervald abreviou uma carta explicando que acabara de jantar "na casa do sr. abade Fouchet e com um outro abade que o fizeram beber demais e que por isso não tem nada de melhor a fazer do que ir deitar-se".[60]

Os vinhos e jantares eram secundários ao objetivo principal de descobrir se Panckoucke os ludibriara e de tentar arrancar dele melhores condições para o empreendimento da *Enciclopédia*. Após receberem as informações favoráveis sobre Panckoucke, Ostervald e Bosset começaram a negociar com o editor. Escreveram à STN contando sobre suas reuniões, e os detalhes são tantos que é fácil imaginar os três homens contorcendo-se nas cadeiras enquanto os argumentos fervilhavam à mesa: "Nosso homem [Panckoucke] adquire diversas formas, pretende ter dado um golpe de mestre para ele e nós em Dijon. Exigimos que escrevesse da maneira mais insistente a Duplain para que imprimíssemos a metade de seu negócio. O temor de que fôssemos soltar um anúncio é um espantalho para ele. Se necessário, apresentá-lo-emos a ele e entrementes o tratamos com prudência, porque isso é indispensável. [...] Panckoucke tomou [suas precauções] em relação a Duplain, reservando para si o direito de expedir daqui as pranchas gravadas. Mas devemos precaver-nos contra ambos, no receio de vir a ser logrados por eles. [...] Nosso homem é um verdadeiro Proteu. Tem-se melhor opinião de sua fortuna — de resto, é preciso manejá-lo com delicadeza e com freqüência segurar sua paciência com as duas mãos. Nossos conselheiros são o filho mais velho do vizinho e o abade G".[61]

Esse tom de desconfiança de Ostervald e Bosset devia-se à suposição de que Panckoucke estava tentando excluí-los de um mercado promissor, em conluio com Duplain. Sabiam como "seu homem" havia sido implacável com o crédulo Batilliot, e informações que haviam recebido da STN ao chegarem a Paris faziam o empreendimento de Duplain parecer ainda mais suspeito. Charmet, um veterano livreiro de Besançon e velho aliado da STN, passara por Neuchâtel durante uma viagem de negócios pelo circuito das editoras suíças. Ele contou a Bertrand (o outro sócio da STN, que ficara na cidade cuidando da firma) que Duplain nunca pretendera seriamente produzir a *Enciclopédia*, tendo publicado o prospecto "para testar o gosto do público". Ademais, Charmet acreditava que o público não reagira positivamente. Ao contrário do que alegavam Duplain e Panckoucke, Charmet afirmava que "Capel, livreiro em Dijon, não está mais em condição de ali fazer 150 subscrições para essa obra do que se poderia fazer no menor dos lugarejos". E Bertrand concluía: "Resultaria desse fato supostamente verdadeiro que M. P. foi enganado ou quis enganar-vos, que tem com efeito o plano de vender a dois compradores a mesma coisa".[62]

Os sócios da STN tiveram suas suspeitas confirmadas e sua posição reforçada por um grupo inesperado: Suard e os filósofos. A despeito de anteriormente se terem oposto ao plano para a edição revista de Suard, este saudou Ostervald e Bosset com afabilidade, oferecendo-lhes um *dîner académique*.[63] Os acadêmicos-filósofos perderiam tanto quanto a STN com o Traité de Dijon, que adiaria seu trabalho por dois anos. Por isso, em vez de falarem com Panckoucke, apelaram diretamente ao governo, com êxito suficiente para amendrontar Duplain, que enviou seu sócio, Thomas Le Roy, em missão de emergência a Paris. Le Roy e Panckoucke decidiram aplacar a oposição com suborno. Em 23 de janeiro, assinaram uma Addition ao Traité de Dijon, autorizando Panckoucke a distribuir 240 libras antes do lançamento de cada volume, para abrir-lhe caminho na França.[64] Não é provável que Suard se tenha indisposto gravemente com o cunhado, mas ele e seus filósofos tenderam a apoiar Ostervald e Bosset em seus debates com Panckoucke: "Vimos duas vezes o sr. Suard e hoje veremos os srs. d'Alembert e de Condorcet", informaram os sócios da STN após uma semana de negociações. "O sr. Suard está bem de acordo com nossas idéias, mas continua pensando que o anúncio da revisão e redação será em qualquer tempo favoravelmente recebido pelo público. Ele tem má opinião do empreendimento de Duplain. Nosso homem [Panckoucke] sustenta sempre que as subscrições atuais são em número muito grande e que o preço baixo fará vender imediatamente essa edição."[65]

A discussão continuou por quase quatro semanas. Panckoucke insistia na importância de lucrar com um sucesso de vendas enquanto se mantinha de reserva a edição revista. Ostervald e Bosset retrucavam que o Traité de Dijon privava-os de um lucrativo trabalho de impressão, pelo qual já haviam sacrificado vultoso capital na expansão de suas instalações. E Suard bradava contra a dispersão de sua equipe de autores. O debate deixava Panckoucke em maus lençóis, pois ele parecia ter vendido duas vezes sua metade dos direitos sobre a *Enciclopédia* — uma vez à STN para a publicação da *refonte* e outra a Duplain para a edição *in-quarto* — e ele não seria capaz de conciliar as obrigações contraditórias de seus contratos se não persuadisse os parceiros da STN a aceitar uma participação secundária no empreendimento de Duplain. A STN podia prendê-lo ao seu compromisso original e sabotar a edição *in-quarto* publicando o prospecto da *refonte*. E se Panckoucke os preterisse em favor de Duplain, julgava que os sócios de Neuchâtel produziriam sua própria edição pirata da *Enciclopédia in-quarto*.

O único modo de impedir a colisão desses empreendimentos convergentes seria persuadir Duplain a encomendar à STN uma parte dos trabalhos de impressão suficiente para abrandar seus diretores. Em 28 de fevereiro, Panckoucke explicou a gravidade da situação em uma carta urgente a Duplain. Mas este não respondeu, pois, enquanto se formava a tempestade em Paris, ele estava se casando em Lyon. Incapaz de suportar por mais tempo a pressão de Ostervald e Bosset, Panckoucke tornou a escrever em 10 de março. Depois de rápidas congratulações e um superficial tributo ao matrimônio — "o verdadeiro estado de felicidade quando aí se sabe governar-se bem" — ele resumiu os termos de uma *lettre ostensible* que Duplain deveria escrever-lhe para que ele pudesse mostrar aos sócios de Neuchâtel. Duplain deveria oferecer à STN o máximo possível dos trabalhos de impressão, apresentando a *Enciclopédia in-quarto* como um empreendimento que os faria enriquecer rapidamente e que não retardaria demais a *refonte*; deveria também apresentar uma profusão de informações convincentes sobre a abundância de assinaturas. "Não se deve de modo algum afugentá-los. Fazei-os imprimir, e tudo caminhará segundo os vossos desejo. [...] Não coloqueis uma palavra nessa carta que possa impedir-me de mostrá-la a eles. Não considereis mais uma vez essa resposta como indiferente."[66]

Nesse ínterim, Ostervald e Bosset procuravam convencer Panckoucke por meio dos filósofos. No mesmo dia em que Panckoucke fez seu último apelo a Duplain, os diretores da STN escreveram a Neuchâtel informando que estavam ganhando terreno com Suard, "de quem esperamos tirar melhor partido que de seu cunhado, homem pretensioso, peremptório, brusco mesmo e impaciente. [...] O tom adotado por nosso homem aqui é de negar e contradizer tudo que não está segundo suas idéias e seu plano".[67] Dois dias depois, Suard passava para o lado da STN, e Panckoucke vacilava: "O sr. Suard condena abertamente seu cunhado por ter subscrito um tão longo adiamento e crê com razão que o trabalho da revisão sofrerá com isso. Contudo, persiste no desejo de ter um interesse no empreendimento, e isso responderia por sua assiduidade. Panckoucke nos parece embaraçado e ofendido pelo fato de que vemos claramente a que ponto deixou-se levar por Duplain".[68] Em 14 de março, Ostervald e Bosset comentaram que Panckoucke tinha "um ar pensativo, um pouco embaraçado" enquanto jantava com eles. Sentiam que ele estava cedendo. Panckoucke concordara em deixá-los tratar pessoalmente com Duplain. Enviaram, então, uma carta imperativa, exigindo a metade da impressão da edição *in-quarto* e requerendo o início da publicação da edição revista para fins de 1777. Nunca teriam consentido em um adiamento da edição revista, disseram a Duplain, e se ele não fizesse concessões, poderiam publicar o prospecto dessa edição, arruinando o mercado para a *in-quarto*.

A BASE DE UM BOM NEGÓCIO

Enquanto aguardavam a resposta de Duplain, Ostervald e Bosset fizeram uma rápida viagem a Rouen, onde trataram de negócios com sete dos trinta livreiros da cidade. O contato com um dos mais ativos centros da atividade livresca nas províncias modificou a perspectiva dos dois sócios, pois ficaram sabendo que ali uma multidão havia adquirido assinaturas da edição *in-quarto* e que a torrente de assinantes parecia estender-se por toda a França. Ao retornarem a Paris, aliaram-se a Plomteux, seu sócio de Liège no empreendimento da *Enciclopédia*, que chegara para proteger seus interesses nas negociações com Panckoucke. "Só podemos agradecer à Providência por nos ter enviado tão boas tropas auxiliares", escreveram à STN. "Parece que esse livreiro, que é homem de grande [sangue-frio], faz baixar um pouco o verbo do nosso homem."[69] Mas nesse meio tempo, Panckoucke recebera as duas cartas fundamentais que pedira a Duplain.

Na primeira, Duplain informava sobre o volume de assinaturas. Ele não podia fornecer os números exatos, mas garantia a Panckoucke que eram fenomenais: "Tudo o que vos podemos garantir é que, calculando a partir de todas as cartas que recebemos, venderemos mais de 4 mil; e se prometêsseis dar-nos tempo, venderíamos o dobro. Temos entre as mãos com que fazer o mais belo lance do mundo, mas o projeto da segunda edição [ou seja, a edição revista] e o tempo muito limitado que nos dais impedem-nos de aproveitá-lo. Nossos viajantes [ou seja, caixeiros-viajantes] recolhem por toda parte. Não há aldeia onde não se encontre subscritores, pequena cidade que não apresente até 36 inscritos. Valence, no Delfinado, fez esse número, Grenoble mais, Montpellier mais de sessenta, Nîmes outro tanto, Dijon nos promete duzentos. Em uma palavra, jamais um projeto foi acolhido dessa maneira, e no entanto vosso diabo de carta de proibição causara uma furiosa impressão, mas recupera-se".[70]

Essas informações confirmavam o que Ostervald e Bosset haviam descoberto em Rouen; a segunda carta acrescentava:

> Não saberia descrever-vos o entusiasmo do público por nosso projeto. No momento em que vos escrevo, recebo de Robiquet de Rennes cinqüenta subscrições, de Catry do Havre 32, de Aber de Autun 26 com garantias de um cento, de um advogado de Aurillac treze. Não há correio que não reúna inú-

> meras delas. Posso assegurar-vos que venderemos nossos 4 mil e que, se tivéssemos tempo, eu não recearia tirar seis. Em nome de Deus, meu amigo, não vos inquieteis mais e aproveitemos um acontecimento que não se reapresentará jamais. Aliás, bem percebeis que se a Europa fosse mais uma vez abalada por novos anúncios de uma outra edição, o clero prevenido formaria oposições, o ministro retiraria sua proteção, faríamos uma pequena guerra e enfim, uns em relação aos outros, fracassaríamos. Convido-vos a chamar à razão os senhores de Neuchâtel. São homens instruídos, e a perspectiva de um benefício imenso deve fazê-los abrir os olhos e abandonar o projeto de imprimir, o que, no final das contas, não pode lhes dar mais que um benefício que convém apenas a operários, por sua modicidade. De resto, se eles querem absolutamente fazer alguns volumes, comprometer-se a executar como eu, podem conseguir uma Filosofia nova e eu lhes entregarei três volumes, quando a tiverem.[71]

As cartas de Duplain são reveladoras sob quatro aspectos. Primeiro, embora tenham sido escritas a pedido de Panckoucke, elas indicam a atitude de Duplain com relação a seu empreendimento: considerava-o o mais espetacular de sua carreira, e julgava que a campanha para explorá-lo deveria ter precedência sobre tudo o mais. Essa atitude revelar-se-ia crucial na crise final do empreendimento, três anos depois. Em segundo lugar, as observações de Duplain a respeito do governo mostram como ele entendia a "proteção" de Panckoucke a partir de suas conversas em Dijon: Panckoucke realmente contava com patronos poderosos em Versalhes, mas estes não agiriam às claras. Enquanto ele tratasse discretamente do empreendimento, trabalhariam por ele nos bastidores. Mas poderiam abandoná-lo se ele provocasse os ferrenhos inimigos do Iluminismo. Em terceiro lugar, Duplain somente trataria com a STN por intermédio de Panckoucke, e nisso ele adotaria a linha de ação deste último: os sócios da STN deveriam reconhecer um bom negócio ao deparar com ele, e teriam de usar a imaginação como empresários em vez de se aferrarem a lucros medíocres e raciocinarem como tipógrafos provincianos. E em quarto lugar, Duplain fez uma pequena concessão: deixaria para a STN a impressão de três volumes. Mais do que isso era impossível, explicou, porque ele já encomendara o grosso da obra a quatro impressores, que haviam mandado fabricar fontes especiais do tipo *philosophie* e poriam em marcha trinta prelos dali a uma semana. A STN não seria capaz de conseguir o tipo especificado em menos de seis a oito meses. Seria melhor encomendar-lhe alguma outra obra, a fim de manter ocupada a tipografia. No entanto, se eles insistissem peremptoriamente, Duplain lhes daria a imprimir três volumes.

Foi o que bastou para fazer Ostervald e Bosset mudarem de idéia. No dia 24 de março, escreveram triunfantes à STN: "Enfim temos o prazer de anunciar-vos, senhores, que o grande negócio que nos ocupa desagradavelmente há tanto tempo está terminado e, parece-nos, com tanta vantagem quanto possível. O negócio de Duplain é surpreendentemente bem-sucedido".[72] Entretanto, o contrato que assinaram com Panckoucke em 28 de março formalizando o acordo não representava verdadeiramente um triunfo para a STN (a *Accession* e os documentos pertinentes são mostrados no Apêndice A. VII-VIII). O documento meramente determinava que a STN aceitasse o Traité de Dijon para em troca imprimir três volumes segundo as especificações do Traité. Posteriormente, Duplain retificou esse acordo com um termo de compromisso, de 28 de maio, que reservava todo o trabalho da impressão da edição revista para a STN, como Ostervald e Bosset haviam requerido; isso tornou mais fácil aos suíços renunciarem à exigência anterior de imprimir metade da *Enciclopédia in-quarto*, especialmente porque Panckoucke assegurou-lhes que os trabalhos da edição revista prosseguiriam, embora a um ritmo mais lento, e que essa edição seria produzida nos formatos *in-folio* e *in-quarto*, com tiragem total de 3500 cópias. A continuidade da revisão aplacou também Suard, que obteve uma compensação adicional: ganhou uma cota de 1/12 do empreendimento. Esse presente proveio dos 6/12 da STN, mas Panckoucke pagou por ele, como parte do ressarcimento geral do débito da STN junto a Panckoucke, derivado da aquisição original da metade dos direitos e privilégios sobre a *Enciclopédia*.

O ressarcimento era um processo complicado, uma vez que cada guinada na política de Panckoucke acarretara um ajuste em seus arranjos financeiros. Em 3 de julho de 1776, a STN adquirira 50% de participação no empreendimento original de Panckoucke (portanto, quando mais tarde cada cota passou a representar 1/12 do empreendimento, a STN tornou-se dona de seis cotas no valor de 18 mil libras cada). A editora suíça comprometera-se a pagar esse valor em dezesseis notas promissórias, que venceriam a cada três meses a partir de 1º de abril de 1777. Em 3 de janeiro de 1777, os novos planos para a edição revista obrigaram Panckoucke a concordar com uma primeira restituição dessa dívida. A STN retomou suas dezesseis notas promissórias anteriores e emitiu outras 36, totalizando 110 400 libras, com vencimentos mensais durante três anos, a contar de 1º de janeiro de 1778. Em 28 de março de 1777, a aceitação do Traité de Dijon pela STN demandou novas disposições financeiras. Panckoucke reduziu a dívida da STN a 92 mil libras, compensando a editora pela cessão de uma cota de 1/12 a Suard. A STN comprometeu-se a pagar essa dívida mediante 48 *billets à ordre*, que substituiriam a segunda série de notas promissórias e venceriam ao longo de quatro anos, a partir de 1º de janeiro de 1778.[73]

Reduzindo o valor de suas parcelas a pagar e prolongando o período de pagamento, a STN diminuiu a pressão financeira a que estava sujeita, obtendo certo consolo pela perda da participação maciça nos trabalhos de impressão. Também sentiu-se recompensada ao calcular o retorno sobre sua parte de 5/12 na edição *Enciclopédia in-quarto* (após ceder 1/12 de seus 50% de participação na metade do empreendimento da edição *in-quarto* pertencente a Panckoucke, a parte da STN nesse empreendimento de Duplain passou a ser de 5/24, embora ainda possuísse 5/12 dos *droits et privilège* da *Enciclopédia* e do empreendimento da edição revista). Com isso, já que "esse negócio tornou-se nosso", como informaram, Ostervald e Bosset mudaram completamente o tom de seus comentários a respeito da edição *in-quarto*. A tiragem poderia facilmente ser ampliada para 6 mil cópias, exultaram. "Haveria 100 mil libras de benefício (por seus 5/24) [...] É um lucro certo."[74] Céleres, puseram-se a enviar instruções sobre a distribuição de prospectos, captação de assinaturas e obtenção de papel, tipos e empregados. O entusiasmo pela edição revista minguou na proporção em que cresceu a animação com a edição *in-quarto* — um processo de ajuste afetivo, que pode ser um efeito colateral comum das tomadas de decisões. Mas os sócios da STN não podiam negar que Panckoucke os derrotara mais uma vez. E essa quarta rodada de negociações revelou-se a mais importante de todas, pois determinou o caráter de um consórcio que produziu a maioria das *Enciclopédias* em circulação na França sob o Antigo Regime.

3
O MALABARISMO COM AS EDIÇÕES DA "ENCICLOPÉDIA"

Uma vez acertado o *grande affaire* em Paris, o empreendimento passou da fase da política à da produção. No entanto, a política continuou figurando como elemento importante nos esforços dos novos sócios da *Enciclopédia in-quarto* para levar seu empreendimento a bom termo. De fato, o próprio sucesso dessa edição *in-quarto* criou problemas, pois aguçou o apetite do lucro em todo o ramo livresco, especialmente entre os próprios sócios do empreendimento, que entravam em crise de autogestão cada vez que o volume das assinaturas atingia um novo patamar, requerendo um novo acordo sobre as condições para a expansão da produção. A história de como os sócios da *Enciclopédia in-quarto* se digladiaram por seus interesses da primeira à terceira edição mostra exatamente como os empreendedores do Iluminismo conduziam seus negócios.

A "SEGUNDA EDIÇÃO"

Durante o ano de 1777 as assinaturas continuaram a multiplicar-se. Caixeiros-viajantes e livreiros em todo o país falavam de vendas espetaculares, aumentando a euforia de Panckoucke com tamanho sucesso. Em junho de 1777, quando Ostervald e Bosset já haviam retornado a Neuchâtel, o editor francês sentiu-se disposto a deixar tudo o mais de lado para explorar aquele êxito sem precedentes: "Tudo o que sei com muita certeza pelo relato de inúmeros livreiros de província é que a edição tem um prodigioso sucesso e que é preciso entregar-nos a ela inteiramente, porque um benefício bem fundado vale mais que um benefício incerto. É certo que, se essa edição for bem executada, podem vender-se 10 mil". Ao entrar o mês de julho, Panckoucke ficou sabendo que um dos agentes de Duplain vendera 395 cópias durante suas viagens recentes: "O sucesso dessa obra me surpreende cada vez mais". Ele se surpreendia cada vez mais, pois a tiragem de 4 mil cópias estipulada por Duplain já representava uma meta ambiciosa para uma obra que acabou contendo 36 enormes volumes em formato *in-quarto*, naquela época em que a tiragem de obras de um único volume normalmente atingia mil ou 1500 cópias. Em meados de agosto, Duplain informou que as 4 mil cópias da edição logo se esgotariam, e que planejava dar início a uma nova série de assinaturas. Em 27 de agosto instruiu a STN, que começara a impressão do primeiro de seus três tomos, para que aumentasse a tiragem de 4 mil para 6 mil cópias.[1]

As cartas de Duplain permitem solucionar o mistério da ausência da segunda edição *in-quarto*, que durante algum tempo intrigou os bibliógrafos. Os estudiosos da *Enciclopédia* conseguiram identificar apenas uma primeira edição da obra em formato *in-quarto*, cuja página de rosto a anuncia como "Nouvelle édition [...] à Genève chez Pellet, e uma edição posterior, descrita na página de rosto como "Troisième édition [...] à Genéve, chez Jean-Léonard Pellet, Imprimeur de la République, à Neufchastel chez la Société Typographique". O que aconteceu com a segunda edição?[2]

As cartas de Duplain indicam que em fins de agosto havia 32 prelos, além dos da STN, trabalhando na edição *in-quarto* com uma tiragem de 4 mil cópias, e que já havia sido impressa uma parte ou a íntegra dos cinco primeiros volumes. Nos últimos dois ou três dias do mês, cada prelo aumentou sua produção para 6 mil cópias. Mas os volumes não terminados estavam em fases diferentes de conclusão, não havendo assim uniformidade nos pontos de interrupção do trabalho. A STN chegara à folha T do volume 6 ao receber de Duplain a ordem para aumentar a impressão. Por isso, recompôs os tipos e reimprimiu as folhas anteriores com mais 2 mil cópias, continuando daquele ponto com uma tiragem de 6 mil. Os outros impressores agiram do mesmo modo. Mas eles haviam atingido pontos diferentes na produção dos outros volumes. No momento em que a STN reverteu sua marcha em Neuchâtel, Pellet, em Genebra, poderia estar prestes a terminar o volume 5, enquanto J. F. Bassompierre, também em Genebra, talvez estivesse iniciando o volume 4, e os irmãos Périsse, em Lyon, estariam no meio do volume 3. Como não houve uma ordem uniforme para a montagem das folhas em volumes e dos volumes em coleções, não existe uma seção comum em cada coleção que possa ser identificada com um segundo estágio, ou estágio intermediário, da impressão. Cada coleção deve ser diferente de todas as demais, não tendo jamais existido uma segunda edição. Seja como for, não faz muito sentido usar o termo "edição", já que mais da metade dos tipos da *Enciclopédia in-quarto* de Pellet não foi recomposta. Em vez disso, o trabalho passou por três diferentes "estados", correspondendo aproximadamente às tiragens de 4, 2 e 6 mil. No entanto, seus editores falavam imprecisamente em duas edições. Para evitar confusões, seguiremos aqui a terminologia empregada por eles, a despeito da inexatidão sob a ótica da bibliografia moderna.

As instruções de Duplain fornecem também informações mais específicas acerca do tamanho da impressão. O Traité de Dijon requeria uma edição com 4 mil cópias, mas estipulava que fossem impressas 4250 cópias de cada folha. As 250 folhas extras destinavam-se em grande parte ou quase totalmente à função de *chaperon*, para substituir as folhas que fossem impressas com defeitos. Mas os impressores geralmente faziam seus cálculos com resmas, mãos e folhas (*rames, mains* e *feuilles*); na França setecentista, a mão compunha-se de 25 folhas, e a resma, de vinte mãos, contendo a resma, portanto, quinhentas folhas). Duplain, na verdade, orientou a STN para que usasse três resmas e dez mãos a mais na impressão de cada folha de texto (ou seja, de cada oito páginas), produzindo então doze resmas e seis mãos, ou seja, 6150 cópias. Portanto, o aumento verificou-se da seguinte maneira:[3]

tiragem original	8 resmas e 16 mãos ou	4400 cópias
aumento	3 resmas e 10 mãos ou	1750 cópias
total	12 resmas e 6 mãos ou	6150 cópias

Panckoucke assombrava-se com o número de cópias daquela obra tão gigantesca: "É certo que o sucesso dessa edição *in-quarto* ultrapassa toda confiança". Ele concordara em princípio com o aumento da tiragem, mas não aceitou nenhuma proposta de ampliação do empreendimento antes de inspecionar pessoalmente as operações de Duplain em Lyon, pois tinha mais fé no sucesso da *Enciclopédia in-quarto* do que na administração de Duplain. "Quero assegurar-me da verdade por mim mesmo", escreveu Panckoucke à STN. "E como parto segunda-feira para Lyon, verei então tudo por mim mesmo, e não farei nada senão pelo bem comum. Penso, senhores, que em tudo isto confiareis no hábito que tenho de tratar os grandes negócios."[4] Os sócios da STN haviam aprendido a desconfiar do estilo grandioso que Panckoucke impunha a seus negócios, mas estavam dispostos a usá-lo contra Duplain. Assim, a quinta rodada de negociações começou com os costumeiros preparativos conspiratórios, embora abordasse principalmente questões técnicas de ajustamento do Traité de Dijon às novas dimensões da edição *in-quarto*.

Na dependência desses detalhes técnicos estava uma vultosa quantia. Por exemplo, o Traité de Dijon concedia a Duplain nove libras para cada resma que conseguisse do papel especificado para a *Enciclopédia*. Aumentando a impressão em três resmas e dez mãos por folha, os sócios da *in-quarto* comprometiam-se a comprar aproximadamente 11 165 resmas extras de papel por 100 485 libras. Essa demanda gigantesca sem dúvida acarretaria um aumento no preço do papel. De fato, o preço já havia subido tanto que em maio Duplain persuadira Panckoucke a conceder mais cinco soldos por resma.[5] Quanto deveria Panckoucke conceder a mais no contrato para a segunda edição? Ele sabia que Duplain exultaria ante a possibilidade de escamotear a diferença entre o custo real e a quantia estipulada. E essa diferença poderia ser enorme — 2761 libras no caso de cinco soldos extras no preço das 11 165 resmas adicionais. A dotação de Duplain para os custos de impressão gerava os mesmos problemas, embora neste caso Panckoucke pudesse argumentar em favor de uma redução. O Traité de Dijon permitia a Duplain contratar a impressão por qualquer preço que conseguisse obter, concedendo-lhe trinta libras pela composição e impressão de cada folha, a uma tiragem de mil cópias, e um aumento de oito libras para cada mil cópias adicionais. Como o Traité estipulava uma edição de 4 mil cópias, concedia a Duplain 54 libras por folha. Panckoucke evidentemente julgava que o trabalho de imprimir 2 mil cópias adicionais não custaria mais dezesseis libras por folha. Portanto, queria reduzir a quantia paga a Duplain pela impressão. O Traité de Dijon também estipulava a quantia de seiscentas libras por volume pelo trabalho de um *rédacteur*, que deveria incorporar os suplementos ao texto e talvez também fazer algumas edições de texto. Duplain contratara um literato de pouca expressão em Lyon, o abade Laserre, e este queria mais dinheiro.

Finalmente, Panckoucke e Duplain teriam de eliminar alguns problemas relativos à comercialização. Duplain desejava fazer um acordo com um livreiro de Lyon de nome Rosset, que prometia adquirir quinhentas ou seiscentas assinaturas se lhe fossem concedidas condições especiais. O Traité de Dijon não autorizava desvios do preço estipulado para as vendas no atacado; porém, no interesse de aumentar as vendas, Duplain oferecera a Rosset um desconto secreto, com a condição de que Panckoucke concordasse. Panckoucke desconfiava de acordos secretos, e achava que a demanda pela obra era grande o suficiente para torná-los desnecessários. Assim, pediu à STN que lhe escrevesse uma carta (*lettre ostensible*), para mostrá-la a Duplain e Rosset e reforçar sua posição nas negociações. Panckoucke praticamente ditou a carta, salientando todos os argumentos contra a alteração da política de preços, e alertou aos sócios da STN que se desejassem dizer-lhe algo confidencial enquanto ele estivesse em Lyon, que o fizessem em uma folha à parte "lacrada e com envelope duplo", porque ele estaria hospedado com Rosset.[6]

A reunião de Lyon, em setembro de 1777, adicionou mais um contrato à estrutura de *actes* e *traités* que Panckoucke erigira em torno da *Enciclopédia*. O acordo, que Panckoucke e Duplain assinaram em 30 de setembro (ver Apêndice A. XI), regulava as condições para ampliar a impressão em 1750 cópias. Panckoucke declarou que uma inspeção do cadastro de assinantes convencera-o de que haviam sido vendidas 4407 assinaturas, tornando desejável o aumento da tiragem. Consentiu no aumento de cinco soldos no preço estipulado para o papel, e conseguiu uma redução de três libras por folha no preço da impressão das 1750 cópias extras (Duplain receberia 33 libras por folha, em vez de 36, como poderia ter esperado, segundo os valores estabelecidos em Dijon). O abade Laserre obteve um aumento de 250 libras por volume. Esse salário adicional iria permitir-lhe contratar novos ajudantes (presumivelmente copistas) e completar o trabalho da edição de texto até o final de 1779. Duplain evidentemente não logrou êxito em sua tentativa de conseguir um desconto especial para Rosset, mas obteve uma compensação com um empreendimento secundário: a *Table analytique*, cuja produção ele e Panckoucke contrataram em 29 de setembro.[7]

Depois de a STN haver recusado sua oferta de venda da *Table*, Panckoucke decidiu prosseguir na impressão dessa obra, usando os prelos de seu ex-sócio parisiense, J. G. A. Stoupe. Como Panckoucke explicara à STN, ele esperava que muitos dos proprietários das duas primeiras edições *in-folio* da *Enciclopédia* adquirissem a *Table*, que serviria como índice e sumário do texto de Diderot. O sucesso da *Enciclopédia in-quarto* significava que haveria uma demanda paralela para uma edição da *Table* nesse mesmo formato. Panckoucke e Duplain concordaram em produzi-la, dividindo custos e lucros. Panckoucke forneceria a Duplain as folhas da edição *in-folio* à medida que elas fossem saindo do prelo. Lasserre iria adaptá-las ao formato *in-quarto*, recebendo pelo trabalho 2400 libras. A impressão e comercialização ficariam a cargo de Duplain. O empreendimento teria início depois que a *Enciclopédia in-quarto* fosse impressa, sendo mantido em segredo antes disso — mesmo para a STN e os demais sócios da edição *in-quarto*.

E assim, Panckoucke e Duplain encerraram a reunião mutuamente satisfeitos. Panckoucke chegara pronto para uma batalha, mas saiu apaziguado e até mesmo exultante com o modo como Duplain estava administrando o empreendimento da edição *in-quarto*. Ele informou à STN ao remeter uma cópia do novo contrato:

> Tive muita dificuldade em conseguir uma redução de três libras sobre a impressão. Assegurei-me de que o aumento sobre o papel era necessário. Eles empregam apenas o Auvergne com peso de vinte a 22 libras. Não ganham com isso e receio bem que se encontrem em situação difícil neste inverno. O abade de Laserre era pago como um carregador. Tinha títulos para obter sua demanda. [...] Bem vi que me enganaram em Dijon, mas tudo isso não é mais um mal, já que o sucesso supera nossas esperanças. Vi as prensas genebrinas. Tudo me pareceu bem montado e em bom andamento. O número de 4 407 é bem real. Um único encadernador de Toulouse fez duzentos. As subscrições chegam todos os dias. Sou testemunha de que se fizeram 150 delas em oito dias. Não pode haver receitas antes do fim de 1778, pois somos obrigados a compras imensas de papel que é preciso pagar antecipadamente. De resto, prestar-se-ão contas a cada seis meses. Duplain tem em Lyon associados inteligentes que puseram mais de 400 mil libras em seu comércio

e que colocam a maior ordem nesse negócio. Os registros são bem cuidados e é impossível enganar. [...] Enfim, esse negócio, se o governo não o barrar, oferece as maiores esperanças. [...] O favor do público é sem igual.[8]

AS ORIGENS DA "TERCEIRA EDIÇÃO"

Tamanha foi a avalanche de assinaturas que Panckoucke e Duplain planejaram produzir uma "terceira edição" enquanto acertavam as condições para a "segunda" (ou seja, para o aumento da tiragem). No mesmo dia em que assinou o contrato de Lyon, Duplain escreveu à STN afirmando que esperava conseguir uma nova impressão de 2 mil cópias, que deveria, porém, ser uma edição separada e distinta, a fim de impedir atrasos na produção das primeiras 6 mil.[9] Entretanto, o lançamento de uma nova edição não era uma tarefa à toa. Antes de chegarem a um acordo sobre as condições desse lançamento, Panckoucke, Duplain e a STN passaram um ano negociando e discutindo. O tamanho sem precedentes da edição *in-quarto* já tornara quase impossível administrá-la. Sua ampliação em um terço exigira o máximo dos recursos e dos nervos dos editores. Cada alteração nas condições anteriores modificava em milhares de libras o orçamento da obra, e cada tentativa de aumentar os lucros intensificava o risco dos ganhos ilícitos.

Duplain sondou atentamente o mercado antes de lançar-se a essa grande expansão do empreendimento. A entrada de assinaturas continuava a ocorrer com um fluxo substancial — tanto assim que, segundo seus agentes, uma terceira série de assinaturas poderia em breve ser preenchida com o excedente da segunda.[10] No entanto, Duplain havia anunciado apenas duas séries de assinaturas; em meados de janeiro, julgou necessário anunciar a terceira, para verificar se a demanda seria suficiente para uma nova edição. Essa técnica de "tomar o pulso do público" era uma forma de fraude, que conferia má fama às assinaturas mas ajudava a minimizar os riscos. Portanto, Duplain estava seguindo as regras do jogo, e não as desrespeitando, quando pediu à STN que mandasse publicar a seguinte nota em vários jornais:

> As duas primeiras edições da *Enciclopédia in-quarto*, anunciadas pela casa Pellet em Genebra, escoaram-se com uma rapidez que prova que o público apreciou o projeto dessa impressão e que está contente com a maneira como é executado. Os editores, lisonjeados por uma acolhida que superou suas esperanças, propõem uma terceira subscrição nas mesmas condições que as anteriores. Por meio de um maior número de prensas que se mandará montar, aquelas que quiserem subscrever terão a obra completa ao mesmo tempo que os primeiros assinantes. [...] A subscrição está aberta até primeiro de março, e a primeira entrega será feita em maio de 1778. Pode-se subscrever nos principais livreiros de cada cidade.[11]

Duplain deu esse passo sem consultar os sócios. Como era ele quem administrava as assinaturas, somente ele sabia o quanto seria viável uma nova edição, e seu domínio sobre a gestão da edição *in-quarto* era tão completo que ele com freqüência tomava sozinho as decisões desse calibre quanto à política do empreendimento. Essa tendência preocupava os sócios da STN, que tinham motivos para hesitar em lançar-se em um novo empreendimento com a edição *in-quarto*, pois queriam evitar mais adiamentos da edição revista, conheciam Duplain demasiado bem para confiar nele e consideravam a terceira edição importante demais para ser deixada completamente a seu cargo. Assim, enviaram cartas repletas das questões que os preocupavam: Duplain informara Panckoucke sobre sua decisão de publicar um anúncio para teste do mercado? Havia algum indício de que o fluxo de assinaturas diminuíra? Teria Panckoucke percebido que Duplain os estava arrastando para uma grande realocação de capital? Eles já não duvidavam do sucesso da edição *in-quarto* — "uma coisa bem extraordinária" — mas receavam que o próprio sucesso pudesse aguçar em demasia o apetite de lucro de Duplain, prejudicando-os. "Vemos claramente que quanto mais o empreendimento prospera, mais ele tem inveja da parte que temos nele", confidenciaram a Panckoucke.[12]

Panckoucke continuava imperturbavelmente otimista. Queria subordinar tudo, inclusive a edição revista, à exploração do sensacional poder de venda da edição *in-quarto*. A STN submeteu-se à sua decisão, "conhecendo o quanto sois experientes nessa espécie de negócios", mas insistiu com ele em dois pontos: primeiro, os preparativos para a edição revista deveriam prosseguir sem alterações, para que pudessem publicar um prospecto sobre seu lançamento no final do ano (publicá-lo antes poderia prejudicar as vendas da terceira edição *in-quarto*); segundo, deveriam assegurar-se de que a tiragem da terceira edição não excederia o número de assinaturas.[13]

A tiragem planejada para a edição revelou-se um assunto delicado, visto que Duplain resistia às tentativas da STN para conhecê-la. Essa informação interessava aos editores suíços porque desejavam aumentar sua participação nos trabalhos de impressão. Não era apenas imprimir novos volumes da terceira edição o que eles queriam, mas também esperavam aumentar o número de impressões das edições anteriores. Poderiam ganhar muito mais produzindo 8 mil cópias de um volume para as três edições conjuntamente do que imprimindo 6 mil cópias para duas edições. No entanto, Duplain comprometera-se apenas a dar à STN três volumes para imprimir, ao preço estipulado (ver o contrato de 28 de maio de 1777, no Apêndice A. IX), e poderia ganhar mais se encomendasse o trabalho a outros impressores por preços mais baixos. Essas e outras questões teriam de ser resolvidas no contrato para a terceira edição, se de fato ela fosse existir. Enquanto isso, Duplain e a STN lançaram-se a uma curiosa esgrima em sua correspondência: a STN tentando arrancar de Duplain informações e compromissos, e ele revidando com observações evasivas ou elípticas.

IMBRÓGLIOS

Em 4 de março de 1778, três dias após o término do prazo de encerramento da terceira série de assinaturas, os sócios da STN escreveram indagando se a reação do público fora suficiente para prosseguirem na impressão, comentando discretamente que esperavam produzir para a terceira edição os mesmos volumes que lhes haviam sido designados nas edições anteriores. Em vez de dar uma resposta direta, Duplain afirmou que alguns clientes que haviam recentemente feito suas assinaturas por intermédio da STN teriam de esperar pela terceira edição para serem atendidos. Apesar de indireta, essa resposta indicava que ele decidira dar prosseguimento à terceira edição; mas qual seria sua tiragem? Em fins de março, os sócios da STN alertaram Duplain de que precisavam saber qual seria o volume de trabalho que lhes caberia, a fim de fazerem antecipadamente seus planos para as operações de impressão. Acrescentavam terem ouvido um boato de que ele estava mandando imprimir alguns volumes com quinze resmas (7500 cópias). Essa era uma maneira também indireta de sondar a estratégia de Duplain: teria ele estipulado o tamanho da terceira edição em 1500 ou 2 mil cópias? E ele mandaria recompor o texto para essa edição ou imprimiria os volumes restantes de todas as três edições conjuntamente, com uma tiragem de 7500 a 8 mil cópias?[14] Duplain parece ter dado uma resposta objetiva em 5 de abril: "Montamos doze prensas que serão unicamente empregadas nessa edição. [...] Temos quase quinhentos assinantes sobre uma tiragem de 1500. Não faremos aumentar o número da outra edição. Recompor-se-á até o fim". Mas os sócios da STN não acreditaram, pois haviam sabido por informantes secretos que Duplain estava imprimindo volumes inteiros com 8 mil cópias e também porque uma carta que haviam recebido de Duplain contradizia uma outra que ele enviara a Panckoucke, remetida por este em seguida para Neuchâtel. A STN explicou essas incoerências a Panckoucke, concluindo: "Essa pequena observação [uma informação de Lyon afirmando que Duplain estava imprimindo alguns volumes com 8 mil cópias] e outras que se poderia [fazer], vo-lo dizemos na confidência da amizade, não inspiram uma inteira confiança e exigem de vossa parte, assim como da nossa, uma atenção bem contínua".[15]

Estaria Duplain mandando imprimir mais cópias do que informava aos sócios e se apoderando ilicitamente de lucros excessivos em sua administração dos trabalhos de impressão? Essas questões pareciam particularmente prementes em abril de 1778, quando Duplain e Panckoucke fizeram uma primeira tentativa de estabelecer um contrato para a terceira edição. É difícil saber o que ocorreu durante essas negociações, que se deram por via postal, porque a maioria das cartas de Panckoucke enviadas em 1778 já não pode ser encontrada. Mas é evidente que Duplain salientou o grande aumento de suas tarefas administrativas e de suas despesas, requerendo receber muito mais do que as 8 mil libras em quatro prestações anuais estipuladas no Traité de Dijon. Panckoucke informou à STN que estava tentando fixar para Duplain um aumento para 16 mil libras, recebendo em resposta uma declaração de apoio: "Respondestes sensatamente às pretensões de Duplain. Vossa oferta nos parece eqüitativa e o cálculo dele, sempre inchado ao extremo. É preciso convir que ele está encarregado de um rude varejo, mas 16 mil libras constituem uma compensação honesta para alguém que, além do mais, divide os benefícios. Deixamos convosco confiantemente a seqüência dessa negociação".[16] Os sócios da STN também alertaram Panckoucke de que Duplain poderia estar trapaceando com a impressão, e puseram-se a investigar pessoalmente o caso. Em 8 de abril, pediram a Jacques François d'Arnal, banqueiro de Lyon e genro de Bosset: "informai-vos secretamente com quantos exemplares Duplain e companhia mandam tirar a *Enciclopédia*". A desconfiança e as intrigas haviam chegado a tal ponto que os sócios de Duplain espionavam-no para saber quantas cópias ele planejava imprimir da obra que estavam publicando juntos.

Em 12 de abril, D'Arnal informou: "Soubemos engenhosamente por duas pessoas diferentes, que são bem informadas, que a nova edição da *Enciclopédia in-quarto* será de 1 500". Isso não incriminava Duplain, mas os sócios da STN suspeitavam que ele estipulara a tiragem em 2 mil cópias, talvez tencionando vender em segredo as cópias extras. Assim, não divulgaram o relatório de D'Arnal, e procuraram induzir Duplain a revelar seus verdadeiros planos mantendo com ele uma correspondência em tom amigável durante toda a primavera de 1778. Em uma carta particularmente gentil, afirmaram que haviam acabado de receber de Panckoucke uma boa notícia: a terceira edição seria impressa com a tiragem de 2 mil cópias, e o afluxo de assinaturas era grande o suficiente para justificar uma tiragem ainda maior. Supunham, naturalmente, que Duplain daria preferência ao procedimento óbvio e econômico de imprimir os volumes restantes com a tiragem de 8 mil cópias enquanto fingia que a terceira edição passaria por uma recomposição, como fora prometido na campanha de vendas.[17]

Duplain achava que essas questões eram assunto estritamente seu, e não se deixaria induzir a revelar qualquer coisa a respeito. O Traité de Dijon obrigava-o a prestar contas somente a Panckoucke. A relação contratual excluía a STN, que estava associada a Panckoucke, e não a Duplain. Este sabia que a STN ansiava pelas encomendas que ele vinha fazendo a outros impressores, que o estavam enriquecendo executando o trabalho por um preço bem mais baixo do que o estipulado nos contratos das duas edições anteriores. Se desse mais cópias para a STN imprimir, teria de pagar-lhe o preço estabelecido oficialmente. E como sub-associados, os diretores da STN poderiam querer intrometer-se em sua gestão do empreendimento. Por isso, Duplain tentou mantê-los no escuro, e em vez de lhes dar motivos para se sentirem esperançosos com as perspectivas da terceira edição, enviou-lhes uma resposta concisa e desalentadora: longe de imprimir a terceira edição com 8 mil cópias, ele nem sequer decidira ainda se iria imprimi-la; recebera até então apenas quinhentas assinaturas, que se deviam principalmente ao fato de Panckoucke não ter explorado adequadamente o rico mercado parisiense. Duplain estava pessoalmente envidando todos os esforços possíveis para fomentar as vendas. Enviara uma carta circular a numerosos livreiros, e aguardaria as respostas antes de decidir sobre o destino da terceira edição.[18]

Os sócios da STN desconfiaram dessas afirmações. Não deram a perceber suas dúvidas na carta seguinte a Duplain, mas as confiaram a Panckoucke. Pouco tempo antes, Duplain proclamara que a terceira série de assinaturas seria um sucesso de vendas garantido, comentaram com Panckoucke, e agora dizia duvidar de que haveria assinantes suficientes para justificar um aumento da impressão. Por que essa mudança tão radical de perspectiva? Eles podiam adivinhar a resposta a essa questão perturbadora, mas esconderiam de Duplain suas suspeitas e insistiriam em um exame atento de sua contabilidade. Entenderam então a importância dos artigos 13 e 14 do Traité de Dijon, que obrigava Duplain a prestar contas sobre as assinaturas e a contabilidade, e exultaram quando Panckoucke anunciou que iria a Lyon para inspecionar pessoalmente as contas de Duplain. Concordaram com a sugestão de Panckoucke para adiarem a edição revista a fim de se concentrarem exclusivamente na edição *in-quarto*. Assim que houvessem extraído dela todo o lucro possível e liquidado suas contas com Duplain, poderiam passar a dedicar-se a outros projetos, que planejariam sem o conhecimento do lionês.[19]

O clima entre os sócios da edição *in-quarto* tornou-se tão prenhe de conspirações que apenas uma ameaça externa impediu a cisão interna. Foram obrigados a deixar tudo isso de lado em maio de 1778 para efetuarem negociações de emergência com outros editores, que estavam tentando penetrar em seu mercado com outras *Enciclopédias*. Em 22 de junho, Panckoucke conseguiu um acordo entre os sócios da *in-quarto* e um consórcio de Liège, que começara a produzir uma *Enciclopédia* organizada por assunto em vez de por ordem alfabética. Esse projeto acabaria se transformando na *Encyclopédie méthodique* e poria um fim aos planos para a edição revista. Em 24 de junho, Duplain pagou a um grupo de Lyon para desistir da produção de uma edição pirata da *Enciclopédia in-quarto*, a que já haviam dado início. E durante todo o verão de 1778, a STN procurou solucionar uma guerra comercial que vinha travando com as *sociétés typographiques* de Lausanne e Berna, as quais andavam vendendo uma *Enciclopédia* em formato *in-octavo*. Essas crises trouxeram para os sócios da edição *in-quarto* a necessidade de suspender as negociações sobre o contrato para a terceira edição.

Eles não podiam, contudo, dar-se o luxo de adiar a impressão da terceira edição; pelo contrário, precisavam colocá-la no mercado antes que os concorrentes a aniquilassem. Os assinantes tinham receio de investir em livros que ainda não existiam. Poderiam preferir assinar uma outra obra, mais interessante, caso seu dinheiro não fosse logo captado. Os assinantes da edição *in-quarto* deveriam pagar cada volume após recebê-lo, e esses pagamentos financiariam a impressão dos tomos posteriores. Por isso, Duplain acelerou o cronograma de produção para um ritmo quase intolerável. Pôs a trabalhar prelos em Lyon, Grenoble e Trévoux, bem como em Genebra e Neuchâtel. Em Lyon mandava montar os volumes com as folhas impressas e os armazenava. Providenciava o transporte dessas folhas por milhares de quilômetros de rotas complicadas. E procurou manter-se informado sobre as assinaturas e a cobrança, enquanto deixava em ordem a contabilidade, consertava erros e superava contratempos.

Os problemas criados pela administração desse processo tão complexo sobrecarregaram os nervos de Duplain e afetaram o relacionamento com seus sócios em um nível quase insuportável. Ao receber da STN em janeiro um volume com a impressão malfeita, ele explodiu em um incontrolável acesso de raiva. Duas semanas mais tarde, ainda estava zangado o suficiente para dizer aos sócios o que pensava deles nos seguintes termos: "Fazeis um volume malfeito e o sr. Panckoucke escreve a todos os nossos assinantes que é preciso que concedamos mais prazo. Em uma palavra, trabalhamos dia e noite para o êxito do negócio e parece, senhores, que fazeis tudo que podeis para o destruir. Quando tivermos amontoado dívidas na província por meio de créditos, quem nos pagará? A maior parte deles não vale nada. Eis para onde conduzem os discursos do sr. Panckoucke. Dir-vos-emos de passagem que temos mais de 50 mil escudos fora e que isso tem com que assustar e fazer terríveis reflexões. Acrescentai a isso um trabalho atroz e contínuo e vede como teríeis encarado um diabo de volume que na verdade é abominável, o que quer que digais dele".[20]

As pressões sobre Duplain complicaram ainda mais a situação em que a terceira edição veio a ser produzida. Enquanto os sócios secretamente o espionavam, Duplain enfurecia-se com eles por fazê-lo arcar com quase todo o ônus do empreendimento. A recusa em soltarem mais as rédeas no aspecto financeiro irritava-o particularmente. Ele havia entregue os livros mais rápido do que os assinantes podiam pagar por eles. A maioria dos assinantes compunha-se de livreiros que haviam vendido dúzias de cópias e precisavam de tempo para receber o dinheiro dos compradores. Mas Duplain tinha de adiantar vultosas quantias para o papel e a impressão. Quando suas receitas nem sequer se aproximaram das despesas, ele começou a desesperar-se — daí as suas *terribles réflexions* ante a idéia dos 50 mil escudos pendentes e sua ira quando Panckoucke dispôs-se a conceder aos livreiros mais tempo para efetuarem seus pagamentos.

Duplain conseguiu mitigar um pouco a pressão financeira atrasando os pagamentos de suas próprias contas, especialmente do que devia à STN por seu trabalho de impressão. Em meados de junho, a STN imprimira os volumes 6 e 15 das duas primeiras edições, e começara a trabalhar no volume 24. A produção de cada tomo custava milhares de libras; depois de terminá-lo, a STN cobrava de Duplain segundo o preço estipulado no Traité de Dijon e nos contratos subseqüentes. Essa cobrança ocorria segundo o modo usual do comércio setecentista: a STN enviava a Duplain um relatório de cobrança e emitia letras de câmbio com Duplain como sacado, e este deveria então pagá-las aos próprios credores da STN ou a D'Arnal, que cuidava das finanças da STN em Lyon. D'Arnal com freqüência pagava quantias elevadas em nome da STN, referentes especialmente à aquisição de papel. Portanto, precisava receber o dinheiro devido por Duplain para não haver déficit em suas contas. Mas quando venciam as letras de câmbio, Duplain recusava-se a pagá-las, argumentando que seus próprios devedores — os livreiros que haviam assinado a *Enciclopédia in-quarto* — não lhe pagavam em dia, e portanto ele também deveria ter o direito de atrasar seus pagamentos à STN. Como sócios no empreendimento, os donos da STN tinham de arcar com sua parte nas dificuldades financeiras, afirmava, enquanto eles retrucavam que, como impressores, tinham de ser pagos. Não só as leis do comércio mandavam que seu trabalho fosse devidamente pago, mas também não se podia esperar que eles adiantassem seu próprio capital em pagamento do próprio trabalho sem receber uma parte do dinheiro das assinaturas, que decerto estava afluindo para os bolsos de Duplain. Essa disputa irrompeu em junho de 1778, exatamente quando as negociações dos sócios da edição *in-quarto* com os editores rivais da *Enciclopédia* haviam atingido a fase mais crítica, e continuou intermitentemente por todo aquele ano.[21]

Simultaneamente, Duplain e a STN desentendiam-se a respeito da impressão da terceira edição. Duplain sabia que os sócios da STN precisavam imprimir mais volumes para evitar despedir empregados e desativar sua enorme tipografia. Assim, jogou com essa necessidade para adiar o pagamento do que lhes devia. Em 2 de junho, pediu à STN que prorrogasse o vencimento de algumas letras de câmbio que já estavam vencidas havia três meses. E para mostrar que de sua parte podia ser maleável, parou de esquivar-se às tentativas de obter informações sobre a terceira edição: "A terceira edição está começada, e a demos exclusivamente a dois impressores que montaram dezoito prensas, comprometeram-se a três provas de cada folha, e queremos fazer uma bela edição a fim de que, se restarem alguns exemplares, não sejam um estorvo. Imprimimos três resmas e dez mãos [ou seja, 1750 cópias]". Portanto, Duplain começara a imprimir uma edição de grande porte, e poderia, se quisesse, excluir dela a STN.

Duplain deixou que os próprios sócios da STN fizessem essa inferência, esperando com isso torná-los mais flexíveis acerca do pagamento do que lhes devia. Eles reagiram enviando uma carta urgente a Panckoucke, lamentando-se de que precisavam manter ocupados onze prelos, mas Duplain estava tentando excluí-los da impressão da terceira edição, transgredindo assim sua obrigação contratual de lhes alocar três volumes. Era bem verdade que eles haviam recebido três volumes para imprimir nas duas edições anteriores, mas também tinham o direito a três da terceira, como se comprovava por uma extensão lógica do Traité de Dijon. Entretanto, eles se contentariam com a impressão de um único volume, esperando que sua tiragem fosse de 8 mil cópias. Insistiram com Panckoucke para que ele pressionasse Duplain sobre esse assunto e que fosse a Lyon inspecionar a contabilidade, porque "devem ter-lhe passado altas somas pelas mãos". Preocupavam-se com o modo como Duplain havia aplicado o dinheiro, e estavam perplexos com a discrepância entre as últimas cartas que haviam recebido dele e de Panckoucke. Este último informava que ele e Duplain haviam combinado simplificar a comercialização da terceira edição separando quinhentas cópias para cada um e vendendo-as em seus próprios territórios. Tal acordo parecia implicar que a edição consistiria em mil cópias, mas a carta de Duplain mencionava 1750. Ademais, o relatório de D'Arnal informava uma tiragem de 1500 cópias. Eles continuavam sem saber em quem acreditar com respeito à misteriosa terceira edição. Mas agora estava claro que as disputas acerca do financiamento e da impressão dessa edição haviam se interligado, emperrando a efetivação do contrato, muito embora os homens de Duplain houvessem começado a compor tipos e imprimir folhas com uma tiragem entre mil e 1750 cópias.[22]

Enquanto a STN procurava induzir Panckoucke a pressionar Duplain, este continuava às voltas com suas atribulações financeiras. "Tivemos a honra de vos observar que o dinheiro é aqui de uma raridade atroz, que nossos livreiros pedem tempo, e que, enfim, não podemos fazê-lo sair das pedras", escreveu ele à STN em 9 de junho: "O andamento em que levamos a obra exige um investimento com o qual não contávamos absolutamente". Duplain não tinha condições de saldar sua dívida daquele mês junto à STN. Mas podia mudar sua posição inflexível com respeito à impressão — posição essa que ele provavelmente assumira, de qualquer modo, pensando em melhorar suas condições de barganha na questão financeira. Os sócios da STN revelaram-se dispostos a entrar no jogo de Duplain, instruindo D'Arnal para conceder-lhe uma prorrogação nos pagamentos em troca de mais um volume para imprimir. A permuta funcionou às mil maravilhas, informou D'Arnal, apesar da relutância de Duplain em sacrificar qualquer um de seus lucrativos negócios como intermediário. Portanto, o que Duplain fez essencialmente foi trocar uma parte de seus ganhos ilícitos com a impressão pela impunidade por deixar de pagar suas contas em dia.

No entanto, ele aceitou tão rapidamente a proposta de D'Arnal que os sócios da STN interpretaram aquela avidez como um sinal de fraqueza, ordenando a D'Arnal que aumentasse a exigência para três volumes da terceira edição. A seguir, escreveram diretamente a Duplain, dizendo que estavam satisfeitos por poder ajudá-lo a resolver suas dificuldades financeiras e informando que em breve lhe enviariam algumas *remonstrances* explicando seus argumentos em favor da impressão da terceira edição. Enquanto isso, gostariam de imprimir mais um volume das duas edições anteriores; dispunham de papel em abundância e empregados prontos para a tarefa. O tiro saiu pela culatra: Duplain afirmou a D'Arnal que, após reconsiderar a questão, achou que a STN já tinha trabalho suficiente para manter-se ocupada, sem precisar de nenhuma parte da terceira edição. E em suas cartas à STN, ele meramente continuou insistindo na necessidade de adiar o pagamento das dívidas. Com isso, os sócios da STN tiveram de recorrer à estratégia de cobradores insistentes: em fins de junho, alertaram Duplain de que suas dívidas já importavam em 16 980 libras, e que eles exigiam o pagamento, passando a cobrar juros pelo atraso. No início de julho, Duplain recusou-se a pagar duas letras de câmbio, no valor de 2019 libras. A STN avisou que D'Arnal tornaria a apresentar as letras, e que não tolerariam mais nenhuma prorrogação no pagamento. Os sócios da edição *in-quarto* haviam chegado à beira do rompimento, e ainda nem sequer tinham um contrato para a terceira edição.[23]

A IMPRESSÃO DE NEUCHÂTEL

A STN considerou a situação grave a ponto de enviar em missão especial a Lyon seu agente de máxima confiança, Jean-François Favarger. Este, na verdade, deveria percorrer toda a França, vendendo *Enciclopédias* e outras obras, bem como acertando contas com outros livreiros do país. Mas o objetivo principal de sua jornada seria uma sondagem geral em Lyon, sem dar a perceber a Duplain. Surgindo como caixeiro-viajante,

Faverger poderia descobrir as verdadeiras metas e intenções do lionês, pois àquela altura as relações entre este e a STN já estavam de tal modo permeadas por jogadas e blefes que não era possível saber o que Duplain andava tramando. Assim, os sócios da STN planejaram em todos os pormenores a entrevista de Favarger com Duplain, chegando mesmo a escrever um roteiro no diário do agente. Favarger consultava as instruções escritas por Ostervald e Bosset em seu diário antes de encontrar-se com os clientes da STN nas cidades que visitava, registrando depois os resultados de cada encontro. A maioria das instruções consistia apenas em algumas frases, mas no caso de Duplain elas preenchiam duas páginas e meia, contendo observações como:

> Ver o sr. Duplain e tratar de saber, mas sem demonstrar muita curiosidade, a quantas se anda quanto à impressão dos volumes da *Enciclopédia in-quarto*, quantas prensas trabalham nela em Lyon ou alhures; se se começou a terceira edição, qual a sua tiragem. [...]
>
> Escutareis atentamente tudo que o sr. J. D. [Joseph Duplain] poderá dizer-vos no tocante à nossa *Enciclopédia*, e evitareis fazer qualquer abertura. [...]
>
> Falareis com J. D. do desejo que temos de imprimir ainda um volume com 6 mil. Pedireis a ele que nos escreva sobre isso. Dir-lhe-eis que tudo indica que nenhum dos volumes é corrigido com mais cuidado e por pessoas mais instruídas, que se dá toda a atenção possível à execução, que nossa gráfica é mais bem montada que qualquer uma daquelas que se empregam nesse empreendimento, que temos muitos papéis superiores em beleza aos de Lyon, que montamos nossa fábrica expressamente para reimprimir a *in-folio* que sua edição *in-quarto* retardou, que é justo, portanto, que sejamos indenizados de alguma maneira. Se é impossível obter dele um volume com 6 mil, dizei que temos direito pelo tratado de imprimir três volumes com 2 mil [ou seja, da terceira edição] e que esperamos que esse artigo não sofra nenhuma dificuldade. [...]
>
> N.B. Dar-nos-eis conta em detalhe do que tiverdes feito a esse respeito.

Se desempenhasse seu papel com habilidade, Favarger poderia conseguir para a STN o aumento de sua parte na impressão. Mas ele deveria também bisbilhotar na tipografia de Duplain, colaborar com D'Arnal e o abade Laserre e sondar os outros livreiros de Lyon a fim de descobrir qual era realmente a política geral de Duplain para a *Enciclopédia*.[24]

Favarger chegou a Lyon em 13 ou 14 de julho, bem a tempo de receber da sede em Neuchâtel algumas instruções de última hora. A STN alertava-o de que Duplain recentemente recusara honrar duas letras de câmbio e defendera tal conduta com argumentos capciosos, que Ostervald e Bosset refutavam ponto por ponto para que Favarger pudesse confrontá-lo durante os diálogos. Concluíam com uma exortação: "Relede bem todas as vossas notas para Lyon antes de fazer qualquer visita a fim de ter munição ao negociar".[25] Podemos imaginar a reação de Favarger, na hospedaria, relendo as instruções, ensaiando o papel e criando coragem para enfrentar Duplain. No entanto, quando chegou o grande momento, ele encontrou seu interlocutor surpreendentemente afável. Duplain falou de negócios durante horas com aparente franqueza e receptividade, mas sem revelar coisa alguma a respeito das grandes jogadas diplomáticas de suas operações. Em meio a todo o palavreado de Duplain, Favarger manteve-se firme no curso do papel que lhe fora atribuído, conquanto isso não fosse nada fácil: "graças a Deus, observei em todos os pontos as vossas instruções, o que não é fácil com ele quando se fica nisso tanto tempo". Ele enviou a Neuchâtel um relatório auspicioso: Duplain estava imprimindo a terceira edição com quatro resmas e cinco mãos (2375 cópias), alocaria à STN mais um volume das duas edições anteriores (ou seja, com a tiragem de 6150) e três volumes da terceira, e pagaria a próxima série de letras de câmbio na data do vencimento, em agosto. Duplain declarou francamente que ganhava 1500 libras em cada volume que mandava imprimir em Lyon em vez de em Neuchâtel, mas disse que já se recobrara do acesso de raiva e desejava manter boas relações com a STN. Justificou sua recusa em pagar a dívida referente à impressão do volume 15 em junho explicando que a remessa do mesmo pela STN chegara com atraso, impossibilitando-lhe cobrar dos assinantes a tempo de efetuar seus próprios pagamentos. Ele esperava que a STN o ajudasse em momentos difíceis porque além de impressores eles eram também sócios. Ademais, o dinheiro em Lyon andava anormalmente escasso, e ele julgava que, sendo genro de Bosset, D'Arnal tinha de concordar com uma prorrogação de três meses no pagamento das letras de câmbio. Tudo isso parecia revestir-se de uma lógica desconcertante para Favarger. Duplain aparentara simpatia e cedera nos pontos mais disputados sem relutância. Mas o que causara essa mudança abrupta em seu comportamento?[26]

Em seu relatório, Favarger mencionou que Duplain "me disse ter-vos escrito para permitir que essa terceira edição aparecesse sob o vosso nome, que isso lhe daria mais destaque". Essa carta chegou a Neuchâtel bem a tempo de eliminar a tremenda responsabilidade que pairava sobre o encontro de Favarger com Duplain em Lyon, pois ela era uma forma de resposta de Duplain à exigência inexorável da STN quanto ao pagamento de suas contas: "Estamos determinados a reimprimir a terceira edição em quatro resmas e quinze mãos", escreveu Duplain. "Ela está no prelo, e esperamos entregar dois a três volumes em agosto. Como queremos que essa edição (diga-se entre nós) seja superior à outra pela execução, a correção etc., a fim de que, se restarem alguns exemplares, eles não nos sejam um estorvo, pensamos que, para que se distinguisse, ela aparecesse sob um outro nome. Rogamo-vos, portanto, que nos permitam utilizarnos do vosso. Parecereis ter comprado de Pellet etc. Enviai-nos vosso consentimento a esse respeito, por favor."[27] Duplain esperou três dias para que essa oferta atraente lhes calasse no espírito, e então enviou à STN mais um pedido de prorrogação até agosto do pagamento de suas duas letras de câmbio. O truque funcionou. Os sócios da STN responderam que adiariam o vencimento e que teriam prazer em emprestar o nome da STN à nova edição, esperando imprimir da mesma "vários volumes".[28] Assim, quando Favarger adentrou os domínios de Duplain pronto para a batalha, a guerra estava sendo resolvida sem o seu conhecimento. E logo após esse anticlímax que foi o encontro com Favarger, Duplain entregou ao agente um prospecto recém-impresso anunciando que a STN estava patrocinando a terceira edição.[29]

Assim, a terceira edição seria lançada com o termo de impressão da STN. Mas Duplain fora motivado por mais do que o simples desejo de fazer as pazes com um de seus credores. Como indicam as cartas que enviou à STN, as duas edições anteriores haviam adquirido má fama, devido à impressão malfeita e à má qualidade do papel. Mudando o falso termo de impressão de "à Genève chez Pellet" para "à Neuchâtel chez la Société Typographique", ele poderia atrair um número maior de assinantes. Também se livraria de outro dos problemas tipográficos que assolaram a edição *in-quarto* durante todo o seu primeiro ano de existência. Quando Duplain a oferecera à venda pela primeira vez, comprometera-se a fornecer na íntegra o texto da edição original e o *Supplément* por um preço no varejo de 344 libras — dez libras para cada um dos 29 volumes de texto, dezoito para cada um dos três tomos de ilustrações. O contramestre de uma tipografia dissera-lhe que os 29 volumes *in-folio* do texto original somados ao *Supplément* caberiam em 29 volumes no formato *in-quarto*. Contudo, logo depois de haver começado a impressão, essa estimativa revelou-se demasiadamente acanhada. O texto da edição *in-quarto* ocupou 36 tomos, incomumente grossos. Poderia Duplain esperar que seus assinantes pagassem setenta libras a mais do que o preço contratado para receberem o texto que lhes fora prometido? Panckoucke achava que não: "O público subscreveu 32 volumes [ou seja, 29 volumes de texto e três de ilustrações]. Se a obra tivesse um número maior, não sei bem como se poderia fazê-los pagar por eles".[30] Para piorar a situação, Linguet detectara o erro e proclamara-o como fraude em seus *Annales*, publicação que contava com um número substancial de leitores. Portanto, Duplain podia antever uma tempestade de protestos, e até mesmos de processos judiciais, se elevasse o preço ou diminuísse o texto. Acabou remediando o problema cobrando apenas quatro dos sete volumes extras. Dessa forma, aumentou fraudulentamente o preço no varejo para 384 libras — o suficiente para pagar o acréscimo de impressão sem provocar o alarido dos clientes.

Foi uma política arriscada, que Duplain tentou impingir ao público sem que ninguém percebesse. Assim, ao anunciar a segunda edição, evitou mencionar o número de volumes e o preço total, afirmando meramente que ela seria vendida nas mesmas condições da primeira. Essa crise já fora superada na época em que Duplain decidiu lançar a terceira edição, e por isso ele procurou proteger-se alterando as condições da assinatura e atribuindo o termo de impressão à STN em vez de a Pellet. Os novos assinantes não poderiam obrigá-lo a cumprir as promessas que não respeitara ao tratar com os clientes antigos, e a nova edição *in-quarto* seria publicada como se se tratasse da edição anterior sob nova administração. Por essas razões, o prospecto que Duplain entregou a Favarger anunciava "uma terceira edição da *Enciclopédia*, que conterá 36 volumes *in-quarto* em duas colunas, proposta por subscrição na Société Typographique de Neuchâtel".[31] O prospecto não explicava como a STN viera a substituir Pellet na publicação da edição *in-quarto*. Os leitores mais ingênuos podiam até mesmo julgar que se tratava de uma obra pirata da STN, já que o prospecto não trazia nenhuma indicação de que Duplain estava por trás de ambos os empreendimentos, apenas trocando seu testa-de-ferro. Só um observador astuto notaria a diferença crucial entre essa edição *in-quarto* e as anteriores: ela estava sendo explicitamente oferecida como uma coleção de 36 (e mais três de ilustrações), ao preço de 384 libras. Duplain chegava mesmo a prometer que, se ela ultrapassasse os 36 volumes, os excedentes seriam fornecidos gratuitamente. Na realidade, ele se livrara da obrigação de inserir toda a obra em 29 tomos.

A edição "de Neuchâtel", portanto, representava uma sagaz tentativa de encobrir um erro tolo de comercialização — de eclipsar uma fraude com outra, embora o termo "fraude" seja demasiado forte para designar a costumeira prática setecentista de publicar obras sob falso termo de impressão. Tal estratégia agradou aos sócios da STN, pois parecia assegurar-lhes a obtenção de pelo menos três volumes para imprimirem. Eles disseram a Duplain que apreciaram muito seu prospecto, reimprimindo-o e divulgando-o entre seus correspondentes. A essa altura, Duplain e Panckoucke também já haviam feito as pazes com os editores das *Enciclopédias* rivais. Assim, finalmente parecia que o caminho estava aberto para firmarem o contrato da edição *in-quarto*.

OS PRIMEIROS LANCES DAS NEGOCIAÇÕES FINAIS

Os problemas internos e externos da edição *in-quarto* haviam forçado Panckoucke e Duplain a suspender em abril as negociações iniciais para o contrato. Quando as retomaram em julho, a situação mudara: o acordo com o consórcio de Liège obrigara Panckoucke a deixar de lado o projeto da edição revista, e a briga da STN com Duplain havia gerado suspeitas quanto ao seu gerenciamento da terceira edição. Duplain, na verdade, já produzira uma parte dessa edição em julho, e portanto era tarde demais para impedi-lo de organizar a produção de modo a apropriar-se de milhares de libras explorando sua função de intermediário e administrador. Panckoucke tão-somente poderia esperar refreá-lo insistindo em um rigoroso contrato. Assim, a rodada final de negociações revelou-se ainda mais dura e complicada que as anteriores.

De início, Panckoucke preferiu uma estratégia conciliatória. Escreveu um primeiro rascunho do contrato procurando dar a impressão de estar recompensando Duplain pelo sucesso de sua gestão, concedendo-lhe gratuitamente a metade das cotas referentes aos "privilégio, direitos e totalidade dos clichês" da *Enciclopédia*. O Traité de Dijon limitara a participação de 50% de Duplain ao empreendimento da edição *in-quarto*. Estendendo a parceria a todos os outros projetos da *Enciclopédia*, Panckoucke evidentemente esperava obter de Duplain concessões durante as negociações sobre o contrato para a terceira edição. E para tornar a perspectiva bem tentadora, seu rascunho especificava que um dos projetos futuros consistiria em uma edição *in-quarto* de todas as ilustrações originais — uma idéia perspicaz, pois Panckoucke estava convencido de que muitos dos assinantes da edição *in-quarto* desejavam possuir toda a coleção das ilustrações, em vez de apenas três tomos, para tornarem sua *Enciclopédia* o mais completa possível. Seria facílimo satisfazer essa demanda já existente, uma vez que Panckoucke e a STN possuíam todas as pranchas originais, que poderiam ser retocadas, em alguns casos reduzidas em escala, e usadas então para produzir o número de cópias encomendadas — proporcionando um lucro enorme com pouquíssimo esforço.[32] Panckoucke considerou esse lance inicial importante o suficiente para submetê-lo à aprovação da STN em fins de abril. Entretanto, parece bem pouco provável que o tenha apresentado a Duplain, pois em maio o sucesso da terceira edição já não parecia tão seguro, em face das desavenças entre Duplain e a STN e da ameaça das *Enciclopédias* rivais. Em julho, quando essas dificuldades haviam abrandado, já não era aconselhável recompensar Duplain por coisa alguma. Panckoucke deixara de lado seu plano de uma edição suplementar das ilustrações para dedicar-se a outro objetivo, e estava pronto para duras negociações a respeito da terceira edição.

O processo recomeçou com uma troca de cartas entre Duplain e Panckoucke. Como partes contratantes no Traité de Dijon, eles efetuaram as negociações contratuais da terceira edição, mas consultaram seus próprios sócios, principalmente a STN no caso de Panckoucke e Merlino de Giverdi no de Duplain. A maioria dos documentos hoje preservados provém das consultas entre Panckoucke e a STN; portanto, precisamos acompanhar as negociações sob a perspectiva de Neuchâtel, perspectiva essa que, apesar de tendenciosa, é ampla o suficiente para dar-nos uma excelente idéia da contenda.

Em 7 de julho, Panckoucke enviou à STN um rascunho de contrato que recebera de Duplain, comentando-o em pormenores. Passada uma semana, a STN respondeu também detalhadamente. Esses três documentos indicam, portanto, como a situação se mostrava para os três lados do triângulo Lyon-Paris-Neuchâtel.

Primeiramente, Duplain estipulou a edição com a tiragem de três resmas e dezesseis mãos, ou seja, 1900 cópias, requerendo receber 38 libras por folha impressa nessa tiragem, além de dez libras por resma de papel utilizado. Estaria ele fixando os custos em um patamar demasiadamente elevado para apropriar-se da diferença entre os recursos que lhe seriam concedidos e as verdadeiras despesas? Panckoucke estudou a questão com imparcialidade, concluindo que não. Duplain estava pedindo apenas um pequeno aumento em relação aos preços estipulados no Traité de Dijon; deveria obtê-lo, "não se deve chicanear". Panckoucke, que gostava de tratar de negócios em grande estilo, sem bater-se por migalhas, estava na verdade sendo generoso com Duplain, pois esse aumento, que medido em resmas parecia pequeno, importava no total em 8190 libras — o equivalente a pelo menos onze anos de pagamentos a um impressor na Suíça, conquanto ficasse um pouco abaixo de 1% das receitas previstas para a terceira edição.[33]

Os sócios da STN concordaram em que Duplain merecia esse aumento na verba alocada para os custos, especialmente os referentes ao papel, que havia subido de preço rapidamente como reação à demanda gerada pela edição *in-quarto*. Objetavam apenas ao modo como Duplain expressara essa condição no contrato, pois assim ele teria o controle absoluto na escolha dos impressores, sem a obrigação de alocar volumes para a STN. Assim, pediram a Panckoucke que conseguisse de Duplain a reserva de pelo menos três volumes para os prelos da STN. Fora isso, não apresentaram outras críticas às propostas de Duplain acerca dos preços. Como Panckoucke, eles também supunham que Duplain encomendaria o trabalho pagando menos do que receberia do consórcio da edição *in-quarto*, embolsando a diferença. Pareciam considerar o dinheiro que ele ganharia dessa maneira uma remuneração legítima por suas atividades de intermediário, contanto que ela fosse mantida dentro dos limites de preço estipulados no contrato. Longe de esconder essa fonte de renda, Duplain contara francamente a Favarger que dali ele retirava para si 1500 libras por volume.[34] O que hoje em dia seria condenado como apropriação ilícita era visto como uma prática comercial normal entre os empreendedores setecentistas, os quais precisavam lidar com técnicas de produção que se encontravam a meio caminho na escala evolutiva que vai da produção dispersa, semi-artesanal e semifabril, ao trabalho fabril propriamente dito.

Panckoucke e a STN também acederam à solicitação de Duplain para contratar um *réviseur*, que por mil libras anuais corrigiria a cópia da terceira edição. Mas não viram com bons olhos uma cláusula longa e complexa de seu rascunho do contrato, que parecia conceder-lhe ilimitadas oportunidades de exagerar seus custos em prejuízo dos demais sócios. Dizia essa cláusula: "E eu C. Panckoucke consinto [...] que eles [Joseph Duplain & Companhia] mandarão fazer-lhe a impressão em Genebra e nas diferentes cidades da Suíça à sua escolha; e nos casos de imprimirem alguns volumes na França, eles serão expedidos para Genebra para ali serem colocados em um depósito comum; no caso em que se recusassem a isso, os riscos de apreensão pelo governo seriam por sua conta, como em nossas convenções primeiras, com a obrigação para nós de saldar as despesas; que lhes serão reembolsadas as despesas que farão fora aquelas compreendidas nos gastos de impressão, como secagem e estendedura apenas, as outras desembolsadas, como empregado, depósito, porte de cartas e todas as outras relativas, lhes serão reembolsadas".[35]

Dessas palavras inferia-se que Duplain poderia imprimir e armazenar os volumes em Lyon e dali distribuí-los, correndo o risco de confisco pelo governo, mas cobrando a todos os sócios do empreendimento o que lhe teria custado para mandar transportar os volumes de Lyon a Genebra e ali estocá-los antes da distribuição. Ele parecia também estar requerendo um cheque em branco para cobrir suas despesas operacionais. Panckoucke fez uma contraproposta: Duplain receberia, para todos os seus gastos, a quantia fixa de 16 mil libras, ou seja, o dobro da soma concedida pelo Traité de Dijon (2 mil libras anuais, durante quatro anos). Esse valor parecia suficiente a Panckoucke, pois a produção de volumes *in-quarto* duplicara desde a assinatura do Traité. Ele explicou seu raciocínio em algumas observações confidenciais à STN: "Sabeis das pretensões excessivas de Duplain sobre essas despesas de depósito, empregado. É preciso tomar cuidado em não nos deixar abalar a esse respeito. Escrevei-me da maneira mais firme sobre isso, e enviarei essa parte de vossa carta a Lyon".[36]

DUELO DE "LETTRES OSTENSIBLES"

A STN atendeu à solicitação de Panckoucke, escrevendo-lhe uma carta que reproduzia exatamente sua argumentação, aproveitando para também salientar sua exigência de imprimir pelo menos três volumes. Os editores usavam com freqüência esse tipo de cartas forjadas — *lettres ostensibles*, como as denominavam — como uma arma em suas negociações com colegas de profissão ou com as autoridades francesas. A STN escrevera uma delas para Duplain em 1775, e este agora defendia-se da manobra de Panckoucke empregando uma variação da mesma técnica. Em 19 de junho, escreveu uma carta a seu sócio, Merlino de Giverdi, que a mostrou a Panckoucke como prova da validade do argumento de Duplain sobre a questão das despesas. Na época, Merlino estava em Paris, negociando com Panckoucke em nome de Duplain, e a carta certamente reforçou sua posição, pois defendia a causa de Duplain com extraordinária veemência.

Duplain fez tudo para induzir a idéia de que seus aliados em Lyon o estavam pressionando para resistir às condições estipuladas por Panckoucke e que ele tinha também de combater um grupo de pressão muito mais intimidador, o clero local. É certo, dizia, que Panckoucke recebera uma *permission* para comercializar a *Enciclopédia*, mas ela nada mencionava quanto à impressão da obra na França. Panckoucke sabia perfeitamente que Duplain corria riscos enormes realizando parte da impressão em Lyon. Duplain precisara garantir seus impressores naquela cidade contra qualquer prejuízo que pudessem sofrer se as autoridades os perseguissem. Providenciara depósitos secretos para estocar os volumes e contratara agentes para remetê-los em segredo durante a noite. Tivera até mesmo que tomar medidas para aplacar o clero, "esse corpo temível que começava a resmungar". Todas essas providências custavam dinheiro, muito dinheiro, e no entanto os sócios lhe estavam concedendo apenas 2 mil libras anuais para as despesas. Pois muito bem: ele dera um jeito de cortar os gastos, imprimindo em Lyon em vez de em Genebra. Mas esperava compensações por correr os riscos necessários àquela economia. Queria receber como pagamento a quantia que lhe teria custado para mandar transportar os volumes até Genebra e ali estocá-los, muito embora na realidade eles fossem distribuídos a partir de Lyon. Essa quantia constituiria um *droit d'assurance*, pois Duplain estava de fato atuando como um segurador que assumia o risco de reembolsar as partes prejudicadas em caso de perda da mercadoria. Duplain era, além disso, um lutador, batendo-se pelo bem comum do empreendimento, enquanto Panckoucke permanecia ocioso na retaguarda, a queixar-se dos custos. A atitude de Panckoucke enfurecia-o, e Duplain estava disposto a fazer-lhe guerra também, se ele não concordasse com um contrato justo: "Como não estou [...] disposto [...] a fazer a guerra às minhas custas e que todas essas lentidões fazem-me ferver o sangue, previno-te que, se em nove dias eu não receber o tratado assinado, entro imediatamente na justiça. É ridículo que depois dos esforços que faço, dos sucessos maravilhosos que consigo, contestem-me uma coisa justa e que certamente os tribunais não me recusarão".[37]

Não se pode ter certeza quanto aos objetivos de Duplain, mas nessa carta ele provavelmente estava blefando. Com freqüência ele tentava intimidar os sócios com explosões de zanga. Suas cartas posteriores indicam que ele não temia realmente o clero, embora pudesse afirmar o contrário só para arrancar concessões de Panckoucke. E ele não tinha fundamentos para levar aos tribunais sua disputa com Panckoucke. Este, evidentemente, leu a carta de Duplain sob essa perspectiva, deixando expirar o prazo de nove dias sem ceder um milímetro. Escreveu à STN que seguiria o Traité de Dijon — ou seja, que fixaria o limite de 16 mil libras para as despesas de Duplain. Os sócios da STN responderam afirmando esperar que Panckoucke ajustasse com Duplain "de maneira a nos garantir de toda tramóia" e que ele insistisse em inspecionar as contas de Duplain, "para nossa comum segurança".[38] Embora na época mantivessem um tom afável nas cartas a Duplain, a desconfiança que lhe tinham chegara a tal ponto que agora consideravam crucial submetê-lo a um contrato rigoroso a fim de se protegerem da malversação de fundos.

Tiveram a oportunidade de desabafar seus receios em agosto, quando Panckoucke fez uma viagem rápida à Suíça. Naquele verão de 1778, o *Atlas de la librairie* estava às voltas com diversos empreendimentos além da *Enciclopédia*. Comprara o *Mercure*, começara a liquidar seu acervo de livros e traçava planos para produzir edições colossais das obras de Rousseau e Voltaire, cujas mortes haviam ocorrido recentemente, com apenas dois meses de diferença, desencadeando tramas formidáveis entre os editores especializados no Iluminismo. Panckoucke, que em se tratando desse tipo de maquinações era o líder, viajou para a Suíça a fim de reivindicar direitos sobre os manuscritos dos dois filósofos; no caminho, fez escala em Neuchâtel para debater com a STN as negociações com Duplain. As conversas resultaram em um acordo sobre as condições a serem exigidas e em outra *lettre ostensible*, na qual a STN delineava aquelas condições.

Em 25 de agosto, os sócios da STN enviaram a carta a Panckoucke, que retornara a Paris passando por Montbard, onde combinara com Buffon sobre mais empreendimentos. Anexaram à carta uma nota que indica o alto grau de coordenação entre suas políticas editoriais: "Enviamo-vos por esse correio, segundo nossas convenções verbais, uma carta forjada para o sr. Duplain para ser usada segundo vossa prudência habitual, e rogamo-vos informar-nos do que se seguiu, ao mesmo tempo que podereis dizer-nos alguma coisa de positivo sobre as obras de Voltaire, continuando sempre a nos ocupar com as de J.-Jacques". Àquela altura, Duplain aumentara em uma resma a tiragem da terceira edição, que passou a compor-se de quatro resmas e quinze mãos, ou seja, 2375 cópias, levantando mais uma vez o problema de quanto deveria ser alocado para cobrir seus custos de impressão. Não era essa uma questão sem importância, pois Duplain já estava ganhando cerca de 50 mil libras com a verba alocada para os custos de impressão das duas edições anteriores, e agora passava a pressionar Panckoucke e a STN para elevarem o valor que haviam estabelecido preliminarmente para a terceira. Ao mesmo tempo, estava claro que ele planejava imprimir a nova edição aos preços mais baixos possíveis, pois não só vinha estudando ofertas concorrentes dos impressores locais, mas também instalara alguns prelos próprios, chegando mesmo a pedir que o consórcio da edição *in-quarto* pagasse por eles. Na *lettre ostensible*, os sócios da STN afirmavam que concordariam com no máximo 44 libras por folha, embora julgassem mais apropriado o pagamento de 42 libras. Recebendo o preço mais elevado, Duplain ganharia 13 104 libras a mais do que se fosse seguido o valor estipulado no Traité de Dijon. Como também lhe seriam pagas mais 4446 libras referentes ao aumento de cinco soldos por resma da verba para o papel, seus ganhos seriam excelentes com o contrato proposto por Panckoucke, escreveram os sócios da STN, salientando, para produzir o desejado efeito sobre Duplain, que

> Devemos fazer justiça convosco à habilidade e à inteligência com que o sr. Duplain tratou esse negócio desde o seu começo. Nós mesmos fomos testemunhas de todas as dificuldades que teve em Lyon para as entregas; e se ele tem um benefício como impressor que não deixa de ser considerável sobre a quantidade, este reconhecimento lhe pertence. Mas vemos, senhor, muitos inconvenientes em afastarmo-nos do Tratado feito em Dijon pelos gastos a alocar ao sr. Duplain; temos muita vontade, em nosso particular, de conservar sua amizade e nossas relações com ele para deixar de afastar tudo que poderia dar matéria a discussões, tal como as despesas de viagem, armazenagem etc.

Considerando que na correspondência confidencial com Panckoucke os sócios da STN haviam praticamente chamado Duplain de bandido, essa *lettre ostensible* espelhava seus sentimentos com tanta fidelidade quanto as comunicações diplomáticas que os Estados soberanos trocavam entre si. O tom da carta lisonjearia Duplain sem fazer-lhe nenhuma concessão. De fato, a STN estava sendo mais lisonjeira e mais intransigente do que na *lettre ostensible* anterior. Afirmava explicitamente não objetar a que Duplain lucrasse com sua função de intermediário, mas não cedia um palmo em sua recusa de permitir-lhe estipular o teto para suas despesas. Descartava o argumento acerca dos grandes riscos que ele corria comentando que a STN teria muito prazer em montar vinte prelos e imprimir toda a obra em Neuchâtel se realmente o perigo representado pelas autoridades de Lyon era tão assustador. Levantava ainda a embaraçosa questão do erro de cálculo de Duplain com respeito ao número de volumes necessários para conter a íntegra do texto *in-folio*. Equívoco semelhante trouxera má reputação à *Encyclopédie d'Yverdon*, de Félice, observavam os sócios da STN, mencionando criticamente que Duplain, devido a esse erro, fora obrigado a aplacar os assinantes fornecendo de graça o décimo quinto volume. E no entanto ele nem sequer informara seus sócios acerca desse afastamento da política estabelecida por todos eles no Traité de Dijon. Mas a STN não se prenderia a tais questões desagradáveis, nem insistiria na "soma considerável que vos pagamos por esses clichês, privilégios etc." — quantia essa que não fora cobrada a Duplain. Queria tão-somente evitar futuras desavenças. Portanto, não seria demovida de sua decisão quanto à cobertura das despesas de Duplain ser explicitamente controlada por contrato. Dessa maneira continuaria a reinar a harmonia entre os sócios, que poderiam usufruir plenamente a glória de haver produzido "esse empreendimento, que é realmente o mais belo que tenha sido feito no ramo livreiro".

A PRESSÃO FINAL

Independentemente de esperar que Duplain se deixasse comover por aquele palavreado meloso, Panckoucke poderia apresentá-lo como prova de que ele tinha as mãos atadas: não poderia fazer mais concessões porque seus aliados de Neuchâtel não aprovariam. É evidente que ele e a STN haviam concordado sobre essa estratégia em Neuchâtel, pois em 1º de setembro os sócios da STN escreveram-lhe dizendo que esperavam que ele tivesse chegado em segurança a Paris, onde encontraria a *lettre ostensible* e o endosso da STN ao rascunho de contrato que ele propusera apresentar a Duplain. Acrescentavam que aceitariam todas as disposições que Panckoucke viesse a estipular e que tinham uma fé absoluta em sua habilidade de sobrepujar as "pretensões infundadas" de Duplain.

Nesse meio tempo, as cartas que os sócios da STN enviaram a Duplain mantiveram o tom afável. Em 26 de agosto, em uma carta bastante insincera, afirmaram esperar que ele houvesse resolvido suas desavenças com Panckoucke, pois acreditavam que este, como a própria STN, pretendia fazer todas as concessões possíveis às solicitações de Duplain; encerraram expressando sua própria solicitação de imprimirem mais um volume, como Duplain prometera. Uma semana mais tarde, informaram-no de que estavam quase concluindo o volume 24, terceiro que imprimiam, e portanto precisavam urgentemente de mais trabalho. Simultaneamente, a próxima série de pagamentos de Duplain estava para vencer. Em 29 de agosto, a STN informou-lhe que sua dívida atingira 23 723 libras, e que dessa vez esperavam que ele quitasse suas letras de câmbio sem problemas. Duplain respondeu que devia apenas 2957 libras e que não pagaria nem um soldo a mais. Apresentou sua própria versão das contas referentes à impressão realizada pela STN, que diferia marcadamente da que recebera de Neuchâtel e parecia fornecer pretextos para uma interminável disputa. E mostrou-se determinado a não pagar e a lutar, argumentando que a STN estava obrigada a financiar todo o papel que adquirisse sem reembolso algum até entregar-lhe em Lyon a última folha impressa de cada volume. Para corroborar essa afirmação, citava uma passagem de pouca importância de seu acordo com a STN firmado em 28 de maio de 1777 e dizia que suas dificuldades financeiras eram tão prementes que de qualquer modo a STN não deveria esperar dele nenhum pagamento.[39]

Os sócios da STN reagiram com previsível fúria. Duplain estava trazendo à tona novamente questões que haviam sido acertadas em julho, quando eles haviam concordado em prorrogar o vencimento das dívidas até o final de agosto e Duplain prometera dar-lhes a imprimir mais um volume das duas primeiras edições. Agora ele estava apresentando outro argumento capcioso a fim de negar tanto o pagamento como o volume. A STN alertou-o de que não podia mais fazer concessões em nenhum desses pontos, que se Duplain não honrasse suas letras de câmbio as finanças da firma mergulhariam no caos e que a conduta de Duplain suscitava graves dúvidas quanto a seus motivos.[40] Duplain deixara esses motivos bem claros em uma carta de 21 de agosto: "Estamos em dificuldade com o sr. Panckoucke quanto às nossas despesas. Desde que isso estiver terminado, vos enviaremos um volume". Mas os sócios da STN não haviam feito caso desse comentário, e por isso ele o repetiu ao responder à carta indignada que enviaram. Ele não seria demovido de sua recusa, escreveu em 15 de setembro, e "quanto ao novo volume prometido, esperamos a resposta do sr. Panckoucke sobre um objeto que ele nos contesta, embora prometido, e ao qual não renunciaremos de modo algum".

Na verdade, os sócios da STN haviam entendido a situação muito tempo atrás; e enquanto Duplain intensificava a pressão sobre eles, procuravam fazer com que Panckoucke a abrandasse. Em 15 de setembro, inquiriram nervosamente sobre as negociações, recontaram suas últimas dificuldades com Duplain e concluíram: "Na verdade, senhor, tais procedimentos multiplicados tornam-se-nos muito desagradáveis. Por isso sentimos tanto mais a necessidade de acertar contas com esse associado e suspiramos pela época combinada entre nós para trabalhar nessa importante operação". Passada mais uma semana sem receberem uma palavra de Panckoucke a respeito das negociações, os sócios da STN começaram a desesperar-se e enviaram-lhe outra carta, com queixas mais urgentes acerca da tática de Duplain, que eles agora denominavam extorsão. Duplain estava segurando o dinheiro e a cópia do volume para obrigá-los a conceder-lhe melhores condições no contrato, diziam. Mas apesar de veementes ao condenar a conduta de Duplain, eles praticamente pediram a Panckoucke que cedesse. Alguém tinha que se dar por vencido, explicavam, e a pressão que estavam sofrendo estava se tornando quase insuportável: "Concebeis, senhor, o embaraço em que sua obstinação deve necessariamente nos lançar. [...] Tudo isso, na verdade, é muito desagradável, e vos rogamos instantemente que penseis no meio de lhe dar um fim o mais cedo possível". No entanto, se estavam dispostos a enfraquecer sua posição sobre a cláusula quanto às despesas de Duplain, mostravam-se mais dispostos do que nunca a insistir em uma reunião em Lyon de todos os sócios do empreendimento da edição *in-quarto* para uma rigorosa inspeção de sua gestão financeira: "Uma conduta tão insensata desmascara seus objetivos. Eles só podem tender a extorquir nossa aquiescência às suas pretensões, e sabereis como nós apreciar esse plano. [...] Tudo isso nos leva a concluir que seria muito desejável para o bem da coisa que a assembléia dos interessados em Lyon [...] pudesse ser antecipada e acontecer o mais cedo possível".[41]

A situação afligia os sócios da STN principalmente porque a cada dia que se passava mais se aproximava a data de vencimento de suas letras de câmbio e o final da impressão do volume 24, o último dos três que lhe haviam sido encomendados. Eles haviam emitido dezessete letras de câmbio com Duplain como sacado, no valor total de 19 380 libras, e se ele se recusasse a honrá-las, os tomadores acorreriam a D'Arnal, exigindo pagamento imediato. Se D'Arnal não conseguisse obter o dinheiro, a STN não apenas seria alvo de processos judiciais, mas também perderia o crédito na praça. Naturalmente, podiam processar Duplain, mas uma longa e renhida batalha nos tribunais poderia prejudicar fatalmente todo o empreendimento. De qualquer modo, Duplain não lhes dava tempo para fazerem valer a ameaça do litígio, porque precisavam conseguir 19 mil libras imediatamente ou suspender seus pagamentos — o que significaria um dano irreparável à excelente reputação comercial que gozavam, construída em nove anos de árdua labuta. Duplain não voltou atrás em sua recusa de honrar as letras câmbio, a despeito das súplicas da STN e de D'Arnal. Com providências de emergência na Bolsa, D'Arnal conseguiu as 19 mil libras. Mas essa heróica intervenção afetou gravemente seus próprios recursos de capital, custou muito dinheiro em taxas de corretagem e empréstimos de curto prazo e só fez adiar o confronto com Duplain até o vencimento da próxima série de letras de câmbio.[42]

Em uma carta de 3 de outubro de 1778, os sócios da STN queixaram-se amargamente a Duplain sobre a crise financeira que ele lhes infligira. Da próxima vez, alertaram, queriam receber o valor integral da dívida, e estavam dispostos a defender seus direitos "diante de todos os tribunais do mundo". Mas precisavam conter a ira, porque tinham de conseguir de alguma forma que ele lhes mandasse a cópia de mais um volume para imprimirem. Àquela altura já haviam sido impressos e distribuídos dois volumes da terceira edição, e os empregados da STN em poucos dias terminariam o volume 24. "Terminado esse volume, teremos nas mãos vinte operários que será preciso despedir ou ocupar em outros objetos, sempre com uma grande perda para nós, a menos que tenhais a honestidade de expedir-nos, vista a carta, um fragmento bastante grande de manuscrito", imploraram. E confessaram-se então dispostos a fazer o jogo de

Duplain contra Panckoucke: "Nós solicitamos a ele que se conciliasse convosco. Não temos nenhuma dúvida de que se preste a isso e de que consintais de vosso lado em fazer arranjos capazes de prevenir entre nós toda espécie de dificuldades. Vós sentis como nós que esse obstáculo seria tão funesto quanto uma contrafação ou outro contratempo tipográfico". Sem contrato não haverá cópia, respondeu Duplain.[43] Os sócios da STN nada puderam fazer além de sofrer calados enquanto os dois parceiros poderosos resolviam a questão. O entrechoque de blefes, golpes e pressões deve ter sido tremendo, mas não foi preservado nenhum registro a respeito. Tudo o que se sabe é o resultado: em 10 de outubro, em Paris, Panckoucke e o agente de Duplain, Merlino de Giverdy, assinaram o contrato para a terceira edição *in-quarto* da *Enciclopédia*.

O CONTRATO

O contrato representou concessões de ambas as partes, mas Panckoucke levou a melhor na maioria dos pontos controvertidos (ver Apêndice A. XIV). Como ele desejava, o documento fixou o preço da impressão em 44 libras por folha e aumentou o preço do papel em seis soldos, perfazendo dez libras por resma. Duplain não poderia ter argumentado convincentemente contra tais valores, pois com eles ganharia 17 550 libras a mais do que o estipulado no Traité de Dijon, que já lhe proporcionava um lucro vultoso com a impressão. Mas o novo contrato manteve rigorosamente as linhas da antiga alocação de verba para as despesas gerais de Duplain, concedendo-lhe 16 mil libras para administrar a produção e distribuição de 8 mil *Enciclopédias*, em vez de 8 mil libras para 4 mil *Enciclopédias*, como na alocação anterior. Por conseguinte, Duplain cedeu quanto à questão que acarretara a disputa mais acirrada. Entretanto, obteve algumas compensações nos artigos 3 e 5, que lhe autorizaram a instalar operações de impressão na França e cobrar da associação como um todo o que lhe teria custado para enviar os volumes ali produzidos para serem estocados e distribuídos em Genebra. Esse contrato da edição "de Neuchâtel", longe de mencionar qualquer obrigação de encomendar parte da impressão à STN, indicava que os volumes seriam impressos "em Lyon e outras cidades da França", e que a associação pagaria os custos de transporte de Lyon a Genebra caso Duplain considerasse "conveniente" mandar fazer parte do trabalho na Suíça. O documento chegava mesmo a comprometer a associação a pagar as despesas de Duplain por comprar seus próprios prelos e trazer empregados para Lyon. Portanto, isso significou uma mudança de Genebra para Lyon na produção e distribuição da obra. Duplain prometeu reembolsar os sócios pelos prejuízos se as autoridades francesas embargassem suas operações, mas exigiu pagamento pelo risco assumido — daí a alocação fictícia da verba de transporte. Esse "seguro" compensou-o também por receber apenas 16 mil libras "por [...] um objeto de despesa anual infinitamente mais considerável". Registrando essa frase no contrato, Duplain indicou que não concedera a vitória de mão beijada na controvérsia acerca de suas despesas. Panckoucke tentou proteger-se de futuras contendas sobre esse aspecto com duas outras cláusulas. Primeiro, a alocação de verba para o transporte inexistente da mercadoria de Lyon a Genebra não seria válida se a STN se opusesse a ela. Segundo, caso os sócios discordassem sobre esse ou qualquer outro aspecto do empreendimento, escolheriam árbitros e seriam obrigados pelo contrato a aceitar o veredito dos mesmos, sem apelar aos tribunais. Essa cláusula demonstra a desconfiança dos homens de negócio no dispendioso e parcial sistema judiciário francês, mas também indica a desconfiança mútua. Eles não haviam sido capazes de concordar sem luta, e seu acordo estabelecera não a paz, mas uma trégua.

O rancor e a beligerância gerados pela disputa sobre o contrato haviam deteriorado as relações entre Neuchâtel e Lyon, mas não impediram que a tipografia da STN prosseguisse seu trabalho. Assim que souberam da assinatura do contrato, os sócios da STN enviaram prontamente uma carta a Duplain, requisitando sua cópia em um tom entre zangado e irônico: "No caso em que ainda tivésseis esse manuscrito tão ardentemente postulado e tão bravamente defendido [ou seja, caso ele ainda não o houvesse enviado], fazei o favor de mandá-lo sem demora e pelo caminho mais curto. [...] De resto, estamos cheios de confiança em vossas habilidades. Um piloto tão ativo e tão experimentado deve infalivelmente conduzir o barco ao porto".[44] Duplain, que ali não viu graça nem lisonja, replicou que não mandaria a cópia antes que a STN aceitasse o contrato, pois a cláusula 5 requeria sua ratificação. A STN recebeu uma cópia do contrato em 18 de outubro, notificando imediatamente Duplain de que o aceitava, apesar de ter certo receio quanto à cláusula quinta. Eles prefeririam que houvesse sido estipulado um preço fixo para a verba fictícia de transporte, mas não a rejeitariam porque ansiavam pelo fim da "a longa contestação". Agora, finalmente, esperavam que ele lhes enviasse o quarto volume, e talvez até mesmo que lhes deixassem imprimi-lo com a tiragem de 8 mil cópias — ou seja, para as três "edições". No mesmo dia, enviaram uma carta mais franca a Panckoucke. Receavam que a cláusula quinta desse a Duplain uma brecha para exagerar suas despesas de "seguro". Mas parabenizavam Panckoucke por sua vitória em dois pontos vitais: a limitação em 16 mil libras das despesas gerais de Duplain e a prevenção contra futuras disputas mediante a cláusula da arbitragem. Se conseguissem examinar atentamente as contas de Duplain, concluíam os suíços, talvez saíssem ilesos da aventura. Depois de mais uma troca de cartas, Duplain finalmente enviou-lhes a cópia. Era a do volume 35, e a STN deveria imprimi-lo com a tiragem de 6 mil exemplares para a primeira e a segunda edições. Assim, não foi preciso despedir os empregados. A STN ganhara um quarto volume para as duas primeiras edições. Mas ainda não recebera nada para imprimir da "sua" edição, que estava longe de ser o que os editores setecentistas denominavam *une affaire bouclée*.

Os sócios da edição *in-quarto*, porém, já tinham um contrato. A última rodada da longa e penosa negociação ocorrera mediante um duelo de *lettres ostensibles*. O duelo terminara em empate, e Duplain recorrera a uma arma mais poderosa: a extorsão. Ferira o flanco mais frágil do adversário, os sócios de Neuchâtel, mas não obrigara Panckoucke a pedir água em Paris. Ao contrário, fora o próprio Duplain quem fizera as concessões fundamentais no acordo final. E longe de ser aplacado pela trégua de 10 de outubro, ele começou a procurar outros meios de extrair o excedente dos polpudos lucros da edição *in-quarto*, enquanto seus parceiros mostravam-se cada vez mais decididos a inspecionar mais de perto sua conduta suspeita. Assim, ao concordar com as condições para a expansão do empreendimento, "o mais belo de toda a história editorial", segundo a STN, os sócios da edição *in-quarto* permearam-no de tanta falsidade, ódio e cobiça que ele ameaçava explodir-lhes nas mãos. Seu próprio sucesso magnificara o potencial explosivo. Mas antes de passarmos à luta que conduziu à explosão final, é necessário retroceder ao longo de 1777 e 1778 e acompanhar a história das batalhas externas da edição *in-quarto*.

4
PIRATARIA E GUERRA COMERCIAL

Ao mesmo tempo em que brigavam entre si, os sócios da edição *in-quarto* precisavam defender-se de ataques de terceiros. Somente uma política externa ativa poderia proteger seu mercado de incursões de editores rivais, que aspiravam ao lucro gerado pela extraordinária demanda por *Enciclopédias* relativamente baratas. Essa demanda permanecera oculta até que o sucesso da edição *in-quarto* assombrou o mundo editorial, revelando que mercado para o Enciclopedismo existia em toda parte. Como expressou a STN em uma carta a Panckoucke sobre a necessidade de coordenarem suas defesas contra as *Enciclopédias* que estavam sendo produzidas em Lyon, Lausanne e Liège: "É uma coisa admirável ver a que ponto e em quantas direções as pessoas se ocupam da *Enciclopédia* desde a nossa *in-quarto*. Parece que eletrizamos todo o mundo".[1]

ATAQUES DE PIRATAS

Tendo originalmente zarpado com sua *Enciclopédia in-quarto* em forma de edição pirata, Duplain não tinha como esconder o tesouro depois que ele se tornara legítimo. Outros piratas farejaram-no e lançaram-se ao ataque. Em agosto de 1777, Duplain ficou sabendo que alguns editores genebrinos estavam planejando falsificar uma edição *in-quarto* e vendê-la ao baixo preço de cem libras por coleção. Correu à Suíça e desferiu o contra-ataque: avisou que ele e seus sócios não só defenderiam seu mercado com toda a força do Estado francês, mas também arruinariam a demanda de seus concorrentes, porque podiam liquidar sua edição *in-quarto* e produzir a *Enciclopédia* revista a tempo de destruir o mercado para qualquer outra edição naquele formato. Assim, a *refonte*, projeto de Suard para a edição revista, serviu como arma na defesa da edição *in-quarto*; a ameaça surtiu efeito, pois os genebrinos abandonaram seus planos.[2] Mas nesse ínterim, um grupo de livreiros em Toulouse tramava imprimir uma edição pirata na tipografia de Gaude Père et Fils, em Nîmes. Também esse projeto soçobrou, provavelmente porque o privilégio de Panckoucke não podia ser atacado abertamente nos limites do reino.[3] Contudo, enquanto esse inimigo afundava, começaram a emergir boatos sobre uma nova edição *in-quarto* falsa, dessa vez em Lausanne. Ostervald foi investigar e informou que se tratava apenas de uma tentativa de produzir uma contrafação da *Encyclopédie de jurisprudence*, obra em trinta volumes publicada em Bruxelas.[4] Mas até mesmo os alarmes falsos eram inquietantes. O ramo das contrafações era demasiado agressivo e bem desenvolvido em todas as regiões de fronteira com a França para que a edição *in-quarto* estivesse livre de ataques.

A experiência de anos em escaramuças contra piratas dizia a Panckoucke que eles tentariam capturar o mercado da *Enciclopédia*. No entanto, ele tinha confiança de poder neutralizá-los com seu privilégio e suas proteções, estratégia que originalmente procurara usar contra Duplain. Ao ser informado sobre o perigo que os ameaçava em Genebra, replicou que já estava ciente dele, bem como de ataques que estavam sendo preparados em outras paragens, mas que já erigira uma sólida defesa: "Quiseram inspirar-me temores quanto a semelhante empreendimento em Avignon. De resto, arranjei tudo aqui de maneira a que em nenhum caso nenhuma dessas edições entraria na França e, sem a França, nada de sucesso".[5] Ademais, os piratas costumavam blefar na mesma freqüência com que atacavam. Assim, Panckoucke aconselhou os sócios a não se desesperarem com as ameaças, confiando em sua capacidade de defender o mercado francês. A princípio, essa estratégia funcionou: as *Enciclopédias* de Genebra e Avignon revelaram-se meras tentativas de amedrontar os sócios da edição *in-quarto* para extorquir-lhes dinheiro à guisa de "indenização" por desistirem de seu intento. Mas esse era um jogo perigoso; o próximo atacante podia estar falando a sério, e os sócios da edição *in-quarto* somente seriam capazes de distinguir suas intenções quando ele investisse.

Depois de os piratas de Genebra, Toulouse e Avignon desaparecerem no horizonte, arremeteram contra Duplain dois de seus próprios colegas de Lyon: Jean-Marie Barret e Joseph Sulpice Grabit. Ambos haviam prosperado no comércio atacadista de livros, em boa parte proibidos, que contrabandeavam para a Suíça ou, ocasionalmente, mandavam imprimir em Lyon. Barret, por exemplo, produzira em segredo uma edição das obras de Rousseau em 1772, o que ilustra a maneira como ele e seus colegas faziam negócios. Regnault, o futuro sócio lionês da edição *in-quarto*, ficara sabendo a respeito daquela impressão e exigira que lhe dessem a oportunidade de adquirir metade das cotas no empreendimento. Com medo de recusar e ser denunciado à polícia, Barret acedera. Porém, logo depois, descobrira que Benoît Duplain, o pai de Joseph, estava tentando derrotá-lo no mercado produzindo uma edição clandestina rival, em duas tipografias. Em vez de informar a Regnault, Barret deixou escapar o comentário de que dificuldades comerciais agora o estavam obrigando a vender a outra metade de suas cotas no empreendimento da obra de Rousseau. Regnault comprou tudo avidamente, e enredou-se em uma guerra comercial contra Duplain, que Barret deleitou-se em acompanhar de uma distância segura: "A maldade de meus colegas me é tão bem conhecida que creio não poder tomar precauções em demasia", foi a conclusão que ele tirou dessa experiência.[6]

Grabit rezava pela mesma cartilha. Em 1773, tentou forçar Saillant e Nyon, de Paris, a comprar mil exemplares dos volumes 17 a 22 de uma edição pirata da *Histoire de France*, de Velly, obra que eles próprios haviam editado. Ameaçou falsificar os volumes 1 a 16 e vendê-los a preços arrasadores se eles se recusassem a colaborar com a sabotagem de seu próprio privilégio. E enviou anonimamente as ameaças por intermédio da STN, como se fosse um contrafator suíço, e não um francês, de quem se esperaria que defendesse a lei de sua pátria contra intrusos estrangeiros. Seu plano fracassou, mas não deixa de salientar o caráter da atividade livresca em Lyon, onde tão-somente contava a lei férrea do mercado: maximizar os lucros.[7]

Barret e Grabit naturalmente trataram de aproveitar a chance de ganhar dinheiro com o empreendimento mais lucrativo que os livreiros de sua geração em Lyon já haviam visto: a *Enciclopédia in-quarto* de Duplain. Decidiram produzir sua própria edição *in-quarto* — ou pelo menos produzir o suficiente para convencer Duplain de que prosseguiriam com a impressão, presumivelmente usando prelos na Suíça, se ele não lhes pagasse para desistir. Sendo piratas veteranos, sabiam que teriam de fazer um investimento considerável para conferir credibilidade à ameaça. Talvez até mesmo tencionassem concretizar o empreendimento; é difícil saber se estavam blefando, tanto hoje como duzentos anos atrás. Seja como for, eles imprimiram no mínimo seis folhas (48 páginas) com uma tiragem de quatro resmas e oito mãos (2200 cópias), e foram dizer a Duplain que ele precisaria pagar 27 mil libras se quisesse detê-los. Era um resgate vultoso, equivalente aproximadamente ao salário de toda uma vida de um de seus impressores. Iria Duplain pagá-lo?

A STN favorecia a política inflexível de Panckoucke: "Não ignoramos o projeto de Barret", escreveram a Panckoucke. "Mas pareceu-nos que seu objetivo era apenas de obrigar os empresários da *in-quarto* a lhe dar alguma parte no bolo, e pensamos que nos seria ainda mais fácil fazer valer vosso privilégio contra um livreiro do reino do que contra um estrangeiro." Contudo, o próprio Panckoucke tinha dúvidas; confessou mais tarde que, de todas as ameaças à edição *in-quarto*, "essa me inquietava realmente". Por isso, deixou a decisão para Duplain, o mais bem qualificado para tomá-la, considerando sua experiência como editor pirata.

Duplain decidiu render-se. De fato, ele o fez formalmente, mediante um contrato, e o tratado que assinou com Barret e Grabit representa um dos mais extraordinários documentos pertinente ao empreendimento da edição *in-quarto* (ver Apêndice A. XIII).[8]

Em densa linguagem jurídica, ele estabelecia um pacto de não-agressão entre contrafatores. Barret e Grabit prometiam solenemente abandonar sua edição e recusar vinculações com qualquer outra *Enciclopédia*. Como indicação de seu comprometimento, entregariam 2200 cópias de suas seis primeiras folhas a Duplain e este, em troca, lhes pagaria 3 mil libras de imediato, prometendo pagar mais 24 mil libras dentro de um ano. Mas sua promissória foi depositada em um notário, que não deveria liberá-la antes do cumprimento de uma última condição: a maior parte das cópias da edição *in-quarto* de Duplain teria de ser vendida. Se em junho de 1779 ele pudesse apresentar quinhentas coleções que não houvessem sido vendidas, não teria de pagar as 24 mil libras. Neste caso, porém, Barret e Grabit ficariam com a opção de comprar as quinhentas coleções pagando metade do preço no atacado, e então receber as 24 mil libras. Essa fórmula complicada permitiria que eles adquirissem os volumes por 49 500 libras em vez de 147 mil, e protegia Duplain cancelando o resgate — ou *indemnité*, como era dito no contrato — se o seu mercado se deteriorasse devido a alguma calamidade imprevista, como por exemplo outro ataque de piratas.

Essa cláusula parecia bastante sensata, mas Duplain pode ter tido um motivo secreto para inseri-la. Ao tratar da terceira edição com a STN, Panckoucke mais tarde explicou que Duplain decidira aumentá-la em uma resma, "para nos recompensar dos arranjos que fomos obrigados a fazer com Barret".[9] Uma resma por folha impressa significava quinhentas cópias extras, exatamente o número estipulado no contrato com Barret e Grabit, na cláusula condicional pela qual Duplain esperava recuperar suas 24 mil libras. Talvez ele planejasse imprimir quinhentas cópias extras secretamente, para apresentá-las como desculpa para não pagar o resgate, empurrando-as para Barret e Grabit por 48 700 libras. Tal retaliação teria dado um final bem apropriado àquele episódio extraordinariamente ardiloso, mas Duplain não a perpetrou. Sua contabilidade posterior mostra que Barret e Grabit receberam todo o dinheiro, sendo portanto bem-sucedidos em um dos maiores e mais ousados ataques dos quais se tem notícia na história das edições piratas. Como mais tarde observou Panckoucke a Beaumarchais durante negociações a respeito dos manuscritos de Voltaire: "Quando não se pode destruir os corsários, a boa política exige que se faça acordo com eles. É a lei da necessidade".[10]

Enquanto Duplain seguia essa política em Lyon, a STN estava às voltas com um grupo de Lausanne e Berna que planejava produzir uma *Enciclopédia* ainda menor e mais barata do que a *in-quarto*. Seria uma cópia exata desta, mas reduzida ao formato *in-octavo*, vendida a pouco mais da metade do preço (225 libras, em vez de 384). Essa ameaça parecia muito mais perigosa do que todas as demais. Mas depois de se terem esquivado dos piratas de Genebra, Toulouse e Avignon e pago um resgate de 27 mil libras aos de Lyon, Panckoucke e seus sócios decidiram que já era tempo de lutar; não tardaram a mergulhar em uma guerra comercial em grande escala.

Os editores da *Enciclopédia in-octavo*, as *sociétés typographiques* de Lausanne e Berna, eram oponentes formidáveis, pois contavam com anos de experiência na linha de frente dos piratas que assolavam a atividade livresca francesa. Operavam ao modo da STN, falsificando obras francesas na segurança da Suíça e vendendo-as a preços mais baixos que os editores da França por toda a Europa, inclusive a própria França. A Société Typographique de Berne já vinha fornecendo livros falsificados aos leitores franceses por vinte anos quando anunciou a publicação da *Enciclopédia in-octavo*. É bem verdade que apenas começara a imprimir suas próprias obras e que o grosso de seu comércio atacadista destinava-se à Europa setentrional, especialmente à Alemanha. Enviava sempre carregamentos de livros franceses às feiras de Leipzig e Frankfurt. Mas também encomendava a outros impressores obras que contrabandeava para a França. E em fins da década de 1770 fazia grandes negócios no mercado francês, sendo nessa época influenciada por um astuto jovem de nome Pfaehler, que de funcionário subalterno alçou-se a co-diretor da sociedade e que possuía grande talento para a pirataria. Pfaehler parece ter-se afinado pelo mesmo diapasão que Jean-Pierre Heubach, o diretor da Société Typographique de Lausanne. Heubach trabalhara como encadernador e impressor em Mainbernheim, Anspach, mudando-se depois para Genebra, onde se tornara sócio de Jean Samuel Cailler, um editor especializado nas obras do tipo mais inexoravelmente proibido na França. Adquirindo valiosa experiência no comércio clandestino de livros, Heubach estabeleceu então seu próprio negócio em Lausanne. Em 1771 possuía três prelos e quinze empregados. Expandiu suas instalações e aliou-se a novos sócios em 1773, e novamente no ano seguinte, quando reorganizou sua companhia e a denominou Société Typographique de Lausanne. A firma prosperou; em 1785 Heubach contava com sete prelos, um acervo de livros no valor de 27 388 libras, uma casa na cidade, uma propriedade rural avaliada em 15 mil libras e um patrimônio total de 133 190 libras. Foi ele provavelmente a mola propulsora da *Enciclopédia in-octavo*, mas Pfaehler deu-lhe caloroso apoio, e a ação conjunta de suas *sociétés typographiques* ameaçaram seriamente a edição *in-quarto*.[11]

A ameaça não parecera grave a princípio. Em março de 1777, boatos sobre o projeto para uma *Enciclopédia* chegaram à STN vindos de Lausanne, sendo descartados com um gracejo: "Então este ano se fazem *Enciclopédias* como brochuras".[12] Em agosto os boatos associaram o projeto à Société Typographique de Lausanne; Ostervald foi àquela cidade investigar, sendo informado que eles provinham do plano daquela sociedade para falsificar a *Encyclopédie de jurisprudence*. Mas tal informação, que parece ter sido proveniente da própria Société Typographique, pode ter sido um "*falso* alarme falso" — uma tentativa de despistar Ostervald enquanto se completavam os preparativos para o ataque à *in-quarto*.

O ataque foi desferido dois meses depois. Em 4 de novembro, a *Gazette de Berne*, publicada pela Société Typographique de Berne, anunciou a abertura das assinaturas para uma *Enciclopédia* em formato *in-octavo*, "exatamente de acordo com a edição *in-quarto* impressa por Pellet em Genebra". No número seguinte, a *Gazette* explicou as condições da assinatura de um modo que mostrava como a obra destinava-se a suplantar a *in-quarto*:

> Os 39 [erro de impressão, em vez de 29] volumes de textos da *Enciclopédia* anunciada pela Société Typographique de Lausanne serão impressos página por página segundo a edição *in-quarto* de Genebra, e o 30º será um Suplemento muito interessante no qual se encontrarão as descobertas feitas nas ciências e nas artes no decorrer dessa edição, com um catálogo das melhores obras sobre essas ciências e essas artes publicadas em todas as nações com um sucesso merecido. Esses trinta volumes custarão 150 libras francesas e os três volumes de ilustrações, para aqueles que os desejarem, custarão 45 libras; ao todo, 195 libras francesas. Soma muito módica para semelhante obra.[13]

A edição *in-octavo* podia ser menor do que a *in-quarto* em tamanho, mas seria mais abrangente, pois conteria mais um *Supplément* além dos quatro que "Pellet" acrescentara à sua edição. Sobretudo, a edição *in-octavo* seria mais barata — 44% do preço da *in-quarto* para os que optassem por abrir mão dos três volumes de ilustrações.

Era um plano de vendas brilhante, empregando a mesma estratégia que Bosset tentara induzir seus sócios da STN a adotar em 1776: oferecia o texto mais completo possível ao preço mais baixo e à mais ampla clientela. É claro que a edição *in-octavo* pareceria acanhada ao lado das magníficas *Enciclopédias in-folio* e das magistrais *in-quarto*, cujos editores mais tarde referiram-se a ela desdenhosamente como a "miniatura" e a *Encyclopédie de poche*, que cegaria os leitores com seus caracteres minúsculos.[14] No entanto, os piratas sempre haviam prosperado expurgando de suas edições o que denominavam *luxe typographique*. Era assim que vendiam mais barato que os concorrentes franceses e mantinham altos os seus lucros. Duplain adotara essa política inicialmente, ao reduzir o texto para o formato *in-quarto* e eliminar a maioria das ilustrações originais. Mas os editores da *Enciclopédia in-octavo* foram muito além, e seguindo sua rota de pirataria inadvertidamente promoveram um movimento cultural geral: a popularização do Iluminismo.

AS ORIGENS DA GUERRA DAS EDIÇÕES "IN-QUARTO" E "IN-OCTAVO"

Os editores com freqüência usavam os anúncios de assinaturas como balões de ensaio. Se estes não produzissem resposta significativa, eles abandonavam o projeto, perdendo apenas uma ninharia com a publicação do prospecto ou mesmo ganhando a indenização de algum concorrente que os tivesse levado a sério. Mas os editores da *Enciclopédia in-octavo* pretendiam cumprir o que haviam anunciado, pois no princípio de novembro Duplain fez uma descoberta angustiante: "temos informações seguras de que a Société Typographique de Lausanne manda fundir uma fonte texto pequeno olho grande e se propõe a fazer nossa *Enciclopédia in-octavo*. Percebeis que é um empreendimento ridículo mas que, no entanto, causar-nos-á um grande golpe em relação aos anúncios que ela não deixará de fazer". Duplain enviou prontamente esse alerta aos sócios da STN, pedindo que mandassem a Lausanne um agente em missão de emergência. Embora a encomenda de uma fonte de tipos especial pudesse significar que os piratas houvessem chegado a um ponto sem volta, eles poderiam recuar se deparassem com os argumentos que Duplain usara para dobrar os genebrinos dois meses antes: "Lida a carta, é preciso, por favor, despachar um embaixador para evitar o golpe. [...] Não há um minuto a perder para dirigir-vos a Lausanne. [...] Podeis dizer aos senhores de Lausanne que, a contar do oitavo volume, todos os nossos volumes terão 120 folhas, que eles não poderão entrar na França, e que tão logo esteja terminada a nossa edição, o que será no fim de 1778, publicaremos uma aumentada pelos D'Alembert e Diderot. Não percais um instante, por favor".[15] A seguir, sem informar aos sócios, Duplain preparou seu próprio contra-ataque. Imprimiu um prospecto anunciando que o grupo da edição *in-quarto* produziria uma edição *in-octavo* rival, a um preço ainda mais baixo. Se fossem ameaçados por ele de um lado e bajulados pela STN do outro, os piratas de Lausanne talvez capitulassem ou aceitassem um acordo desfavorável.

Podia-se esperar que os sócios da STN assumissem uma linha conciliatória para com os editores de Lausanne, visto que eram amigos. As duas firmas haviam cooperado estreitamente durante anos, chegando mesmo a colaborar em edições piratas, compartilhando custos, lucros e segredos do ramo. Também os uniam laços pessoais, especialmente a amizade entre Ostervald e Jean-Pierre Bérenger, que cuidava da parte literária da firma de Lausanne. Bérenger era uma anomalia no mundo editorial. Homem refinado e de altos princípios, além de letrado, ele se envolvera na agitada política genebrina na década de 1760. O oligárquico Petit Conseil expulsara-o da cidade e queimara quatro de suas obras, inclusive a *Histoire de Genève*, em seis volumes, porque ele abraçara a causa dos desprivilegiados Natifs. Durante algum tempo, ele vagueara de projeto em projeto, fixando suas esperanças em uma cátedra na Alemanha, um emprego de tutor na Polônia e em uma pensão próxima a Lausanne. Finalmente, em posse de 4 mil libras provenientes da venda de sua biblioteca, ele adquirira um décimo das cotas da Société Typographique de Lausanne e aceitara o cargo de *homme de lettres*, recebendo cinqüenta luíses anuais, o suficiente para garantir a sobrevivência de sua família. A cada passo, recorrera à ajuda e ao consolo de seu bom amigo Ostervald. Assim, era natural que este o procurasse após receber o alerta de Duplain e correr a Lausanne.[16]

Ostervald apresentou seus argumentos a Bérenger, que os levou aos diretores da Société Typographique de Lausanne. Estes replicaram a Ostervald, por intermédio de Bérenger, que não cederiam um palmo sequer. Haviam planejado produzir uma *Enciclopédia* em formato *in-quarto* antes mesmo de Duplain ter lançado sua primeira leva de assinaturas, afirmaram. Ele publicara seu anúncio primeiro, e por isso adiaram seu projeto e ofereceram-se para adquirir cotas do empreendimento de Duplain, mas nunca receberam resposta a tal proposta. Por isso, decidiram produzir uma edição *in-octavo*, e tencionavam seguir em frente com o plano. Se Panckoucke tinha influência nas altas esferas, eles podiam contar com seus próprios protetores, e até mesmo recorrer ao contrabando. Descartaram a conversa sobre a edição revista e a edição *in-octavo* rival, considerando-a um blefe. Asseguraram a Ostervald que não se deixariam intimidar e jamais abandonariam o projeto da *Enciclopédia in-octavo*. Mas desejavam manter boas relações com a STN, talvez até mesmo formar "uma espécie de liga" entre as três *sociétés typographiques* suíças contra os franceses. Teriam prazer em ajudar a STN a comercializar sua quarta parte no empreendimento da edição *in-quarto* se a STN fizesse o mesmo para eles com a *in-octavo*, e estavam dispostos a ouvir qualquer outra proposta que a STN desejasse apresentar.[17]

A combinação de intransigência e conciliação nessa resposta provavelmente representava uma tentativa de minar as relações entre a STN e seus sócios franceses. Os editores de Lausanne podiam supor que algo se deteriorara na ligação entre Lyon e Neuchâtel, pois Ostervald, ao chegar a Lausanne, nada sabia sobre o prospecto de Duplain para a edição *in-octavo*. Ou o grupo da *Enciclopédia in-quarto* não estava conseguindo coordenar sua defesa ou estava desunido. E nenhum dos lados tivera notícias de Panckoucke.

A STN informara Panckoucke sobre a ameaça da edição *in-octavo* em 16 de novembro, dia em que Ostervald partira para Lausanne. Cerca de sete dias depois, Panckoucke enviou uma veemente resposta, relembrando todas as suas experiências com a *Enciclopédia*:

> Não estou absolutamente surpreso com a concorrência que experimentamos. Faz quase oito anos que esse negócio tem sido para mim uma ocasião de suplícios. Dom Félice não nos veio barrar com sua *in-quarto* (ou seja, a *Encyclopédie d'Yverdon*) no momento da publicação da *in-folio*? Não fui eu colocado na Bastilha? Seis mil volumes *in-folio* não ficaram ali seis anos? As portas da França não foram fechadas duas vezes? Enfim, o imposto de sessenta libras não levou ao auge tudo que experimentávamos? Nossa constância venceu todos esses obstáculos. O negócio de Genebra foi bem-sucedido. O mesmo ocorrerá, senhor, com nosso empreendimento. Essa edição *in-octavo* pode causar algumas inquietações, mas não nos prejudicará. Duvido mesmo que seja executada. Poder-se-á fazer de dois a quatro volumes, mas ficar-se-á nisso. Vereis se não sou bom profeta. É insensato imprimir a *Enciclopédia* em texto pequeno. De resto, estaremos protegidos aqui. Espero o retorno do magistrado para colocar tudo sob os seus olhos. Prometo-vos que essa *Enciclopédia* não entrará na França de modo algum.[18]

Embora confiasse em sua capacidade de defender as fronteiras francesas, Panckoucke julgou ser possível ganhar alguma coisa atraindo os editores da *Enciclopédia in-octavo* para uma negociação. Se desistissem da edição *in-octavo* em troca de receberem gratuitamente 25 cópias da edição *in-quarto*, ele teria prazer em pagar tal indenização. Talvez pudessem ser persuadidos a adiar seu projeto por dois anos, sendo compensados com uma parceria em alguma associação futura que pudesse comercializar conjuntamente a edição *in-octavo* e a edição revista. No entanto, eles poderiam encarar a disposição em negociar como um sinal de fraqueza. Era crucial impedi-los de detectar qualquer indício de medo, embora Panckoucke deixasse transparecer muita apreensão ao vacilar entre uma política de negociação e outra de inexorável hostilidade. Por fim, acabou recomendando à STN que assumisse a linha de ação mais dura possível e confiasse nos protetores que o assistiam.[19]

Uma semana mais tarde, Panckoucke recobrara a serenidade e reconsiderara sua estratégia. Parecia-lhe agora que os editores de Lausanne não poderiam ser detidos: sua *Enciclopédia* teria sucesso garantido, e poderia prejudicar o mercado da *in-quarto*. Assim, ele aconselhou a STN a tentar dobrá-los oferecendo um acordo: teriam de suspender a publicação por dois anos, mas em troca poderiam vender seus livros legalmente, sob a proteção do privilégio de Panckoucke. Eles se juntariam a Panckoucke e à STN em uma associação que extrairia até o último soldo do mercado da edição *in-octavo*. É certo que tal acordo excluiria Duplain, mas este não precisaria ficar sabendo, e o empreendimento seria concretizado depois de expirar o Traité de Dijon, quando Duplain não mais possuiria direitos sobre a *Enciclopédia*: "Percebeis que se semelhante arranjo ocorresse, seria preciso que Duplain não soubesse nada sobre ele e que guardássemos o mais profundo segredo".[20]

Portanto, o ataque da edição *in-octavo* realmente dividiu o grupo da *Enciclopédia in-quarto*. Ao publicar seu próprio prospecto para uma edição *in-octavo*, Duplain lançou um contra-ataque sem o apoio de seus aliados. E ao propor uma trégua secreta, Panckoucke tentou colaborar com o inimigo sem o conhecimento de Duplain. Essas linhas de ação contraditórias mostram o alto grau de desconfiança mútua. Duplain pode ter forçado a batalha a fim de impedir exatamente o tipo de ajuste sub-reptício que Panckoucke estava procurando obter, prejudicando-o. E Panckoucke estava disposto a virar a casaca porque fora atacado primeiro e teria muito prazer em jogar um pirata contra o outro. Essa divisão deixava a STN bem no meio, posição que se tornava ainda mais difícil devido aos laços que mantinha com Lausanne e Berna, mais estreitos do que suspeitavam seus sócios.

A princípio, os sócios da STN tenderam a favorecer a política de Duplain, talvez por pensarem que sua edição *in-octavo* lhes daria o gigantesco trabalho de impressão do qual haviam sido privados na edição *in-quarto*. Levaram a sério a proposta de Duplain para a edição *in-octavo*, a ponto de discretamente fazerem algumas sondagens a respeito da probabilidade de sucesso do empreendimento.[21] E não se interessaram pela sugestão de Panckoucke sobre o acordo secreto com o grupo da edição *in-octavo*, embora concordassem em entabular negociações se pudessem barganhar em posição de superioridade e fazer com que os editores de Lausanne apresentassem suas condições: "Não parece que caiba a nós fazer-lhes propostas, tendo, como vós nos assegurais, as chaves do reino".[22] Em suma, os sócios da STN adotaram a posição que Panckoucke abandonara uma semana antes, mas permaneceram flexíveis o suficiente para se ajustarem ao resultado da batalha entre Lausanne e Lyon.

Duplain armazenara seus prospectos para a edição *in-octavo* em Genebra, esperando, para lançá-los, ser informado sobre a reação dos editores de Lausanne à sua ameaça. Em fins de novembro, eles responderam com um ultimato que superou o de Duplain: retire seus prospectos, exigiram, ou baixaremos o preço de nossa edição *in-octavo* até o preço da sua e solaparemos sua *Enciclopédia in-quarto* produzindo uma no mesmo formato, mais barata ainda. "Sereis obrigados a ceder a nós ou a baixar vós mesmos vosso preço. É assim que cortamos a garganta uns dos outros, mas vós nos dais o exemplo e imponde-nos a necessidade disso. E não acrediteis que vos façamos uma vã ameaça. Os prospectos estão prontos e temos os mesmos caracteres, prensas necessárias etc. em Yverdon, à nossa disposição.''[23]

Os editores de Lausanne, que dirigiam a estratégia do empreendimento da edição *in-octavo*, deram quinze dias ao grupo da edição *in-quarto* para responderem ao ultimato. As propostas começaram então a chegar com tamanha rapidez e confusão de Lyon e Neuchâtel que eles suspenderam o prazo e negociaram em ambas as frentes durante todo o mês de dezembro de 1777. Reservaram a linguagem mais dura para Duplain, dizendo-lhe sem rodeios que ele teria de retirar de circulação seus prospectos para a edição *in-octavo*, ou eles arrasariam a edição *in-quarto*. Mostraram-se mais conciliadores com a STN, que se havia revelado disposta a chegar a um acordo amigável, propondo um ajuste em 10 de dezembro. Em carta pessoal a Ostervald, Bérenger respondeu que, embora seus sócios não pudessem aceitar a proposta, desejavam evitar uma guerra. Desconfiavam das propostas que haviam recebido de Duplain, interpretando-as como uma tentativa de enganá-los para ganhar tempo. Mas gostariam de oferecer a Ostervald uma contraproposta. Precisavam, porém, agir com cautela, pois detinham apenas um terço do empreendimento da edição *in-octavo* e precisavam esclarecer tudo com seus dois sócios, um dos quais era a Société Typographique de Berne. Talvez o grupo da edição *in-quarto* deixasse que seus clichês fossem usados para a gravação das ilustrações da *Enciclopédia in-octavo*. Se isso acontecesse, os editores da *in-octavo* lhes cederiam metade de suas 3 mil *Enciclopédias*, cobrando apenas cem libras por coleção.[24]

Ostervald respondeu que também estava tendo problemas para conseguir a anuência dos sócios. Tentaria persuadi-los a aceitar um acordo justo, e confiava em Bérenguer para fazer o mesmo. Acima de tudo, o grupo da edição *in-octavo* deveria evitar a precipitação e considerar as duas vantagens que seus adversários lhes poderiam conceder: entrada livre na França e uso dos clichês. Se Bérenger conseguisse induzir seu grupo a concordar com uma proposta séria — e Ostervald indicava que para ele tal qualificação não se aplicava à proposta de vender à STN cada coleção por cem libras — eles poderiam ser capazes de impedir uma guerra comercial.[25] Ao mesmo tempo, Ostervald comunicou a oferta de Bérenger a Panckoucke, explicando que em sua opinião ela não deveria ser encarada como uma base para negociação, mas como um sinal de que o grupo da edição *in-octavo* estava disposto a fazer um acordo. Que contraproposta poderia Panckoucke apresentar? Embora sentisse apenas desprezo por *cette miniature*, ele receava que suas vendas seriam excelentes, ''a tal ponto o preço baixo tem atrativo para a maioria, ou seja, para os tolos''. Fora informado de que as assinaturas estavam sendo vendidas rapidamente. Dizia-se que um livreiro comprara trezentas cópias. Mas Panckoucke poderia obter informações mais confiáveis sobre as vendas da *in-octavo* junto a seus contatos no Sul da França, onde Jacob-François Bornand, agente dos editores de Lausanne, estava no momento fazendo uma viagem comercial. Duplain complicara tudo negociando isoladamente e afastando o grupo de Lausanne com "propostas [...] capciosas e contraditórias", mas os sócios da edição *in-quarto* tinham de ser capazes de negociar a partir de uma posição de superioridade e obter um acordo favorável. Panckoucke concordava com a certeza de grandes vendas da edição *in-octavo*, "por causa do baixo preço e do gosto constante do público por essa obra". Mas somente autorizava a STN a apresentar condições rigorosas: o grupo da edição *in-octavo* teria de ceder metade das cotas de sua *Enciclopédia* e retardar a publicação por dois anos; em troca, Panckoucke e seus sócios lhes permitiriam o acesso ao mercado francês e forneceriam os clichês. Se não desejassem aceitar essas condições, precisariam renunciar ao mercado francês, pois Panckoucke tinha absoluta fé em sua capacidade de fechar as fronteiras e excluir toda e qualquer obra rival das vias de comércio do reino.[26]

Ostervald imediatamente despachou essa mensagem a Bérenger — e também a Duplain, que vinha operando como se estivesse sozinho na batalha. Duplain sequer mantivera os sócios informados acerca das condições que ele oferecera ao grupo da edição *in-octavo*. A STN sentira-se constrangida por saber menos do que os editores de Lausanne a respeito das negociações de Duplain, perguntando a este que propostas fizera. Duplain disse tão-somente que não levara demasiado a sério a ameaça da edição *in-octavo*: "Sua edição, de resto, parece desagradar por toda parte".[27] Estava claro que ele desejava tomar as rédeas nas negociações; reagiu com previsível hostilidade quando os sócios da STN lhe informaram que Panckoucke os autorizara a fazerem um acordo em Lausanne:

> Não teremos absolutamente nenhum interesse nem direto nem indireto no projeto da edição *in-octavo* desprezada e escarnecida em toda parte. Rogamo-vos, para o nosso sossego e o vosso, não confiar esse assunto ao nosso amigo de Paris, que é um visionário e que muda de opinião como o tempo, de ventos. Deixai-nos agir, conduzir o barco e estai seguros de vosso piloto. Respondemos a Lausanne que lhes abandonávamos esse terreno, que não pretendíamos lavrá-lo, e fiquemos nisso, por favor.
>
> Não os inquietemos de modo algum e eles não farão nada contra os nossos interesses.[28]

A linguagem de Duplain teria sido bem mais áspera se ele houvesse tomado conhecimento do plano secreto de colaboração concebido por Panckoucke, mas quanto à oferta da STN de colaborar abertamente ele não precisava ter receios, pois os editores de Lausanne rejeitaram-na de pronto.

Bérenger escreveu que seus sócios consideravam a proposta de Panckoucke tão injusta que não havia motivo para prosseguirem as negociações. Já haviam perdido tempo demais estudando propostas provenientes de pontos distintos, que se contradiziam umas às outras. Primeiro, queixavam-se eles, Duplain pedira-lhes que suspendessem sua edição *in-octavo* por onze meses, a seguir abandonara essa exigência, e agora a STN queria que adiassem a edição por dois anos. Preferiam a proibição de seus livros na França a sofrerem qualquer atraso. Tencionavam prosseguir com a publicação, e iriam em frente com sua própria edição *in-quarto* se Duplain não retirasse seus prospectos para a sua *Enciclopédia in-octavo* dentro de dez dias.[29]

Parecia que esse novo ultimato conduziria à guerra, escreveram a Panckoucke os desalentados sócios da STN. A culpa era de Duplain. Primeiro atacara o grupo da edição *in-octavo*, a seguir irritara-os com negociações dúbias. "É fácil concluir que foi Duplain que irritou essas pessoas soltando de improviso seu pouco honroso prospecto *in-octavo*, e que além do mais tornou-as um pouco altivas pelas tentativas feitas de sua parte junto a elas. E como ele considerou conveniente fazer tudo à nossa revelia, temos motivo para dar queixa dele por isso." Tudo o que lhes restava fazer então era dizer aos editores de Lausanne que desaprovavam as manobras de Duplain, pressioná-lo para que ele não divulgasse seus prospectos da edição *in-octavo* e tratar o mais rápido possível de imprimir e vender a edição *in-quarto*, deixando a *in-octavo* para Lausanne e Berna.[30]

Passados alguns dias, chegou a notícia de que Duplain desistira dos prospectos. A STN procurou interpretar esse recuo como uma vitória da paz ao anunciá-lo a Lausanne: "Cada um trabalhará de seu lado e fará o melhor possível sem apresentar ao público uma cena pouco conveniente para o bem da coisa".[31] Na verdade, a decisão de Duplain apenas protelou a batalha entre as edições *in-quarto* e *in-octavo* até a época em que elas se enfrentariam no mercado. Além disso, mandou para o limbo das *Enciclopédias* não publicadas as "contra-edições" *in-quarto* e *in-octavo*, que foram fazer companhia à edição *in-folio* de Neuchâtel e às edições *in-quarto* de Genebra, Toulouse, Avignon e Lyon — às quais logo se juntaria a *refonte* de Suard. A escalada de projetos para edições da *Enciclopédia* chegou mesmo a inspirar a STN, a certa altura, a propor três *refontes*: "Quer dizer que, independentemente da edição *in-folio* e *in-quarto* como versa nosso tratado, nós mesmos contrafaçamos [*in-octavo*], e isso ao preço de fazer perder a vontade de nos contrafazer". Esse projeto tinha ainda menos fundamentos do que as "contra-edições", mas ilustra os extremos a que os editores se lançavam em suas táticas de blefes e negociações.[32]

O DERRADEIRO FRACASSO DA DIPLOMACIA

Com o cancelamento das "contra-edições", houve tempo para mais uma rodada de negociações antes que os primeiros volumes da *Enciclopédia in-octavo* fossem enviados para o campo de batalha na França. Dessa feita, Panckoucke e a STN mantiveram o controle da política do grupo da edição *in-quarto*, e o grosso das negociações ocorreu entre Neuchâtel e Berna. Mas essa última tentativa de evitar uma guerra comercial deixou os sócios da STN em uma posição difícil, uma vez que deviam lealdade a duas tríplices alianças. Inclinar-se para um dos lados pareceria traição ao outro. Assim, a STN tentou manter sua diplomacia em segredo e em bases relativamente imparciais, atuando como mediadora entre seus parceiros rivais e jogando um contra o outro sem trair nenhum dos lados.

As três *sociétés typographiques* suíças trabalhavam de modo semelhante e tinham tudo a ganhar com a cooperação em vez de competição. Nada enfurecia mais um pirata do que surgir em cena depois que outro bucaneiro já fugira com o butim, e no entanto ele não tinha como saber se poderia ou não vencer seus concorrentes no mercado. Quando a Société Typographique de Lausanne começava a compor uma edição pirata da *Histoire philosophique*, de Raynal, a Société Typographique de Neuchâtel podia estar imprimindo as últimas folhas de outra edição pirata, e a Société Typographique de Berne podia já ter enviado a Paris um carregamento de mais uma edição idêntica. Mas se as três dividissem a impressão em partes iguais, poderiam realizá-la mais depressa do que todos os outros editores c, dividindo os custos, também minimizariam os riscos.

Tais vantagens impeliam os suíços a uma aliança natural contra os franceses, por vezes até mesmo contra seus melhores amigos na França. Em fevereiro de 1778, por exemplo, a Société Typographique de Lausanne propôs à STN que cooperassem em uma contrafação da *History of America*, de Robertson, que estava sendo traduzida por Suard, publicada sob um privilégio obtido por Panckoucke e comercializada por Panckoucke e Regnault. Embora nesse projeto houvesse aspectos que prejudicavam quase todos os seus sócios no empreendimento da *Enciclopédia*, a STN respondeu: "Teremos um verdadeiro prazer de a partilhar [*A história da América*] convosco". Em 24 de fevereiro, após detalhadas discussões quanto ao papel, tipo e divisão dos lucros, as duas firmas assinaram um contrato para uma edição conjunta. Cada uma imprimiu metade do texto, a partir de uma folha de amostra comum e de um mesmo cronograma de trabalho; concluíram a tarefa em fins de março, justamente quando o antagonismo entre os grupos das edições *in-quarto* e *in-octavo* estava no auge.[33]

As condições do ramo praticamente obrigaram os piratas a fazer tais pactos, especialmente depois que os decretos de 30 de agosto de 1777 passaram a indicar que o governo francês agora estava decidido a tirar de circulação as contrafações. Em face dessa ameaça, as três *sociétés typographiques* suíças resolveram passar da colaboração ocasional a uma aliança formal, ou "Confédération Helvétique", como a denominaram. Em maio de 1778 assinaram um acordo, comprometendo-se a usar em conjunto parte de seus recursos, a contratar um agente em Paris, que lhes forneceria um fluxo constante de material para contrafações, e a cooperar na produção e comercialização de edições piratas em grande escala. Cada firma continuaria com uma linha de negócios autônoma, mas reservaria dois de seus prelos para o trabalho da Confédération, entidade que logo se tornaria uma importante força no ramo editorial de língua francesa. Foram necessários pelo menos oito meses de reuniões e correspondências para que os suíços chegassem a esse acordo, sendo a principal dificuldade o seu comprometimento com *Enciclopédias* rivais. No final, decidiram deixar que a rivalidade seguisse seu curso e concentrar-se no negócio mais importante, a pirataria cooperativa. Com isso, a STN enredou-se em duas alianças opostas, mas ficou em posição de mediadora entre elas.

Essa mediação implicava certo grau de duplicidade, conquanto possa ser anacrônico aplicarmos os critérios atuais a homens que adotavam as práticas de sua época e que possuíam experiência suficiente em seu ramo para esperar certa sobreposição de aliados e inimigos. Assim, em 21 de janeiro de 1778, a STN concordou em divulgar oitenta prospectos da edição *in-octavo* para seus aliados de Lausanne, e em 25 de janeiro informou a seu sócio de Paris os locais na fronteira francesa onde os agentes alfandegários teriam mais sucesso na apreensão dos carregamentos da *Enciclopédia in-octavo*. Mas as *sociétés typographiques* de Lausanne e Berna sabiam que a STN tentaria manter sua *Enciclopédia* fora da França, e a STN fez um esforço autêntico para impedir uma guerra comercial. Em 29 de janeiro, Ostervald informou a Panckoucke que possuía contatos de confiança em Berna e tentaria saber da possibilidade de se abrirem negociações ali, bem como em Lausanne.

Panckoucke julgara que uma *lettre ostensible* poderia desencadear uma nova rodada de negociações após a retirada dos prospectos da edição *in-octavo* de Duplain, e a STN realmente apresentou algumas propostas ao grupo rival. Mas os editores de Berna preferiram tratar diretamente com Panckoucke, e despacharam Pfaehler para Paris em fevereiro. No entanto, esses colóquios não levaram a nada. Panckoucke meramente salientou que estava decidido e que tinha poder para afastar a edição *in-octavo* do mercado francês, e Pfaehler replicou que ele e seus sócios não se importavam com isso porque estavam se concentrando no mercado fora da França. A STN alertou Panckoucke que Pfaehler poderia estar blefando; ele provavelmente fora a Paris tomar providências para contrabandear sua *Enciclopédia*. Outro agente do grupo da *in-octavo*, François Bornand, de Lausanne, também se encontrava viajando pela França, vendendo *Enciclopédias* e talvez estabelecendo rotas de contrabando. Se ele aparecesse em Paris, Panckoucke deveria mostrar-se inflexível também. O importante era convencer o grupo da edição *in-octavo* que os sócios da edição *in-quarto* podiam mantê-los fora da França, graças ao privilégio e às proteções de Panckoucke. Se lograssem intimidar suficientemente os adversários, Panckoucke e a STN poderiam esperar que eles apresentassem propostas de paz.[34]

No mês de maio, a espera tornara-se difícil. Pfaehler retornara a Berna, e Bornand a Lausanne; a STN sabia que só em Lausanne havia três prelos produzindo volumes e mais volumes da *Enciclopédia*, e fora informada de que numerosos livreiros franceses haviam adquirido assinaturas da edição *in-octavo*. Na facção da *in-quarto*, Panckoucke obteve das autoridades francesas a emissão de ordens especiais para o confisco da *Enciclopédia in-octavo*, e a STN manteve *la guerre à l'oeil*.[35] Parecia que a guerra seria deflagrada dali a algumas semanas.

Em 5 de maio, os sócios da edição *in-octavo* reuniram-se em Berna e decidiram fazer uma última tentativa para um acordo diplomático. Pfaehler anunciou sua derradeira oferta em uma carta a Panckoucke: cederiam 50% de participação nas vendas que seriam realizadas na França por 15 mil libras e livre acesso ao mercado francês.[36] Panckoucke preferiu deixar que a STN gerisse as negociações. Enviou a carta de Pfaehler a Neuchâtel e informou Berna de que a STN recebera dele plenos poderes para acertar um acordo. No entanto, essa manobra deixou os sócios da STN em uma posição difícil — não tanto por terem escrúpulos de negociar com um aliado secreto, mas porque estavam confusos quanto à direção a tomar e aos objetivos que deveriam buscar. A oferta de metade das cópias *in-octavo* a serem vendidas na França deixou-os desconfiados, pois temiam que Lausanne e Berna mentissem a respeito das vendas e falsificassem sua contabilidade. Um pagamento em dinheiro seria preferível. Mas quanto deveriam pedir? Mesmo que conseguissem obrigar o grupo de edição *in-octavo* a pagar uma quantia vultosa, sacrificariam a oportunidade de possuir uma boa parcela de um mercado que parecia capaz de expandir-se indefinidamente. Porque não se podia subestimar a demanda do público francês, "apaixonado como está pelo Grande Dicionário e seduzido pelo preço baixo". Por fim, a STN meramente decidiu esperar chegarem as propostas de Berna e negociar com pulso firme.[37]

Os editores de Berna esboçaram um contrato que desejavam tomar por base para as negociações. O acordo proposto daria à STN a escolha entre participar em 50% das vendas na França ou em 25% do empreendimento como um todo. Em qualquer um desses casos, o grupo da edição *in-quarto* teria de pagar 15 mil libras por sua parte, bem como garantir as remessas contra confiscos pelas autoridades francesas. Se o grupo da edição *in-quarto* desejasse colaborar nessas condições, os sócios da *in-octavo* aumentariam a produção de 3 mil para 5 mil cópias. Caso contrário, seria a guerra. Os editores de Berna afirmaram que não desejavam a luta, e sobretudo queriam evitar qualquer dano à Confederação. Mas não fariam mais nenhuma concessão: "Antes rompermos toda negociação que subscrever em condições onerosas".[38]

Os editores de Berna pareciam tão decididos a manter essa posição que os sócios da STN duvidavam da possibilidade de conciliar os adversários. Mas também eles não desejavam ceder terreno. Achavam que o grupo da *in-octavo* ainda não conseguira avaliar a probabilidade de sofrer graves prejuízos em qualquer tentativa de romper as defesas da *Enciclopédia in-quarto* na França. Por isso, enviaram uma resposta intransigente, seguindo-se então uma pausa durante a qual os negociadores foram consultar suas bases. A STN enviou um relatório pormenorizado a Panckoucke, com cópias da correspondência, despachando também algumas linhas a Duplain — aparentemente, sua primeira notificação de que as negociações haviam começado: "Os homens de Berna trabalham e negociam. Oferecem um quarto, e nós insistimos na metade".[39]

Nesse ponto, Bérenger tentou romper o impasse enviando uma carta pessoal a Ostervald. A *Enciclopédia in-quarto* fora produzida "na França e para a França", argumentava. Mas a edição *in-octavo* não se destinava à França. Quatro quintos de seus assinantes viviam fora do reino. Portanto, Lausanne e Berna tinham muito pouco a ganhar com o privilégio de Panckoucke, mesmo que aumentassem sua tiragem para 6 mil cópias. Não era justo pedir-lhes que sacrificassem metade de todas as assinaturas que já tinham em mãos em troca da mera possibilidade de aumentarem seu relativamente pequeno número de assinaturas francesas. Dois dias mais tarde, a Société Typographique de Berne escreveu uma carta indicando haver alguma flexibilidade do lado dos sócios da *in-octavo*. Em vez de dar aos editores da *in-quarto* uma porcentagem das vendas, eles poderiam estudar um pagamento em dinheiro; mas nesse caso, precisavam de informações sólidas sobre "a soma que seria preciso pagar de uma única vez e quais seriam as garantias que nos poderiam ser dadas para nos pôr a salvo dos acontecimentos que ainda nos poderiam atingir, não obstante a entrada concedida? A variabilidade do governo e tantas outras coisas tornam essa precaução necessária, já que a morte ou a desgraça de uma única pessoa podem acarretar mudanças inesperadas". Se Panckoucke desejava dinheiro à guisa de proteção, teria de fornecer alguma garantia sobre a eficácia de seus protetores. Os editores de Lausanne e Berna possuíam experiência suficiente sobre o sistema de governo francês para saberem que a influência podia ser comprada, mas também podia evaporar da noite para o dia.[40]

Diderot e d'Alembert se lançam à grande aventura da Enciclopédia. (Hachette)

"É preciso examinar tudo, remexer tudo sem exceção e sem

'eserva", dirá Diderot a seus colaboradores. (Hachette)

Sala do moinho em uma fábrica de papel, como aparece na ilustração da Enciclopédia *original (“PAPETTERIE”, prancha IV). A roda hidráulica (E) faz girar um eixo guarnecido de lâminas (B). Ao girar, o eixo ergue as extremidades de doze pilões dispostos em grupos de quatro (a, b, c), soltando-as em seguida, fazendo com que as cabeças dos pilões caiam em três mós, onde foram colocados trapos em fermentação. A trituração e a enxaguadura transformam os trapos na massa de papel.*

Sala do tonel em uma fábrica de papel (*"PAPETTERIE", prancha X*). *O* ouvreur (*fig. 1*) *acaba de mergulhar um caixilho de arame trançado em um tonel contendo massa quente de papel, e está escorrendo a água antes de inclinar o caixilho de modo a "entrelaçar" as fibras da massa e formar uma folha. Enquanto isso, o* coucher (*fig. 2*) *retira do caixilho uma folha recém-formada, fazendo-a cair com uma sacudidela sobre um pedaço de feltro. A seguir, o* leveur (*fig. 3*) *comprime as folhas em pilhas de 260 unidades, denominadas* porses, *e as separa dos feltros para que possam ser secas e encoladas.*

Estendal do papel:
A grande novidade da obra é o espaço dedicado às "Artes mecânicas". (B. N.)

Alisamento do papel:
Os ofícios adquirem direito de cidadania. (B. N.)

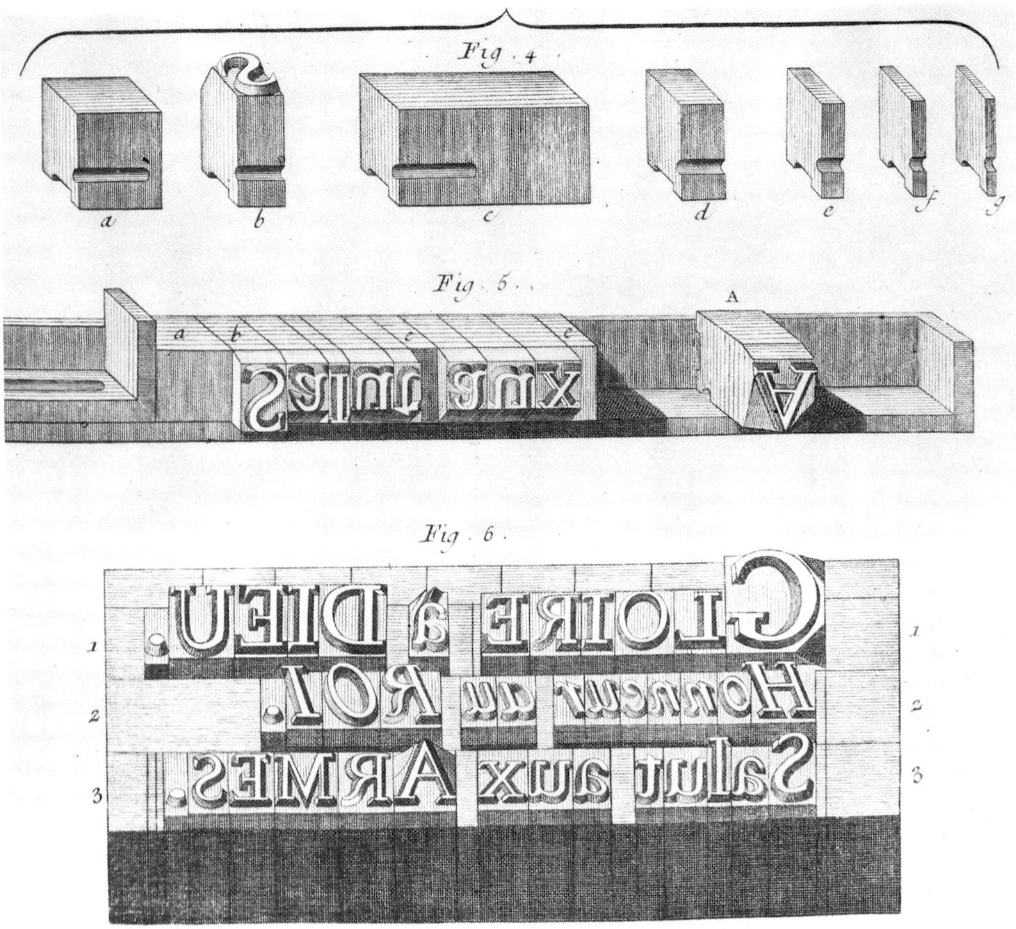

Tipos ("IMPRIMERIE", prancha I), incluindo vários espaços, que são inseridos nos componedores para que as linhas saiam justificadas, ou seja, com um mesmo alinhamento, como na fig. 6. As letras aparecem ao contrário, como que refletidas em um espelho, para que o texto impresso possa ser lido corretamente – e não poderia ser mais correto caso lido ideologicamente: "Gloire à DIEU. Honneur au ROI. Salut aux ARMES".

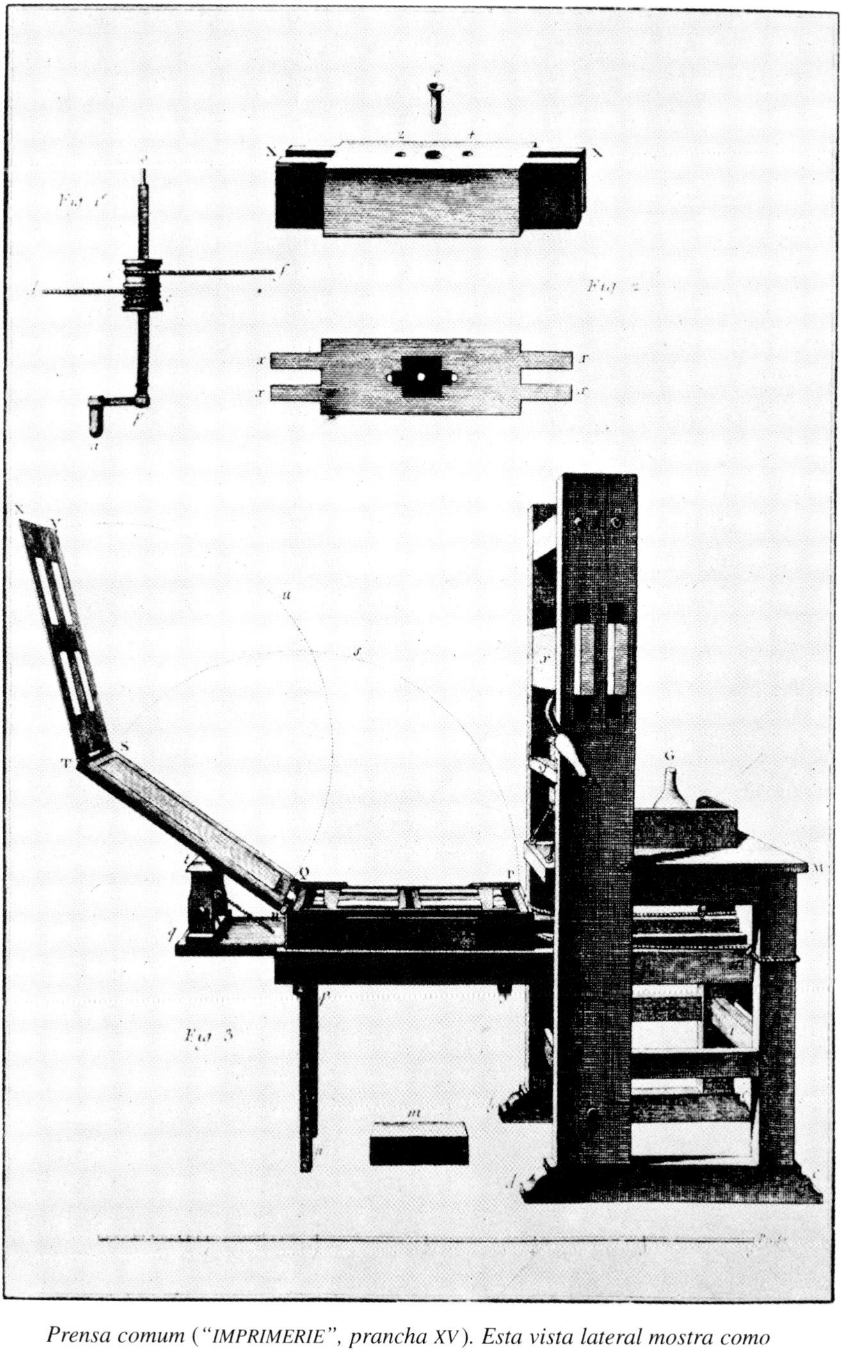

Prensa comum ("IMPRIMERIE", prancha XV). Esta vista lateral mostra como o impressor dobrava a frasqueta (XVST) sobre o tímpano (STRQ), e este sobre a fôrma no cofre, no carro horizontal da prensa. Ele posicionava o cofre sob a platina (z), na parte vertical, por meio de uma manivela, mostrada em detalhes na fig. 1. A seguir, puxando a barra, fazia girar um eixo na parte vertical da prensa (x, detalhe na fig. 2), que funcionava como um parafuso girando na porca, baiando a platina e comprimindo-a contra a fôrma. Imprimia apenas meia fôrma de cada vez, sendo portanto necessários dois golpes vigorosos na barra, usando o suporte (m) como ponto de apoio do pé, para imprimir um lado de cada folha.

*Sala de composição de uma tipografia ("*IMPRIMERIE*", prancha I).*
O primeiro compositor (fig. 1) transfere tipos da caixa para o componedor, olhando para o texto, preso a um suporte. O segundo compositor (fig. 2) transfere uma linha recém-composta para a galé, para formar parte de uma página. O terceiro compositor (fig. 3) impôs duas páginas in-fólio *em uma rama de ferro, com os espaços preenchidos por guarnições, e as está nivelando com um macete e um bloco de madeira, para que a fôrma completa apresente uma superfície plana sob a platina da prensa. Folhas recém-impressas – nos formatos* in-fólio, in-quarto, in-octavo *e* in-duodecimo *– estão secando em cordas no teto.*

Sala de impressão ("IMPRIMERIE", prancha XIV). O primeiro impressor (fig. 1) coloca uma folha sobre o tímpano da prensa, abaixo da frasqueta, enquanto seu companheiro (fig. 2) espalha tinta sobre os tipos da fôrma no cofre. A seguir, o primeiro impressor dobra a frasqueta sobre o tímpano, e este sobre a fôrma. Girando uma manivela com a mão esquerda, conduz a fôrma para debaixo da platina e imprime a folha puxando a barra da prensa, como na fig. 3. Enquanto isso, o companheiro distribui tinta pela superfície das balas e examina as folhas impressas anteriormente, como na fig. 4.

CONDITIONS PROPOSÉES AUX SOUSCRIPTEURS.

CE DICTIONNAIRE ſera imprimé ſur le même Papier & avec les mêmes Caracteres que le préſent Projet. Il aura dix Volumes in-folio, dont huit de matiere, de deux cens quarante feuilles chacun; & ſix cens Planches en taille-douce, avec leur Explication, qui formeront les Tomes IX. & X.

On ne ſera admis à ſouſcrire que juſqu'au premier Mai 1751; & l'on payera en ſouſcrivant . . . . 60 liv.

En Juin 1751. . . . en recevant	le premier Volume	36 liv.
En Décembre ſuivant.	le ſecond Volume	24
En Juin 1752.	le troiſiéme Volume	24
En Décembre ſuivant	le quatriéme Volume	24
En Juin 1753.	le cinquiéme Volume	24
En Décembre ſuivant	le ſixiéme Volume	24
En Juin 1754.	le ſeptiéme Volume	24
En Décembre ſuivant	le huitiéme Volume, avec les ſix cens Planches en taille-douce qui formeront les Tomes IX. & X.	40
	TOTAL.	280 liv.

Les Souſcripteurs ſont priés de retirer les Volumes à meſure qu'ils paroîtront, & tout l'Ouvrage un an après la livraiſon du dernier Volume. A faute de quoi, ils perdront les avances qu'ils auront faites; c'eſt une clauſe expreſſe des conditions propoſées.

Ceux qui n'auront pas ſouſcrit, payeront les Volumes à raiſon de vingt-cinq liv. chacun en feuille, & les ſix cens Planches à raiſon de cent ſoixante-douze livres; ce qui formera une ſomme de . . . . 372 livres.

☞ Dans le cas où la matiere de cet Ouvrage produiroit un Volume de plus, les Souſcripteurs payeront ce Volume ſept livres de moins que ceux qui n'auront pas ſouſcrit.

De l'Imprimerie de LE BRETON, Imprimeur ordinaire DU ROY.

A divulgação era feita por intermédio de cartazes e anúncios nos jornais; na Europa inteira surgiram estúdios literários, inclusive na Rússia. (B. N.)

Condições propostas para a primeira edição da Enciclopédia. *Para as seguintes, os vendedores empreenderam turnês de cinco a seis meses de duração e ofereceram gravuras como brinde.* (B. N.)

Daubenton e Fourcroy, que trabalham no "Jardim du Roi" e pertencem à "Société royale d'Agriculture", são contratados por Panckoucke. (Hachette)

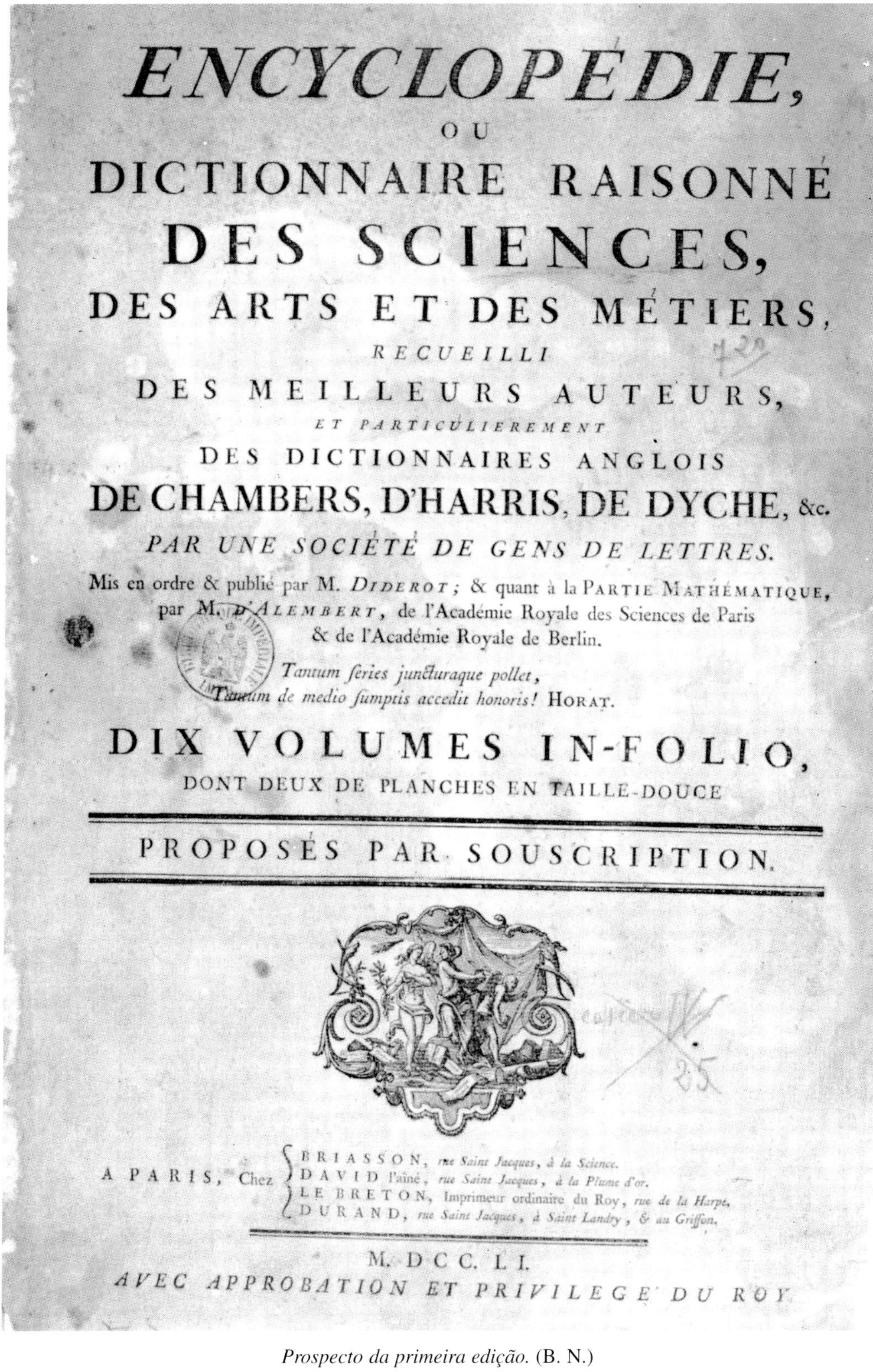

ENCYCLOPÉDIE,

OU

DICTIONNAIRE RAISONNÉ

DES SCIENCES,

DES ARTS ET DES MÉTIERS,

RECUEILLI

DES MEILLEURS AUTEURS,

ET PARTICULIEREMENT

DES DICTIONNAIRES ANGLOIS

DE CHAMBERS, D'HARRIS, DE DYCHE, &c.

PAR UNE SOCIÉTÉ DE GENS DE LETTRES.

Mis en ordre & publié par M. *DIDEROT*; & quant à la PARTIE MATHÉMATIQUE, par M. *D'ALEMBERT*, de l'Académie Royale des Sciences de Paris & de l'Académie Royale de Berlin.

Tantum series juncturaque pollet,
Tantum de medio sumptis accedit honoris! HORAT.

DIX VOLUMES IN-FOLIO,

DONT DEUX DE PLANCHES EN TAILLE-DOUCE

PROPOSÉS PAR SOUSCRIPTION.

A PARIS, Chez
BRIASSON, *rue Saint Jacques, à la Science.*
DAVID l'aîné, *rue Saint Jacques, à la Plume d'or.*
LE BRETON, Imprimeur ordinaire du Roy, *rue de la Harpe.*
DURAND, *rue Saint Jacques, à Saint Landry, & au Griffon.*

M. DCC. LI.

AVEC APPROBATION ET PRIVILEGE DU ROY.

Prospecto da primeira edição. (B. N.)

A Enciclopédia *desencadeia uma verdadeira guerra comercial: apreensão de edições piratas*
(Pintura de Léonard de France, de Liège, Museu

pelos fiscais da Alfândega. As caixas são chumbadas, para impedir o contrabando.
de Belas Artes de Dijon, fotografia de André Berlin.)

GAZETTE NATIONALE ou LE MONITEUR UNIVERSEL.

Nº 53. *Tridi, 23 brumaire an 8 de la république française, une et indivisible.*

POLITIQUE.

REPUBLIQUE HELVÉTIQUE.

Berne, le 16 brumaire.

AVANT-HIER et hier il est entré dans cette ville plus de cinq mille hommes de troupes françaises ; on s'attend à ce qu'il en arrive encore davantage. Le soldat est logé chez le particulier. Ces troupes sont destinées, à ce que le général Mainoni disait il y a quelques jours, à former un camp près de la ville ; cependant on ne voit pas jusqu'ici les moindres préparatifs pour ce campement.

Ce rassemblement inopiné d'un grand nombre de troupes sur un point éloigné des frontieres, fait naitre mille conjectures ; on rapproche cette circonstance de quelques autres, telles que la mésintelligence qui existe entre notre gouvernement et le général Massena, l'arrivée de l'ex-directeur Ochs aux environs de cette ville, et l'on en infere des conséquences qui varient plus ou moins, mais qui cependant peuvent se résumer à ceci : c'est qu'il est question ou de lever un emprunt forcé sur cette ville, ou de fructidoriser les conseils et le directoire.

Quelque absurde que doive paraître cette derniere conjecture après la maniere dont les conseils de France se sont prononcés sur les changemens opérés, l'année derniere, dans la Cisalpine et en Helvétie, il est très-probable que nous sommes à la veille de quelque événement.

Bâle, le 14 brumaire.

LE général Chabran a mandé chez lui les principaux négocians de la ville ; il leur a déclaré ensuite, par l'ordre du général en chef, que la

exécutif de la république française s'empresse de ratifier les engagemens que le général en chef de l'armée du Danube a pris, et il vous déclare qu'il met le remboursement de cet emprunt au rang des dettes les plus sacrées. D'après cette déclaration loyale, il ne doute pas que vous ne vous empressiez de rétracter des ordres en contradiction avec des mesures qui ne doivent éprouver aucun retard.

Le ministre de la guerre au général Masséna. — Paris, 20 vendemiaire.

Je vous adresse, citoyen général, une lettre du directoire pour vous, et une à cachet volant pour le directoire exécutif helvétique. Vous y verrez l'impression franche et loyale du directoire français, qui, oubliant tous les sacrifices que coûte à la nation française le salut de l'Helvétie, sans vouloir parler des indemnités que ces sacrifices ont droit d'attendre d'un pays qui n'est généreux que par l'abandon qu'il nous fait à nous seuls des lauriers que votre brave armée vient de cueillir, déclare qu'elle remplira vos engagemens, et qu'il ne reçoit qu'à titre d'emprunt, ce que la reconnaissance publique aurait dû s'empresser de vous offrir.

J'ai lu dans la correspondance du directoire helvétique les sarcasmes, qui, à l'époque où ils furent burinés, pouvaient se ressentir de l'influence du prince Charles, de l'approche du vainqueur de l'Italie. Le directoire français a cru de sa dignité de mépriser ces injures, de répondre à des cris factieux, par des témoignages d'amitié envers la nation, dont on a défiguré les sentimens. Mais, mon général, je vous trouve bien modeste, bien patient ; cependant, faites en sorte, je vous en conjure au nom de la patrie, de procurer à vos malheureux freres d'armes, tous les secours que vous pourrez obtenir. Mon ministere n'a pas laissé encore calomnier mes actions ; je n'ai pas disposé d'un écu, le premier sera pour vous, je vous le jure ; mais tâchez de

Paris, le 22 brumaire.

Lucien Bonaparte, après qu'un piquet de grenadiers l'eut arraché à Saint-Cloud des mains des hommes affreux qui avaient voulu le forcer à mettre aux voix la mise hors la loi de son frere, descendit dans la cour du palais au milieu des grenadiers qui l'avaient soustrait aux poignards : il fut reçu au milieu des acclamations universelles *vive la république ! à bas les assassins !* Il monta à cheval au milieu des troupes : un roulement rétablit le silence. Lucien Bonaparte prit ensuite la parole ; et d'une voix forte et animée, il dit aux troupes :

Citoyens :

Le président du conseil des cinq-cents vous déclare que l'immense majorité de ce conseil est, dans ce moment, sous la terreur de quelques représentans à stilets qui assiégent la tribune, présentent la mort à leurs collegues, et enlevent les délibérations les plus affreuses.

Je vous déclare que ces audacieux brigands, sans doute soldés par l'Angleterre, se sont mis en rébellion contre le conseil des anciens, et ont osé parler de mettre hors la loi le général chargé de l'exécution de son décret, comme si nous étions encore à ce tems affreux de leur regne, où ce mot de hors la loi suffisait pour faire tomber les têtes les plus cheres à la patrie.

Je vous déclare que ce petit nombre de furieux *se sont mis eux-mêmes hors la loi* par leurs attentats contre la liberté de ce conseil. Au nom de ce peuple qui, depuis tant d'années est le jouet de *ces misérables enfans de la terreur*, je confie aux guerriers le soin de délivrer la majorité de leurs représentans, afin que, délivrée des stilets par les baïonnettes, elle puisse délibérer sur le sort de la république.

Général, et vous soldats, et vous tous citoyens, vous ne reconnaîtrez pour législateurs de

Panckoucke funda o Moniteur universel *em novembro de 1789.* (Hachette)

"Todo mundo lê em Paris, no carro, durante um passeio, no teatro, nos banhos públicos, nos estabelecimentos comerciais." (Hachette) ▶

Dictionnaire des victoires de la Nation sur terre, sur mer, et dans l'Air
Dictionnaire des agremens de la Ville de Paris et de ses fauxbourgs
la morale en action mise
Gazette de France
L'art de mystifier quelqu'un ou le Mystificateur par
L'art de menager le pain
L'art de marcher dans les boües de Paris
L'art de rendre les fem̃es fidel
I
II

Vindos dos horizontes mais diferentes, sessenta colaboradores da Enciclopédia metódica *redigem os artigos de suas especialidades, em que anatomia corresponde à dos médicos.* (B. N.)

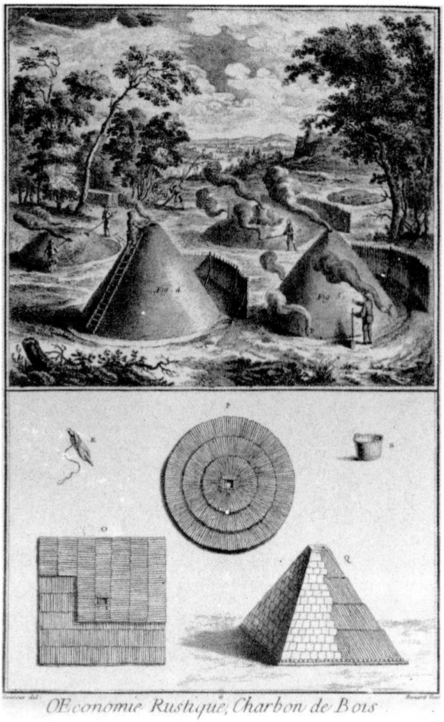

A Enciclopédia *"fez recuarem todos os limites do pensamento no que diz respeito aos grandes fenômenos da natureza".* (*Flourens*) (B. N.)

Figure I.

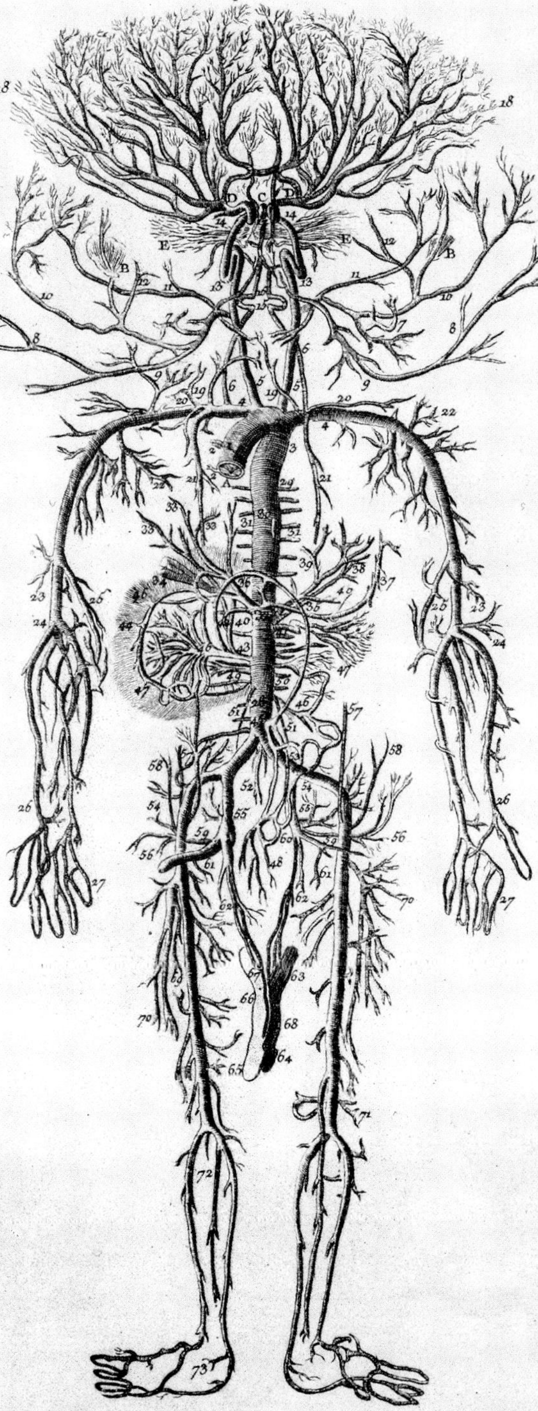

Benard Fecit

Anatomie

Depois da tomada da Bastilha as gráficas se recusam a trabalhar para a Enciclopédia *e se dedicam unicamente a panfletos e jornais políticos.* (B. N.)

Na primeira Enciclopédia *Elegância, História, Espírito e Imaginação ficam a cargo de Voltaire, enquanto Rousseau se ocupa de Música. Com a morte dos dois, as intrigas entre os editores se sucedem.* (Hachette)

As dificuldades econômicas e a emigração interrompem as assinaturas.
Panckoucke não apenas deu a vida à Enciclopédia *como também sua fortuna.* (Hachette)

Não nos foi possível encontrar a resposta da STN, mas ela claramente não satisfez os editores de Berna, pois em 1º de julho eles abandonaram as negociações. Mas o fizeram sem demasiada convicção, balançando o anzol enquanto enrolavam a linha pela última vez. Embora pudessem confiar plenamente no mercado fora da França, afirmaram, ainda assim, que abririam mão de metade das vendas francesas em troca de livre acesso ao reino.[41] Essa oferta, que equivalia a um presente de pelo menos trezentas *Enciclopédias in-octavo* no valor de 58 500 libras, deve ter sido tentadora para os sócios da STN; mas eles não morderam a isca, provavelmente por não desejarem inundar o mercado com *Enciclopédias* baratas antes de terem vendido as 2 mil cópias da terceira edição *in-quarto*. No entanto, para o grupo da edição *in-octavo*, a oferta parecia generosa. Ela demonstrava um genuíno anseio pela paz, e sua rejeição era indício de um tipo de tirania comercial, que Bérenger prontamente atribuiu ao "Atlas de la librairie française". Em uma última e amarga carta a Ostervald, ele explicou que os editores da *in-octavo* haviam ido o mais longe que podiam para impedir um conflito, mas não podiam absolutamente entregar metade de suas *Enciclopédias* aos sócios da *in-quarto*. Se aumentassem a tiragem para 5 mil cópias, somente conseguiriam ficar com 2500, e já haviam vendido esse tanto. Ademais, "eles teriam tido o trabalho de formar e preparar o empreendimento e de o executar. Aumentando-o, multiplicariam suas despesas, suas prensas, seus embaraços, e isso por quê? Para ter a honra de dá-lo grátis ao sr. Panckoucke, que de braços cruzados os olhou agir. Ah! não, isso não é possível. Eles não são tolos nem insensatos. Preferem deixar livres seus assinantes franceses. Se eles quiserem *Enciclopédias* desse formato, virão buscá-las nas fronteiras. E o sr. Panckoucke bem poderia aborrecer-se um dia de ter levado tão longe suas pretensões. As duas sociedades me parecem dispostas a pagar-lhe na mesma moeda, não da mesma maneira — elas não podem — mas por meios que não lhe serão menos desfavoráveis". Panckoucke e companhia queriam guerra — pois muito bem, eles a teriam.[42]

ECLOSÃO DA GUERRA

Nas guerras comerciais entre os editores setecentistas não havia batalhas campais e nem mesmo linhas de conflito bem delimitadas. Cada lado lançava-se à conquista do mercado, é claro, mas suas campanhas eram sub-reptícias, e suas estratégias, diferentes. O editor podia, por exemplo, tentar vender mais barato que o concorrente, denegrir a qualidade do produto rival, cortar as linhas de fornecimento do inimigo, intimidar seus distribuidores, desencorajar os potenciais compradores contestando sua honestidade ou capacidade de satisfazê-los, ou, por fim, conseguir a apreensão das obras do adversário por agentes alfandegários, funcionários da corporação e policiais. Todas essas técnicas, ou grande parte delas, foram empregadas na guerra entre as *Enciclopédias in-quarto* e *in-octavo*, mas basicamente o conflito desenrolou-se como um confronto entre a estratégia do contrabando e a da proteção e privilégio.

A capacidade que tinha Panckoucke de defender seu privilégio recorrendo às suas proteções era mais importante do que a própria posse desse privilégio. Ele podia esmagar o invasor colocando em funcionamento a máquina de Versalhes. Duplain não teria aberto mão da metade de sua edição *in-quarto* e as *sociétés typographiques* de Lausanne e Berna não teriam oferecido metade das vendas na França de sua edição *in-octavo* se não reconhecessem o poder da posição ímpar que Panckoucke ocupava na atividade livresca. Ele tinha confiança absoluta em sua capacidade de concretizar as ameaças que fizera ao grupo da edição *in-octavo* via STN: "Respondo que eles não entrarão na França. O magistrado prometeu-mo, e os novos regulamentos oferecem os meios mais fáceis para os impedir disso quando há um terço oponente. Senhores, percebeis que, estando munidos de um privilégio, não deveis de modo algum, assim como eu, descuidar de vossos direitos. Duplain, em virtude de nossos autos, de nosso privilégio, veio compor conosco. É preciso que os livreiros de Lausanne façam o mesmo".[43]

Essa capacidade de lutar com as armas do Estado francês explica a severidade das condições que Panckoucke oferecera aos editores de Lausanne e Berna, bem como a disposição destes de perseverar nas tentativas de acordo, a despeito da intransigência do oponente. A princípio, ele se recusou até a revelar toda a extensão de sua influência em Versalhes, e a STN fez o mesmo em suas primeiras negociações com Lausanne; mas as cartas de Neuchâtel indicam que uma fonte poderosa garantira a Panckoucke um empenho indiscutível em seu favor: "Não dissemos uma palavra aos livreiros de Lausanne, nem de viva voz nem por escrito, da proteção que nos é concedida, e não tinham o que fazer com sabê-lo. Limitamo-nos a lhes falar do privilégio para os clichês e da revisão projetada".[44] Como milhares de libras estavam na dependência da eficácia desse apoio, o grupo da edição *in-octavo* quis segurança — pediu uma garantia incondicional de que Panckoucke removeria todos os obstáculos à circulação de sua *Enciclopédia* na França, bem como "alguma segurança em caso de mudança no ministério".[45] Os sócios da STN haviam aconselhado Panckoucke a dar a conhecer aos adversários o quão poderosos eram seus protetores, a fim de reforçar sua posição nas negociações.[46] Ele deve ter seguido o conselho, considerando a persistência com que Lausanne e Berna procuraram colocar sua *Enciclopédia* sob a proteção do editor francês. Todo o caráter das negociações indica a importância que cada um dos lados atribuía à influência de Panckoucke entre as autoridades francesas. Portanto, os comentários de Panckoucke a respeito de suas conferências com Le Camus de Néville, o diretor do ramo livresco, não devem ser interpretados como mera citação ostensiva de um nome importante. Nas palavras da STN, ele tinha "as chaves do reino";[47] tencionava abrir as portas da França à edição *in-quarto* e fechá-las à *in-octavo*.

É difícil sabermos os detalhes das táticas de Panckoucke porque ele as manteve em segredo, mas com certeza obteve de Neville a emissão de um alerta especial contra a edição *in-octavo*, exatamente como fizera originalmente no caso da *Enciclopédia in-quarto*. A julgar pelas alusões encontradas na correspondência de Panckoucke e da STN, Néville ordenou a seus subordinados, os *inspecteurs de la Librairie* ligados às corporações de livreiros em todo o reino, que confiscassem todas as *Enciclopédias in-octavo* em circulação por seus territórios.[48] O território de La Tourette, inspetor em Lyon, abrangia a maior parte da fronteira oriental francesa, inclusive as principais artérias do comércio proveniente de Genebra e Lausanne. Como os carregamentos da edição *in-quarto* deveriam seguir a rota de Genebra—Lyon e os da *in-octavo* poderiam fazer o mesmo, Panckoucke e Duplain esforçaram-se notavelmente para trazer La Tourette para o seu lado. Deram-lhe uma cópia da *Enciclopédia* e providenciaram cópias grátis para Flesselles, o intendente, Prost de Royer, o *lieutenant de police*, e para a academia local. Panckoucke também presenteou com cópias da *in-quarto* seus mais importantes protetores na capital: Néville, Vergennes e provavelmente também Miromesnil, o *Garde des Sceaux*, e Lanoir, o *lieutenant-général de la police*. Em conjunto, a sociedade do empreendimento da edição *in-quarto* distribuiu quase duas dúzias de cópias de cortesia de sua *Enciclopédia* — presentes valiosos o bastante para reforçar a facção pró-*in-quarto* e anti-*in-octavo* nos níveis local e nacional da administração.[49]

Panckoucke também podia recorrer a um legado de subornos e gratificações, e uma vez lubrificadas as engrenagens do Estado pôs a máquina para funcionar. Conversou com Néville, obteve uma autorização para tomar medidas especiais em Lyon e a seguir enviou ordens a La Tourette, escrevendo como se ele próprio fosse ministro: "Tive a honra de escrever-vos que me acertara com o sr. Duplain a respeito da nova edição *in-quarto* do *Dicionário das Artes*. Ele me escreve neste momento que espera de Genebra os dois primeiros volumes. Ser-vos-ei grato por dar vossas ordens para que esses volumes passem sem dificuldade e por conceder toda a vossa proteção a essa obra. O senhor de Néville está avisado de tudo que faço a esse respeito".[50]

A proteção dada à edição *in-quarto* mostrou-se tão eficaz que os carregamentos provenientes da Suíça destinados a Lyon serviram para encobrir uma operação de contrabando montada por Revol et Compagnie, agentes de expedição em Lyon. A "companhia", na verdade, compunha-se tão-somente de Jacques Revol e sua esposa, e Revol nada possuía além de *know-how*. Mas ele sabia muito. Tinha numerosos conhecidos entre condutores de carros, empregados de depósitos, donos de estalagens e inspetores da alfândega — o material humano com que se podia construir um negócio de contrabando — e compreendia os pontos fracos do sistema de controle da importação de livros. Caixotes contendo remessas de livros tinham de entrar na França passando por postos de fronteira, onde os oficiais da alfândega os amarravam com cordas, lacravam-nos com chumbo e emitiam uma licença denominada *aquit à caution*. Acompanhados pelo *acquit*, os caixotes eram encaminhados à cidade mais próxima que possuísse uma corporação de livreiros, cujos oficiais (*syndic et adjoints*) eram autorizados a realizar inspeções e emitir *acquits*. Os carregamentos da Suíça quase sempre tinham de passar pela Chambre Syndicale da corporação de Lyon. Ali, sob a supervisão do *inspecteur de la Librairie* local, os oficiais rompiam os lacres, asseguravam-se de que os caixotes não traziam obras ilegais e liberavam o *acquit* assinando-o e devolvendo-o ao posto de fronteira de onde ele proviera. Os livros podiam então ser enviados por um agente de expedição a seu destino final no reino. Nessa fase, as obras viajavam como se fossem um carregamento doméstico, sendo geralmente deixadas em paz pelas autoridades, a menos que Néville emitisse um alerta especial ou que fossem destinadas a certas cidades, como Marselha, Toulouse e especialmente Paris, onde era comum a inspeção adicional.

Esse sistema minimizava as fraudes, pois empregava funcionários administrativos e livreiros bem estabelecidos no policiamento do comércio livresco; no entanto, podia-se contorná-lo com as técnicas usadas por Revol e outros intermediários de pouca expressão. Revol instruía os condutores dos carros para que se encontrassem com ele em estalagens nos arredores de Lyon, notavelmente o estabelecimento de m. Boutarry, a meia légua da Faubourg Sainte Claire, onde mantinha um estoque de livros não proibidos. Revol abria os caixotes, substituía as obras legais por obras proibidas e tornava a fechar as caixas, falsificando o lacre de chumbo, que era mais fácil de falsificar do que a liberação do *acquit*. A seguir, armazenava os livros contrabandeados em um depósito secreto, até que pudessem ser remetidos em segurança na condição de carregamento doméstico, e enviava a mercadoria não proibida para a inspeção pela Chambre Syndicale de Lyon.

Obviamente, Revol poderia economizar tempo e dinheiro se conseguisse persuadir um oficial da corporação a efetuar uma inspeção fraudulenta ou mesmo negligente enquanto o inspetor fazia vista grossa. A inspeção era um trabalho moroso e monótono, com muita burocracia e manejo de incontáveis pilhas de folhas soltas (os livros normalmente eram remetidos em folhas, em vez de costurados e encadernados). Muitos síndicos e inspetores faziam um trabalho superficial: verificavam as folhas de cima no caixote e davam uma olhadela no que podia ser vislumbrado pelos lados. As folhas de obras proibidas podiam passar despercebidas se colocadas no meio de um caixote abarrotado de folhas inofensivas. Essa prática de "lardear", como a denominavam, era mais arriscada do que o desvio por estalagens e depósitos secretos, mas era mais barata e mais fácil; ademais, os riscos podiam ser reduzidos se os oficiais soubessem que o agente de expedição estava recebendo carregamentos grandes e regulares de obras não proibidas.

A *Enciclopédia in-quarto* enquadrava-se perfeitamente nesse requisito. O inspetor La Tourette recebera ordens especiais para facilitar sua passagem por Lyon; gigantescas remessas da obra chegavam quase toda semana da Suíça, e o agente contratado por Duplain para passar os caixotes pela alfândega era seu amigo de infância, Jacques Revol. Este era também o primeiro elo da STN no contrabando em Lyon. Assim, a *Enciclopédia* concedeu-lhe, e à STN, uma oportunidade excepcional de contrabandear com economia, como ele explicou em uma carta de 5 de julho de 1778: "Prevenimo-vos de que temos depósitos seguros; e se quiserdes aproveitar a oportunidade que tendes da *Enciclopédia*, podeis com um fardo fazer passar quatro, disfarçando-os nas bordas e em cima. Nós os faremos passar com facilidade, sem que ninguém perceba, tanto mais que somos nós que retiramos todos os fardos do sr. Duplain e que eles são guardados em nossos depósitos. Enviamo-lhos desencaixotados por pacote. É muito raro que sejam examinados na Câmara; ou, se são examinados, jamais se olha dentro ou se examinam mais do que as bordas. Deveis considerar que nos seria fácil colocar em segurança tudo que quiserdes". A STN durante um ano e meio canalizou dessa maneira suas obras proibidas e as contrafações através de Lyon. Longe de atiçar as autoridades francesas, como ocorrera na década de 1750, a *Enciclopédia* circulava agora sob sua proteção, e tão abertamente que servia de camuflagem para a difusão de obras que o governo realmente desejava suprimir.[51]

Panckoucke e Duplain não desconfiavam de que Revol engastara um pequeno negócio de contrabando no empreendimento da *Enciclopédia*. Queriam impedir o contrabando, pelo menos no caso da edição *in-octavo*; depois do fracasso das negociações com Lausanne e Berna, eles sabiam que o grupo da *in-octavo* tentaria penetrar na França com carregamentos clandestinos. Como ilustram as operações de Revol, o contrabando era particularmente vulnerável em dois pontos: os postos de fronteira, onde os agentes alfandegários podiam inspecionar os caixotes em vez de enviá-los à corporação mais próxima sob o *acquit à caution*, e as cidades com corporação de livreiros, onde os caixotes normalmente eram inspecionados. As ordens de Néville difundiram o alerta contra a edição *in-octavo* por toda a rede de corporações, enquanto a STN ajudou a pôr em guarda os agentes de fronteira. Escrevendo a Panckoucke na esperança de que ele transmitisse a informação aos funcionários franceses, os sócios da STN revelaram os locais na fronteira de maior probabilidade para a passagem dos contrabandistas.[52]

Os diretores da STN tinham certa autoridade para falar a esse respeito porque durante quase uma década haviam feito negócios com os agentes de expedição e os contrabandistas daquela área, particularmente os que operavam em torno do posto de fronteira de Frambourg, que dominava a rota entre Neuchâtel e Pontarlier, na França. Normalmente tratavam com Jean-François Pion, de Pontarlier, que comandava uma grande equipe de condutores de carros. Mas Pion era indolente e não se podia confiar nele; a STN geralmente confiava as cargas mais delicadas à agência menor, mas segura, de Meuron et Philippin, de Saint Sulpice, uma vila suíça na fronteira. Meuron et Philippin eram especialistas em transportar carregamentos através da fronteira, tanto os legais como os ilegais. Desejavam provar sua perícia para arrebatar de Pion os negócios com a STN, e eram muito habilidosos em várias técnicas, desde cruzar a fronteira a pé com a carga nas costas até subornar, tática que se desenvolvera ao longo dos anos nos vales dos Jura, onde o contrabando representava uma importante atividade econômica. Contrabandear era particularmente vital para as *sociétés typographiques* suíças, que despendiam muito tempo e dinheiro na manutenção de suas rotas clandestinas para o rico mercado francês de obras proibidas. Assim, a STN sabia que por trás da disposição de Lausanne e Berna em romper as negociações sobre a *Enciclopédia* havia um grandioso esforço de transportá-la por rotas secretas: "Tivemos a oportunidade de ver aqui nossos enciclopedistas *in-octavo*", informaram os sócios da STN a Panckoucke. "Eles não nos deram nenhuma abertura relativa a esse objeto, e temos motivo para acreditar que querem tratar convosco ou que crêem poder arranjar-se sem isso. Fazem atualmente uma tiragem de 3 mil e disseram na conversação que se comprometiam a entregar os exemplares em todo o reino por sua conta e risco. Acreditamos dever levar-vos esse propósito para explicá-lo por sua conduta. Se a correspondência de Pfaehler convosco não tiver continuação, é preciso concluir nesse caso que eles têm ou acreditam ter uma rota segura."[53]

Mas por onde passaria tal rota? Se conseguisse descobri-la, o grupo da edição *in-quarto* poderia cortar as linhas de fornecimento dos editores da *in-octavo*, talvez com tal efeito devastador que obrigasse Lausanne e Berna a abandonar a França. Favarger manteve-se alerta para essa descoberta ao partir para seu confronto com Duplain em sua viagem de vendas pelo Sul e o Centro da França. Ele tencionava, adicionalmente, inspecionar as próprias linhas de fornecimento da STN, e fez uma primeira parada em Saint Sulpice, no escritório de Meuron et Philippin. Ali os irmãos Meuron, Théodore Abram e Pierre Frédéric, deixaram escapar um comentário sobre cruzarem a fronteira com cinco caixotes de quatrocentos quilos contendo o volume 1 da *Enciclopédia in-octavo*. Essa era uma revelação de máxima importância, que os Meuron introduziram na conversa não meramente com uma ponta de orgulho profissional, mas porque sabiam que isso os ajudaria na concorrência com Pion. Favarger procurou induzi-los a maiores informações, mas "suas respostas foram sempre: 'Quando temos verdadeiros amigos, sabemos também, quando necessário, dar-lhes a mão' ".[54]

Favarger dirigiu-se prontamente a Pontalier, para confrontar a informação com o que diria Pion. Este se encontrava em Besançon a negócios, mas seu filho, que estava administrando os negócios na sua ausência, forneceu uma informação adicional valiosíssima: ele vira os *acquits à caution* para o carregamento. Haviam sido emitidos por Capel, o síndico da corporação em Dijon. Os agentes do posto de Frambourg, que em geral apenas emitiam *acquits* para Lyon, começavam agora a permitir que remessas destinadas a Paris passassem diretamente através de Dijon. Portanto, Capel estava colaborando com o grupo da edição *in-octavo* emitindo *acquits* e encaminhando seus caixotes para o destino final em vez de confiscá-los.

Favarger escreveu triunfante a Neuchâtel informando sobre a descoberta, e a STN imediatamente retransmitiu a mensagem a Panckoucke, cuidando para não mencionar o nome de Capel e insistindo para que Panckoucke não citasse a STN. Os sócios de Neuchâtel sabiam que Panckoucke conseguiria com seus protetores o confisco do carregamento, e não queriam ser associados, nem mesmo como informantes, a uma operação de contrabando — ou melhor, não desejavam que as autoridades francesas os associassem a ela. Na resposta que enviaram a Favarger, em Lyon, salientaram a importância de ocultar a participação de Capel no caso, porque "esperamos que por dinheiro ele nos prestará o mesmo serviço". Se Capel emitisse os *acquits* da STN tal como fizera com os de seus vizinhos, ele bem que poderia substituir Revol como principal agente clandestino da editora de Neuchâtel, e Dijon poderia tornar-se o principal entreposto de suas obras ilegais. As condições do ramo de importação na França haviam obrigado os sócios da STN a enviar a maioria de seus carregamentos por Lyon, o que representava um desvio enorme e dispendioso no caso de obras destinadas aos ricos mercados do Norte da França. A colaboração de Capel abriria uma passagem setentrional para Paris, a qual vinham procurando em vão havia muitos anos. Lyon continuaria como porta de entrada para o Sul, e a STN desejava incentivar os negócios de Revol, como garantia em caso de um fracasso da rota a noroeste. Por isso, também instruiu Favarger a reforçar os laços com Revol: "Quanto mais recursos tivermos, melhor a coisa irá". Obviamente, Duplain deveria ser informado acerca da brecha aberta pelo grupo da edição *in-octavo*, mas teria de ser mantido na ignorância com respeito às atividades de Revol. A STN desejava jogar nos dois lados o jogo do contrabando.[55]

Favarger conseguiu transmitir a Duplain apenas o grau prescrito de informação, o que não deixava de representar uma façanha, dada a vivacidade da conversa de Duplain e a complexidade das tramas que cercavam a *Enciclopédia*: "O sr. Duplain não ficou pouco surpreso com a habilidade dos empresários dessa edição para fazer passar seus fardos. [...] Está encantado com essa descoberta e diz, 'É preciso mexer-se, é o que farei; eles não ficarão pouco intrigados quando virem algumas boladas de decretos'. Evitei comprometer Capel e, graças a Deus, obedeci em todos os pontos as vossas instruções, o que não é fácil com ele quando se fica ali tanto tempo quanto eu fiquei". Na carta seguinte, a STN informou Favarger de que Capel recusara suas propostas, e portanto seu nome podia ser mencionado a Duplain. O efeito foi tremendo: "Ele ficou surpreso com as diligências de Capel, tanto mais que subscreveu um grande número da edição *in-quarto*", relatou Favarger. De fato, Capel acabou encomendando 131 cópias da edição *in-quarto*, um número enorme, mas não suficiente para fazê-lo resistir à tentação de ganhar dinheiro extra trabalhando com o grupo da edição *in-octavo*. Sua negativa quanto à emissão de *acquits* para a STN não surpreendeu Favarger, que lembrou à STN o fato de não terem conseguido persuadi-lo dois anos antes a trapacear em favor deles. Mas obteriam serviços mais seguros de Revol, que se aproveitara esplendidamente dos carregamentos da edição *in-quarto* (as investigações de Favarger confirmaram que "quando se trata da *Enciclopédia in-quarto*, abrem-se apenas um ou dois [fardos] de uma remessa, e a quitação é liberada"), e agora aperfeiçoara seus métodos para contrabandear livros sem eles.[56]

Assim, os editores da *in-octavo* haviam começado bem o processo de contrabando, mas o grupo da edição *in-quarto* estava em seus calcanhares. Os caixotes com as cópias da *in-octavo* saíam de Lausanne e Berna, passavam por Neuchâtel e subiam o Val de Travers até Saint Sulpice. A seguir, graças a Meuron et Philippin, cruzavam a fronteira até Pontarlier e, com a ajuda de Capel, viajavam diretamente para Paris, via Dijon. Os sócios da STN acreditavam que os livros eram armazenados em um depósito secreto fora dos muros da cidade, sendo depois contrabandeados em pequenos fardos, passando a alfândega, para os varejistas e assinantes na capital.[57] Os assinantes das províncias poderiam receber suas remessas também por Dijon, mas os editores da *in-octavo* usavam ainda outras rotas. Favarger ficou sabendo que Robert et Gauthier, livreiros de Bourg en Bresse, haviam contrabandeado cinqüenta cópias da *in-octavo* para seus próprios clientes, e que o grupo da *in-octavo* pedira a Jaquenod, um influente colega de Duplain, que se encarregasse para eles de *l'opération périlleuse* em Lyon, mas que este recusara o pedido.[58] Portanto, os editores da *in-quarto* haviam descoberto boa parte do sistema de distribuição do inimigo. Quão eficazes seriam para destruí-lo?

Ao ser informado de que as duas toneladas do primeiro volume da edição *in-octavo* estavam às portas de Paris, Panckoucke assegurou à STN que já se preparara para recebê-las: "O magistrado deu ordens".[59] As cartas enviadas por Panckoucke nesse período que ainda se encontram preservadas são poucas demais para sabermos se os seus protetores capturaram esse carregamento ou qualquer um dos seguintes, contendo os volumes 2 a 36, que deveriam seguir-se a eles. No entanto, parece improvável que os agentes do grupo da edição *in-octavo* tenham conseguido manter aquelas cargas gigantescas ocultas de funcionários que haviam sido instruídos para descobri-las e que conheciam a rota pela qual seguiriam.

Uma indicação do índice de perdas das cópias da *in-octavo* encontra-se no diário e nas cartas escritos por Favarger durante seu *tour de France*. Em Nîmes, ele ficou sabendo que as autoridades de Toulouse haviam apreendido um importante carregamento de *Enciclopédias in-octavo*. Em Marselha, Favarger encontrou o principal assistente de Duplain, Amable Le Roy, que estava vendendo cópias da edição *in-quarto* pelo sul do reino. Le Roy confirmou a informação sobre o confisco em Toulouse e acrescentou que aquilo fora duplamente desastroso para Lausanne e Berna porque destruíra a fé dos clientes em sua capacidade de entregar a mercadoria: "os assinantes, já cansados dos entraves e dissabores sofridos pelo primeiro volume, desgostam-se e compram a *in-quarto*, que prossegue. É certo que aqui [Marselha, que no final adquiriu 228 cópias da *in-quarto*] eles não venderam quatro exemplares".[60] Em conversas posteriores com livreiros, Favarger continuou a ser informado de deserções entre os assinantes da *in-octavo*: Odezenes et Fils, de Morbillon, não haviam recebido um só volume das seis cópias *in-octavo* que haviam encomendado, e estavam prestes a dar preferência à *in-quarto*; Fuzier, de Pézenas, persuadira seus clientes a mudar para a *in-quarto* devido à incerteza quanto ao recebimento da *in-octavo*, e Hérisson, de Carcassone, agira do mesmo modo. Informações semelhantes chegavam de vários correspondentes da STN na França. Panckoucke relatou o confisco de um carregamento em Caen.[61] Champmorin, de Saint Dizier, informou sobre outro em Sedan.[62] Chaurou, de Toulouse, afirmou que as autoridades dali não liberariam as *Enciclopédias in-octavo* que haviam apreendido enquanto as edições *in-quarto* não se houvessem esgotado.[63] E a Société Typographique de Bouillon vira suas tentativas de contrabandear cópias da edição *in-octavo* para clientes no Norte da França serem totalmente frustradas.[64] O Estado precisou de um bom tempo para organizar o extermínio da *in-octavo*; por isso, algumas das primeiras remessas chegaram aos clientes. Em outubro de 1778, Duplain queixou-se: "A edição de Lausanne *in-octavo* espalha-se em grande número por toda parte. É preciso então que o sr. de N. [Néville] envie a cada um de seus inspetores um prospecto dessa edição *in-oitavo* e impeça que seja vendida. [...] É bem singular que Panckoucke exalte tanto sua proteção e que ela nos seja tão inútil".[65] Contudo, um ano mais tarde, o braço direito de Duplain, Amable Le Roy, informou que 1400 cópias da *in-octavo* haviam sido confiscadas pelas autoridades francesas.[66] Incapazes de sustentar por mais tempo tamanho prejuízo, os editores da *in-octavo* retiraram-se da França em 1779. Panckoucke vencera a guerra no setor ocidental.

Entretanto, a interdição de Panckoucke não abrangia o restante da Europa, onde Lausanne e Berna possuíam amplos contatos. Na Alemanha, por exemplo, era voz corrente que a Société Typographique de Berne fazia negócios com todos os livreiros importantes, e Pfaehler negociava regularmente nas feiras de livros de Frankfurt e Leipzig. Quando o grupo da edição *in-quarto* tentou penetrar na Alemanha, encontrou por toda parte o território ocupado pela *in-octavo*. A STN pediu a Serini, de Basiléia, que distribuísse seus prospectos da edição *in-quarto* entre sua vasta clientela alemã e nas duas grandes feiras, mas ele considerou as condições inauspiciosas.[67] Os sócios de Neuchâtel contavam com numerosos correspondentes alemães, que informaram "de todos os lados" que a edição *in-octavo* arrebatara-lhes o mercado.[68] Informações semelhantes chegaram de outras partes da Europa, enquanto os sócios da *in-quarto* trataram de concentrar-se em colher os frutos de suas três edições no mercado mais denso representado por Paris. A STN calculou que em meados da década de 1780 pelo menos 7/8 das cópias da *in-quarto* haviam sido vendidos na França, observando que a obra circulara abertamente por toda parte, sem que as autoridades francesas lhe impusessem o menor óbice.[69] Assim, a guerra comercial chegara a um impasse: o grupo da edição *in-quarto* expulsara da França as cópias da *in-octavo*, e as forças de Lausanne e Berna haviam impedido a edição *in-quarto* de penetrar extensivamente além do Reno e do Ródano. Com exceção de ocasionais incursões rápidas na fronteira inimiga, cada lado manteve-se em seus limites. O grande mercado europeu da *Enciclopédia* fora dividido em duas esferas de influência.

NEGOCIAÇÕES DE PAZ

O impasse não agradou a nenhuma das *sociétés typographiques* suíças, acostumadas que estavam a vender seus livros em ambos os lados da fronteira. Na primavera de 1779, a STN escreveu a Panckoucke e Duplain lamentando que o sucesso da edição *in-octavo* na Alemanha provava que eles deveriam ter acertado a paz em 1778 — e entabulou negociações secretas com seus vizinhos de Lausanne e Berna. A princípio, discutiram simplesmente um acordo de comercialização: a STN venderia cópias da *in-octavo* em seu território, enquanto Lausanne e Berna comercializariam a *in-quarto* em seus domínios, e cada lado forneceria ao outro suas *Enciclopédias* com 25% de desconto. Os editores da *in-octavo* chegaram a oferecer à STN uma lista dos assinantes que não haviam sido capazes de atender na França, graças à eficácia do embargo de Panckoucke. Mas tal proposta provavelmente teria envolvido a STN em uma campanha para contrabandear cópias da *in-octavo* através de suas próprias linhas de defesa; após pensar seriamente no assunto, seus sócios rejeitaram-na. Chegaram a cooperar informalmente com Berna em maio e junho de 1779, mas essas tentativas de comercialização mútua não levaram a nada. Após oferecer a *Enciclopédia in-octavo* em sua correspondência comercial e divulgar alguns prospectos, a STN vendeu apenas uma cópia. Pfaehler não vendeu sequer uma cópia da *in-quarto*, embora a tivesse oferecido a seus clientes durante uma viagem de vendas pela Alemanha.[70]

No entanto, àquela altura restavam apenas algumas cópias da *in-quarto* para serem vendidas. A Associação de Panckoucke vendera quase todas as cópias de suas três edições. O grupo da *in-quarto* pode, pois, ser considerado vitorioso na guerra da *Enciclopédia*, especialmente porque os editores da *in-octavo* foram os primeiros a erguer a bandeira branca. Eles tinham mais a ganhar com o cessar das hostilidades, visto que a edição *in-quarto*, de preço mais elevado, nunca constituíra uma ameaça em seu território, ao passo que na França havia ainda demanda para sua *Enciclopédia in-octavo*, a julgar pelas informações de seus correspondentes franceses. Eles sondaram a STN acerca da possibilidade de uma trégua em uma reunião da Confederação Suíça em outubro de 1779; logo a seguir, os editores de Lausanne propuseram as condições: a STN providenciaria a livre entrada da edição *in-octavo* na França e se associaria a Lausanne e Berna em uma nova edição no mesmo formato, com participação igual das três *sociétés typographiques*, como nas outras produções da Confederação. Com o rico mercado francês aberto, poderiam vender mais 2 ou 3 mil coleções, pois em uma ocasião haviam chegado a ter 1200 assinantes franceses, "e estarão certos de vender um número muito maior na França desde que essa obra tiver livre curso na França, o que será fácil de obter, já que a colheita das *Enciclopédias in-quarto* está feita".[71]

Ainda que muito tentadora, tal proposta poderia prejudicar gravemente as duas alianças da STN; assim, Ostervald enviou uma resposta pouco entusiasmada. Tudo aquilo trazia à tona penosas lembranças das negociações fracassadas de junho de 1778, afirmou. Aquela teria sido a hora certa de propor concessões. Ele percebia o que os editores da *in-octavo* estavam querendo agora: o fim do embargo francês. Mas isso seria bem mais difícil do que eles imaginavam, e ele sequer pensaria no caso antes de ter uma idéia realista dos lucros que poderia esperar com tal acordo. Precisava de informações que eles mantinham em segredo — sobre custos, assinaturas e coisas do gênero — e então decidiria se "a coisa valerá a pena que nela empreguemos o que temos de amigos e de crédito em Paris".[72]

Os editores de Lausanne replicaram que não desejavam reviver mágoas passadas, mas dar à STN a oportunidade de lucrar com um novo empreendimento, que seguramente teria êxito se conseguissem penetrar no mercado francês. Haviam tido sucesso com sua primeira edição sem os franceses. Havia apenas cem de suas 3200 *Enciclopédias* para serem vendidas, e eles já estavam imprimindo o vigésimo volume. Haviam recebido de Lyon a informação de que os editores da *in-quarto* também já estavam com suas *Enciclopédias* quase esgotadas: "sua colheita está feita; eles parecem inclinados a nos permitir respigar atrás deles". Chegara a hora de expandirem-se para além dos Jura. Podiam reimprimir os volumes 1 a 20 com tiragem de 3 mil cópias e continuar a partir do 21 até o 36 com 6 mil cópias. O aumento de produção proporcionaria uma economia de cerca de 20 mil libras nos custos de composição e correção da segunda "edição". Podiam usar essa quantia para comprar do grupo da edição *in-quarto* o acesso à França. E uma vez no reino, poderiam ganhar uma fortuna, pois estavam convencidos de que a edição *in-quarto* não esgotara a demanda por *Enciclopédias* de baixo preço entre os leitores franceses: "O público acolheu bem a primeira edição [*in-octavo*], e de toda parte nos fazem instâncias na França para essa obra, que nos são uma boa garantia da venda da segunda. Um de nós poderá fazer a viagem para renovar as antigas subscrições e obter novas". Reservariam para a STN a impressão de pelo menos quinze volumes e, para satisfazer a exigência de Ostervald quanto às informações sobre custos e lucros, apresentaram o seguinte "Tableau de l'entreprise":

Para a reimpressão de 3 mil exemplares em 36 volumes de texto e três volumes de ilustrações, as despesas de impressão, gravura etc., total cerca de	280 000 libras
Acrescentemos para pequenos gastos	20 000
	300 000
O produto dos 3 mil exemplares, feita a dedução dos 25% [para o desconto dos livreiros] e do 13º grátis [para as cópias de cortesia para cada doze compradas] será	450 000 libras

Portanto, teremos 150 mil libras francesas de benefício.

Portanto, a STN poderia esperar auferir 50 mil libras com sua participação de um terço do empreendimento, sem contar sua parte (presumivelmente 4167 libras) no pagamento ao grupo da *in-quarto* pela "proteção" e o lucro que teria com a impressão dos quinze volumes.[73]

Era uma perspectiva tentadora; para torná-la ainda mais atraente, Bérenger reforçou a argumentação em uma carta pessoal a Ostervald. Ele era um homem de letras e não um comerciante, afirmou, mas ficara assombrado com a rapidez das vendas da *Enciclopédia in-octavo*, especialmente porque, do ponto de vista literário, ela era "bem inferior". Heubach assegurara-lhe que sobravam apenas algumas cópias para serem vendidas e que facilmente poderiam vender mais 3 mil, pois já tinham certeza de vender quinhentas em Paris e setecentas em outras cidades francesas. Entretanto, Ostervald sabia que não poderia firmar um acordo sem o apoio de Panckoucke, que detinha o controle supremo da fronteira francesa. Assim, respondeu de modo a não se comprometer: ele teria de consultar os sócios da *in-quarto*.[74]

Bérenger enviou, então, uma carta mais insistente. Os editores da *in-octavo* haviam chegado a um momento decisivo: poderiam continuar sua *Enciclopédia* do modo como ela estava (e isso já lhes trazia grandes lucros) ou duplicá-la; adiar a decisão implicaria aumentar as despesas, e eles não desejavam compor tipos agora para volumes que precisariam recompor se tivessem de imprimir com tiragem de 6 mil cópias em vez de 3 mil.[75] Contudo, Ostervald não conseguia obter a anuência de Panckoucke, que na época encontrava-se absorto em negociações com os editores de Liège; por isso, não respondeu à carta de Bérenger. Os editores de Lausanne começaram a desconfiar de que o grupo da *in-quarto* estava procurando ganhar tempo enquanto preparava algum novo golpe — talvez sua própria *Enciclopédia in-octavo*. Afinal, as informações fornecidas por Lausanne e Berna comprovavam a lucratividade de seu projeto, do qual o grupo da *in-quarto* poderia simplesmente apropriar-se sem dar nada em troca. Panckoucke e seus sócios haviam cercado o mercado francês com uma impenetrável barreira comercial, e poderiam vender sua própria edição *in-octavo* sem partilhar os lucros. Em 11 de novembro, os editores de Lausanne exigiram uma resposta categórica. Não podiam esperar mais; o grupo da *in-quarto* teria de se pronunciar.

Passada uma semana, a STN respondeu que nada podia afirmar, porque seus sócios ainda não haviam decidido. Se o grupo da *in-octavo* forçasse a resposta, seriam obrigados a uma negativa — não que julgassem a proposta sem atrativos, mas porque não tinham condições de entrar em um compromisso em nome de seus sócios. A Associação da *in-quarto* faria uma reunião em Lyon dali a um mês, e então a STN tentaria obter uma decisão, "não nos permitindo nossa delicadeza tomar qualquer partido a esse respeito antes dessa época".[76] Essa resposta pareceu tão evasiva que os editores de Lausanne julgaram confirmadas suas suspeitas. O grupo da *in-quarto* com certeza estava preparando um ataque de surpresa ao mercado da *in-octavo*, que a seu ver lhes pertencia. E o que era pior, seu próprio parceiro na Confederação, a STN, induzira-os a revelar informações confidenciais que constituíam o elemento crucial na decisão de tentar apunhalá-los pelas costas. Agora que os editores da *in-quarto* sabiam da existência de pelo menos 1200 clientes em potencial para mais uma *Enciclopédia in-octavo* na França e que a demanda pela obra continuava a ser detectada por Lausanne e Berna, produziriam sua própria edição, obtendo mais uma vitória na guerra que já haviam ganho.

Foi esse o tema de uma carta cheia de ressentimento que Bérenger enviou a Ostervald, ressentimento esse especialmente exacerbado em função dos laços de amizade que os uniam. Apenas três meses antes, Ostervald fizera uma visita de surpresa à casa de Bérenger durante uma viagem a Lausanne, passando horas muito agradáveis com madame Bérenger e seus filhos. Bérenger escrevera depois que lamentara profundamente ter estado ausente na ocasião, e que Ostervald deixara saudosas lembranças: "Se pudesse ser ciumento, eu o seria de vós: até mesmo meus filhinhos estropiam um pouco o vosso nome para falar de vós, e o menino se gaba de ter ganho no boliche do senhor alto que era tão bom".[77] Agora Bérenger escrevia em um tom completamente diverso, praticamente acusando Ostervald de roubar do grupo da *in-octavo* os planos para uma segunda edição: "Foi a nossa Société que vos fez pensar nisso; foi ela que vo-la propôs; foi a ela que pedistes detalhes para ver se o empreendimento era realizável. Ela confia em vós como em um aliado; detalha-vos seu projeto, o ganho que espera dele, as despesas que exige etc.; e desde que o sabeis, fazeis de sua confiança uma armadilha. Ela não considera que tenhais agido com franqueza e como um associado". Essa traição magoava Bérenger mais do que a qualquer outro, não simplesmente devido à sua amizade com Ostervald, mas também porque a Société Typographique de Lausanne concedera-lhe um quarto de sua terça parte no empreendimento da *in-octavo*. Bérenger depositara ali as suas esperanças; esperava ganhar com o empreendimento 9 mil libras, talvez até o suficiente para aposentar-se. "Eu já via ao longe o momento em que compraria uma cabana solitária, um pomar, um pequeno campo, onde iria alegrar-me com minha família. Depois vós me tirais esse sonho de felicidade. Ah! não éreis vós que devíeis fazê-lo dissipar-se!" A apostasia da STN prejudicaria também a Confederação e causaria danos à posição de Bérenger em sua *société typographique*, pois ele sempre defendera a proximidade com Neuchâtel, e agora a STN fazia parecer uma insensatez tal política — a menos que Ostervald mudasse de idéia: "Vede, pesai, julgai, eu não direi mais nada; gostaria de esquecer esse caso desagradável".[78]

Ostervald não esperava ser acusado daquela forma, pois na verdade não abusara da confiança dos editores de Lausanne, e tampouco o grupo da edição *in-quarto* planejava produzir sua própria *Enciclopédia in-octavo*, conquanto a interpretação errônea de Bérenger indicasse que tal golpe baixo não teria sido impensável. Não havia limites nas guerras comerciais setecentistas. Neste caso, porém, Ostervald pôde assegurar a Bérenger que a STN não traíra seus aliados suíços e que ainda apresentaria sua proposta na reunião com a Associação francesa. Como a reunião fora marcada para efetuarem a liquidação das contas do empreendimento da edição *in-quarto*, ela propiciaria uma ocasião adequada para um acordo com os editores da *in-octavo*. Bérenger retratou-se na carta que enviou em resposta: fora enganado por um falso boato a respeito dos planos da STN para a *Enciclopédia*. Em cartas subseqüentes, os dois amigos tentaram desfazer o abismo que se interpusera em seu relacionamento. Ostervald explicou a dificuldade de ser obrigado a fazer-se de "bigorna e de martelo". E Bérenger afirmou compreender "vossa situação [...] desagradável".[79]

Os editores de Lausanne foram procurar Duplain diretamente, e este mostrou-se ávido por vender-lhes o acesso à França por 24 mil libras, já que praticamente liquidara sua edição *in-quarto*. Mas também ele estava impossibilitado de efetuar qualquer acordo sem a anuência de Panckoucke, cuja principal preocupação em fins de 1779 era o lançamento da *Encyclopédie méthodique*. Receando prejuízos para o mercado de sua nova *Enciclopédia*, Panckoucke vetou a proposta, reforçou suas defesas e informou à STN que Néville tornara a lançar seu alerta contra a edição *in-octavo*: "Estejai certos de que a *in-octavo* [...] não entrará na França. O Magistrado reiterou-mo mais uma vez".[80]

UMA PAZ MUITO ESTRANHA

A tentativa de reunir os grupos das edições *in-quarto* e *in-octavo* quase desagregara a Confederação das *sociétés typographiques* suíças. Em 1780 havia tanto em jogo em tantas tramas diferentes que por toda parte apareciam rachaduras no edifício das alianças entre editores. O grupo da *in-octavo* tentara usar a STN para dividir seus oponentes vitoriosos, ou pelo menos para extrair deles condições mais amenas — 20 mil libras não representavam um preço excessivo para o acesso à França, especialmente se comparadas às 27 mil libras que os editores da *in-quarto* haviam pago a Barret e Grabit. Mas por motivos que se evidenciarão adiante, os sócios de Neuchâtel na época não podiam dar-se o luxo sequer da mínima desavença com Panckoucke. Mesmo se desejassem, não poderiam isoladamente procurar a paz. Detinham metade do privilégio emitido para a *Enciclopédia*, mas era Panckoucke quem controlava as proteções. Duplain tinha esse mesmo ponto fraco, conquanto seguisse uma linha independente de diplomacia secreta. Assim, os editores da *in-octavo* acabaram rendendo-se à necessidade e levaram suas propostas de paz ao inexorável *Atlas de la librairie*.

A pacificação ocorreu concomitante a todos os demais *règlements de compte* na reunião de Lyon em janeiro de 1780. Infelizmente existem hoje apenas alguns relatos fragmentários desse evento, e por isso não podemos acompanhar as últimas manobras conducentes ao fim da guerra das edições *in-quarto* e *in-octavo*. Mas o resultado principal é bem claro: os dois lados assinaram um *traité*, que concedeu aos editores da *in-octavo*, por 24 mil libras, o direito de comercializar sua *Enciclopédia* na França.

Em vez de confrontarem Panckoucke diretamente, os editores de Lausanne retomaram o acordo preliminar que haviam combinado com Duplain em dezembro. Duplain recebeu as letras de câmbio nominais a ele, no valor de 24 mil libras pagáveis em alguma data futura, e então negociou o contrato final com Panckoucke. Essa tarefa, porém, revelou-se difícil. Para assegurarem-se contra o desaparecimento ou falha das tão decantadas proteções de Panckoucke, os editores da *in-octavo* insistiram em que ele garantisse a entrada de quinhentas cópias na capital. De seu lado, Panckoucke continuava a recear que a avalanche de *in-octavos* prejudicasse o mercado da *Encyclopédie méthodique*, e também considerava a quantia insuficiente. Entretanto, esse dinheiro representava um ativo muito necessário, pois naquele momento os sócios da *in-quarto* estavam regateando acerca de seus próprios débitos e créditos, e Panckoucke teve uma idéia para transformá-lo em algo de valor imediato. Ele permitiu que Duplain endossasse as notas promissórias em seu favor, como parte do ajuste financeiro geral de Duplain com os sócios, e a seguir devolveu-as a Lausanne em troca do valor equivalente em cópias da *in-octavo*, presumivelmente 150 das quinhentas que ele garantira fazer entrar na França. Esse arranjo pareceu mutuamente favorável: Panckoucke adquiriu uma mercadoria valiosa em troca de um ativo em títulos, e os editores da *in-octavo* pagaram-lhe com mercadorias de seu estoque sem diminuir seu capital.[81]

Os editores de Lausanne e Berna empregaram o capital na nova edição que haviam planejado produzir com a STN. Com a certeza de que Panckoucke finalmente sancionara sua entrada na França, eles imediatamente dobraram a produção. Imprimiram os volumes 21 a 36 com tiragem aproximada de 6 mil cópias e recompuseram os volumes anteriores para uma tiragem complementar de cerca de 3 mil cópias. Eis a resposta a mais um enigma bibliográfico, pois bibliotecários e colecionadores em vão procuraram uma edição *in-octavo* que estaria faltando, analogamente ao caso da *Enciclopédia in-quarto*.[82] Na realidade, a segunda "edição" não encontrada da *Enciclopédia in-octavo* foi apenas uma extensão da primeira. No entanto, houve duas séries distintas de assinaturas da edição *in-octavo*. Lausanne e Berna lançaram a segunda delas em abril de 1780, com grandes esperanças de finalmente lucrarem com as vendas na França que lhes haviam escapado durante dois anos e meio. Mas justamente quando parecia certa a concretização dessas esperanças, Panckoucke arrasou-as: lançou no mercado suas cópias da *in-octavo* a preços baixíssimos e, para piorar as coisas, publicou seu projeto da *Enciclopédia* que sobrepujaria todas as *Enciclopédias* — a *Encyclopédie méthodique*.

Qual teria sido o grau de prejuízo causado à segunda edição *in-octavo*? Até que ponto esse foi um ato sórdido? E por que Panckoucke agiu desse modo? São perguntas irresistíveis, mas impossíveis de responder devido à escassez da documentação após fevereiro de 1780, época em que se liquidou a Associação do empreendimento da *in-quarto*. No entanto, podemos vislumbrar as respostas comparando as condições oferecidas pelos editores da *in-octavo* e por Panckoucke em seus anúncios:

Lausanne e Berna anunciaram sua nova edição na *Gazette de Berne* de 8 de abril de 1780:

> Tendo a *Enciclopédia in-octavo* sido impressa pelas *sociétés typographiques* de Berna e de Lausanne, página por página segundo a edição *in-quarto* de Pellet em Genebra, recebido a mais favorável acolhida, elas abrem uma nova subscrição, à razão de cinco libras francesas o volume de texto (haverá 36) e de quinze libras cada um dos três volumes de ilustrações [perfazendo 225 libras no total] como se pode ver mais detalhadamente em seus Prospectos. Para essa segunda edição, entregar-se-ão os volumes de texto de 1 a 20 em cinco volumes por vez, e de 21 a 36 em dois volumes. Pagam-se, ao subscrever nas ditas sociedades e nos principais livreiros, seis libras francesas, e 25 libras ao receber os cinco primeiros volumes, que serão publicados no mais tardar no mês de agosto próximo, após o que a subscrição será fechada e cada volume será vendido a seis libras francesas. A obra inteira será terminada no decorrer de junho de 1781.

Panckoucke anunciou em uma circular impressa distribuída a livreiros, com data de 27 de fevereiro de 1781:

> A *Enciclopédia, in-octavo, edição de Lausanne, em 36 volumes de textos e três de ilustrações*. Essa edição, tão completa quanto aquela conhecida sob o nome de Pellet, está para vós, senhor, ao preço de 168 libras e quinze soldos, e o 13º exemplar é grátis, em folhas soltas. O preço para o particular é de 225 libras, de maneira que vosso desconto é de mais de um quarto. Estão publicados atualmente 26 volumes de texto e um de ilustrações. Toda essa edição será terminada no mês de abril próximo. Apenas para esse artigo, sacarei despachando para um ano e quinze meses. O preço de cada volume de texto é de três libras e quinze soldos e o volume de ilustrações, onze libras e quinze soldos. Farei apenas duas entregas para evitar embaraços. [...] Jamais houve livro oferecido mais barato.[83]

Não era exagero de Panckoucke: uma *Enciclopédia* por 168 libras e quinze soldos e 8,33% de desconto para grandes encomendas, com um ano de crédito para o pagamento, representava uma pechincha incomparável, que teria levado qualquer concorrente ao desespero — e este deve ter sido imenso em Lausanne e Berna. Os editores da *in-octavo* podem ter baixado seu preço (seu anúncio para as assinaturas aparentemente fornecia o *prix de particulier*, ou no varejo, e Panckoucke apresentava o preço no atacado, ou *prix de libraire*), mas não podiam descer ao nível de preços estipulado por Panckoucke. Ele obteve suas cópias da edição *in-octavo* gratuitamente, e os editores suíços precisavam conseguir algum lucro depois de cobrir os custos de publicação, que haviam aumentado 8% graças à agora inútil compra do direito de vender sua mercadoria na França. Mesmo para os padrões da época, Panckoucke parecia ter dado um golpe baixo; e até mesmo seus ex-sócios da STN protestaram, acusando-o de ter cometido um ato vil. Mas Panckoucke retrucou que tinha a consciência limpa: "Queixai-vos da *in-octavo* de Lausanne, mas partilhastes os mil luíses que eles deram para entrar na França. Ignorais então que no auto passado com Duplain está combinado que eu faria entrar quinhentos em Paris; e já que era preciso cumprir esse compromisso, acreditei dever tomá-los como pagamento e oferecê-los. Se não o tivesse feito, um outro o teria feito em meu lugar e não teríamos ganho nada com isso". Ele ainda via os editores de Lausanne e Berna como intrusos em seu território. É verdade que lhes dera acesso aos seus domínios, mas não sentia obrigação moral de honrar o trato que eles haviam feito com Duplain. Panckoucke cumpriu sua parte no acordo e a seguir usou o mesmo contra eles — um *lance teatral*, talvez, mas não um *golpe sujo*. Se alguém devia extrair a nata do mercado, esse alguém era ele. E Panckoucke podia, ao mesmo tempo, destruir tal mercado — esse parece ter sido seu principal objetivo. O acordo de Lyon obrigava-o a permitir a entrada em Paris de quinhentas *Enciclopédias in-octavo*, e não a garantir que elas fossem vendidas. Panckoucke podia impedir que fossem comercializadas se vendesse as suas 150 cópias a um preço drasticamente mais baixo. Desse modo, minimizaria o prejuízo para a *Encyclopédie méthodique*, que se tornara seu empreendimento mais importante em 1780: era melhor lançar 150 cópias da *in-octavo* no mercado a preços baixíssimos do que inundá-lo com quinhentas.[84]

Entretanto, parece improvável que 150 cópias muito baratas da edição *in-octavo* conseguissem destruir permanentemente a demanda pelas 3 mil cópias que Lausanne e Berna esperavam vender. Panckoucke provavelmente fez seus cálculos com uma perspectiva de vitória no curto prazo, que expulsaria do mercado o grosso da segunda edição *in-octavo* até que pudesse lançar os primeiros volumes da *Encyclopédie méthodique*, que por sua excelência faria o público esquecer a obra primitiva e imperfeita de Diderot. No longo prazo, porém, Lausanne e Berna provavelmente venderam grande parte de suas cópias na França, pois a *Enciclopédia* suprema de Panckoucke atolou-se em dificuldades e atrasos. Portanto, a última fase da difusão do texto de Diderot e a primeira etapa da produção de Panckoucke sobrepuseram-se e entrelaçaram-se. Na verdade, todos os empreendimentos com a *Enciclopédia* foram interligados, pois todos eles representaram tentativas de satisfazer o aparentemente insaciável apetite por *Enciclopédias* dos leitores do Antigo Regime. Mas antes de acompanharmos o desenlace do processo, é importante estudar os procedimentos que levavam as *Enciclopédias* até os leitores.

5
A FABRICAÇÃO DO LIVRO

Disputas sobre contratos, contrafações e guerras comerciais são eventos que apontam, todos, para um fato central: a *Enciclopédia* tornara-se um *best seller* — o maior de que já se tivera notícia, o sonho de todo editor, "o mais belo [empreendimento] jamais realizado no ramo livreiro".[1] Não é possível determinar se de fato ela se constituiu no empreendimento mais lucrativo de toda a história editorial pré-1789, pois quase nada se conhece a respeito das vendas de outras obras dos primórdios da era moderna. No entanto, os papéis da STN revelam quase tudo acerca da produção e difusão da *Enciclopédia in-quarto*. Cada um desses aspectos da biografia da obra merece um capítulo próprio, dado que cada um conduz a áreas inexploradas do passado — áreas onde a história das publicações faz fronteira com a história da economia e da tecnologia, do trabalho e da classe trabalhadora, da administração e da publicidade, das comunicações e da difusão das idéias. Acompanhando esse *best seller* do produtor até o consumidor, podemos investigar o mercado literário de numerosos ângulos distintos. No final, deverá ser possível traçar o curso de um fenômeno que escapou às investigações anteriores, conquanto tenha moldado boa parte da história moderna: a difusão do Iluminismo.

DIFICULDADES NO SISTEMA DE PRODUÇÃO

O grau de sucesso da *Enciclopédia in-quarto* pode ser avaliado com base no enorme esforço necessário para o fabrico da obra. Após captar mais de 8 mil assinaturas, Duplain deparou com o problema de produzir 306 900 gigantescos tomos em formato *in-quarto*.[2] Ele próprio não era um mestre-impressor e, de qualquer modo, a tarefa excedia a capacidade de uma única tipografia; por isso, ele encomendou o trabalho a duas dúzias de tipografias espalhadas pelo Leste da França e Oeste da Suíça. Jean-Léonard Pellet, que emprestou seu nome para as duas primeiras edições, teve apenas uma ligação superficial com o empreendimento. Os sócios da edição *in-quarto*, que lhe pagaram 3 mil libras pelo uso de seu nome nos prospectos e frontispícios, referiam-se a ele desdenhosamente como seu *prête-nom* e *commissionnaire* em sua correspondência confidencial. A julgar pelo colofão, Pellet imprimiu apenas quatro volumes de "sua" edição — não mais do que os impressos pela STN, que também imprimiu quatro, mas produziu apenas um dos volumes de "sua" edição de Neuchâtel.[3]

Para lucrar o máximo com seu trabalho de intermediação, Duplain estimulava uma concorrência renhida entre as tipografias e regateava para baixar-lhes os preços ao mínimo possível. Essas tipografias precisavam competir não só por encomendas, mas também por suprimentos — tipos, tinta, papel e empregados —, e a competição acirrou-se à medida que o empreendimento aumentou em escala. O núcleo de produção original situou-se em Genebra, nas tipografias de Pellet, Bassompierre e Bonant. Em março de 1777 já havia trinta prelos genebrinos trabalhando na edição *in-quarto*, e um ano mais tarde toda a cidade a estava imprimindo, segundo um livreiro local.[4]

Nesse ínterim, Duplain transferira o centro de produção para Lyon. Assim que pôde contar com a proteção oferecida pelo privilégio de Panckoucke, ele passou a operar legalmente na França. As autoridades francesas permitiram-lhe — informalmente e sem reconhecer o fato — mandar imprimir a edição *in-quarto* em Lyon, e o contrato de 10 de outubro de 1778 praticamente fez da terceira edição um produto lionês, a despeito de a página de rosto dar crédito a Neuchâtel.[5] Quando Favarger inspecionou as operações de Duplain em julho de 1778, constatou que a edição *in-quarto* estava dominando o ramo da impressão em toda a região: "Há cerca de quarenta prensas que trabalham nessa obra, tanto aqui [Lyon] quanto em Grenoble e Trévoux. [...] Com exceção de alguns serviços, não se imprime aqui outra coisa, e em todas as tipografias, a não ser a *Enciclopédia in-quarto*. [...] Quem quer que tivesse um certo dinheiro para empregar todos os meses ou todos os anos em livros, empregou-o na *Enciclopédia in-quarto*".[6] O próprio Duplain arrolou 53 prelos trabalhando na terceira edição em janeiro de 1779.[7] Considerando que as duas primeiras edições eram quase três vezes maiores do que a terceira, parece provável ter havido cerca de cem prelos em vinte tipografias diferentes trabalhando na *Enciclopédia in-quarto* entre 1777 e 1780. Ao mesmo tempo, as *sociétés typographiques* de Lausanne e Berna estavam produzindo a *Enciclopédia in-octavo* com uma tiragem de 6 mil cópias, enquanto Félice imprimia 1600 cópias de sua versão da *Enciclopédia* em Yverdon. A obra de Diderot estava sendo produzida em uma escala tal que sobrecarregava a capacidade da indústria da impressão em uma vasta área da França e da Suíça.

Essa sobrecarga evidenciava-se em todos os segmentos da economia ligados de alguma forma à atividade livresca. Hoje em dia, porém, fica difícil avaliar a situação, já que aos livros, enquanto objetos físicos, não se atribui uma importância igual à que lhes era dada no século XVIII. Antes de comprar um livro, os leitores do Antigo Regime inspecionavam cuidadosamente a mercadoria, sentindo as páginas entre os dedos, olhando-os contra a luz, averiguando a forma dos caracteres, a clareza da impressão, a largura das margens e a elegância visual da obra como um todo. Se encontrassem defeitos, protestavam alto e bom som: "Havíeis garantido, senhores, para a impressão do *Dicionário enciclopédico* um belo papel, um tipo novo", escreveu um assinante indignado à STN. "Essa promessa, permiti-me dizer-vos, não teve sua inteira execução, pois o papel é geralmente defeituoso e o tipo quase apagado, o que fatiga muito os olhos do leitor. Obras desse gênero, feitas para viver eternamente, merecem que se lhes proporcione mais atenção. A maior parte das folhas está maculada ou rasgada. Percebeis, senhores, que essas negligências da parte de vossos operários não podem ser senão prejudiciais aos vossos interesses, desgostando o público das novas subscrições a serem abertas."[8]

Como salienta esse leitor, os editores da *Enciclopédia in-quarto* haviam enfatizado as qualidades físicas da obra durante toda a sua campanha publicitária. Em seu prospecto principal, ressaltaram que todos os volumes seriam impressos em papel da melhor qualidade, com tipos elegantes, apropriadamente denominados *philosophie* (paica pequeno). Os varejistas trataram de magnificar as promessas em suas campanhas de vendas. Téron, de Geneva, por exemplo, assegurou aos leitores da *Gazette de Leyde* que "todos os papéis vêm de Auvergne, e empregam-se apenas tipos franceses, que serão renovados depois da tiragem de cada quinto volume".[9] Tais observações pareceriam descabidas na publicidade de um livro atual, de fabricação toda mecanizada, mas constituíam um procedimento usual naquela época, quando os livros eram feitos à mão, as folhas de papel eram manufaturadas individualmente ao longo de vários meses de cuidadoso manuseio em fábricas remotas e quando se recrutava um batalhão de trapeiros para reunir a matéria-prima do papel — pedaços de linho usados, cujos fios ainda podem ser vistos nas folhas da *Enciclopédia*. Eram necessárias mais de 1 milhão de folhas para produzir apenas um dos 36 volumes *in-quarto*, em todas as três edições. E a transformação daquelas folhas em um volume de páginas impressas consumia cinco meses de árdua labuta de cinco compositores e vinte impressores da STN.[10] Embora representem unicamente uma pequena fração de todo o processo de impressão, as operações da STN ilustram a complexidade de produzir uma obra em grande escala antes do advento da produção em massa.

A expansão das instalações revelou-se o menos complicado dos problemas da STN. A firma adquiriu uma nova casa para sua tipografia e comprou seis prelos de segunda mão, totalmente equipados, duplicando sua capacidade de impressão. Os prelos foram vendidos por um impressor de Lyon, Aimé de la Roche Valtar, e custaram apenas 250 libras cada um, o equivalente a quatro meses de pagamento de jornal a um impressor.[11] A obtenção dos tipos, porém, foi mais difícil. Almejando manter certa harmonia na aparência física dos volumes, Duplain instruiu todos os impressores a comprarem suas fontes de *philosophie* de um fundidor lionês, Louis Vernange; este, contudo, não demorou a ficar sobrecarregado de trabalho. Em 20 de abril de 1777, ele assinou um contrato com a STN comprometendo-se a fornecer uma fonte pesando 1800 libras, metade em 1º de junho e a outra metade em 1º de julho, com 20% de desconto no preço caso o prazo de entrega não fosse cumprido. Em 2 de junho, pediu mais duas semanas à STN, que concordou com relutância, pois havia planejado colocar seis prelos trabalhando na *Enciclopédia* a partir do início do mês. Ainda sem receber os tipos em 18 de junho, a STN alertou Vernange de que necessitava da encomenda com urgência. Em 26 de junho, ameaçou aplicar a penalidade prevista no contrato, visto que seus prelos e empregados já estavam sem trabalho. A primeira remessa finalmente chegou em 8 de julho, e o restante em fins de julho e fins de agosto. Mesmo assim, a STN precisou encomendar mais quinhentas libras e vários *assortiments*, que só chegaram no final do ano. A fonte principal, pesando 1471 libras, demorara duas vezes mais do que o prometido por Vernange e custara 1852 libras tornesas. Vernange justificou o atraso relatando suas dificuldades: seus empregados haviam adoecido e se metido em apuros devido a seus *caprices* (as autoridades de Lyon haviam exilado um deles por má conduta), ele não conseguira encontrar quem conduzisse a carga através do Franco-Condado, pois era época de colheita, e sobretudo ele não fora capaz de dar conta de todas as encomendas. Na verdade, a STN podia dar-se por feliz se conseguira seus tipos com apenas dois meses de atraso. Bonnant, de Genebra, precisou suspender o trabalho em novembro de 1777 porque seus tipos não haviam chegado — não de Lyon, pois Vernange já não conseguia suprir todos os impressores da edição *in-quarto*, mas de Avignon, onde outra fundição também já se via abarrotada de pedidos.[12]

Da mesma forma, a demanda no mercado de tinta sobrepujou a oferta, que era monopolizada por duas firmas parisienses, Langlois e Prévost. A STN comprava de Langlois, que cobrava 22 soldos por libra, dois soldos a menos do que Prévost. Mas os editores de Neuchâtel viram seu suprimento quase esgotado em outubro de 1777, e quando Langlois finalmente acorreu em seu auxílio, depois de vários apelos urgentes, conseguiu enviar-lhes apenas um dos dois barris de 250 libras de que necessitavam. Só três meses mais tarde remeteu o segundo barril, que chegou em abril de 1778 com o conteúdo defeituoso, forçando a STN a suspender a impressão por algum tempo. A STN conseguiu a duras penas mais dois barris em maio, outro em outubro e os dois últimos em fevereiro e agosto de 1779. Nesse ínterim, Langlois fora subindo o preço — de 22 até 28 soldos por libra. Pôs a culpa nos fornecedores de sua matéria-prima — os colhedores de nozes e os comerciantes de resina do Sul da França, os negociantes de terebintina e óleo de linhaça em Paris e até mesmo os revolucionários americanos que, segundo explicou, transtornaram tanto o comércio que ele precisou elevar seu preço em mais dois soldos em 1782. Pode até ser que as nogueiras e os revolucionários estivessem inter-relacionados em um sistema econômico mundial, mas o provável é que Langlois estivesse tirando proveito do surto de *Enciclopédias* — e com grandes lucros, já que um só de seus barris de tinta custava mais do que um prelo totalmente equipado.[13]

A OBTENÇÃO DO PAPEL

O elemento mais dispendioso na produção de um livro era o papel. Ele obcecava os impressores setecentistas e determinava muitos dos seus cálculos. Quando conversavam sobre tiragens, com freqüência falavam em resmas e mãos em vez de milheiros e centenas. E ao fazerem os orçamentos para os livros, calculavam em *feuilles d'édition*, ou seja, o custo de produzir todas as cópias de uma folha, incluindo a composição, a impressão e o papel. Estes três elementos variavam segundo a tiragem: por um lado, o custo da composição dos tipos permanecia o mesmo, enquanto o custo da impressão aumentava conforme o número de folhas impressas; por outro, o preço do papel subia mais rapidamente do que os da composição e impressão combinados. Os contratos para a produção da *Enciclopédia* abriram um precedente para a primeira variação, estipulando a importância fixa de trinta libras por *feuille d'édition* para a composição e impressão das primeiras mil cópias e oito libras para cada milhar de cópias adicionais. Assim, de acordo com o primeiro contrato (o Traité de Dijon, de 14 de janeiro de 1777), Duplain receberia 54 libras para cobrir os custos de mão-de-obra referentes à produção de uma folha da primeira edição, com uma tiragem de 4 mil cópias. Segundo o contrato de 30 de setembro de 1777, receberia 71 libras e quatro soldos pela mão-de-obra empregada nas primeira e segunda edições, que foram impressas conjuntamente com tiragem de 6150 cópias (doze resmas e seis mãos). Nos custos de mão-de-obra, a parcela da impressão passara de 59% para 69%. Mas o custo do papel elevara-se ainda mais — de 72 libras por *feuille d'édition*, de acordo com o primeiro contrato, para 110 libras e quatorze soldos, conforme o segundo. Os contratos também reconheciam a importância crucial do papel como variável no custo, estipulando cláusulas especiais com uma quantia fixa por resma para o abastecimento de Duplain. Com isso, após alguns cálculos, podemos comparar as proporções nos "orçamentos" de uma *feuille d'édition* segundo o contrato das primeira edição e de uma *feuille d'édition* segundo o contrato das primeira e segunda edições combinadas.

	PRIMEIRA EDIÇÃO (*tiragem de 4 mil*)	*PRIMEIRA E SEGUNDA "EDIÇÕES"* (*tiragem de 6150*)
Composição dos tipos	22 libras	22 libras
Impressão	32 libras	49 libras e 4 soldos
Papel	72 libras	110 libras e 14 soldos
	126 libras	181 libras e 18 soldos

A parcela relativa ao papel nos cálculos dos editores crescera de 57% no primeiro orçamento para 61% no segundo. Naturalmente, os verdadeiros custos de impressão diferiram bastante dos custos-padrão estabelecidos nos contratos, mas as diferenças apenas magnificam a importância do papel. Por exemplo, a STN forneceu todo o papel para o volume 24, que imprimiu com tiragem de 6150. A composição e a impressão custaram 4828 libras, e o papel, 13 897, ou seja, três quartos dos custos de produção, excluindo os custos indiretos. Ademais, os sócios da edição *in-quarto* reembolsaram a STN pelas despesas com papel segundo os preços fixados no contrato, que eram maiores do que aqueles que a firma efetivamente pagou; com isso, a STN conseguiu reaver 15 875 libras — um lucro de 1978 libras, relativo tão-somente ao papel usado no volume 24. Em geral, o alto preço do papel e a mão-de-obra barata fazem as proporções nos orçamentos dos editores setecentistas parecerem o oposto das que passaram a vigorar nos trabalhos de impressão modernos, pois a partir do século XIX os custos de mão-de-obra elevaram-se acentuadamente, ao passo que despencou o preço do papel — produzido em massa, por máquinas, e feito de polpa de madeira. Com a difusão da impressão em *off-set* e a devastação das florestas, os custos agora podem estar regredindo aos padrões setecentistas. No entanto, observando em retrospectiva a partir da década de 1970, não podemos subestimar a importância do papel na indústria editorial de duzentos anos atrás.[14]

Duplain teve de obter 36 milhões de folhas de papel para seus impressores. Não está claro como realizou essa façanha técnica, pois só podemos estudar os aspectos administrativos do empreendimento sob a perspectiva dos arquivos de Neuchâtel. No entanto, a crescente pressão da demanda pode ser acompanhada com base nos contratos da *Enciclopédia in-quarto*. Em 14 de janeiro de 1777, os custos do papel para Duplain foram fixados em nove libras por resma, em 15 de maio em nove libras e cinco soldos, em 30 de setembro em nove libras e dez soldos, e em dez de outubro de 1778 em dez libras. Após investigar a situação em Lyon, em setembro de 1777, Panckoucke informou ser impossível evitar os aumentos: os fabricantes de papel estavam forçando a elevação de seus preços, e talvez não conseguissem fornecer a Duplain o suficiente para o inverno, qualquer que fosse o preço.[15] Por fim, Duplain acabou dizendo à STN que conseguisse seu próprio papel: "Não conteis conosco de modo algum para papéis. É coisa impossível".[16] Conquanto a STN protestasse veementemente, argumentando que a responsabilidade pelo fornecimento cabia a Duplain, este pouco podia fazer. O mercado de papel de Lyon e as fábricas do Maciço Central que o abasteciam haviam se esgotado. Relatos de negociantes de papel em Lyon confirmam a versão de Duplain sobre a crise, também corroborada pelo banqueiro da STN, Jacques-François d'Arnal, que em dezembro de 1777 vasculhou a cidade em busca do produto: "Fomos visitar todos os nossos comerciantes de papel [...] mas não encontramos uma só resma de papel da qualidade que pedis. O sr. Duplain leva tudo".[17]

Finalmente, os editores da STN desistiram de contar com Duplain e com os grandes papeleiros de Lyon e da Auvérnia, tratando de montar seu próprio sistema de abastecimento. Durante anos, eles haviam comprado papel dos fabricantes de sua região, mas poucos dentre estes eram capazes de produzir o *carré fin* branco e pesado requerido para a *Enciclopédia*. Duplain fazia questão de que todas as folhas seguissem exatamente as amostras que ele enviara a seus fornecedores e à STN, e que cada resma pesasse pelo menos vinte libras (em libras lionesas, de catorze onças), conforme estipulado no contrato. Ele tinha de exigir uma estrita padronização, pois cada volume consumia pelo menos mil resmas, o papel provinha de muitos fabricantes diferentes, e se as remessas dos diversos papeleiros não se parecessem o suficiente para serem "casadas", ou seja, combinadas pelos impressores, a obra ficaria com aparência de colcha de retalhos e os clientes cancelariam as assinaturas. Os problemas de abastecimento eram agravados pelo delicado e bastante primitivo caráter artesanal da fabricação do papel. Apesar da introdução de algumas máquinas modernas (os *Hollanders* cilíndricos para a maceração), a produção permanecia atrelada aos ritmos de uma economia agrária. Os trapeiros iniciavam suas viagens depois de trabalharem nas colheitas de outono. Os fabricantes estocavam os trapos e preparavam a massa (uma pasta aquosa, com a qual se faziam as folhas) durante o inverno e fabricavam a maior parte do papel na primavera e no verão, quando o calor permitia a aplicação de um delicado acabamento com cola, que se estragava facilmente durante a secagem. Com freqüência, operavam com *campagnes*, ou grandes lotes, que vendiam de antemão depois de árduas negociações na época da entressafra. Recebendo a encomenda para uma *campagne*, o papeleiro preparava a massa com uma mistura de diferentes qualidades de trapos, conforme a qualidade do papel desejado. Portanto, os fabricantes não tiveram condições de mudar para o papel da *Enciclopédia* no final do verão e no inverno de 1777, quando os impressores mais necessitaram dele. Duplain não levara em conta a inflexibilidade desse sistema ao aumentar a produção, e assim, por falta de material, a STN quase precisou despedir seus empregados e fechar a tipografia no inverno de 1777-8.

A STN atravessou o inverno vasculhando uma extensa área da França e da Suíça em busca das últimas resmas do *carré fin* de vinte libras. Escreveu dezenas de cartas, até mesmo a papeleiros dos rincões mais ao sul do território já esquadrinhado por Duplain, a sudoeste de Lyon. Regateou com negociantes de regiões remotas da Suíça e da Alsácia. Enviou Favarger aos mais longínquos vales do Jura exterior, que ele percorreu a cavalo em busca de papel. E acabou montando uma rede de fornecedores que manteve a firma em atividade até 8 de março de 1779, data em que concluiu a impressão de seu último volume. O papel, 5828 resmas além de algumas que Duplain enviara anteriormente, proveio de treze fabricantes e negociantes, espalhados em torno de um eixo de 450 quilômetros, de Estrasburgo a Ambert.

Graças aos livros contábeis da STN, podemos acompanhar a trajetória de quase todas as resmas dessa montanha de papel, à medida que passaram pelas fábricas e prelos até se transformarem nas cópias da *Enciclopédia in-quarto* preservadas nas bibliotecas atuais. A tabela da p. 159 ilustra a evolução das remessas.

A princípio, a STN dependeu inteiramente de Duplain e dos negociantes de Lyon que trabalhavam para ele. A busca de Favarger resultou em algumas novas fontes de fornecimento em meados de 1777, mas os fabricantes que ele contratou, Gurdat, de Bassecourt, e Morel, de Meslières, não puderam produzir uma quantidade significativa de papel para a *Enciclopédia* antes da primavera seguinte. Assim, quando as provisões de Duplain esgotaram-se em dezembro, exatamente quando a STN começava a produzir o volume 15, foi preciso reunir material suficiente no mercado de Lyon para evitar suspender a produção no inverno. Foi um alívio a chegada da primeira grande remessa de Morel em março de 1778. Em maio, o papel passou a chegar em grandes fluxos, vindo da Alsácia, da Suíça e do Franco-Condado. Em fins de 1778, a STN acumulara um estoque suficiente para imprimir quase na íntegra seus últimos dois volumes.

A obtenção de papel junto a fornecedores tão diversos acarretava o problema de "casar" as folhas de modo a que suas diferentes cores e consistências não ofendessem os olhos dos clientes.[18] Para saber como se faziam esses casamentos, podemos comparar os registros na contabilidade da STN com a incidência de marcas-d'água em uma cópia da *Enciclopédia in-quarto*. Segundo um registro com data de 6 de novembro de 1778, no livro contábil denominado "Brouillard B", a STN montou o volume 24 com papel de cinco fornecedores, nas seguintes quantidades:

Schertz (Estrasburgo)	149 resmas e 10 mãos
Vimal (Ambert)	431 resmas, 1 mão e 3 folhas
Gurdat (Bassecourt)	90 resmas
Morel (Meslières)	930 resmas e 9 mãos
Fontaine (Friburgo)	44 resmas e 11 mãos
	1645 resmas, 11 mãos e 3 folhas

Essas informações indicam as proporções do papel de diferentes fornecedores usadas no total da impressão das 6150 cópias do volume 24. Se as convertermos em *feuilles d'édition*, podemos conceber um modelo do volume 24 e compará-lo com uma cópia real — neste caso, a cópia que se encontra na Bibliothèque de la Ville de Neuchâtel.[19] O volume 24 da *Enciclopédia in-quarto* de Neuchâtel contém três tipos de papel facilmente identificáveis: trinta folhas (ou cadernos) de Vimal, com marcas-d'água e contramarcas quase completas; doze folhas de Schertz, sem marcas mas com um "DV", mencionado como contramarca na correspondência de Schertz; e quatro folhas de Fontaine, com uma videira como marca e as iniciais "MF", de Maurice Fontaine, como contramarca. O restante do papel compõe-se de oitenta folhas sem marcas e contramarcas, além de sete folhas com uma minúscula cruz. Destas, as primeiras devem ter sido fornecidas por Morel, que disse à STN que manteria todos os sinais identificadores fora dos moldes de seu *bâtard*, o qual não se adequava aos padrões de qualidade das autoridades francesas;[20] as outras sete folhas devem ter provindo de Gurdat, que forneceu sete folhas, segundo o modelo. Assim, a cópia real e o modelo apresentam uma semelhança significativa:

	O MODELO	*A CÓPIA* IN-QUATRO *DE NEUCHÂTEL*
Schertz	12,1	12
Vimal	35,0	30
Gurdat	7,3	7
Morel	75,6	80
Fontaine	3,6	4
	133,6	133

Essa correspondência somente pode ser notada sob uma perspectiva abstrata, e não com o exame físico de uma cópia específica — e esse era exatamente o objetivo do "casamento" do papel. Como indica a Figura 1, a STN misturou as folhas irregularmente ao longo do volume, em vez de terminar um lote de papel e só então passar para o seguinte. Em junho de 1778, quando começou a imprimir o volume 24, a STN possuía bastante papel em estoque, de todos os cinco fornecedores, e provavelmente já contava com uma boa quantidade proveniente de dois outros, Girard e Petitpierre. Sem fazer uso desta última, a STN concentrou-se no fornecimento de Morel, que estava chegando a Neuchâtel em grandes remessas; usou também em grande escala o papel de Vimal, o segundo em volume no estoque, a julgar pelos registros referentes à impressão e ao papel. Estas duas fontes perfizeram 83% do papel usado no volume 24. Em vez de usar as folhas em blocos, a STN misturou-as em grupos que geralmente variavam de duas a doze folhas, excetuando-se os dois grandes grupos de Morel, mais no final. O papel de Gurdat serviu para preencher espaços, com cada folha sendo usada isoladamente, para não ser notada. O de Schertz foi empregado primeiro, provavelmente por ser o mais bonito. A seguir, a STN revezou os papéis de Morel e Gurdat, de Morel e Vimal, e novamente de Morel e Gurdat, terminando então com o de Fontaine. O padrão poderia ter sido mais complexo, e a mistura, mais completa, mas a STN não queria dar-se o trabalho estafante de combinar centenas de resmas folha por folha. Precisava apenas produzir uma combinação que satisfaria os requisitos da clientela que atentava muito para o tipo de papel.

Essa tarefa demandava um esforço gigantesco, não porque fosse difícil fazer os "casamentos", mas porque a compra do papel consumia muito tempo, energia e perícia. Cada aquisição tinha de ser obtida por meio de elaboradas negociações, e cada fornecedor tinha sua própria maneira de fazer negócio. As famosas firmas de Johannot e Montgolfier, em Annonay, a duras penas aquiesceram em vender seu papel de qualidade mediana (*moyen*), e foram absolutamente inflexíveis na hora de estipular os preços. Os pequenos papeleiros do Franco-Condado, como por exemplo Planche, de Vuillafans, e Sette, de Chardon, precisaram de muito esforço para vender um punhado de seu *carré fin*, e muitas vezes transportaram pessoalmente sua mercadoria até Neuchâtel, para poderem negociar em pessoa (pois muitos deles tinham dificuldade para escrever até mesmo cartas bem simples), tomando um bom copo de vinho e dando vazão à sua lábia provinciana. Negociantes como Girard, de Lyon, e Schertz, de Estrasburgo, tinham sua correspondência comercial repleta de complexas referências a letras de câmbio e taxas de juros, ao passo que fabricantes comuns, como Morel, de Meslières, e Desgranges, de Luxeuil, eram ávidos por dinheiro vivo. Quando este era escasso, Morel pedia o pagamento em barris de vinho — precisava da safra de Neuchâtel, explicou, como remédio para um filho doente — e misturava nas conversas de negócios citações truncadas de são Paulo e propostas de diminuir o preço às escondidas de Duplain, trapaceando com o peso das resmas por meio da adição de cal viva à massa do papel.[21]

O ramo alicerçava-se em truques dessa espécie, pois os papeleiros raramente contavam com trapos de boa qualidade em volume suficiente para satisfazer todos os seus clientes; assim, introduziam folhas inferiores em

FLUXO DE PAPEL DA ENCICLOPÉDIA *PARA NEUCHÂTEL* (*EM RESMAS*)

		Fornecedor				
	Data	Girard, negociante, Lyon	Tavernier, negociante, Lyon	Duplain, negociante, Lyon	Gurdat, fabricante, Bassecourt	Morel, fabricante, Meslières
1777	Abril	160				
	Maio		10			
	Junho			48		
19 Julho-	Julho			226	70	
13 Dezembro,	Agosto				50	
impressão do	Setembro			100		10
volume 6	Outubro					
	Novembro			42		
				100		
				50		
	Dezembro			214		
1778	Janeiro		54			
	Fevereiro		168			
			27			
13 Dezembro-			86			
13 Junho,	Março					108
impressão do	Abril					
volume 15						
	Maio	100			95	234
	Junho					270
6 Junho-	Julho					270
7 Novembro,	Agosto					310
impressão do	Setembro				90	
volume 24	Outubro					102
7 Novembro-	Novembro				70	
27 Fevereiro	Dezembro				116	
1779,	Janeiro					
impressão do	Fevereiro					
volume 35	Março					
27 Fevereiro-	Abril					
8 Maio,	Maio					
impressão do						
volume 19						
	Totais	260	345	780	491	1,304
	Total					

A leitura em diagonal desta tabela, do canto superior esquerdo para o inferior direito, permite-nos acompanhar as remessas da papel para a *Enciclopédia* enviadas à STN por treze fornecedores, entre fabricantes e negociantes (*marchands papetiers*). Cada número representa uma remessa. Assim, Tavernier enviou três remessas em fevereiro de 1778, uma de 168 resmas, outra de 27 e outra de 86. Os dados provêm de dois dos livros contábeis da STN, Brouillards B e C, que cobrem o período de janeiro de 1778 a dezembro de 1789. Um livro contábil que não foi

Fornecedor							
Claudet, negociante, Lyon	Joannin, comerciante, Lyon	Fontaine, fabricante, Friburgo	Vimal, fabricante, Ambert	Petitpierre, fabricante, La Motte	Planche, fabricante, Vuillafans	Schertz, negociante, Estrasburgo	Desgrange, fabricante, Luxeuil
100							
	58						
		2					
			213				
			96	40			
		52	304	120		150	
		54				120	
		132					
		28					
					120	200	
		20		327			125
		55½					
							132
							200
100	58	343½	613	487	120	470	457
						5,828½ resmas	

preservado, o Brouillard A, continha todos os créditos relativos a remessas de papel em 1777, quando a STN imprimiu seu primeiro volume da *Enciclopédia* (volume 6). A maioria das informações perdidas pode ser compilada a partir da correspondência dos fornecedores, cujas *lettres d'avis* e *factures* para este último período guardam uma correspondência precisa com os registros contidos nos Brouillards B e C. Entretanto, algumas transações foram acertadas verbalmente, e uma parte da correspondência comercial não pode ser encontrada nos papéis da STN.

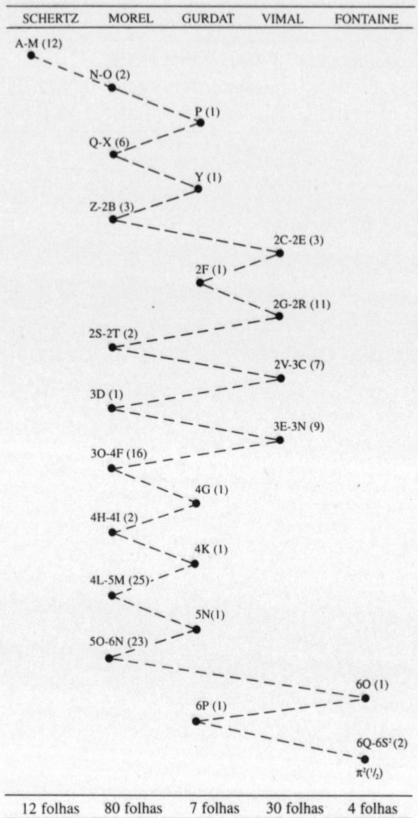

Figura 1. Distribuição do papel na edição in-quarto *de Neuchâtel: Volume 24*

Esta figura, baseada no exame das marcas-d'água constantes na cópia da Enciclopédia in-quarto *existente na Bibliothèque de la Ville de Neuchâtel, mostra como a STN distribuiu as folhas durante a impressão do volume 24. As letras correspondem às assinaturas gravadas no pé das páginas, os números entre parênteses ao número de folhas em um lote de papel de uma única fonte. Assim, o impressor começou com doze folhas de Schertz, passou para Morel ao atingir a folha N, mudou para Gurdat em P, voltou para Morel nas folhas Q a X, e assim por diante. As notações correspondem a descrições bibliográficas padronizadas. Portanto, 2B representa a folha assinalada Bb, π representa as folhas preliminares, e os cálculos amoldam-se ao alfabeto de 23 letras usado pelos impressores, que eliminava I ou J, U ou V e W. A fórmula para descrever esse volume seria a seguinte:* carré au raisin *4º:* $\pi^{2}A\text{-}6R^{4}6S^{2}$*; 532 folhas, pp.[4], 1 2-1060 (para detalhes sobre esse sistema de descrição bibliográfica, ver Gaskell, Philip.* A new introduction to bibliography. *Oxford, 1972, especialmente pp. 328-32). 6S 2 e* π^{2} *eram meias folhas, cortadas da mesma folha para compor as preliminares no início do livro e para evitar desperdício no fim. Esta interpretação é confirmada pelo livro de salários* (Banque des ouvriers) *do contramestre da tipografia da STN, que mostra que 6S foi paga como se fosse uma folha inteira e que não houve pagamento especial pela composição da página de rosto e do meio-título, como ocorria em casos onde as preliminares eram compostas separadamente.*

seu papel *fin*, ou adicionavam folhas a resmas de padrão inferior a fim de torná-las adequadas ao peso requerido. A *Enciclopédia* desencadeou verdadeiras batalhas em busca de trapos, especialmente os de linho bem limpos vindos da Borgonha. Assim, Jean-Baptiste Gurdat, papeleiro no vilarejo montanhês de Bassecourt, próximo a Porrentruy, exigiu pagamento rápido por seu papel para a *Enciclopédia* porque desejava valer-se de um golpe contra os papeleiros da Basiléia: "Conto transportar-me até aí por volta de 3 ou 4 de abril próximo para ter meu dinheiro, pois tenho grande necessidade dele no presente, pois obtive de nosso príncipe uma ordenação que ele proíbe de deixar passar trapos por fardo e me chega muito da Borgonha presentemente".[22] Gurdat pode não ter dominado bem a escrita em francês, mas sabia como arrancar dinheiro de seus clientes, fazer *lobby* junto a seus protetores e desviar o fluxo de trapos de seus concorrentes.

Por seu lado, a STN usava de todos os recursos possíveis para manipular os fabricantes. Exigia redução no preço de quase todas as resmas que recebia para a *Enciclopédia*, mesmo quando o papel era aceitável. Encontrando defeitos, a STN com freqüência conseguia abater alguns soldos do preço, obter melhor tratamento na remessa seguinte ou forçar o fabricante a aceitar letras de câmbio inferiores, que geralmente eram devolvidas e levavam meses passando pelos cobradores, meirinhos e advogados, até que finalmente o signatário original concordasse em fazer um acordo, normalmente com um abatimento, ou fugisse da cidade, deixando seus credores na discussão acerca das sobras de um negócio falido. Os papeleiros retaliavam jogando seus clientes uns contra os outros. Essa estratégia funcionou com perfeição em 1777, quando a demanda superou a oferta e os preços foram à estratosfera. Mas em 1778, os trapeiros decidiram que chegara a hora de também lucrar com a mina de ouro da *Enciclopédia*. Desgranges afirmou que o custo dos trapos de melhor qualidade havia se elevado em 25% em pouco mais de um ano.[23] Enquanto isso, mais fabricantes passavam a produzir o papel da *Enciclopédia* e mais impressores aumentavam seu estoque; assim, a pressão voltou-se contra os produtores de papel. Na primavera de 1779, o preço do *carré* de vinte libras estava uniformizado, e o sistema de fornecimento ajustara-se à *Enciclopédia*. Mas o ajustamento fora lento e penoso, pois o sistema reagia pouco às flutuações de curto prazo. Ele se movia a um ritmo que fora estabelecido por um antiquado estilo de negociação no mercado, bem como pela sazonalidade da natureza, fator este mais fundamental. Entretanto, funcionou a contento e forneceu a matéria-prima para 8 mil cópias de 36 volumes da grande obra de Diderot.

O TEXTO

Diderot e seus colaboradores haviam feito sua parte do trabalho muitos anos atrás, mas esse fora apenas o começo de um longo processo, que culminou por volta de 1780 com a reprodução e distribuição de sua obra em grande escala por toda a Europa. Contudo, o texto que chegou às mãos do público leitor em geral, se não às massas, diferia um pouco do de Diderot, porque também ele sofreu as pressões do processo produtivo. Em seu prospecto, Duplain prometeu não só reimprimir o texto original na íntegra, mas também melhorá-lo em três aspectos: corrigir seus numerosos erros tipográficos e fatuais, acrescentar muito material novo e inserir no texto os quatro volumes *in-folio* do *Supplément*. Duplain jamais tencionou produzir uma cópia literal da primeira edição *in-folio*, e sim criar uma versão superior da mesma — ou pelo menos persuadir o público de que o fizera. A correção, ampliação e combinação exigiria muito trabalho editorial, e por isso os contratos entre Duplain e Panckoucke previam a contratação de um *rédacteur*, que receberia seiscentas libras por volume, posteriormente aumentadas para 850 libras, com 3 mil libras adicionais pelo trabalho extra na "terceira edição". Duplain atribuiu essa tarefa ao abade oratoriano Jean-Antoine de Laserre, um literato de pouca expressão em Lyon. Portanto, Laserre tornou-se o sucessor de Diderot e o intermediário pelo qual o texto deste último chegou ao conhecimento da maioria de seus leitores no século XVIII.

A principal qualificação de Laserre para aperfeiçoar a obra de Diderot parece ter sido a amizade com Duplain. Ele não teve escrúpulos quanto a adulterar o texto ou adaptar suas modificações ao estilo de Diderot porque tinha outras preocupações — promover sua própria carreira, por exemplo, e adular seus superiores na Igreja. Substituiu o verbete original APOLOGUE, do abade Edme Mallet, por uma seleção extraída de *Poétique élémentaire*, de sua própria autoria; acrescentou um excerto de seu *Discours de réception* na Academia de Lyon ao verbete NATUREL (Belles-Letres) no volume 22; e em TESTAMENT, no volume 23, incluiu um edificante trecho de uma *pastorale* de seu arcebispo, que começava com: "Todo o Antigo Testamento, no desígnio de Deus, não é mais que um grande e magnífico quadro em que sua mão traçou antecipadamente tudo que devia acontecer com o libertador prometido".

No geral, porém, *le saint homme*, como o chamavam sardonicamente os editores de Neuchâtel, deixou o texto como estava — não porque o respeitasse, mas por não ter tempo para alterá-lo. Ele trabalhou em um ritmo frenético, retirando referências aos oito volumes de ilustrações que não seriam incluídos na edição *in-quarto*, anexando trechos dos *Suppléments* ao corpo principal da obra, ligando-os com passagens de sua própria autoria, e relendo o amálgama final de texto impresso e manuscrito que seria enviado aos impressores. Como havia meia dúzia de tipografias trabalhando com diferentes volumes simultaneamente, ele não conseguia dar conta da demanda por texto. Supriu a STN com pequenas remessas, e os editores de Neuchâtel estavam sempre a pedir-lhe que trabalhasse mais rápido e que lhes enviasse quantidades maiores, para poderem manter o ritmo de produção: "Manuscrito e papéis, é sempre esse o nosso refrão".[24] A STN também objetava à tendência do abade de introduzir no texto seus próprios escritos e de deixar passar os erros. "O manuscrito que nos enviastes vai estar esgotado dentro de alguns dias", escreveu a STN a Duplain em julho de 1777. "Fazei-nos passar novo manuscrito, por favor. [...] Fareis bem em rogar ao abade de Laserre que leia com cuidado o manuscrito antes de enviá-lo, tendo encontrado erros contra o sentido que corrigimos e que deram motivo a todo o sarcasmo dos enciclopédicos."[25]

Essas críticas melindraram o abade, que replicou não poder fazer um bom trabalho de revisão do texto produzindo seis volumes em três meses. Contava com os impressores para efetuarem correções editoriais e tipográficas, e não para o apunhalar pelas costas. De fato, ele não havia acompanhado as polêmicas em torno da *Enciclopédia*, e por isso não podia desarmar seus inimigos corrigindo o texto nos lugares em que estes haviam concentrado seus ataques, mas a obra era grande o bastante para suportar críticas e conter contradições.[26]

> Como a crítica de Fréron só chegou a mim depois do envio das primeiras folhas do sexto volume, deixei subsistir alguns dos erros que o jornalista ali encontrara. O que mais poderia chocar está no artigo Cânata, no qual a substituição da palavra virgindade por divindade constitui um absurdo. Talvez considereis também como um erro de atenção ter aceito artigos que parecem contradizer-se. Mas os homens de letras que consultei confirmaram-me na idéia de que, sendo a *Enciclopédia* um repertório das diferentes opiniões e não uma obra sistemática, era preciso ali inserir o pró e o contra [...] é do choque das opiniões que sai a luz, e o nosso dicionário deve ter a vantagem das academias de recolher todos os sistemas sem os adotar.

Pode parecer estranho um editor de texto na época da *Enciclopédia* estar tão mal informado a respeito das críticas de seus contemporâneos à obra, mas Laserre e seus amigos *gens de lettres*, ou seja, seus colegas da Academia de Lyon, haviam acompanhado bem a distância as controvérsias em vez de mergulharem no turbilhão. Em conseqüência, a edição *in-quarto* assumiu certo tom provinciano. Foi um produto de Lyon, produzido, editado, impresso e administrado em grande parte pelo círculo de conhecidos de Duplain. Diderot e Panckoucke podiam saber o que era necessário para satisfazer os parisienses, mas Laserre e Duplain sabiam o que queriam os provincianos, ou pelo menos o que eles comprariam.

A STN, por seu lado, desejava evitar prejuízo a qualquer mercado. Seus editores não tinham Laserre em grande conta, e sempre que possível eles próprios efetuavam edições de texto, algumas bem extensas, explicando a Panckoucke: "Apegamo-nos também à correção, não apenas dos erros tipográficos, mas também dos erros de sentido, que se encontram no próprio manuscrito que nos é enviado. É preciso rogar ao abade de Laserre, nosso redator, que preste atenção nisso". "O escritor da presente [Bertrand] junta-se ao sr. Ostervald para recomendar-vos que não permitais [que] o sr. abade de Laserre coloque sua prosa na *Enciclopédia*, mas que a ela junte apenas os *Suplementos*."[27] Panckoucke interveio, mas com muita brandura: "Os autores são um pouco mais vaidosos que os outros homens", explicou à STN.[28] Os sócios da STN — que haviam trabalhado com Rousseau e Voltaire, bem como com um bom número de autores pretensiosos, porém medíocres — concordaram, escrevendo de editor para editor: "Sem dúvida que os autores são vaidosos; a ciência, pretensa ou real, enfatua, e o abade enciclopedista não é o único que não sabe receber um bom conselho".[29] Mas quando escreveram a Laserre, adotaram outra política. Abandonando suas exigências anteriores de que ele respeitasse a integridade do texto, procuraram explorar ao máximo sua disposição em mudá-lo. Indicaram que poderiam fazer propaganda de suas obras na publicação literária que editavam, o *Journal Helvétique* se o abade pudesse promover a edição da STN da *Description des arts et métiers* nas remissões recíprocas da *Enciclopédia in-quarto*. Esse ajuste restabeleceu a paz entre o editor de texto e os impressores de Neuchâtel. Do volume 15 em diante, Laserre orientou os leitores da *in-quarto* para que procurassem informações adicionais sobre as artes na obra editada pela STN, e esta noticiou e comentou as obras de Laserre como tantos outros *livres classiques* de seu jornal.[30]

Infelizmente, Duplain precisou defrontar-se com problemas editoriais que não podiam ser resolvidos com meras manipulações do texto e exaltações do ego do editor. Como vimos no Capítulo III, Duplain baseara sua campanha para angariar assinantes em um desastroso erro de cálculo quanto ao tamanho de sua *Enciclopédia*: ela precisaria compor-se de 36 volumes, em vez dos 29 prometidos aos assinantes, para incluir o texto na íntegra (os assinantes pagavam por volume, mas Duplain comprometera-se a manter o preço total no varejo em 344 libras). Ele esperava contornar essa dificuldade anunciando ostensivamente que forneceria grátis três volumes extras, enquanto sorrateiramente lhes cobraria pelos outros quatro. Também efetuou algumas alterações sutis nas condições da segunda série de assinaturas e comercializou a terceira como se fosse um novo empreendimento, de responsabilidade da STN, e em 36 volumes. Mesmo assim, precisou aumentar a espessura dos tomos para restringir-lhes o número. E para manter esse tamanho alentado dentro de limites, instruiu Laserre a discretamente resumir alguns trechos. Deixando de lado seções do texto principal e condensando verbetes do *Supplément*, Laserre manteve os oito primeiros volumes na faixa de oitocentas páginas cada um. Mas essa manobra não escapou aos olhos atentos de alguns editores suíços rivais. Em abril de 1778, no auge do conflito das edições *in-quarto* e *in-octavo*, H. A. Gosse, de Genebra, enviou a seguinte carta à Société Typographique de Lausanne:

> Acabamos de saber de uma notícia demasiado importante para vós, senhores, referente à *Enciclopédia*, para não vos avisar dela. O sr. Cramer, livreiro, acaba de sair de nossa casa, assegurou-nos que, tendo confrontado a edição *in-quarto* que se faz aqui com a sua *in-folio*, descobriu que, além das supressões ocasionadas naturalmente pela omissão das figuras, há muitas outras, que isso certamente se devia ao fato de que os livreiros haviam prometido a edição *in-quarto* em 33 volumes e que, ocupando mais espaço do que haviam acreditado de início, acreditaram-se obrigados a fazer mais volumes ou remediar isso mutilando sua edição. Escolheram a última solução. Senhores, dareis a importância que julgueis oportuna a esse aviso. Acreditamo-lo muito cheio de conseqüências para não vo-lo assinalar.[31]

Não está claro o que os editores de Lausanne fizeram com essa informação explosiva. Podem tê-la usado em sua tentativa de extorquir condições favoráveis do editores da *in-quarto*, conquanto para ambos os lados fosse melhor suprimir informações sobre deficiências de seu texto idêntico. De qualquer modo, logo se espalhou entre os círculos editoriais a notícia de que Duplain estava trapaceando com a extensão da *Enciclopédia*, e Duplain teve de mandar Laserre interromper aquela tarefa. Os volumes aumentaram para mil páginas do tomo 9 em diante. O volume 11 trazia um "Avis des éditeurs", negando com indignação ter havido qualquer expurgo. Os editores simplesmente haviam reorganizado uma parte do material, explicavam. Por exemplo, PSEUDO-ACACIA seria encontrado na letra P, em vez de na A. O último volume traria uma grande seção de adições e correções; e se o leitor descobrisse qualquer corte verdadeiro no texto, os editores o publicariam em um suplemento grátis. Laserre restaurou o material que havia amputado entre ABATARDIR e HORN sob a forma de algumas "Additions" muito mal anexadas ao final do volume 16, permanecendo fiel ao texto original por toda a segunda metade da edição *in-quarto*, embora confessasse à STN que aquilo tudo o horrorizava:

> Forçam-nos a estragar a obra. Desde o vigésimo volume, ao artigo do *Dicionário* juntamos o dos *Suplementos*, que dizem muitas vezes a mesma coisa. Mas "gato escaldado tem medo de água fria". É essencial, segundo o sr. Duplain e seus associados, que não se encontre nenhuma supressão. Com esse sistema teríamos evitado muitas dificuldades. De início não se queriam mais que 32 volumes de cem folhas. Portanto, era preciso suprimir. Acusa-

ram-me de não ter tentado o impossível. Hoje, que se publicarão de 39 a quarenta volumes, é preciso tanto quanto for possível conservar tudo. [...] Sinto como vós o quanto essas operações são viciosas, mas somos forçados a segui-las.[32]

Apesar de os sócios de Neuchâtel responderem ao abade demonstrando compreensão, censuraram-no em suas cartas a Panckoucke. Tinham razão de reclamar, pois de Laserre agravara seus erros anteriores, em vez de corrigi-los, ao revisar o texto para a terceira edição. Esse último episódio de edição malfeita evidenciou-se para a STN assim que seus editores receberam o texto do volume 19 da terceira edição e o compararam com o mesmo volume da edição anterior. Para piorar a situação, Duplain recusou-se a alocar para a STN a impressão de mais de um volume da edição *in-quarto* de "Neuchâtel", muito embora publicasse todos os 36 volumes sob o termo de impressão da STN. Portanto, como explicou a STN a Panckoucke, sua firma estava sendo obrigada a arcar com o ônus do trabalho desmazelado publicado em seu nome por impressores rivais a quem Duplain favorecia.

À medida que nosso 19º volume [da] terceira edição avança, nele notamos um tão grande número de erros e de erros tão graves que não nos é possível digeri-los a [sangue] frio. Em primeiro lugar, esse volume não encerra nenhuma correção nova do que se encontrava de falho nas precedentes edições, de maneira que os mil escudos alocados como suplemento de salário ao nosso abade são pura perda; mas, o que é pior ainda, vemos erros novos que apenas podemos restabelecer com a ajuda da primeira edição *in-folio*. Aí existe com que desopilar o fígado dos jornalistas antienciclopedistas. Entretanto essa bela obra traz oficialmente o nome de nossa Société. Não se deixará de criticar-nos por isso. Será preciso que nos justifiquemos à custa de quem for o responsável.[33]

É impossível obter informações mais precisas a respeito das operações de de Laserre — como ele organizava seus copistas, como trabalhava o texto e assim por diante. Mas o relato acima deve deixar claro que tanto ele como os editores não consideravam sagrado o texto da *Enciclopédia*. Pelo contrário, rechearam-no com material estranho, modificaram-lhe a forma, expurgaram-no e o remodelaram a seu bel-prazer, sem a menor consideração pelas promessas feitas no prospecto ou pelas intenções de Diderot. Evidentemente, tendo o próprio Diderot sofrido bastante com as dificuldades editoriais, ele descreveu a *Enciclopédia* como uma monstruosidade que precisava ser totalmente refeita. Essa atitude despreocupada e crítica em relação ao texto salienta-se em todos os projetos para reproduzi-lo, desde a proposta inicial de uma *refonte* até a *Encyclopédie méthodique*. Os editores também tratavam outras obras da mesma maneira. Trabalhavam com os textos segundo seus caprichos, pois não lhes ocorria que deveriam sentir um respeito religioso pela palavra escrita. A era da edição "científica" ainda não nascera.

O RECRUTAMENTO DE EMPREGADOS

Depois de obter texto, prensas, tipos, tinta, papel, balas, velas, penas, mármores, ramas, galés e centenas de outros itens, a STN precisava de homens para fazer tudo aquilo funcionar.[34] Empregados e equipamentos eram procurados de maneira bem semelhante, e a firma deparava com os mesmos problemas de oferta e demanda. Ademais, precisava lidar com as particularidades pessoais dos impressores. Eles não trabalhavam com a idéia de fazer parte da empresa. Trabalhavam por tarefa, chegavam e partiam segundo a disponibilidade de trabalho e suas próprias inclinações. Conquanto alguns permanecessem vários anos em uma única tipografia e uns poucos se radicassem e formassem famílias, a maioria dos impressores parece ter vivido de emprego em emprego, passando boa parte da vida nas estradas. O ramo da impressão era um ramo de andarilhos; os homens iam aonde pudessem encontrar trabalho, mesmo que precisassem caminhar centenas de quilômetros. Quando o trabalho era abundante, eles às vezes trocavam de emprego para ganhar algum dinheiro com a viagem, ou simplesmente por "capricho", como diziam.[35] Com o surto de atividade gerado pela *Enciclopédia*, suas idas e vindas foram intensas, repercutindo em todos os circuitos migratórios da França, Suíça e partes da Alemanha e produzindo uma concorrência por mão-de-obra no mesmo grau que a competição pelo papel.

Os mestres-impressores das tipografias suíças não contavam com um grande suprimento local de mão-de-obra, e por isso secretamente aliciavam os impressores de seus colegas e tentavam atrair empregados dos mercados maiores na França. A STN fez uso de um variado elenco de agentes de recrutamento: um livreiro amante das tavernas em Basiléia, um magistrado aficionado dos livros em Estrasburgo, um contrabandista ocasional da corporação de livreiros em Dijon, um livreiro pouco conhecido em Paris, um agente de expedição e um fundidor de tipos em Lyon, um relojoeiro falido em Genebra, um impressor genebrino estabelecido em um endereço atraente, "na casa da viúva Joly, na rua das prostitutas". Esses agentes enviavam os impressores e discorriam sobre eles em uma avalanche de cartas, as quais revelam muito acerca das atitudes quanto ao trabalho e aos trabalhadores por parte dos *bourgeois*, como os empregados denominavam os chefes.

Os sócios da STN encomendavam os impressores em lotes, como faziam com o papel. "Seria bom que eles fossem sortidos, ou seja, tanto de compositores, tanto de impressores", pediram a um agente em Lyon.[36]

Mas receavam perder o controle sobre o grupo, o que explica as precauções recomendadas a Perregaux, que deveria enviar um empregado às tipografias de Paris em busca de recrutas:

> Procuramos operários por mar e por terra. Se o sr. Boniface, que vai bisbilhotando por toda parte, nos pudesse conseguir, recrutar e despachar diligentemente três compositores e três impressores, tão bons rapazes quanto possível, nós lhe ficaríamos realmente muito agradecidos, mesmo que fossem em número de quatro de cada espécie. Ele poderia prometer a cada um um luís para a viagem. Temos acostuma [*sic*] a pagá-lo apenas depois de um mês de residência, mas não é necessário dizer-lhes essa particularidade. Ele pode assegurar-lhes ainda que se trabalharem aqui durante um ano seguido, e melhor ainda até o fim da impressão de nossa *Enciclopédia*, que deve chegar a dois ou três anos, nós lhes concederemos muito certamente uma recompensa com a qual terão motivo para ficar contentes.[37]

Evidentemente, a STN não esperava que os trabalhadores permanecessem em Neuchâtel por um ano inteiro, e não queria confiar-lhes a mínima quantia. A firma esperava mantê-los no emprego por meio de bonificações, mas o recebimento destas estava sujeito a condições, que não seriam reveladas antes de os homens chegarem, após quinhentos quilômetros de jornada. Assim, a STN tentava-os com *le voyage* — uma quantia em dinheiro equivalente mais ou menos ao que eles teriam ganho durante o tempo necessário para caminharem até Neuchâtel — mas recusava-se a pagar antes de eles terem trabalhado no mínimo um mês. Por vezes, a STN retinha os pertences (*hardes*) dos recrutas, que enviavam separadamente, como uma espécie de depósito de garantia, pois havia o receio de que eles arranjassem outro emprego no caminho ou desaparecessem após receber *voyages* de vários mestres.[38]

Por seu lado, os recrutadores alertavam a STN contra os beberrões e preguiçosos. Um agente genebrino forneceu boas referências sobre um compositor, mas avisou que deveriam pagá-lo por peça: "Ele é diligente e hábil, pelo que se diz; mas o que existe de seguro é que é vadio e beberrão".[39] Um recrutador parisiense sublinhou a recomendação de um impressor com reservas semelhantes: "E com relação a este último, que me asseguraram ser bom operário, rogo-vos nunca lhe dar nada antecipadamente. Seu pai me disse que ele era um pouco vadio".[40] Todas as cartas a respeito de trabalhadores traziam um tom de desconfiança básica. Na melhor das hipóteses, um impressor interrromperia o trabalho com acessos irregulares de *débauche*; na pior, venderia folhas a outros editores para contrafações ou seria informante da polícia.[41] Empregadores e agentes escreviam sobre os trabalhadores como se eles fossem crianças (*garçons*) ou coisas (*assortiments*), ou uma espécie alienígena.[42] Houve um momento em que os sócios da STN queixaram-se a Duplain de que um recrutador enviara alguns homens sem inspecioná-los: "Ele nos enviou um par em tão mau estado que fomos obrigados a mandá-los embora".[43] Em outra ocasião, imploraram que lhes desse mais um volume para imprimir para que não precisassem interromper o trabalho — não que objetassem a despedir os homens, mas porque desejavam evitar a necessidade de recompor sua força de trabalho para um serviço posterior. Duplain replicou: "O que há de mais simples que escolher seis bons impressores entre os vossos e despedir os outros que, impelidos para outra parte, nos proporcionarão mais poder sobre uma raça desregrada e indisciplinável que não podemos aproveitar?".[44]

Os trabalhadores trocavam cartas de recomendação a respeito dos patrões, tanto quanto estes a respeito deles. As poucas cartas enviadas por trabalhadores a trabalhadores ainda preservadas — algumas delas escritas tão grosseiramente e com tantos erros de grafia que para serem entendidas precisam ser lidas em voz alta — indicam os mesmos tipos de preocupações.[45] Os homens procuravam descobrir se a oferta de trabalhadores era abundante, se o pagamento era bom, se a firma era agradável e se o contramestre era um sujeito brando. Essas informações também se propagavam durante as conversas, quando os impressores se cruzavam nas estradas ou tavernas freqüentadas pelos de seu ramo. As tavernas dos impressores em Paris, notavelmente Le Panier Fleury, rue de la Huchette, tornaram-se importantes postos de troca de informações sobre empregos e salários. Serviram até mesmo de centros de ação coletiva, como se pode depreender do seguinte relato, extraído de uma autobiografia não publicada de um contramestre parisiense:

> Esses senhores escolhem um cabaré que lhes serve de antro. Sempre há companhia nesse antro, ali se contam todas as novidades da tipografia. Sabe-se o estado dos preços, tomam-se medidas para não os deixar cair, fala-se do ganho excessivo dos patrões, e pode-se avaliar como se fala mal deles. Há com o que fazer boas imitações. Assim, eles não são muito poupados. Ali se fica sabendo dos empregos vagos. Há, diz-se, uma obra que vai começar; precisa-se de tantos compositores.
>
> Doutrinam-se os recém-chegados sobre o estado dos preços e se lhes recomenda sobretudo ser fiéis à sociedade e defender os preços. Alguns têm uma lista escrita deles. Eis uma cópia fiel dela.[46]

Sempre que possível, os patrões tentavam manipular os canais de informação. No verão de 1777, por exemplo, a STN mandou seus impressores escreverem a colegas de outras tipografias, insistindo com eles para que viessem para Neuchâtel. Foi assim que Meyer, um impressor da STN, convenceu seu irmão, que trabalhava em uma tipografia de Estrasburgo, a emigrar com cinco amigos no dia da Natividade da Virgem (8 de setembro), data em que os alemães tradicionalmente trocavam de emprego. Antes de chegar o dia da partida, porém, os impressores de Estrasburgo receberam informações negativas sobre a STN de um jornaleiro de passagem pela cidade e cancelaram a viagem. Evidentemente, tinham mais fé no relato oral de um colega do que em uma carta de parente, que poderia ter sido inspirada por um *bourgeois*, como era exatamente o caso.

Portanto, o recrutamento era permeado de correntes opostas e conflitos. Um lado jogava a isca com as propostas, o outro negaceava com o anzol. Os empregadores podiam reter os salários, apreender os pertences ou despedir os indisciplinados, mas não conseguiam pescar os homens como bem entendessem. E se os trabalhadores às vezes jogavam um *bourgeois* contra o outro, arrancando-lhes *voyages* e bonificações, perdiam seu espaço para manobras tão logo a demanda diminuía. As táticas de cada lado podem ser percebidas com a máxima clareza no caso de alguns recrutas provenientes de Lyon e Paris, que realizaram o grosso do trabalho da *Enciclopédia* para a STN no verão de 1777.

Duplain prevenira a STN para não tentar obter empregados em seu mercado de mão-de-obra: "Aqui os operários são de uma raridade extrema. Tratai de os obter pelos vossos lados".[48] Mas os sócios de Neuchâtel secretamente combinaram remessas de trabalhadores com Claudet, seu agente de expedição, e Vernange, seu fundidor de tipos. Claudet entabulou negociações com diversos impressores, mas descobriu que eles faziam perguntas complexas às quais não podia responder satisfatoriamente: que formatos a STN preferia? A firma pagava por tempo, além de por peça? Quanto tempo durariam os trabalhos em andamento na tipografia? E, sobretudo, a STN poderia garantir-lhes um pequeno adiantamento de salário? "É precisamente nesse complemento de salário que eles insistem, porque não querem deixar um lugar onde estão bem, a não ser para encontrar um melhor."[49]

A STN não se deixou induzir a entrar em compromissos tão minuciosos, recorrendo então a Vernange, que sugeriu dois compositores e dois impressores. Estes, porém, precisavam de dinheiro para a viagem, e a STN não quis adiantá-lo; por isso, ficaram em Lyon. Depois de outro mês perambulando pelas tavernas, Vernange finalmente encontrou três homens dispostos a fazer a jornada até Neuchâtel sem pagamento antecipado de *voyage*. Mas ao chegarem, a STN recusou dois deles. "Dois daqueles que nos enviastes nos chegaram, porém doentes ao ponto de infectar, de maneira que não os pudemos ocupar. Ninguém quis alojá-los. Partiram novamente e pegaram a estrada de Besançon para se dirigir ao hospital e ali buscar alívio."[50] Vernange admitiu que estava procurando nos piores lugares, mas não podia apresentar nada melhor sem pagar um adiantamento, e mesmo assim teria dificuldade, pois os bons trabalhadores andavam cada vez mais escassos. Por fim, a STN autorizou-o a pagar dezoito libras aos recrutas e prometer que receberiam mais seis quando chegassem.

Dois deles, "um chamado La France e seu companheiro, com os quais se ficou muito satisfeito nesta cidade",[51] chegaram a tempo de começar a impressão da *Enciclopédia* em julho, mas não se apressaram no caminho. Levaram duas semanas e meia para andar os trezentos quilômetros, parando em Genebra, onde pediram emprestadas doze libras em nome da STN. Dois outros nunca chegaram. Um deles partira sem insistir no pagamento de sua *voyage*, e provavelmente foi cooptado por alguma tipografia rival no trajeto. O outro, um certo "Jean Maron", embolsou doze libras e desapareceu. "Tememos que ele use esse dinheiro para ir a outro lugar, onde exigirá talvez novamente gastos de viagem", concluiu a STN.[52] Na gíria dos impressores, *marron* significava um livro proibido, *marronner* e *marronage* indicavam envolvimento no comércio ilegal de obras. Evidentemente, "Jean Maron" aprendera alguns truques no lado mais obscuro do ramo livresco. Mas fosse qual fosse a etimologia de seu apelido, ele ensinou a STN a voltar à prática mais segura de pagar os homens depois que chegassem — e dali por diante a firma não mais conseguiu atrair trabalhadores de Lyon.

A STN foi mais bem-sucedida no mercado de trabalho de Paris, que era maior; quem ajudou a firma foi um livreiro de nome Pyre, amigo do contramestre da STN e inimigo da corporação parisiense, estando portanto bem colocado e disposto a auxiliar.[53] Em 16 de junho de 1777, seis dos recrutas de Pyre partiram para Neuchâtel, portando uma carta que ele escrevera atestando as condições do emprego: 24 libras de *voyage*, pagas na chegada, e bonificação de 24 libras se permanecessem até o final do ano. Em outra carta, enviada diretamente à STN, Pyre explicou que não falara aos homens a respeito da exigência de um mês de trabalho para o pagamento de *voyage* porque receava que essa cláusula os impedisse de ir. Também achou melhor reter seus pertences até que o informassem de sua chegada. Os trabalhadores chegaram em 1º de julho, depois de caminharem os quinhentos quilômetros através da França em duas semanas, a uma média de 36 quilômetros por dia. As 24 libras pagas pela viagem constituíam um bom pagamento para uma jornada durante o verão, pois equivaliam ao que eles teriam ganho com duas semanas de trabalho árduo na tipografia da STN. Ao chegarem, porém, ficaram sabendo que não poderiam receber o dinheiro durante pelo menos um mês. Não tiveram escolha, e começaram a trabalhar na *Enciclopédia* e nos outros itens que a STN estava imprimindo.

O progresso desses homens na tipografia pode ser acompanhado, semana por semana e tarefa por tarefa, com base no livro de salários mantido pelo contramestre, Barthélemy Spineux.[54] Três compositores, Maltête, Poiré e Chaix, compuseram tipos para bilhetes de loteria, para o catálogo da STN e outros pequenos serviços durante duas semanas. Na semana de 14 a 19 de julho, Spineux atribuiu-lhes tarefas regulares. Poiré e Chaix trabalharam juntos em um texto do Iluminismo, *Instruction donnée par Cathérine II, Impératrice de toutes les Russies, à la Commission établie par cette souveraine, pour travailler à la rédaction d'un nouveau code de loix*, e Maltête compôs as primeiras fôrmas do primeiro volume da *Enciclopédia* impresso pela STN. Os três continuaram nessas tarefas até 23 de agosto, quando Poiré e Chaix desapareceram. Haviam trabalhado oito semanas, tempo suficiente para receberem *voyages* e *hardes*, e se mudaram — presumivelmente para empregos em outra tipografia, que haviam reservado por intermédio de colegas. Maltête partiu duas semanas depois. Dessa vez, Spineux recusou-se a pagar o dinheiro da viagem. "Não dou a viagem ao sr. Maltête, e como não paguei nada, não pagarei nada", escreveu irritado no final do registro de 6 de setembro em seu livro de salários; essa foi a última menção ao trio de Paris no livro, mas não a última vez em que se ouviu falar deles. Dois meses mais tarde, Duplain informou que os homens que se haviam desentendido com a STN andavam denegrindo o nome da firma nas tipografias de Genebra, onde continuavam a trabalhar na *Enciclopédia*.[55]

Os outros recrutas de Pyre espalharam-se em direções diversas. Um impressor de nome Jean partiu para a tipografia de Félice, em Yverdon, depois de oito semanas na STN. Retornou quinze semanas mais tarde, mas essa segunda estada durou apenas três semanas, e por isso Spineux não lhe pagou *voyage*.[56] Outro impressor, Gaillard, permaneceu na tipografia de 5 de julho a 20 de dezembro — tempo de permanência bastante comum e satisfatório, do que se pode depreender do livro de salários. Mas em julho de 1778, um fornecedor parisiense da STN escreveu informando que Gaillard estava de volta a Paris, disposto a retornar a Neuchâtel — pela terceira vez. "Ele faz muito vosso elogio e atribui a si próprio todos os erros que fez."[57] Evidentemente, Gaillard partira depois de algum tipo de desavença. Sua história, bem como a de seus colegas viajantes, confirma um tema onipresente em toda a correspondência da STN a respeito dos trabalhadores: o emprego no ramo de impressão durante o Antigo Regime tendia a ser turbulento e breve.

Não é possível sabermos a freqüência com que irrompiam essas turbulências, mas o livro de salários indica uma elevada taxa de rotatividade da mão-de-obra na STN. Poucos empregados permaneceram em Neuchâtel durante um ano inteiro, embora houvesse meia dúzia de veteranos que trabalharam por um período de dois ou três anos, mantendo certa continuidade no emprego. A julgar pelas cartas versando sobre *caprice*, *curiosité* e belicosidade dos trabalhadores, podemos pensar que eles com freqüência partiam por vontade própria.[58] Entretanto, ao cessar o surto de atividade originado pela *Enciclopédia*, deve ter havido muito mais demissões pelo empregador do que saídas voluntárias do emprego. Assim que concluíram a impressão dos volumes da edição *in-quarto*, Ostervald e Bosset decidiram reduzir a tipografia de doze para duas prensas. Mme. Bertrand, que ficara encarregada da correspondência da firma em uma ocasião em que eles saíram em viagem de negócios, escreveu-lhes relatando um problema oriundo dessa política: não se podia deixar as prensas inativas sem despedir os impressores. "Não se poderia pôr na rua de um dia para o outro homens que têm mulher e filhos."[59] Essa objeção, ao que parece, não ocorrera aos proprietários. Eles a descartaram com uma preleção acerca da lucratividade, e pouco depois a STN passou a operar com dois prelos.

Não há como saber o que aconteceu com os trabalhadores depois de a STN tê-los despedido. Provavelmente foi difícil encontrarem um novo emprego, pois outras tipografias também pareciam estar reduzindo sua capacidade produtiva, e o ramo livresco em geral entrou em uma fase de declínio na década de 1780.[60] É provável que alguns dos homens, juntamente com suas famílias — pois os *garçons* não eram necessariamente rapazolas com gosto pelas viagens — tenham desaparecido em meio à "população flutuante" dos pobres que afluíram pelas estradas e abarrotaram os asilos de indigentes (*hôpitaux*) da Europa ocidental às vésperas da Revolução. Os desempregados bateram com freqüência à porta da STN pedindo esmolas, que Spineux dava de tempos em tempos, anotando no livro de salários: "sete *batz* de esmola ao encadernador"; "esmola três *batz* dois *creuzer*"; "de esmola a um operário alemão sete *batz*"; "a um pobre alemão impressor sete *batz*".[61] Os impressores facilmente podiam cair na indigência, uma vez que era raro preocuparem-se em economizar. Segundo Pyre, poucos dentre os potenciais recrutas em Paris possuíam economias suficientes para se sustentarem durante duas semanas na viagem até Neuchâtel. "A dificuldade não deixa de ser bem grande, porque a maioria não tem nenhum dinheiro, mesmo aqueles que são bastante sérios. Apresentaram-se mais de vinte, e nenhum tinha um vintém para partir."[62]

Conquanto fossem relativamente bem pagos quando encontravam trabalho, os impressores não contavam com proteção contra o desemprego, a doença e a velhice. A doença transformara de artesãos habilidosos em mendigos os dois recrutas enviados por Vernange que a STN recusou; e se eles chegaram a cruzar os montes Jura até o pestilento *hôpital* de Besançon depois de serem rejeitados em Neuchâtel, é provável que tenham passado seus últimos dias em companhia de outros trabalhadores que haviam conhecido nas tipografias suíças — homens como o compositor da Société Typographique de Berne, que se aproximava de sua viagem final ao ser recomendado à STN: "É um bom operário, que trabalhou muito tempo em Neuchâtel no tempo do sr. Droz, mas é preciso dizer-vos que a vista e o ouvido começam a faltar-lhe e que, por sua velhice, não tem mais ao compor a rapidez de um rapaz robusto. Mas como não lhe pagais senão o que ele ganha [ou seja, pagamento por peça], suplico-vos que o conserveis muito tempo, estando reduzido pela grande miséria [...] a um estado lamentável".[63]

A FORMAÇÃO DOS SALÁRIOS

Apesar de cruel, o mercado de trabalho favoreceu os trabalhadores durante alguns anos, no auge da febre da *Enciclopédia*. A reação dos trabalhadores foi procurar forçar a elevação dos salários, provocando uma contra-ofensiva por parte dos patrões que, após muitos ataques mútuos, decidiram unir-se. Como esse episódio proporciona uma rara chance de vislumbrar as relações de trabalho durante a era pré-industrial, é válido que seja analisado e documentado em detalhes.

Nenhuma das cerca de vinte tipografias suíças e francesas que estavam imprimindo a edição *in-quarto* mediante contrato com Duplain sabia precisamente quanto ele pagava às demais, ou quanto as outras pagavam a seus empregados. Tais informações poderiam influenciar os pedidos de encomendas e a competição por mão-de-obra, e assim os mestres-impressores tratavam de manter sigilo — e instruíam seus agentes a espionar os concorrentes. Quando Favarger fez a ronda das tipografias para a STN, foi por vezes recebido como um espião — e com razão. Após visitar a tipografia de Cuchet, em Grenoble, ele enviou o seguinte relatório a Neuchâtel:

> Cuchet imprime a *Enciclopédia*. O pobre rapaz fez gastos imensos para abastecer-se. Mandou fazer cinco prensas novas, que lhe custam 480 libras, diz ele, uma fonte nova. Ele já fez o sétimo volume. Faz agora o 19º e tem o manuscrito para o 27º. Acredita que depois ainda terá tempo para fazer um quarto, o que duvido, embora não lho tenha dito. Ele tem nove prensas nisso. Não pude saber quanto paga aos operários, mas o que me disse é que, tendo feito preços tão baixos com o sr. Duplain, se não tiver um quarto volume para fazer ao fim dos seus três, ver-se-á com muitas prensas que não poderá ocupar, uma fonte gasta e nenhum benefício que não a glória de ter feito a *Enciclopédia in-quarto*. Não sei quais são seus preços. Aqui vai uma amostra de sua impressão, que em geral não é absolutamente má, mas observareis que há um lado mais bem-feito que o outro. De resto, foi tirada de uma folha ao acaso, sem que ele tenha percebido. Fui muito bem vigiado na sua tipografia. Pude reconhecer alguns operários que trabalharam conosco, com os quais não pude falar. Seus papéis me parecem bem bonitos e bem tirados. Mas ele não pode ganhar nada com isso.[64]

Louis Marcinhes, agente da STN em Genebra, enviou informações semelhantes a respeito das tipografias de Pellet e Bassompierre, que a STN pedira "para não sermos enganados por essa gente".[65] Marcinhes também se infiltrou nas tipografias genebrinas para obter trabalhadores para a STN:

Revi alguns operários, mas não sei quem os preveniu tanto contra a vossa tipografia. Sem dúvida tendes concorrentes inimigos e invejosos; e é, reconheço, bastante desagradável ter de tratar com uma canalha desprovida de todo sentimento de honra. Esta semana, no entanto, parte um compositor que conhece muito bem essa profissão e o grego. Ele é longo [isto é, lento] mas assíduo, trabalhando com muito cuidado, não se assemelhando em nada aos borradores que me haviam prometido tudo e que se desdizem sem dar outras razões que não a mediocridade dos preços. Pellet e Bassompierre, que com grandes promessas seduziram vários desses operários e esvaziaram as tipografias das redondezas, não querem dar-lhes, contudo, mais que quinze florins e nove soldos de nossa moeda por folha, o florim de doze *creuzer*. Assim, uma boa parte quer abandonar, porque pedem dezessete florins a folha. O que parte esta semana é um deles. Chama-se Caisle. Devem partir também dois impressores, que prometeram vir falar comigo mas que ainda não vi. Pagam-se aqui quatro florins por mil na prensa. [...] Não perderei de vista as oportunidades de vos enviar os descontentes dos senhores Pellet e Bassompierre e Nouffer.[66]

Como os genebrinos também haviam aliciado empregados de Neuchâtel, os ataques recíprocos estavam prestes a transformar-se em guerra declarada. Mas antes que a situação ficasse fora de controle, o agente de Duplain em Genebra, Amable Le Roy, interferiu com a seguinte mensagem à STN:

Vossos operários espalharam várias cartas nas tipografias de Genebra que tendem a incitar os nossos a voltar-se para os vossos lados; e para melhor conseguir isso, deram-lhes a esperança de uma viagem paga e de seis soldos por mil a mais do que têm aqui.

Recrutamos todas as prensas das principais tipografias de Genebra, e elas até rodariam todas desde agora se a necessidade de operários não nos houvesse reduzido a doze. Se puserdes um aumento nos preços, ele contribuirá para os tornar mais raros em um país onde é muito interessante que eles sejam abundantes para a maior celeridade das coisas; porque aí é que é mais possível ter tão grande número de prensas quanto se deseje. Vosso aumento de preços, além disso, poderia levá-los a cabalar para obtê-lo aqui. Avaliais, senhores, quanto tal cabala prejudicaria a celeridade da obra e a sua boa fabricação; pois se não aceitássemos sua exigência, estando preenchidos os vossos lugares, eles prefeririam correr a Bâle e Yverdon a voltar aqui, e teríamos muita dificuldade em encontrar tantos quantos nos seriam necessários, estando a própria França desprovida. Seria muito conveniente que vossa tipografia fosse fechada a todos os operários vindos de Genebra para abri-la apenas aos alemães que estão na vossa proximidade.[67]

Como o perigo de perder as encomendas feitas por Duplain preocupava-os mais do que a dificuldade de obter empregados, os sócios da STN decidiram bater em retirada. Enviaram um relatório completo sobre seus salários a Noufer e Pellet, pedindo-lhes que fizessem o mesmo, para que os patrões pudessem compor uma frente unida perante os trabalhadores. Os genebrinos responderam com informações detalhadas sobre sua escala de salários e expressões de solidariedade:

> É certamente muito essencial que concordemos quanto aos preços dessa obra, visto que os operários nos põem a faca no peito [escreveu Pellet]. Tendo vosso proto escrito que pagais quinze *batz* por mil, e uma gratificação no fim, aqui está, senhores, o que pago, da mesma maneira que nas outras tipografias, a saber, quinze florins em paquê e corrige [*sic*] primeira e segunda. O proto corrige a terceira. O proto pagina, tendo achado que me custava mais barato, visto que se pediam quatro florins de paginação e até cinco florins. Na prensa pago quatro florins por milhar, ou seja, doze *batz*, e a cada folha acabada eu lhes dou três bilhas, de maneira que a folha inteira chega a 97 *batz* e meio, o florim sempre a três *batz*.[68]

Para compreendermos a lógica dessa situação, é importante mencionar algumas técnicas contábeis. No início da era moderna, as tipografias dividiam-se em duas partes, *la casse*, onde se compunham os tipos, e *la presse*, onde se imprimiam as folhas. Como os impressores recebiam dos compositores as fôrmas para imprimir, eles geralmente imprimiam as que ficavam prontas, não importando quais fossem elas. Em Neuchâtel, imprimiram a *Enciclopédia* simultaneamente com quatro ou cinco outras obras, que a STN produziu em épocas diversas entre 1777 e 1780. Em vez de receberem salários específicos para a impressão de cada uma das obras, os homens ganhavam a importância fixa de quinze *batz* (pouco mais de duas libras tornesas), para cada milhar de impressões que produzissem, independentemente da obra à qual cada folha impressa pertencesse.[69] A carta de Pellet indica que seu salário-padrão era bem menor que o pago pela STN: apenas quatro florins genebrinos, ou seja, aproximadamente doze *batz* de Neuchâtel por milhar. Entretanto, para a STN não seria fácil rebaixar os salários àquele nível, pois não poderia pagar menos aos impressores por trabalharem na *Enciclopédia* em vez de em outras obras, e tampouco poderia esperar que eles aceitassem uma redução geral nos salários. Mas era possível modificar o pagamento de seus compositores, que a STN fixava de modo oposto — ou seja, especificamente, conforme o tamanho dos tipos e a dificuldade de cada tarefa.

Vários elementos podiam ser ajustados na composição da *Enciclopédia*, pois os compositores trabalhavam em equipe, ou sistema de *paquet*.[70] No caso da edição *in-quarto* da *Enciclopédia*, um *paquet* era uma página de tipos; quatro páginas compunham uma fôrma; duas fôrmas eram necessárias para compor ambos os lados de uma folha, e cem a 120 folhas compunham cada um dos 36 volumes de texto. As folhas eram identificadas por suas "assinaturas", letras no pé de certas páginas. Alinhando as folhas segundo a ordem alfabética de suas assinaturas e dobrando-as corretamente, o encadernador podia transformar uma pilha de papel impresso em um volume pronto para a leitura, na seqüência correta de páginas, depois de costurado, aparado e encadernado. Portanto, a folha era a unidade básica de produção. Os compositores eram pagos por folha. Mas no sistema de *paquet*, quatro ou cinco homens compunham tão-somente *paquets*, trabalhando em equipe liderados por um dos *paquetiers*, o *compositeur en chef*. Conquanto também ele fizesse *paquets*, passava a maior parte do tempo ocupando-se de tarefa mais especializada, a imposição. Arranjava os *paquets* de maneira adequada no mármore, acrescentava os detalhes finais, como cabeçalhos e assinaturas, engradava-os em um caixilho de ferro, a rama (*chassis*), e prendia-os bem com cunhas de madeira e lingotes, a guarnição (*garniture*), para que a "fôrma" recém-construída se mantivesse compacta e produzisse uma impressão uniforme ao ser coberta com tinta, depois com papel e então impressa sob a platina da prensa.

Com esse tipo de divisão do trabalho, um grupo de compositores podia trabalhar em um texto com bastante rapidez. Também eram pagos como um grupo, semanalmente, no *banque* de sábado à noite. O contramestre registrava no livro de salários (*banque des ouvriers*) o número de folhas que eles haviam composto e a quantia por eles recebida. Assim, o registro de 30 de agosto de 1777, "Maltête Encyclopédie, tome VI T.V.X.Y. ... 236", significa que Maltête recebeu 236 *batz* pela composição de quatro folhas, de T a Y, durante a semana de 25 a 30 de agosto. Ele então dividia essa quantia entre os membros de sua equipe, segundo a quantidade de trabalho realizada por cada um — um tanto por *paquet* e um tanto pelo seu trabalho de imposição.

Como havia adotado esse sistema para a composição da *Enciclopédia*, a STN precisava decidir quanto pagaria por folha e como dividiria proporcionalmente o pagamento por peça entre o trabalho de *paquet* e o de imposição. Foram feitas experiências com diferentes combinações durante um mês, após o que a firma fixou os salários o mais próximo possível dos níveis informados por Pellet e Nouffer. Segundo o relatório de Pellet, os compositores em Genebra não aceitavam menos de quatro florins por folha no trabalho de imposição. Pellet considerava esse preço muito alto, e por isso deixava a tarefa da imposição para seu contramestre, que recebia um salário anual, provavelmente comparável às 1200 libras tornesas que a STN pagava a Spineux. Mas a STN estava com muitos outros trabalhos em andamento para alocar Spineux exclusivamente para a *Enciclopédia*; sequer o compositor Ruhr, que recebia por tempo e não por peça, fora liberado para as imposições da *Enciclopédia*.[71] Em vez dessa política, a STN seguiu a prática de Nouffer, que colaborara na tentativa de fixar os salários enviando as seguintes informações a Neuchâtel:

Para satisfazer aos vossos desejos [...] e na esperança de que vos ajusteis exatamente aos nossos preços, vo-los damos abaixo [...]

Para a composição de uma folha em paquê	ff. 15
Para a paginação [ou seja, a imposição]	4
Para a tiragem de 4 [mil] 14 mãos	32-6
Conjunto	ff. 51-6

Damos o luís de ouro novo a 51 florins e, por conseguinte, o escudo novo a 12-9 florins.[72]

A carta de Nouffer forneceu exatamente as informações de que a STN necessitava, inclusive a taxa de câmbio precisa. Os patrões de Neuchâtel finalmente decidiram pagar a seus compositores 59 *batz* por folha, sendo cinqüenta pelos oito *paquets* e nove pela imposição.[73] Esse reajuste aproximou o salário pago pela STN do patamar vigente em Genebra, como podemos concluir a partir da seguinte tabela:

	Salários em Genebra florins	Equivalente em *batz*	Salários na STN, em *batz*
Composição			
8 paquets	15	49-½	50
imposição	4	13-¼	9
total	19	62-¾	59
impressão	32-½	107	120
Custo total da mão-de-obra por *feuille d'édition*	51-½	170	179

A *feuille d'édition* passou, então, a custar em Neuchâtel nove *batz* a mais do que em Genebra, mas essa diferença não era significativa — apenas 171 libras no total pago à mão-de-obra empregada no volume 6, uma ninharia em comparação com as 11 545 libras que a STN cobrou a Duplain pela produção daquele volume. A STN pagava um pouco mais do que os genebrinos pela impressão, mas um pouco menos pela imposição, igualando-se a eles no preço por *paquet*. Desse modo, aproximou-se o mais possível dos preços de Genebra, sem transtornar a escala da salários de seus impressores e sem penalizar os compositores, exceto Maltête, que recebia 50% a menos do que seus colegas genebrinos pela composição e imposição das fôrmas. Talvez tenha sido esse o motivo de sua saída da STN no início de setembro, antes do tempo necessário para o pagamento de *voyage*. Mas àquela altura a STN já conseguira formar um grupo de empregados numeroso o bastante para manter um nível de produção elevado, a despeito de reveses temporários. A firma substituiu Maltête por um compositor veterano, Bertho, que liderou satisfatoriamente a equipe da *Enciclopédia* nos dois anos seguintes. Os patrões deixaram de tentar aliciar os empregados das tipografias rivais, desaparecendo de suas correspondências as queixas acerca da competição por mão-de-obra. Eles haviam conseguido mancomunar-se melhor do que os trabalhadores.

DETERMINAÇÃO DO RITMO DE TRABALHO E ADMINISTRAÇÃO DA MÃO-DE-OBRA

Apesar de os patrões controlarem o nível dos salários, os trabalhadores eram comparativamente bem pagos. Há dificuldade para se fazerem comparações, pois pouco se conhece a respeito de salários e produção entre os trabalhadores dos primórdios da era moderna, mas os impressores suíços claramente se enquadravam na chamada "aristocracia trabalhadora".[74] Os empregados da STN em geral ganhavam de dez a quinze libras (setenta a 105 *batz*) semanais, ou cerca de duas libras (quarenta soldos) diárias, dependendo de sua produtividade. Não recebiam tanto quanto seus colegas em Paris, onde pela composição de uma folha comum em paica normalmente se pagavam oito libras, em comparação com cinco libras (35 *batz*) em Neuchâtel, e pela impressão eram pagas cerca de duas libras e dez soldos por mil impressões, em contraste com duas libras e três soldos (quinze *batz*) na STN.[75] Entretanto, o custo de vida deve ter sido bem mais elevado em Paris, e os impressores na Suíça recebiam mais do que quase todas as outras categorias de trabalhadores franceses. Segundo estimativas de C.-E. Labrousse, os trabalhadores comuns recebiam aproximadamente uma libra por dia (19-21 soldos) na zona rural da França, e um pouco mais nas cidades (23-24 soldos). Trabalhadores especializados, como carpinteiros e pedreiros, ganhavam por volta de trinta soldos, e os artesãos em ofícios altamente especializados, como os ferreiros, ganhavam de trinta a cinqüenta soldos. Essas estimativas, contudo, não são muito reveladoras, uma vez que muitos trabalhadores recebiam alguma forma de pagamento por peça, e quase nada se conhece das variações de sua produção. Assim, podemos aprender muito com o livro de salários da STN se nos afastarmos da questão dos salários e nos concentrarmos em uma outra, mais fundamental: dada a escala salarial, quanto trabalhavam os impressores?

Um estudo pormenorizado do livro de salários no período de junho a novembro de 1778 indica uma extraordinária variedade na produtividade dos trabalhadores. Os pagamentos e a produção cresceram e diminuíram com tanta irregularidade que não se pode falar em médias, mas apenas em flutuações, variando em geral entre setenta e 120 *batz*, com picos de 130 *batz* ou mais e baixas de aproximadamente 45 *batz*. O compositor mais constante da tipografia foi Maley, que compôs os tipos para *Voyage au pôle austral*, de Cook, um dos quatro livros que a STN estava produzindo na época, juntamente com um jornal e vários trabalhos ocasionais. Por seis semanas seguidas, de 15 de agosto a 26 de setembro, Maley compôs duas folhas e recebeu setenta *batz*, embora fosse capaz de compor três folhas por 105 *batz*, como fez em 3 de outubro. Nicholas e Quelle, que trabalharam juntos na Bíblia editada pela STN, ficaram no outro extremo. Receberam sessenta *batz* pela composição de uma folha na semana de 10 de outubro, 150 *batz* por duas folhas e meia na semana seguinte e 120 *batz* por duas folhas uma semana depois. Erb trabalhou com lentidão e irregularidade. Com freqüência compôs apenas uma folha dos *Elémens d'histoire universelle*, de Millot, levando para casa 46 *batz* pela semana de trabalho, mas foi capaz de dobrar sua produção, como nas semanas de 4 de julho e 15 de agosto, quando compôs duas folhas e recebeu 92 *batz*. Champy, que normalmente compunha o *Journal Helvétique*, trabalhou rápido; em geral compôs três folhas do jornal e ganhou 108 *batz*, apesar de ter havido um declínio para metade da produção nas semanas de 27 de junho e 1º de agosto, quando recebeu apenas 54 *batz*. A composição da *Enciclopédia* realizou-se com irregularidade semelhante. Bertho normalmente trabalhava com uma equipe de quatro *paquetiers*, e sua produção em setembro e outubro variou conforme indicado na tabela seguinte:

	Set. 5	12	19	26	Out. 3	10	17	24	31
Folhas compostas	7	3½	5½	10	6	5½	7	7½	8
Salários (*batz*)	413	206½	324½	590	354	324½	413	442½	472

Os grupos de impressores trabalharam em ritmos ainda mais irregulares. Durante três semanas de junho, a produção de Chambrault e seu companheiro declinou de 18 mil para 12 mil e depois para 7 mil impressões, e seu salário passou de 258 para 172 e 101 *batz*. Em três semanas de outubro, a produção de Yonicle e seu companheiro elevou-se de 12 525 para 18 mil e 24 mil impressões, e seus ganhos variaram de 182 a 258 e 344 *batz*. É impossível descobrir um padrão coerente nessas flutuações. Elas foram relativamente moderadas na equipe de Roat, enormes nas de Georget e Liet, irregulares com alto nível de produtividade na de Foraz e irregular com baixa produtividade na de Bentzler. A produção semanal de veteranos como Albert e seu companheiro aumentou e diminuiu continuamente, variando entre 12 mil e 19 mil impressões. Meyer e seu companheiro, também veteranos, geralmente receberam mais de duzentos *batz* semanais, e certa vez ganharam 303 *batz* (por 21 mil impressões), mas houve ocasião em que seus ganhos caíram para 165 *batz* (por 11 200 impressões). Kroemelpen e seu companheiro usualmente receberam por volta de 172 *batz* (por 12 mil impressões), mas foram capazes de ganhar 280 (por

19 500 impressões). A semana mais árdua de uma equipe ocorreu entre 16 e 21 de fevereiro de 1778, quando Chambrault e seu companheiro receberam 379 *batz* (cerca de 27 libras cada um) por 26 250 impressões: quatro fôrmas da *Enciclopédia* com 6 mil impressões, uma fôrma dos *Elémens d'histoire*, de Millot, com 2 mil, e 250 impressões da *Feuille d'avis* local.[76]

Todos esses dados levam à mesma conclusão: os homens estabeleciam seu próprio ritmo de trabalho. Independentemente do grau de interferência que se possa atribuir a fatores externos — feriados, revezamento nas tarefas, trabalho ocasional com meia prensa, adiantamentos para a semana seguinte — parece certo que as variações eram voluntárias. Se os homens trabalhavam menos, era porque assim o desejavam; a queda de produção não resultava de irregularidades na oferta de trabalho. Os compositores quase sempre trabalhavam exclusivamente em um único serviço, e portanto podiam compor o volume de texto que quisessem a cada semana. Os impressores imprimiam as fôrmas assim que os compositores as concluíam, independentemente da obra a que elas se referissem, e assim raramente ficavam sem material para imprimir — e se por acaso isso acontecesse, recebiam uma compensação, denominada *temps perdu*. Apenas uma vez durante os dois anos de trabalho com a *Enciclopédia* o livro de salário fez menção a um pagamento desse tipo: "Gaillard ... meia jornada perdida ... oito [*batz*] três *creuzer*".[77]

Os feriados não explicam as variações, pois a produção de um homem com freqüência aumentava enquanto diminuía a de outro, e não houve uma queda generalizada na produção nem mesmo nas semanas de Sexta-Feira da Paixão, Páscoa, Natal e Ano Novo. Embora Neuchâtel estivesse situada em território protestante, muitos dos empregados eram católicos. Não usufruíam dos numerosos feriados que podem (ou não) ter reduzido o ano de trabalho para 250 ou trezentos dias na Europa católica.[78] Contudo, eles próprios davam-se férias. Apesar de o livro de salários não fornecer um registro diário de comparecimento ao trabalho, indica a taxa de absenteísmo entre os trabalhadores que ganhavam por tempo, os empregados "de consciência", que perdiam oito *batz* e três *creuzers* a cada metade de dia em que faltassem ao trabalho. Esses registros são particularmente reveladores no verão de 1778, quando vários impressores trabalharam breves períodos sob o regime "de consciência":[79]

DIAS TRABALHADOS DOS EMPREGADOS PAGOS POR TEMPO

	Junho				Julho				Agosto					Setembro		
	6	13	20	27	4	11	18	25	1	8	15	22	29	5	12	19
Kroemelpen	4															
Pataud		5	5	6	6	3										
Odier			4	6												
Meyer					4	5	6	6	4	6	6	6	6	6	6	4½
Leduc					4½	6	6	6	6	6	6	6				
Aury							6	6								

Ainda que prevalecesse a semana de seis dias, os homens a desrespeitavam com quase tanta freqüência quanto a observavam. E os empregados "de consciência", como indica o nome, eram considerados os de maior confiança na tipografia. Provavelmente os empregados que recebiam por peça trabalhavam mais irregularmente. Na verdade, todo o processo se caracteriza por tamanha irregularidade que nos leva a pensar se realmente a semana de seis dias e o ano de trezentos dias de trabalho chegaram a existir, e ainda se havia de fato uma certa rotina diária.

A inconstância do ritmo de trabalho agravava as conseqüências da alta rotatividade no emprego, acarretando para a STN enormes problemas de administração da mão-de-obra. Com os empregados entrando e saindo inesperadamente e trabalhando em ritmos imprevisíveis, Spineux não tinha condições de produzir a *Enciclopédia* e as demais obras a um ritmo uniforme. Entretanto, podia minimizar o caos mediante certas práticas. Ele atribuía aos compositores tarefas específicas, denominadas *labeurs* ou *ouvrages*,[80] usando seu compositor que recebia por tempo nas tarefas especializadas — correções incomuns (*remaniements*) e pequenas encomendas, como bilhetes de loteria e cartazes. Os compositores que recebiam por peça podiam trabalhar no ritmo que lhes aprouvesse, enquanto durassem suas cópias. Se atingissem o fim de seu *labeur* sem sair da STN, e se a firma não substituísse a tarefa concluída por uma nova, eles eram despedidos. Assim, Erb compôs apenas os *Eléments d'histoire*, de Millot, durante 32 semanas, de 10 de janeiro até 22 de agosto de 1778, quando saiu da STN. Tef, um *paquetier* da *Enciclopédia*, substituiu-o naquela tarefa até completar a composição do livro, seis semanas depois, sendo então despedido. A STN contratara um novo empregado para substituir Tef na *Enciclopédia* e não pensava em começar um novo livro por várias semanas, e por isso o demitiu. Juntamente com Tef partiu um outro compositor, Comte, que na mesma época trabalhara na *Description des arts et métiers*, faltando apenas duas folhas e meia para concluir a tarefa. A STN estava liquidando dois dos seis *labeurs* de longa duração, e não os substituiria; assim, Tef e Comte não puderam ser reintegrados aos grupos de compositores, e partiram juntos. Spineux poderia ter-lhes conseguido um lugar se despedisse empregados mais recentes, mas sua política era outra: a constância na atribuição de tarefas. Ele quase nunca trocava as tarefas dos empregados. Portanto, mesmo não existindo a garantia de emprego, pelo menos os homens podiam ter certeza de manter seu *labeur* enquanto durasse a cópia.

Embora a regularidade na atribuição de tarefas simplificasse a alocação da mão-de-obra, ela não alterava a irregularidade da produção. Ao contrário, as diferenças na produtividade dos compositores significavam que as fôrmas de cada obra ficariam prontas para a impressão em intervalos diferentes. Ademais, o número de caracteres por fôrma e o tamanho das tiragens também diferiam, sendo então impossível determinar que cada compositor passasse suas fôrmas a um impressor específico. Em vez disso, cada grupo de impressores, ao concluir uma fôrma, passava a imprimir a próxima que estivesse pronta, independentemente de quem a houvesse composto. Cada impressor participava da impressão de todas as obras. Desse modo, a grande variedade das tarefas dos impressores compensava a regularidade das tarefas dos compositores, e a produção total da *presse* contrabalançava a da *casse*. Dependia do contramestre a manutenção do equilíbrio entre as duas metades da tipografia. Acima de tudo, ele precisava cuidar para que os compositores não se atrasassem com relação aos impressores, para "não deixar falhar as prensas", segundo um dos temas mais ressaltados na literatura sobre impressão daquela época.[81] Se o contramestre mantivesse ocioso um grupo de impressores por falta de fôrmas a imprimir, teria de compensar os homens com o pagamento do *temps perdu*. Mas também podia despedi-los.

As admissões e demissões constituíam o meio mais importante para a manutenção do equilíbrio na tipografia.[82] Por exemplo, em 3 de outubro de 1778, quando Tef e Comte deixaram a STN, saiu também da firma mais um compositor, Mayer, acarretando na *casse* uma diminuição de treze para dez compositores. Spineux contava com dezoito impressores, que deveriam ser mantidos ocupados; assim despediu seis deles. Quase da noite para o dia a força de trabalho declinara em um terço, mas o equilíbrio fora mantido. Três semanas mais tarde, a STN tornou a aumentar a produção, contratando novos empregados. A administração da mão-de-obra exigia a arte do equilíbrio, que era obtido a um custo bastante elevado, tanto em termos econômicos quanto humanos.

A Figura 2 permite avaliar a freqüência e o grau de alteração desse equilíbrio. Exceto em três semanas de julho, a composição da força de trabalho nunca foi a mesma de uma semana para outra. Os empregados entraram e saíram desordenadamente, sua produção aumentou e diminuiu com enorme irregularidade, e a produtividade da tipografia como um todo flutuou tanto quanto o desempenho dos indivíduos. Mesmo durante o período de junho a setembro, quando a rotatividade da mão-de-obra foi menor, a produção total por semana variou em 15% ou mais; em setembro e outubro com freqüência ela duplicou ou se reduziu à metade.

Para os patrões, essa irregularidade acarretava o uso ineficiente dos recursos e uma certa perda de lucros. As conseqüências para os empregados são difíceis de determinar; entretanto, permitimo-nos aqui algumas conjeturas. Depois de estudar várias semanas do livro de salários, pode-se desenvolver uma noção dos ritmos em que o trabalho progredia e das unidades em que ele se dividia. As equipes de impressores, por exemplo, com freqüência recebiam 172 ou 258 *batz* por semana porque essas importâncias representavam, respectivamente, a impressão completa de duas

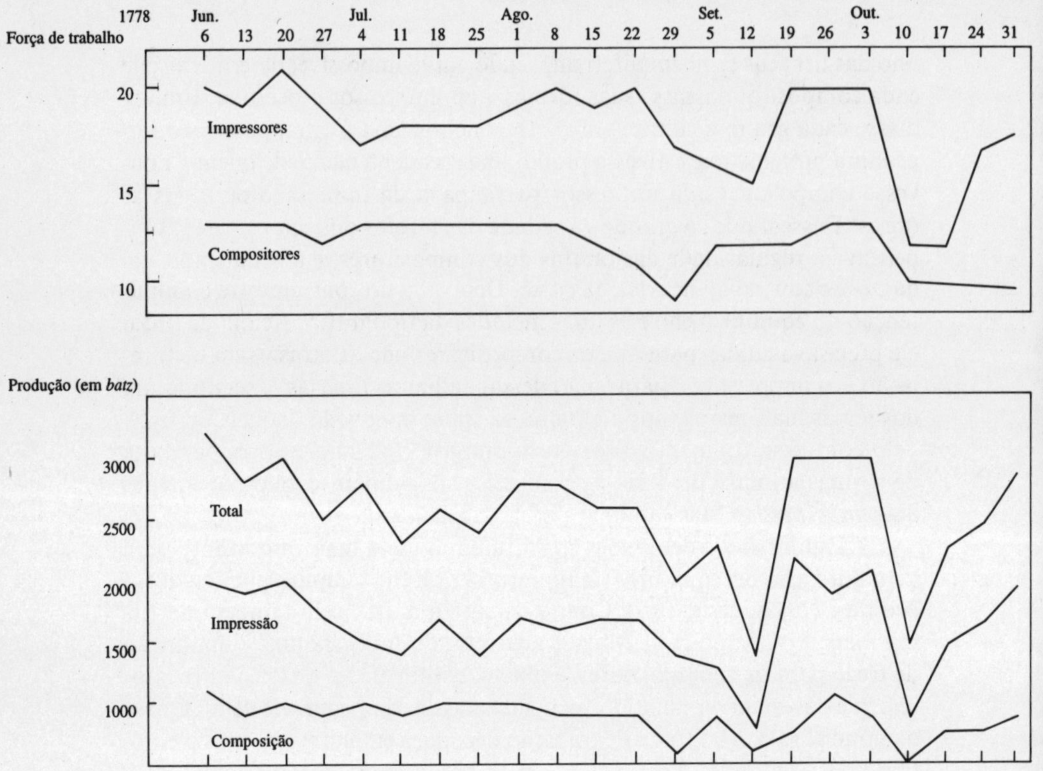

	Jun. 6	13	20	27	Jul. 4	11	18	25	Ago. 1	8	15	22	29	Set. 5	12	19	26	Out. 3	10	17	24	31
Nº de empregados																						
Impressores	19	18	19	17	15	15	15	15	16	17	16	17	15	14	13	18	18	18	12	12	15	16
Aprendizes	1	1	2	2	2	3	3	3	3	3	3	3	2	2	2	2	2	2			2	2
Compositores	13	13	13	12	13	13	13	13	13	13	12	11	9	12	12	12	13	13	10	10	10	10
Produção (em *batz*)																						
Composição	1100	931	972	867	1061	941	981	1021	970	864	882	851	586	897	577	826	1107	908	547	764	799	871
Impressão	2038	1883	2056	1662	1544	1374	1711	1387	1732	1551	1675	1736	1368	1330	801	2217	1898	2123	924	1479	1699	1972
Total*	3244	2820	3047	2533	2775	2316	2605	2416	2795	2752	2564	2617	1984	2252	1403	3076	3027	3066	1499	2275	2519	2885

*Inclui otros ítens

Figura 2. Força de trabalho e produtividade, Junho-Novembro de 1778

e três fôrmas da *Enciclopédia*. A equipe podia imprimir duas fôrmas (uma folha perfeita, ou 12 mil impressões) e parar de trabalhar pelo resto da semana — ou podia decidir aumentar seus ganhos em trinta *batz* imprimindo uma fôrma dos *Elémens d'histoire*, de Millot (mais 2 mil impressões), ou talvez uma da *Description des arts et des métiers* (mil impressões), se houvesse fôrmas prontas disponíveis. É por isso que valores como 12 mil, 14 mil e 13 mil aparecem constantemente nos cálculos da produção das equipes de impressores. A despeito da irregularidade, o trabalho envolvia combinações de várias tarefas, cada qual requerendo uma magnitude fixa de esforço. Dentro de certos limites, os homens podiam combinar as tarefas como lhes aprouvesse, trabalhando em mais ou menos fôrmas e *paquets*. As unidades de trabalho determinavam sua produção, e o trabalho em geral mantinha-se orientado para a tarefa — ou seja, os homens trabalhavam para compor um determinado número de folhas ou imprimir tantos milhares, e não para ganhar uma quantia predeterminada de dinheiro ou para preencher as horas de uma semana-padrão de trabalho.

Psicologicamente, o trabalho não padronizado deve ter apresentado consideráveis diferenças em relação ao tipo de trabalho que estava na época sendo imposto à classe trabalhadora na Inglaterra.[83] O ritmo de trabalho nas fábricas era determinado por relógios e campainhas, pelo abrir e fechar de portões, por penalidades monetárias e punições físicas e sobretudo pelo próprio processo produtivo; posteriormente, na produção em linhas de montagem, os homens foram reduzidos a "braços", e o trabalho passava por eles em um fluxo interminável e invariável. Os compositores e impressores da STN trabalhavam em seu ritmo particular. Exerciam um certo controle sobre sua produção. E, ao receberem o *banque* no final das longas e irregulares semanas, talvez até olhassem para as folhas que haviam composto e as milhares que haviam imprimido com um sentimento de satisfação.

A IMPRESSÃO: TECNOLOGIA E ELEMENTO HUMANO

Para que esta interpretação não seja romantizada, é mister acrescentar que um certo domínio sobre o processo produtivo não significava que os trabalhadores desenvolviam alguma afeição especial pelos verdadeiros senhores do negócio. Os *bourgeois* detinham predominantemente o poder e o usavam de modo brutal, contratando e despedindo, enquanto os trabalhadores reagiam com os poucos expedientes de que dispunham: deixavam a firma, recebiam *voyages* e não apareciam para o trabalho, sacavam pequenos adiantamentos sobre o pagamento da semana seguinte (*salé*) e a seguir desapareciam, e às vezes espionavam para editores rivais ou para a polícia.[84] Embora possam ter sentido um certo orgulho por seu ofício, para tornar o trabalho mais fácil eles abreviavam as tarefas e comprometiam a qualidade do produto. Os resultados podem ser vistos em qualquer cópia da *Enciclopédia* hoje em dia — tipografia limpa e nítida em grande parte, mas aqui e ali margens oblíquas, erros na numeração das páginas, impressão fora do registro, espaçamento irregular, erros tipográficos e manchas, tudo isso testemunhando a atividade de artesãos anônimos de dois séculos atrás.

Às vezes podia-se romper o anonimato. Por exemplo, a página 635 no volume 15 da edição *in-quarto* que se encontra na Bibliothèque de la

Ville de Neuchâtel contém uma nítida impressão digital de um polegar, que com muita probabilidade foi feita por um dos impressores da STN.[85] O livro de salários indica que o impressor daquela página (folha 4L) foi um certo "Bonnemain" — evidentemente um apelido, em curioso contraste com os de Maltête e Maron. Uma carta de Tonnet, mestre-impressor em Dole, revela como Bonnemain chegou à STN. Ele era um normando de cabelos castanhos, que tivera uma carreira cheia de altos e baixos nas tipografias parisienses e a seguir viajara até Lyon, onde se encontrara com a família Kindelem — pai, mãe e filho, que perambulavam pela França de tipografia em tipografia. Após cometerem *quelques coquineries* em Lyon, os Kindelem e Bonnemain tomaram a estrada juntos e acabaram chegando à pequena tipografia em Dole, onde Tonnet imprimia biografias de santos para os mascates do Franco-Condado. Tonnet pôs Kindelem pai e Bonnemain para trabalhar em um de seus prelos, enquanto Kindelem filho compunha os tipos. Mas essa combinação não durou muito tempo, pois Tonnet detectou alguma espécie de *complot odieux* envolvendo sua caixeira, que tinha uma queda pelo jovem Kindelem. Tonnet planejou despedir todo o grupo assim que terminassem de imprimir a *Vie de sainte Anne*, mas eles deram o golpe primeiro. Depois de receberem o pagamento de uma semana e um adiantamento pela semana seguinte, despejaram mil folhas semi-impressas embaixo da prensa de Bonnemain e fugiram da cidade por caminhos diferentes. O jovem Kindelem fugiu com a moça, e seus pais levaram duzentas cópias de um texto religioso, que venderam pela estrada — pelo menos, foi o que alegou Tonnet. Ele escreveu alertando a STN contra o grupo, pois haviam-no informado de que estavam reunidos na tipografia de Neuchâtel, e fez um sermão sobre a solidariedade entre os patrões: "Penetro na infelicidade de um burguês que não pode fazer tudo sozinho [...] Entre nós, patrões impressores, devemos prevenir-nos de alguns patifes que estão entre os nossos operários".[86]

A STN talvez não tenha tomado ao pé da letra a versão de Tonnet sobre o incidente, pois ele próprio não primava pelo bom caráter. Trapaceava nas contas dos livros que comprava, livros esses com freqüência obscenos e sediciosos, que ele vendia sob o manto de seus negócios com a literatura religiosa popular. De qualquer forma, seu aviso não produziria grande efeito, pois chegou a Neuchâtel depois de os Kindelem já terem partido. O livro de salários indica que o pai trabalhou durante sete semanas no verão de 1777 sob o nome falso de "Rodolphe", que ele usara anteriormente em Lyon. O filho trabalhou apenas três semanas, e deve ter partido sob suspeitas, visto que o último registro em seu nome, de 6 de setembro de 1777, mostra que Spineux retivera seu salário de uma semana. Tendo arrumado alguma encrenca, ele provavelmente partira em busca de trabalho em outras tipografias suíças, preparando o caminho para que seus pais o seguissem. Talvez a caixeira de Tonnet tenha feito o mesmo, pelo menos durante algumas paradas ao longo da freqüentada rota de Neuchâtel a Yverdon, Lausanne, Genebra e Lyon. Mas Bonnemain não os seguiu; permaneceu em sua prensa de agosto de 1777 até março de 1779, um dos mais longos períodos cumpridos pelos homens que imprimiram a *Enciclopédia*. Evidentemente, ele gostava de Neuchâtel o bastante para separar-se de seus companheiros de viagem, e a STN apreciava-o o bastante para mantê-lo no emprego, embora houvesse garantido a Tonnet que limparia sua tipografia daquela *mauvaise compagnie*.[87]

Vislumbrar a vida por trás de uma impressão digital na *Enciclopédia* é ter uma noção de como os homens percorriam os obscuros canais da história da classe trabalhadora; entretanto, a impressão digital de Bonnemain também pode ser estudada por seu significado tipográfico. Ela ilustra um aspecto difícil de ser avaliado na era da automação: os impressores do Antigo Regime deixavam suas marcas nos livros — literalmente, no caso de Bonnemain, e figurativamente em todos os outros casos. Cada trabalhador estampava em cada página um pouco de sua individualidade, e seu grau de perícia afetava o sucesso do produto.

A impressão digital de Bonnemain resultava de um truque tipográfico. Recobrindo a fôrma com tinta em excesso, ele e seu companheiro não tinham de puxar com tanta força a barra da prensa para obter uma impressão. Mas a tinta excedente saía-lhe nos dedos e manchava as folhas durante o manuseio. Essa manobra escapou à atenção de Spineux, mas não à de Duplain, que escreveu críticas iradas à STN.

> Há vários dias temos notícia de Genebra de que vosso volume é malfeito. Atribuíamos isso à inveja dos operários, que de vossa tipografia passaram a Genebra. Mas ficamos bem surpresos, à recepção de vossas folhas, de ver que, apesar de terem sido escolhidas, foram tiradas por operários que só são bons para puxar a água do poço e não a barra. Vemos braços irritados ou preguiçosos, que distribuem muita tinta em suas fôrmas para ter menos trabalho ao puxar. Em uma palavra, o que podemos dizer-vos, senhores, é que se tudo está assim nosso empreendimento sofrerá muito com isso. Vosso proto, que tem gosto pela composição, jamais tem os olhos nas prensas. Não vos dissimularemos que isso nos dá grandes desgostos e que absolutamente não daremos nenhum outro volume se o fim não estiver melhor.[88]

Já tendo aprendido a esperar tais rompantes por parte de Duplain, a STN repeliu seu ataque, respondendo à altura. Não só a STN realizara um bom trabalho com o volume 6, replicaram, mas além disso as outras tipografias haviam trabalhado com desleixo nos volumes 1 a 4.

> Como havíamos previsto, senhor, o exame atento e detalhado que acabamos de fazer dos quatro primeiros volumes da *Enciclopédia* impressos sob

a vossa direção nos pôs em condição de aí descobrir tantos defeitos de tantas espécies que estamos profundamente afligidos com isso e admiramos cada vez mais o estilo de vosso último, comparando-o com tais obras-primas. Páginas excessivamente escuras; outras, e em grande número, brancas a ponto de quase não serem legíveis, inúmeras falhas, borrões, ausência de registro, na primeira página letra cinza que não se usa mais, títulos e filetes diferentes, no tomo 3 paginação falsa, dupla assinatura, as chamadas compostas em vários corpos, a álgebra muito maltratada, todas as linhas onde há grego impressas tortas etc. etc.[89]

Nesse ínterim, os sócios da STN admitiram confidencialmente a Panckoucke e D'Arnal que a impressão da STN de fato precisava ser melhorada, embora perante Duplain não reconhecessem nenhuma imperfeição, explicando que com ele a melhor defesa era um bom ataque.[90] O debate tipográfico continuou a travar-se por via postal durante várias semanas. Duplain escreveu que o volume da STN era tão "abominable" que arruinaria sua campanha de vendas, ameaçando rejeitá-lo.[91] A STN retorquiu que fizera um trabalho melhor do que os outros impressores de Duplain e que ele estava inventando um pretexto para deixar de pagar pelo serviço. Duplain acabou pagando, e a briga passou.[92] O episódio, porém, foi significativo, mostrando o quanto os editores consideravam importante o aspecto físico de seus livros.

A preocupação era de ordem econômica, e não estética. Os editores supunham que um livro malfeito não seria comprado — e estavam certos. Não só os clientes reclamaram, mas também assinantes em potencial recusaram-se a adquirir a *Enciclopédia in-quarto* meramente devido ao modo como ela fora impressa. Os hábitos de trabalho de Bonnemain e seus colegas tinham um efeito direto sobre o mercado literário, como a STN constatou a partir de cartas como a seguinte, enviada por um assinante de Saint-Dizier: "Conheço várias pessoas que se propunham a assinar a *Enciclopédia* e que se detiveram à vista das negligências multiplicadas de vossos impressores, cujos dedos estão impressos em quase todas as folhas".[93]

Assim, na era do livro manufaturado, existia uma preocupação com a qualidade tipográfica que desapareceu algum tempo depois do advento da composição e impressão automatizadas.[94] Para alguém que ainda se interesse por tipografia, as imperfeições que indignavam os produtores e consumidores setecentistas constituem hoje parte do encanto próprio dos livros antigos. Cada página e cada linha possuem sua individualidade. Cada caractere traz a marca de um gesto feito por alguém como Bonnemain. Entretanto, seria um erro representar a manufatura de livros no Antigo Regime como idiossincrática e descontrolada, pois os impressores trabalhavam sob um sistema de restrições tecnológicas, e a tecnologia da fabricação de livros permaneceu constante em seus aspectos essenciais entre os séculos XVI e XIX.[95]

Como seus predecessores da Renascença, os compositores da STN faziam as linhas transferindo os tipos das caixas para os componedores, faziam as páginas passando as linhas dos componedores para as galés, e as fôrmas mediante a imposição das páginas na rama. Seu trabalho na *Enciclopédia* provavelmente diferia do realizado pelos compositores em Antuérpia no século XVI — e talvez mesmo dos de Mainz no século XV — em apenas um aspecto: a organização segundo o sistema de *paquet*. Mas o que caracterizava a produção nesse sistema era a divisão do trabalho, e não a tecnologia. Aumentava-se a rapidez de composição do texto, pois os *paquetiers* trabalhavam simultaneamente, compondo segmentos distintos de um texto dividido.

Como os donos da STN desejavam imprimir o maior número possível de volumes da *Enciclopédia*, a rapidez era para eles muito importante. Chegaram a transferir compositores de outros serviços para formar várias equipes de *paquetiers* na primavera de 1779, época em que as tipografias disputavam entre si as últimas encomendas de Duplain. Na semana que terminou em 24 de abril, por exemplo, a STN usou três equipes e um compositor isolado, Albert, nos trabalhos do volume 19 da terceira edição; eles compuseram catorze folhas e meia, quantidade extraordinária para aquela era da produção manual (ver Figura 3). Diferentes versões desse sistema prevaleceram nas grandes tipografias do século XIX. As práticas de composição não puderam avançar mais em termos de rapidez e eficiência antes da introdução da mecanização, sob a forma da composição a frio na década de 1820, da linotipo no decênio de 1880 e da composição eletrônica em nossos dias.

Tampouco a impressão avançou a passos muito largos no aspecto da tecnologia antes da adoção da prensa cilíndrica a partir de 1814 e da força do vapor na década de 1830. A *Enciclopédia* foi impressa na venerável prensa comum, essencialmente da mesma maneira como os livros vinham sendo impressos desde dois ou três séculos antes. Os impressores trabalhavam em duplas, com pilhas de papel que no dia anterior haviam molhado e empilhado. Depois de muitos preparativos — misturar a tinta, encher as balas e regular a prensa, as duplas começavam a "puxar" e a "bater". O batedor, ou "segundo", distribuía a tinta pela superfície das balas, esfregando uma contra a outra. A seguir, entintava, ou "batia" a fôrma, que fora enquadrada em uma caixa móvel, o "cofre", sobre o carro horizontal da prensa aberta. Enquanto isso, o "puxador", ou "primeiro", colocava uma folha sobre um caixilho recoberto com um pergaminho, o "tímpano", suspenso sobre a fôrma por meio de dobradiças. Fechava a prensa baixando outro caixilho, a "frasqueta", por sobre a folha, e dobrando a frasqueta, a folha e o tímpano juntos em cima da fôrma. A seguir, manobrava metade da fôrma, posicionando-a sob a platina, um bloco plano suspenso por um eixo na parte vertical da prensa.

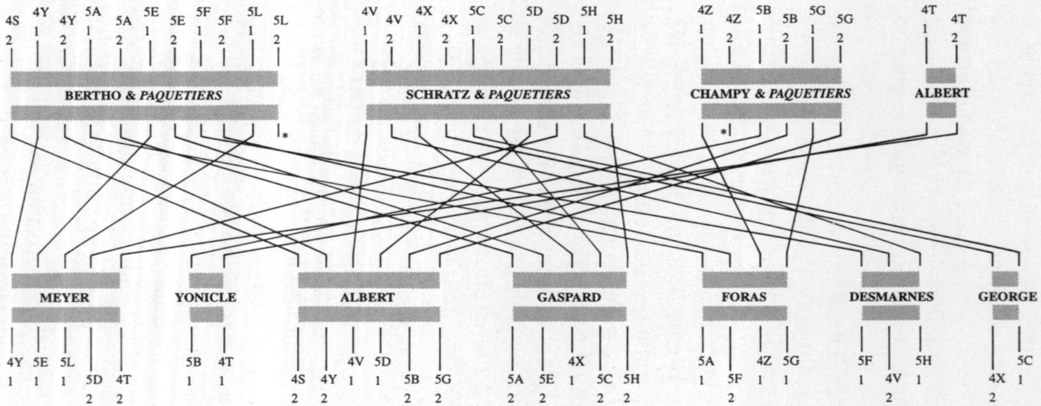

Figura 3. Fluxo de trabalho na tipografia, 19-24 de abril de 1779

Esta figura mostra o fluxo de trabalho entre os compositores (no topo), e os impressores (embaixo), durante a semana de 19 a 24 de abril de 1779, quando a STN estava prestes a concluir o volume 19. As notações correspondem às assinaturas, ou letras gravadas no rodapé das folhas; assim, 4S sobre 2 refere-se à segunda fôrma da folha Ssss, e 4 Y sobre 1 refere-se à primeira fôrma da folha Yyyy (uma fôrma in-quarto *continha quatro páginas ou* paquets, *sendo necessárias duas fôrmas para imprimir uma folha*). *Como as equipes de impressores geralmente mantinham-se um pouco atrás dos compositores na impressão das fôrmas, algumas destas somente foram impressas na semana de 1º de maio. Duas delas, as segundas fôrmas das folhas 5L e 4Z, que estão marcadas com um asterisco, só foram impressas na semana de 8 de maio. É impossível saber quais equipes de impressores foram responsáveis pela impressão destas folhas, pois na época o auxiliar do contramestre estava temporariamente encarregado da tipografia, e ele não registrava o nome dos impressores ao lado das folhas que imprimiam. Ao mesmo tempo, as equipes de impressores também trabalharam em outras três obras que a STN vinha produzindo simultaneamente com a* Enciclopédia, *e que estavam sendo compostas por seis outros compositores. Portanto, o padrão de trabalho era ainda mais complexo do que o indicado nesta figura que, não obstante, demonstra como podia tornar-se complicado o fluxo de trabalho em um livro. A figura indica também que os compositores trabalhavam com cópias soltas, passando de uma unidade de oito páginas para outra sem acompanhar a seqüência do texto; mostra ainda que eles passavam as fôrmas prontas para qualquer equipe de impressores que estivesse livre, em vez de trabalharem regularmente com uma equipe fixa. Essa escala de operação requeria administração cuidadosa e uma enorme fonte de tipos. Dada a complexidade e a rapidez do trabalho, não surpreende o fato de o produto final suscitar tantas críticas entre os assinantes.*

Puxando a barra da prensa, fazia o eixo girar como um parafuso na porca, baixando a platina e comprimindo-a sobre o verso do tímpano, produzindo então uma impressão no papel colocado entre o tímpano e os tipos. Após manobrar a outra metade da fôrma para debaixo da platina, ele a imprimia, manobrava a fôrma para fora novamente, desdobrava o tímpano e a frasqueta e removia a folha recém-impressa, colocando-a sobre uma nova pilha. Após imprimirem dez *marques* (250 folhas), os homens trocavam de lugar na prensa. E após terminarem de imprimir todo um lado da folha, o outro seria impresso a partir da segunda fôrma, geralmente por outra dupla.

O trabalho no prelo exigia muito esforço físico. Manobrar a fôrma para frente e para trás com uma das mãos e puxar a barra com a outra requeria força e resistência — daí o apelido dado aos impressores, *ours*, em contraste com o dos compositores de dedos ágeis, *singes*.[96] A impressão da *Enciclopédia in-quarto* deve ter sido especialmente extenuante, já que a tiragem era enorme — 6 mil cópias, mais 150 como *chaperon*, ou folhas extras para cobrir os defeitos, no caso da primeira e segunda edições combinadas. Com isso, os impressores às vezes conseguiam concluir apenas uma ou duas fôrmas por semana. No entanto, jamais seguiam um padrão uniforme, pois trabalhavam a um ritmo irregular, imprimindo as fôrmas conforme os compositores as terminavam, sendo a *Enciclopédia* produzida simultaneamente com a Bíblia e várias outras obras.[97] Portanto, o fluxo de trabalho entre as duas metades da tipografia podia tornar-se extremamente complexo, em especial quando havia diversas equipes de *paquetiers* compondo a *Enciclopédia*, como na semana de 24 de abril de 1779 (Figura 3). Organizando a produção dessa maneira — produção sob o sistema de *paquet* na *casse* e tarefas independentes na *presse* — a STN estendeu a produção da *Enciclopédia* aos limites máximos de uma tecnologia que talvez por três séculos permanecia inalterada em seus aspectos essenciais.

Em contraste com a Figura 3, que ilustra o fluxo de trabalho na *Enciclopédia* durante uma semana, a Figura 4 mostra como a produção de todo um volume progrediu ao longo de cinco meses. Trata-se do primeiro volume impresso pela STN, cuja tiragem foi aumentada em função das instruções de Duplain para uma segunda "edição". Assim, a figura indica como uma edição fundiu-se à outra no meio do processo. A STN mudou a tiragem de 4 mil para 6 mil cópias na primeira semana de setembro, assim que recebeu a ordem de Duplain, em 27 de agosto. Àquela altura, a equipe de *paquetiers* de Maltête atingira o fim do primeiro alfabeto, e os impressores, trabalhando algumas folhas para trás, haviam chegado ao final da folha V. Os compositores prosseguiram como antes, compondo as folhas de Z a 2D. Mas os impressores imprimiram novamente as folhas T e V (não havia U nem W no alfabeto de 23 letras dos impressores), desta vez com a tiragem de 2 mil cópias, e então continuaram com a folha X já na tiragem ampliada de 6 mil cópias. Não puderam imprimir as folhas R e S com as fôrmas que haviam impresso na semana anterior porque os tipos daquelas fôrmas haviam sido distribuídos antes de chegar a carta de Duplain. Assim, podemos indicar o ponto exato em que uma edição fundiu-se com a outra.

Daquele ponto em diante, compositores e impressores prosseguiram em seu ritmo irregular de costume, e a tipografia como um todo produziu entre quatro e oito folhas por semana até 13 de dezembro, quando foi impressa a última folha, 5I. Mas durante as últimas seis semanas, os compositores precisaram recompor as folhas A a S, que haviam sido impressas com tiragem de apenas 4 mil cópias. Spineux separou alguns *paquetiers* do grupo principal, que estava trabalhando sob a chefia de Bertho, para efetuarem a composição suplementar. Por alguma razão, começaram a cópia pelo meio, na folha K, a seguir tornaram a juntar-se à equipe de Bertho na última semana, terminando no começo, com as folhas A até E. Os impressores seguiam os compositores, geralmente à distância de uma ou duas folhas. Portanto, a *Enciclopédia* não ficou pronta na tipografia em uma seqüência direta, e o padrão de sua produção não corresponde à estrutura de volumes que podemos consultar nas bibliotecas hoje em dia, onde as assinaturas progridem de A para Z e uma coleção parece pertencer a uma "edição".

Nesse processo laborioso, linha por linha e folha por folha, a STN produziu cinco volumes da *Enciclopédia* em dois anos. Simultaneamente, outras vinte tipografias, trabalhando da mesma maneira e ocasionalmente com os mesmos homens, produziram os outros 67 volumes das três "edições" *in-quarto*. A realidade humana desse vasto processo não pode ser avaliada a partir dos diagramas de fluxo de trabalho, nem mesmo a partir das gravuras sobre a própria *Enciclopédia*, onde os impressores se parecem com manequins de vitrine: sem expressão e idênticos, giram manivelas e puxam alavancas como se habitassem uma imaculada utopia mecânica.[98] As tipografias da vida real eram sujas, barulhentas e desordenadas — assim como os impressores de verdade. As prensas rangiam e guinchavam. As balas, recheadas com lã embebida em urina, exalavam um odor fétido. E os homens chafurdavam em papéis imundos, entornando copos de vinho, batendo os componedores contra as caixas de tipos pelo puro prazer de fazer barulho, berrando e brigando quando surgia uma oportunidade e pregando peças nos aprendizes (se um aprendiz de tipógrafo fosse para um turno na prensa, alguém podia cobrir a barra com cola ou tinta, ou produzir manchas em suas folhas colocando às escondidas os dedos sobre a fôrma recoberta de tinta; aos rapazes recém-chegados à *casse* sempre se pedia que limpassem a tinta do olho de um P maiúsculo, que era na verdade um sinal de parágrafo sem olho, ou *pied de mouche*).

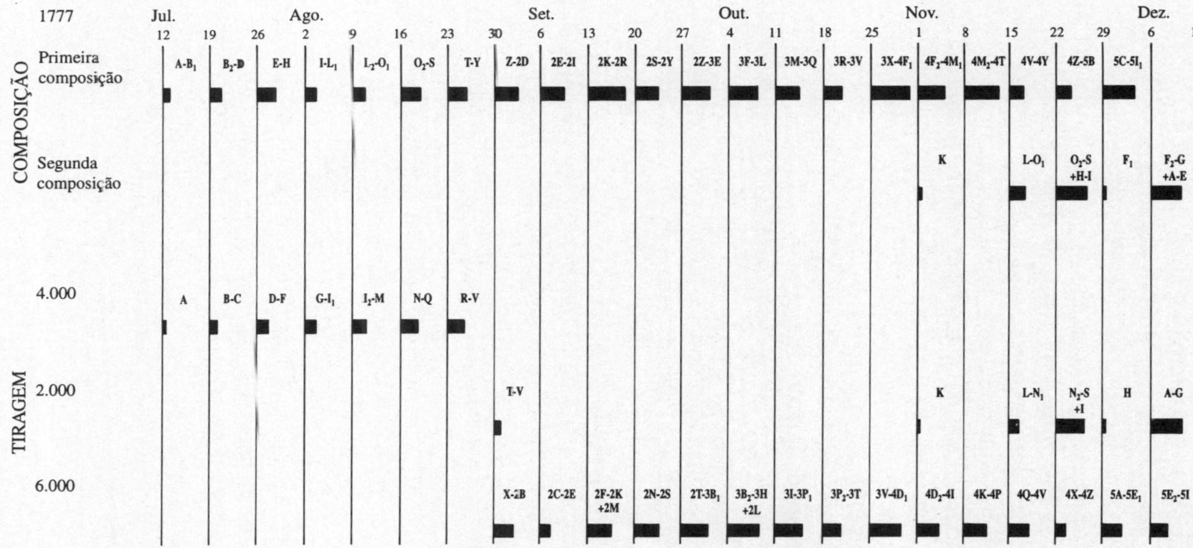

Figura 4. Produção do Volume 6, Julho-Dezembro de 1777

As barras horizontais representam o número de folhas compostas e impressas a cada semana, segundo os registros no livro de salários do contramestre. As notações correspondem às assinaturas nas folhas, como explicado na nota da Figura 3.

É difícil avaliar o grau de desordem, pois os patrões não tratavam desse assunto em sua correspondência. Entretanto, fontes como os manuais dos impressores contêm tantos imperativos acerca do que os trabalhadores não deviam fazer — sobretudo comer, beber e brigar na tipografia — que se é levado a formar um quadro negativo de seu verdadeiro comportamento. Esse quadro é corroborado por alguns relatos de testemunhas, particularmente os constantes na autobiografia de Benjamin Franklin e Restif de la Bretonne, bem como na obra de Balzac, *Ilusões perdidas*. E as descrições literárias correspondem às impressões dadas pelo jargão dos impressores, que pode ser compilado a partir de glossários setecentistas; o jargão ressalta temas como fazer barulho (*donner la huée*), fazer brincadeiras rudes (*faire une copie*), andar de bar em bar (*faire la déroute*), embebedar-se (*prendre la barbe*), brigar (*prendre la chèvre*), endividar-se (*faire les loups*), faltar ao trabalho (*promener sa chape*) e ficar desempregado (*emporter son Saint Jean*).[99]

Independentemente do quão rude eles tenham sido, os homens que fizeram a *Enciclopédia* decerto não se pareciam com os autômatos das ilustrações da obra. Poderiam ter figurado na *Comédia humana*. Spineux, por exemplo, enquanto supervisionava os trabalhadores em Neuchâtel, enchia-se de receios de que seu cunhado estivesse tomando dele uma herança em Liège e que sua mulher o estivesse traindo em Paris. Não admira que não notasse os truques usados pelos impressores, pois seus problemas familiares quase o enlouqueciam. "Spineux me escreveu esta manhã um bilhete que traz sua confissão geral e anuncia que está com a cabeça a girar", escreveu Bertrand a Ostervald, em Paris. "Receio que percamos esse pobre rapaz."[100] Spineux acabou agüentando até o final da *Enciclopédia*, mas teve de ser auxiliado por um companheiro, Colas, que tinha seus próprios problemas. Tendo deixado a esposa em Genebra, Colas migrou por tipografias da França e da Suíça com um filho, que trabalhava como impressor e compositor, e um guarda-roupa monumental, que incluía 23 camisas, onze pares de meias de seda, três ternos completos, quatro pares de culotes e dezesseis lenços. Ele deve ter sido o homem mais bem vestido da tipografia, mas parecia nunca ter dinheiro. Embora recebesse dezoito libras semanais na STN, permaneceu em Neuchâtel apenas três meses e teve de pedir dinheiro emprestado à sua senhoria, empenhando para isso um relógio de ouro, para poder custear sua viagem até o próximo emprego, na tipografia de Cellot, na rua Dauphine, em Paris. Estava cansado de viver em pensões, queixou-se: "Gostaria de encontrar um lugar estável, por não estar mais em condição de ir e vir". E sofria também de "desgostos pungentes" — resultantes, aparentemente, de mau relacionamento com os demais empregados. "Meu amor pelo trabalho, o grande emprego do tempo, minha atenção para que nenhum operário perca seu tempo e trabalhe mal nem sempre encontraram aprovadores entre os meus colegas da tipografia", explicou ele ao candidatar-se ao emprego na STN.[101]

Superioridade desse tipo não era bem vista pelos trabalhadores, que podiam reagir com as variedades de indisciplina celebradas em seu jargão: *joberie*, *copies*, *romestuques*, bais e *grattes*. O trabalho podia ser interrompido também por uma rodada de bebidas na taverna, um funeral que passava, um mendigo, uma briga de galos, um enforcamento ou algum evento dramático. Em julho de 1781, um dos ex-impressores da STN, Jean Thomas, que trabalhara na *Enciclopédia* três anos antes, chegou fugido de Genebra com a noiva, tendo em seu encalço o tutor da moça. Este procurara impedir o casamento com o argumento de que Thomas era católico e a moça, calvinista; após a fuga do casal, pediu à STN que enxotasse a moça de seu esconderijo, enquanto caçava Thomas com um mandado de prisão. Os papéis da STN não revelam o que aconteceu depois, mas o incidente deve ter dado motivo para animadas conversas na tipografia durante várias semanas.[102]

Embora episódios desse tipo chamem a atenção na correspondência da STN, as cartas rotineiras podem ser mais reveladoras, pois às vezes mencionam os laços de família e de amizade dos trabalhadores, temas comuns que preenchiam as vidas dos homens comuns. Em julho de 1779, por exemplo, a STN recebeu um pedido de notícias sobre um de seus jovens compositores, Orres (Oreste?) Champy. Cinco meses antes, ele contara a seu tio, que vivia do outro lado da fronteira, em Arbois, e seu pai, que morava mais longe, em algum lugar da França, que estava cuspindo sangue. O tio o aconselhara a "cuidar-se bem" até a Páscoa, quando poderia ir a Arbois para descansar e alimentar-se com comida caseira. Mas Orres não respondera, e por isso o tio escreveu à STN, depois de receber uma carta preocupada do pai do rapaz, "em que ele me diz estar bastante inquieto e muito preocupado com esse rapaz. Se consentísseis, senhores, honrar-me com uma palavra de resposta e indicar-me o que pensais desse menino, se está doente ou não, o que faz ou o que aconteceu com ele, obsequiareis infinitamente o pai e o tio".[103]

Aquela gente tinha família, provinha de algum lugar, trazia paixões, problemas, esperanças e receios. Embora a maioria tenha desaparecido irremediavelmente no passado, eles não compuseram um proletariado anônimo enquanto viveram. Levaram para o trabalho seu próprio universo cultural — universo que não afetou o Iluminismo, exceto por intermédio dos componedores e das barras das prensas — e trabalharam a seu próprio modo, imprimindo na substância física da *Enciclopédia* algo de sua individualidade, assim como Diderot permeara o texto com seu espírito.

6
DIFUSÃO

As folhas impressas tinham um longo caminho a percorrer antes de chegar às estantes dos leitores. Não só precisavam ser ordenadas, dobradas, costuradas, aparadas e encadernadas antes de assumirem a aparência de um livro, mas também tinham de viajar muito — das tipografias para os depósitos de Duplain em Lyon, de Lyon para as lojas dos livreiros em toda a Europa, e das lojas para as bibliotecas dos assinantes individuais, com escalas em entrepostos, alfândegas, corporações e repartições fiscais. O circuito comercial completou-se apenas quando os assinantes individuais pagaram aos livreiros, estes pagaram a Duplain, que dividiu os lucros com seus sócios na liquidação final das contas. Todas aquelas folhas impressas trafegaram pelas estradas européias acompanhadas por conhecimentos de embarque, faturas, declarações alfandegárias e formulários fiscais, cruzando em seu caminho com letras de câmbio, notificações de protesto e citações judiciais; essa avalanche de papel que inundou a Europa ameaçou por vezes assoberbar os donos do empreendimento, que tentaram contê-la dentro dos canais do comércio e acabaram produzindo a difusão do Iluminismo.

PROBLEMAS ADMINISTRATIVOS E POLÊMICA

A maior parte dos papéis passava pelo estabelecimento de Duplain em Lyon, que logo ficou abarrotado. Em dezembro de 1778, depois de vários meses censurando os sócios da STN pela lentidão de suas remessas, Duplain subitamente ordenou-lhes que as interrompessem. Ele não tinha mais espaço: "Não podemos absolutamente alojar nem receber nenhuma folha, a menos que nos expulsemos de casa e com elas enchamos nossos apartamentos".[1] Ao mesmo tempo, Duplain receava que a base financeira do empreendimento desmoronasse, pois precisava adiantar vultosas somas em dinheiro aos fabricantes de papel e aos impressores, ao passo que os assinantes e livreiros faziam seus pagamentos com lentidão.

Enredado nessa dificuldade, ele se viu impossibilitado de pagar diversas dívidas junto à STN: "Tivemos a honra de observar-vos que aqui o dinheiro é de uma raridade atroz, que nossos livreiros pedem tempo e que, enfim, não podemos tirá-lo das pedras. O andamento em que levamos a obra exige gastos com os quais não contávamos de modo algum".[2] Confusões no depósito de Duplain e nas operações de remessa dos livros agravavam o problema, pois os clientes que recebiam encomendas defeituosas recusavam-se a pagar por elas. Essas recusas originavam cartas repletas de grosserias — Duplain não primava pela brandura em sua correspondência — e até mesmo processos judiciais, que o oneravam mais ainda.

O ônus tornara-se insuportável para Duplain em março de 1778, quando um dos empregados de seu escritório queixou-se à STN do "embaraço de que estamos sobrecarregados [...] da multiplicidade das remessas que nos exasperam. Logo faz seis meses que o sr. Duplain não pôde pôr os pés na rua".[3] Uma semana mais tarde, Duplain informou à STN que delegara toda a contabilidade relativa ao empreendimento da edição *in-quarto* a uma firma de comerciantes, Veuve d'Antoine Merlino et Fils, que também adquirira dele cotas do empreendimento: "Desembaraçamo-nos do varejo de banco, e apesar disso estamos exasperados, apesar das quinze pessoas que temos, no mínimo".[4] Na verdade, os empregados de Duplain não eram numerosos e não conseguiam dar conta do trabalho. Quando Favarger chegou a Marselha durante sua viagem de vendas em 1778, informou à STN: "Alguns livreiros que vi disseram-me ter recebido muitas vezes volumes trocados e com isso uma quantidade de folhas muito malfeitas com muitas imperfeições. Parece-me que ele [Duplain] tem muito pouco pessoal, pois tem como empregados apenas os dois irmãos Le Roy, um guarda-livros, e o Le Roy mais velho está quase sempre viajando. No depósito ele tem dois alçadores, três mulheres para conferir e seu doméstico para guardar etc.".[5] Ao chegar a Bordéus seis semanas depois, Favarger descobriu que ali os livreiros haviam-se organizado e estavam todos retendo seus pagamentos até que Duplain corrigisse os defeitos e a desordem de suas remessas.[6] Duplain reagiu a esses protestos com ameaças de ações na justiça e, em vez de aumentar e reorganizar sua equipe, tratou-a com mais rigor. Após a STN ter objetado contra o modo como os empregados de seu depósito organizavam e inspecionavam as remessas, Duplain replicou: "Dir-vos-emos que é preciso mandar conferir antes de enviar, que nosso pessoal termina os tomos 21, 22, 23 [ou seja, das duas primeiras edições], acaba de terminar 3 e 4 [da terceira edição], que foram enviados, vai aplicar-se ao 24, 25, 26 e depois ao 5, 6, 7, 8. Fazeis bem pouca justiça ao nosso trabalho imenso e calculais bem pouco sua extensão. Ignorais que é preciso conferir quase 1800 resmas para cada volume?".[7] Todas as cartas associadas a Duplain dão a impressão de que ele era um homem obcecado, que via na *Enciclopédia* a grande chance de sua vida e que não media esforços para explorá-la em todas as suas possibilidades.

A escassez de documentação dificulta-nos revelar muito mais acerca do papel de Duplain como administrador, exceto no que concerne ao aspecto das relações públicas. Este envolvia não só a comercialização, mas também um problema básico que ameaçava destruir o mercado: como persuadir os assinantes a pagar por 36 volumes de texto depois de ter-lhes prometido 29. Como já explicamos, Duplain tentou contornar essa dificuldade com cortes sub-reptícios no texto e alterações das condições da assinatura. Mas ainda não conseguira grandes progressos quando toda sua manobra foi exposta no periódico de língua francesa que era talvez o mais lido na época: os *Annales Politiques, Civiles et Littéraires du Dix-huitième Siècle*, de Nicolas-Simon-Henri Linguet. Com a manchete "Pilhagem tipográfica de uma nova espécie", Linguet alertou o mundo de que os editores da *Enciclopédia in-quarto* não seriam capazes de inserir a íntegra do texto em 29 volumes. Teriam de cortá-lo ao meio ou dobrar o tamanho da edição, extraindo dos assinantes vultosas quantias em pagamentos adicionais. Para Linguet, a *rapsodie Encyclopédique* de Diderot — compilação malfeita de filosofia reles e tratados plagiados — nem sequer merecia outra edição. Se não obstante o público teimasse em adquiri-la, que gastasse seu dinheiro na *Encyclopédie d'Yverdon*, uma obra boa e barata, da qual havia sido removido todo o veneno de Diderot e D'Alembert. Mas devia-se evitar a todo custo — custo esse que seria enorme — comprar a *Enciclopédia in-quarto*, que era uma fraude. Essa fraude podia ser explicada com uma só palavra: Panckoucke. "Essa manobra não surpreenderá, quando se souber que é o livreiro Panckoucke que se oculta sob a máscara do impressor Pellet; ele jamais teve aliado, em guerra ou em finança, tão fecundo em ardis dessa espécie quanto o livreiro Panckoucke."[8]

Assim como na maioria das polêmicas do jornalismo setecentista, havia nessa um fator subjacente. O ódio que Linguet devotava aos filósofos era já de longa data, e explodira um ano antes em um ataque a La Harpe e ao resto da *secte* no *Journal de Politique et de Littérature*. Na época, Panckoucke publicava o periódico, e o editor era Linguet; mas ele não manteve o cargo por muito tempo, pois um grupo de filósofos e acadêmicos persuadiu Panckoucke a despedi-lo, substituindo-o justamente por La Harpe. Esse incidente acarretou a fundação dos *Annales*, que Linguet passou a publicar em Londres, crivando o periódico de catilinárias contra Panckoucke e seus amigos filósofos. A briga também encerrou um aspecto comercial, pois o novo periódico de Linguet alcançou um sucesso espetacular e invadiu o mercado do *Journal de Politique et de Littérature*, que Panckoucke fundiu com o *Mercure* em junho de 1778. Ademais, o principal distribuidor de Linguet no continente europeu era a firma de Pierre Gosse Junior, de Haia, que também estava encarregada da comercialização da *Encyclopédie d'Yverdon*. Gosse deve ter exultado com o ataque de Linguet à edição *in-quarto*, se é que não chegou a instigá-lo, pois essa edição de Panckoucke estava prejudicando suas tentativas de vender os últimos exemplares da *Encyclopédie d'Yverdon*, assim como, em 1769, a edição *in-folio* de Panckoucke solapara sua campanha para vender as primeiras cópias.[9]

Combinando tantos elementos explosivos — de ordem pessoal, ideológica e comercial — a revelação de Linguet repercutiu por toda a atividade livresca. A STN recebeu várias cartas de assinantes com a confiança abalada, e seus diretores desdobraram-se para lidar com o problema. Por exemplo, garantiram a um cliente de La Rochelle, que receava ter de pagar por volumes extras, que tudo aquilo não passava de vingança pessoal: "Teríeis vós adotado o cálculo desse louco do Linguet que, cego pelo ódio implacável que tem pelo pobre Panckoucke e crendo que esse empreendimento lhe pertencia unicamente, permitiu-se contra ele as palavras mais extravagantes, das quais as pessoas do ramo zombaram e bem souberam dizer-lhe?".[10] Em outro caso, tentaram reanimar com argumentos típicos de vendedor um livreiro de Nápoles que estava indeciso ante a idéia de vender quinze assinaturas.

> Além de que, como todos sabem, o caráter desse homem famoso é de falar mal de todo o mundo, opomos-lhe com confiança um fato de notoriedade pública. É que temos atualmente 6 mil exemplares vendidos e somos obrigados a abrir uma terceira subscrição para satisfazer a novos pedidos. Seria bem estranho que entre um tão grande número de amadores nenhum deles houvesse tido bastante bom senso para prever a objeção imaginada por esse Aristarco moderno.[11]

Tais argumentos, como bem sabiam os sócios da STN, não constituíam uma boa defesa; assim, eles procuraram evitar futuros ataques buscando a fonte do problema. Não procuraram diretamente Linguet, mas seu principal colaborador, Jacques Mallet du Pan, supervisor da edição suíça dos *Annales*, que estava sendo impressa pela Société Typographique de Lausanne, editora rival da STN na publicação da *Enciclopédia*. Como era amigo de Ostervald, Mallet era mais leal à editora de Neuchâtel do que à de Lausanne, e acabou conseguindo pôr fim à campanha de Linguet contra a edição *in-quarto*.[12]

Nesse ínterim, porém, Linguet já havia prejudicado seriamente o mercado da edição *in-quarto*, e Duplain precisou conceber uma forma de reparar os danos. Panckoucke sugerira uma réplica branda, com caráter publicitário. "Comuniquei a Duplain o que era preciso que ele respondesse", informou à STN.[13] "É preciso que sua resposta seja geral, sem nomear nem Linguet, nem os *Annales.*" Assim, um "Avis" foi incluído no volume 11, respondendo às acusações de Linguet sem mencionar diretamente o autor e as denúncias e apresentando a posição dos editores da *Enciclopédia in-quarto* sob um ângulo positivo: "Assumimos com nossos assinantes um compromisso solene e sagrado de entregar-lhes grátis todos os tomos que excedessem o número de 36". Em outras palavras, o que Linguet denunciara como uma fraude deveria ser entendido como uma bonificação, especialmente porque cada volume conteria duzentas páginas a mais do que o previsto. Mas quem pagaria pelos sete volumes extras entre os tomos 29 e 36, que custariam setenta libras cada um, perfazendo mais de meio milhão de libras nas três edições? Duplain procurou apresentar essa dificuldade como uma vantagem para os assinantes, anunciando outro *engagement solonnel* em uma carta circular e um Avis contidos no décimo oitavo volume: os assinantes só precisariam pagar por 33 volumes, recebendo os restantes como uma bonificação adicional. Com esse rasgo de generosidade, ele na verdade aumentou o preço no varejo da edição *in-quarto* de 344 para 384 libras. Duplain não podia esperar que esse aumento passasse despercebido, e por isso antecipou-se, atacando todos os inimigos da edição *in-quarto* em um *Mémoire*: "Foi em vão que pessoas mal-intencionadas quiseram tentar desacreditar essa edição; reconhecer-se-á facilmente que um motivo de animosidade e uma baixa inveja guiaram suas vergonhosas tentativas, que não podem senão fazer abortar seus iníquos projetos".[14]

Era evidente que Duplain mudara de tom e de tática: passara a denunciar Linguet diretamente, trazendo à luz a rixa com Panckoucke e refutando ponto por ponto o argumento quanto ao aspecto tipográfico (Linguet informara errado o tamanho dos tipos da *in-quarto* e subestimara o número de páginas de cada tomo). Voltou à carga em um *Avis* incluído no volume 19, repetindo os mesmos temas enquanto procurava cobrir seu flanco exposto com uma nova manobra. Escrevendo sob o nome de "Pellet", Duplain anunciou uma transferência da propriedade da terceira edição: "No desejo de corresponder ao desvelo de meus antigos assinantes, negociei com a Société Typographique de Neuchâtel. Substituindo-me nessa terceira edição, eles deixam-me o tempo e os cuidados que considero um dever sagrado dar às duas primeiras". A STN confirmou que adquirira o empreendimento de Pellet em uma circular impressa, com data de 24 de julho de 1778. Seguiram-se outra circular e um prospecto, em 10 de novembro, enquanto Duplain publicava anúncios semelhantes em Lyon. Toda essa propaganda salientava que a edição *in-quarto* da STN seria ainda mais bem editada que a de Pellet, se é que isso era possível, que ambas as edições conteriam todo o texto original, além de muitos acréscimos (*augmentations*, bem como a íntegra do *Supplément*), e ainda que os assinantes somente pagariam por 32 volumes. Esse estratagema tinha dois objetivos: promoveria as vendas, dissociando a terceira "edição" dos defeitos tipográficos e editoriais das duas primeiras, e alteraria as condições da assinatura, para que nenhum cliente pudesse alegar que comprara apenas 29 volumes.[15]

Os sócios de Neuchâtel apoiaram com entusiasmo a fraude de Duplain, pois esperavam conseguir mais três volumes para imprimir emprestando o nome da STN para a terceira edição. Entretanto, como já mencionado, a STN imprimiu apenas um tomo e, a despeito das promessas publicitárias, a nova edição *in-quarto* superou as anteriores na profusão de erros tipográficos. A seguir, enquanto os sócios da STN rangiam os dentes ante os defeitos da terceira edição, Duplain anunciou a quarta. Ainda usando o nome de Pellet como disfarce, explicou que publicaria mais uma edição para satisfazer aqueles que não haviam conseguido dinheiro a tempo de comprar as três edições anteriores. Ele (Pellet) recebera quase quatrocentos pedidos além dos que podia atender; mas não era economicamente vantajoso produzir uma edição de quatrocentos exemplares, e por isso ele teria de cobrar de seus últimos assinantes dez libras por cada um dos três volumes que estava fornecendo gratuitamente aos primeiros assinantes, elevando o preço da derradeira edição *in-quarto* para 414 libras, em vez de 384.[16] Duplain enviou o texto desse anúncio à STN, com instruções para que fosse publicado em jornais holandeses e suíços. Tratava-se meramente de um ardil "para enredar cada vez mais os assinantes", explicou. Na realidade, da campanha de vendas da terceira edição ainda sobravam encalhadas cerca de trezentas assinaturas, e ele precisava convencer os assinantes das duas primeiras edições de que estavam fazendo um ótimo negócio recebendo grátis os três volumes extras em vez de estarem sendo enganados, tendo de pagar por mais quatro.[17]

O anúncio de Duplain tinha um objetivo ainda mais sub-reptício: convencer seus sócios de que ele estava fazendo todo o possível para vender os exemplares encalhados da terceira edição. A STN interpretou dessa forma — como uma louvável tentativa de afastar ações na justiça e induzir os compradores a adquirirem rápido as últimas assinaturas.[18] Panckoucke, porém, não aprovou, não porque objetasse a mentir para o público, mas por julgar que não daria certo: "O anúncio de Pellet é uma charlatanice com a qual não creio que alguém se engane".[19] Não é possível calcular o êxito dessa manobra de Duplain, mas ela conferiu às vendas da edição *in-quarto* um final apropriado: uma última rodada de publicidade enganosa.

MARKETING

Todas essas artimanhas com anúncios de jornal suscitam duas outras questões: como os editores setecentistas comercializavam os livros e o que suas campanhas de vendas revelam acerca do mercado literário? É verdade que precisamos abordar esses temas tendo em mente uma ressalva: a *Enciclopédia* não foi uma obra típica, e sua campanha para vender assinaturas não pode ser tomada como modelo das técnicas de vendas de livros. Em 1777, a *Enciclopédia* passara a ser considerada a corporificação do Iluminismo. A obra gerara tanta controvérsia que os responsáveis pelas últimas edições não precisaram preocupar-se em divulgar-lhe o nome. De fato, esse próprio nome era usado como estratégia de vendas por outros editores, que procuravam aproveitar-se do sucesso da obra apresentando seus livros como *Enciclopédias*. O registro de solicitações de privilégios da corporação dos livreiros parisienses mostra que por volta de 1770 houve um surto de pedidos de autorização para a publicação de obras enciclopédicas, entre elas: *Encyclopédie économique*, *Encyclopédie médicale*, *Encyclopédie mathématique*, *Encyclopédie domestique, économique, rurale et marchande*, *Encyclopédie militaire*, *Encyclopédie littéraire*, *Encyclopédie des dieux et des héros* e *Encyclopédie des dames*.[20] Entretanto, longe de se acomodarem e deixarem as vendas da obra a cargo dessa onda de notoriedade, os editores da *Enciclopédia in-quarto* trabalharam freneticamente para comercializar o máximo possível de cópias. Sua campanha de vendas possui uma certa importância básica para a compreensão da atividade editorial setecentista, pois nela foram usadas as técnicas correntes do ramo. Os editores distribuíram prospectos e circulares, anunciaram em jornais, introduziram o assunto em sua correspondência comercial e enviaram caixeiros-viajantes aos mais remotos rincões em busca de assinaturas.

Os editores adotavam essas técnicas como quem seguia uma rotina, sem coordená-las nem calcular seus efeitos. Fica evidente que não sentiam a necessidade de conceber alguma estratégia de vendas especial, supondo que todos os sócios seriam beneficiados se cada um atingisse o público com toda a propaganda que pudesse veicular, do modo que lhe aprouvesse. "É preciso espalhar notícia atrás de notícia e não desencorajar", escreveu Panckoucke à STN em dezembro de 1778, quando a demanda parecia ter entrado em declínio.[21] Duplain salientou o mesmo argumento: "Não chegam mais subscrições, e se apesar das duzentas cartas que acabamos de mandar não encontrarmos mercado, seremos obrigados a armazenar. Tende, por favor, a bondade de reiterar anúncios, de fazer novos esforços, de falar em vossas gazetas".[22] O fluxo de assinaturas fornecia uma indicação aproximada da demanda e ajudava a orientar a política de vendas. Assim, Duplain somente decidiu prosseguir na terceira edição ao receber respostas suficientes a uma carta circular anunciando que Pellet já começara a imprimi-la.[23] Mas a demanda pela edição *in-quarto* surpreendera seus editores, e eles jamais conseguiram ter uma idéia bem clara de sua magnitude. Na verdade, cada um deles possuía apenas uma vaga noção do que os demais estavam fazendo para promover as vendas. Isòladamente, produziam seus próprios prospectos e publicavam seus próprios anúncios. Duplain não consultou os sócios antes de anunciar a falsa quarta edição. A STN imprimiu uma longa carta circular sobre a terceira edição, que destinou a si mesma e assinou como "Pellet", sem informar Duplain e Panckoucke, e nem mesmo Pellet, que já se acostumara a ver os outros falarem em seu nome.[24] Panckoucke enviou de Paris circulares semelhantes e delegou sua parte nas vendas a um livreiro parisiense de nome Laporte, colocando mais um intermediário no caminho da operação central de Duplain, em Lyon. Os três sócios principais despacharam caixeiros-viajantes para as províncias francesas, porém sem coordenar seus roteiros, o que por vezes levou os caixeiros a se atrapalharem mutuamente. Favarger vendeu apenas algumas assinaturas durante sua viagem pelo Sul e o Centro da França em 1778 porque, sem o saber, seguira os passos do agente de Duplain, Amable Le Roy, que já conquistara a maior parte do mercado. Le Roy queixou-se depois de que Favarger prejudicara as vendas dizendo aos assinantes que eles poderiam postergar os pagamentos. E o agente de Panckoucke voltou quase de mãos abanando de uma viagem pelo Norte porque se viu enredado na rivalidade entre negociantes provincianos e parisienses:

> Meu caixeiro-viajante não fez absolutamente nada. Estará aqui em alguns dias. Ele viu a Normandia, a Bretanha, gastou-me cerca de seiscentas libras e me apresentou faturas para 1500 na totalidade. Viam-no quase em toda parte como um espião. Os livreiros de província não gostam nada desses caixeiros-viajantes dos livreiros de Paris. Os de Lyon e de Rouen tiveram o cuidado de estabelecer prevenções de toda espécie.[25]

É óbvio que nem sempre os sócios trabalhavam com objetivos divergentes. Panckoucke aplaudiu o êxito de um dos primeiros caixeiros-viajantes de Duplain, que vendera 395 assinaturas durante uma viagem, e também aprovou a decisão de Duplain de atrair assinantes com a oferta de gravuras grátis de Diderot e D'Alembert: "É uma despesa bem-vista e que pode produzir um bom resultado".[26] Processando todas as assinaturas em Lyon, Duplain mantinha o controle de todo o empreendimento. E observando as mesmas condições nas vendas, que eram feitas quase na totalidade a varejistas e não a leitores individuais, os sócios trabalhavam como colaboradores em vez de competirem. A receita das vendas não se dispersava em pagamentos de comissões; era enviada a Duplain, que usava uma parte para cobrir as despesas operacionais e guardava o restante para distribuir entre os sócios, em proporção às cotas de cada um no empreendimento, por ocasião da liquidação das contas. Os sócios também tendiam a visar áreas diferentes em suas campanhas de vendas, muito embora seus vendedores se entrechocassem. Panckoucke concentrava-se em

Paris, Duplain nas províncias e no Sul da Europa e a STN no Norte europeu. Assim, quando Duplain desejava fazer um anúncio geral, enviava o texto a Neuchâtel, solicitando aos sócios da STN que o publicassem no *nord* — termo que ele aplicava vagamente a todo o território situado entre a Inglaterra e a Rússia — em todos os jornais onde julgassem que seria eficaz.[27]

Essa propaganda era bem pouco dispendiosa — outro indício do caráter relativamente primitivo do marketing setecentista. Favarger esgotou as forças de um cavalo durante sua viagem de vendas pela França, mas a STN com toda tranqüilidade deu baixa no valor do animal, registrando-o como uma perda de 96 libras. Na realidade, o custo total da viagem de cinco meses foi vultoso — 1289 libras, além de 240 libras pelo salário de Favarger; entretanto, apenas uma fração dessa quantia pode ser atribuída à *Enciclopédia*, pois Favarger também cobrou dívidas, organizou rotas de contrabando, estabeleceu relações com novos livreiros e vendeu todas as outras obras do acervo da STN.[28]

Em novembro de 1778, a STN cobrou dos sócios da edição *in-quarto* apenas dezoito libras pela produção de 1500 cópias de um "Grand Prospectus", de quatro páginas, para a terceira edição.[29] Duplain imprimiu sua própria versão do prospecto em Lyon, e a STN o reimprimiu, com 2060 cópias ao todo, em várias ocasiões entre novembro de 1778 e janeiro de 1780. Também produziu um *petit prospectus*, de uma página, para ser distribuído com a *Gazette de Berne*, bem como trezentas *lettres circulaires* que enviou para sua rede de livreiros.[30] Como os outros impressores de Duplain também produziram prospectos, parece provável que os tenham produzido em número suficiente para suprir cada livreiro da Europa com uma dúzia ou mais deles, inundando os canais do ramo livresco. Com uma resma de papel e um dia de trabalho de um compositor e uma dupla de impressores, a STN podia facilmente criar um milhar de prospectos por doze libras.

A publicidade em jornais era igualmente barata. A STN publicou um *annonce* de página inteira na *Gazette de Berne* — 36 linhas, em tipo paica pequeno — por apenas sete libras e dez soldos. Anúncios semelhantes nos jornais de Basiléia e Schaffhausen custavam seis a sete libras, e quase oito páginas de matéria publicitária no *Journal Helvétique*, da STN, custaram aos sócios da *Enciclopédia* apenas seis libras. É difícil fazer uma avaliação desses preços, dada a escassez de estudos sobre os periódicos de língua francesa no século XVIII. Pelos padrões atuais, porém, a circulação desses jornais era sem dúvida pequena. Em 1778, as tiragens variavam de 7 mil exemplares no caso do *Mercure* a 250 no do *Journal Helvétique*. A *Gazette de Leyde* provavelmente era tão influente quanto qualquer jornal do *nord*, a julgar pelas freqüentes referências a esse periódico na correspondência da STN; em 1779, um anúncio de meia página, com 25 linhas em tipo pequeno, custou ali apenas 26 libras. A STN também pagou cerca de uma libra por linha por três outros anúncios da edição *in-quarto* que mandou publicar na *Gazette de Leyde* em 1777 e 1778.[31] Mas teve de pagar quase o dobro (38 xelins) por dois anúncios de meia página no *Morning Herald*, jornal de ampla circulação em Londres (apenas duas linhas foram dedicadas à edição *in-quarto*; o restante divulgava a *Description des arts et métiers*). Os livreiros que trabalhavam com a edição *in-quarto* também mandavam publicar seus próprios anúncios. Téron, de Genebra, por exemplo, publicou cinco anúncios na *Gazette de Leyde* e quatro na *Gazette de Berne* entre 1777 e 1779. Assim, não se pode determinar o custo total da publicidade da *Enciclopédia in-quarto*, mas pode-se afirmar que ele não foi elevado. A STN, de sua parte, mandou publicar dez anúncios em cinco jornais, por aproximadamente 120 libras — menos de um terço do preço de uma *Enciclopédia*. Essa quantia parece insignificante para os padrões da indústria publicitária atual, mas para a época ela representava uma dose reforçada de propaganda.

As idéias sobre publicidade no século XX não se coadunam com as práticas vigentes no Antigo Regime, e seria anacrônico pesquisar os papéis pertinentes à edição *in-quarto* em busca de um orçamento publicitário ou relatórios de pesquisa de mercado. Os editores teriam condições de pagar por muitos outros anúncios em jornais, mas nunca lhes ocorreu que poderiam saturar a "mídia" com uma "campanha". Contentavam-se com um punhado de *annonces* — ou seja, literalmente, com anunciar, em matérias isoladas publicadas em meia dúzia de jornais, que seu produto poderia ser adquirido por um determinado preço e de determinada maneira.[32]

Entretanto, eles não compunham seus anúncios a esmo. Duplain escreveu sua própria cópia e repassou-a a Neuchâtel, com ordens estritas para que a imprimissem sem mudanças: "Remetemo-vos aqui incluso um anúncio a ser inserido tal e qual nas gazetas de Berna ou outras, se as conheceis, sem mudar nada".[33] Neste caso, o texto anunciava a falsa quarta edição, com a desculpa forjada de que "Pellet" recebera quase quatrocentos pedidos a mais do que seria capaz de suprir, enquanto na realidade o verdadeiro empreendedor da edição *in-quarto*, Duplain, acabara de informar aos sócios, que também permaneciam ocultos, que a terceira "edição", que na verdade era a segunda, estava com trezentas cópias encalhadas — e até mesmo essa informação era falsa. Enredado em tamanha trama de mentiras, Duplain não podia dar-se ao luxo de nenhuma alteração nas palavras do anúncio. Com aparente simplicidade, iniciava o anúncio da seguinte maneira:

> Jean-Leonard Pellet, impressor em Genebra e editor da *Enciclopédia in-quarto*, anuncia que a obra dos redatores está inteiramente acabada e que

sua edição conterá ao todo 36 volumes de textos e três de ilustrações. Ele considera um dever sagrado manter as promessas que consignou no cabeçalho dos tomos XI, XIII e XVII. Por conseguinte, os senhores assinantes receberão grátis três volumes de textos.[34]

Duplain só abordava o ponto principal — o anúncio da nova edição, para contrastar com as anteriores, fazendo com que as condições destas parecessem vantajosas — bem mais para a frente no texto. Esse modo indireto seguia o estilo informal e epistolar do jornalismo setecentista. Pellet dirigia-se a "M.M. les souscripteurs", usando o polido tratamento na terceira pessoa, como se estivesse meramente transmitindo uma informação. Suas palavras soavam como as dos próprios jornalistas, pois os jornais eram concebidos como cartas destinadas ao público em geral. Esses periódicos apresentavam as notícias despretensiosamente, sem cabeçalhos ou paginação especial, como tantas das cartas trocadas entre os *correspondants* comuns e o *gazetier*. Os anúncios publicitários, denominados apenas *annonces* ou *avis*, dificilmente podiam ser distinguidos das notícias, conquanto em geral aparecessem no fim do jornal nas publicações francesas. Tudo neles lembrava informalidade e confiança, o ingrediente exato para a mentira sistemática.

O tipo de enfoque nos argumentos de venda dos editores indica a maneira como eles esperavam que a *Enciclopédia* interessasse ao público leitor. Eles poderiam tê-la apresentado como uma magnífica obra de referência ou como um manifesto do Iluminismo. Qualquer uma dessas abordagens teria indicado a importância da ideologia na percepção que tinham do público. Na verdade, eles combinaram os temas de um modo que é ainda mais significativo, como se pode inferir das sentenças iniciais de seu principal prospecto, que foram reproduzidas na maioria dos *annonces* e *avis*, inclusive no "Avertissement des nouveaux éditeurs", no início do volume 1 da *Enciclopédia in-quarto*:

> Os dois escritores que conceberam o projeto da *Enciclopédia* fizeram dela a biblioteca do homem de bom gosto, do filósofo e do erudito. Esse livro nos dispensa de ler quase todos os outros. Seus editores, iluminando o espírito humano, surpreendem-no com freqüência pela imensa variedade de seus conhecimentos, e mais freqüentemente ainda pela novidade, a profundidade e a ordem sistemática de suas idéias. Ninguém conheceu melhor que eles a arte de elevar-se das conseqüências aos princípios, de destacar a verdade da miscelânea dos erros, de prevenir contra o abuso das palavras, que é sua principal fonte, de poupar esforços à memória que recolhe as idéias, à razão que as combina, à imaginação que as embeleza. Essa caminhada realmente filosófica deve ter acelerado os progressos da razão; e, há alguns anos, corre-se a passo de gigante em uma estrada que eles aplainaram e cujos espinhos muitas vezes transformaram em flores.

* * *

Uma *Enciclopédia in-quarto* na estante demonstraria a excelência de seu possuidor em três aspectos: como um homem de bom gosto, um homem culto e um filósofo. Longe de serem incompatíveis, esses papéis se complementavam mutuamente; e o melhor de tudo é que eram fáceis de encarnar. Diderot e D'Alembert haviam aberto trilhas tão agradáveis por entre as áridas vastidões do conhecimento que bastava seguir por onde eles indicavam, parando aqui e ali para apreciar as amenidades do caminho, e ainda se teria a satisfação de pertencer à vanguarda intelectual. Nem era preciso ler muitos outros livros, pois a *Enciclopédia* era, em si mesma, uma biblioteca. Os editores não arrolaram as obras que ela tornou obsoletas, mas quem consultasse o Discurso Preliminar não teria dificuldade para distinguir entre os indigestos volumes do conhecimento tradicional e o enxuto modelo moderno. O conhecimento moderno era sinônimo de Iluminismo; o prospecto deixava isso bem claro, não só invocando a razão e a marcha progressiva da filosofia, mas também atribuindo o conhecimento à operação das três faculdades, memória, razão e imaginação, exatamente como D'Alembert fizera no Discurso Preliminar. Mas o prospecto inseria esses argumentos sutilmente, sem fanatismos por Bacon e Locke e sem a retórica sobre reduzir a pó a superstição.

Em vez de salientar o desafio da *Enciclopédia* aos valores estabelecidos, o prospecto enfatizava a facilidade com que os assinantes se tornariam simultaneamente cultos e progressistas. Diderot e D'Alembert haviam feito com que tais qualidades parecessem inseparáveis — um estratagema bem concebido, como transformar espinhos em flores, que os editores adaptaram à sua propaganda. Eles queriam vender a *Enciclopédia*, e não fazê-la parecer difícil, e os autores da obra haviam fornecido seu principal argumento de venda: ela era tanto um compêndio do conhecimento como um veículo do Iluminismo. É um erro indagar por qual desses atributos a obra atraía os leitores setecentistas, pois os homens que a escreveram, bem como os que a venderam, pretendiam que ela os atraísse sob ambas as perspectivas. Assim, de um modo popular e simplificado, os anúncios amplificaram a mensagem da obra, mas não a distorceram. Com isso, atestaram a disseminação de um certo clima cultural. Os editores calcularam que muita gente compraria a *Enciclopédia in-quarto* meramente pensando em parecer um intelectual da moda. Não só o prospecto sugeria que todo indivíduo que adquirisse a *Enciclopédia* podia denominar-se filósofo, mas também Ostervald deixou explícita a estratégia de explorar o esnobismo intelectual em uma carta a Panckoucke: "É preciso começar por distinguir e classificar sob duas classes todos aqueles que se abasteceram conosco: uns são homens de letras ou curiosos de instruir-se com a ajuda dessa compilação; os outros foram guiados apenas por uma espécie de vaidade, vangloriando-se de possuir uma obra tão renomada".[35]

O esnobismo intelectual parece ter sido um novo fenômeno da época, talvez porque os intelectuais houvessem justamente começado a ganhar a atenção do público em geral. De qualquer forma, parece significativo o fato de os esnobes terem tomado o partido da *Enciclopédia* na época em que a obra permaneceu oficialmente na ilegalidade. Ela não podia ser anunciada em jornais impressos na França, muito embora houvesse matéria sobre ela em jornais estrangeiros, como a *Gazette de Leyde*, que circulavam amplamente no reino. Duplain tinha de manter suas operações ocultas por trás das páginas de rosto suíças, e até mesmo os prospectos precisavam parecer suíços. ''Precisou-se de diligências, de solicitações, de pedidos para obter a circulação *moderada e como que vinda de Neuchâtel* desse prospecto'', informou Panckoucke à STN.[36] A STN recebeu várias cartas de livreiros receosos de vender a *Enciclopédia in-quarto*, e as respostas enviadas pela editora suíça, ainda que tranqüilizadoras, indicam os limites da legitimidade da obra: ''Embora tenha havido uma proibição da parte do magistrado para essa obra, estamos muito certos de que seu efeito está suspenso e de que não há absolutamente nada a temer quanto aos coletores, sobretudo tendo, quanto à capital, alguma prudência em sua praça''.[37] O governo não podia renunciar abertamente à perseguição da *Enciclopédia* sem parecer endossar-lhe a ideologia. Portanto, os editores beneficiaram-se de ambos os aspectos: puderam aproveitar-se da atração exercida pela literatura ilegal e ao mesmo tempo explorar a proteção sub-reptícia das autoridades. Contudo, o ponto fundamental de seu marketing relaciona-se ao modo como a *Enciclopédia* foi apresentada e vista no final do século XVIII. A obra originalmente causara sensação por gerar controvérsia, disseminara-se por toda a Europa na esteira daquele *succès de scandale* e seus inimigos continuaram a alimentar o escândalo renovando os ataques. Longe de evoluir para uma obra de referência neutra, a *Enciclopédia* permaneceu um anátema oficial até a Revolução. Sua ilegalidade continuou a ser tão vantajosa para as vendas que a STN chegou a rezar por mais decretos contra ela.[38]

OS LIVREIROS

A publicidade e as polêmicas mostram como a *Enciclopédia* foi vista por seus contemporâneos ao ser lançada no mercado em um formato relativamente pouco dispendioso. No entanto, o marketing em si encerrava muito mais do que a produção de propaganda. Ele se dava em dois estágios: os editores vendiam assinaturas aos livreiros, e estes então as vendiam aos clientes. Esse processo de vendas em duas etapas requeria dois sistemas de comunicação. Editores e livreiros veiculavam mensagens gerais para o público, e entre si trocavam informações comerciais através de sua própria rede, a qual mantinham em funcionamento por intermédio de cartas, visitas pessoais e agentes itinerantes.

Esse processo colocava o intermediário em uma posição estratégica. Longe de manterem organizações de vendas capazes de operar em escala nacional, os editores contavam apenas com *comptoirs*, minúsculos escritórios na sede da firma compostos apenas de um guarda-livros e um ou dois escriturários. Contudo, depois de vários anos no ramo, eles formavam uma extensa rede de contatos em todo o comércio varejista. Assim, visavam em sua campanha de vendas principalmente os varejistas, responsáveis pelas vendas em âmbito local. "Pode-se subscrever nos principais livreiros de cada cidade" era a fórmula que fechava grande parte dos *annonces* da edição *in-quarto* e também da maioria das outras obras.[39] Para persuadir os livreiros a se empenharem a fundo nas vendas da *Enciclopédia*, os editores destinaram-lhes uma fatia significativa dos lucros. Os livreiros compravam suas cópias da edição *in-quarto* por 294 libras e as vendiam por 384, recebendo uma cópia grátis a cada doze que encomendavam. Se vendessem treze, ganhariam 1464 libras, o equivalente a dois anos de salários de um impressor pago por jornada, com um lucro de 41% sobre um investimento de 3528 libras. A importância do desconto para revendedores evidencia-se claramente em suas cartas. Gaston, de Toulouse, por exemplo, comentou com a STN que se esforçara muito para vender assinaturas porque "se o desconto é honesto, não se receia sair a campo para tentar conseguir assinantes de bem longe".[40] A guerra das edições *in-quarto* e *in-octavo* tornou-se em grande parte uma disputa pelos livreiros, que Panckoucke esperava vencer devido aos lucros que dividia com eles: "Percebeis, senhor, que o enorme benefício dos livreiros os impedirá de favorecer esse empreendimento [a edição *in-octavo*]", explicou a Ostervald.[41] "E só eles podem fazer o sucesso de uma obra dessa natureza. Apenas esta razão bastaria para não vos fazer temer essa concorrência."

A STN também atribuiu o sucesso da edição *in-quarto* ao apoio dos livreiros, associando esse apoio ao dinheiro que eles ganhavam com as vendas.[42] Em sua correspondência comercial, a STN sempre os incentivava a empenharem-se mais para vender a obra. Repetia vezes sem conta o mesmo argumento: adquirindo os volumes da edição *in-quarto* por sete libras e dez soldos cada um e vendendo-os por dez libras, eles podiam ganhar muito dinheiro: "Temos como máxima geral fazer que todos os livreiros com quem trabalhamos ganhem muito",[43] explicaram os sócios da STN a Abert, de Avalon, acrescentando sugestivamente que os colegas de Abert em Dijon haviam vendido cem assinaturas em poucos meses. Enquanto isso, incitavam os livreiros de Dijon a seguirem os passos dos de Besançon, que haviam vendido ainda mais, e espicaçavam estes por ficarem atrás dos outros. "Ninguém vos pede a *Enciclopédia in-quarto*?

Cremos que sois o único livreiro na França e mesmo alhures que não tenha especulado com isso. O benefício deles é certo."[44] Era principalmente com cartas desse teor, dúzias delas por semana, que os editores faziam sua parte no marketing da obra.

Os livreiros, por sua vez, produziam ainda mais propaganda. Mandavam publicar anúncios em periódicos locais, distribuíam os prospectos fornecidos pelos editores e falavam sobre a *Enciclopédia in-quarto* aos fregueses que entravam na loja. Tonnet, de Dole, preferia os cartazes: "Não faríeis mal em acrescentar a isso um cartaz em letras grandes para afixar na frente da minha loja, como deviam fazer todos os vossos correspondentes".[45] Charles, de Meaux, baseava suas vendas nos cartazes e na profusa distribuição de prospectos: "Espalhando-os nas redondezas com cuidado, eu bem poderia fazer-vos 24 assinaturas no lugar de doze".[46] Alguns livreiros chegavam a produzir seus próprios prospectos. A Società Letteraria e Tipografica di Napoli distribuiu um elegante prospecto de duas páginas em italiano, oferecendo as edições *in-quarto* e *in-octavo*.[47] Assim, a publicidade da *Enciclopédia in-quarto* proliferou por toda a Europa, e a maior parte das vendas deveu-se a livreiros locais, que usaram todos os expedientes ao seu alcance. Mas, sob a perspectiva desses livreiros, como era vista a edição *in-quarto*, e como eles percebiam seu papel no processo de difusão?

Essas questões podem ser abordadas sob duas formas: consultando as cartas dos livreiros e acompanhando as informações de Favarger sobre as vendas no varejo durante sua viagem de 1778. As cartas decepcionam um pouco, pois os livreiros não discorriam sobre suas idéias literárias e seu relacionamento com os clientes. Mantinham um tom reservado e prático na correspondência, atendo-se aos assuntos que diziam respeito a eles próprios e aos seus fornecedores: organização de remessas, problemas de pagamento e qualidade da mercadoria. No entanto, a ênfase nesses temas indica o modo como eles viam a *Enciclopédia*. Consideravam-na primordialmente uma oportunidade de evitar a falência, naquele ramo onde ela era tão corriqueira. Essa visão dura e estritamente econômica da obra prevalecia especialmente entre os pequenos livreiros, como fica evidente a partir de alguns exemplos extraídos da região circunvizinha de Nancy.

Fournier, de Saint Dizier, cidade com 5600 habitantes na parte ocidental da Lorena, considerava-se um felizardo por ter conseguido um pequeno pé-de-meia. Sua mulher queria que ele investisse em terras, mas ele achava que seria mais vantajoso especular com *Enciclopédias* — desde que lhe fossem concedidas condições especiais. Se lhe dessem um desconto de 94 libras por exemplar além da décima terceira cópia grátis, disse aos sócios da STN, ele pagaria em dinheiro e à vista. Era uma oferta tentadora, pois os pagamentos em dinheiro eram raros naquele ramo, em que imperava a escassez de moeda sonante, e Fournier achava que conseguiria vender doze assinaturas. Mas a STN não pôde aceitar, pois se um dos sócios da edição *in-quarto* abrisse um precedente modificando o preço no atacado, haveria uma avalanche de pedidos de desconto. Assim, no final, prevaleceu a vontade da mulher de Fournier, e este vendeu apenas três *Enciclopédias in-quarto*, ao preço corrente.[48]

Enquanto isso, em Joinville, uma cidade vizinha com 3 mil habitantes, o livreiro local, De Gaulle, enviava cartas repletas de lamentações pelo custo do transporte. "Como quereríeis vós que eu possa subscrever um exemplar da *Enciclopédia*?", perguntava ele. "Os portes e as taxas me levariam o lucro." Embora acabasse finalmente vendendo uma assinatura, ele considerava Joinville um mercado fraco para os livros. As pessoas preferiam gastar dinheiro em tapeçarias, explicou: "Tenho a infelicidade de estar em uma cidade onde não há muitos curiosos".[49]

Pouco mais ao norte, em Verdun, com 10 300 habitantes, um livreiro de nome Mondon esforçava-se para vender doze assinaturas a fim de beneficiar-se da décima terceira gratuita. O prospecto causara uma reação promissora entre seus clientes, especialmente entre os oficiais de dois regimentos aquartelados na cidade, informou Mondon. Em quatro meses, ele vendera oito *Enciclopédias* e, após o anúncio da terceira edição, vendera mais quatro. Mas a seguir sobrevieram dificuldades. As primeiras remessas de Duplain não continham cópias suficientes dos primeiros volumes, e por isso Mondon teve de atender a alguns de seus clientes antes dos demais. "Estou embaraçado", escreveu à STN. "Qual dos meus assinantes preferiria eu? São todos pessoas da primeira classe." Depois, Duplain perdeu a encomenda de Mondon para a terceira edição. Quando finalmente a encontrou, mandou duas vezes mais exemplares do que o pedido por Mondon. Este inspecionou a remessa e descobriu que ela já não valia nada, porque pelo menos duzentas folhas estavam danificadas pela umidade e descuido no manuseio. Como Duplain não substituiu as folhas defeituosas e mal condescendeu em responder suas cartas, Mondon tentou obter a intervenção da STN. Queixou-se de que Duplain deixara de importar-se com os pequenos livreiros e perdera o controle da edição *in-quarto* quando ela se transformara em um empreendimento gigantesco. E o pior de tudo era que Duplain recusara-se a dar-lhe a décima terceira cópia grátis, com a desculpa de que quatro de suas doze cópias provinham da terceira edição, que era um negócio à parte. "Deveis imaginar bem que em uma cidade pequena como esta era difícil, sem empenho e sem se deslocar, fazer um grande número de subscrições. Confessar-vos-ei que era na esperança de usufruir do 13º." Todas essas dificuldades acarretaram problemas com os clientes de Mondon, que se recusaram a pagar enquanto não recebessem os volumes completos e corretos. Por fim, o declínio da atividade livresca e a partida de numerosas tropas para a guerra na América acabaram deixando Mondon à beira da falência. "Não considero como mortificação fazer-vos a confissão de minha pouca fortuna. Como pai de família, devo tomar cuidado com meus compromissos e respeitá-los [...] O comércio aqui caiu totalmente. Nenhuma profissão pode fixar seu varejo sem tropas, e é disso que estamos desguarnecidos desde a miserável guerra que nos tira todos os recursos [...] Não estou em condição de pagar: seis filhos, pouco comércio deixam-me entrever apenas muita dificuldade".[50]

Essas eram as atribulações dos livreiros das pequenas cidades. Os grandes negociantes não se angustiavam com os pagamentos, mas também eles tratavam a *Enciclopédia* exclusivamente como uma oportunidade de ganhar dinheiro. Machuel, de Rouen, avaliou a demanda pela edição *in-quarto* como "lucrativa".[51] Mathieu, de Nancy, afirmou que esperava vender muitas assinaturas, o que de fato conseguiu, não fornecendo mais detalhes.[52] Bergeret, de Bourdeaux, Chevrier, de Poitiers, Leutormy, de Orléans, Rigaud, de Montpellier e Buchet, de Nîmes, discorreram sobre a *Enciclopédia in-quarto* nos mesmos moldes. Sempre se referiram a ela como um *best seller*, mas não explicitaram as razões de tal sucesso. Em vez disso, procuravam manobrar para obter tratamento preferencial — descontos secretos ou prioridade nas remessas — e enchiam as cartas com queixas sobre Duplain. Rigaud, por exemplo, tentou jogar a STN contra Duplain para ganhar uma cópia grátis extra, como recompensa por vender mais de cem assinaturas. A STN descartou o pedido com uma observação acerca do que tal êxito significava para ele: "Devemos também vos felicitar por vossa especulação em razão do benefício que há a tirar para vós". Rigaud respondeu com críticas fulminantes às duas primeiras "edições":

> Achamos o papel cinzento e desigual, o tipo gasto, as correções malfeitas, pois a obra pulula de erros de impressão. Enfim, o discurso preliminar do primeiro volume está executado de uma maneira infame, isto é, tipos gastos sobre papel muito ruim etc. Se se continua assim, isso atrairá infalivelmente discussões e provavelmente processos com os assinantes, que não param de queixar-se e que enfim farão escândalo.[53]

Por fim, as cartas dos livreiros ilustram o funcionamento de sua rede de informações. Em face do perigo de serem apanhados no fogo cruzado entre os consórcios rivais de editores ou de se perderem no turbilhão da publicidade enganosa, os varejistas precisavam saber o que realmente acontecia entre os editores. Para um livreiro de pouca expressão como Lair, de Blois, era extremamente difícil obter uma visão nítida dos fatos. Em dezembro de 1773, Laird foi informado (erroneamente) de que os trabalhos no *Supplément* andavam de mal a pior, devido à deserção de Diderot (que, na verdade, não tinha nenhuma ligação com a obra); por isso, ele decidiu encomendar de Félice a *Encyclopédie d'Yverdon*. Em março de 1777, chegara-lhe a notícia da existência da *Enciclopédia in-quarto*, embora ele julgasse (erroneamente) que ela estava sendo publicada em Bouillon e que se tratava de uma falsificação barata da obra de Félice. Lair deu preferência à edição *in-quarto* até o dia em que leu o ataque de Linguet nos *Annales*, convencendo-se de que Pellet e Panckoucke tencionavam lograr seus assinantes e que, afinal de contas, deveria permanecer fiel a Félice. Mas teve essa fé abalada ao ouvir boatos sobre o plano de publicar uma versão da *Encyclopédie méthodique* em Liège. Favarger finalmente esclareceu a situação quando chegou a Blois, durante sua viagem de vendas de 1778; no entanto, ao revelar a verdadeira natureza da edição *in-quarto*, ele distorceu a da *Encyclopédie méthodique*, pois não queria que a nova *Enciclopédia* arruinasse o mercado da outra. Por isso, convenceu Lair de que o projeto da *Encyclopédie méthodique* era uma utopia, muito embora Panckoucke já houvesse assumido a direção do empreendimento e estivesse prestes a pô-lo em prática em Paris.[54]

Para os livreiros importantes situados em pontos estratégicos da rede de informações era bem mais fácil manter-se informado. Jean Mossy, um astuto e poderoso livreiro de Marselha, ficou a par de tudo sobre as conexões entre Neuchâtel e Lyon seis semanas depois de a STN ter aceito o Traité de Dijon; no entanto, hesitou em vender assinaturas da edição *in-quarto* porque desejava ter certeza sobre qual das edições rivais o governo favoreceria. "Quanto à vossa nova edição da *Enciclopédia in-quarto*, não sei ainda o que vos dizer", escreveu à STN em maio de 1777. "Havíamos recebido ordens do governo de não nos imiscuirmos nem na venda, nem na subscrição dessa obra. Além disso, fala-se de uma outra que o governo pretende favorecer, que será também *in-quarto*. Trata-se de ter paciência para ver o que acontecerá com tudo isso." Um mês depois, Mossy percebeu que o governo dera seu apoio à *Enciclopédia in-quarto* de Duplain, e passados mais três meses ele discerniu o objetivo de Duplain: "Desconfio que esse empreendimento foi arranjado por um francês e que ele tem vontade de abandonar o comércio depois dessa operação".[55]

Os livreiros apoiavam-se em sua rede de informações sobretudo para evitar encalhes de edições antigas quando novas edições ameaçavam conquistar o mercado. Sens, de Toulouse, assim que foi informado sobre a edição *in-quarto* cancelou uma encomenda da segunda edição *in-folio*, enquanto Carez, de Toul, ao saber sobre a *Méthodique*, cancelou uma encomenda da edição *in-quarto*.[56] Os livreiros também trocavam informações acerca de outros assuntos, tais como a solvência dos concorrentes e os rumos da política governamental. Por exemplo, Chaurou contou à STN que as autoridades de Toulouse não tencionavam liberar as remessas de *Enciclopédias in-octavo* que haviam apreendido: "A *Enciclopédia in-octavo* não foi devolvida, e assegura-se até que não o será. Penso que só se obterá o privilégio tácito dessa obra depois que a *in-quarto* for consumida''.[57] Essa era uma notícia importante, pois indicava que efetivamente o grupo da edição *in-quarto* vencera a guerra das *Enciclopédias*; quanto mais essa informação se espalhava, mais induzia os assinantes da edição *in-octavo* a mudarem sua preferência para a *in-quarto*, e a STN tratou de mantê-la em circulação pela rede.

Quando vistos sob a perspectiva de suas cartas comerciais, os livreiros aparecem apenas como homens de negócios, o que não é de surpreender; no entanto, eles eram também agentes culturais, que operavam no ponto de encontro da oferta com a demanda de livros. Quando chegava à cidade o representante de um editor, na conversa com os livreiros com freqüência falava-se sobre as preferências literárias do público, e esses diálogos muitas vezes influenciavam as decisões dos editores quanto a que obras imprimir e que gêneros enfatizar. Favarger sondou a demanda dos leitores por todos os lugares em que passou, viajando de livraria em livraria durante sua jornada pela França em 1778. Seu diário e suas cartas constituem praticamente um levantamento do mercado da *Enciclopédia*, que podemos acompanhar à medida que ele se deslocou pelo mapa do reino.

Em Lyon, por exemplo, os livreiros só falavam do sucesso da edição *in-quarto*, muito embora demonstrassem cautela quanto ao que revelavam durante as conversas. Depois de uma visita à poderosa firma de Périsse frères, Favarger informou à STN: ''Não pude saber suas idéias sobre a *Enciclopédia in-quarto*. São muito reservados, esses senhores. Mas concordam em dizer que não há nada no prelo em Lyon a não ser algumas bagatelas e a *Enciclopédia in-quarto*''. Em Vienne, a viúva Vedeilhé mostrou-se entusiasmadíssima: ''Ela vendeu 48 exemplares da *Enciclopédia in-quarto*, e a mesma coisa é em Vienne como em Lyon: não se compra outro livro que não esse''. Também animada, a viúva Giroud, de Grenoble, afirmou que vendera 26 assinaturas e que poderia vender mais duas dúzias se Félice pudesse ser persuadido a aceitar a devolução de algumas coleções incompletas da *Encyclopédie d'Yverdon*. Após receberem os primeiros catorze volumes da obra, seus clientes haviam cancelado as assinaturas, e agora desejavam trocar a *Enciclopédia* de Félice pela da STN. Avançando mais para o sul, Favarger deparou com um território árido.

> Em Valence é Aurel que faz mais, mas arca com família e não ganha muito [...] Não há nenhum livreiro em Viviers. Um ambulante do Vivarais do qual não pude saber o nome nem a residência ali traz, como em Montélimar, três ou quatro vezes por ano, livros para vender. Orange tem apenas um chamado Touït, cabeleireiro de profissão, mas que vende os habituais e nada mais. Calamel, que está anotado no almanaque dos livreiros, é um comerciante de tecidos, que outrora vendeu livros mas que não os tem mais.

* * *

Carpentras não possuía um único livreiro, mas, como outras cidadezinhas da região, abastecia-se junto aos editores piratas do território papal de Avignon. Favarger foi tratado em Avignon como inimigo e espião, e a situação piorou na rota para Toulon, pois os trabalhadores da manufatura de seda, desempregados, estavam saqueando viajantes nas estradas. Favarger passou incólume, mas encontrou apenas três livreiros em Toulon, os quais lhe disseram que seus negócios andavam tão mal que só conseguiam vender livros sobre navegação. Mas em Marselha, Nîmes e Montpellier os negócios iam de vento em popa. Hérisson, de Carcassone, cancelara suas assinaturas da edição *in-octavo* para adquirir a *in-quarto*. E Fuzier, de Pézenas, e Odezenes et Fils, de Morbillon, também pareciam inclinados a passar para o lado da edição *in-quarto*, principalmente porque as operações de contrabando dos editores da *in-octavo* haviam entrado em colapso no Sudoeste. A edição *in-quarto* sobrepujara as demais em Toulouse, embora Favarger considerasse a cidade um "centro da beatice", e seus livreiros, um bando de velhacos que tentavam eliminar uns aos outros com denúncias à polícia. Um encadernador de nome Gaston reunira de oitenta a 85 assinaturas da edição *in-quarto* oferecendo a encadernação grátis, mas a corporação dos livreiros obrigara-o a abandonar o projeto alegando que, não sendo membro da corporação, ele não tinha o direito de vender livros. A edição *in-quarto* também tivera boas vendas em Bordéus, apesar do declínio em que se encontrava a atividade livresca local, que os negociantes atribuíam à guerra americana. Depois de viajar pelo Norte, passando por La Rochelle, onde não fez grandes negócios, e por Poitiers, "uma cidade bem pobre para qualquer comércio", Favarger retornou a Neuchâtel cruzando o vale do Loire, onde também não obteve muito êxito. Seu diário contém uma série de observações como: "Saumur, nada" e "Chinon, menos ainda". Os três irmãos L'Etourmy dominavam o ramo no vale, sediados em Tours, Blois e Orléans; Favarger não logrou conquistá-los, e não pretendia fazer negócios com a maioria dos livreiros menos importantes, que trabalhavam com obras proibidas mas não pagavam suas contas, segundo informações que os comerciantes locais lhe haviam passado. Depois de inspecionar dois dos maiores mercados para a *Enciclopédia in-quarto*, Dijon e Besançon, Favarger finalmente seguiu rumo a Neuchâtel, de onde saíra cinco meses antes, tendo gasto centenas de horas falando de negócios.[58]

Conquanto não seja possível reconstituir essas conversas, podemos ter uma idéia do teor das mesmas a partir das cartas de Favarger. Para ele, os livreiros de Lyon eram difíceis e arrogantes: "Eles jamais têm tempo de vos escutar. Parece que têm impérios a governar". Os de Toulouse adotavam um estilo mais informal, típico do Sul:

> Quando fizestes vossas ofertas, responde-vos que examinarão o catálogo etc., rogando-vos passar novamente. Voltais, então, três ou quatro vezes e

acontece que o patrão não se encontre ali. Se o encontrais, ele não teve tempo de examinar vossas propostas. Portanto, é preciso retornar, para quê? Para nada, na maior parte do tempo. Todos estão nesse tom. É preciso que um estrangeiro corra constantemente de um dos extremos da cidade ao outro e isso antes do meio-dia, pois após o jantar é raro encontrar algum desses senhores em casa.

Quando finalmente conseguia laçar os clientes, Favarger não só fazia algumas vendas como também extraía deles informações valiosas. Por exemplo, descobriu que por toda parte havia grande demanda por obras de Rousseau: "Todos me pedem as memórias [ou seja, *Confissões*] de J.-J. Rousseau. Acredita-se firmemente que elas existem, não em Paris, mas talvez na Holanda. Seria um livro para fazer com 3 mil se o tivéssemos na estréia [...] Por toda parte se está impaciente por saber notícias desse autor. Talvez, e isso é certo, uma nova edição aumentada de suas obras se vendesse bem".[59] Esse entusiasmo era puramente de natureza comercial. Gosto e valores pessoais pareciam não influenciar a avaliação dos livreiros sobre as obras. Como observou André, de Versalhes, "Não negligencio igualmente a venda dos livros que eu jamais poderia ler, e é unicamente porque é preciso viver com a maioria e porque o melhor livro para um comerciante de livros é aquele que se vende".[60] Somente uma vez Favarger deparou com um livreiro que imprimia uma direção ideológica ao seu negócio: "Arles. Gaudion vale ouro, mas é uma singular personagem [...] Quando lhe falei da Bíblia e da *Enciclopédia*, respondeu-me que era muito bom católico para procurar difundir dois livros tão ímpios, que todas as enciclopédias lhe foram oferecidas, mas que evitará vendê-las".[61] Em todos os outros lugares, Favarger descobriu que os livreiros haviam recebido com entusiasmo a febre da *Enciclopédia*. A demanda variava: parecia mais fraca nas remotas áreas interioranas, as montanhas de Midi, Berry, Poitou e partes da Vendéia, e mais forte na orla de um vasto semicírculo, que descia pelo vale do Ródano e retornava pelo Garonne. Em geral, as sondagens de Favarger confirmavam todas as outras informações que chegavam aos editores: o sucesso da *Enciclopédia* estava sendo fabuloso.

PREÇOS E CONSUMIDORES

Os livreiros gostavam da *Enciclopédia* porque seus clientes a compravam. Mas quem eram esses clientes e em que grau a obra penetrou no mundo além dos pontos de venda visitados por Favarger? Essas questões, como tantos problemas na sociologia da literatura, são difíceis de responder. Mas podemos medir os limites externos do público da *Enciclopédia*, mesmo não sendo possível adentrar a mente dos leitores. Primeiro, é necessário calcular os limites econômicos do padrão de consumo, e a seguir poderemos visualizar a distribuição geográfica e social das edições *in-quarto*.

O tamanho e o preço da *Enciclopédia* foram diminuindo à medida que ela progrediu de edição para edição. Enquanto o formato reduziu-se do *in-folio* para o *in-quarto* e depois o *in-octavo*, o preço da assinatura caiu de 980 para 840, 384 e 225 libras. Ao mesmo tempo, aumentou o tamanho das tiragens — de 4225 e 2200 cópias, no caso das duas edições *in-folio*, para mais de 8 mil no das *in-quarto* e 6 mil no das *in-octavo*.[62] Após satisfazer o "mercado da qualidade", os editores procuraram atingir um público maior, produzindo em quantidade. Deixaram bem explícita essa estratégia em sua correspondência comercial: "O formato *in-folio* será para os grandes senhores e as bibliotecas, enquanto a *in-quarto* estará ao alcance dos homens de letras e dos amadores cuja fortuna é menos considerável".[63] Também salientaram isso em seus anúncios publicitários. Ao longo de todo o trabalho, eles haviam sido guiados por "orientações econômicas", explicaram nos prospectos. Queriam colocar a *Enciclopédia* ao alcance dos leitores comuns, que mais se beneficiariam com a obra, e que se haviam afastado em face do luxo das edições *in-folio*.[64]

A eliminação da suntuosidade tipográfica era um argumento que agradaria tanto aos valores quanto ao bolso do público de classe média, e ela se tornou viável com a exclusão da maioria das ilustrações — que eram bonitas, mas não tinham utilidade, explicava o prospecto, porque nunca poderiam ser complexas o suficiente para aperfeiçoar a habilidade técnica de nenhum artesão, e com freqüência eram tão simples que chegavam a ser desnecessárias. Quem precisaria de gravuras de objetos corriqueiros como martelos e foles? Se comparada fisicamente às edições *in-folio*, a *in-quarto* sobressai pela simplicidade e sobriedade, a pouca espessura do papel, a pequenez das margens e a convencionalidade dos tipos. Duplain não recorreu às magníficas fábricas de Johannot e Montgolfier para obter papel, indo buscá-lo em fornecedores menores, espalhados por toda a França e a Suíça. Não encomendou os tipos de Fournier le Jeune, em Paris, a fundição mais elegante da Europa, mas de Louis Vernange, um provinciano capaz, porém prosaico. Mesmo a impressão da edição *in-quarto* parece descuidada em comparação com a de suas antecessoras. Um exame atento de qualquer cópia revela uma profusão de impressões digitais dos trabalhadores, páginas com excesso de tinta, folhas maldobradas, registro malfeito e erros tipográficos. A edição *in-quarto* foi produzida às pressas, fundamentou-se na economia. A *in-octavo* foi ainda pior; posta ao lado de suas irmãs, ela parece uma pobre enteada, maltrapilha, manchada e malcuidada. Os editores não só eliminaram o supérfluo ao reduzir os custos, mas também adequaram a obra à mais ordinária livraria de província. A *Enciclopédia* passou de um extremo a outro. Suas metamorfoses tipográficas indicam que, após ser originalmente criada para uma elite de grandes senhores e homens cultos, ela penetrou nos mais remotos setores do público leitor.[65]

Entretanto, a "democratização" da *Enciclopédia* tinha limites, pois até mesmo a edição mais barata teria parecido dispendiosa para as pessoas comuns. Podemos avaliar o quanto estava longe do alcance dessas pessoas avaliando o seu equivalente em pão, o elemento básico de sua dieta. A primeira edição *in-folio* valia 2450 pães, a *in-quarto*, 960, e a *in-octavo*, 563, tendo como padrões de medida os preços da assinatura da obra e o preço "normal" de oito soldos por um pão comum de 1,8 quilo na Paris pré-revolucionária. Um trabalhador sem especialização com mulher e três filhos precisaria comprar pelo menos doze pães por semana para a subsistência da família, e ganharia cerca de uma libra por dia, quando encontrasse trabalho. Mesmo em épocas favoráveis e ainda que a esposa e os filhos tivessem empregos, metade da renda da família teria sido gasta em pão. Uma *Enciclopédia in-octavo* "barata" representava quase um ano desse precário orçamento para alimentação, uma *in-quarto*, um ano e meio, e uma *in-folio*, quatro anos. Seria tão provável um desses trabalhadores comprar uma *Enciclopédia* — mesmo se a conseguisse ler — quanto comprar um palácio. Artesãos especializados — ferreiros, carpinteiros e compositores — ganhavam quinze libras em uma semana de trabalho bem produtiva. A julgar pelas assinaturas em certidões de casamento e pelos *inventaires après décès*, eles com freqüência eram capazes não só de ler, mas também de comprar livros. Mas não teriam condições de adquirir uma *Enciclopédia*, pois um exemplar da primeira edição *in-folio* representava 65 semanas de trabalho, um da *in-quarto*, 26, e um da *in-octavo*, dezessete. A obra de Diderot permaneceu além do poder aquisitivo da "aristocracia trabalhadora", inclusive dos homens que a imprimiram.[66]

Mas os homens que a escreveram, mencionados como *Gens de Lettres* na página de rosto, poderiam ter comprado a *Enciclopédia* em suas edições mais baratas. O próprio Diderot ganhou em média 2600 libras anuais por seus trinta anos de trabalho na *Enciclopédia*.[67] Uma cópia da edição *in-quarto* teria custado sete semanas e meia de seu salário, e uma da *in-octavo*, quatro e meia — quantia nada exorbitante, considerando que ele possuía outras fontes de renda. Muitos outros autores menores eram mais abastados do que Diderot, graças a patronos e pensões. B. J. Saurin, típica figura dos escalões superiores da República das Letras, hoje em dia merecidamente esquecido, recebia 8600 libras anuais em pensões e *gratifications*.[68] Poderia ter adquirido uma *Enciclopédia in-quarto*, equivalente a pouco mais de duas semanas de sua renda. A edição *in-octavo* era para escritores mercenários como Durey de Morsan, um aventureiro literário que vivia das migalhas da mesa de Voltaire e escreveu como um dos assinantes zelosos" de Lausanne e Berna: "O número dos literatos pobres ultrapassa de muito o dos leitores opulentos. Estou encantado, em meu particular, de que essa obra, antes demasiado cara, não exceda as faculdades dos semi-indigentes como eu. Desejaria que a porta das ciências, das artes, das verdades úteis estivesse aberta dia e noite a todos os humanos que sabem ler".[69]

É impossível apresentar quantias típicas na ampla variedade das rendas prevalecentes nas classes intermediárias das províncias, mas os cálculos a seguir permitem uma noção do que a compra de uma *Enciclopédia* teria representado para pessoas situadas bem abaixo dos grandes nobres e financistas e bem acima da massa em geral.[70] Embora os curas recebessem apenas quinhentas libras anuais como sua *portion congrue* após 1768, sua renda anual com freqüência atingia de mil a 2 mil libras. A compra de uma *Enciclopédia in-folio* teria absorvido 25 semanas dos rendimentos de um próspero cura, e uma *in-quarto*, dez semanas. Entre os *bourgeois* provincianos, os bailios ocupavam o topo na escala das profissões da área legal, ganhando via de regra entre duas e 3 mil libras anuais; uma cópia da edição *in-folio* equivalia a dezessete semanas de trabalho para eles, e uma da *in-quarto*, a sete. Para viver *noblement*, um *bourgeois* precisava contar com no mínimo três a 4 mil libras anuais em *rentes*; uma *Enciclopédia in-folio* representava treze semanas de sua renda, uma *in-quarto*, cinco semanas. Em qualquer um dos casos, a diferença entre o custo da *in-folio* e o da *in-quarto* correspondia à diferença entre uma extravagância e um luxo plausível. Duplain fixara o preço no nível exato para que a *Enciclopédia* penetrasse além dos restritos círculos da abastada *avant-garde* em que fora originalmente confinada e atingisse um público geral de profissionais liberais e figuras locais importantes.

A precisão desses cálculos se evidencia nos pedidos de assinaturas. Como já mencionamos, eles chegaram em profusão tal que Duplain encontrou dificuldade para administrá-los, e Panckoucke mal pôde acreditar: "É um sucesso inacreditável".[71] A STN proclamou a edição *in-quarto* o maior lance da história editorial.[72] Os informes dos livreiros confirmam essa opinião. Em Rouen, Machuel constatou que a edição *in-quarto* fora "difundida por toda parte". Em Montpellier, Rigaud considerou-a "bem difundida"; de Maestricht, Du Four informou: "Não há obra tão universalmente difundida"; Resplandy descreveu-a em Toulouse como uma obra "com a qual nossas ruas são calçadas", e D'Arnal ecoou em Lyon: "Nossa cidade está calçada com ela".[73] A edição *in-octavo* apresentou vendas ainda melhores, pelo menos antes de o confisco das remessas desencorajar os assinantes. Lair, de Blois, informou que um caixeiro-viajante dos editores de Lausanne e Berna conseguira vender 3 mil assinaturas durante uma rápida viagem por algumas províncias, e que o preço da *in-octavo* a transformara em um perigoso concorrente para a edição *in-quarto*.[74] De modo semelhante, Gaston, de Toulouse, escreveu que suas vendas da *in-octavo* poderiam ter sido duas vezes maiores que as da *in-quarto* se as tramas dos editores não houvessem solapado seus esforços:

> Vendi 182 exemplares [da *Enciclopédia in-quarto*] no tempo de três semanas. Sou assinante de 104 exemplares dessa mesma *Enciclopédia* que se imprime em Lausanne em formato *in-octavo*; e se não se houvesse anunciado duas outras *in-octavo* e uma *in-folio* — a saber, uma que os livreiros de Toulouse fazem imprimir em Nîmes com o sr. Gaude e as duas outras que se imprimem em Liège sob o título de Amsterdã — é certíssimo que eu teria vendido pelo menos quatrocentos da de Lausanne.[75]

Informações como essas convenceram os editores da *in-quarto* de que se haviam enganado ao menosprezar a *in-octavo* como uma absurda "*Encyclopédia* de bolso". Não haviam previsto que o público se conformaria com o tipo pequeno em razão da vantagem representada pelo preço reduzido, confessaram uns aos outros. "A crer em alguns amigos, o empreendimento, embora ridículo, não deixará de ter êxito, a tal ponto o preço baixo tem atrativo para a maioria, ou seja, para os tolos, que a formam sempre", a STN alertou Panckoucke no início da guerra entre a *in-quarto* e a *in-octavo*. E Panckouke replicou que a *in-octavo* realmente faria sucesso, "em razão do baixo preço e do gosto constante do público por essa obra".[76] Portanto, o nível de preços revelou-se crucial no processo pelo qual a *Enciclopédia* chegou às mãos dos leitores comuns. Duplain supôs a existência de uma considerável demanda latente em alguma faixa do *grand public*. Tentou explorar esse filão oferecendo a edição *in-quarto* a 39% do preço da *in-folio*. Para sua surpresa, descobriu que encontrara um veio de ouro muito mais profundo e extenso do que suspeitava, pois os editores da *in-octavo* sobrepujaram-no, vendendo sua *Enciclopédia* a 59% do preço da *in-quarto*. Mas onde exatamente estava situado esse público e qual a sua composição?

O PADRÃO DAS VENDAS

Grand public é uma das frases que os franceses empregam para indicar que sujeitaram um território inexplorado à suserania do discurso racional. Na verdade, muito pouco se conhece a respeito da extensão, composição e gostos do público leitor nos primórdios da era moderna, quando inexistiam a alfabetização das massas e as pesquisas de mercado. Duplain dera um tiro no escuro quando pusera em marcha seus prospectos e caixeiros-viajantes; mas toda vez que deparava com alguma demanda pela *Enciclopédia*, ele a registrava. Sua lista de assinantes cobre praticamente todas as cópias da *Enciclopédia in-quarto* (8010) e cerca de 60% de todas as *Enciclopédias* existentes na França antes de 1789. Assim, transpondo a lista para um mapa (ver Apêndice B e Figura 5), podemos obter uma visão bem clara do mercado da *Enciclopédia* na França setecentista.

Essa figura, porém, não é precisa, devido a quatro fatores. Primeiro, ela não faz justiça ao mercado parisiense. Panckoucke e Duplain esperavam vender uma enorme quantidade de cópias na capital; como não conseguiram, puseram a culpa um no outro: Duplain acusou Panckoucke de negligência nas vendas, e Panckoucke alegou que a má administração de Duplain afastara os parisienses, que não queriam comprar livros mal impressos. Conquanto em ambos os argumentos haja um pouco de verdade, Panckoucke provavelmente aproximou-se mais da principal razão ao observar que "Paris transborda das edições precedentes".[77] As duas primeiras edições *in-folio* atraíram sobretudo o luxuoso mercado da corte e da capital, ao passo que a edição *in-quarto* foi mais adequada aos bolsos provincianos, mais modestos. Isso explica o fracasso da edição *in-quarto* em Versalhes, uma grande cidade com 30 mil habitantes de onde saíram apenas cinco assinaturas, em contraste com o sucesso obtido em Lyon, que com cerca de um quinto da população de Paris participou com quase o dobro de assinaturas.

As vendas excepcionais em Lyon podem ser atribuídas também a um segundo fator, capaz de distorcer o mapa: os diferentes graus de eficácia dos livreiros como vendedores da *Enciclopédia*. Duplain e seus agentes superaram-se a si próprios como varejistas em seu território, o mesmo ocorrendo com dois outros livreiros, Lépagnez, de Besançon, e Gaston, de Toulouse, que operaram em cidades com densidade de assinaturas incomumente elevadas.

Em terceiro lugar, a própria incidência de livreiros variou. Por exemplo, o levantamento de Sartine de 1764 e o *Almanach de la librairie* de 1780 indicam uma densa população de livreiros por toda Flandres e Artois em comparação com a do Franco-Condado. Um leitor do Norte poderia fazer sua assinatura por intermédio de um livreiro de qualquer uma dentre várias cidades, inclusive nos importantes centros do ramo livresco do outro lado da fronteira, mas no Franco-Condado não era provável que se adquirisse uma assinatura senão em Besançon ou Dole. Na verdade, pouquíssimos franceses assinaram a *Enciclopédia in-quarto* fora do país. Plomteux, de Liège, informou um número medíocre de vendas, e a STN não conseguiu vender muitas cópias de seu próprio estoque no Leste da França. Os livreiros franceses restringiram as vendas ao mercado de sua região ou cidade e não repassaram a *Enciclopédia* a outros varejistas, pois os sócios da edição *in-quarto* mantiveram o controle das vendas no atacado.

Mas as regiões interioranas servidas pelos varejistas variavam de tamanho, e essas variações nos levam a atentar para um quarto fator: no mapa, a representação das assinaturas em áreas rurais fica subestimada

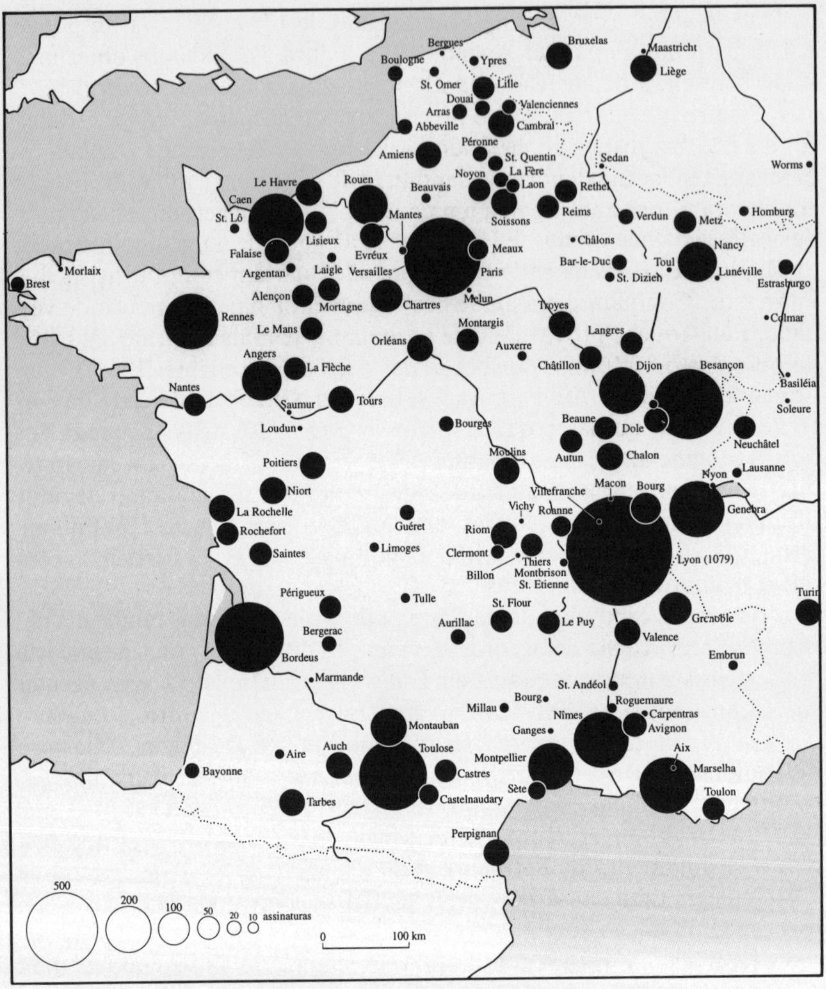

Figura 5. Difusão da Enciclopédia in-quarto *na França e regiões fronteiriças*

porque Duplain registrou apenas o nome dos livreiros na lista de assinaturas, e não o de seus clientes, e os livreiros quase sempre se estabeleciam nas cidades. Portanto, os círculos no mapa representam zonas de difusão regional, e não pontos precisos da demanda. Besançon (com 338 assinaturas) na verdade não eclipsou Lille (com 28) em um grau tão elevado quanto parece, pois quase um terço dos assinantes de Besançon provinha de cidades e vilas circunvizinhas. Ainda assim, a disparidade entre as duas cidades parece enorme, especialmente se considerarmos suas populações — cerca de 28 700 no caso de Besançon e 61 400 no de Lille. Por que as vendas foram tão mais numerosas em alguns lugares?

Qualquer tentativa de explicar o padrão das vendas encerra algumas armadilhas: a argumentação pode ruir onde a base estatística é muito frágil ou pode desviar-se do rumo em busca de correlações espúrias. Entretanto, os estudos sobre o Antigo Regime atingiram um estágio tão avançado que podemos nos servir de uma espécie de geografia cultural para apresentar uma interpretação, ainda que provisória.[78] De modo geral, parece claro que a *Enciclopédia in-quarto* chegou a todos os pontos da França, inclusive às remotas áreas do País Basco e do Maciço Central. Sua difusão guarda uma boa correspondência com a densidade da população em escala nacional, apesar das importantes discrepâncias entre as cidades. As vendas concentraram-se nas grandes capitais de província e se espalharam por cidades menores em zonas secundárias de difusão, mas não demonstram a existência de uma ''linha Maggiolo'' da literatura, separando um Sul-Sudoeste semi-analfabeto de um Norte-Nordeste progressista. Em vez disso, o mapa indica um fértil crescente de *Enciclopédias*, curvando-se pelo Midi, de Lyon em direção a Nîmes, Montpellier, Toulouse e Bordéus, exatamente onde Favarger julgou ser o mercado mais rico. Na verdade, não se poderia esperar uma grande correlação entre a mínima alfabetização — a mera capacidade de assinar uma certidão de casamento, como medida no levantamento de Magiollo — e o complexo domínio da leitura necessário à utilização da *Enciclopédia*. Assim, pode não ser significativo a edição *in-quarto* ter apresentado apenas um sucesso moderado no Nordeste da França, onde Maggiolo constatou o maior avanço na alfabetização. No entanto, as descobertas de Maggiolo foram confirmadas, com algumas modificações, por estudos recentes sobre a instrução no século XVIII; esses estudos mostram que as escolas primárias e secundárias eram mais escassas na área onde foram mais fracas as vendas da edição *in-quarto* — ou seja, no círculo ao sudoeste formado pelo Loire e o Garonne, com Limoges no centro e trechos tangenciais de deserto cultural atravessando a Bretanha e Landes.[79]

É difícil correlacionar as vendas com as cidades devido às inúmeras características diferentes dos centros urbanos no Antigo Regime, e seria arbitrário atribuir o sucesso da edição *in-quarto* a determinado elemento na população em detrimento de outro. Em Bordéus, por exemplo, localizava-se um parlamento, uma intendência, uma arquidiocese, uma academia e um porto. Como ocupou o quarto lugar em população e também o quarto na venda da edição *in-quarto*, a incidência de vendas não parece surpreendente; contudo, não se pode explicá-la rotulando Bordéus de centro legal, administrativo, religioso, cultural ou comercial, pois a cidade era tudo isso ao mesmo tempo. Entretanto, predominavam em algumas das cidades menores certas características. Em muitos casos, o tamanho da população não correspondeu às vendas da edição *in-quarto*, mesmo depois de levarmos em conta as distorções advindas dos fatores acima mencionados. Se as discrepâncias apontarem para a mesma direção, poderá ser possível formular algumas hipóteses sobre a natureza do mercado da *Enciclopédia*. No Apêndice C, as 37 cidades maiores foram classificadas segundo o número de assinaturas e o tamanho da população, sendo compilados dados sobre a existência de parlamentos, intendências e academias. Os casos em que as vendas foram desproporcionais à população são mostrados na tabela a seguir, que ilustra contrastes entre pares de cidades.

	População	Assinaturas	Parlamento	Academia	Intendência
Bordéus	92 966	356	x	x	x
Nantes	77 226	38			x
Lille	61 647	28			x
Toulouse	51 689	451	x	x	x
Amiens	39 853	59		x	x
Nancy	30 532	121	x	x	x
Clermont-Ferrand	30 982	13			
Rennes	29 225	218	x		x
Besançon	28 721	338	x	x	x
Toulon	28 170	22			
Brest	22 130	20			
Grenoble	22 129	80	x	x	x
Dijon	22 026	152	x	x	x
Limoges	21 757	3			x

Apesar da arbitrariedade existente em qualquer conjunto de comparações, a tabela indica duas tendências gerais: as cidades em que as vendas foram numerosas em relação à população tendiam a ser principalmente centros administrativos e culturais, e as cidades em que as vendas foram poucas em relação à população tendiam a ser especialmente centros comerciais e industriais.

Examinando a lista de assinaturas com essa fórmula em mente, evidencia-se que a edição *in-quarto* obteve as melhores vendas nas cidades onde havia parlamentos e academias. Os únicos exemplos que contrariam essa tendência são Metz e Aix-en-Provence, cidades com parlamento que apresentaram incidência excepcionalmente baixa de assinaturas; entretanto, essa aberração pode ser explicada pelo caráter incomum do ramo livresco local. A poderosa corporação de livreiros de Nancy, liderada por Mathieu e Babin, havia quase arruinado os livreiros de Metz, e os marselheses, encabeçados por um intrépido livreiro de nome Mossy, dominavam o ramo em Aix.[80] A edição *in-quarto* também apresentou boas vendas em sedes de intendências e outros importantes corpos administrativos, como os estados do Languedoc, que se reuniam em Montpellier; mas há demasiados contra-exemplos, como Lille e Limoges, e por isso não se deve atribuir grande importância a essa tendência. E, em certa medida, as assinaturas proliferaram em cidades protestantes: Nîmes, Montpellier, Montauban e La Rochelle. No caso de Montauban, classificada em décimo quinto lugar em número de assinaturas e vigésimo quinto em população, a relação entre protestantismo e enciclopedismo parece ter sido particularmente acentuada: 78 das 105 cópias da *Enciclopédia in-quarto* ali vendidas foram assinadas por intermédio de Crosilhes, livreiro que atendia a uma clientela huguenote e que com freqüência encomendava obras de Voltaire e Rousseau juntamente com edições protestantes da Bíblia e dos Salmos. Buchet e Gaude, que com exceção de três assinaturas captaram todas as 212 feitas em Nîmes, também eram grandes fornecedores de literatura protestante e iluminista; portanto, entre seus assinantes provavelmente incluía-se uma grande proporção de huguenotes.[81] E um assinante huguenote, um comerciante de Sedan chamado Bechet de Balan, indicou uma afinidade entre suas convicções religiosas e seu interesse pela *Enciclopédia* no modo como fez a encomenda: "Rogo-vos [...] fazer-me passar [...] esse Dicionário enciclopédico de que me falastes e encadernado convenientemente em couro; acrescentar aí, por favor, alguns sermões dos melhores para ler em nossas horas de devoção no domingo em família".[82] Evidentemente, a atração especial que a *Enciclopédia* exercia sobre os huguenotes não significa que ela não interessava aos católicos. Ao contrário, a obra alcançou vendas excelentes em algumas cidades onde o catolicismo era intenso, com numerosas instituições eclesiásticas, notavelmente Angers, Chartres e Auch. A população de Angers, centro administrativo onde o clero era excepcionalmente influente, perfazia apenas um terço da de Nantes, uma grande cidade comercial próxima dali, descendo o Loire, e no entanto em Angers foram compradas quase três vezes mais cópias da edição *in-quarto* do que em Nantes.[83]

O relativo fiasco da campanha de assinaturas em Nantes — a sexta em população e trigésima oitava em vendas da edição *in-quarto* — parece extraordinário, exceto pelo fato de que o desempenho foi tão ruim quanto o verificado em outras cidades portuárias. A edição *in-quarto* apresentou baixa incidência de vendas em Le Havre, Brest, Sète e Toulon, e não se vendeu uma única cópia em Lorient, Saint-Malo, Cherbourg, Dieppe,

Calais e Dunkerke. As vendas foram razoavelmente boas em Marselha, Bordéus e Rouen, mas não se levarmos em conta as populações dessas cidades. Marselha era a terceira em população e a sexta em assinaturas, bem atrás de Toulouse e Besançon, cidades muito menores. E Bordéus e Rouen eram sedes de parlamentos e academias, nas quais o patriciado tradicionalista dava o tom da vida intelectual, muitas vezes com a exclusão dos comerciantes. As cidades manufatureiras deram à *Enciclopédia* uma recepção ainda pior. Excetuando Cambrai, a edição *in-quarto* vendeu muito mal em todos os grandes centros têxteis do Norte.

	População	Assinaturas
Lille	61 467	28
Amiens	39 853	59
Reims	31 779	24
Saint-Omer	20 362	5
Valenciennes	19 016	13
Abbeville	17 660	26
Cambrai	15 608	57
Beauvais	13 183	8
Sedan	10 838	2
Saint-Quentin	10 535	16

A indústria pesada não estava muito desenvolvida na França em 1780, e portanto pode não parecer surpreendente que nas cidades industriais do futuro tenham sido vendidas poucas *Enciclopédias*: treze cópias em Clermont-Ferrand e Saint-Etienne e nenhuma em Roubaix, Tourcoing e Mulhouse. Havia uma certa atividade manufatureira em algumas cidades com numerosas vendas da *Enciclopédia* — metalurgia em Grenoble, indústria têxtil em Tours, Nîmes e Montpellier. Mas o único caso explícito de um centro manufatureiro e comercial no qual as vendas da edição *in-quarto* elevaram-se desproporcionalmente em relação ao tamanho da população foi o de Lyon. Essa cidade, porém, era um caso especial, não só porque ali situava-se a sede do empreendimento da edição *in-quarto* mas também, como veremos adiante, porque Duplain adulterou as informações sobre assinaturas em seu território.

Assim, ficamos tentados a avançar uma hipótese geral: a *Enciclopédia* não foi especialmente atraente para os comerciantes e manufatores, e sim para um público heterogêneo de nobres, clérigos e um grupo por vezes identificado como a *bourgeoisie d'Ancien Régime* — ou seja, figuras locais eminentes, pessoas que viviam de rendas, altos funcionários do governo e profissionais liberais, distintos da burguesia industrial moderna.[84] Portanto, Besançon e Lille podem de fato representar extremos opostos no mercado literário: de um lado, uma cidade tradicionalista, incrustada de instituições governamentais e eclesiásticas; de outro, uma cidade desembaraçada de tradições, pronta para adentrar o século XIX.[85]

Parece estranho que a *Enciclopédia* tenha apresentado vendas tão mais numerosas na primeira do que na segunda — a menos que se veja a obra como um produto representativo do Antigo Regime em vez de uma obra profética a respeito do novo. Ainda assim, uma leitura conjetural do mapa e correlações traiçoeiras entre as vendas e as cidades não fornecem material para conclusões bem fundamentadas. Podemos usá-las tão-somente para formular uma hipótese — a *Enciclopédia* atraiu principalmente uma elite tradicional mista, e não uma burguesia comercial e industrial — e essa hipótese pode ser testada em contraposição a duas fontes de dados ainda preservadas: o registro de assinaturas do Franco-Condado, onde a distribuição social da edição *in-quarto* pode ser estudada detalhadamente, e as cartas dos livreiros, onde podemos vislumbrar algumas características dos leitores dessa edição.

ASSINANTES: UM ESTUDO DE CASO

Durante o século que se seguiu à sua incorporação ao reino (1674), Besançon adquiriu um conjunto de instituições que a converteram em um perfeito espécime das capitais de província do Antigo Regime — um *gouvernement* militar, um parlamento, um *bureau des finances*, uma academia, uma universidade e numerosas repartições legais e fiscais. De fato, as instituições eram tantas que a cidade parecia existir tão-somente em função da superestrutura. Exceto por uma manufatura têxtil, que empregava 38 artesãos, Besançon não possuía indústrias importantes, e seu comércio existia em boa parte para suprir as necessidades dos soldados, *parlamentaires*, advogados e oficiais régios que afluíram para a cidade na esteira de Luís XIV, dobrando sua população e transformando sua aparência. Elegantes mansões em estilo Luís XV e Luís XVI foram erguidas ao longo das quatro ruas principais, que seguiam paralelas através do centro da cidade entre a imponente intendência neoclássica ao sul e a vasta e nova Caserne Saint Paul ao norte. As construções religiosas proliferaram em número tal que talvez um quarto das terras dentro dos muros da cidade pertencessem à Igreja — ou seja, à arquidiocese e ao capítulo da catedral, as sete paróquias ricamente dotadas (a igreja de Saint-Pierre contava com 41 padres e 68 capelas a ela ligadas), e a cerca de uma dúzia de mosteiros e conventos. Era impossível atravessar uma rua em Besançon sem ver alguém usando um hábito ou uma espada. De cada quarenta pessoas, aproximadamente uma pertencia ao clero regular ou secular, e uma em cada sete servia o exército (a população atingira 32 mil pessoas em 1789, das quais oitocentas eram religiosos e 4500 soldados). O *almanach* da cidade dá a impressão de que ela continha apenas monges, padres, soldados, magistrados, advogados e altos funcionários do governo. São arrolados ali 73 conselheiros e dezoito outros altos funcionários do parlamento, 157 advogados e procuradores, 37 membros do bailiado, dezessete *receveurs des finances*, 22 membros do Bureau des Finances, incluindo dez *trésoriers de France*, dezesseis oficiais da intendência, dezenove conselheiros municipais e almotacéis, quinze administradores da Direction des Fermes e assim por diante, em um emaranhado de cargos em Eaux et Fôrets, Domaines et Bois du Roi, Régie Générale, Poudres et Salpêtres, Monnaie, Jurisdiction Consulaire e muitos mais. Esses eram os homens que compunham a Academia de Besançon, patrocinavam seu teatro, filiavam-se às três lojas maçônicas e mandavam os filhos para o florescente Colégio que fora dos jesuítas e para a universidade da cidade.

Mas quem lia os livros em Besançon? Em 1780, a vasta maioria dos habitantes — 95% dos homens e 60% das mulheres — sabia ler; a cidade possuía uma biblioteca pública e um *cabinet littéraire*, bem como quatro livreiros. Embora pouco se conheça a respeito da vida cultural dos artesãos, lojistas e outras pessoas classificadas como *petit gens* que compunham a massa da população, é provável que eles permanecessem católicos ferrenhos; os historiadores locais salientam que a Contra-Reforma permaneceu como uma força poderosa por toda a província e sua capital até o final do século, inabalável ante o jansenismo ou o Iluminismo. Em suma, a Besançon pré-revolucionária parece ter sido um pequeno universo fechado e conservador — um posto avançado da burocracia dos Bourbon em uma província remota e retrógrada, o último lugar onde se esperaria encontrar um bom mercado para a *Enciclopédia*.[86]

O mercado não pareceu promissor aos principais livreiros da cidade, Charmet e Lépagnez — pelo menos, não a princípio. "Esse livro tinha muito sucesso em muitos países, mas não me parece que ele pegue aqui", observou Charmet. Ele nem sequer tentou vender assinaturas; Lépagnez duvidou de que conseguiria vender mais de duas dúzias.[87] Contudo, depois de algumas semanas sondando seus clientes, Lépagnez começou a perceber que subestimara a demanda. Solicitou à STN que lhe enviasse rápido o maior número possível de prospectos no início de junho de 1777, e durante os seis meses seguintes suas cartas serviram de medida para a propagação da febre da *Enciclopédia* por toda Besançon e regiões circunvizinhas. Em 10 de junho, ele já vendera suas duas dúzias de assinaturas e julgava que poderia vender o dobro. Em 20 de junho fizera 48 vendas, e em 30 de junho, 72, mesmo sem ter ousado usar os prospectos da STN, impressos em papel de má qualidade. Prospectos atraentes em bom papel eram essenciais para sua campanha de vendas, explicou; por isso, imprimira seus próprios prospectos, esperando captar ainda mais assinaturas.[88] Em 22 de agosto, ele vendera 154; uma semana depois, esperava passar o marco das duzentas, e em fins de setembro já atingira 260 e continuava a vender rapidamente. Em 19 de novembro, tendo vendido 338 *Enciclo-*

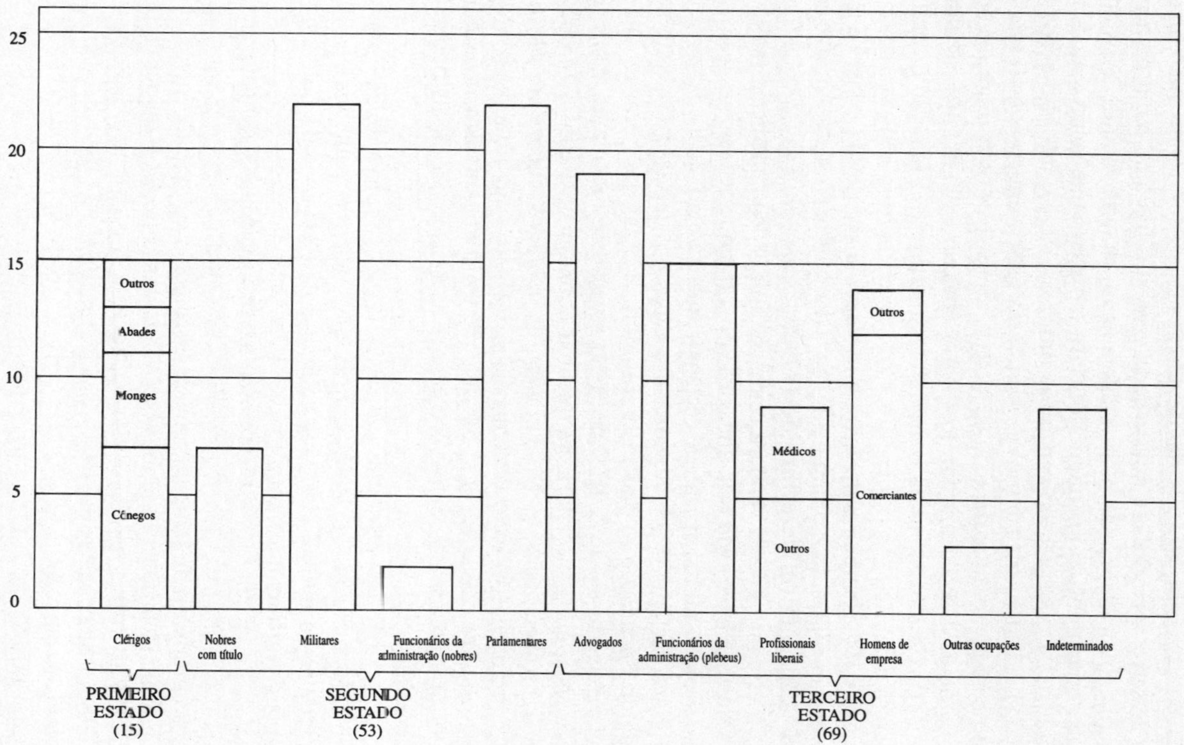
25
20
15
10
5
0
Outros
Abades
Monges
Cônegos
Clérigos
Nobres com título
Militares
Funcionários da administração (nobres)
Parlamentares
Advogados
Funcionários da administração (plebeus)
Médicos
Outros
Profissionais liberais
Outros
Comerciantes
Homens de empresa
Outras ocupações
Indeterminados
PRIMEIRO ESTADO (15)
SEGUNDO ESTADO (53)
TERCEIRO ESTADO (69)

pédias, informou que não negociaria assinaturas de nenhuma outra obra até que "o fogo da *Enciclopédia* houver passado".

Por um ano ele estacionou naquela marca — não porque a demanda estivesse satisfeita, alegou, mas devido aos cortes sub-reptícios efetuados por Laserre: "É verdade que se se tivesse sido bastante hábil para não fazer nenhuma supressão na primeira edição, eu teria vendido seiscentas, e não teria suportado nenhuma censura, ao passo que vendi apenas trezentas pelos quais recebo censuras contínuas. Esse é um fato verdadeiro".[89] Evidentemente, muitos compradores prestavam grande atenção ao texto bem como ao papel em que ele era impresso, e os ataques à edição *in-quarto* os desencorajaram. Por fim, Lépagnez e um livreiro seu aliado em Dole, Chaboz, venderam mais 52 assinaturas, perfazendo o total de 390 e saturando então o mercado. "Tendo enchido minha pequena província de 390 exemplares de vossa *Enciclopédia in-quarto* [...] não é mais possível encontrar lugar para nenhuma. Deveis estar bem contentes", concluiu Lépagnez em dezembro de 1779.[90]

Nesse ínterim, ele vendera cem assinaturas de uma edição das obras de Rousseau publicada pela Société Typographique de Genève e esperava vender outro tanto, apesar de reclamar que a atividade livresca entrara em grave declínio.[91] Seu concorrente, Charmet, deixara para ele o mercado da *Enciclopédia*, mas efetuara muitas vendas das obras de D'Holbach, Helvétius e La Mettrie, graças à proteção do intendente, Bourgeois de Boynes, que concordara em queimar cópias contrafeitas ou confiscar livros, recebendo em troca *des civilités palpables* — edições dos filósofos com encadernações especiais, que ele guardou em sua biblioteca particular.[92] Em vez de ser barrado naquela cidade tradicionalista, o Iluminismo afluiu para ela, penetrando mesmo em seus setores mais poderosos e proeminentes.

O grau em que o Iluminismo atingiu aqueles setores pode ser medido com base em uma lista de assinantes que Lépagnez publicou em 1777, quando havia acumulado 253 assinaturas vendidas. Como os registros de Duplain mostram que o total final de Lépagnez, 390 assinaturas (incluindo as 52 vendidas por Chaboz), representa o próprio total de assinaturas vendidas no Franco-Condado, a lista de Lépagnez cobre 65% das cópias da edição *in-quarto* de sua província. O documento é particularmente valioso porque identifica quase todos os assinantes por *qualité* ou ocupação.[93] Dos 253 assinantes arrolados por Lépagnez, 137 provinham de Besançon, e o restante de cidades menores, principalmente Dole, Pontarlier, Poligny, Vesoul, Arbois, Lons-le-Saunier, Gray e Auxonne. As Figuras 6 e 7 ilustram a posição social segundo estado e ocupação desses assinantes.

Cerca de metade dos assinantes da edição *in-quarto* em Besançon e dois quintos dos demais no Franco-Condado pertenciam às ordens privilegiadas. Os gráficos talvez magnifiquem ligeiramente esses segmentos,

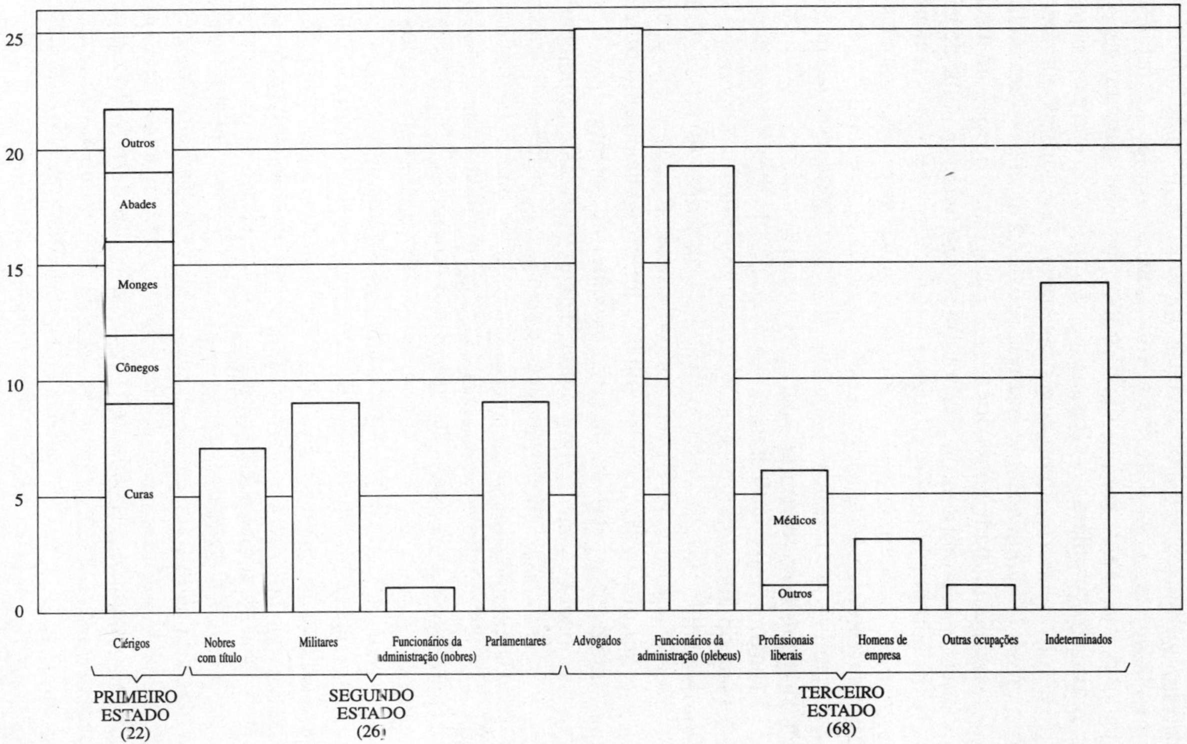
25
20
15
10
5
0
Outros
Abades
Monges
Cônegos
Curas
Médicos
Outros
Clérigos
Nobres com título
Militares
Funcionários da administração (nobres)
Parlamentares
Advogados
Funcionários da administração (plebeus)
Profissionais liberais
Homens de empresa
Outras ocupações
Indeterminados
PRIMEIRO ESTADO (22)
SEGUNDO ESTADO (26)
TERCEIRO ESTADO (68)

pois alguns dos oficiais militares e conselheiros do parlamento podem ter sido classificados erroneamente como nobres. No entanto, a margem de erro é demasiado pequena para afetar as proporções, e a importância dos *privilégiés* parece ainda maior se considerarmos sua posição minoritária na população como um todo.[94] Em contraste, os artesãos, lojistas, trabalhadores que ganhavam por dia e criados, que compunham cerca de três quartos da população de Besançon, não aparecem entre os assinantes da edição *in-quarto*; tampouco os camponeses e lojistas que formavam o grosso da população no resto da província se encontram na lista. *Petites gens* não tinham condições de adquirir a obra. Caso se interessassem por ela, poderiam consultá-la no *cabinet littéraire*, ou clube de leitura, organizado por Lépagnez; e alguns deles podem permanecer ocultos na categoria "indeterminados" do gráfico. Mas a *Enciclopédia* atraiu fundamentalmente a elite tradicional — os homens ligados às instituições eclesiásticas, militares e jurídicas de Besançon. A propósito, eram os homens que assinavam a *Enciclopédia*; apenas três dentre os 253 assinantes da lista de Lépagnez eram mulheres.

Besançon abrigava uma guarnição, sendo assim bem previsível que muitos assinantes pertencessem aos escalões superiores do Exército; por outro lado, é surpreendente encontrar tantos clérigos entre os assinantes de uma obra que permanecia no Índex. Eles provinham tanto do clero regular como do secular; havia sete *chanoines de la Métropole* e nove curas das cidades e vilas circunvizinhas. Talvez se tratasse de homens requintados, capazes de passar ao largo do anticlericalismo da *Enciclopédia* para deleitar-se com suas riquezas intelectuais, ou talvez usassem algumas das observações mais afiadas da obra contra seus superiores, pois o fermento ideológico estava se espalhando por toda a base do clero às vésperas da Revolução e a edição *in-quarto* não atraiu nenhum dos prelados do Franco-Condado. Não obstante, como a Contra-Reforma varrera a província com ímpeto fora do comum, é de admirar que 19% dos assinantes que não residiam em Besançon fossem clérigos. Ficamos imaginando o que poderia passar pela cabeça de Blanchot, cura de Bourguignon-la-Charité, e Porcherot, cura de Joux, enquanto viravam as páginas de suas *Enciclopédias*.

Os parlamentos haviam condenado a *Enciclopédia* com tanto estardalhaço quanto a Igreja, mas 22 dos assinantes de Besançon estavam ligados ao parlamento, incluindo treze conselheiros e três presidentes. A obra atraiu notavelmente os profissionais da área jurídica, não só em Besançon, onde 14% dos advogados locais a assinaram, mas também nas cidades menores, onde os advogados compuseram o maior grupo de assinantes. Quatro dos dezoito médicos da cidade adquiriram a obra, seguidos por outros profissionais liberais — engenheiros militares e arquitetos, um notário, um farmacêutico e o diretor do eminente *collège* de Besançon.

Os oficiais régios aparecem como assinantes com quase tanto peso quanto os clérigos e advogados; portanto, a *Enciclopédia in-quarto* passou pelas mãos de algumas figuras importantes na estrutura de poder da província, entre elas dois *lieutenants-criminels*, três dos doze *subdélégués* e dois dos quatro *secrétaires à l'intendance*, se não o próprio intendente. Fora de Besançon, as vendas não foram boas entre os homens de negócios (apenas três entre os 116 assinantes); mas em Besançon os assinantes incluíam doze comerciantes, um *directeur général des Fermes* e o único manufator da cidade, um certo Détrey, que possuía uma pequena fábrica têxtil.

Dois daqueles homens de negócios, Détrey e Chazerand, ocuparam cargos no governo municipal de 1793, e um assinante de nome Rambour, que era *contrôleur des entrées de la ville*, liderou a branda versão do movimento jacobino em Besançon. Dois assinantes que eram cânones da Metrópole também desempenharam papéis importantes na Revolução, o que produziu um cisma entre o alto e o baixo clero da província. O abade Millot foi eleito deputado dos Estados Gerais, mas renunciou e ajudou a formar o governo municipal de 1790. E o abade Séguin tornou-se bispo jurando lealdade à Constituição, foi deputado da Convenção e presidente do Diretório Departamental. Dentre os catorze deputados dos Estados Gerais do Terceiro Estado do Franco-Condado incluíram-se três assinantes (Bidault, *lieutenant-criminel* do bailiado de Poligny, e Blanc e Grenot, ambos advogados em Besançon); essa composição indica a importância da profissão jurídica na revolução do Franco-Condado, pois ali figuraram seis bailios, sete advogados e um notário. Evidentemente, outros assinantes, em especial os do reacionário parlamento de Besançon, provavelmente tornaram-se contra-revolucionários e *émigrés*. Seria absurdo concluir, devido à possibilidade de identificar um punhado de futuros revolucionários na lista de assinaturas, que os assinantes em geral favoreceram a Revolução — assim como seria errôneo atribuir demasiada importância ao fato de os assinantes de Besançon pertencerem predominantemente à elite. De onde mais eles poderiam ter saído? No entanto, parece significativo que uma proporção tão elevada da elite governante daquela província remota houvesse desejado adquirir a *Enciclopédia*, e com tanta avidez. A febre da *Enciclopédia*, como Lépagnez a denominou, atacou com mais força entre os líderes tradicionais da sociedade da província.

DIFUSÃO NA FRANÇA

Será que o caso do Franco-Condado corrobora a hipótese de que a *Enciclopédia* oferecia poucos atrativos para a burguesia comercial? Não inteiramente, pois embora quase todas as cópias da edição *in-quarto* em Besançon tenham sido adquiridas por *privilégiés* e *bourgeois d'Ancien Régime*, uma pequena proporção foi para as mãos da pequena classe de comerciantes da cidade. É claro que não se pode basear uma interpretação geral em estatísticas tão limitadas, e tampouco se pode tomar Besançon como modelo da França. O particularismo era tão característico no Antigo Regime que não havia duas províncias com a mesma cultura, e mesmo "França" era uma expressão geográfica, freqüentemente aplicada à Bacia Parisiense ou à Île de France. Mas o mercado da *Enciclopédia* transcendeu as fronteiras regionais, e um pouco de seu caráter geral pode ser vislumbrado a partir da correspondência dos responsáveis por sua comercialização. Embora os livreiros raramente discorressem sobre seus clientes, os comerciantes que faziam negócios eventuais no ramo livresco muitas vezes incluíam em suas cartas algumas observações a respeito do público leitor. Curiosamente, seus piores fregueses eram os seus colegas comerciantes, como indicam os exemplos a seguir. Barre, comerciante de Nantes: "Os negociantes não pensam muito na literatura". Gosselin, comerciante de Lille: "Não duvido nada, senhor, de que encontreis no resto da França motivo de vos compensar amplamente pelo pouco gosto que reina em nossa cidade pela literatura. Apenas começamos a sair dessa letargia que acorrentou a Europa durante vários séculos. Nosso clima, ou antes nosso solo, não é de modo algum fecundo em homens estudiosos; e há cinqüenta anos não se teria encontrado uma única biblioteca passável em toda Lille". Bechet de Balan, comerciante de Sedan: "Nossa cidade não oferece absolutamente amadores de literatura. Aqui os livreiros não fazem nada [...] e eu direi, para vergonha de nossos concidadãos, que o espírito de vender lãs e de amealhar é o único que os ornamenta. Não acreditaríeis, senhor, que se desdenhem até os talentos e que se negligencie apresentá-los na educação das crianças. As artes agradáveis parecem-lhes uma coisa inútil". Volland, *ancien officier de la Reine*, de Bar-le-Duc: "Não prevejo que possais vendê-las [as *Enciclopédias in-quarto*] aqui, eu as propus a todo o mundo aqui e ninguém até aqui veio procurar um exemplar. Eles são mais ávidos de comércio que de leituras, e a educação é absolutamente negligenciada [...] Não encontrareis a venda de vossos livros aqui. Os senhores nobres não são ricos e os negociantes preferem ensinar a seus filhos que 5 e 4 são 9, menos 2 igual a 7 do que lhes ensinar a ter o espírito cultivado".[95]

Esses comentários poderiam representar tão-somente um preconceito social, mas foram foram feitos por comerciantes a respeito de comerciantes. Os autores das cartas não pareciam estar tentando causar boa impressão aos diretores da STN, também eles comerciantes, e não há outras cartas na vasta correspondência da STN referindo-se a uma singular escassez de demanda por literatura entre outro grupo social. Ademais, as cartas que deploravam o atraso cultural dos comerciantes provinham, todas, de cidades onde as vendas da edição *in-quarto* foram desproporcionalmente baixas. A STN não foi informada de nenhum aspecto negativo nos hábitos literários dos comerciantes de Lyon e Marselha. Na verdade, um livreiro em Marselha, Caldesaigues, mencionou a ocupação de seus primeiros treze assinantes da edição *in-quarto*, e nove deles eram comerciantes.

As demais menções a assinantes individuais na correspondência da STN referem-se a pessoas importantes e a nobres,[96] mas são muito raras e esparsas para que lhes seja atribuída grande importância, exceto em dois casos que mostram como a *Enciclopédia* se disseminou por determinados meios graças à intercessão de indivíduos em posição vantajosa. O primeiro desses intermediários foi um capitão de artilharia em Saint-Dizier, Champmorin de Varannes. Ele providenciou a venda de quatro cópias da *Enciclopédia in-quarto* para outros oficiais e ofereceu-se para ser distribuidor das obras da STN nos círculos militares onde, observou ele, havia grande interesse pelas obras de Rousseau. Conquanto sua proposta não tenha sido levada avante, ela ilustra a grande demanda por literatura iluminista entre os oficiais do exército, demanda essa que também se evidencia nas cartas de livreiros de cidades com guarnições, como Besançon, Metz, Verdun e Montpellier. O segundo vendedor informal da *Enciclopédia* para a STN foi um amigo de Ostervald e conselheiro do Parlamento de Paris, Boisgibault, que comprou uma cópia da edição *in-quarto* e vendeu outras três a colegas do Parlamento. Ao contrário de Champmorin, ele não pediu comissão, mas providenciou as vendas "pelo desejo ardente que reconheço em vós também de contribuir para a propagação das ciências e difundir um livro que lhe é o depositário". Boisgibault escrevia como admirador de Turgot e Malesherbes, bem como da Suíça, para onde esperava viajar e apreciar "o espetáculo delicioso da liberdade e dessa altivez nobre que ela inspira a todos os homens, que iguala". Seu papel na distribuição da *Enciclopédia* expressava um comprometimento ideológico que pode ter sido sobretudo retórico, mas que parece ter-se disseminado amplamente entre os *parlementaires* mais jovens, cuja oposição ao governo em 1787 e 1788 revelou-se crucial para precipitar a Revolução.[97]

Se parece certo que a *Enciclopédia* agradava a certos elementos das camadas superiores da sociedade francesa, é impossível saber exatamente até onde a obra penetrou em direção à base da pirâmide social. Apenas uma vez um correspondente da STN mencionou o preço como obstáculo à difusão. Um professor protestante em Caen, que sustentava o corpo e a alma com um pequeno negócio clandestino de livros — embora descrevesse a si mesmo meramente como "um simples particular que tem muitos jovens protestantes como pensionistas, dos quais desejaria fazer cidadãos úteis e virtuosos" —, informou à STN que era demasiado pobre para comprar uma *Enciclopédia in-quarto*.[98] A maioria dos franceses instruídos deve ter sido excluída da lista de assinantes pelo mesmo motivo; entretanto, milhares deles eram membros de *cabinets littéraires*, onde podiam ler à vontade pagando apenas uma libra e meia por mês. Os livreiros com freqüência organizavam esses clubes de leitura simplesmente assinando alguns periódicos, usando seu estoque como biblioteca e providenciando um aposento atrás da loja para funcionar como sala de leitura. Conquanto seja difícil saber o que se passava naquelas salas ou quem eram os leitores, parece provável que os *cabinets littéraires* tenham se tornado importantes centros de difusão das idéias em fins do século XVIII. Em 1777, Nicholas Gerlache, um pequeno livreiro de Metz, extraía quase metade de sua renda de seu *cabinet*, que contava com 379 membros e incluía na biblioteca a *Enciclopédia in-quarto* e uma quantidade substancial de literatura proibida.[99] Choppin, de Bar-le-Duc, disse à STN que encomendara uma cópia da edição *in-quarto* especificamente para seu *cabinet littéraire*. Em sua loja, a *Enciclopédia* fazia companhia às obras de Rousseau, *Système de la nature*, *Le compère Mathieu*, *Vie privée de Louis XV* e a outros livros proibidos, também adquiridos da STN; Choppin explicou que "são esses tipos de obras que eu mais vendo".[100] Buchet, de Nîmes, Lair, de Blois, e Charmet, de Besançon, encomendaram as mesmas obras para seus *cabinets littéraires*; vários outros livreiros que vendiam assinaturas da edição *in-quarto* provavelmente fizeram o mesmo, sendo bem possível que entre seus clientes houvesse muitos leitores de baixo poder aquisitivo. Como anunciou Mercier em seu *Tableau de Paris*: "Não tendes biblioteca? Por quatro soldos mergulhais em um gabinete literário e ali, durante uma tarde inteira, ledes desde a maciça *Enciclopédia* até as folhas volantes".[101]

O que então se pode concluir a respeito dos leitores da *Enciclopédia in-quarto* na França? A venda de assinaturas foi significativa entre os de toga e espada — *parlamentaires* e oficiais do exército em especial; foi ainda melhor entre os profissionais liberais, sobretudo os advogados, e também entre os altos funcionários administrativos e os clérigos. Mas foram inexpressivas as vendas entre os negociantes e manufatores, pelo menos no Norte e no Nordeste e na maioria das cidades portuárias, se não em Lyon e Marselha. O exemplo de Besançon, onde os comerciantes compuseram uma pequena mas significativa minoria de assinantes, deve alertar-nos contra associar os negócios com o desinteresse pela literatura. Contudo, essa associação pareceu válida para vários dos correspondentes da STN, e diversos outros mencionaram apenas pessoas de alta posição social ao identificarem seus assinantes. Portanto, a despeito do caráter inconcludente dos dados, parece provável que a *Enciclopédia* tenha atraído muito mais a *bourgeiosie d'Ancien Régime* do que a burguesia comercial e industrial.

Os dados são muito escassos no que se refere à circulação da *Enciclopédia* entre as pessoas comuns. Lojistas e artesãos podem ter tido acesso à obra em *cabinets littéraires* ou por empréstimo, e alguns deles talvez tenham conseguido adquirir a *Enciclopédia in-octavo* depois de a obra finalmente ter penetrado no mercado francês, mas eles não são mencionados em nenhuma das fontes. Embora não se possa excluir a possibilidade de a *Enciclopédia* ter chegado às mãos de numerosos leitores da classe média-baixa, ela interessou sobretudo à elite tradicional — os homens que dominaram a vida administrativa e cultural das capitais de províncias e das cidades pequenas.

DIFUSÃO ALÉM DA FRANÇA

A *Enciclopédia in-quarto* pode ter representado o Iluminismo provinciano na França, mas em todas as outras partes ela foi a expressão do Iluminismo cosmopolita. A configuração das vendas lembra o roteiro de um Grand Tour: Londres, Amsterdã, Bruxelas, Paris, Lisboa, Madri, Nápoles, Veneza — e mais além, Munique, Praga, Budapeste, Varsóvia, Moscou, São Petersburgo, Copenhague e Hamburgo. A obra chegou à maioria das grandes capitais européias, mas não em um grande surto, como ocorreu nas capitais de província francesas. A edição *in-quarto* se disseminou muito esparsamente e não chegou às mãos da massa dos leitores fora da França. Ainda assim, vale a pena estudar a difusão da obra nas outras regiões, mostrando até onde chegou a moda da *Enciclopédia* e a quem ela atingiu.

Os editores da *Enciclopédia in-quarto* venderam 7257 cópias na França e 691 no resto da Europa — ou seja, forneceram mais da metade das *Enciclopédias* existentes na França antes de 1789, mas menos de 10% das encontradas no restante do continente. O mercado fora da França foi abastecido sobretudo pelas duas primeiras edições *in-folio* e pela *in-octavo*. As edições de Lucca e Livorno, que perfizeram juntas apenas 4500 exemplares, parecem ter sido vendidas principalmente na Itália. E a *Encyclopédie d'Yverdon*, embora se tratasse de uma obra muito diferente, arrebatou boa parte do mercado da *Enciclopédia* nos Países Baixos. Como essas outras edições compuseram a grande maioria das *Enciclopédias* vendidas fora da França, os registros de vendas da edição *in-quarto* não podem ser usados como medida da difusão da obra em escala continental. Entretanto, quando estudados juntamente com os dossiês dos livreiros europeus, fornecem um quadro completo da distribuição da *Enciclopédia in-quarto*, abrangendo quase todos os locais do comércio livresco na Europa, como ilustra a Figura 8.

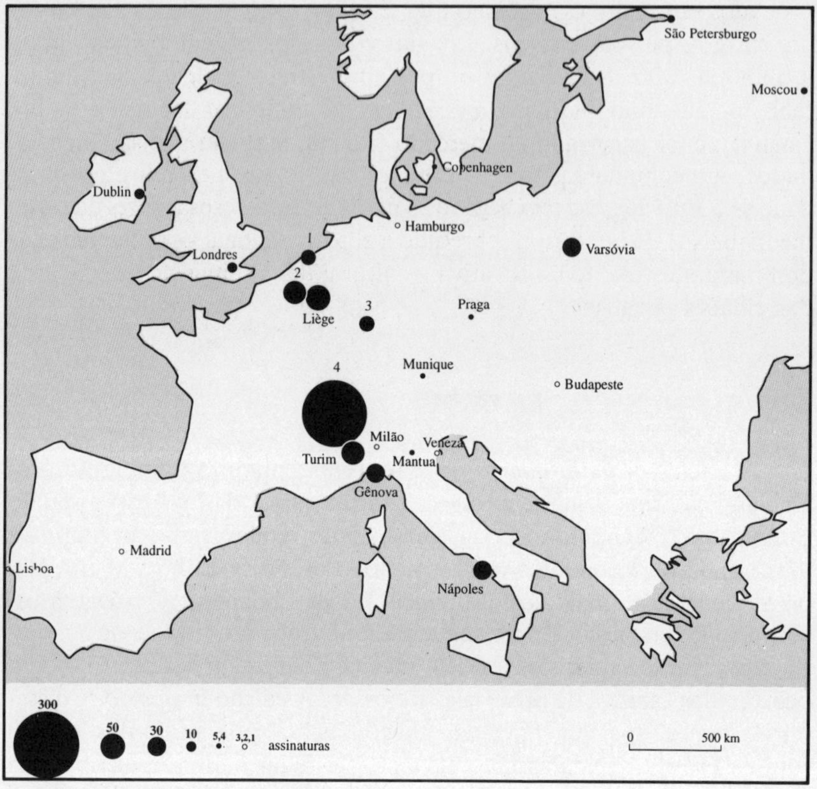

Figura 8. Difusão da Enciclopédia in-quarto *fora da França*

Este mapa fundamenta-se na lista de assinaturas de Duplain e no registro de vendas das cópias em posse da STN — as 208 Enciclopédias *que a firma recebeu como sua parte nas quinhentas de Panckoucke (para uma explicação sobre essa transação, ver Capítulo VII). Algumas dessas vendas ocorreram após a dissolução do consórcio para o empreendimento da* Enciclopédia in-quarto *em fevereiro de 1780, quando o acordo de manutenção de um único preço para as vendas no atacado cessou de vigorar. Nessa época, a STN e Panckoucke reduziram os preços e venderam o excedente a outros livreiros, que puderam negociar as cópias como atacadistas. Portanto, o mapa não representa o destino final de todas as cópias* in-quarto *vendidas fora da França, e magnifica em especial a importância de quatro cidades que serviram sobretudo como entrepostos: Neuchâtel, Genebra, Bruxelas e Liège. Na maioria dos outros casos, porém, o mapa fornece uma indicação razoavelmente precisa da difusão da* Enciclopédia in-quarto *por todo o continente europeu.*

Os números repesentam áreas onde a densidade de assinaturas foi grande demais para ser mostrada segundo as cidades individualmente:

1. *Países Baixos: Amsterdã, Haia, Haarlem, Leiden, Utrecht, Maastricht.*
2. *Países Baixos Austríacos: Bruxelas, Ypres.*
3. *Renânia: Frankfurt, Homburg, Mannheim, Worms.*
4. *Suíça: Basiléia, Genebra, Lausanne, Neuchâtel, Nyons, Soleure.*

Como se poderia esperar, a densidade das vendas da edição *in-quarto* foi menor no Leste europeu, e as cartas dos livreiros daquela região denotam grande distância cultural e geográfica. Weigand e Köpf, de Budapeste, por exemplo, afirmaram que não podiam encomendar muitas *Enciclopédias*; haviam adquirido algumas cópias da *in-octavo* e da *Encyclopédie d'Yverdon*, mas poucos de seus clientes sabiam ler outras línguas além do latim e do húngaro. O país apenas começara a reviver após séculos de opressão turca, e o Iluminismo difundia-se com lentidão.

> Nosso estabelecimento está baseado quase que apenas em livros de estoque, não estando o caráter universal da nação e de um país que foi invadido durante séculos inteiros por guerras cruéis e sangrentas ainda bastante próximo do último grau de cultura para produzir autores que possam garantir os livreiros dos gastos de impressão [...] A *Enciclopédia* da qual nos fazeis uma exata descrição não é aquela de que a Société de Berne nos forneceu alguns tomos, e ainda não podemos dar encomendas dessa obra. Entretanto, esperamos dá-las dentro de pouco tempo, sendo a obra ainda pouco conhecida entre nós, sobretudo quando a liberdade de pensar e de escrever que foi devolvida ao nosso feliz reino por nosso augusto soberano se houver propagado nos indivíduos.

No final, Weigand e Köpf encomendaram apenas uma cópia da *Enciclopédia in-quarto*, e se arrependeram. Quando ela finalmente lhes chegou às mãos, depois de quatro meses em entrepostos e barcas ao longo do Lech e do Danúbio, eles demoraram dois anos para vendê-la. E ao entregá-la ao comprador, "um dos primeiros senhores de nosso país", este descobriu que estavam faltando seis folhas. Embora a STN acabasse fornecendo as folhas, eles temiam que aquela mercadoria defeituosa os tivesse feito perder um de seus mais importantes clientes.[102]

Christian Rüdiger, de Moscou, passou por dificuldades semelhantes com cinco *Enciclopédias in-folio*, que encomendara à STN em 13 de março de 1777. A STN remeteu-as em 31 de maio, mas elas só chegaram em agosto de 1778, devido aos reveses do inverno precoce. Também essas cópias apresentavam-se repletas de defeitos, e as folhas enviadas de Paris em substituição só chegaram em fins de 1779. Mas o fornecedor parisiense (provavelmente Panckoucke) enviou as folhas erradas. A STN só reparou os erros quando o ano de 1781 já ia bem avançado, e àquela altura Rüdiger perdera dois de seus clientes. A STN procurou consolá-lo oferecendo-lhe a edição *in-quarto*, mas ele ficou com apenas quatro cópias. À literatura séria, seus leitores preferiam "as mais recentes novidades, sobretudo também no gênero livre e picante, com figuras indecentes".[103] Ele chegava a mandar trazer de Leipzig aquela literatura frívola, transportada de trenó até sua loja em pleno inverno. Normalmente, suas encomendas chegavam em navios, via Frankfurt, Lübeck e São Petersburgo. Com sorte, ele conseguia fazer chegar uma carta a Neuchâtel em um mês, e obtinha a remessa quatro meses mais tarde. Emitia letras de câmbio pagáveis em Amsterdã para saldar a dívida, mas seus negócios foram muito prejudicados pelo declínio cambial da moeda russa: o valor do rublo caiu de quarenta para 36 florins holandeses, e o valor da libra tornesa elevou-se de 22 para trinta copeques na década de 1780. Apesar de todas essas dificuldades, ele importou quantidades enormes de livros franceses. Evidentemente, Diderot e *Thérèse philosophe* ajudavam seus fregueses a atravessar os invernos moscovitas.

As noites em São Petersburgo devem ter sido igualmente longas, e muitas delas passadas em leituras, pois J.-J. Weitbrecht, o livreiro mais importante da cidade, explicou à STN: "Nós quase que vendemos só no inverno, para o qual nos preparamos apenas no verão".[104] Weitbrecht atendia a uma clientela da corte que parecia ávida por literatura francesa da moda, embora houvesse comprado apenas cinco cópias da *Enciclopédia in-quarto*. Charles Guillaume (ou Karl Wilhelm) Muller, outro livreiro de São Petersburgo, vendia principalmente livros russos, mas encomendou numerosas obras iluministas à STN, inclusive três cópias da edição *in-quarto* e doses maciças de Voltaire e Rousseau. Muller afirmava fazer negócio com "todos os leitores deste país".[105] Embora seja impossível saber quem eram eles, provavelmente incluíam-se entre esses leitores um bom número de cortesãos ocidentalizados e estrangeiros. Precisavam receber seus livros antes de novembro, quando o gelo ilhava São Petersburgo. E se dispunham a pagar caro para ter algum contato com o mundo dos filósofos por meio da palavra escrita, pois o preço dos livros aumentava imensamente ao longo da demorada viagem. De fato, custava duas vezes mais enviar uma carta de Neuchâtel a São Petersburgo (quatro libras e dez soldos) do que adquirir um livro comum na sede da STN (cerca de duas libras).

A STN encontrava quase o mesmo grau de dificuldade nos negócios com Varsóvia, que ficava mais próxima em distância mas não em tempo, pois as remessas normalmente demoravam três meses em viagem terrestre, via Estrasburgo, Ulm, Crems e Cracóvia. Na Polônia, como na Rússia, o público leitor de livros franceses parece ter sido aristocrático. Apenas três livreiros em Varsóvia trabalhavam com livros franceses; dois deles, Michel Gröll e Joseph Lex, ajustavam o tempo de suas encomendas de modo a coincidir com as sessões da Dieta polonesa porque, como explicou Lex: "Ela atrairá os senhores poloneses". Lex chegara a Varsóvia em 1771, vindo de Estrasburgo em busca de fortuna, e aprendera a lucrar com a disseminação da cultura francesa no Leste europeu. Tornara-se "conhecido e bem-visto por tudo o que há de melhor nessa cidade" vendendo livros aos nobres, enquanto sua irmã vendia vestidos às damas. Com um *cabinet littéraire* que ele estabelecera graças a uma subvenção concedida pelo rei, esperava encontrar vários compradores para a edição *in-quarto* naquele meio:

> Inauguro no dia primeiro do próximo mês um gabinete literário para o qual a maior parte dos senhores desta cidade se inscreveu. Aproveitarei as ocasiões de suas visitas para encontrar assinantes para vossa *Enciclopédia*, cujo prospecto promete enormes vantagens. Mas para ser mais bem-sucedido nisso, seria preciso que tivésseis a amabilidade de mandar-me pelo menos três exemplares à medida que a obra saísse do prelo. Eu conservarei um para o meu gabinete literário e encontrarei facilmente como colocar os dois outros. Por esse meio certamente venderei muito, visto que quando um senhor tem alguma obra nova, os outros querem imediatamente tê-la também. Mas como esta aqui é um pouco cara, pedi-la-ei, senhores, apenas à medida que receber a encomenda; e previno-vos de que só conseguirei vender muitas uma vez que tiver um exemplar no local.

Empregando essa estratégia, Lex em pouco tempo vendeu treze cópias da edição *in-quarto* — todas elas, ao que parece, a aristocratas afrancesados. Uma cópia foi adquirida pelo embaixador russo, que exigiu uma encadernação especial onde estampou seu brasão. Gröll, por sua vez, vendeu dezoito cópias, apesar de um certo pessimismo no início: "Não há nada a fazer com grandes obras aqui neste país". Portanto, ambos os livreiros saíram-se bem nas vendas da edição *in-quarto*, embora fossem de opinião de que seus clientes preferiam literatura mais leve: "coisas divertidas e interessantes, sobretudo para as damas, e no máximo quatro ou seis exemplares, poucas obras profundas e sérias", segundo a fórmula de Lex.[106]

Wolfgang Gerle, de Praga, também informou à STN que seus clientes não apreciavam obras demasiado profundas ou extensas: "Os grandes senhores que entendem o francês não se preocupam muito com esse tipo de obras". Ele encomendou cinco cópias da edição *in-quarto* em adição a pelo menos duas da *in-octavo* e doze da segunda edição *in-folio*. Mas essas *Enciclopédias* representavam uma minúscula parcela das obras que fornecia a leitores de livros franceses por todo o império Habsburgo. Ao contrário dos livreiros mais ao leste, parecia bem informado a respeito do comércio livresco no Ocidente. Freqüentava a feira de livros de Leipzig e mantinha contato com vários fornecedores suíços, regateando com grande competência sobre as condições dos negócios. Mas as remessas de Neuchâtel com freqüência chegavam-lhe só depois de dois meses, passando por Basiléia, Schaffhausen, Ulm e Nuremberg. A Guerra de Sucessão Bávara acarretou uma calmaria em seus negócios por algum tempo em 1779, fazendo-o perder dois assinantes da *Enciclopédia in-quarto*, oficiais do Exército. E também se viu em dificuldades com assinantes que não queriam pagar pelos quatro volumes extras e com censores que não tinham a mínima pressa para liberar a *Enciclopédia* na alfândega. Gerle parecia operar como intermediário no comércio internacional, a meio caminho entre os fornecedores dos Países Baixos e Suíça, por um lado, e os consumidores de postos avançados como Moscou e Varsóvia, por outro.[107]

Os outros livreiros alemães também atuaram nessa área, vendendo numerosas *Enciclopédias*, embora não a *in-quarto*. A guerra das edições *in-quarto* e *in-octavo* originara duas zonas de influência no mercado internacional: a associação de Panckoucke concentrara-se na França, e as *sociétés typographiques* de Berna e Lausanne predominaram na *Allemagne*, termo que aplicavam a toda a região a leste e norte do Reno até os países eslavos. Os livreiros de Berna haviam vendido seus livros naquele território durante muitos anos. O diretor da Société Typographique de Berne, Pfaehler, tinha contatos em todas as grandes cidades alemãs, inclusive Frankfurt am Main e Leipzig, onde comparecia regularmente às feiras de livros, e Heidelberg, onde seu irmão possuía uma livraria. De fato, os editores da STN julgavam tão poderoso o domínio do mercado alemão pelos editores da *in-octavo* que praticamente desistiram de penetrar na área.[108] Mas quando o mercado francês começou a minguar, tentaram cruzar o Reno, empregando agentes suíços como Serini e Petitpierre, de Basiléia, e Steiner, de Winterthur. Esses livreiros mascatearam *Enciclopédias in-quarto* em suas viagens de vendas, geralmente passando por Frankfurt e Leipzig, mas só conseguiram distribuir prospectos e confundir os clientes, que acabaram embaralhando as edições. O próprio Serini misturou as versões reais e contrafeitas da *Enciclopédia in-quarto* e as ofereceu a seus clientes juntamente com a edição *in-octavo*, que ele aparentemente favorecia. A edição *in-octavo* foi sempre a preferida. De fato, Serini nunca julgou que a edição *in-quarto* teria grandes chances na Alemanha. Ele a divulgaria em Leipzig e Frankfurt, escreveu informando a STN em 1779: "Mas eu duvido que possa vender a *Enciclopédia in-quarto*. A edição *in-octavo* foi anunciada em todos os cantos da Alemanha".[109]

Quando a STN tentou uma investida direta no mercado alemão, o fracasso foi total. No verão de 1779, Bosset distribuiu prospectos e falou sobre a obra por toda parte durante uma viagem que fez por Basiléia, Estrasburgo, Rastadt, Mannheim, Frankfurt, Darmstadt, Mainz, Karlsruhe, Hanau, Kleve, Koblenz, Colônia, Bonn e Düsseldorf. Embora vários livreiros prometessem oferecer a edição *in-quarto* a seus clientes, nenhum deles chegou a fazer encomendas, evidentemente porque a edição *in-octavo* e a *Encyclopédie d'Yverdon* já haviam satisfeito a demanda. Por exemplo, em Mainz, cidade ativa e próspera, foram adquiridas vinte cópias da *in-octavo* e nenhuma da *in-quarto*.[110] As tentativas da STN de cortejar livreiros alemães por correspondência também produziram respostas desalentadoras. Joseph Wolff, de Augsburg, afirmou que estava com duas cópias encalhadas da *Encyclopédie d'Yverdon* e não queria desperdiçar seu dinheiro em mais nenhuma edição "depois que há já tantos milhares de exemplares no mundo".[111] Os livreiros de Frankfurt e Colônia encontraram apenas dois compradores para a *in-quarto*, embora a divulgassem na imprensa local. O maior sucesso dessa edição ocorreu em Mannheim, onde Fontaine vendeu 27 cópias, apesar das informações sobre o declínio da demanda por livros franceses dadas por um colega seu, que não conseguira vender nenhum livro em francês na feira de Leipzig e alertara a STN: "Tem-se dificuldade de acreditar como, desde a ausência da corte, a leitura francesa deu lugar à alemã".[112]

Bruere, de Homburg-in-Hesse, contestou essa opinião. O público alemão desejava ler livros franceses, afirmou, mas os livreiros alemães não os queriam fornecer:

> Os livreiros alemães vêem apenas com um olho ciumento a preferência que as pessoas de bom tom dão à literatura francesa sobre a literatura alemã. Por isso consideram as obras francesas como um ramo de comércio estrangeiro, que prejudica a venda de suas produções nacionais. Isso é tão verdadeiro que quando eles vêem uma obra francesa um pouco favoravelmente anunciada, apressam-se em mandar traduzi-la em alemão, para enfraquecer a venda do original.[113]

Bruere chegou a afirmar que os livreiros alemães não queriam divulgar a edição *in-quarto* porque desejavam favorecer uma tradução alemã da obra. E realmente estava em processo uma tradução em Frankfurt am Main, mas ela em breve deparou com dificuldades, como Bosset ficou sabendo durante sua viagem de vendas em 1779:

> Vi [...] os srs. Warrentrap e Venner, que fizeram o empreendimento da *Enciclopédia* em alemão da qual vi o primeiro volume em papel muito fino e um monte de manuscritos, na qual trabalham, diz ele, uns trinta eruditos. Creio que será uma obra melhor que a *Enciclopédia* francesa. Os alemães são mais profundos. Mas serão as calendas gregas, e ela não prejudicará a nossa. Vários livreiros me asseguraram que ela não continua.[114]

Embora os comentários de Bruere quanto aos livreiros parecessem demasiado intrigantes para terem credibilidade, eles indicavam o caráter do mercado potencial da *Enciclopédia* na Alemanha. Com "as pessoas de bom tom" ele estava querendo referir-se aos príncipes alemães e aos membros de suas cortes. Ele próprio vendeu uma cópia da edição *in-quarto* ao *landgrave* de Hesse Homburg e ao príncipe de Anhall Schaumburg, e apregoou seus outros livros pelas "cortes do Norte".[115]

J.-G. Virchaux, de Hamburgo, era fornecedor de uma clientela semelhante no Norte da Alemanha e na Escandinávia. Ao referir-se ao seus clientes, mencionava apenas "príncipes soberanos" e "senhores suecos". Chegou a alertar a STN acerca do efeito que o papel plebeu de sua edição produziria entre aquelas figuras: "Eu gostaria muito que usásseis papel mais bonito para vossas edições [...] É em parte o que faz vender; pois como abasteço absolutamente apenas os soberanos do Norte e os maiores senhores clientes [...] percebeis bem, senhores, que não me é conveniente ter edições pouco agradáveis. Não poderíeis imprimir com papel de Périgord?". Muito embora essas observações possam ter sido calculadas para impressionar bem o fornecedor com vistas à obtenção da mercadoria a crédito, Virchaux não tinha nada de elogioso a dizer sobre o gosto de seus clientes quando se tratava não da aparência, mas do conteúdo dos livros. Explicou que apreciavam literatura frívola, especialmente a pornográfica — sobretudo quando havia ilustrações. Obras sobre política, história natural e alguns outros temas científicos conseguiam vendas razoáveis, mas o mesmo não ocorria com as de teologia e direito. Portanto, ele tinha poucas esperanças para a *Enciclopédia* em seu território: "Sendo as grandes e volumosas obras da mais ingrata venda nos países do Norte, não podemos, senhores, encarregar-nos da *Enciclopédia in-quarto* [...] Temos dois exemplares da de Yverdon, que nos são encargo pesado". Acabou vendendo apenas duas cópias, uma para um "grande senhor muito rico", e atribuiu o parco êxito à guerra americana e à frivolidade de seu público: "Faremos todo o nosso possível para tornar conhecida a vossa *Enciclopédia*: mas enquanto a guerra e os assuntos políticos fixarem os espíritos, não há muita aparência de que as vendamos muito; e, em geral, as obras de tão longo fôlego são pouco procuradas no momento".[116]

Claude Philibert, de Copenhague, indicou que a *Enciclopédia* era igualmente inadequada à sua clientela, embora houvesse vendido diversas cópias da *in-octavo* e uma dúzia da *Encyclopédie d'Yverdon*. Ele reimprimiu o prospecto da STN, mas conseguiu apenas duas vendas: "Até agora não tenho mais do que esperanças, pois aqui se gosta muito pouco de subscrever e muito pouco ou nada de dar adiantamentos, nem mesmo um soldo. O jogo e os prazeres vão antes de tudo".[117] A STN também vendeu uma cópia em Copenhague por intermédio de Johann Heinrich Schlegel, que intercedera em uma tentativa fracassada de persuadir o rei e a rainha da Dinamarca a aceitarem a dedicatória da edição *in-quarto* e ajudara os editores de Livorno a vender trinta assinaturas de sua edição. Depois de pesquisar, porém, Schlegel escreveu informando que nada mais poderia fazer: o mercado dinamarquês da *Enciclopédia* estava saturado.[118]

As informações sobre a demanda por *Enciclopédias* em Londres assemelharam-se às de outras partes do Norte europeu. Jean-Baptiste d'Arnal percorreu o circuito das livrarias e pôs anúncios no *Morning Herald*, após o que avisou a STN que não deveriam esperar muitas vendas na Inglaterra: "Reitero-vos de resto, senhores, que o zelo pela literatura esfria todos os dias, que os espíritos ingleses se degeneram, e que nossos senhores preferem comprar vinte bilhetes de ópera para um Vestris, um Noverre, um Allegrante do que despender vinte guinéus em livros''.[119] Entretanto, um pastor londrino, D. H. Durand, vendeu treze cópias da edição *in-quarto*, apesar da concorrência dos distribuidores da edição de Livorno.[120] E provavelmente mais *Enciclopédias in-quarto* chegaram a Londres por intermédio de Panckoucke, que entre os livreiros londrinos tinha contatos muito superiores aos da STN. Assim, o mercado inglês provavelmente não foi tão pobre como se poderia imaginar com base nas cartas de D'Arnal. Transpor o canal da Mancha com os livros não constituiu um problema insolúvel, apesar da guerra (na coalizão contra a Grã-Bretanha, aliaram-se à França a Espanha, em junho de 1779, e a Holanda, em dezembro de 1780). A STN enviou suas *Enciclopédias* a Londres por intermédio da firma Frederick Romberg, de Ostend, que usava navios com duplo passaporte.[121] Também remeteu de Ostend para a Irlanda doze cópias da edição *in-quarto*, que chegaram sem percalços, embora demorassem oito meses devido à dificuldade de Romberg para encontrar um navio neutro e seguro. Essas doze cópias foram para a livraria de Luke White, em Dublin, juntamente com obras de Rousseau, Voltaire, Buffon e *La vie privée de Louis XV*. Quando a STN oferecera a *Histoire philosophique*, de Raynal, White recusara, explicando que preferia uma edição irlandesa. O Iluminismo francês claramente se disseminara pelas Ilhas Britânicas.

Mas não era principalmente da França que ele provinha, e sim da Holanda, onde a literatura filosófica era impressa e reimpressa em quantidades ainda maiores do que na Suíça. E foi exatamente por esse motivo que o mercado holandês não absorveu muitas cópias da *Enciclopédia in-quarto*. Bosset tentou penetrá-lo durante a viagem que fez em 1779, mas os holandeses trataram-no como concorrente e inimigo e, ademais, já haviam comprado muitas outras *Enciclopédias* para se interessarem pela dele. O editor de Rousseau em Amsterdã, Marc Michel Rey, mostrou-se disposto a jantar com Bosset, mas não a fazer negócios com ele. Rey acusou a STN de falsificar as obras de Rousseau que ele publicara (e a STN, naquele exato momento, estava preparando em segredo uma nova contrafação), e disse que ainda não havia vendido 25 cópias da segunda *Enciclopédia in-folio*, metade do número que ele assinara havia quase dez anos. Harreveld, outro grande livreiro de Amsterdã, afirmou que vendera cinqüenta cópias das outras edições, principalmente da *Encyclopédie d'Yverdon*, e que não conseguiria vender mais nenhuma. Pierre Gosse Junior, de Haia, que comprara todas as *Enciclopédias* publicadas por Félice, comercializara a obra com tamanho empenho nos Países Baixos que os livreiros menos importantes não quiseram comprar as edições rivais por medo de antagonizá-lo — ou, pelo menos, foi o que disseram a Bosset. Este não sabia em que acreditar naquele território hostil, e partiu então para os Países Baixos austríacos, tendo vendido apenas algumas cópias da edição *in-quarto* aos muito instruídos e competitivos holandeses.[122] Ao sul do Reno, encontrou um outro mundo. O melhor livreiro de Antuérpia, que dominara a atividade livresca ao norte da Europa em fins do século XVI, era uma certa "sra. Moredon, que roda carruagem vendendo apenas breviários".[123] Em Louvain praticamente inexistia o comércio livresco, apesar da presença de 3 mil estudantes universitários. Esse ramo prosperava em Liège e Maestricht, importantes centros de contrafações, mas ali não seria possível vender mais *Enciclopédias in-quarto*, pois Plomteux, de Liège, o sócio da STN no empreendimento da edição *in-quarto*, já saturara a demanda em toda a região.

As cartas que a STN recebeu de seus correspondentes nos Países Baixos em geral confirmaram as informações de Bosset. Gosse avisou que favoreceria a *Encyclopédie d'Yverdon* até vender a última cópia, o que parecia estar bem distante, já que diversos livreiros comentaram que o excesso de cópias da obra arruinara o mercado para as demais *Enciclopédias* e que ela estava sendo vendida a dois terços e até metade do preço de assinatura.[124] Os irmãos Murray, de Haia, não queriam saber da edição *in-quarto* porque estavam "embaraçados com a edição de Yverdon, com a *in-folio* e mesmo com a *in-octavo*".[125] Changuion, de Amsterdã, relatou que os anúncios sobre a edição *in-quarto* na imprensa local não haviam provocado reação positiva e que "o público se cansa enfim de todos esses logros".[126] Luzac, de Leyden, disse que se a STN desejasse ele continuaria a publicar anúncios na *Gazette de Leyde*, mas duvidava de sua eficácia, "visto que o público está inundado de outras edições e que esse livro é vendido hoje pela metade do preço".[127] E Aubertin, de Roterdã, alertou que não conseguiriam vender a edição *in-quarto* em sua cidade: "Descobri que os amadores tinham a edição de Paris ou a de Yverdon e que em uma cidade de comércio essas obras não são do gosto geral e têm, assim, uma venda bastante limitada".[128] Os comentários de Aubertin corroboravam as informações sobre o desinteresse pela literatura entre os comerciantes na França. Contudo, o maior problema no mercado holandês era o excesso de oferta, e não a escassez de demanda. "As províncias estão tão repletas de *Enciclopédias* que os livreiros, assim como os particulares, não querem ouvir falar dela", escreveu Aubertin.[129] "A cada venda de livros em que elas se encontrem, os preços declinam. A Société Typographique de Berna enviou-me ainda prospectos de sua segunda edição. Eu os distribuí sem o menor sucesso." Na difusão da *Enciclopédia*, a Holanda tornou-se uma espécie de região saturada, exatamente o oposto da Hungria, Polônia e Rússia.

Os Países Baixos serviram também como entreposto das *Enciclopédias* destinadas a Portugal e Espanha, embora a STN usasse outras rotas além dessa — principalmente as estradas transalpinas para Turin e Gênova e a rota fluvial de Lyon a Marselha. A firma Veuve Bertrand et Fils, de Lisboa, descobriu que um caixote remetido via Gênova demorava onze meses para chegar, seis meses se mandado via Amsterdã, e nunca chegava se fosse remetido via Ostend. Jacques Mallet, de Valencia, recomendou à STN o uso de embarcações pequenas para sair de Marselha, que poderiam deslocar-se bem próximas à costa e fugir rápido para o porto cada vez que aparecessem fragatas inglesas. Ele não confiava nos navios neutros de Gênova, "pois os ingleses não respeitam nenhuma bandeira e tomam tudo".[130] Duplain e a STN fizeram seguro para as mercadorias que remeteram, mas os custos e os atrasos prejudicaram seriamente seus negócios até o fim da guerra de independência norte-americana. Antonio de Sancha, de Madri, informou que um carregamento de livros remetido via Amsterdã e Cadiz demorava meio ano e que os custos de manuseio superavam o preço de atacado. Outras remessas levavam mais tempo e custavam mais caro: seu destino final nunca podia ser previsto, pois o comércio de longa distância permaneceu instável até o acordo de paz de 1783.

Mesmo depois de o tráfego normalizar-se nas rotas para Espanha e Portugal, os editores ainda precisaram enfrentar um problema maior: a Inquisição. Bertrand e outro livreiro estrangeiro em Lisboa, Jean-Baptiste Reycends, contrabandearam algumas cópias das *Enciclopédias in-quarto* e *in-octavo* para suas livrarias, juntamente com alguns *livres philosophiques* também proibidos na França. Mas nunca trabalharam em grande escala no comércio de obras ilegais, pelo menos não com a STN, embora acreditassem que a demanda por obras estrangeiras estivesse crescendo em Portugal.[131] Os livreiros espanhóis sempre tremiam de medo ao falarem da Inquisição, mesmo nas vezes em que tinham êxito negociando com o Santo Ofício. Sancha, de Madri, disse à STN que não pôde resistir a fazer uma pequena encomenda depois de receber o prospecto da edição *in-quarto*, mas "é um assunto tão delicado neste país falar da *Enciclopédia* em relação à nossa Inquisição que precisei de uma permissão do dito tribunal para poder subscrever três exemplares". Quando a STN procurou aproveitar essa brecha oferecendo todas as outras obras de seu acervo, Sancha respondeu que não poderia adquirir nada, exceto doze cópias da *Histoire de l'Amérique*, de Robertson (um *best seller* em todas as partes, devido à guerra de independência americana). Os outros livros não eram "convenientes para um país tão delicado quanto o nosso". "Neste país é preciso ter grandes cuidados quanto aos livros estrangeiros em relação à nossa Inquisição." No final, ele nem mesmo conseguiu ocultar os livros de Robertson das autoridades: "Deu-se ultimamente uma ordem a todos os portos marítimos de não os deixar entrar. Vede se não estamos em um país bem delicado".[132] Sancha, que tinha fornecedores em toda a Europa ocidental e possuía quinze prelos próprios, era provavelmente o livreiro mais importante da Espanha. Firmas menores, como Paul et Bertrand Caris, de Cadiz, e Jacques Mallet, de Valencia, não ousavam correr o mínimo risco. Mallet julgou que talvez conseguisse da Inquisição a permissão para importar algumas cópias da *Enciclopédia in-quarto*, mas isso não ocorreu.[133] E Caris considerava sem esperanças o mercado espanhol: "Quanto às obras que seriam do gosto deste país, devem ser tão depuradas quanto a menor proposição um pouco equívoca ou filosófica seria impedida pelo Santo Ofício. Eis ao que está reduzida a literatura deste país".[134]

A despeito da influência da Igreja Católica, o comércio da *Enciclopédia* na Itália assemelhou-se mais ao da Holanda do que ao da Espanha. Apenas uma vez, nas centenas de cartas que a STN recebeu dos estados italianos, mencionou-se que a *Enciclopédia* encontrara problemas com as autoridades, e nessa ocasião o alerta proveio de um território que acabaria por pertencer à França — a Savóia.[135] Os editores de Neuchâtel chegaram a trocar correspondência com um cardeal liberal em Roma.[136] É verdade que Roma condenara explicitamente a obra em 1759, mas em 1777 também condenara os jesuítas, principais inimigos da *Enciclopédia*, e não tomara medidas eficazes contra as duas edições italianas. Quando os editores de Livorno enviaram um caixeiro-viajante em missão pela Itália, escolheram um padre, concedendo-lhe uma comissão de 10% em cada venda.[137] E quando os livreiros italianos mencionaram suas ressalvas quanto ao texto, nunca se referiram às impiedades, mas apenas aos erros nos temas de geografia italiana e história natural. No prospecto italiano para as edições *in-quarto* e *in-octavo*, a Società Letteraria e Tipografica di Napoli instou todos os italianos a comunicarem as incorreções, que seriam transmitidas aos editores, para que aquela parte do mundo gozasse de um tratamento correto nas novas edições. Os napolitanos também informaram a STN de que havia duas pessoas trabalhando arduamente em certos verbetes fundamentais, como NAPLES e VESUVE, que precisavam ser reescritos para evitar o repúdio dos compradores.[138] Nenhum desses projetos editoriais foi concluído, mas eles ilustram a atitude dos livreiros setecentistas de todas as partes com relação à *Enciclopédia*: Diderot principiara bem, mas sua obra necessitava de uma revisão completa antes de alcançar seu pleno valor de mercado.[139]

Trabalhando com essa premissa, os editores de Lucca e Livorno não vacilaram em adaptar o texto de Diderot às suas próprias necessidades. Os editores de Lucca precisaram sobretudo abrandar o papa, e por isso apresentaram sua obra como uma refutação e uma reimpressão da de Diderot: contestariam as heresias francesas em notas escritas por um padre erudito, Giovanni-Domenico Mansi. Mas as notas foram escasseando à medida que progrediu a edição, pois Clemente XIII não executou suas ameaças à *Enciclopédia* de Lucca, e Clemente XIV tornou-se mais preocupado com a dissolução dos jesuítas do que com a campanha contra a *bête noire* daquela ordem. Em 1771, os editores concluíram a impressão dos dezessete volumes *in-folio* do texto e, aparentemente, já haviam vendido a maioria das cópias, principalmente na Itália.[140] A edição de Livorno foi lançada mais tarde, em circunstâncias mais favoráveis: Lucca era uma república minúscula, ao passo que Livorno era o principal porto do poderoso arquiduque da Toscânia, e o arquiduque Leopoldo, um dos poucos autocratas genuinamente esclarecidos do continente, aceitou a dedicatória da obra e protegeu o empreendimento. Os editores afirmaram contar com seiscentos assinantes em novembro de 1769, quando estavam prestes a começar a impressão com uma nova fonte de tipos Caslon e seis prensas, capazes de produzir noventa folhas por mês. Informaram que haviam vendido todas as 1500 cópias em setembro de 1775, época em que concluíram o texto.[141] Mas em julho de 1777, Giuseppe Aubert, editor dos filósofos milaneses e a principal figura por trás da edição de Livorno, recusou-se a vender a *Enciclopédia in-quarto* explicando que ainda precisava vender sessenta cópias de sua própria *Enciclopédia*.[142] Os editores da *in-quarto* esperavam vender sua obra na Itália a um preço mais baixo do que o da *Enciclopédia* de Livorno, e o grupo da edição *in-octavo* vendeu a sua a um preço ainda menor.[143] Portanto, os editores de Livorno podem ter encontrado uma certa dificuldade em seu próprio mercado, apesar de terem saído na frente na corrida para supri-lo.

Na verdade, a Itália parece ter contido vários mercados, assim como se compunha de diversos estados, pois as informações dos livreiros italianos divergiram imensamente. Após distribuir cinqüenta cópias do prospecto, Yves Gravier, de Gênova, esperava uma farta colheita de assinaturas da edição *in-quarto*; encomendou 32 cópias, mas acabou por desentender-se com Duplain, aliando-se aos editores da *in-octavo*.[144] A *Enciclopédia in-quarto* obteve ótimos resultados em Piemonte. Os irmãos Reycends, de Turim (primos de Jean-Baptiste Reycends, de Lisboa), venderam 39 cópias, e ainda não haviam esgotado a demanda em 1782, quando passaram a vender a edição *in-octavo*.[145] Outros livreiros de Turim encomendaram catorze cópias, embora também preferissem a edição *in-octavo*, que com seu preço menor atraía mais compradores.[146] Giuseppe Rondi não conseguiu vender nenhuma cópia da *in-quarto* em Bergamo, e Lorenzo Manini vendeu apenas quatro em Cremona, mas a Lombardia revelou-se um bom território para a *Enciclopédia*. Entretanto, ali a edição *in-quarto* não foi bem-sucedida; Ami Bonnet distribuiu prospectos em Milão, sem êxito, e Giuseppe Galeazzi alertou os editores de Neuchâtel de que haviam chegado tarde demais ao mercado milanês: ele já encomendara 32 cópias da edição *in-octavo*, e a região estava abarrotada de *Enciclopédias*.[147] A Toscânia parecia ainda mais saturada. Apesar do grande estímulo dos editores, Joseph Bouchard, de Florença, não conseguiu vender uma só cópia da *in-quarto*. "Este país aqui está repleto de *Enciclopédias* das reimpressões de Lucca e de Livorno; as pessoas limitam-se a isso", informou à STN.[148] Os livreiros que outrora haviam planejado produzir sua própria reimpressão da *Enciclopédia* não deram boa recepção à edição *in-quarto*, talvez pela mesma razão. Contudo, Gaspard Storti, livreiro veneziano que elogiou francamente o mercado local em carta à STN, explicou que "aqueles que lêem em francês neste país são bastante raros e não gostam ou não querem fazer despesa".[149] A STN não possuía muitos contatos em Roma, e aparentemente o mesmo ocorreu com os outros sócios da edição *in-quarto*, pois ali não conseguiram vender sequer uma cópia de sua *Enciclopédia*.[150] Nápoles prometia ser um grande mercado para a edição *in-quarto*, segundo a Società Letteraria e Tipografica di Napoli. Mas após adquirir dezesseis assinaturas, a Società brigou com Duplain e passou para o lado dos editores da *in-octavo*, de quem acabou adquirindo cinqüenta *Enciclopédias* e um grande estoque de obras de Voltaire e Rousseau.[151] Evidentemente, a terra de Giannone, Vico e Filangeri foi tão rica em leitores do Iluminismo quanto o Norte, onde Beccaria e os irmãos Verri haviam prosperado. Em geral, e a despeito da irregularidade de sua geografia cultural e política, a Itália parece ter sido um grande mercado para a literatura iluminista — não um lugar atrasado oprimido pelos padres, mas uma terra complexa e culta, que está apenas começando a atrair a merecida atenção nos estudos sobre o século XVIII.[152]

A demanda pela *Enciclopédia* seguramente se disseminou além da Europa, embora seja impossível calcular o número de cópias levadas a outros continentes. O livreiro genebrino Etienne Pestre informou à STN que comprara duas cópias da edição *in-quarto* para clientes seus na África, e Meuron, de Saint-Sulpice, encomendou uma destinada ao Cabo da Boa Esperança.[153] A STN chegou a consultar Benjamin Franklin sobre o estabelecimento de um entreposto nos Estados Unidos, projeto esse que não foi levado a termo, o mesmo ocorrendo com um plano semelhante que Thomas Jefferson propôs para a venda da *Encyclopédie méthodique*.[154] No entanto, Jefferson empenhou-se bastante para promover a difusão da *Enciclopédia* na república nascente. Após ler um anúncio na *Virginia Gazette* durante um momento crítico da Revolução Americana, ele comprou uma cópia da edição de Lucca pagando com 15 068 libras de tabaco. Sua intenção era destiná-la ao "uso do Público", e emitiu ordens especiais para protegê-la do exército do general Cornwallis.[155] Ao mesmo tempo, tentou encontrar uma cópia para seu uso pessoal:

> Estou imensamente ansioso para obter uma cópia da grandiosa *Enciclopédia*, mas tenho muito receio de tentar obtê-la por intermédio das vias comerciais, cara como ela é originalmente e sobrecarregada como viria com o enorme adiantamento que exigem sob o pretexto de segurá-la dentro e fora do país.[156]

Ao que parece, Jefferson só comprou sua *Enciclopédia* ao suceder Franklin como ministro americano na França. Sua residência em Paris converteu-se em posto de troca de literatura francesa destinada à América, e sua correspondência entre 1784 e 1789 proporciona alguns vislumbres reveladores do comércio livresco francês. Em 1786, por exemplo, ele informou Madison acerca das condições do mercado da *Enciclopédia*:

> Poucos foram os livros que lhe comprei desde que enviei o catálogo de minhas aquisições anteriores [...] Posso conseguir-lhe a edição original *in-folio* parisiense da *Enciclopédia* por 620 libras, 35 volumes, uma boa edição em 39 volumes *in-quarto* por 380 [libras] e outra boa edição em 39 volumes *in-octavo* por 280 [libras]. A nova [*Méthodique*] será superior em um número bem maior de verbetes, mas não em todos. E a posse da antiga terá a vantagem adicional de já estar disponível. Comprei uma para mim, mas aguardo suas ordens quanto à sua.[157]

Madison preferiu assinar a *Méthodique*. Jefferson também a assinou, mas além disso comprou uma cópia *in-octavo*, e estudou ambos os textos sempre que sua curiosidade o impeliu para algum novo caminho das artes e das ciências.[158]

A LEITURA

As cartas dos livreiros evidenciam que a *Enciclopédia* atingiu todas as partes do continente europeu e até mesmo que cruzou o oceano. As vendas foram melhores em determinados lugares e para algumas edições, mas elas se verificaram em toda parte, na tundra russa e na fronteira turca, assim como nas grandes cidades do Oeste do continente. Infelizmente, porém, as cartas não revelam muito a respeito do último estágio do ciclo de vida da obra. Entre a venda e a leitura da *Enciclopédia* existe um hiato que não pode ser preenchido pela história das publicações, pois é impossível saber o que se passava na mente dos leitores. Algumas cópias podem nunca ter sido lidas, embora a maioria delas provavelmente tenha tido muitos leitores — membros dos *cabinets littéraires*, amigos dos assinantes e até mesmo os seus criados. Aparentemente, no século XVIII emprestavam-se mais livros do que em nossos dias, e a leitura pode ter sido uma experiência diferente — menos apressada, mais reflexiva, no geral uma atividade absorvente, naquela época em que os homens de posse viviam para o lazer e outros meios de comunicação não competiam com os livros. Obviamente, tudo o que podemos fazer é conjeturar sobre a natureza da leitura no Antigo Regime. Seu funcionamento íntimo ainda parece misterioso, apesar das tentativas feitas por psicólogos, peritos competentes e estudiosos da leitura para decodificá-la, acelerá-la e expô-la em seus cursos.[159] Não obstante, existem alguns testemunhos do século XVIII a respeito de como as pessoas liam os livros. Por exemplo, um visitante alemão em Paris observou: "Todo o mundo lê em Paris [...] Lê-se no carro em passeio, no teatro nos entreatos, no café, no banho. Nas lojas, mulheres, crianças, trabalhadores, aprendizes lêem; no domingo, as pessoas que reúnem à porta de sua casa lêem, os lacaios lêem atrás dos carros, os cocheiros lêem em seus assentos, os soldados lêem no posto e os comissários em seu ponto de parada".[160]

É claro que com isso não se pode inferir que a *Enciclopédia* era lida dessa maneira onívora. Sua extensão e organização alfabética inviabilizavam a leitura de ponta a ponta, e a obra provavelmente foi consultada de diversas maneiras e com diferentes propósitos — para informação sobre um tópico específico, diversão, estudo sistemático e pela emoção de descobrir observações audaciosas que deveriam ter sido detectadas pelo censor. Do ponto de vista da história intelectual, o problema principal poderia ser formulado mais uma vez nos seguintes termos: os leitores da *Enciclopédia* usaram-na como obra de referência ou buscaram nela a *philosophie*?

Para começar, devemos admitir a possibilidade de eles não a terem lido. Samuel Girardet, livreiro de Le Locle, uma cidadezinha suíça, não tinha uma opinião muito elogiosa quanto ao interesse de seus clientes pela *Enciclopédia in-quarto*:

> Prevejo que a *Enciclopédia* de Genebra será um livro bem aborrecido, visto que eis já quase cinco meses decorridos da promessa que me fizestes de sua publicação, tempo desde o qual ele aborrece já seu comprador, que ainda não lhe viu nenhuma folha. Quanto não o aborrecerá quando ele possuir toda essa miscelânea de livro, que aparentemente superará pela sagacidade de seu conteúdo a bela obra de Yverdon, que nossos montanheses reverenciam ao ponto de a deixar tranqüila e em repouso na prateleira, onde a colocaram desde a sua publicação.[161]

Panckoucke afirmou que "a *Enciclopédia* será sempre o primeiro livro de toda biblioteca ou gabinete", mas ela pode ter sido uma obra usada com o propósito de ostentação, e não de leitura.[162] De fato, Panckoucke ficou sabendo que alguns assinantes de Lyon eram analfabetos.[163] No entanto, se eles usavam suas cópias da *Enciclopédia in-quarto* para impressionar as visitas, esse comportamento indica a importância da obra, e não sua ineficácia, pois parece significativo que ter uma *Enciclopédia* na estante pudesse conferir prestígio, tal qual possuir um falso brasão ou um "de" artificial acrescido ao sobrenome. Talvez em 1780 o prestígio se houvesse transferido para o Iluminismo, nascendo um novo fenômeno, o esnobismo intelectual.

Seja como for, a *Enciclopédia* exibida na estante deve ter proclamado, além da erudição de seu proprietário, suas opiniões progressistas, pois ninguém no século XVIII poderia ter ignorado o caráter notoriamente ideológico da obra. Todos os escritos contemporâneos sobre ela — do Discurso Preliminar aos ataques e à publicidade — salientaram sua identificação com o Iluminismo. E até onde indicam os dados sobre a reação dos leitores, eles procuravam no texto tanto a *philosophie* como as informações. Em um "Avis" no início do volume 13, os editores da *in-quarto* imprimiram o excerto de uma carta enviada por um médico francês, protestando contra alguns cortes no verbete ACÉMELLA: "Aí não encontrei as reflexões sobre as propriedades das plantas que terminam o último parágrafo do Dicionário. No entanto, essas reflexões são filosóficas e interessantes". Os editores replicaram que as "observações filosóficas" seriam apresentadas mais adiante, no verbete PLANTAS. Eles evidentemente não podiam dar-se ao luxo de omitir nenhuma *philosophie*. Um livreiro em Loudun também escreveu-lhes afirmando que seus leitores haviam reclamado sobre "diversos artigos de teologia tratados por demais ao gosto da Sorbonne, sem dúvida para favorecer tanto mais sua circulação na França, mas esses entraves à liberdade de pensar não agradam a todos os leitores".[164]

A atração que a *philosophie* da obra exercia sobre os leitores setecentistas evidencia-se também em um projeto de alguns exilados franceses em Londres, que anunciaram sua intenção de compilar todos os *morceaux philosophiques* que Félice expurgara do texto de Diderot e publicá-los em forma de suplemento da *Encyclopédie d'Yverdon*. Assim, argumentavam, os assinantes de Félice poderiam recuperar a parte mais valiosa da *Enciclopédia* sem ter de comprar toda uma nova coleção dos outros editores suíços. Na realidade, esse plano parece ter sido uma manobra de Pierre Gosse Junior, de Haia, para salvar seu estoque encalhado da *Encyclopédie d'Yverdon*; e, como tantos outros projetos editoriais, este nunca foi concretizado. No entanto, ele indica que a *Enciclopédia* de Félice enredou-se em dificuldades, enquanto a de Diderot permitiu edições sucessivas: "O editor não se acomodou às diversas maneiras de pensar dos leitores", explicava o anúncio — em outras palavras, os leitores queriam *philosophie*, e Félice dera-lhes meramente informação.[165]

É difícil acreditar que os leitores setecentistas não buscavam informação na *Enciclopédia*, mas seria um anacronismo supor que eles a usavam da mesma maneira que os leitores de hoje em dia consultam as enciclopédias atuais. Diderot e D'Alembert tencionavam informar e ao mesmo tempo iluminar o espírito. Sua estratégia básica consistia em argumentar que o conhecimento, para ser legítimo, tinha de ser filosófico; parecendo meramente fornecer conhecimento, eles atacavam a superstição. Distinguir entre os aspectos informativos e filosóficos da *Enciclopédia* é separar o que os autores tencionaram fazer inseparável e interpretar erroneamente o significado da obra para os leitores. Embora seja impossível penetrar-lhes na mente, podemos entrar em suas bibliotecas e ocasionalmente vislumbrá-los, debruçados sobre as páginas da *Enciclopédia*. Eis, por exemplo, uma cena extraída da autobiografia de Stendhal:

> Meu pai e meu avô tinham a *Enciclopédia in-folio* de Diderot e de D'Alembert; essa é, ou antes, era uma obra de setecentos a oitocentos francos. É preciso uma terrível influência para incitar um provinciano a colocar tal capital em livros, donde concluo, hoje, que era preciso que antes de meu nascimento meu pai e meu avô houvessem sido inteiramente do partido filosófico.
>
> Meu pai não me via folhear a *Enciclopédia* senão com desgosto. Eu tinha a mais inteira confiança nesse livro em razão do afastamento de meu pai e do ódio decidido que ele inspirava aos p[adres] que freqüentavam a casa. O vigário-geral e cônego Rey, grande figura amarfanhada, com cinco p[és] e dez polegadas de altura, fazia uma singular careta ao pronunciar atravessadamente os nomes de Diderot e de D'Alembert. Essa careta dava-me um gozo íntimo e profundo.[166]

Eram essas as sensações de um jovem leitor da *Enciclopédia* pertencente a uma abastada família burguesa de Grenoble durante a década de 1790. Outros leitores, em cenários diferentes, provavelmente viveram experiências diversas, que jamais poderão ser reconstituídas e catalogadas. Mas seja o que for que sentiram, devem ter sabido que tinham nas mãos uma das obras mais contestadoras de sua época, que prometia reordenar o universo cognitivo e com isso fazer rangerem os dentes dos padres locais — se eles também não fossem assinantes.[167]

7
A LIQUIDAÇÃO DAS CONTAS

Em janeiro de 1780, os sócios do empreendimento da *Enciclopédia in-quarto* reuniram-se em Lyon para liquidar suas contas. Como desde o princípio a condução do negócio fora permeada de tramas, o desfecho foi dramático, valendo a pena acompanhá-lo pormenorizadamente, não só pelo que revela acerca do espírito do capitalismo nos primórdios da era moderna, mas também como um episódio da comédia humana pré-balzaquiana — ou como um "drama burguês", como Diderot poderia tê-lo chamado.

O último ato do empreendimento da *Enciclopédia in-quarto* teve início em outubro de 1778. Àquela altura, Panckoucke e seus sócios já haviam escorraçado *Enciclopédias* rivais, algumas contrafeitas, outras genuínas, surgidas em Genebra, Avignon, Toulouse, Lyon, Lausanne, Berna e Liège. Sua própria *Enciclopédia* evoluíra de projeto em projeto e de edição em edição, tornando-se a cada fase mais lucrativa e mais difícil de administrar. Por um momento, no verão de 1778, quase lhes escapara do controle. Mas o acerto da disputa contratual em 10 de outubro de 1778 pareceu possibilitar aos editores da *in-quarto* levar a bom termo "o mais belo [empreendimento] jamais feito no ramo livreiro":[1] os lioneses haviam sido pagos para desistir da contrafação, o grupo da edição *in-octavo* estava se retirando da França, os editores de Liège haviam feito as pazes e Duplain aceitara as condições de Panckoucke para a terceira edição *in-quarto*. Aparentemente, nada restava a fazer, exceto produzir e distribuir os últimos volumes, receber os últimos pagamentos e dividir os lucros. O Traité de Dijon estipulara os procedimentos da liquidação do negócio, e até mesmo estabelecera que os sócios deveriam reunir-se a cada seis meses para assegurar que as contas estivessem em ordem; na verdade, eles se reuniram apenas duas vezes: em fevereiro de 1779, quando Duplain forneceu um relatório provisório sobre o andamento do negócio, e em fevereiro de 1780, data da liquidação do empreendimento. Este, porém, não terminou da maneira prescrita, e seu encerramento não se enquadra com perfeição no período de doze meses decorrido entre as duas reuniões.

Assim que os editores assinaram o contrato para a terceira edição, suas tramas começaram a acirrar-se novamente. Não conseguiram resolver os conflitos em fevereiro de 1779, e seu *règlement de comptes* final produziu uma explosão.

A CISÃO DISSIMULADA DE 1778

Em junho de 1778, Duplain, que com freqüência surgia com idéias brilhantes para vender *Enciclopédias*, sugeriu que ele e Panckoucke vendessem, cada um, por conta própria, quinhentas cópias da terceira edição. Essa proposta tinha a vantagem de simplificar suas operações em Lyon, permitindo-lhe vender centenas de *Enciclopédias* em bloco em vez de tratar com dezenas de livreiros e assinantes individuais. E para Panckoucke a idéia atraía porque Duplain prometera reservar-lhe o rico mercado parisiense. Não só Panckoucke monopolizaria as vendas no atacado em Paris, mas também não lhe seria difícil desfazer-se de suas quinhentas cópias, pois alocaria 208 delas para a STN por conta de sua cota de 5/12 na parte de Panckoucke, 41 para Plomteux e a mesma quantidade para Regnault, referentes às suas cotas de 1/12. As vendas, naquela época, iam de vento em popa. Não parecia existir o perigo de os sócios tornarem-se concorrentes em vez de colaboradores, e por isso Panckoucke aceitou a proposta de Duplain em julho.[2]

No início de novembro, Duplain enviou a seguinte carta a Batilliot, o banqueiro parisiense especializado em especulações com livros:

> Vou obter-vos um belo negócio, meu caro amigo, mas é com a condição de que ninguém saiba de nada, nem mesmo Panckoucke, nosso amigo comum. Procurai um ou dois vendedores ambulantes que tenham a confiança do público e encarregai-os de receber subscrições da *Enciclopédia* de Pellet da qual vos envio o prospecto. Partilhai com eles o benefício. Vedes que, vendendo treze, ganharíeis mais de 1400 libras. Anunciareis ou, melhor dizendo, vossos homens anunciarão que os quatro primeiros volumes estão à venda em Genebra. Não falareis de mim de maneira alguma [...] Encarrego-me da entrada em Paris. Queimai minha carta.

Em vez de queimar a carta, Batilliot entregou-a a Panckoucke, que por sua vez enviou uma cópia a Neuchâtel, restringindo seus comentários a uma ríspida observação: a carta revelava "a alma vil de Duplain". Demonstrava, além disso, que a luta pelo mercado da *Enciclopédia* produzira uma guerra secreta entre os sócios da edição *in-quarto* em adição à guerra declarada entre eles e os editores rivais. O sigilo foi a primeira linha de defesa que Panckoucke recomendou com veemência à STN. Duplain não deveria saber que eles sabiam. Enquanto ele assaltava o território que lhes fora destinado, eles deveriam organizar uma campanha de vendas para combatê-lo e guardar todas as provas incriminadoras que pudessem reunir até o momento de poder usá-las contra ele com a máxima eficácia. Uma cisão declarada poderia arrasar todo o empreendimento. Mas por que Duplain preparara essa traição, e por que Batilliot revelou o golpe a Panckoucke?[3]

A posição de Batilliot pode ser facilmente explicada: Panckoucke acabara de salvá-lo da falência. "Ele não perecerá", disse Panckoucke à STN, "mas me deve reconhecimento por isso".[4] Duplain parece ter agido com o tipo oposto de motivação: vingança, magnificada pelo desejo de enriquecer às custas dos sócios. Ele se ressentia da derrota nas negociações sobre o contrato da terceira edição, julgando-se no direito de receber uma porção maior dos lucros. Não fora ele, sozinho, quem providenciara toda a operação? Não fora ele quem captara as assinaturas, organizara a impressão, remetera a mercadoria, assediara os compradores cobrando o pagamento e em geral extenuara-se no trabalho enquanto Panckoucke devaneava sobre seus projetos em Paris e a STN reclamava dos cortes na sua fatia da impressão? Ele, sozinho, arquitetara o maior empreendimento editorial do século. Seus sócios haviam sido sobretudo um estorvo. E, no entanto, os contratos premiavam-nos com metade dos lucros. Pois muito bem, ele se apoderaria da parte que lhe cabia de direito, mesmo que fosse preciso empregar métodos duvidosos. É claro que Duplain nunca registrou por escrito tal decisão. Mas seus atos falam por ele, e suas atitudes por vezes transpareceram em cartas que escreveu em momentos de ira, em especial durante sua briga com a STN a respeito da impressão do volume 6:

> Como, senhores, expor-nos-eis a perder em um instante nossa fortuna e uma rica especulação imprimindo execravelmente mal um volume, e não nos será permitido queixar-nos? Se o fizemos em termos demasiado amargos, é que realmente estávamos aflitos e um coração sobrecarregado precisa de um desabafo. Trabalhamos dia e noite para o êxito do negócio e parece, senhores, que fazeis tudo que podeis para o destruir.[5]

Portanto, os sócios prepararam-se para sua primeira reunião como quem se aprontava para uma guerra civil. De novembro em diante, Panckoucke e a STN adotaram um tom conspirativo em suas cartas a respeito de Duplain enquanto permaneciam cordiais e práticos na correspondência que trocavam com ele. "Devemos tomar nossas precauções em relação a Duplain de maneira que ele não possa nem sequer desconfiar de que se suspeita dele", escreveu a STN a Panckoucke. "É preciso ocultar até as nossas suspeitas", respondeu Panckoucke.[6] Um novo tom surgiu também nas cartas de Duplain nessa época. Em vez de maravilhar-se com o inesgotável poder de venda da *Enciclopédia in-quarto*, ele subitamente alertou os sócios de que a demanda pela obra desaparecera. O fluxo de assinaturas esvaíra-se, informou à STN em 10 de novembro de 1778. Cada sócio deveria fazer um esforço supremo, distribuindo cartas circulares, publicando anúncios e divulgando a obra em sua correspondência comercial. O próprio Duplain acabara de enviar duzentas cartas circulares; se não conseguissem novas assinaturas, os sócios ficariam com cópias apodrecendo nos depósitos por muitos anos. As cartas de Duplain salientavam também suas dificuldades para receber os pagamentos dos assinantes, sendo preciso esvaziar seus cofres para saldar as contas da impressão e do papel. Em 1º de dezembro, ele informou à STN que estava com pagamentos atrasados no valor de 150 mil libras. Quanto mais se aproximava a data da reunião em que ele deveria submeter as contas ao exame dos sócios, pior parecia o empreendimento.

Panckoucke não se agastou com as lamentações de Duplain. Sabia que naquele ramo de negócios era preciso contar com um alto grau de "desvios honestos", e confiantemente julgava que Duplain não ousaria uma falcatrua rematada: "Duplain fará uso de toda a energia de sua alma para aumentar os gastos, mas não desviará os fundos".[7] Mas a STN suspeitou de que Duplain andava imprimindo secretamente cópias extras da terceira edição para vender sem o conhecimento dos sócios.[8] Regnault, que em segredo fez sondagens em Lyon para Panckoucke, informou que a tiragem da terceira edição era maior do que o estipulado no contrato. Com isso, Panckoucke começou a alarmar-se: "Estamos lidando com um homem muito fino e muito ávido, que não deixará de surpreender-nos". As primeiras tentativas de Panckoucke para vender as cópias da *in-quarto* em Paris não haviam sido bem-sucedidas, e ele ainda receava que Duplain houvesse arrebatado a melhor fatia do mercado com uma campanha de vendas clandestina. Assim, exigiu que Duplain reduzisse em quinhentas cópias a terceira edição, ou pelo menos que cancelasse o acordo de dividir as mil *Enciclopédias*. "É preciso obrigá-lo, forçá-lo a isso", escreveu preocupado à STN. Mas Duplain foi inexorável. Insistiu na manutenção do acordo e da tiragem, a despeito de o mercado ter sido saturado.[9]

A princípio, Panckoucke tentou proteger-se retendo as ilustrações.[10] Mas, como argumentou a STN, essa tática não iria deter Duplain se ele estivesse realmente procurando lográ-los; só o faria suspeitar de que desconfiavam dele. De fato, isso o deixou furioso. Ele culpou Panckoucke pela recusa de muitos assinantes em pagar, já que não haviam sido entregues as ilustrações, e disse à STN que nunca mais faria negócios com Panckoucke.[11] Assim, os sócios de Duplain pouco podiam fazer além de examinar pormenorizadamente a contabilidade em Lyon enquanto tentavam impedi-lo de perceber que também estavam dissimulando.

"Creio que será muito importante não deixar perceber nada em Lyon", Panckoucke aconselhou os sócios de Neuchâtel. "É preciso ver a contabilidade, examiná-la com sangue-frio, e em seguida fazer nossas observações. Gostaria que fosse o mais calmo de vós que viesse a Lyon, ou então seria preciso que viessem dois." Propôs que se hospedassem juntos no Palais Royal — "um grande albergue no cais do Saône onde se fica muito bem" — para terem privacidade na hora de coordenar suas manobras. Os sócios da STN deveriam levar todos os seus contratos e correspondências, para o caso de se enredarem no debate com Duplain e necessitarem de provas para fundamentar seus argumentos.[12] Os editores suíços prometeram seguir as instruções de Panckoucke, muito embora seu descontentamento com tudo aquilo aumentasse a cada dia. Eles haviam-se envolvido em uma nova disputa com Duplain a respeito dos trabalhos de impressão e queixavam-se de que Panckoucke tornara-se tão absorto em seus negócios parisienses que negligenciara a venda da *Enciclopédia in-quarto* e as defesas contra Duplain. Nem mesmo da escolha do hotel gostaram: o Palais Royal ficava longe demais da livraria de Duplain. No entanto, concordaram em enviar Bertrand para lá em 25 de janeiro. Percebendo a necessidade de aproximar-se mais de seu aliado para enfrentar o adversário, Panckoucke ofereceu-se para trocar sua reserva para o Hôtel d'Angleterre: "Se chegardes antes de mim em Lyon, peço-vos, senhores, que não comecem nada a não ser de comum acordo. Enfrentamos um adversário forte, e estai certos de que se procurará surpreender-nos de todas as maneiras".[13]

No início de janeiro, a STN tentou adiar a reunião por algumas semanas, pois Bertrand estava gravemente enfermo. Seu estado piorou, e assim, no início de fevereiro, Ostervald e Bosset partiram para Lyon no lugar do outro sócio. Logo depois de partirem, Bertrand enviou-lhes uma carta tranqüilizadora: já conseguia escrever sem ser atormentado demais por dores de cabeça. Mas passado pouco tempo após retornarem da viagem, ele morreu em sua cama, na manhã do dia 24 de fevereiro. Tinha quarenta anos e deixava três filhos e uma viúva, Elisabeth, a filha mais nova de Ostervald. Bertrand trabalhara arduamente pelo êxito da STN. Fora um homem muito culto, de idéias avançadas. Se tivesse vivido o bastante para completar seu trabalho na edição ampliada que a STN estava fazendo da *Description des arts et métiers* e em alguns dos outros projetos literários da editora, poderia ter conquistado um lugar entre os filósofos de menor brilho. Mas, em vez disso, deixou um vazio na família de Ostervald e na STN, que foi preenchido apenas parcialmente quando sua viúva passou a encarregar-se de parte da correspondência comercial. Em um dos raros comentários não comerciais durante aquela maratona cotidiana de escrever cartas, Ostervald mencionou a perda do sócio e genro a Panckoucke: "Acabamos de perder o professor Bertrand, nosso genro e associado, falecido ontem de manhã em conseqüência de uma febre biliosa da qual todos os recursos da medicina não o puderam livrar. Ser-vos-á fácil imaginar a amargura de nossa situação neste momento. Dignai-vos compartilhá-la e persistir em vossa amizade''.[14] Panckoucke respondeu: ''É horrível ser ceifado tão jovem. Sei tudo que tal perda deve causar-vos de embaraços, de amarguras''.[15] Esse foi um dos raros momentos em que os homens de negócios comunicaram-se como seres humanos. Mas imediatamente retomaram o discurso comercial, pois o empreendimento da *Enciclopédia* evoluía rápido demais para que pudessem fazer uma pausa e meditar sobre as contingências de sua condição humana. Enquanto Bertrand jazia moribundo em Neuchâtel, eles tiveram de inspecionar seus negócios em Lyon.

''*RÈGLEMENT DE COMPTES*'' *PRELIMINAR*

Duplain, contudo, tentara persuadir os sócios de que não era preciso reunirem-se. No final de dezembro, sugerira a Panckoucke o cancelamento, pois não havia dividendos a distribuir. Ele investira a receita das duas primeiras edições na preparação da terceira. Haveria lucros suficientes para dividir quando a terceira edição fosse distribuída. E até lá, Panckoucke não precisava preocupar-se com a gestão financeira do empreendimento, que Duplain delegara a seu sócio em Lyon, ''Senhores viúva de Antoine Merlino e filho, senhores soberanos de um milhão de escudos romanos, e eu sou ainda sua caução diante de vós com três imóveis consideráveis que a venda de meu acervo colocou-me em condição de adquirir. Assim, podeis dormir a sono solto''. Panckoucke recusou a sugestão, não por duvidar da solvência de Duplain. ''Não tenho nenhuma inquietação quanto aos fundos'', explicou à STN. ''Mas considero necessário, indispensável, o que quer que diga Duplain, dirigir-nos a Lyon para ter um cálculo. Não se deve confiar em todas as suas belas promessas.'' A STN concordou plenamente: o fundamental era fazer Duplain abrir seus livros contábeis e apresentar uma ''contabilidade [...] toda redigida [...] para o exame e a verificação''.[16]

É difícil saber ao certo no que consistiam o exame e a verificação. Panckoucke afirmou que o processo levaria cinco ou seis dias, e claramente esperava que Duplain fornecesse um relatório detalhado de todas as receitas e despesas, devidamente corroboradas por cartas e livros-razão, em caso de dúvida de qualquer um dos sócios. A finalidade daquele procedimento, como explicou a STN, era *voir claire* e então emitir um *acte*, aprovando a contabilidade de Duplain. Esse documento formal seria anexado aos demais contratos no dossiê da *Enciclopédia* que cada sócio mantinha. Poderia ser usado como uma arma no *règlement de comptes* final, pois vinculava Duplain a uma determinada situação do empreendimento — o número de assinaturas adquiridas, de volumes impressos, de libras gastas e recebidas até uma certa data — valores que ele não poderia modificar futuramente. Em suma, ajudaria Panckoucke e a STN a protegerem-se de uma fraude.

Considerando os vitupérios e conspirações prevalecentes entre os sócios antes da reunião, o *acte* por eles assinado no final da mesma causa estranheza: dá uma idéia de total harmonia entre as partes (ver Apêndice A. XV). Os sócios concordaram em que as duas primeiras séries de assinaturas haviam sido totalmente vendidas. Portanto, Duplain teve de prestar contas da diferença entre a receita auferida com as 6150 cópias vendidas e o custo de produção das mesmas, que fora fixado por seus contratos com Panckoucke. A seguir, o *acte* menciona sua alegação de ter aplicado o lucro nas despesas da terceira edição. Certifica que esta estava sendo impressa com a tiragem de 2375 cópias (quatro resmas e quinze mãos, em vez das quatro resmas e dezesseis mãos prescritas no contrato de 10 de outubro de 1778) e que essas cópias seriam vendidas "em sociedade", com exceção das mil *Enciclopédias* que Panckoucke e Duplain haviam concordado em dividir. Ou seja, o documento revela muito pouco. O que teria realmente acontecido na reunião?

O exame das contas de Duplain proporcionava uma boa ocasião para debates. Cada um dos sócios tinha seus projetos e prioridades. Duplain queria subordinar tudo à rápida liquidação do empreendimento, objetivo esse inquestionável em si mesmo, mas que implicava a divisão das mil cópias e um áspero atrito com a STN. Ao investir toda a renda da sociedade na tentativa de produzir a terceira edição o mais rápido possível, Duplain deixara de pagar as dívidas que fizera junto à STN. Também se recusara a dar aos sócios de Neuchâtel uma parcela dos trabalhos de impressão, pois seu segundo objetivo era lucrar com a função de intermediário na contratação dos serviços dos impressores. A STN queria receber seu pagamento, obter um volume da terceira edição para imprimir e conseguir o grande trabalho de impressão que lhe escapara desde que formara a sociedade original com Panckoucke.

O interesse de Panckoucke deslocara-se da *Enciclopédia in-quarto* para a *Encyclopédie méthodique*, para grande consternação dos sócios. Ao chegar a Lyon, ele apresentou um contrato para essa nova *Enciclopédia*, que esboçara juntamente com alguns empreendedores de Liège, querendo que os sócios da *in-quarto* o sancionassem. Em negociações anteriores com os editores de Liège, Panckoucke concordara em vender-lhes as ilustrações e o acesso ao mercado francês por 205 mil libras. Mas a seguir decidira cancelar a venda, pensando em assumir pessoalmente o empreendimento da *Méthodique*, mantendo os sócios da *in-quarto* como parceiros no novo empreendimento. Estes, porém, não desejavam sacrificar a porção que lhes caberia das 205 mil libras ou enredar-se em um empreendimento novo antes de se desembaraçarem do outro. Já se ressentiam com a negligência de Panckoucke na campanha de vendas da terceira edição. Duplain estava furioso com a demora do editor francês para entregar-lhe as ilustrações, enquanto a STN opunha-se à brandura com que este supervisionava Duplain. Em suma, a sociedade parecia estar com rachaduras em várias direções diferentes, algumas delas perpendiculares à cisão básica entre Duplain e o grupo de Panckoucke. Mas nenhum desses rombos mostrava-se abertamente, e os sócios remendaram as áreas mais danificadas do empreendimento fazendo concessões mútuas.[17]

Panckoucke era quem mais podia ceder, e os suíços tinham mais razões para queixar-se. Percebendo a necessidade de reforçar sua aliança com a STN, Panckoucke firmou um acordo separado com Ostervald e Bosset em 13 de fevereiro. A STN reconheceu o compromisso de aceitar as 208 cópias da *Enciclopédia in-quarto* que lhe cabiam em razão de sua participação de 5/12 nos quinhentos exemplares de Panckoucke, e reafirmou sua obrigação de pagar as 92 mil libras que devia por sua parcela original das ilustrações e do privilégio de Panckoucke. Este, "desejando obsequiar os senhores da Société Typographique", deu-lhes então gratuitamente uma parte de 5/24 na edição *in-quarto* da *Table analytique* que estava prestes a produzir juntamente com Duplain. Ele e Duplain haviam secretamente concebido esse projeto em seu contrato de 29 de setembro de 1777. A única *Table* que Panckoucke mencionara em suas cartas a Neuchâtel fora a da edição *in-folio*, que tentara sem êxito vender-lhes em junho de 1777. Àquela época, explicara-lhes que adquirira o manuscrito original de Mouchon por 30 mil libras; queria vendê-lo por 60 mil, e garantia que dariam um lucro de 128 mil. Desde então, a situação mudara. Panckoucke decididamente aliara-se à STN, e não queria que os sócios se sentissem alijados de um empreendimento que planejara sem seu conhecimento. Mas o empreendimento em si parecia atraente como antes. A *Table* fornecia um sumário e um índice muito úteis para o vasto texto de Diderot. E parecia certo que seria um sucesso de vendas no formato *in-quarto*, pois poderia ser comercializada na esteira da *Enciclopédia* daquele formato, cujo êxito fora muito maior do que o das *in-folio*. Panckoucke estava convencido de que ela seria comprada pela maioria dos assinantes da edição *in-quarto* e até mesmo por pessoas que não possuíam a *Enciclopédia*. Portanto, a participação de 5/24 no empreendimento concedida gratuitamente à STN representava um presente valioso. E ele agradou ainda mais aos editores de Neuchâtel prometendo interceder junto a Duplain para que lhes desse a imprimir a *Table*, que seria composta de seis volumes *in-quarto*.[18]

Duplain, que deveria administrar a edição *in-quarto* da *Table* como fizera com a da *Enciclopédia*, deu a entender aos sócios de Neuchâtel que poderiam esperar obter a encomenda da impressão. Também os abrandou pagando-lhes várias de suas letras de câmbio pouco antes de a reunião ter início. E deu-lhes a imprimir um volume da terceira edição. Esta última concessão não só manteve suas prensas em funcionamento, mas também os tranqüilizou quanto ao tamanho da tiragem, pois saberiam, com base no número de cópias que eles próprios imprimiriam, que a terceira edição realmente não conteria mais do que 2375 exemplares, como atestara Duplain no *acte* assinado na reunião. Duplain e os sócios da STN chegaram até mesmo a fazer planos para uma edição contrafeita das obras de Rousseau publicadas em Genebra. Se os editores suíços não descartaram todas as suspeitas que tinham sobre *notre homme de Lyon*, certamente voltaram para casa menos ressentidos com ele.

A questão que transtornara as relações de Panckoucke com Duplain dizia respeito à impressão das ilustrações, à divisão das mil cópias e à proposta para reduzir a tiragem da terceira edição. Panckoucke cedeu em todos esses pontos, e foi além: concedeu a Duplain uma participação permanente de 12/24 nas ilustrações e privilégio da *Enciclopédia* em substituição à participação temporária que lhe cabia no empreendimento *in-quarto*. Essa concessão provavelmente era tão valiosa quanto a da participação na *Table* dada à STN, pois permitia a Duplain ter direitos sobre todos os empreendimentos secundários de Panckoucke, inclusive a *Encyclopédie méthodique*. Por que Panckoucke fora tão conciliador? A STN já o convencera da necessidade de fornecer as ilustrações a Duplain, e este mostrara que não seria racional reduzir a tiragem da terceira edição porque já imprimira a maior parte da mesma. Talvez também fosse demasiado tarde para rescindir o acordo das mil cópias, visto que cada sócio já estava vendendo sua parte havia quase meio ano. Mas Panckoucke criticara a administração de Duplain com tanta veemência que é difícil perceber por que o teria recompensado por ela — a menos que se leve em consideração a *Encyclopédie méthodique*. Mais do que qualquer outra coisa, Panckoucke desejava obter a concordância dos sócios quanto ao novo contrato com os editores de Liège. Concedendo a Duplain uma participação permanente nas ilustrações e privilégio, não só ganharia seu apoio para o novo empreendimento, mas também o faria ter interesse no negócio.

Não obstante, Panckoucke e a STN haviam secretamente expressado graves dúvidas quanto à integridade de Duplain. Teria ele defendido sua gestão com tanta eficácia a ponto de convencê-los? Não existe registro dos diálogos decorridos durante a reunião, mas as pessoas que negociavam com Duplain — homens astutos como Favarger e D'Arnal — concordavam em que ele era um homem extremamente persuasivo. Ele pode, de fato, ter convencido os sócios de que estavam ameaçados por um grande declínio na demanda. Eles sabiam, com base em suas próprias campanhas de vendas, que o fluxo de assinaturas praticamente cessara. Assim, provavelmente não perceberam nada suspeito no sombrio relato de Duplain acerca das perspectivas para a terceira edição. Como ele os tranqüilizou com respeito ao tamanho da tiragem e se comprometeu a apresentar os lucros de todas as 6150 cópias das primeiras duas edições, parecia haver pouca margem para desvios de recursos. E, por fim, eles descobriram uma arma secreta para se defenderem. De algum modo, sem que Duplain percebesse, tiveram acesso a seu registro de assinaturas e secretamente o copiaram. Não havia nada suspeito na lista em si, que arrolava 7373 assinaturas, mas poderia proteger os sócios em caso de fraude, se Duplain falsificasse o relatório das vendas de assinaturas na contabilidade que apresentaria após a conclusão da terceira edição, quando se reuniriam novamente para dividir os lucros e liquidar todo o empreendimento.[19]

Assim, a reunião de Lyon em 1779 não foi o evento franco e cordial que se poderia imaginar com a leitura do *acte* assinado pelos sócios antes de se dispersarem. Cada parte chegou acalentando seus próprios ressentimentos e objetivos, e cada sessão foi carregada de divergências e suspeitas. Contudo, em vez de explodir, a tensão foi dissipada por um processo de troca de projetos e tráfico de concessões. Mas os sócios nada fizeram em 1779 para dissipar a desconfiança que afastara de Duplain o grupo de Panckoucke e que permaneceu represada até o acerto final de contas, em fevereiro de 1780.

A BRIGA DE DUPLAIN COM A STN

Tão logo os sócios retornaram da reunião em Lyon, a atmosfera tornou-se novamente carregada. Sua correspondência comercial mostra que estava dificílimo vender a *Enciclopédia in-quarto*, e o ânimo expansivo e conciliatório dissipou-se com o declínio do mercado. É verdade que já haviam vendido um número sem precedentes de *Enciclopédias*, mas, após fevereiro de 1779, seu balancete final começou a parecer menos esplêndido do que haviam esperado a princípio. Créditos e débitos secundários passaram a revestir-se de grande importância. Especialmente a STN e Duplain atravessaram os doze meses seguintes em disputas e controvérsias. Embora não constitua uma leitura agradável, o inventário de suas desavenças revela muito sobre o relacionamento entre impressor e editor e entre sócio e administrador nas fases finais do empreendimento.

Algumas das discussões giravam em torno de questões triviais. Por exemplo, Duplain recusou-se a pagar noventa libras e quinze soldos da conta de impressão da STN porque precisou mandar refazer em Lyon o frontispício do volume 35. A STN imprimira os dizeres "troisième édition, à Genève", e isso contradizia a intenção de Duplain de apresentar a terceira edição como um produto novo, publicado em Neuchâtel. Os sócios da STN alegaram que haviam meramente permanecido fiéis à cópia que Duplain lhes enviara. Assim, cada vez que uma firma enviava um extrato de conta à outra (*compte courant*), surgia uma nova disputa sobre um lançamento de noventa libras e quinze soldos. Em geral, porém, Duplain e a STN discutiam em razão de importâncias mais vultosas. Ao cobrar de Duplain as despesas com papel, a STN incluiu o preço do *chaperon*, ou mão-extra de papel, para cada resma que adquirira. Os impressores do início da era moderna usavam o *chaperon* para imprimir as provas e substituir as folhas defeituosas ou danificadas durante a impressão. Sem essa provisão, não conseguiriam produzir quinhentas folhas aceitáveis para cada resma de papel que compravam. Assim sendo, a STN julgou-se no direito de ser reembolsada pelos gastos com o *chaperon*, mas Duplain recusou-se a aceitar um débito maior do que o referente às quinhentas folhas por resma, originando uma discrepância contábil de 1066 libras pelas 111 resmas de *chaperon*.[20]

Mais significativa ainda foi a disputa sobre um erro na entrega de 31 cópias da edição *in-quarto*. Em 14 de março de 1778, a STN encomendou 52 cópias da terceira edição, a serem cobradas em sua conta como atacadista; essas cópias destinavam-se a seus próprios clientes, ou seja, a indivíduos que haviam feito a assinatura por intermédio da STN em vez de procurar Duplain diretamente. A STN só teve notícias da encomenda em 13 de outubro, quando Duplain escreveu informando que estava enviando vinte cópias dos volumes 1 e 2. A STN respondeu que ficaria feliz em receber aquelas vinte, mas que precisava de mais 32 para completar sua encomenda de 52. O agente de expedição de Duplain, na verdade, remetera à STN todos os 52 volumes 1 e 2 em 1º de outubro, mas não informara à STN que eles estavam a caminho. A remessa subseqüente de vinte volumes destinava-se a assinantes das primeiras duas edições que tinham de ser supridos com cópias da terceira edição, devido a dificuldades para coordenar as operações de remessa. Duplain havia pedido à STN que se encarregasse dessas vinte assinaturas porque elas eram de antigos clientes da STN no Norte da Europa, que ficavam fora da esfera de alcance do comércio de Duplain. Assim, interpretou o pedido da STN de mais 32 cópias da *in-quarto* como uma nova encomenda, enquanto a STN entendeu que sua remessa de vinte cópias era um suprimento parcial da encomenda que haviam feito de 52 cópias. Portanto, Duplain enviou a Neuchâtel 32 volumes 1 e 2 adicionais, elevando o total para 104 em vez de 52. Assim que foram notificados desta última remessa, os sócios da STN perceberam o que acontecera e explicaram o duplo mal-entendido a Duplain. Este, porém, triplicou a confusão, interpretando a explicação como uma tentativa de escapar da obrigação de pagar pelas 104 cópias. A queda na demanda agravou o problema, pois nenhum dos sócios desejava manter *Enciclopédias* encalhadas. A STN concordou em ficar com as primeiras vinte cópias porque elas haviam sido assinadas por clientes seus, e encontrou um asssinante para uma das outras 32. Mas recusou-se aceitar as 31 restantes, cujo valor no atacado era de 8526 libras. Duplain não quis voltar atrás; a cada novo volume saído do prelo, enviou 31 cópias indesejadas a Neuchâtel, e a STN as devolveu. Cada sócio debitou o outro pelo preço de atacado das cópias e pelo custo do transporte. E cada remessa desencadeou nova avalanche de cartas repletas de recriminações. A STN sugeriu submeterem a disputa a arbitramento, mas Duplain recusou. De fato, ele se mostrou tão obstinado que parece ter agido de má-fé, pois uma leitura atenta da correspondência mostra que ele foi o principal culpado por deixar que um mal-entendido evoluísse para uma contenda que envenenou as relações entre ele e os sócios de Neuchâtel até a liquidação do empreendimento, quando a disputa foi solucionada em favor da STN por um grupo de árbitros.[21]

Duplain e a STN também se envolveram em uma longa batalha originada por dois itens secundários em sua contabilidade de 1778. A STN imprimira o volume 15 das primeiras duas edições e os remetera a Lyon em 20 de junho, em 64 caixas, por intermédio de Pion, de Pontarlier. Mas Duplain não recebera as caixas em 1º de julho, quando planejava enviar aos assinantes os volumes 15, 16 e 17, além de um volume de ilustrações. A cada dia que se passava depois do prazo de 1º de julho, Duplain tornava-se mais preocupado com o volume da STN. O atraso gerou repercussões em todo o empreendimento: retardou as remessas do próprio Duplain, causou o adiamento dos pagamentos dos assinantes, devidos na data do recebimento dos volumes, e esse adiamento prejudicou significativamente a receita necessária para a produção dos volumes subseqüentes. Em 24 de julho, Duplain já enviara três cartas a Pion sem receber resposta ou indicação do que ocorrera com a remessa de Neuchâtel. Não podendo esperar mais, despachou um empregado à procura das caixas na rota entre Pontarlier e Lyon. O empregado encontrou-as em Beaufort: Pion simplesmente não se apressara em remetê-las e não se incomodara em notificar Duplain com a costumeira *lettre d'avis*. O condutor do carro também não se importara em cobrir corretamente as caixas, e por isso, quando elas finalmente chegaram no fim do mês, dez folhas haviam sido estragadas pela chuva. Duplain, furioso, mandou reimprimir as folhas em Lyon e cobrou 275 libras da STN por essa despesa, além de 124 libras pelos gastos com a viagem do empregado. Chegou a exigir compensação pela perda de um mês de receita, devido ao atraso da remessa de 1º de julho — no valor de 200 mil libras, a 0,5% de juros ao mês, ou seja, mais mil libras. E deblaterou contra a STN por deixá-lo com os depósitos abarrotados de *Enciclopédias*, que poderiam ser apreendidas a qualquer momento se o clero local se voltasse contra ele: "Estamos aqui cumulados de livros, continuamente no temor de alguma delação ao clero e no óleo fervente. Apenas vós, senhores, causais nossas penas".[22]

Os sócios de Neuchâtel replicaram que a culpa não era deles, mas de Pion. Embora não fossem obrigados a cumprir um prazo, haviam enviado o volume a tempo. Segundo a legislação comercial, os agentes de expedição e os condutores eram responsáveis pelos atrasos ocorridos durante o trajeto. E havia procedimentos estabelecidos para lidar com mercadoria danificada. Duplain deveria ter iniciado um *procès-verbal* assim que chegara a remessa, para que pudesse responsabilizar o condutor. Impingir o prejuízo à STN era absurdo, pois a firma deixara de ser responsável pela remessa assim que ela deixara Neuchâtel. À época da reunião de Lyon, em fevereiro de 1779, o ânimo de Duplain havia-se acalmado, e ele tacitamente deu razão à STN, aceitando um extrato de conta que a firma apresentara em 6 de janeiro, o qual excluía a compensação que ele exigira. Mas os débitos punitivos ressurgiram nas contas que ele enviou à STN mais tarde, em 1779. A STN recusou-se a aceitá-los, e eles constituíram tema de observações acrimoniosas trocadas na correspondência das duas firmas até a época da liquidação do empreendimento *in-quarto*, quando os árbitros decidiram a questão em favor da STN.[23]

Ostervald e Bosset retornaram da reunião de fevereiro de 1779 trazendo na bagagem a primeira parte do texto do volume 19 da terceira edição. Quando começaram a imprimi-lo, notaram que ele continha os mesmos erros textuais encontrados no volume 19 das duas edições anteriores. E mesmo assim Duplain estava tentando vender a terceira edição, sob o nome da STN, como "superior à outra pela execução, a correção etc.", e o contrato concedia ao abade Laserre 3 mil libras para aperfeiçoar o texto das edições anteriores.[24] A STN concluiu que "notre bon abbé" embolsara o salário sem fazer trabalho algum. Os editores suíços ficaram consternados por haverem emprestado seu nome a uma *Enciclopédia* que "pulula de erros inumeráveis e muito grosseiros que se reprovavam com tanta razão à *in-folio* e que um homem dotado de bom senso jamais teria deixado passar se houvesse lido com atenção". E queixaram-se de que Duplain não se importava com a qualidade da obra; lograra os sócios fazendo-os pagar o salário de "seu bom amigo, o homem da Igreja" e não o supervisionara — negligência essa que praticamente refletia uma má administração e que poderia prejudicar as vendas da *Enciclopédia in-quarto* e a reputação da STN.[25]

No entanto, como explicado no capítulo precedente, a STN tinha queixas muito mais graves contra a gestão de Duplain. Culpava-o pelo "falso cálculo por um animal de proto", que comprometera os editores da *in-quarto* a fornecer ao público a íntegra do texto dos dezessete volumes *in-folio* e quatro volumes do *Supplément* originais em 29 volumes *in-quarto.*[26] Isso era tipograficamente inviável, e Linguet revelara-o com sua costumeira verve no jornal talvez de maior leitura na Europa. Duplain tivera de ampliar para 36 volumes a edição *in-quarto* e fornecer três deles gratuitamente. Mas como poderia obrigar os assinantes a pagar pelos quatro adicionais? Ao entrarem na "crise dos volumes excedentes ao número 29",[27] os sócios da *in-quarto* tremeram; sabiam que iriam deparar com muitas contestações de cobranças, cancelamentos de assinaturas e processos judiciais — e tudo por causa de Duplain. De fato, Duplain só conseguiu inserir o texto nos 36 volumes fazendo cada tomo com "uma grossura monstruosa" — 120 a 130 folhas (cerca de mil páginas), em vez das oitenta a noventa folhas (aproximadamente setecentas páginas) que seus sócios consideravam apropriadas para uma obra em formato *in-quarto*.[28] Como os assinantes pagavam por volume e os impressores recebiam por folha, essa tática estreitou a margem de lucro da sociedade. Mas aumentou os lucros de Duplain, que recebia uma quantia fixa da sociedade para cada folha que mandava imprimir — e ele conseguia pagar aos impressores um preço muito menor do que o valor que recebia, com exceção dos volumes impressos pela STN. Duplain citou essa exceção como um motivo para esperar que a STN lhe concedesse um adiamento no pagamento dos serviços de impressão. A STN replicou acerbamente que aqueles ganhos ilícitos eram a razão por que deveriam esperar que ele pagasse em dia suas obrigações.[29] A seguir, os sócios de Neuchâtel fizeram uma descoberta ainda mais grave acerca da manipulação das despesas por Duplain. Em julho de 1779, contrataram o assistente do contramestre (*second prote*) da tipografia de Pellet para auxiliar nos trabalhos de impressão, que estavam na fase do volume 19 da terceira edição. O novo empregado, Colas, supervisionara para Pellet a impressão das primeiras duas edições do mesmo volume. Portanto, estava apto a explicar por que aquele volume nas duas edições anteriores continha tantas folhas a mais — doze folhas, ou 96 páginas, para ser exato — do que na terceira, apesar de o texto ser idêntico. Pellet mandara seus compositores alargarem os espaços entre as palavras e alongar os parágrafos para que terminassem em uma nova linha, de modo a usar o maior número possível de folhas. Essa tática custou à sociedade 744 libras, e a STN suspeitou de que Pellet as dividiu com Duplain.[30]

Em vez de discutir todas essas questões com Duplain, os sócios mantiveram as mais graves em segredo, tencionando confundi-lo com provas incriminadoras por ocasião da liquidação das contas. Mas não conseguiram refrear toda a contrariedade. Novos problemas surgiam sempre, especialmente por parte de assinantes que reclamavam da desordem nas remessas e cobranças de Duplain. Por exemplo, em meados de abril de 1779, Duplain e a STN enviaram um ao outro extratos de contas. O extrato de cada firma continha sua versão dos débitos e créditos que a outra acumulara nos últimos meses. A disparidade nas contas era enorme. Em uma carta cuja argumentação cerrada estendia-se por sete páginas, a STN contestou doze itens da contabilidade de Duplain. Para começar, havia os quatro primeiros volumes da terceira edição destinados ao marquês de Boissac, que deveriam ter sido enviados a Heidegger, de Zurique, em vez de serem debitados à STN: quarenta libras. Em segundo lugar, havia a remessa de 31 cópias dos volumes 7 e 8 da primeira edição, que Duplain enviara a Neuchâtel via Genebra, em vez de seguir as instruções da STN e usar a rota menos dispendiosa, via Pontarlier: uma diferença de cinco libras e dez soldos. Em terceiro, o erro no registro de um pagamento inicial de Buchet, de Nîmes, que fizera a assinatura de 26 cópias por intermédio de Duplain, e não da STN: um débito de 288 libras a ser estornado. Em quarto, o atraso na remessa de Duplain à STN das cópias dos volumes 5 a 8 da terceira edição para os assinantes da editora de Neuchâtel; os volumes chegaram muito depois de Duplain tê-los cobrado: 1440 libras, que deveriam ser transportadas daquela *compte courant* para a seguinte. Em quinto, o pagamento suplementar de Duplain por uma das remessas feitas pela STN — a STN pagara a Pion pela remessa, mas o condutor deste cobrara novamente em Lyon, e Duplain inserira a despesa na conta da STN: outro débito de 360 libras a ser estornado. E assim prosseguiam os problemas — uma série de confusões, que individualmente não se revestiam de extrema importância, mas que, consideradas em conjunto, representavam 9151 libras e muitos meses de ressentimento acumulado.

Duplain não quis ceder em nenhuma dessas questões. Em alguns casos, ele estava com a razão. As 288 libras referentes ao pagamento inicial de Buchet de fato haviam sido pagas à STN, que as contabilizara erroneamente e que reconheceu o engano assim que Duplain apresentou provas convincentes. Mas a maioria das disputas resultava da desordem das operações de Duplain em Lyon. Os sócios deparavam com numerosas reclamações de assinantes por atrasos na entrega, volumes com folhas a menos ou danificadas que Duplain se recusava a substituir, ou ainda excesso de cópias de um volume e escassez de outro. Na pressa de cobrar, Duplain às vezes emitia letras de câmbio para livreiros que ainda não haviam recebido suas remessas. Quando eles reclamavam, Duplain ameaçava processá-los. Os livreiros retaliavam com outro processo ou levavam as queixas aos outros sócios, que se viam enredados em dezenas de brigas entre Duplain e os assinantes. Cada briga prejudicava a sociedade, com a diminuição dos lucros ou com a perda de confiança dos sócios na administração de Duplain. "As queixas são muito repetidas", lamentou Panckoucke à STN. "Tenho um medo horrível de que tudo isso termine em processos."[31]

Para os diretores da STN era especialmente difícil lidar com Duplain, visto que tratavam com ele em três condições: como sócios, como vendedores atacadistas da *Enciclopédia* e como impressores. Não podiam manter isolados esses papéis. Duplain subtraía quantias que os assinantes pagariam à STN do valor que devia pagar à firma por seus trabalhos de impressão, e então recusava-se a quitar os pagamentos alegando que ainda não resolvera suas múltiplas disputas com a STN acerca de assinaturas e remessas. Recusava-se a honrar as letras de câmbio da STN em que figurava como sacado, obrigando os sócios de Neuchâtel a buscar empréstimos de emergência, com juros elevados, para cobrirem suas próprias obrigações. Pagava algumas de suas contas, mas nunca no total, pois sempre encontrava falhas em algum item. Em janeiro de 1779, pagou a maior parte do que devia pelos três primeiros volumes que a STN imprimira, mas em abril recusou-se a pagar pelos dois últimos e reacendeu disputas sobre itens que já haviam sido acertados nas contas de janeiro. Só pagou a conta de abril quando foi obrigado pelo arbitramento realizado após a liquidação do empreendimento *in-quarto*. A STN queixou-se amargamente: "Geralmente, agis em relação a nós com um rigor surpreendente. Segundo as vossas pretensões o fruto de todo o nosso trabalho seria reduzido a nada [...] Suplicamo-vos tratar-nos como os últimos de vossos impressores".[32] Mas o último ano das relações entre a STN e Duplain produziu apenas recusas em saldar letras de câmbio, discussões a respeito de contas a pagar e uma crescente convicção, por parte de Neuchâtel, de que Duplain passara da má administração ao desvio de recursos.

JOGADAS DE MARKETING

As disputas entre Duplain e a STN eram sintoma da mudança no caráter do empreendimento. A desconfiança mútua sempre existira entre os sócios, mas ao se aproximar o momento da apresentação do balanço final, as conspirações e manobras intensificaram-se, cada sócio esperando tirar o maior proveito possível de um mercado nas últimas fases de contração. A drástica queda na demanda tornara-se evidente em novembro de 1778, quando a STN expressou o receio de que "todos os recursos estejam esgotados na França".[33] Favarger vendeu apenas três assinaturas durante sua viagem pelo Sul e Centro da França em fins de 1778, e Panckoucke, em abril de 1779, vendera apenas doze em Paris. Entretanto, a situação parisiense era peculiar, pois outras edições haviam saturado o mercado, e Panckoucke negligenciara sua campanha de vendas. Como se queixaram Duplain e a STN, ele transferira seu devotamento da *Enciclopédia in-quarto* para a *Encyclopédie méthodique*. Embora honrasse seu compromisso de retardar a publicação do prospecto da *Méthodique*, ele permitiu que transpirasse a notícia de que sua monumental *Enciclopédia* estava em fase adiantada; a STN protestou, afirmando que tais rumores eram "o equivalente de um prospecto".[34] A negligência de Panckoucke provavelmente prejudicou as vendas da edição *in-quarto*, mas foi muito menos danosa do que uma outra forma de insubordinação dos sócios: a redução secreta dos preços.

No contrato de 13 de fevereiro de 1779, Panckoucke e a STN haviam firmado o compromisso de manter o preço de assinatura da edição *in-quarto* em um determinado nível. Mas a divisão das mil cópias e o declínio da demanda inevitavelmente acarretaram, em vez de cooperação, a competição entre os sócios. Pouco depois da reunião de fevereiro de 1779, correu o boato de que Plomteux oferecera condições especiais para sua parte nas quinhentas cópias de Panckoucke. Duplain alertou que qualquer desvio das condições estipuladas no prospecto arruinaria as vendas do resto da edição. Dois meses mais tarde, ele ficou sabendo que Regnault estava vendendo sua parte com a oferta de transporte grátis e um ano de crédito — um atrativo que representava uma redução no preço de venda e que frustraria as tentativas de Duplain para receber à vista dos assinantes. Essas técnicas de venda fora do padrão estabelecido podem ter contribuído para a deterioração das relações de Regnault com Panckoucke, pois em 1777 e 1778 ele atuara como agente secreto de Panckoucke em Lyon (aparentemente, sua principal atividade era espionar Duplain), mas em junho de 1779 a amizade entre os dois estava destruída por uma briga que ameaçava terminar nos tribunais. O próprio Panckoucke acabou desrespeitando as condições prescritas para as assinaturas, embora não tenha realmente diminuído o preço de suas *Enciclopédias*. E em fins de 1779, a STN começou a tentar seduzir seus clientes com várias técnicas de vendas: crédito de seis meses, três cópias grátis para cada 24 adquiridas, em vez de uma para cada doze, brochagem grátis (processo de dobrar e costurar as folhas, que a STN avaliava em 4% do preço no atacado), e transporte gratuito até Lyon. No final do ano, dizia-se que Plomteux trocara algumas de suas cópias *in-quarto* por obras que esperava vender mais facilmente, e algumas cópias haviam sido vendidas em Lyon por 240 libras — 54 a menos do que o preço original no atacado. Embora seja um exagero afirmar que os preços haviam despencado no mercado, a demanda em 1779 caiu em magnitude suficiente para aumentar as pressões que se avolumavam sobre os sócios. E enquanto se intensificavam essas pressões, Duplain tentou livrar-se do encalhe da terceira edição com manobras astuciosas.[35]

Primeiro, ofereceu trocar sua parte na edição *in-quarto* da *Table* e na *Encyclopédie méthodique* pelas 208 cópias que a STN adquirira como a parte que lhe cabia das quinhentas *Enciclopédias* de Panckoucke. As dificuldades do mercado impeliam a STN a aceitar a proposta. Mas Panckoucke secretamente aconselhara a recusa, baseando seu argumento na cupidez de Duplain: "É um homem ávido esse sr. Duplain e que ama o dinheiro com furor". As 208 cópias *in-quarto* valiam mais do que metade dos direitos sobre a *Table*, que produziria 4 mil vendas, segundo estimativa de Panckoucke, e as perspectivas mais remotas da *Méthodique*. Mas Panckoucke também estava preocupado com a necessidade de impedir Duplain de desligar-se da sociedade: "De qualquer maneira que negocieis, é preciso que Duplain continue interessado em uma parte e obrigá-lo sobretudo a agir pessoalmente para vender a edição. Duplain está louco para se aposentar, e sua atividade nos é necessária. Rogo-vos não me comprometer. Duplain não me perdoaria por toda a vida de vos ter dado um aviso que barre seus interesses". Essa linha de raciocínio convenceu os sócios de Neuchâtel. O simples fato de Duplain ter feito a oferta já era razão para recusá-la, responderam a Panckoucke. E realmente parecia muito estranho que Duplain desejasse adquirir mais cópias da edição *in-quarto* exatamente quando a demanda por ela parecia estar esgotada.[36]

Mas Duplain não desistiu. De fato, tentou coagir a STN a aceitar sua oferta. Enviou os oito primeiros volumes das 208 cópias da STN a Paris, em vez de a Neuchâtel — manobra que não só retardou as tentativas da STN de vendê-los, mas também diminuiu o valor da mercadoria, sobrecarregando-a com 1466 libras de custo de transporte. Os sócios de Neuchâtel tinham esperança de vender a maioria de suas 208 cópias no Norte da Europa. Em face da despesa com o desnecessário trajeto Lyon-Paris-Neuchâtel e com a ameaça de que os próximos 28 volumes teriam de percorrer a mesma rota, poder-se-ia esperar que eles escolhessem o caminho mais fácil e trocassem os livros com Duplain. Este não fez a ameaça abertamente. Apresentou a remessa para Paris como uma medida retaliativa. A STN oferecera à venda suas cópias com crédito de seis meses, explicou ele a Panckoucke, e esse desrespeito às condições da assinatura arruinaria as suas vendas. Ademais, Duplain combinara com Panckoucke o fornecimento de quinhentas cópias para o mercado parisiense, e era para lá que elas seriam enviadas, sem consideração por ajustes subseqüentes que Panckoucke tivesse feito com seus próprios associados.[37]

Os diretores da STN replicaram que o argumento de Duplain era "falho sob todos os aspectos". Não só eles haviam honrado seu compromisso de manter o preço combinado (só começaram a redução de preços em agosto de 1779), mas também o acordo de dividir as mil cópias não requeria que Panckoucke recebesse sua parte em Paris. Uma cláusula desse tipo seria absurda, e teria sido recusada tanto por Panckoucke como pela STN. Eles só podiam interpretar a atitude de Duplain como uma tentativa de forçá-los a colaborar com qualquer estratégia secreta que ele arquitetasse com vistas a concluir o empreendimento auferindo o maior lucro possível, independentemente do que isso fosse custar aos sócios. Assim, resolveram resistir, mantendo ocultas suas suspeitas: "Aconselhaste-nos muito sabiamente a dissimular com ele até o fim e a não marcar nosso justo descontentamento. Na verdade, a coisa se torna cada dia mais difícil", disseram a Panckoucke. Não arredaram pé de sua decisão de recusar a oferta de Duplain pelas 208 cópias, e as 1466 libras de transporte desnecessário foram engrossar a extensa lista do que se denominavam seus "agravos contra Duplain".[38]

Nesse ínterim, Duplain tentou persuadir Panckoucke a repartir o restante da terceira edição, como haviam feito com as primeiras mil cópias. Havia cerca de 450 a quinhentas cópias para serem vendidas, disse ele. Ele as dividiria proporcionalmente entre os sócios, e desta vez as enviaria para onde lhes aprouvesse, de modo que cada um pudesse vender suas cópias como bem entendesse. Uma coisa poderia ser dita em favor dessa proposta: ela impediria que as relações entre os sócios se deteriorassem ainda mais, permitindo-lhes deixar de lado o acordo contra reduções nos preços e dando-lhes liberdade para vender as últimas cópias nas melhores condições que pudessem oferecer. Panckoucke sentiu-se tentado a aceitar, embora não tivesse ilusões quanto à "avidez sem limites" de Duplain, como explicou à STN. Era bem verdade que Duplain enviara as 208 cópias a Paris pensando em manter a STN fora do mercado das províncias e que recusara entregar a Regnault suas cópias em Lyon pelo mesmo motivo. Mas Duplain seria capaz de encontrar ainda outras maneiras de sabotar as vendas dos sócios, pois era ele quem controlava a máquina do empreendimento em Lyon, e os sócios pouco podiam fazer para vigiá-lo a uma distância de 150 léguas. Era demasiado tarde para se ressarcirem dos prejuízos com os ganhos ilícitos que Duplain conseguira com a impressão, embora Panckoucke fosse tentar protegê-los de qualquer grande subtração retendo o último volume de ilustrações até a liquidação das contas. Mas eles poderiam impedir mais fraudes repartindo as últimas cópias e vendendo-as por conta própria. Desse modo, conseguiriam pôr um fim às altercações sobre as derradeiras operações de comercialização e cobrança, e poderiam manter a sociedade em vigor até a data da liquidação das contas — tudo isso supondo que conseguiriam continuar ocultando a desconfiança de Duplain. "Em nome da amizade, não me comprometais jamais", concluiu Panckoucke. "Apesar das queixas que poderíamos fazer, temos de nos conciliar até que todas as contas sejam prestadas."[39]

Os sócios da STN tinham duas objeções à proposta de Duplain: acreditavam que ele exagerara o número de cópias encalhadas, que estimavam em quatrocentas em vez de 450-500, e julgavam que ele teria uma vantagem injusta na venda, pois poderia apoderar-se das últimas assinaturas que haviam sido encaminhadas à sede da sociedade, enquanto os outros sócios teriam de vender sua parte no mercado, onde a demanda era mais fraca.[40] Poucos dias depois, Duplain apresentou formalmente a proposta aos sócios, em uma carta circular: "Resta da terceira edição um número de 480 exemplares, e vemos com pesar que ele não se vende mais. Cremos, para a vantagem de todos os interessados, que convém dividir esse número entre nós porque, tendo cada um os seus meios, ele será esgotado mais cedo".[41] A STN recusou com sagacidade, dizendo a Duplain que, se ele fizera um trabalho tão bom vendendo sete ou 8 mil *Enciclopédias* para a associação, sem dúvida seria capaz de vender um simples "restinho" de 480 cópias. Panckoucke rendeu-se à opinião da STN. Ele não acreditava na versão de Duplain sobre as assinaturas, confessou aos sócios de Neuchâtel. Por isso, rejeitaria a proposta e se recusaria a remeter a Lyon o terceiro volume de ilustrações.[42]

Essa tática de Panckoucke enfureceu Duplain, que pediu à STN para interceder em favor da liberação das ilustrações. Os sócios de Neuchâtel concordaram em fazê-lo, mas ao mesmo tempo exigiram que Duplain entregasse os volumes restantes de suas 208 cópias em Lyon, onde D'Arnal alugara um depósito para recebê-los. A barganha funcionou. Duplain entregou os livros a D'Arnal em Lyon, em vez de a Panckoucke em Paris, e a STN persuadiu Panckoucke a remeter-lhe o último volume de ilustrações, argumentando que mais postergações alertariam Duplain sobre a desconfiança que tinham dele. Assim, mais uma vez os sócios evitaram o confronto, na primavera de 1779. Mas suas posições estavam mais inexoráveis, e suas suspeitas, maiores. Tudo o que Duplain conseguira fora estreitar a colaboração secreta entre Panckoucke e a STN com suas manobras para conseguir o controle da maioria das cópias da terceira edição, naquele momento em que, paradoxalmente — ou pelo menos era o que parecia —, a demanda continuava a declinar, aumentando sobre os sócios a pressão para encontrarem algum modo de vender suas últimas *Enciclopédias*. E quando essa pressão parecia prestes a tornar-se insuportável, Duplain surgiu com outra proposta.[43]

O CASO PERRIN

Em julho de 1779, Duplain viajou a Paris e alertou Panckoucke de que o futuro da terceira edição parecia ainda mais sombrio do que haviam imaginado em fevereiro. O fluxo de assinaturas cessara por completo. Parecia certo que os sócios ficariam com quatrocentas cópias encalhadas quando se reunissem no final do ano para liquidar o empreendimento. Precisavam repartir as cópias excedentes e comercializá-las por conta própria. Mas então poderiam descobrir que seria impossível vendêlas sob quaisquer condições, exceto como refugo, pois o mercado já se encontrava saturado, e seria irremediavelmente arruinado com a publicação da *Encyclopédie méthodique* em 1780. Felizmente, porém, Duplain encontrara um "entrepreneur" contagiado pela febre da *Enciclopédia*. Duplain incendiara a imaginação daquele homem, cujo nome não mencionou, com a perspectiva de um negócio envolvendo as derradeiras cópias da edição *in-quarto*. Portanto, os sócios poderiam livrar-se de suas cópias indesejadas vendendo-as a ele. É claro que o homem exigira condições extraordinárias — 156 libras por cópia, ou seja, 53% do preço normal de atacado —, mas eles poderiam dar-se por felizes se conseguissem vender suas últimas *Enciclopédias* por qualquer preço. E ele se dispunha a adquirir um número enorme de cópias — todas as que lhes restavam, um total de 422.[44]

Panckoucke julgou a oferta bastante atraente. Ele não conseguira vender mais do que duas dúzias das duzentas e tantas cópias com que ficara depois de dividir as mil *Enciclopédias* com Duplain um ano atrás. Desejava encerrar logo o empreendimento da *in-quarto* para dedicar toda a sua atenção à *Encyclopédie méthodique*. E estava ávido pelas impecáveis letras de câmbio que o "entrepreneur" de Duplain prometera fornecer, com vencimento para dali a apenas seis meses. O "entrepreneur" parecia maravilhosamente ignorante dos perigos do comércio livresco, pois limitara-se a pedir que a divulgação do prospecto da *Encyclopédie méthodique* fosse postergada para agosto de 1780, ao passo que todas as pessoas do ramo já sabiam que a grandiosa obra dentro em breve seria lançada no mercado. E Duplain empenhou-se pela aceitação da proposta, usando seu método de persuadir ressaltando vantagens e desvantagens. Afirmou que o homem também compraria toda a parte de Panckoucke relativa às mil cópias que eles haviam repartido; se Panckoucke recusasse, Duplain venderia sua parte pela metade do preço ao "entrepreneur", que poderia então comercializar suas *Enciclopédias* a preços mais baixos que os outros sócios. Panckoucke sabia que Duplain era um negociante astuto, mas desejava direcionar aquela astúcia para fora do empreendimento, de modo a não ser vitimado por ela. Duplain armara o laço para outro — era melhor deixá-lo apanhar a presa antes que ela escapasse. Nunca teriam outra oportunidade como aquela.[45]

Foi esse o conselho que Panckoucke deu aos sócios de Neuchâtel em 3 de agosto de 1779. Em um pós-escrito confidencial, recomendou também que a STN impusesse uma condição para aceitar a oferta de Duplain: que lhe fosse alocado o trabalho de impressão da edição *in-quarto* da *Table analytique*, com uma verba de mil libras para o trabalho editorial a ser realizado em cada um dos quatro volumes. Duplain enviou uma carta no mesmo dia, salientando os mesmos temas e também com um conselho confidencial. Se os sócios da STN quisessem recusar sua proposta, deveriam avisá-lo, porém informando Panckoucke de que haviam aceito. Com isso, Duplain lhes daria a parte de 5/24 que lhes cabia das cópias encalhadas, as quais poderiam vender como bem entendessem, sem o conhecimento de Panckoucke. Mas insistia para aceitarem sua proposta, pois assim poderiam todos liquidar rápido o empreendimento e partir para os negócios com a *Encyclopédie méthodique* e a *Table*.

A STN achou melhor seguir o conselho de Panckoucke e manobrar contra Duplain, em vez de enganar seu aliado como sugerira o lionês. Informou concordar com a proposta, desde que Duplain lhe alocasse a impressão da *Table*. Duplain acedeu, observando que a decisão de vender as quatrocentas cópias encalhadas parecia agora mais acertada do que nunca, pois a demanda esgotara-se por completo.[46] Dois contratos consumaram a venda (ver Apêndice A. XVIII). O primeiro, de 3 de agosto de 1779, envolvia apenas Panckoucke e Duplain. Panckoucke comprometia-se a aceitar a transação que Duplain realizaria com o *entrepreneur* — citado apenas com o pronome indeterminado *on* — e Duplain apresentaria as letras de câmbio que o comprador forneceria em pagamento de todas as cópias remanescentes da edição *in-quarto*, em posse de Panckoucke e da associação, a 156 libras por cópia. O segundo contrato, com data de 13 de agosto, revelava que o comprador era um certo "M. Perrin, commissionnaire à Lyon". Duplain certificava que recebera 65 832 libras em letras de câmbio de Perrin por 422 folhas da *Enciclopédia in-quarto*, e que Perrin entregaria mais 24 060 libras pelas 160 cópias que Panckoucke mantinha à sua disposição em Paris.[47]

Em vez de salvar os sócios de uma competição mutuamente destrutiva, como Panckoucke esperava, o acordo com Perrin levou-os à beira da guerra declarada. Enredou a STN e Duplain em uma disputa sobre a impressão da *Table analytique*, e acabou confirmando as suspeitas de Panckoucke e da STN de que Duplain os estava logrando. O trabalho de impressão era muito importante para a STN, que precisaria manter a tipografia em atividade após concluir o último volume da *Enciclopédia*, em maio. Em agosto, tiveram de demitir metade dos empregados, mas mantiveram um "sortimento de bons operários", na esperança de encontrar uma encomenda grande o bastante para dar trabalho a "nossas prensas ociosas".[48] Desde fevereiro, esperavam que a encomenda viesse na forma da *Table analytique*. Haviam feito elaborados preparativos para o trabalho, debatendo com Panckoucke em uma série de cartas as providências quanto aos tipos, custos, tiragens, prospectos e outros detalhes. E Panckoucke induzira-os a crer que Duplain lhes daria o trabalho. Mas Duplain planejava produzir a *Table* da mesma forma que produzira o texto, ou seja, queria lucrar com seu papel de intermediário, encomendando a impressão a firmas de Lyon que trabalhavam para ele a preços mais baixos. Assim, sentiu-se relutante em aceitar a condição imposta pela STN para concordar com a venda a Perrin, e tão logo foi informado sobre a anuência dos sócios de Neuchâtel, começou a voltar atrás em seu compromisso de dar-lhes o trabalho de impressão. Disse-lhes que teriam de realizar a tarefa a um preço equivalente ao menor que ele pudesse encontrar entre os impressores de Lyon. Explicou-lhes com toda franqueza que sentia-se no direito de ficar com uma parte do pagamento da impressão em recompensa por seu sucesso como empreendedor. Ele já conseguira 1500 assinaturas para a *Table*, afirmou, e esperava captar mais assim que publicasse o prospecto da obra. Os sócios de Neuchâtel imediatamente protestaram que essa nova exigência violava o acordo de Perrin. Mas Duplain não cedeu. Disse-lhes que se eles se recusassem a aceitar suas condições, poderiam desistir da venda a Perrin e ficar com sua parte de 5/24 das cópias em poder deste. Perrin teria muito prazer em devolvê-las, pois estava começando a perceber que não as conseguiria vender. Pelo mesmo motivo, como Duplain sabia perfeitamente, os sócios de Neuchâtel não tinham condições de adicionar mais *Enciclopédias* a seu estoque. Tampouco seriam capazes de manter por muito mais tempo uma grande tipografia sem uma volumosa encomenda de impressão. Assim, eles cederam, concordando em trabalhar nas condições impostas por Duplain. No entanto, nunca lhes foi dado o trabalho, pois Duplain adiou repetidamente a impressão da obra; e quando reclamaram, ele parou de responder-lhes as cartas. Com isso, a *Table* transformou-se em tema de mais um dossiê a ser discutido por ocasião da liquidação de contas em Lyon.[49]

Enquanto a STN atracava-se com Duplain em razão da *Table*, Panckoucke tentava encontrar o evasivo Perrin. Tratar com ele revelou-se uma tarefa difícil pois, segundo Duplain, ele exigia que Panckoucke custeasse o transporte de suas 160 cópias *in-quarto* de Paris a Lyon. Panckoucke recusou, alegando que o contrato de 13 de agosto obrigava-o tão-somente a manter as cópias de Perrin "à sua disposição" em Paris. Contudo, afirmou Duplain, Perrin desistiria do acordo se Panckoucke não assumisse os custos do transporte, que seguramente seriam vultosos. Duplain alertou que Perrin, de fato, estava procurando um pretexto para cancelar o negócio. Mas Panckoucke manteve sua posição, muito embora Perrin ameaçasse arrastá-lo aos tribunais — segundo Duplain.

A única forma pela qual Perrin conseguia expressar-se parecia ser por intermédio de Duplain. Panckoucke nunca tratou diretamente com o *entrepreneur*, e nem sequer soube seu nome antes de Duplain descrevê-lo em uma carta como "um chamado sr. Perrin, representante de Strasbourg, que tem uma casa em Lyon, uma, creio, em Paris, e enfim um homem excessivamente rico pelo qual vos respondo".[50] Tal imprecisão parecia suspeita a Panckoucke, que àquela altura já aprendera a desconfiar de tudo que se originasse em Lyon. "Eu vos serei grato", escreveu à STN,

> que vos façais informar pelo sr. D'Arnal, secretamente, se esse sr. Perrin não existe, se não passa mesmo de um testa-de-ferro. É uma trapaça de Duplain que não devemos tolerar, porque consentimos na venda desses exemplares apenas porque ele nos garantiu que não se vendiam mais de modo algum e até *nos ameaçou se não quiséssemos consentir nessa venda de que ele estava determinado a vender por esse preço os seus exemplares*. Rogai ao sr. D'Arnal que tome as informações mais secretas. Não devemos tolerar ser enganados pelo avidíssimo Duplain.

No pós-escrito, Panckoucke tornou a recomendar à STN que mantivesse a estratégia de ocultar as suspeitas: "Se as informações do sr. D' Arnal estiverem de acordo com minhas suspeitas, é preciso mantê-las muito secretas, deixar o sr. Duplain ir em frente etc.".[51]

A espionagem industrial não foi inventada no século XX, e não era novidade no empreendimento da *Enciclopédia*. Os sócios da *in-quarto* espionaram um ao outro desde o princípio. Durante suas primeiras negociações com Panckoucke, os sócios da STN haviam efetuado uma investigação secreta a respeito do editor parisiense, usando seus vizinhos como informantes e Perregaux como agente. Encarregaram um livreiro clandestino, Quandet de Lachenal, de outra investigação em 1781. Panckoucke recebera de Regnault informações confidenciais sobre as operações de Duplain, e Louis Marcinhes mantinha a STN a par das atividades nas tipografias genebrinas. A espionagem parece ter sido onipresente no ramo livresco setecentista. A palavra *espion* aparece freqüentemente na correspondência dos livreiros, tanto quanto nos títulos de algumas de suas obras mais populares: *L'espion turc*, *L'espion anglois*, *L'espion dévalisé*. A prática abrangia uma grande variedade de atividades, algumas delas inofensivas. Como muitos caixeiros-viajantes, Favarger estava espionando quando entrevistava trabalhadores, dava uma olhadela em registros de vendas e surrupiava folhas recém-impressas. Mais grave era a prática de subornar empregados para fornecerem folhas a serem usadas em edições contrafeitas. A STN alertou Beaumarchais de que os impressores de Kehl seguramente forneceriam folhas de sua edição de Voltaire a editores piratas que almejavam superá-lo no mercado. E também preveniu seus clientes contra agentes duplos no comércio clandestino de livros — homens como Desauges, de Paris, Poinçot, de Versalhes, e Mallet, de Troyes, que encomendavam obras ilegais e a seguir delatavam os fornecedores à polícia. A polícia francesa tinha agentes até mesmo na tipografia da STN, segundo informes de Jacques-Pierre Brissot, que provavelmente também era um espião da polícia. A espionagem tornara-se uma atividade tão corriqueira que parecia natural a STN introduzir um agente na tipografia de Duplain. De fato, os sócios de Neuchâtel haviam recebido de D'Arnal informações secretas sobre a tipografia dois anos antes de Panckoucke pedir-lhes que investigassem Perrin; assim, pediram a D'Arnal que se encarregasse da investigação.[52]

A STN tinha suspeitas idênticas às de Panckoucke quanto a Perrin: "Quanto mais examinamos o caso da venda [...] mais descobrimos aí obscuridades, contradições mesmo, e procedimentos suspeitos".[53] Recebendo as instruções da STN, D'Arnal respondeu que se encarregaria da missão, mas que não seria nada fácil:

> Encarregais-nos, senhores, de uma comissão bem difícil de executar. Como, sem se comprometer, poder questionar, interrogar, sobretudo sendo conhe-

cidos por ter relações convosco? Percebeis, senhores, que somos por isso mesmo muito suspeitos para aqueles que nos poderiam dar alguns esclarecimentos. Entretanto, exortamos um amigo, que é bastante ligado ao sr. Perrin, a nos prestar seu concurso para sondar o dito senhor. Ele usará de toda a habilidade possível para procurar arrancar ao dito senhor seu segredo, e se não conseguir, ninguém poderá gabar-se de conseguir. Mas sendo o dito Perrin expedidor do sr. Dxxx, está por essa razão muito interessado em poupá-lo. É muito de temer que não se determine facilmente a traí-lo [...] Desde que nosso espião houver feito alguma descoberta, apressar-nos-emos em vos informar.[54]

D'Arnal acrescentou que Perrin dirigia uma firma de expedição de mercadorias, Carmaignac et Perrin, que era tida como rica e que de fato possuía uma filial em Strasbourg. Parecia-lhe bastante improvável um agente de expedição fazer negócios no ramo livresco, e por isso ele concordava com a hipótese de que Duplain estava usando o homem como testa-de-ferro. Mas seria preciso proceder com extrema cautela para conseguir reunir provas suficientes contra Duplain, pois este sabia que D'Arnal tinha ligações estreitas com a STN, e o relacionamento entre Duplain e Perrin poderia ser igualmente próximo. Assim, D'Arnal manteve-se nos bastidores. Recomendou a seu espião que agisse com cautela e aguardasse um encontro fortuito com Perrin, pois uma visita especial poderia gerar suspeitas.[55] Não haviam ainda feito contato em 10 de outubro, a última data em que "P xxx" foi mencionado nas cartas de D'Arnal preservadas nos papéis da STN. Nessa altura, o agente de D'Arnal não é mais citado nos documentos. É possível que tenha fornecido algumas informações importantes a Ostervald e Bosset quatro meses mais tarde, quando eles chegaram a Lyon para a liquidação das contas. O próprio D'Arnal trabalhou por eles durante todo o período do último encontro com Duplain. Mas não existem registros de suas atividades. Portanto, pode-se dizer apenas que a fase final da história da *Enciclopédia in-quarto* envolveu uma operação de espionagem dirigida por dois sócios contra o administrador do empreendimento.[56]

Enquanto D'Arnal conduzia suas investigações em Lyon, Panckoucke e a STN continuavam, por conta própria, a acumular provas incriminadoras contra Duplain. A STN foi informada por um livreiro francês de que Duplain afirmara, antes da venda a Perrin, que a terceira edição estava praticamente esgotada — um comentário inocente, talvez, mas que fez os sócios de Neuchâtel ficarem pensando de onde teriam saído então as 422 cópias de Perrin.[57] Panckoucke descobriu um folheto impresso, que fora distribuído entre livreiros franceses, oferecendo a *Enciclopédia in-quarto* com desconto em nome de Pellet. Concluiu que se tratava de uma campanha de vendas secretamente empreendida por Duplain, semelhante ao plano de Batilliot, de novembro de 1778: "Estou convencido de que Pellet não é mais que o testa-de-ferro de Duplain, e de que esse Perrin não passa de um homem-de-palha ou de um testa-de-ferro como Pellet. Enfim, não digais nada e deixai-o agir. Se essa venda [ou seja, a venda a Perrin] não é real, será preciso que ele nos preste conta''.[58] Por que iria Duplain continuar seus esforços para adquirir e vender cópias da edição *in-quarto*, pensavam os sócios, se a demanda estava esgotada e a oferta fora entregue a Perrin? O marketing sub-reptício de Duplain era particularmente insuportável a Panckoucke porque em outubro ele recebera uma cópia do prospecto da *Table analytique*, que Duplain escrevera e publicara sem consultar os sócios. O prospecto promovia a *Table in-quarto* de Duplain denegrindo a edição *in-folio* dessa mesma obra, que Panckoucke acabara de imprimir — um golpe desnecessário contra um dos empreendimentos secundários de Panckoucke, que o deixou furioso.[59]

Justamente quando estava mais difícil para os sócios conter a suspeita e a raiva, Duplain enviou-lhes uma proposta para venderem mais cópias da edição *in-quarto* a Perrin, com um altamente suspeito ''Resumo'' da situação presente das vendas:

6589 vendidos a diversos
500 entregues ao sr. Panckoucke
500 meus [Duplain]
422 vendidos segundo a última convenção a 156 libras [para Perrin]
8011 [60]

O número 8011 revelou-se importante para o empreendimento da *Enciclopédia in-quarto*: foi o que Duplain apresentou como o total de *Enciclopédias* comercializáveis — o número de cópias completas que montou a partir das folhas enviadas por seus impressores, a quantidade que vendera e pela qual concordava em prestar contas. Os contratos das três edições haviam estabelecido tiragens totalizando 8550 cópias, e documentos posteriores indicam que foram impressas de fato 8525. Por que havia tamanha disparidade entre o número de cópias produzidas e o que Duplain alegava ter vendido? Duplain evitava discorrer sobre os dados de produção, mas indicou que seus impressores lhe haviam fornecido material para um número bem maior do que 8011 cópias, ressaltando a incidência de *défets* que ele acumulara. Os *défets* eram as folhas que haviam sido danificadas durante a impressão, transporte ou armazenagem. Como uma folha danificada podia arruinar um volume, que por sua vez anularia uma coleção, Duplain mandara seus empregados separarem todas as folhas danificadas encontradas nas remessas que afluíam a seus depósitos, mandadas pelas vinte e tantas tipografias que imprimiram os 36 volumes das três edições. Desempacotar, conferir, montar, armazenar e remeter todas essas *Enciclopédias* era uma operação complexa. Os empregados de Duplain trabalhavam em meio à confusão, apressadamente, danificando ainda mais cópias durante o manuseio. No final, afirmou Duplain, eles encheram dois depósitos com *défets*. Entretanto, podiam ser resgatadas dos *défets* cem a 130 cópias, ou talvez mais, se fossem impressas algumas folhas que estavam faltando. Assim, Duplain propôs que os sócios o autorizassem a montar uma edição com os refugos, vendendo as novas cópias a 156 libras cada uma. Julgava que Perrin poderia estar interessado em adquiri-las.[61]

Duplain não explicou por que os sócios deveriam gastar mais dinheiro para produzir mais *Enciclopédias* naquela época em que a demanda parecia esgotada. Tampouco justificou a disposição de Perrin de adquirir outra centena de cópias tão pouco tempo após ter descoberto — segundo Duplain — que não havia mercado para as que já comprara. O mais estranho era Duplain afirmar que apenas 6589 das 8011 cópias haviam sido vendidas a assinantes, pois a lista secreta de assinaturas que os sócios de Neuchâtel haviam copiado de seus livros em fevereiro de 1779 registrava 7373 vendas a assinantes. Até mesmo o número de cópias completas, 8011, parecia questionável, já que Duplain insistira para que Panckoucke imprimisse as ilustrações com uma tiragem muito maior, 8600 cópias. "Recebi o cálculo em linhas gerais dos exemplares enviados pelo sr. Duplain", escreveu Panckoucke à STN depois de receber o "Resumo". "As ilustrações são o termômetro da venda. Sua tiragem é de 8600. Supondo exato o cálculo que fizemos em Lyon, de 8309, e aí acrescentando 130 ou 150 provenientes das folhas desemparelhadas, aproximar-nos-íamos muito do número exato, mas estaríamos bem distantes do cálculo do sr. D. Tudo isso só pode ser verificado no local." Só uma explicação parecia fazer sentido em meio a todos aqueles enigmas e paradoxos: Duplain transformara o empreendimento em um gigantesco conto-do-vigário.[62]

Panckoucke e a STN já estavam com essa opinião bem consolidada no outono de 1779. No entanto, continuaram a tratar com Duplain como se de nada suspeitassem. Recusaram a proposta de montar a edição com os refugos, porém conservaram um tom polido e prático nas cartas que trocavam com ele, enquanto davam vazão à raiva na correspondência que mantinham entre si. Era um papel difícil de desempenhar, especialmente para os sócios de Neuchâtel, que reclamaram a Panckoucke: "Observamos que em geral estamos constantemente na defesa e unicamente ocupados em evitar os botes que lhe aprouver dar-nos. Essa posição está muito longe de ser a mais vantajosa. Será que não encontraríamos uma maneira de agir um pouco ofensivamente contra ele?".[63] O desejo de revidar tornara-se quase irrefreável em junho, quando houve a rodada final de suas desavenças financeiras com Duplain. Tendo concluído a impressão do último volume que lhes coubera, notificaram Duplain de que sua dívida totalizava 35 mil libras. Duplain replicou que devia apenas 6 mil e recusou-se a honrar 29 mil libras em letras de câmbio da STN. A STN tentou a cobrança por intermédio de D'Arnal, protestando que "não pode haver nada de mais cruel do que seus procedimentos com relação a nós".[64] Mas D'Arnal respondeu que Duplain alegava "que enfim ele não tinha nada a discutir convosco, senhores, e que era por pura complacência que respondia às cartas que lhe escreveis".[65] Pouco depois, Duplain parou de responder à maioria das cartas da STN, além de rejeitar grande parte de suas cobranças. Os sócios de Neuchâtel pouco podiam fazer além de esperar a liquidação final de contas para retaliar, enquanto secretamente davam conta de sua fúria a Panckoucke, que respondia no mesmo tom.

> PANCKOUCKE: Estou bem convencido de que esse Perrin não passa de um homem imaginário ou pelo menos um testa-de-ferro. D. é ávido e não se gaba de nenhuma delicadeza. É preciso deixar vender os exemplares, e depois nós lhe pediremos contas, não tendo ocorrido a venda a Perrin [...] Fazei de maneira que Duplain não desconfie de nada.
>
> STN: Tudo concorre para apoiar vossas conjeturas quanto ao nosso associado no que se refere ao verdadeiro comprador dos exemplares vendidos em último lugar, e temos motivo de esperar que nossos amigos de Lyon descobrirão ainda alguma coisa a esse respeito. Mas, como quer que seja, não poderemos deixar de saber a verdade por ocasião da prestação das contas [...] Não diremos uma palavra até a época fatal, que felizmente não está longe.
>
> PANCKOUCKE: Continuo a pensar que esse Perrin é um homem-de-palha. Duplain zomba de nós. Não serei logrado de modo algum por sua cupidez.

E assim prosseguiu o diálogo; as suspeitas se acumularam, as conspirações proliferaram e as tramóias se sucederam até culminar no *règlement de comptes* em Lyon, em fevereiro de 1780.[66]

ANATOMIA DE UMA FRAUDE

Duplain e os sócios discutiram sobre a contabilidade durante dezesseis dias, até 12 de fevereiro, quando firmaram um acordo geral. A seguir, a STN e Duplain continuaram a debater sobre suas contas específicas, que foram finalmente resolvidas por arbitragem em 21 de fevereiro. Demorou quase um mês a complicada e exaltada contenda; para reconstituí-la, contamos apenas com os despojos que Ostervald e Bosset levaram na bagagem ao retornarem a Neuchâtel. Em uma das cartas que escreveu enquanto a tempestade se abatia, Bosset queixou-se de precisar recriar a contabilidade a partir "dos papeluchos de Duplain".[67] O historiador tem de trabalhar com base nos rascunhos do próprio Bosset, os *chiffons* dos *chiffons*: anotações feitas durante os debates, quantias rabiscadas no decorrer de sessões de estratégia e lembretes escritos às pressas em momentos críticos. Na ausência de documentação coerente e tendo em vista a clareza, parece-nos mais acertado iniciar com um resumo de todos os golpes descobertos pelos sócios de Duplain, apesar de essas descobertas terem ocorrido em diferentes fases de uma luta prolongada e confusa.[68]

A prova mais incriminadora que os sócios de Duplain levaram para Lyon foi a lista de assinantes que haviam copiado de seus livros um ano antes. Mantiveram de reserva essa arma e forçaram Duplain a apresentar uma lista para justificar sua versão sobre a situação financeira. A seguir, foram para a hospedaria, compararam as duas listas e descobriram uma fraude monumental. Graças às anotações feitas por Bosset na margem de sua cópia da lista secreta, podemos acompanhar a fraude, assinatura por assinatura, à medida que os sócios de Duplain a desvendavam. Cada vez que Bosset encontrava um registro na primeira lista (a copiada em segredo em 1779) que não constava na segunda (a falsificada, de 1780), anotava na margem esquerda o número de assinaturas que faltavam. Assim, "4 ... Bergeret de Bordeaux 58 souscriptions" significa que Bergeret adquirira 58 assinaturas em fevereiro de 1779, mas Duplain atribuíra-lhe apenas 54 em 1780. Na margem direita, Bosset anotou assinaturas informadas por Duplain que lhes haviam escapado à atenção ao compilarem a lista secreta em 1779. Assim, "Veuve Brun de Nantes 4 souscriptions ... 1" significa que Duplain creditou à Veuve Brun cinco assinaturas, embora os sócios houvessem encontrado apenas quatro em seus livros. Bosset somou os números da margem direita: 137. A seguir, somou esta última quantidade ao total da lista secreta: 137 + 7873 = 8010 — apenas uma a menos que as 8011 que compunham todo o estoque, segundo o relatório final de Duplain. Conquanto jamais encontrasse esta última cópia perdida da edição *in-quarto*, Bosset foi capaz de identificar o destino de todas as outras cópias da lista de Duplain. E somando os números da margem esquerda, pôde mostrar exatamente quantas assinaturas Duplain havia ocultado: 978. A diferença entre as duas listas é representada graficamente na Figura 9.

A lista secreta incluía as quinhentas cópias que Panckoucke adquirira das mil divididas com Duplain, mas não mencionava as quinhentas deste último, nem as 422 de Perrin. Portanto, quando Duplain queixou-se aos sócios sobre o declínio do fluxo de assinaturas em fevereiro de 1779, sabia que as três edições estavam esgotadas, com exceção das quinhentas cópias que impingira a Panckoucke. Ele ocultara as vendas para receber todo o dinheiro delas proveniente, e ao mesmo tempo não pagara coisa alguma pelas quinhentas cópias que vendera em nome da associação e pagara metade do preço pelas 422 através do falso intermédio de Perrin. O fluxo de assinaturas realmente declinara em 1779, mas as encomendas continuaram a chegar em número suficiente para que Duplain aumentasse a fraude com um golpe mais audacioso. Agindo em nome de Perrin, ofereceu-se para comprar pela metade do preço as *Enciclopédias* que Panc-

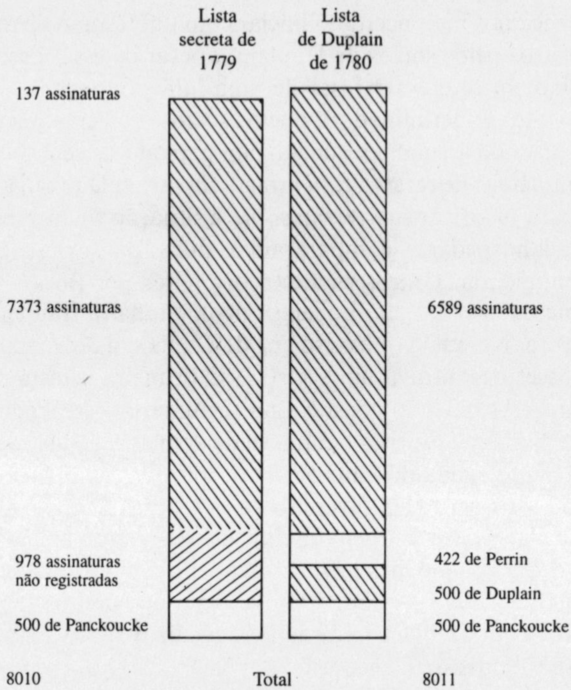

Figura 9. A fraude das assinaturas

A única versão preservada das listas de assinantes é a cópia — na caligrafia de Bosset — encontrada nos papéis da STN, dossiê ''Procès Duplain contre STN''; a única referência à cópia secreta dessa lista consta da carta de Ostervald e Bosset à STN, Lyon, 13 de fevereiro de 1780 (ver Apêndice A. XIX). As notas de Bosset, à margem, correspondem a um memorando que ele escreveu, ''Souscriptions dans le premier registre qui ne sont point dans le dernier''. Os dois manuscritos corroboram a versão de fraude descrita no ''Premier mémoire de M. Plomteux'' (ver Apêndice A. XIX). Os três documentos reconstituem a lista de Duplain de 1780 (ver nota à p. 538).

koucke não conseguira vender (166 cópias). E depois de Panckoucke ter concordado, Duplain tentou obter ainda mais cópias baratas para ''Perrin'' recuperando duzentos exemplares a partir dos *défets*. Os sócios recusaram porque finalmente perceberam que Perrin era um testa-de-ferro. O ''Resumo'' apresentado por Duplain em outubro de 1779, que mais tarde revelou-se uma amostra precisa de sua versão final sobre as assinaturas, mostrou que as três edições totalizavam apenas 8011 cópias e que somente 6589 delas haviam sido vendidas diretamente a assinantes, sendo as outras 1422 destinadas diretamente a Panckoucke (quinhentas), Duplain (quinhentas) e Perrin (422). Simplesmente com o total de sua lista secreta, os sócios já podiam medir a magnitude da fraude. A essa altura, Duplain tentar surrupiar-lhes mais algumas libras com base na fraude de Perrin parecia quase cômico. Ele ameaçou com um processo judicial movido por Perrin se Panckoucke não custeasse o transporte das 166 cópias que deveriam retornar de Paris a Lyon. Panckoucke estava ávido por defrontar-se com um testa-de-ferro no tribunal; porém, fingindo o desejo de evitar o confronto, concordou em cancelar a venda das 166 cópias e continuou a ocultar que sabia a identidade de Perrin, armando a cilada para Duplain na reunião de fevereiro de 1780.[69]

A emboscada só poderia surtir efeito se as forças anti-Duplain conseguissem provar a validade da lista secreta. O espião de D'Arnal pode ter obtido as informações de Perrin, mas D'Arnal provavelmente forneceu a Ostervald e Bosset um relato oral de suas investigações, sobre o qual não há registros. No entanto, assim que Duplain apresentou sua própria lista de assinantes, os sócios tiveram um meio de verificar a fraude. Escreveram a diversos livreiros cujas assinaturas haviam sido desvirtuadas, segundo a comparação das duas listas. As cartas simplesmente indagaram quantas cópias cada livreiro adquirira, e as respostas confirmaram os cálculos de Bosset. Com isso, o grupo de Panckoucke ficou na posse de provas irrefutáveis de que Duplain lhes ocultara a venda de assinaturas que podiam ser avaliadas em 287 532 libras.[70]

Ao terem em mãos a lista de 1780 entregue por Duplain, Panckoucke e seus aliados tiveram a oportunidade de examinar um de seus registros mais interessantes: "Audambron de Salasy & Jossinet 535 souscriptions por 494". Isso significa que a firma de Audambron e Jossinet, de Lyon, adquirira 494 assinaturas ao preço de atacado usual para os livreiros, 294 libras, mais uma cópia grátis para cada doze assinaturas, totalizando 535 cópias. A mesma firma aparece na lista secreta de 1779 com "535 pour 535", ou seja, adquiriu todas as 535 cópias sem a bonificação de uma grátis para cada doze compradas. A lista secreta não menciona o preço das assinaturas, mas como se tratava de vendas naquela região, havia bons motivos para suspeitar que elas haviam sido efetuadas ao preço no varejo, em vez de ao preço no atacado, o *prix de libraire*. Audambron e Jossinet não eram livreiros, e sim homens de negócios, como Perrin. E, como este, tinham tudo para atuar como testa-de-ferro, ocultando as vendas que Duplain secretamente fizera em prejuízo da associação. Assim, o grupo de Panckoucke foi investigar Audambron e Jossinet. Descobriram que a firma não adquirira uma assinatura sequer, e meramente operava como uma agência local de vendas para Duplain, concordando em trabalhar para ele por uma comissão de quinze soldos por volume, ou 7,5% do preço no atacado, em vez do lucro de 25% recebido pelos verdadeiros varejistas. Portanto, Duplain trapaceara nas vendas em Lyon exatamente como tentara fazê-lo nas vendas em Paris por intermédio de Batilliot.[71] Vendera 535 cópias a 384 libras cada uma (205 440 libras no total) em vez de 494 cópias a 294 libras (totalizando 145 236 libras), com isso subtraindo à associação 60 204 libras.

Considerando-se que Duplain por duas vezes usara testas-de-ferro para ocultar suas vendas, também parecia possível que ele houvesse vendido mais do que as 8011 cópias mencionadas em sua contabilidade. Os sócios nem mesmo sabiam quantas cópias ele mandara imprimir, embora a soma das tiragens atingisse provavelmente 8525. Neste caso, Duplain teria 514 coleções incompletas (*défectueux*) — número esse que parecia excessivo (6% da produção). Teria Duplain vendido algumas daquelas 514 cópias às escondidas? Sua oferta de recuperar duzentas delas para vender pela metade do preço a Perrin parecia suspeita, especialmente porque as duzentas cópias reapareceram na coluna de crédito de sua contabilidade com o valor de 30 mil libras. Elas teriam gerado 54 390 ao preço de atacado (deduzindo as décimas terceiras cópias grátis). Assim, Duplain poderia ter logrado os sócios em mais 54 390 libras. Eles acreditavam nessa hipótese. Em seus cálculos sobre a fraude, acrescentaram essa quantia para cobrir "o resto da edição, que está seguramente vendido". Porém, sem uma lista de assinaturas de 1780 que fosse genuína, não seriam capazes de provar a acusação, e teriam de reduzir a acusação a negligência criminosa, como explicaram em um memorando intitulado "Griefs contre M. Duplain", que criticava toda a sua administração do empreendimento. Depois de muito provavelmente ter logrado a associação quanto aos *défets* recuperáveis, Duplain vendeu a Jossinet por 20 mil libras o restante deles, uma montanha gigantesca de papel. E, para consternação da STN, também vendeu o empreendimento da edição *in-quarto* da *Table analytique* a seu sócio Amable Le Roy, por 50 mil libras. Todas essas manobras e manipulações estão por trás da versão de Duplain sobre a receita da associação, que totalizou 1 851 588 libras.[72]

A versão da Duplain sobre as despesas parecia igualmente suspeita. Os contratos davam-lhe o direito de ganhar algum dinheiro com sua função de intermediário nos trabalhos de impressão, pois estipulavam preços fixos para cada folha impressa, independentemente do verdadeiro custo que ela viesse a ter. Mas Duplain parecia ter ultrapassado os limites usuais do ganho. Disse a Favarger que lucrara 1500 libras com a impressão de cada volume das duas primeiras edições; pode ter ganho mais, pois a STN obteve um lucro médio de 5612 libras com os quatro volumes que imprimiu para aquelas edições ao preço estipulado nos contratos. Sua margem de lucro foi ainda maior com a terceira edição. Assim, por intermédio da impressão ele provavelmente apoderou-se de cerca de 75 mil libras.[73]

Os sócios nada podiam fazer para obrigar Duplain a devolver aquela quantia, mas tinham provas de que ele deliberadamente multiplicara o número de folhas para lucrar mais como intermediário, em prejuízo da associação. Como já mencionado, a STN sabia, por informações de seu assistente de contramestre, que trabalhara para Pellet, que este empregara técnicas fraudulentas de espaçamento e construção de parágrafos —

truques que podiam parecer sem importância, mas que aumentaram o volume 19 em 96 páginas desnecessárias, no valor de 744 libras. Como Pellet trabalhava em estreita associação com Duplain, parecia provável que houvessem colaborado nessa falcatrua e que Duplain houvesse feito acordos semelhantes com outros impressores. A STN denunciou essa "conivência punível" em seus "Griefs contre M. Duplain". Responsabilizou Duplain por produzir os volumes com uma grossura excessiva — até 136 folhas por tomo, em vez das 110-115 que considerava o máximo desejável para uma obra em formato *in-quarto* e as noventa originalmente planejadas, "o que lhe convinha como impressor mas de modo algum ao empreendimento".

Tendo recheado os volumes, Duplain tratou de rechear sua conta de despesas. Em 28 de janeiro, apresentou um "Compte général du coût de chaque volume", um documento estranho, no qual tomava o volume, em vez da edição, como unidade no cômputo de suas despesas. Cobrou da associação 37 214 libras pela impressão do volume 1 das três edições, 33 590 pelo volume 2 e assim por diante, totalizando 1 361 385 libras. Recebera um preço fixo para cada folha, mas o número de folhas por volume variava. Assim, computando conjuntamente as três edições, poderia introduzir algumas folhas fictícias na cobrança de cada volume sem despertar suspeitas. No entanto, sem que ele soubesse, durante mais de um ano os sócios vinham procurando esses acréscimos sub-reptícios. Levaram seu "Compte général" para a hospedaria, muniram-se de uma cópia da primeira, segunda e terceira "edições" e puseram-se a contar as folhas. Podemos imaginá-los, cercados por pilhas de volumes, folheando um a um 72 tomos e ditando as somas para Bosset, que as marcava em uma folha de papel, rabiscava cálculos em outra, registrando suas conclusões com uma simples expressão aritmética:

1 361 385	[custos informados por Duplain, em libras]
1 234 296	despesa real
127 089	a mais creditado[74]

Em adição aos custos da impressão, Duplain arrolara numerosos outros itens na coluna de débito, entre eles 3 mil libras pelo uso do nome de Pellet na página de rosto, 27 mil libras pela "indenização" a Barret e Grabit para que desistissem de sua edição contrafeita, 33 150 libras a Laserre pela preparação da cópia para as duas primeiras edições e mais 3 mil por seu trabalho na terceira edição. A STN objetava particularmente a este último débito, pois acreditava que Laserre não realizara trabalho algum na cópia da terceira edição. Mas 3 mil libras eram uma ninharia em comparação com a quantia alocada para as despesas de Duplain, motivo de tanta discórdia durante as negociações para o contrato da terceira edição. Panckoucke concordara em elevar para 16 mil libras a importância estipulada para as despesas de Duplain. Este, contudo, inserira no contrato uma cláusula reconhecendo seu direito de incorrer em uma "despesa [...] infinitamente mais considerável" e indenizando-o com uma provisão a título de "seguro". Era-lhe permitido cobrar da associação pelo transporte da terceira edição de Lyon a Genebra, muito embora planejasse mantê-la em Lyon. Essa cobrança foi justificada como sendo uma taxa paga a Duplain por assumir a responsabilidade por qualquer perda que pudesse advir de uma incursão das autoridades de Lyon à sua tipografia. O verdadeiro perigo, porém, não era as autoridades confiscarem os volumes, e sim Duplain aumentar indevidamente o valor cobrado. O contrato não estabelecia um preço fixo para o serviço de "seguro", conquanto os sócios pudessem calcular facilmente o preço, se desejassem, usando o custo normal de transporte por quintal métrico como multiplicador para o peso estimado dos volumes. "Não ter tomado a pena para fazer as contas nos custará bem caro", escreveram os sócios de Neuchâtel à sua sede, em 10 de fevereiro de 1780. Duplain cobrou 104 mil libras pelos custos de transporte fictícios, e eles não conseguiram descobrir um modo para amenizar o golpe. Também protestaram que ele estava exigindo "sacrifícios horríveis, tais como lhe conceder 60 mil libras para pequenos gastos". Ele magnificara suas despesas despudoradamente, lamentaram, e repelia qualquer tentativa de reduzi-las.[75]

Finalmente, os sócios queriam uma compensação porque Duplain de um modo geral administrara mal seus negócios. Cada um deles fora crivado de reclamações de clientes pelos atrasos, extravios ou defeitos nos volumes, ou ainda pela cobrança excessiva de custos de embalagem e transporte. Na pressa de distribuir as *Enciclopédias* e receber os pagamentos, Duplain acarretara um caos em seus depósitos e remessas. Recusara-se a substituir as folhas danificadas, e até mesmo a responder os pedidos de reposição. Emitira letras de câmbio para os assinantes mais rápido do que estes podiam pagá-las, e quando eles solicitaram prorrogação da data de vencimento, ameaçara processá-los. Nesse ínterim, expusera a associação a ações judiciais de assinantes que se haviam comprometido a pagar por 29 volumes e estavam sendo cobrados por 33, em razão do erro de cálculo de Duplain quanto ao número de tomos necessários para reduzir o texto e os *Suppléments* do formato *in-folio* para o *in-quarto*. Cada vez que Duplain provocara uma confusão, favorecera livreiros que procuravam um pretexto para recusar o pagamento — pois alguns de seus assinantes eram tão inescrupulosos quanto ele, e outros não tinham condições de pagar porque haviam falido. Assim, quando Duplain apresentou seu relatório financeiro aos sócios, anexou à contabilidade uma estarrecedora "Nota dos devedores que o sr. Duplain reconhece insolventes ou trapaceiros": mais 128 600 libras a serem deduzidas de seus lucros.[76]

Cada um dos sócios chegou a Lyon trazendo sua própria bagagem de queixas contra Duplain. Panckoucke demandava um acerto de contas pelas 166 cópias que Duplain comprometera-se a comprar sob o disfarce de Perrin. A STN trazia um enorme dossiê de reivindicações de contas de impressão não pagas, que teriam de ser decididas judicialmente por ocasião da liquidação geral. E Plomteux vinha ressentido por julgar que Duplain estava retendo lucros que deveriam ter sido distribuídos seis meses antes.[77] O que preocupava os sócios era o domínio que Duplain tinha sobre os lucros. Ele pagara todas as despesas, recebera toda a receita e controlara todas as ramificações do aspecto financeiro do empreendimento, que por sua complexidade e gigantismo lhe proporcionara espaço para exercer todo o seu talento na arte da malversação de recursos. É difícil estimar o valor total de suas falcatruas. Os sócios podiam provar que ele os roubara no mínimo em 171 684 libras. Mas essa quantia não fazia jus à sua habilidade, que provavelmente lhes subtraíra o dobro.[78] Não obstante, 171 684 libras representavam uma importância gigantesca no século XVIII. Os impressores da STN normalmente recebiam cerca de doze libras semanais — salário relativamente alto, quase tanto, na verdade, quanto o pago em Paris a trabalhadores especializados. O desvio de recursos de Duplain equivalia ao que seis ou sete daqueles homens receberiam por toda uma vida de trabalho. E quase com certeza a quantia era muito maior, pois Duplain encobrira seus deslizes embaralhando a contabilidade. Adotara a estratégia de deflacionar os créditos e inflacionar os débitos, para que seu balanço apresentasse o menor lucro possível a ser dividido com os sócios na hora do *règlement des comptes*. Ao chegarem a Lyon, eles sabiam que teriam de adotar a tática oposta, mostrando que a receita fora na verdade maior, as despesas, menores, e que Duplain embolsara parte dos lucros.

O CONFRONTO FINAL EM LYON

A magnitude total das falcatruas de Duplain evidenciou-se para os sócios somente no decorrer de seus longos e penosos debates. Mas eles haviam desvendado os principais golpes antes de chegarem, e tinham esperança de descobrir ainda mais. Tendo reunido por mais de um ano os indícios de suas tramóias, almejavam encontrar na contabilidade provas que os corroborassem, para esmagá-lo na hora de liquidar as contas.

Tomaram as providências costumeiras quanto às diligências, hospedagem e reuniões estratégicas. Panckoucke, que gostava de viajar em grande estilo, rejeitou a sugestão da STN para se hospedarem no Hôtel d'Angleterre, onde haviam ficado na reunião anterior. Ele preferia o Palais-Royal, uma grande hospedaria cujos quartos tinham vista para o Saône. Finalmente concordaram em alojar-se no Le Parc, onde D'Arnal reservou uma suíte com três quartos, segundo as especificações de Panckoucke: "Desejaria que esse apartamento fosse bem iluminado e desse para a rua. Estávamos bem tristemente no Hôtel d'Angleterre". Plomteux dividiu a suíte com Panckoucke e veio com ele de Paris. Ostervald e Bosset combinaram de chegar de Neuchâtel no mesmo dia. Para poderem coordenar as manobras com seus aliados, ocuparam dois quartos na mesma hospedaria. E para terem em mãos *pièces justificatives*, chegaram armados até os dentes com contratos e correspondências. Aquartelando-se em 26 ou 27 de janeiro, as forças anti-Duplain mostraram-se prontas para a batalha no dia 28.[79]

Nesse ínterim, Duplain preparou sua contabilidade. A STN tentou apressá-lo, mas foi em vão. "Bem deveis imaginar que não é obra de três minutos", protestou ele a Panckoucke.[80] Os sócios de Neuchâtel queriam ter realizado a reunião em novembro, pois preocupavam-se em deixar a receita das assinaturas nas mãos de Duplain e além disso precisavam receber sua parte rapidamente, para saldar algumas dívidas vultosas em dezembro. Mas Duplain não quis cooperar. Recusou-se a honrar uma última série de letras de câmbio que a STN emitiu, forçando a firma de Neuchâtel a obter junto a D'Arnal 30 mil libras para saldar seus compromissos. E insistiu em afirmar que não seria capaz de pôr em ordem sua contabilidade e receber os pagamentos das remessas dos últimos volumes antes de fevereiro. "Creio ter mandado fazer o impossível ao vender 8 mil *Enciclopédias*, ao imprimi-las, e prestando contas em 18 a 21 meses",[81] disse a Panckoucke. "Vossos suíços são homens esfaimados. Desejo que fiquem saciados, mas duvido muito. Há ainda, estou certo, 400 mil libras no ar." Na última carta que escreveu à STN, com data de 16 de janeiro de 1780, tornou a enfatizar as dificuldades para liquidar um empreendimento tão gigantesco em tão pouco tempo, e preveniu que duras negociações teriam lugar em Lyon:

> Tenho mais ocupações do que posso seguir. Podeis chegar no fim deste mês. Espero estar em condição, nesse tempo, de prestar contas mais ou menos justas ao sr. Panckoucke. Há ainda somas enormes em atraso, e ficareis convencidos disso pela conta que vos prestará o sr. Panckoucke. Foi preciso ser esperto para vender, imprimir e liquidar em três anos 8 mil *Enciclopédias* e estar em condição de prestar contas. Repito-vos, senhores, o que escrevi ao sr. Panckoucke, que minha conta estará inteiramente de acordo com o tratado, que como não lhe pedirei um tostão a mais do que o que me concede o tratado, não cederei um denário de meus direitos.

Em termos formais, como indicava a carta de Duplain, a prestação de contas envolvia apenas os dois signatários do Traité de Dijon. No entanto, cada um deles havia cedido porções de sua metade no empreendimento a seus próprios associados: Duplain a Merlino de Giverdi, Amable e Thomas Le Roy e talvez a outros lioneses; Panckoucke à STN, Plomteux e Regnault. Assim sendo, a liquidação de contas podia ser considerada uma assembléia geral de acionistas. Mas, na verdade, o que se tinha ali era um confronto entre dois lados inimigos.[82]

A batalha teve início em 28 de janeiro de 1780. "Já tivemos algumas cenas rudes a propósito de nossas contas com o sr. Duplain", Ostervald e Bosset informaram à sede em Neuchâtel no dia seguinte. "Tal como as lutas de galo na Inglaterra, Panckoucke e Duplain se atacaram com força."[83] Infelizmente eles não enviaram outras descrições pormenorizadas a mme. Bertrand, que ficara encarregada dos negócios da firma em Neuchâtel e se consumia em "inquietação sobre a crise em que estais".[84] Mas suas anotações e lembretes evidenciam a estratégia geral que adotaram. Tencionavam manter em segredo suas suspeitas até que Duplain apresentasse alguma informação fraudulenta sobre sua gestão do empreendimento. Sabiam, com base no "Resumo" entregue por Duplain em outubro, na lista secreta de assinaturas e provavelmente nas informações de seus espiões, que Duplain os lograra em grande escala. Mas ele ainda não dera o passo derradeiro e fatal: a apresentação da contabilidade. Assim que mostrasse o balanço, os sócios poderiam responsabilizá-lo legalmente por todas as falcatruas que descobrissem. Poderiam fazer seus próprios cálculos de débitos e créditos e expressar suas próprias exigências quanto ao lucro a ser dividido. Se Duplain se aferrasse à sua versão, poderiam forçá-lo a justificá-la comprovando despesas e assinaturas vendidas. E então passariam ao contra-ataque, apresentando as provas armazenadas em seu rico arsenal no Le Parc. E se o obrigassem a render-se, poderiam fazê-lo aceitar suas condições para um acordo. Eram homens de negócios, e não policiais. Queriam recuperar seus lucros, e não mandar Duplain para a cadeia. Mas para terem êxito, precisavam desempenhar seu papel com astúcia, apresentando o material incriminador nos momentos cruciais e induzindo Duplain a se auto-incriminar ainda mais, de modo a que no final ele se visse perante as alternativas de pagar-lhes a compensação ou ser preso.

Portanto, o dia 28 de janeiro de 1780 representou uma data de grande importância na história da *Enciclopédia*. Duplain apresentou um balanço com os seguintes totais:

receitas	1 851 588 libras
despesas	1 718 260
lucro	133 328 libras

Um desenlace nada glorioso para um empreendimento que Panckoucke esperara ser dez vezes mais lucrativo. Duplain apresentou ainda uma lista de devedores fraudulentos e falidos que tornava o quadro ainda mais sombrio. E, por fim, tentou mostrar como haviam sido terríveis os custos de impressão com seu "Compte général du coût de chaque volume".

Como já explicado, Bosset contou o número de folhas nas edições, comparou com as despesas de impressão e concluiu que Duplain inchara a conta de gastos com impressão com folhas fictícias no valor de 127 089 libras. Essa descoberta colocou as forças anti-Duplain em excelente posição para o contra-ataque, mostrando que Duplain deixara de declarar um lucro quase 100% maior, manipulando somente o lado dos débitos na contabilidade. E dava aos sócios a oportunidade de explorar ao máximo suas falcatruas no lado dos créditos, expondo a verdadeira identidade de Perrin. Um ataque de surpresa a ambas as colunas de seu balanço poderia arrasá-lo. Mas eles teriam de preparar cuidadosamente o terreno. Assim, em 29 de janeiro retiraram-se para a hospedaria e discutiram táticas até o dia 30 ou 31.

Em primeiro lugar, os associados de Panckoucke precisavam entrar em acordo quanto a uma contraproposta comum a respeito dos lucros: quanto deveriam exigir de Duplain para recuperarem tudo o que ele subtraíra? Panckoucke e Bosset esboçaram as contas segundo o que elas deveriam mostrar depois de feitos os ajustes levando em conta as falcatruas de Duplain. Como base para os cálculos, tomaram os custos estipulados pelos contratos, o verdadeiro número de folhas impressas por volume (em média 124) e o número total de *Enciclopédias* (8011) pelas quais Duplain, segundo ele próprio acabara de declarar, teria de prestar contas. Bosset, que era mais financista do que homem de letras, produziu a versão mais completa (ver Apêndice A. XIX). Alocou apenas 20 mil libras para o "seguro", ou custo de transporte fictício. Requereu um abatimento de 48 828 libras pela fraude de Perrin. E calculou um lucro total de 350 mil libras a mais do que o declarado por Duplain:

despesas	1 946 300	libras
despesas	1 516 082	
lucro	430 218	libras

A seguir, Bosset acrescentou 50 mil libras para cobrir a venda da edição *in-quarto* da *Table* e 54 390 libras pelas duzentas cópias extras que a seu ver Duplain vendera com preço de atacado. Observou também que os sócios poderiam exigir mais 67 620 libras se conseguissem demonstrar que Duplain vendera suas quinhentas cópias em nome da associação.

Para provar esta última acusação, porém, teriam de obter uma lista de assinantes de Duplain. Este, obviamente, recusara-se a entregar uma arma tão poderosa nas mãos do inimigo, mas poderiam argumentar que tinham o direito de examinar um *inventaire* pormenorizado das assinaturas para decidirem entre as duas versões da contabilidade. Se ele se recusasse, exigiriam que declarasse um lucro de meio milhão de libras, em vez das 133 328 que oferecera. Se aceitasse, conseguiriam uma prova crucial para a acusação que estavam compondo contra ele, e poderiam comparar a lista de Duplain com a que tinham em mãos. Portanto, era importante não revelarem sua lista secreta, ao passo que deveriam anunciar que sabiam sobre Perrin e se manter firmes na exigência das 500 mil libras até que Duplain cedesse. "Eis, parece-nos, as primeiras propostas de acomodação que podemos fazer-lhe e que não pensamos absolutamente em abandonar, a menos que, dando-nos o inventário geral que pedimos, ele nos coloque na situação de ceder", concluiu Bosset.[85]

Infelizmente, não há registro da sessão em que Panckoucke arrancou a máscara de Perrin. O documento seguinte na série sobre a reunião é uma carta escrita em 6 de fevereiro, na qual Ostervald e Bosset contam a mme. Bertrand que acabaram de passar por uma semana de encarniçados debates: "O que se faz num dia pode ser destruído no dia seguinte [...] Ocupamo-nos com isso dia e noite, e é bem necessário quando se tem de tratar com gente dessa espécie. Mas se aprouver a Deus e ao nosso legítimo direito, sairemos disso e talvez mais cedo do que pensa Duplain, graças à sua patente trapaça". Nesse mesmo dia, Duplain finalmente caiu na armadilha que lhe fora preparada com tanto cuidado, e apresentou a lista de assinaturas. Segundo um "Relevé des registres des souscriptions" anexo à lista, ele poderia prestar contas por apenas 6589 assinaturas, além das mil que dividira com Panckoucke e as 422 que vendera a Perrin. Após descontar as cópias dadas como presente e as entregues como bonificação a cada doze adquiridas, Duplain afirmou que apenas 6074 cópias haviam trazido receita para a associação. Acrescentando essa receita aos pagamentos de Perrin, declarou que a quantia total recebida fora de 1 851 588 libras, a mesma soma que apresentara originalmente como receita total do empreendimento. Mas a essa altura, após nove dias de debates, os sócios podiam provar que aquele valor era falso.

Voltaram para a hospedaria, compararam a lista de Duplain com a lista secreta que haviam mantido de reserva e descobriram as 978 *Enciclopédias* que estavam faltando. Deram início, então, à campanha de escrever cartas para obter provas adicionais da fraude. Evidentemente, mandaram D'Arnal e seu espião procurarem os indícios da fraude de Audambron e Jossinet, que lhes saltou à vista ao compararem as duas listas. E disseram a Plomteux para escrever um "Mémoire", que ameaçariam publicar se Duplain não aceitasse as condições que iriam impor.

Uma vez preparado o ataque final, a derrota de Duplain era inevitável. Ao que tudo indica, no dia 11 de fevereiro os sócios o atingiram com todas as provas incriminadoras que puderam obter. Ainda assim, Duplain não cedeu. Na manhã do dia 12, Bosset invadiu sua loja em companhia de um policial, um meirinho e um procurador, que confiscaram seus livros. Nesse ponto, ele admitiu a fraude de 48 mil libras na transação de Perrin, mas não quis confessar mais nada. Os sócios, então, ameaçaram arruinar sua reputação expondo-o nos tribunais e publicando o "Mémoire" de Plomteux, uma esmagadora acusação de fraude, dolo e *insatiable cupidité* (ver Apêndice A. XIX). Chegaram até mesmo a pressioná-lo por intermédio de seus familiares e amigos. E finalmente, na tarde do dia 12, Duplain capitulou. Concordou em pagar aos sócios 200 mil libras se eles varressem suas falcatruas para debaixo do tapete, onde elas permanecem até hoje.[86]

O DESENLACE

No dia 13 de fevereiro, Ostervald e Bosset enviaram a boa notícia a mme. Bertrand: "Apressamo-nos, senhora, em comunicar-vos o fim de nossa luta com Duplain, que felizmente terminou sem derramamento de sangue". Consideravam-se com sorte por terem extraído 200 mil libras de Duplain, pois ele lutara até o fim para fazê-los aceitar apenas 128 mil, argumentando com razão que todos eles sofreriam grandes perdas com suas tentativas de receber os últimos pagamentos e com os processos movidos por assinantes. Na verdade, as 200 mil libras provavelmente representaram um acordo justo. Era uma quantia quase igual à que os sócios teriam recebido se Duplain houvesse aceito sua versão original e um tanto exagerada dos lucros, e coincidia com uma versão posterior, onde estabeleciam os lucros em 400 mil libras.[87] Naturalmente, fora preciso adotarem medidas extremas para arrancar tanto dinheiro do *le roué*, como se puseram a chamá-lo. Haviam recorrido à chantagem, tanto com o "Mémoire" de Plomteux quanto com ameaças verbais de "perder-lhe a reputação tanto aqui quanto em Paris".[88] E também fizeram concessões em questões secundárias: o acordo com os editores da *Enciclopédia in-octavo*, a *Table analytique* e os *défets*. Todos esses assuntos foram solucionados em um contrato assinado por Panckoucke e Duplain em 12 de fevereiro, que liquidava a sociedade criada três anos antes pelo Traité de Dijon.

O contrato conferiu um final bem apropriado ao empreendimento da *Enciclopédia in-quarto*, pois constituiu-se em uma mentira legalizada. Depois de derrubar a fachada das falcatruas de Duplain, Panckoucke a reconstruiu. Parabenizou Duplain pela "exata verdade" da contabilidade, destacando elogiosamente o relatório de Duplain sobre a venda a Perrin. Panckoucke não só atestou a autenticidade da venda, mas também explicou a disposição de Duplain em reembolsar os sócios por ela, como "um resultado da generosidade de seus procedimentos" (ver Apêndice A. XVIII). Essa frase, que provavelmente causou boas risadas na facção de Panckoucke, na verdade significava que Duplain subornara seus chantagistas.

O contrato declarava que Duplain pagara a Panckoucke 176 mil libras em notas promissórias a vencer em três prestações, terminando em agosto de 1782. As 24 mil libras restantes viriam dos editores da *Enciclopédia in-octavo*. Como já explicado, estes últimos procuraram usar sua influência em Lyon para pôr fim à guerra com a associação da *Enciclopédia in-quarto*. Haviam dado a Duplain suas notas promissórias no valor de 24 mil libras, com a condição de que ele lhes conseguisse de Panckoucke o acesso ao mercado francês. Panckoucke concordou, aceitou as promissórias, trocou-as por cópias da *in-octavo* e as vendeu com desconto, arruinando, assim, o mercado que abandonara.

A *Encyclopédie méthodique* também figurou no contrato, pois Panckoucke admitiu que Duplain tinha direito às cotas de 12/48 do empreendimento que lhe haviam sido concedidas. Como Duplain posteriormente vendeu essas cotas a seu velho testa-de-ferro, Jossinet, por 12 mil libras, a *Méthodique*, assim como a edição *in-octavo* da *Enciclopédia*, ajudou a aparar o golpe que recebeu na data da liquidação do empreendimento da edição *in-quarto*. Duplain também encontrou um certo consolo no acordo para a edição *in-quarto* da *Table*. Ele transferira esse empreendimento de menos importância a Barret por 50 mil libras — de algum modo, acalmara-se a briga em razão da edição contrafeita planejada por Barret. Pelo contrato de 12 de fevereiro, Panckoucke abriu mão de sua parte na *Table*, e com isso tirou da STN a fatia que lhe caberia, bem como sua esperança de imprimir a obra. Segundo as anotações de Bosset, Duplain também vendera a Jossinet por 20 mil libras dois depósitos repletos de *défets*, mas eles acabaram na posse de Amable Le Roy, que assumiu a gestão do empreendimento durante as últimas fases da liquidação. Finalmente, Duplain lucrou com a venda das cópias excedentes, as duzentas ou mais que restaram após a distribuição das 8011. Ele próprio as avaliara em 30 mil libras. E, a julgar por seus antecedentes, ele pode muito bem ter ocultado muitos outros ativos e várias outras fraudes. Portanto, apesar da vitória da facção de Panckoucke, Duplain emergiu de seu empreendimento com a *Enciclopédia in-quarto* como um homem rico.[89]

No entanto, não lhe seria possível considerar aquela fortuna segura enquanto não acertasse suas pendências com a STN. Ostervald e Bosset haviam chegado a Lyon com tantas e tão complexas queixas contra ele que estavam conformados com a idéia da inevitabilidade de um processo judicial. Mas como poderiam processá-lo pela gestão de um empreendimento envolvendo uma obra que fora condenada pelo Parlamento de Paris, pelo clero francês, pelo rei e pelo papa? Entre as autoridades francesas tolerarem a distribuição da *Enciclopédia* e legitimarem sua existência nos tribunais havia uma distância considerável. Felizmente, esse problema fora previsto no contrato da terceira edição, que obrigava os sócios a submeterem a arbitramento todas as divergências. Duplain reafirmou esse compromisso em uma declaração assinada por ele em 14 de fevereiro. Quatro dias mais tarde, os dois lados aceitaram um acordo quanto aos procedimentos. Cada parte indicaria dois árbitros; se o comitê formado pelos quatro árbitros não conseguisse chegar a uma decisão, escolheria um único *surarbitre*, que daria a palavra final. Cada parte apresentaria sua própria versão da contabilidade gerada pelas transações entre a STN e Duplain, apoiada em *pièces justificatives* e em uma refutação das contas do oponente. A seguir, os árbitros examinariam as réplicas àquelas refutações e anunciariam a decisão. O processo era pouco dispendioso e eficaz — a antítese do sistema judiciário oficial; ele revela uma característica importante da atividade livresca semilegal e clandestina: o sistema não era capaz de funcionar com base no princípio do "ladrão não rouba ladrão". Os empresários do ramo trapaceavam entre si tão notoriamente que haviam desenvolvido suas próprias instituições paralelas para se controlarem mutuamente; de outro modo, não lhes seria possível levar adiante seus negócios. A solução institucional atendera à necessidade social, à margem da lei ordinária.[90]

Não é possível calcular exatamente o quanto Duplain devia à STN, dada a confusão das reivindicações conflitantes. Duplain não contestou as cobranças referentes à impressão e ao papel, que haviam sido estipuladas em contrato e que compunham grande parte das notas de cobrança da STN. Assim, esses débitos foram postos de lado, e as divergências reduziram-se às disputas que se haviam acumulado ao longo dos dois últimos anos. Esse procedimento deu margem a muita discórdia, pois, segundo a contabilidade da STN, Duplain devia 23 531 libras e dezoito soldos, e Duplain, por sua vez, alegava que a STN lhe devia 17 619 libras, dezoito soldos e três dinheiros. Duplain chegou a esse resultado mediante engenhosas manipulações de seus débitos e créditos, especialmente o débito de 8526 libras relativo às 31 cópias em disputa. Mas seus argumentos nada puderam contra as provas que a STN apresentou, extraídas da correspondência comercial entre as duas partes, e os árbitros começaram determinando que ele recebesse de volta todas as cópias extras que enviara a Neuchâtel e pagasse pelo transporte.

Além dessa disputa e de algumas outras questões que foram deixadas de lado, cerca de 8 mil libras separavam os dois lados. Eles discordavam sobre tudo que dera margem às suas contendas ao longo dos últimos dois anos, desde a exigência de reembolso do *chaperon* feita pela STN (1066 libras) até o ressarcimento das despesas de viagem do empregado de Duplain (124 libras). A STN também queria compensação por dois novos itens. Primeiro, cobrava de Duplain todas as despesas de D'Arnal: 424 libras por taxas de corretagem, protestos de títulos e juros sobre os empréstimos de emergência resultantes da recusa de Duplain em honrar as letras de câmbio da STN. Segundo, os editores de Neuchâtel arquitetaram um argumento sagaz, embora um tanto jocoso, com respeito à fraude envolvendo Audambron e Jossinet. Duplain realmente recebera uma comissão de varejista de 25% sobre as 535 cópias que debitara fraudulentamente a Audambron e Jossinet ao preço de atacado. Assim, os sócios da STN alegaram que tinham direito a um desconto de 25% sobre as assinaturas que haviam vendido, muito embora originalmente as houvessem vendido em nome da associação, e não como atacadistas. Teria sido sensato considerar essa questão decidida pela indenização de Duplain e a liquidação geral de 12 de fevereiro, mas Ostervald e Bosset queriam arrancar dele tudo o que pudessem. Por isso, usaram a confissão de Duplain como razão para acrescentar outras 4740 libras em seu débito. A seguir, resumiram todos os seus argumentos em uma eloqüente tabela: à esquerda, seis gigantescos "Erros a nosso débito na conta do sr. Joseph Duplain"; à direita, quatro igualmente vultosas "Omissões a nosso crédito". Anexaram a esse quadro o "Memorial contra o sr. Duplain", de sete páginas, e alguns outros documentos comprobatórios. Depois de tantos meses reprimindo a raiva, os editores de Neuchâtel finalmente tiveram a chance de dar vazão a todos os ressentimentos, a exigir reparação de todas as injúrias e a revelar seu sócio como um *roué*.

É difícil avaliar em que grau foi eficaz a defesa de Duplain, pois suas refutações não foram preservadas em documentos. Sua posição para argumentar foi fraca, uma vez que já se vira forçado a confessar sua má administração do empreendimento como um todo. Evidentemente, procurou contra-atacar alegando que seus deslizes não haviam sido piores que os dos sócios de Neuchâtel: eles haviam solapado seus esforços para receber o dinheiro dos assinantes, encorajando secretamente seus amigos livreiros a recusarem o pagamento, e haviam tentado arruinar seu empreendimento com a *Table analytique* planejando às escondidas produzir uma contrafação da obra. Bosset negou as acusações em um depoimento feito no dia 14 de fevereiro, e Duplain, ao que tudo indica, não conseguiu fazê-las valer, muito embora a segunda delas tenha estado bem próxima da verdade.

Os quatro árbitros, todos eles ilustres advogados e homens de negócios, apresentaram em 21 de fevereiro uma "Sentence arbitrale" unânime, de quinze páginas. Como se tratava de decidir disputas por dinheiro, e não de determinar culpa ou inocência, eles não se pronunciaram a respeito da moralidade de Duplain; no entanto, mostraram o que pensavam dele dando razão a quase todas as reivindicações da STN. Estipularam que Duplain pagasse 56 600 libras, apenas 2400 a menos do que o máximo requerido por Ostervald e Bosset. Os diretores da STN escreveram a Neuchâtel triunfantes, informando que haviam recebido mais do que esperavam. E, por fim, encerraram suas contas do empreendimento da *Enciclopédia in-quarto*: "Devemos dar graças a Deus de ter saído disso dessa maneira".[91]

EPÍLOGO

Desde que se haviam estabelecido em 1769, os diretores da STN almejaram fazer fortuna trabalhando com a *Enciclopédia*. Quando essa oportunidade se lhes apresentou, em 1776, empregaram grande parte de seu capital no empreendimento original de Panckoucke, o projeto de reimpressão da edição *in-folio*, esperando lucrar com o gigantesco trabalho de impressão tanto quanto com sua metade nas cotas do empreendimento. Mas à medida que Panckoucke prosseguiu em suas manobras, pondo de lado alguns projetos e arquitetando outros, a STN viu suas cotas diminuírem: de 1/2 no projeto da reimpressão para 5/12 no da *refonte* e 5/24 no da edição *in-quarto* — sem mencionar os 5/48 da *Encyclopédie méthodique*. Ainda pior foi perderem várias encomendas de impressão. Duplicaram a capacidade de sua tipografia, pensando em começar imediatamente a reimpressão, em 1776. Mas tiveram de adiar o trabalho enquanto Panckoucke organizava a *refonte*, que por sua vez precisaram pôr de lado quando o sócio começou a planejar com Duplain a edição *in-quarto*. Duplain deu-lhes para imprimir apenas cinco volumes da gigantesca empreitada, mas eles se consolaram com a expectativa de trabalhar na *refonte* mais tarde. Panckoucke finalmente destruiu essa ilusão em junho de 1778, fazendo um acordo com editores de Liège, que desenvolveram o primeiro projeto de uma *Encyclopédie méthodique*. Ele lhes arrancou 105 mil libras em troca de abandonar a *refonte* e dar-lhes acesso ao mercado francês. Mas tornou a reverter sua política meio ano depois, em um segundo acordo com os editores de Liège. Desta vez, abriu mão do dinheiro e assumiu o projeto da *Encyclopédie méthodique* — manobra habilidosa, mas que deixou a STN sem compensação pela perda das encomendas de impressão. Panckoucke tentou abrandar os editores de Neuchâtel com outros projetos: um plano para uma edição suplementar das ilustrações da *Enciclopédia*, um empreendimento com as obras de Rousseau e a impressão da edição *in-quarto* da *Table analytique*. Cada um deles também se evaporou, inclusive o último, que foi alocado a Duplain na reunião final em Lyon, justamente quando os sócios desmascararam suas velhacarias. No final, concluíram os editores de Neuchâtel, eles haviam sido usados, fazendo o papel de simplórios nas aventuras da *Enciclopédia*. Suíços provincianos, deixaram-se lograr e manipular pelos mais astutos homens de negócios franceses. E aprenderam a lição: "Os livreiros da França não têm fé nem lei, não sabendo nem mesmo distinguir o que é honesto do que não o é".[92]

Na verdade, a STN não se saíra mal em seus negócios com a *Enciclopédia*. A parcela de 5/12 na compensação de 200 mil libras paga por Duplain rendeu aos sócios de Neuchâtel 83 666 libras. Essa quantia, adicionada aos proventos da venda dos 6 mil volumes *in-folio* de Panckoucke que haviam sido confiscados em 1770, cobria perfeitamente as 92 mil libras que a STN se comprometera a pagar a Panckoucke por sua parte nos direitos, privilégio e ilustrações. Tendo recuperado seu investimento original, a STN dispunha ainda de duas fontes de lucro: sua cota de 5/48 na *Encyclopédie méthodique* e as 208 cópias da *Enciclopédia in-quarto* que adquirira mediante a divisão das quinhentas cópias de Panckoucke. Segundo os cálculos mais otimistas dos sócios de Neuchâtel, suas cotas no empreendimento da *Méthodique* poderiam algum dia render-lhes 30 208 libras. Mas em 1781, quando lhes faltou capital, venderam as cotas a Plomteux por 8 mil libras. As 208 cópias da *Enciclopédia in-quarto* representavam um ativo mais sólido, a despeito do declínio na demanda. A STN avaliou-as em 250 libras cada, ou 52 mil libras no total, e acabou por vendê-las em liquidação. Com isso, seu lucro total foi de aproximadamente 60 mil libras, para um investimento de 90 mil — um retorno de 65%, distribuído ao longo de quatro anos, ou seja, o dobro do que a STN teria ganho se houvesse investido seu capital em *rendas vitalícias*. A STN também conseguiu bons resultados com a impressão de volumes para Duplain, muito embora, devido às falcatruas do sócio lionês, seja impossível calcular efetivamente seu lucro. Não obstante, ao computar todos os seus créditos e débitos, os editores de Neuchâtel sentiram-se amargamente decepcionados com sua participação na *Enciclopédia*. Haviam empregado seu dinheiro no mais bem-sucedido empreendimento editorial do século, mas seus sócios arrebataram grande parte dos lucros, deixando-lhes cerca de metade do que julgavam ter direito.[93]

Por esse motivo, Ostervald e Bosset saíram da reunião de Lyon em fevereiro de 1780 insatisfeitos em seu apetite por lucro e vingança. Sua escala seguinte foi em Paris, onde trataram de alguns dos projetos que lhes haviam escapado durante suas transações com Panckoucke. A princípio, concentraram-se em um plano para uma contrafação da *Table analytique*, uma obra cujo lucro calculavam em 50 mil libras, em função da demanda criada pelo sucesso da *Enciclopédia in-quarto*.[94] Os sócios haviam cedido a Duplain os direitos sobre a *Table*, e este, por sua vez, vendera-os aos editores lioneses especialistas em contrafações, Amable Le Roy e "esse finório do Barret".[95] Vendendo sua própria edição pirata a preços mais baixos que Le Roy e Barret, os editores de Neuchâtel esperavam "enfim devolver a todas essas corretas pessoas as trapaças que fizeram conosco".[96] Mas teriam de manter em segredo o projeto, pois não só ele violava o acordo com Duplain, mas também ia de encontro a um ajuste formal que haviam feito com ele, negando qualquer envolvimento em empreendimentos relativos a uma *Table* concorrente.[97] Assim, Ostervald e Bosset enviaram a Neuchâtel instruções para que fossem mandados recados confidenciais a certos livreiros da lista de assinantes da *Enciclopédia in-quarto*, alertando-os para que não adquirissem assinaturas da *Table* de Le Roy-Barret, pois uma edição mais barata já estava no prelo. A STN remeteu cartas a alguns de seus clientes mais confiáveis, entre eles Lépagnez, de Besançon, que havia vendido 338 assinaturas da *Enciclopédia in-quarto*. Para azar da STN, Lépagnez atrasara seus pagamentos a Duplain e, em troca de clemência, informou-o da trama. Duplain, furioso, escreveu a Panckoucke, que trocou palavras ásperas sobre o assunto com Ostervald e Bosset em Paris. Os editores de Neuchâtel tentaram encobrir seu ato de pirataria alegando que haviam feito a oferta a Lépagnez antes do acordo com Duplain. Mas essa evidente mentira não anulava a principal objeção de Panckoucke — a traição da STN daria a Duplain um pretexto para não pagar as 200 mil libras de compensação. Assim, a despeito dos preparativos que já estavam em fase adiantada (já haviam até encomendado uma nova fonte de tipos para a obra), os editores de Neuchâtel tiveram de cancelar o projeto e engolir outra humilhante derrota.[98]

O fiasco da *Table* marcou um ponto decisivo nas relações entre a STN e Panckoucke; pouco tempo depois, os dois ex-aliados começaram a tratar-se como inimigos. Sem ter conseguido produzir a contrafação da *Table*, os editores de Neuchâtel planejaram, juntamente com as *sociétés typographiques* de Lausanne e Berna, falsificar uma edição do compêndio de 23 volumes produzido por Panckoucke da *Histoire générale des voyages*, de Prévost.[99] Ao mesmo tempo, Panckoucke rompeu o acordo que fizera com Berna e Lausanne, vendendo a preços muito reduzidos as cópias da *Enciclopédia in-octavo* que eles lhe haviam dado, arruinando assim o mercado pelo qual haviam pago tão caro. Ele também se recusou a dar à STN uma parcela da impressão da *Encyclopédie méthodique*, com isso retirando a última das encomendas de impressão que usara para atrair os sócios de Neuchâtel, em compensação pelo cancelamento de seu plano inicial sobre a reimpressão. A essa altura, a STN iniciou suas tentativas de livrar-se de sua parte na *Encyclopédie méthodique*, "a fim de não ter nada a discutir mais tarde com um homem pouco digno de nossa confiança".[100] Após vender a Plomteux suas cotas de 5/48, os editores de Neuchâtel cortaram seus últimos laços com Panckoucke, a quem agora consideravam alguém "que não serve para nada" e se concentraram na busca de uma "bela oportunidade de tirar uma desforra"[101] pela sociedade de cinco anos em que haviam feito papel de bobos.

A busca levou-os diretamente ao projeto favorito de Panckoucke, a *Encyclopédie méthodique*. A última e mais extensa das *Enciclopédias* setecentistas possuía duas vantagens potenciais em relação ao texto de Diderot: poderia corrigir os erros e omissões que haviam consternado o próprio Diderot e poderia ser metódica — isto é, em vez de seguir a ordem arbitrária determinada pelo alfabeto, apresentaria um resumo sistemático do conhecimento humano, organizado por assunto e agrupado em uma série de dicionários temáticos. Esse plano parecia a Panckoucke tão superior que ele esperava ver sua nova *Enciclopédia* alijar as demais do mercado, pois milhares de leitores desejariam livrar-se de seus modelos obsoletos, fossem eles *in-folio*, *in-quarto* ou *in-octavo*, em troca da versão mais recente, que seria reconhecida em toda parte como a única "véritable *Encyclopédie*".[102] Era um plano grandioso, mas continha uma falha, logo detectada pelos suíços. Um outro editor poderia facilmente extrair todo o material original do novo texto, reorganizá-lo em ordem alfabética e publicá-lo em forma de suplementos a todas as edições anteriores, nos três formatos. Adquirindo alguns volumes suplementares, milhares de proprietários de *Enciclopédias* em toda a Europa poderiam evitar a compra da nova e dispendiosa obra editada por Panckoucke. E com simples contrafações, o editor-pirata teria condições de colher o que Panckoucke semeara.

Curiosamente, os suíços discutiram esse plano com o abade Morellet que, íntimo do círculo de Panckoucke, havia originalmente planejado trabalhar na *refonte* de Suard, em 1776. Ostervald, passando a conhecer bem o abade na época em que procurava manuscritos em Paris, pediu-lhe conselho sobre a contrafação da obra de Panckoucke: seria melhor a STN reimprimir alguns dos dicionários que compunham a *Méthodique* ou trabalhar com a obra integral, produzindo um suplemento em ordem alfabética? Morellet respondeu que Panckoucke se defenderia das agressões do primeiro tipo publicando seções de todos os dicionários simultaneamente, de modo que toda a *Enciclopédia* fosse concluída de uma só vez e os piratas não pudessem interceptar um a um cada dicionário. Quanto ao segundo plano, Morellet teve de admitir que seria viável assim que a *Méthodique* estivesse concluída, mas a seu ver a tática ultrapassava as fronteiras da guerra comercial convencional: "Causaríeis um grande dano ao empreendimento de Panckoucke, verdadeiramente imenso e capaz de acarretar sua ruína, se ele viesse a fracassar pela execução de vosso projeto [...] Há alguma inumanidade em causar-lhe um dano tão grave".[103] A STN consultou também um de seus agentes em Paris, um livreiro pobre chamado Monory, que julgou o plano mais aterrorizante do que repreensível — pois, como todo pequeno figurante do ramo livresco, tremia ante o poder de Panckoucke: "Quanto ao *Supplément* que propondes da *Enciclopédia* [...] estai certos de que fará tudo o que depender dele para impedir-lhe o curso; e ele terá como fazer muita coisa contra, pelo que creio, por várias razões que podeis suspeitar".[104]

Após sondar o terreno em Paris, a STN preparou-se para o ataque em colaboração com seus dois aliados, as *sociétés typographiques* de Lausanne e Berna, que nutriam ainda mais ressentimentos contra Panckoucke. Em dezembro de 1783, os três confederados reuniram-se em Yverdon para combinarem a estratégia e esboçar um prospecto para o *Supplément*. Em janeiro de 1784, já haviam impresso o prospecto e iniciado a captação de assinaturas, anunciadas na *Gazette de Berne*.

> As *sociétés typographiques* de Berna e Neuchâtel e M. J. P. Heubach et Compagnie de Lausanne vão trabalhar de comum acordo para completar as edições da *Enciclopédia* por ordem alfabética, com poucos gastos para os compradores, e para as tornar equivalentes, por um *Supplément* bem concebido, à *Enciclopédia* por ordem das matérias que se imprime em Paris. Encontra-se em cada uma dessas três casas o *Prospect* desse *Supplément*, que elas propõem por subscrição, com os detalhes desse plano e das condições nas quais se pode obtê-lo nos três formatos, *in-folio*, *in-quarto* e *in-octavo*. Imprimir-se-á apenas o número para o qual se tiver subscrito.[105]

A seguir, enviaram a primeira proposta a Panckoucke. Começaram por recordar-lhe seu mau procedimento durante a guerra das edições *in-quarto* e *in-octavo*. Mas não guardavam ressentimentos, afirmaram com fingido comedimento, pois negócios eram negócios: "Perseguindo um empreendimento útil para vós, prejudicastes essas sociedades [Lausanne e Berna]; perseguindo um empreendimento que lhes pode ser útil, seria possível que elas vos prejudicassem. A ordem das coisas no mundo é tal que o bem de um não pode dar-se sem um pouco de mal para algum outro". Explicaram então como o "empreendimento" que estavam executando poderia solapar a tão acalentada *Encyclopédie méthodique* de Panckoucke — não que tencionassem destruir-lhe o mercado como ele destruíra o deles; queriam meramente colocar a *Méthodique* ao alcance da camada mais pobre de leitores. Deixariam os ricos para ele. Se Panckoucke achasse que estavam arrebatando a melhor parte da demanda, teriam prazer em negociar com ele. Talvez devessem unir as forças: ele poderia encarregar-se das vendas na França enquanto os três aliados cuidavam do resto da Europa. Ou, caso preferisse gerir toda a operação, eles poderiam ser persuadidos a desistir do plano — por um preço justo. A carta exalava ironia e falsa simplicidade, e deve ter proporcionado satisfação a seus autores de Lausanne, Berna e Neuchâtel, que haviam sido os receptores da maioria dos golpes baixos trocados através da fronteira franco-suíça.[106]

Na resposta, Panckoucke tentou ganhar tempo. Afirmou que não poderia pensar na proposta antes de ter concluído a *Méthodique*.[107] Em março de 1784, Heubach recebeu uma cópia dos primeiros volumes da *Encyclopédie méthodique* e escreveu à STN comentando que eles poderiam servir muito bem para o *Supplément*, cujas perspectivas pareciam excelentes: "Tendes boas notícias para o *Supplément*?", indagou à STN.[108] "Recebemos de vários lugares notícias muito satisfatórias, e esperamos poder realizar essa combinação no decorrer do verão." Três meses mais tarde, o projeto parecia melhor do que nunca: o fluxo de assinaturas da edição contrafeita evidentemente permanecia grande, pois Heubach continuou a falar sobre "cartas muito encorajadoras" de sua correspondência comercial, e Pierre-Joseph Buc'hoz, da Academia de Ciências, concordara em preparar todo o material pertinente à história natural.[109] Mas nesse ponto desaparecem dos papéis de Neuchâtel todas as referências ao *Supplément*. Como tantos projetos editoriais, este nunca se concretizou — ao que parece, não por falta de empenho dos editores suíços, mas porque Panckoucke não produziu o suficiente de sua nova *Enciclopédia* para que eles continuassem suas pilhagens.

Portanto, no final, apesar da apregoada *bonomia helvécia* com que conduzia seus negócios, a STN revelou-se tão implacável quanto seus sócios. Chegou a traí-los quando se distraíram. Tramou com Lausanne e Berna falsificar a edição de Plomteux da *Histoire philosophique et politique des établissements et du commerce des Européens dans les deux Indes*, de Raynal, e violou um compromisso junto às suas duas confederadas suíças planejando secretamente produzir uma edição de Rousseau com a Société Typographique de Genève.[110] Os editores de Neuchâtel haviam aprendido a jogar segundo as regras de um jogo duríssimo — lograr para não ser logrado — e perderam todas as ilusões que pudessem ter tido ao ingressar no empreendimento da *Enciclopédia*. "Não se deve prometer mais manteiga do que pão, não acreditar senão no que se vê e só contar com o que se segura com os quatro dedos e o polegar",[111] concluíram Ostervald e Bosset após seu confronto final com Duplain.

De todos, foi Duplain o mais desonesto. Os livreiros setecentistas aceitavam as contrafações e os conluios como um mal necessário, mas refreavam-se nos limites da fraude e da trapaça. Assim, mesmo pelo indulgente código tácito do ramo, Duplain condenou-se como o vilão do empreendimento da *Enciclopédia*. Para Panckoucke, ele era *ce vilain homme*; para a STN, simplesmente *le roué*.[112] Outros livreiros, quando se referiam a ele, evocavam a mesma imagem de insaciável rapacidade. Jacques Revol afirmou que Duplain o defraudara em 4 mil libras e que fizera o mesmo com seu próprio primo, Pierre-Joseph Duplain, de Paris. Pierre-Joseph, livreiro clandestino e agente literário, não tinha boas palavras sobre o primo de Lyon. E Revol ofereceu seus serviços de contrabandista à STN alegando, em seu favor, que seu modo de fazer negócios em nada se assemelhava ao de Duplain. Ele conhecia Duplain intimamente, desde a infância, explicou, e só o que sentia por ele era desconfiança.[113] O próprio Duplain reconhecia sua reputação de sujeito inescrupuloso, mas a atribuía às maquinações de seus inimigos, que lhe haviam impingido "as alcunhas de *pirata*, de *corsário*, de *bandido* prodigalizadas até a saciedade nos libelos insipidamente injuriosos''.[114] No ramo livresco, a opinião parece ter sido unânime: ele encarnava tudo o que de pior havia na pirataria literária.

Haveria nesse homem algo além de um insaciável apetite pelo lucro? A questão é fascinante, tanto para a história econômica quanto para a história do espírito humano. Mas torna-se difícil respondê-la, pois a imagem que os contemporâneos de Duplain nos legaram pode ser uma caricatura, e sua personalidade não se evidencia claramente em sua correspondência. Suas cartas possuem um estilo brusco, indo diretamente ao assunto, de um modo apressado e imperativo, como se ele fosse um general enviando ordens de um campo de batalha. Duplain teve de coordenar tantos ataques em tantas frentes que lhe foi fácil adotar um tom belicoso. No outono de 1778, por exemplo, quando estava negociando com Panckoucke acerca do contrato para a terceira edição, publicando os primeiros volumes da mesma, recebendo pagamentos das edições anteriores e tramando a fraude de Perrin, Duplain escreveu à STN nos seguintes termos: ''Estamos esmagados pelos não-recebimentos, pela provisão dos papéis para o inverno, pela terceira edição cujos dois primeiros volumes estão à venda, e não nos é possível fazer face ainda aos vossos pedidos. Rogamo-vos, recebida a carta, fazer-nos envio do torno 24. Alçamos e colacionamos 21, 22, 23. Juntaremos a esse envio todas as vossas folhas desemparelhadas. Esperamos que o sr. Panckoucke tenha terminado o novo tratado a assinar para vos enviar um novo volume, e ele diz que espera vossa ratificação. Isso não nos diz respeito. Tudo que podemos dizer ao sr. Panckoucke é que nossos gastos são imensos [...] Estamos sobrecarregados de protestos. Toulouse tem 10 mil atrasados, mas conduziremos o barco ao porto''.[115] Duplain escrevia uma dúzia de diretivas como essa todo dia, manipulando batalhões de fabricantes de papel, impressores e financistas. Sua campanha englobou a França, o Oeste da Suíça e parte dos Países Baixos, revestindo-se de um caráter épico. Ele quis extrair o maior lucro possível do maior empreendimento editorial da época. A determinação com que Duplain mergulhou de corpo e alma em busca de sua presa revela algo de seu caráter. Era um jogador. Percebeu que na *Enciclopédia in-quarto* encontrava-se a grande chance de sua vida, e apostou tudo o que tinha em seu sucesso. Vendeu sua loja, acervo de livros, casa e mobília e se mudou para um quarto alugado, a fim de se concentrar exclusivamente no grande negócio. E quando se envolveu com o supremo empreendimento, conduziu-o com tal brutalidade que passou a ser malvisto até mesmo pelos livreiros que não foram lesados por suas falcatruas. Mas não se importou; arriscara tudo, não podia voltar atrás. E, no final, fez fortuna. Mesmo depois de indenizar os sócios em 200 mil libras, continuou riquíssimo. É impossível calcular seus lucros, mas só com a quantia de que se apropriou como intermediário na impressão da obra ganhou o suficiente para aposentar-se.[116]

Duplain não quis meramente aposentar-se, mas viver *noblement*; depois de fazer fortuna, pôs-se a gastá-la. Primeiro, adquiriu uma esposa, uma beldade de Lyon com quem se casou em março de 1777, quando a primeira edição de sua *Enciclopédia* obtivera mais assinaturas do que o número de cópias da tiragem e sua parceria com Panckoucke eliminara o risco do confisco.[117] Em seguida, fez viagens a Paris, onde vivia com a esposa em um luxo ofensivo, segundo Panckoucke. Deslocavam-se em suntuosa carruagem, chegando a comunicar uma nova pose arrogante a seus antigos criados.[118] Duplain começou, então, a transferir suas riquezas de Lyon, onde conservara três imóveis após a venda de sua firma, para uma propriedade no campo, onde planejava adotar o estilo de vida de um aristocrata senhor de terras.[119] Finalmente, por 115 mil libras, comprou o cargo de *maître d'hôtel du Roi* — ou seja, a nobreza. Servia ao rei em Versalhes, e passou a assinar suas cartas como "Duplain de St. Albine", provavelmente passando o resto de seus dias em *petits soupers* e *châteaux*.[120]

Um evento anuviou o triunfo de Duplain. Em 19 de setembro de 1780, Revol informou à STN: "A sra. Duplain morreu há três semanas. Avaliai que desgosto para o sr. Mordomo do Rei. Parece que é um castigo do céu para o punir de sua avidez e de sua sede do ouro à custa de uns e de outros". Mas três anos depois ele se uniu a outra mulher. "O senhor Duplain acaba de se casar com uma moça de dezessete anos", relatou à STN L. S. Mercier, de Lyon. "Como ele é muito rico, esse casamento provoca rumor."[121]

Haveria uma outra moral nesta história? Para o estudioso de história social, ela pode ser interpretada como um drama balzaquiano: a saga de um empreendedor burguês que com unhas e dentes abriu caminho até o topo, consumindo então sua fortuna ostensivamente, com a desenvoltura de um aristocrata. De certo modo, é a história do capitalismo francês — de expansão limitada e investimento em status, em vez de produção. E a suprema ironia é que o veículo da ascensão de Duplain à arcaica hierarquia francesa, distante apenas alguns anos de sua destruição, foi a *Enciclopédia* de Diderot.

Também a vida de Panckoucke teve um sabor balzaquiano. De fato, há muito de Panckoucke na concepção de Dauriat, o magnata das publicações e *ministre de la littérature* extra-oficial das *Ilusões perdidas*, de Balzac: "Faço especulações em literatura: publico quarenta volumes com 10 mil exemplares, como fazem Panckoucke e os Beaudouin. Meu poder e os artigos que obtenho produzem um negócio de 100 mil escudos em vez de produzir um volume de 2 mil francos".[122] Mas ao contrário de Duplain, Panckoucke não investiu em livros para poder sair do ramo. Nunca parou de perseguir empreendimentos cada vez mais grandiosos. Foi um caçador de fortuna, mas parece ter sido movido pelo amor à caçada. E, graças à sua correspondência, podemos acompanhá-lo em sua busca, partindo nas rápidas diligências para formar uma sociedade com Duplain em Dijon, suprimir a contrafação de Rey em Amsterdã, enfrentar Cramer em Genebra e negociar com Plomteux em Liège. Panckoucke viveu seus melhores momentos naquela atividade frenética, desmantelando um empreendimento a fim de criar outro, mais grandioso — quando, por exemplo, descartou a reimpressão de Neuchâtel para conceber a magnífica *refonte*, ou quando abruptamente interrompeu seu plano de fazer guerra aos editores de Liège e adquiriu-lhes o projeto, transformando-o em sua própria versão da *Encyclopédie méthodique*. Atingiu o auge da atividade em 1778, quando chegou quase a dominar por completo o mercado das obras de Buffon, Voltaire e Rousseau enquanto dirigia seu monopólio da *Enciclopédia*. Panckoucke simpatizava com as idéias contidas naquelas obras. Criou laços estreitos com os filósofos, escrevendo ele próprio alguns textos filosóficos.[123] Mas em última análise sua fonte de inspiração parece guardar uma certa afinidade com o espírito dos grandes magnatas do século XIX. Seus empreendimentos foram para ele um fim em si mesmos, um modo de vida. Sem dúvida, tencionou ganhar dinheiro, e foi implacável nos negócios, como descobriu Beaumarchais (que, como cliente, também não primou pela brandura) ao longo de suas transações com os manuscritos de Voltaire: "Não posso dizer-vos nada de agradável sobre o sr. Panckoucke: seus procedimentos em relação a mim são duros até a incorreção. O sr. Panckoucke é *belga*, e dez vezes *belga*".[124] Mas Panckoucke nada tinha da raposice estreita que caracterizou Duplain. Plomteux, que o conhecia intimamente, descreveu-o como "muito preocupado e muito distraído",[125] e Duplain chamou-o de *visionnaire* — termo que empregou com intenção pejorativa, mas que faz justiça à ambição do maior empresário do Iluminismo.

Graças a esse temperamento visionário, também Panckoucke sofreu de *illusions perdues*. Sua mais grandiosa ilusão acabou sendo a *Encyclopédie méthodique*. O projeto da superenciclopédia tornou-se a paixão dominante de sua vida, seu maior empreendimento e a *belle entreprise* com que planejou coroar sua carreira. A *Méthodique* exemplifica, além disso, a fase final do enciclopedismo e o momento em que o Iluminismo converteu-se em Revolução. Por conseguinte, muito se pode esclarecer desmembrando sua história da saga dos demais empreendimentos de Panckoucke.

8
A SUPREMA "ENCICLOPÉDIA"

Enquanto combatia as contrafações, capitaneava os aliados da *Enciclopédia in-quarto* e dirigia seu império editorial, Panckoucke concebeu um projeto que eclipsaria todos os seus outros empreendimentos. Ele decidiu criar a suprema *Enciclopédia* — uma obra que ofuscaria completamente a de Diderot, que abrangeria todo o conhecimento humano e que o faria multimilionário, pois ele planejava investir nela toda a sua fortuna, transformando-a no maior empreendimento da história editorial. Essa obra, a *Encyclopédie méthodique*, jaz agora esquecida em remotas prateleiras de bibliotecas acadêmicas. Não despertou sequer o apetite de algum pós-graduando sedento de tema para sua tese. Não obstante, vale a pena resgatá-la do esquecimento, pois ela representa o ponto máximo do enciclopedismo. Tornou-se o maior lance na competição pelo mercado da *Enciclopédia* durante o Antigo Regime. Para elaborá-la, Panckoucke mobilizou os melhores talentos de sua época. E, para impedi-la de desintegrar-se, trabalhou duro junto com os últimos enciclopedistas durante todo o período da Revolução Francesa.

ORIGENS DA "ENCYCLOPÉDIE MÉTHODIQUE"

Podemos considerar Diderot o pai, ou pelo menos o avô desse projeto, uma vez que foi o relatório por ele escrito em 1768 a mola propulsora dos empreendimentos de Panckoucke com a *Enciclopédia*, impelindo-o por um caminho que conduziu de um plano inicial para uma edição revista da *Enciclopédia in-folio* de Genebra à proposta de reimpressão de Neuchâtel, à *refonte* de Suard e à edição *in-quarto* de Duplain. Portanto, para Panckoucke a edição *in-quarto* foi, na verdade, um desvio do plano de longo prazo que ele concebera para publicar uma edição revista e ampliada do texto de Diderot, que seria escrita por toda uma equipe de filósofos da segunda geração, sob a direção de Suard, Condorcet e D'Alembert. Panckoucke continuou a orientar seus empreendimentos em conformidade com esse projeto e a pagar a Suard pelo trabalho na obra até o verão de 1778.

Suard queixou-se mais tarde de que trabalhara arduamente por longo tempo. Em 1777, alugara por trezentas libras anuais um *petit appartement* contíguo aos seus aposentos para servir de "bureau de travail", instalando nele uma pequena biblioteca, que incluía três *Enciclopédias in-folio*, dois *Suppléments*, uma *Encyclopédie d'Yverdon*, uma *Description des arts et métiers*, uma coleção do *Journal de Physique* do abade Rozier, e uma *Encyclopédie anglaise*, presumivelmente a *Cyclopaedia*, de Chambers. Evidentemente, pôs-se a trabalhar munido de tesoura e cola nas *Enciclopédias in-folio*, cortando fora os erros e enxertando os acréscimos que extraía das outras obras de referência. Incorporou anotações que preparara para seu *Dictionnaire sur la langue française* e novos verbetes que recebeu de sua equipe de autores. Para ajudar na montagem e combinação daquele volumoso material, contratara um copista por oitocentas libras anuais e um "empregado inteligente" por 1200 libras. O empreendimento deve ter gerado grande trânsito de filósofos no apartamento de Suard, bem como intensa atividade em salões, cafés e academias, pois Suard possuía numerosos contatos na República das Letras, e D'Alembert e Condorcet haviam prometido ajudá-lo no recrutamento de colaboradores. Suard contou depois à STN que enchera várias caixas com anotações e rascunhos e que recebera de Panckoucke o salário de 6300 libras. "Durante mais de dezoito meses, estive ocupado e pude ocupar-me apenas do projeto dessa redação, [cuja] execução só foi suspensa depois de muitas demoras e incertezas."[1]

Em junho de 1778, Panckoucke subitamente interrompeu o trabalho de Suard. O projeto ganhara muito ímpeto, mas estava fadado à colisão com uma *Enciclopédia* em fase mais avançada, que emergira inesperadamente em janeiro, quando um livreiro de Liège, Deveria, lançou um prospecto com endereço de Amsterdam e começou a captar assinaturas para uma *Encyclopédie méthodique*. O livreiro Deveria propunha não meramente corrigir e ampliar o texto de Diderot, como Suard vinha fazendo, mas também reorganizá-lo por ordem de assunto. Em vez de dispor o material em ordem alfabética, ele o agruparia por temas e publicaria uma série de pequenas enciclopédias de direito, medicina, história natural etc. Graças a essa organização "metódica", seus leitores não precisariam sair à cata de remissões recíprocas e manusear dezenas de pesados volumes para obter uma visão coerente de um assunto.

O método de Deveria apresentava vantagens filosóficas e práticas sobre o de Diderot. Este dividira o universo do conhecimento em segmentos separados e os dispusera segundo a arbitrária ordem do alfabeto — classificação que "pode agradar apenas ao semi-erudito ou ao ignorante". Mas Deveria ressaltaria as conexões racionais básicas entre as diferentes partes do conhecimento. Teria êxito onde Diderot falhara, pois daria vida ao verdadeiro espírito do Discurso Preliminar de D'Alembert.

> Sem essa ordem preciosa, a única que pode interessar ao gênio filosófico, essa coletânea, retalhada em um dicionário, não é uma enciclopédia mais do que um amontoado de pedras lavradas e numeradas é um palácio: é apenas pelo arranjo das diferentes partes de um edifício que se reconhece o gênio do arquiteto, como se reconhece no Discurso preliminar, não na disposição alfabética da *Enciclopédia*, o grande homem que abarca todos os conhecimentos, que lhes vê a ordem, as relações, as ligações.

Portanto, Deveria não rejeitou a veia filosófica da *Enciclopédia* original — ele a ampliou. E não apregoou a originalidade de sua perspectiva "metódica" do conhecimento, atribuindo-a aos antecessores do Iluminismo. "Quanto à ordem das matérias, os livreiros não se atribuem de modo algum a glória dessa idéia; devem-na a Bacon, à voz pública e ao julgamento de vários eruditos que concordaram em esclarecê-los."[2]

Deveria procurou, ao mesmo tempo, atrair assinantes oferecendo condições vantajosas. Quem adquirisse a assinatura em determinada época se tornaria uma espécie de acionista e receberia um desconto, que seria determinado pelo sucesso das vendas. O assinante deveria dispor-se a pagar 756 libras, calculou Deveria, mas poderia esperar conseguir de volta 420 libras se, como parecia provável, fossem vendidos 20 mil exemplares. Deveria planejou produzir duas edições completas, uma delas em formato *in-folio*, com 36 volumes, doze dos quais seriam de ilustrações, e uma em formato *in-octavo*, com 144 volumes e o mesmo conjunto de ilustrações. Após enviarem um pagamento inicial de 21 libras, os assinantes poderiam esperar receber um volume a cada seis semanas, completando a coleção em cinco anos. Pagariam em prestações, à medida que fossem chegando os volumes, e fariam um excelente negócio, pois a coleção completa seria vendida por mil libras depois de encerradas as assinaturas. Deveria também salientou a excelência dos tipos e do papel que seriam usados. E, para obter a ajuda dos livreiros na comercialização, enviou uma carta circular aos principais do ramo na Europa, prometendo-lhes uma redução de 108 libras para cada série que vendessem, além de uma coleção grátis para cada doze vendidas.[3]

Finalmente, o prospecto de Deveria concluía com um ataque frontal à principal edição rival, a *Enciclopédia in-quarto* de Panckoucke. Não só os editores da *in-quarto* perpetuaram o "vício alfabético", argumentava, mas estavam tentando lograr o público, exatamente como revelara Linguet. Ou manteriam sua edição com 32 volumes expurgando mais da metade do texto de Diderot, ou a ampliariam para 99 volumes, extorquindo mais de mil libras dos desafortunados assinantes. Deveria, ao contrário, garantia seus assinantes contra qualquer fraude daquele tipo, comprometendo-se formalmente a manter sua *Enciclopédia* com 36 volumes, fornecendo gratuitamente os tomos extras caso ela ultrapassasse, por algum motivo, o limite determinado. Ele esperava que os editores da *Enciclopédia in-quarto* depreciassem o projeto, mas confiava na superioridade de seu plano e estava pronto para uma batalha. "Contudo, os livreiros de Genebra, Neuchâtel e outras cidades em que essa obra foi impressa por ordem alfabética têm licença para desacreditar ou fazer desacreditar essa edição: o público julgará."[4]

Panckoucke não podia desprezar um atacante como esse, mas não havia um método bem definido para combatê-lo. Embora fosse capaz de defender-se bem da nova versão da denúncia de Linguet, não lhe seria fácil denegrir o plano de uma *Encyclopédie méthodique*, pois o projeto de Deveria levava o conceito da edição revista a um passo além da *refonte* de Suard. Ademais, apresentava diretrizes mais bem concebidas para a comercialização, e claramente chegaria ao mercado primeiro. Portanto, Panckoucke sentiu-se gravemente ameaçado, reagindo como na ocasião do ataque inicial de Duplain: primeiro contra-atacou, depois negociou.

O contra-ataque foi desferido em forma de um *Mémoire*, que os editores da *Enciclopédia in-quarto* distribuíram com o objetivo de destruir o rival por meio da difamação. O *Mémoire* apresentava Deveria como impostor e charlatão, um escriturariozinho arrivista transformado em *escroc littéraire*, que pretendia lograr o público vendendo assinaturas de uma obra inexistente, e que provavelmente desapareceria assim que recebesse o dinheiro dos pagamentos iniciais. Deveria fora empregado de escritório na firma parisiense Veuve Babuty fazia apenas dois anos, carecendo de recursos e reputação para produzir um projeto de tamanha grandiosidade, revelava o *Mémoire*. Se contasse com algum crédito em Liège, não teria fingido lançar seu prospecto de Amsterdã. "Não se pode ver sem comiseração esse tom de charlatanice que reina no prospecto", observavam desdenhosamente os editores da *in-quarto*, procurando escarnecer o mais possível do plano de Deveria que daria a seus assinantes a condição de acionistas. Era um truque de venda, destinado a arrancar dinheiro dos crédulos, pois Deveria jamais conseguiria vender um número de cópias suficiente para reembolsar os assinantes. O mercado não comportaria tantas aquisições. A estimativa de 20 mil vendas era escandalosamente exagerada, assim como fora um erro descomunal subestimar o preço em 765 libras. A obra seguramente custaria no mínimo 1200 libras, se chegasse a ser produzida; e isso era impossível, pois o plano não tinha viabilidade.

Este último argumento, porém, conduzia Panckoucke e seus sócios por um terreno perigoso. Não queriam menosprezar uma edição revista *per se*, já que estavam preparando uma em segredo (precisavam manter oculta sua *refonte* até que se esgotassem as cópias da *Enciclopédia in-quar-*

to), e não conseguiam encontrar um bom argumento contra a organização do material por assunto em vez de por ordem alfabética. Por conseguinte, enfatizaram a indignidade e a incapacidade de Deveria. Para que um projeto como aquele pudesse concretizar-se, alegavam, seria indispensável o consentimento dos editores originais e a colaboração dos mais ilustres sábios da Europa — em suma, a combinação que Panckoucke arquitetara para sua *refonte*. O *Mémoire* destinava-se a salvar o mercado para a *Enciclopédia* revista de Panckoucke, afastando o público da obra de Deveria. A selvageria das difamações demonstra a gravidade da ameaça vinda de Liège.[5]

Mas as injúrias não constituíam uma defesa eficaz, especialmente contra todo um consórcio; Deveria contava com o apoio de três empreendedores de Liège — Lefebvre, Desforges e Desfontaines. A riqueza e influência dos três deve ter imposto respeito, pois Panckoucke entabulou negociações com eles aconselhado por seu amigo Plomteux, que era um sócio minoritário no empreendimento da edição *in-quarto* e um importante livreiro de Liège. Em 22 de junho de 1778, as negociações resultaram em um tratado. Panckoucke abandonou a tentativa de destruir a *Enciclopédia* de Liège, passando a contribuir para o projeto — em troca de 105 mil libras. Depois de pagar essa quantia, os editores de Liège receberiam o direito de usar as ilustrações de Panckoucke e de comercializar a obra na França sem a oposição do editor francês e de seus protetores. Todos os sócios de Panckoucke e de Deveria aceitaram o tratado, e com isso pouparam-se de uma guerra comercial.[6]

Entretanto, foi um tanto trabalhoso convencer os sócios de Neuchâtel. Em 7 de julho de 1778, Panckoucke enviou-lhes uma cópia do contrato e um entusiasmado relato acerca do novo empreendimento. Os editores de Liège já haviam vendido novecentas assinaturas, e começariam a imprimir com a tiragem de 2 mil exemplares, explicou. Estavam preparados para lançar sua *Enciclopédia*, e haviam retirado de circulação o prospecto anterior, imprimindo um novo. O grande problema nas negociações fora conseguir que adiassem a publicação, pois sua *Enciclopédia* prejudicaria as vendas da *in-quarto*, cuja terceira edição acabava de ser lançada. Felizmente, Panckoucke convencera-os a postergar a divulgação de seu prospecto até o final do ano; assim, concluiu: "Esse empreendimento jamais prejudicará o de Lyon [...] Eis o que considerei bem ao negociar".[7] Os sócios da STN responderam que compreendiam como o acordo protegeria a edição *in-quarto*, mas e quanto à *refonte*? Panckoucke parecia estar abandonando um empreendimento promissor, que haviam acalentado por dois anos, em favor de uma empreitada difícil e arriscada. Ainda que, a princípio, houvessem resistido ao projeto de Suard, os editores de Neuchâtel agora se apegavam a ele muito mais do que o próprio Panckoucke. Mas sua preocupação era com as encomendas de impressão, e não com Suard. Haviam duplicado a capacidade de sua tipografia pensando em imprimir *Enciclopédias*, mas Duplain só lhes dera alguns volumes para imprimir, criara problemas em todas as oportunidades possíveis e recusara-se a pagar o que lhes devia. Esperavam que a *refonte* os compensasse pela decepção com a *in-quarto*. Panckoucke prometera deixá-los produzir todo o texto de Suard. De fato, o contrato de 3 de janeiro de 1777 obrigava Panckoucke a manter ocupadas as prensas da STN com uma edição *in-quarto* e uma *in-folio*. O contrato com os editores de Liège nada lhes concedia. Por isso, aferraram-se ao *grande affaire*, como denominavam a *refonte*, quando Panckoucke lhes apresentou para aprovação o acordo com os editores de Liège.[8]

Em resposta às objeções da STN, Panckoucke declarou extinta a *refonte*. "Fiz com os livreiros de Liège tudo que as circunstâncias exigiram. Se houvesse adiado por mais tempo, Paris e as províncias iam ser inundadas por seus novos prospectos. Sendo sua edição uma edição revista e por tratado metódico, não podíamos mais pensar, mesmo no futuro, em uma revisão de nossa parte." Plomteux e Giverdi, agente de Duplain, haviam aprovado a decisão, acrescentou Panckoucke. Ademais, os editores de Liège só obteriam as ilustrações — que representavam um trunfo nas negociações de Panckoucke — depois de pagar 105 mil libras. Era melhor exigir aquela quantia do que desencadear uma guerra comercial em favor do empreendimento de Suard, que parecia duvidoso em comparação com o de Liège, cujos editores sentiam-se tão confiantes que haviam decidido ampliar a tiragem para 3 mil exemplares. Se fracassassem, Panckoucke e a STN poderiam retomar os trabalhos da *refonte*. Se tivessem êxito, o grupo da *Enciclopédia in-quarto* estaria 100 mil libras mais rico e já teria extraído todo o lucro possível da *Enciclopédia* de Duplain, que já se mostrava rentável a ponto de eclipsar todos os outros empreendimentos: "O negócio de Lyon cobre todos os nossos gastos, com um benefício imenso; é apenas ele que devemos ter em vista". Assim, a STN não deveria lamentar o fim da obra revista de Suard: "Sem dúvida que, ao negociar com os livreiros de Liège, perdemos o direito de nos entender com qualquer outro, supondo que sua edição seja bem-sucedida e que eles nos façam o pagamento dos dois primeiros milhares. Mas de boa-fé, depois dessa edição revista e dos nossos 8 mil de Lyon, quem poderá jamais pensar em alguma *Enciclopédia*?". Para ajudar os sócios de Neuchâtel a superar a decepção pela perda das encomendas de impressão, Panckoucke ofereceu-lhes algumas palavras de consolo: "Se se apresentar alguma boa especulação, dirigir-me-ei de bom grado a vós. Estamos ligados por toda a vida, espero, e me encontrareis disposto a vos obsequiar em qualquer tempo". E, para dar mais substância a esse sentimento, procurou atraí-los com dois empreendimentos. Descreveu o primeiro deles como um projeto "referente ao apêndice de nossa *Enciclopédia* lionesa", que ele revelaria depois de amadurecer suas idéias a respeito. O outro era uma edição das obras de Rousseau. A morte do grande filósofo ocorrera recentemente, e seu protetor em Neuchâtel, Du Peyrou, fora nomeado testamenteiro. Transpirara a informação de que entre os papéis de Rousseau havia alguns manuscritos valiosos, inclusive suas memórias (as *Confissões*), e os editores de toda a Europa engalfinhavam-se pela posse do material. Panckoucke, naturalmente, contava com informações privilegiadas e já estava arquitetando outro empreendimento de centenas de milhares de libras, que tipicamente mencionou em um empolgante pós-escrito: "O sr. Du Peyrou deve ter os manuscritos, ou pelo menos uma parte, de J.-Jacques Rousseau. Seria preciso que negociásseis com a viúva; e de tudo que ela tem, entrarei com a metade. Mas não quero aparecer. Um de vós poderia fazer uma viagem aqui a respeito disso. Podereis dar até 30 mil libras, um terço a vista, os dois outros terços por título reembolsável em dois pagamentos. Eu os farei fazer um grande negócio e vós ireis em socorro dessa infeliz. É preciso sobretudo ter essas memórias. Ocupai-vos disso. Falai sobre isso com o sr. Du Peyrou e não percais tempo".[9]

O AUGE DAS PUBLICAÇÕES ILUMINISTAS

A carta abrandou os editores de Neuchâtel. Declararam-se dispostos a aceitar o contrato de Liège, a "renunciar a qualquer idéia enciclopédica" e a aceitar as ofertas de compensação feitas por Panckoucke. Estavam ansiosos por saber mais acerca do empreendimento derivado da *Enciclopédia in-quarto*, e avidamente concordaram com a sugestão a respeito de Rousseau.[10] A região de Neuchâtel era domínio de Rousseau, assim como em Ferney predominava Voltaire. Os dois filósofos haviam passado tanto tempo nas vizinhanças das editoras suíças que deram vida nova a um ramo antigo, e nada estimulou mais a atividade ali do que a morte dos ilustres autores, pois ambos haviam deixado manuscritos que, por si só, já eram espetaculares e que, além disso, finalmente possibilitariam aos editores produzir versões completas de suas obras. Ademais, eles pareciam ter encarnado dois aspectos do Iluminismo e morreram ambos em 1778, com dois meses de diferença. A morte dos filósofos, portanto, desencadeou tramóias fenomenais entre os editores que publicavam obras iluministas. Panckoucke, o líder das maquinações, viajou para a Suíça em agosto, tencionando reivindicar direitos sobre os manuscritos dos dois autores.

Essa viagem de Panckoucke à Suíça e os oito meses seguintes de suas operações comerciais revelaram-se um ponto decisivo de sua vida e da atividade editorial de vanguarda. Por um momento, ele pareceu prestes a monopolizar o lado da produção no Iluminismo. Passando por Ferney, apoderou-se dos manuscritos de Voltaire; em Neuchâtel, arquitetou com a STN o plano para adquirir os papéis de Rousseau; em Monbard, tratou das edições das obras de Buffon com o próprio autor; por fim, de volta a Paris, reforçou seu monopólio sobre a *Enciclopédia* assumindo as rédeas do projeto de Liège. Empreendimentos como esses requeriam um capital tão vultoso que nem mesmo o "Atlas de la librairie" conseguiria realizá-los na totalidade. Assim, Panckoucke precisou escolher. Primeiro, decidiu vender seu acervo para aumentar o capital. A seguir, empenhou-se em uma estonteante sucessão de compras e vendas. Em março de 1779, providenciara a venda de metade de suas obras de Buffon, abandonara as pretensões sobre Rousseau, vendera seu empreendimento com as obras de Voltaire e pagara pelo afastamento de quase todos os outros editores que tencionavam publicar a *Enciclopédia*. Embora a história completa de suas operações durante esse período crucial seja mais adequada à biografia de Panckoucke do que à da *Enciclopédia*, é importante, para compreendermos a transição da *Enciclopédia in-quarto* para a *Encyclopédie méthodique*, acompanhar Panckoucke à medida que ele descartava um empreendimento após o outro e finalmente investia o grosso de seus recursos na última e maior *Enciclopédia* setecentista.

Podemos imaginar Panckoucke em Neuchâtel, discorrendo empolgado sobre a nova série de empreendimentos que subitamente transformara o cenário editorial; contudo, o único registro dos temas que ele abordou encontra-se em um bilhete que os editores de Neuchâtel enviaram-lhe logo após sua partida. O bilhete acompanhava um contrato que ele e a STN haviam acabado de assinar para publicarem uma *suite des planches*. Era esse o empreendimento derivado da *Enciclopédia in-quarto* que Panckoucke mencionara nas cartas anteriores. Calculando que muitos dos 8 mil assinantes da edição *in-quarto* gostariam de possuir a série completa das ilustrações em vez de apenas três volumes (as edições *in-folio* continham onze tomos), Panckoucke e a STN uniram-se para produzir uma edição suplementar das pranchas. Precisavam apenas mandar retocar ou regravar seus clichês de cobre originais e então imprimir o número de cópias solicitado pelos assinantes — uma operação pouco dispendiosa, isenta de riscos e lucrativa. Obviamente, ela não seria viável antes da conclusão da edição *in-quarto*. Até lá, o Traité de Dijon teria expirado, encerrando os direitos de Duplain sobre as ilustrações. Assim, Panckoucke e a STN ocultaram-lhe o acordo, esperando deixá-lo de fora na distribuição dos lucros. Os editores de Neuchâtel desconheciam que um ano antes Panckoucke fizera um acordo secreto com Duplain para produzir uma edição *in-quarto* da *Table analytique*. E a *Enciclopédia in-quarto* era um negócio tão gigantesco e complexo que originava diversas oportunidades para empreendimentos secundários no triângulo Paris-Neuchâtel-Lyon. Contudo, em agosto de 1778, Panckoucke e a STN aproximaram-se graças à desconfiança que ambos sentiam em relação a Duplain e ao desejo comum de produzir as obras de Voltaire e Rousseau — daí o tom de intimidade no bilhete da STN enviado em 25 de agosto. Aludindo aos planos anteriores de Panckoucke para estabelecer residência em Neuchâtel, os editores da STN expressavam seu pesar por ele não ter podido passar todo o verão em "vossa segunda pátria". Informaram-lhe que, como fora combinado, estavam despachando uma *lettre ostensible* para ser usada na batalha contra Duplain acerca do contrato para a terceira edição da *Enciclopédia in-quarto*, e mostravam-se esperançosos de que "podereis dizer-nos alguma coisa positiva sobre as obras de V., continuando sempre a nos ocupar com as de Jean-Jacques".[11]

Em Ferney, Panckoucke adquirira uma vasta coleção de manuscritos, fornecidos por mme. Denis, sobrinha e herdeira de Voltaire. Na caça a esse tesouro ele partira com vantagem, pois estivera em Ferney anteriormente e persuadira Voltaire a preparar seus papéis para uma gigantesca edição revista de suas obras.[12] Já com os manuscritos de Rousseau a situação foi bem outra. Após espalhar-se o boato de que eles continham suas *Confissões*, um *best seller* garantido, uma multidão de editores pôs-se a disputá-los. Em agosto de 1778, a Société Typographique de Genève, que recrutara Paul Moulton e Grabriel Cramer, parecia estar à frente na corrida, mas precisara afastar do páreo Regnault, de Lyon, Boubers, de Bruxelas, a Société Typographique de Lausanne e outros poderosos concorrentes. A maior esperança dos editores de Neuchâtel derivava de suas ligações com Du Peyrou, que lhes ouviu compreensivamente as propostas no final dc agosto e revelou que estava aguardando uma visita de outro protetor de Rousseau, o marquês de Girardin, que chegaria no outono. Por um momento, pareceu-lhes que conseguiriam pôr as mãos no tesouro ali mesmo, em seu próprio território. Prepararam-se para pagar 10 mil libras e elaborar um emprendimento conjunto com as obras de Voltaire e Rousseau, em associação com Panckoucke: "Ocupamo-nos vigorosamente das obras de Jean-Jacques [...] Se conseguirmos concluir esse negócio, ficaremos encantados, senhor, de vos propor um acordo quc estreite ainda mais as ligações que temos o prazer de manter convosco. Para esse fim, propomo-vos entrar com uma parte em vosso empreendimento do Voltaire. Convém-nos muito mais fazê-lo convosco do que aceitar as propostas que nos são feitas de outras partes para o contrafazer".[13]

Mas em setembro, Girardin adiou a viagem a Neuchâtel, e os diretores da STN vacilaram em seus esforços de persuadir uma figura ainda mais importante, a viúva de Rousseau, Thérèse Levasseur, que detinha a palavra final sobre o destino dos manuscritos e que não se afeiçoara nem um pouco à gente de Neuchâtel durante os anos que vivera em seu território. Ainda assim, os diretores da STN esperavam convencê-la, negociando por intermédio de Girardin e elevando sua oferta para 24 mil libras, com uma anuidade vitalícia de 1200 libras. Enquanto isso, procuravam manter Panckoucke como aliado: "Voltaire é um grande negócio, e sois o único capaz de o fazer; mas isso não quer dizer que o façais sozinho; e como cremos que ficareis bem contentes de encontrar alguns auxílios, oferecemo-vos nossos serviços. Será sempre glorioso para vós dar ao público os portafólios dos dois maiores homens do século, pois o Rousseau será também um grande empreendimento. Esperamos poder dar-vos notícias dele dentro em pouco. A parte das *Memórias* que existe é bem considerável. Haverá muitas peças novas e muito interessantes. Conta-se com oito volumes *in-quarto*. Sereis contrafeito quanto a Voltaire e nós quanto a Rousseau. A coisa é mais difícil quando estivermos reunidos".[14]

Essa perspectiva pareceu a Panckoucke tentadora o bastante para que incentivasse a STN a empenhar-se por Rousseau enquanto ele se concentrava em Voltaire. Mas manteve uma política independente e, para aumentar essa independência, incrementou seu capital com a venda de seu acervo. Já havia algum tempo que pensava em retirar-se do ramo atacadista de livros para concentrar-se no jornalismo e em alguns empreendimentos escolhidos na área de publicação de livros. Mas as circunstâncias especiais de 1778 precipitaram essa mudança de política, que ele mais tarde descreveu no jargão dos especuladores. "Parece-me que vós imprimis livros demais", escreveu à STN um ano após sua grande liquidação.[15] "Em vosso lugar eu não quereria depósito. Cem mil libras que circulam valem mais que 100 mil escudos em depósito de livraria. Eu tive essa mania, em março de 1778. Meu acervo de livros era um objeto de 1400 mil libras. Pensei ser-lhe a vítima. Bem sentis que esse acervo não rendia o juro do dinheiro. Quereria não ter 100 mil francos em livros, e desejaria que meu porta-fólio fosse mais bem provido."[15]

O tom de Panckoucke era mais o de um financista do que o de um editor, pois em 1778 já se tornara especialista no aspecto financeiro do ramo livresco, e um número tão grande de manuscritos chegou simultaneamente ao mercado que passou o ano entrando e saindo de empreendimentos diversos. Impôs-se um ritmo frenético em novembro e dezembro, quando tentou liquidar um acervo no valor de 1400 mil libras, enquanto se batia pelas obras de Voltaire e Rousseau e dirigia dois empreendimentos com a *Enciclopédia*, além de um império jornalístico. Suas cartas desse período foram escritas com sofreguidão — caligrafia descuidada, sentenças breves, palavreado impetuoso. Em 6 de novembro de 1778, por exemplo, escreveu à STN: "Não temos mais tempo a perder. O negócio com os livreiros de Liège continua pendente [...] Tudo isso exige muitas diligências, trabalhos, escritas [...] Estou extremamente ocupado neste momento. Trabalho para fazer minha venda. Conservarei apenas os jornais, o Buffon, o Voltaire e meus interesses na *Enciclopédia*. Já vendi seis grandes artigos. Minha venda na câmara ocorrerá dentro de quinze dias [...]

Não há nada a fazer com o Rousseau sem as *Memórias*. Posso apenas fazer o Voltaire. É um negócio tão grande que decidi, para cuidar dele e me entregar inteiramente a isso, vender quase todo o meu acervo. Não receio muito a contrafação. Sabeis que tenho como publicar vinte volumes novos e que o autor deixou-me 31 volumes corrigidos por sua própria mão?''.[16]

Panckoucke não vendeu todo o seu acervo de livros; os que conseguiu vender renderam-lhe apenas 350 mil libras em notas promissórias com vencimento em cinco anos. Ele ainda precisava de capital, ou o desejava, no início de 1779. Assim, pôs à venda suas obras de Buffon e Voltaire. As de Buffon, ao que parece, permaneceram com ele ainda um ano, e se desfez de apenas metade delas; mas as de Voltaire imediatamente desencadearam uma nova rodada de barganhas.[17]

Panckoucke ficara sabendo que cada um de seus principais sócios da *Enciclopédia in-quarto* estava tramando produzir uma edição pirata de suas obras de Voltaire; assim, em segredo e separadamente, ofereceu-as à venda a cada um deles. Os editores de Neuchâtel haviam-lhe dito francamente que estavam pensando em uma oferta para aliarem-se a alguns editores na produção da edição pirata, mas que preferiam trabalhar com ele tanto nas obras de Voltaire como nas de Rousseau. Supondo, corretamente, que por trás desse comentário estavam as *sociétés typographiques* de Lausanne e Berna, Panckoucke sugeriu que os editores da confederação suíça lhe pagassem para abrir mão de seu empreendimento. ''Não tomei nenhuma resolução a respeito de Voltaire. É uma riquíssima mina de ouro cuja exploração é difícil. Eu preferiria vender meu manuscrito. Deveríeis ocupar-vos desse objeto e vos associar com Berna, Lausanne, e ganharíeis vários milhões. Toda a Europa espera uma nova edição. Dar-vos-ei os meios de não serdes pirateados. O manuscrito custa-me 100 mil libras. Quero duplicar meu dinheiro e quinhentos exemplares. Não tendes idéia do que adquiri. Reuni tudo, e há certa correspondência que me custou 2 mil escudos. Enfim, obrigar-me-ei a publicar vinte volumes novos.''[18] Simultaneamente, Panckoucke sondou Duplain e, após algumas negociações preliminares, enviou quase a mesma oferta a Lyon: ''Dei-vos minha última palavra sobre o preço da venda. Não darei meu manuscrito por menos de 300 mil libras. Ele me custa, em moeda corrente, à vista, 100 mil libras [...] Como não estais acostumados a pagar manuscrito, esse preço vos parece excessivo; mas não comprei eu o direito de fazer a *Enciclopédia* por 312 mil libras, depois que se ultrapassaram 4 mil em Paris; e esse direito, não o vendi mais ou menos por esse preço; e os livreiros de Liège, em terceiro lugar, não no-lo restituíram ainda? Há mais a esperar do Voltaire que da *Enciclopédia*. Sei que toda a Europa espera uma nova edição''.[19]

Essas transações dúplices não produziram nada de concreto, pois em março de 1779 Panckoucke vendeu suas obras de Voltaire por 300 mil libras a um terceiro, um homem que era pelo menos seu igual em termos de empreendimentos e maquinações: Beaumarchais. Essa venda abriu caminho à grandiosa edição de Kehl das obras de Voltaire. Também concluiu uma sucessão de ofertas vultosas, que ilustram o quanto estava em jogo nos empreendimentos do Iluminismo e como era vasto o mercado para as obras dos filósofos, segundo os cálculos dos empreendedores que nele atuavam.[20]

Nesse ínterim, qual fora o destino das obras de Rousseau? Panckoucke deixara as negociações a cargo dos editores de Neuchâtel, que se haviam atrapalhado ao lidar com Girardin e os genebrinos. Em janeiro de 1779, foram vencidos por uma oferta melhor feita a Thérèse Levasseur, fracassando também em forçar sua participação no consórcio genebrino que ganhara a disputa. A seguir, tramaram falsificar a edição genebrina junto com Duplain, que deveria usar sua influência para conseguir o monopólio do mercado francês. Mas também esse plano falhou, e a STN recorreu a uma série de conspirações semelhantes, primeiro com Regnault, a seguir com Heubach, e então com Boubers. No final, tiveram de aceitar a derrota e uma reprimenda de Panckoucke: "Sois bem a causa, senhores, de que eu tenha perdido esse grande e soberbo empreendimento. Eu teria dado por ele até 40 mil libras. O associado de Genebra jantou hoje comigo. Eu sei quem lhes vendeu o manuscrito. Esse não era caso para pechinchar. Tenho um verdadeiro pesar por ter deixado passar essa oportunidade. O associado vendeu mais de 10 mil em sua viagem".[21]

Mas a culpa fora tão-somente de Panckoucke. Ele poderia ter-se empenhado pelos manuscritos de Rousseau. Em vez disso, deixou-os para trás, abandonou a edição de Voltaire, livrou-se de metade das obras de Buffon — tudo para devotar-se à *Encyclopédie méthodique*, que se tornou o empreendimento máximo de sua carreira.

O ACORDO COM OS EDITORES DE LIÈGE

Talvez houvesse um laivo de sentimentalismo nos frios cálculos de Panckoucke, levando-o a favorecer a *Enciclopédia* em detrimento das outras obras dos filósofos. Ela fora seu primeiro grande projeto, e Panckoucke tencionava que fosse o último, afirmou à STN em julho de 1779: "Todo o plano da *Encyclopédie méthodique* está traçado. Já passei três tratados; os censores estão nomeados, e conto terminar minha carreira com um belo empreendimento".[22] Mas como foi que passou a referir-se à *Méthodique* como se ela lhe pertencesse, e como a escolheu dentre todas as demais opções tentadoras que se lhe apresentaram em fins de 1778?

Independentemente de o sentimento ter sido determinante, a escolha de Panckoucke foi precipitada por uma crise em Liège. Deveria e seus sócios desentenderam-se, enredaram-se em ações judiciais, parecendo incapazes de desvencilhar sua *Enciclopédia* dos tribunais antes de janeiro de 1779, data em que expiraria o prazo para a publicação de seu novo prospecto. No princípio de novembro de 1778, Panckoucke anunciou os apuros como se fossem uma boa notícia: "Aproveitarei sua divisão para fazer retardar seus empreendimentos".[23] Duplain informara que as assinaturas da terceira edição *in-quarto* da *Enciclopédia* estavam sendo vendidas com muita lentidão, e portanto qualquer atraso na *Méthodique* favorecia a *in-quarto*; ademais, naturalmente, se os editores de Liège fracassassem por completo, Panckoucke e os sócios de Neuchâtel poderiam imprimir e vender sua própria edição revista sem dividir os lucros. Contudo, quanto mais Panckoucke pensava no projeto de Liège, melhor lhe parecia, e, em fins de dezembro, decidiu tomar as rédeas do empreendimento em vez de prejudicá-lo.

Embora a aquisição deva ter sido a causa da maioria das "diligências, trabalhos, escritas" a que se refere Panckoucke em suas cartas, ele praticamente não fez menção alguma ao grande evento. "Esquecia a notícia mais importante", acrescentou, quase como se fosse um assunto secundário, no final de uma de suas apressadas mensagens a Neuchâtel.[24] "Entendi-me enfim há dois dias com os livreiros de Liège. Coloco-me à frente do empreendimento. Tudo que tive em vista nessa longa operação foi retardar o empreendimento por seis meses, pois embora não tivessem êxito na maneira pela qual o conceberam, eles nos teriam feito um mal terrível." No mesmo dia, Panckoucke enviou um anúncio ainda mais lacônico a Lyon; logo depois, insistiu com Duplain para que diminuísse em quinhentos exemplares a tiragem da terceira edição, muito embora já houvessem sido impressos diversos volumes, porque os sócios da *Enciclopédia in-quarto* haviam assumido o controle da *Méthodique*.[25]

Esse pedido, que Duplain recusou-se a atender, indica uma mudança inusitada na política de Panckoucke. A princípio, ele advogara a colaboração com os editores de Liège em face da necessidade de proteger a edição *in-quarto*; agora, queria reduzir a tiragem da *in-quarto* em virtude da colaboração com Liège. As referências ao acordo com os editores de Liège em suas cartas subseqüentes foram breves e incoerentes; ora o apresentou como uma manobra defensiva, ora como um bom negócio em si. Era difícil perceber suas intenções. Entretanto, vasculhando atentamente sua correspondência comercial dos anos seguintes, é possível, em retrospectiva, reconstituir o fio condutor dos eventos que resultaram na *Encyclopédie méthodique*.

Panckoucke explicou sua política em relação à *Méthodique* na reunião com os sócios do empreendimento da *in-quarto*, em fevereiro de 1779. Estes devem ter considerado satisfatória sua explanação, pois concordaram em aceitar o novo contrato com os editores de Liège, assinado em

2 de janeiro de 1779, que substituía o contrato original, de 22 de junho de 1778. Mas passados dois anos, todo o negócio parecia envolto em mistério para a STN. Àquela altura, o empreendimento da *Enciclopédia in-quarto* já fora liquidado, deixando um rastro de suspeita e ressentimento, e os editores de Neuchâtel estavam negociando com Plomteux, seu ex-sócio na *in-quarto*, a venda das cotas da *Méthodique* a eles alocadas por ocasião do segundo contrato com Liège. Esse contrato, bem como o anterior, não foi preservado nos papéis da STN, mas a partir da correspondência relativa à venda a Plomteux podemos ter uma idéia do modo como Panckoucke desmantelou o projeto dos editores de Liège e produziu sua própria *Encyclopédie méthodique*.

Para determinar o preço de suas cotas, os editores de Neuchâtel precisavam saber o que elas representavam. Assim, enviaram uma cópia do contrato de 2 de janeiro de 1779 a seu agente em Paris, Quandet de Lachenal, pedindo-lhe que investigasse a operação de Panckoucke. "O dito senhor [Panckoucke] encarregado de cuidar dos nossos interesses como participantes na propriedade dos clichês e de tratar em nosso nome com uma pretensa sociedade formada para o empreendimento de que se trata, encontra-se hoje a trabalhar por seu proveito individual, tendo conseguido, não sei como, fazer desaparecer essa pretensa sociedade, o que, como percebeis, não está absolutamente de acordo com as leis."[26] Em suma, eles se sentiam logrados: "Toda essa tramóia tem muito o ar de um logro para não nos dar algumas inquietações [...] Aliás, nós conhecemos o homem".[27] Após examinar o contrato, Quandet foi da mesma opinião: "Essa companhia, a forma do tratado feito com ela, tudo nesse negócio me parece muito obscuro. O que me parece menos obscuro é que o sr. Panckoucke é o único a ter a chave dessa bela tramóia [...] A companhia, o tratado são, se não estou muito enganado, para ofuscar. É um manto com o qual se quis encobrir projetos pouco leais, do qual se serviram para subtrair a olhos demasiado clarividentes o andamento tortuoso da operação e para em seguida fazer recair sobre uma companhia imaginária ou simples testa-de-ferro a inexecução parcial ou absoluta do primeiro tratado".[28] Eis um bom exemplo das idéias conspiratórias prevalecentes entre os livreiros setecentistas. Mas teria Panckoucke realmente atraído os sócios para uma armadilha?

Esse caso é por demais obscuro, e as provas, escassas, para que se possa declarar a culpa ou inocência de Panckoucke; no entanto, parece-nos importante considerar o julgamento de Plomteux, um veterano do ramo livresco, que conhecia muito bem Panckoucke e que viajara a Paris na primavera de 1781 a fim de averiguar pessoalmente o negócio da *Encyclopédie méthodique*. Ele não enviou um relatório completo aos editores da STN, que lhe haviam revelado suas suspeitas, mas declarou o empreendimento legítimo e bem fundamentado, reiterando sua oferta anterior de comprar a parte da STN. O veredicto de Plomteux satisfez os editores de Neuchâtel. Cancelaram a investigação de Quandet e, tranqüilizados quanto ao valor do empreendimento, conservaram por mais algum tempo suas cotas, embora viessem mais tarde a vendê-las a Plomteux.[29]

Com base nos boatos correntes na praça em 1781, poderíamos concluir que Panckoucke lograra os sócios em 1778-1779 ou os deixara de fora em um empreendimento lucrativo. Mas, apesar dessa ambigüidade fundamental, podemos filtrar da boataria algumas preciosas informações indiscutíveis acerca dos contratos de 22 de junho de 1778 e 2 de janeiro de 1779. Pelo primeiro contrato, Panckoucke vendeu aos editores de Liège o direito ao uso das ilustrações e a proteção representada pelo privilégio. Pelo segundo, adquiriu-lhes o empreendimento. O primeiro era equivalente a um aluguel; o segundo envolvia uma completa reorganização e refinanciamento da operação de Deveria. No que dizia respeito aos sócios de Panckoucke, o primeiro contrato representava um ativo de 105 mil libras e protegia sua *Enciclopédia in-quarto*, postergando a publicação da *Encyclopédie méthodique* e estipulando que as ilustrações não poderiam ser usadas antes de o pagamento ser efetuado. O segundo contrato cancelava a dívida de 105 mil libras e destinava as ilustrações e o privilégio a uma nova associação, que Panckoucke montara a fim de produzir seu próprio tipo de *Encyclopédie méthodique* — que combinaria a organização dos filósofos feita por Suard com a concepção de Deveria, uma série de pequenas *Enciclopédias* organizadas por tema. Em compensação por sacrificarem suas reivindicações sobre as 105 mil libras e dividirem seus direitos sobre as ilustrações e privilégios, os sócios de Panckoucke na *Enciclopédia in-quarto* receberam cotas de sua nova associação.

Foi esse aspecto do acordo que posteriormente pareceu tão suspeito aos editores de Neuchâtel. A desconfiança também se deveu à cláusula sexta do segundo contrato, a qual especificava que os participantes da nova associação não poderiam sacar os lucros auferidos com a nova *Enciclopédia* antes de ela estar esgotada — condição que parecia deixar seus ativos indefinidamente em mãos de Panckoucke e produzir o efeito oposto da cláusula preventiva acerca das ilustrações incluída no primeiro contrato, que ele próprio havia elogiado. Desconfiavam especialmente da associação em si, pois Deveria desaparecera da mesma, deixando Panckoucke em seu lugar, e este, por sua vez, adquirira o controle total, comprando algumas das cotas dos empreendedores de Liège e elaborando o contrato de modo a fazer-se encarregado da administração. Como ele dominava ambas as partes contratantes, parecia estar vendendo algo a si mesmo; e com toda certeza arranjara a transação de maneira a não prejudicar seu interesse pessoal. "Não vos pareceu de início bastante singular", a STN perguntou a Plomteux em 1781, "que o sr. Panckoucke, encarregado de cuidar dos vossos interesses e dos nossos ao negociar com uma sociedade estrangeira, tenha encontrado meio de afastar todos aqueles que a compõem e se tenha tornado, colocando-se no lugar deles, nossa única parte adversária de alguma maneira, com quem somos hoje chamados a discutir esses mesmos empreendimentos?"[30]

Plomteux não negou que o acordo com os empreendedores de Liège beneficiava Panckoucke, mas era evidente que acreditava também haver vantagens para os sócios da edição *in-quarto*. Embora não tenha explicado seu raciocínio, provavelmente pensava da seguinte maneira: em fins de 1778, os empreendedores de Liège encontravam-se desorganizados; não só não conseguiram obter as 105 mil libras para pagar as ilustrações, mas também pareciam incapazes de produzir sua *Enciclopédia*. Entretanto, o projeto era bom. Já atraíra novecentos assinantes e alguns investidores abastados. Em janeiro-fevereiro de 1779, os sócios da *Enciclopédia in-quarto* tiveram uma oportunidade para adquirir o empreendimento e fundi-lo com as operações de Suard, que andavam precisando de capital novo. Já haviam ganho bastante com suas ilustrações. Em vez de dar baixa nas 105 mil libras, poderiam combinar um rico empreendimento a outro e auferir lucros maiores com uma *Enciclopédia* mais grandiosa.

Podemos imaginar Panckoucke desenvolvendo esses argumentos perante os sócios em Lyon, mas a interpretação definitiva sobre seus dois contratos deve permanecer no campo especulativo, e o mesmo vale para a fusão que os seguiu. Parece provável que o grupo de Liège e o da *Enciclopédia in-quarto* tenham ficado cada um com metade das cotas da nova associação. Nesse caso, uma cota do empreendimento da *in-quarto* teria dado direito a metade de uma cota na *Méthodique*; e a STN, que possuíra 5/12 do investimento inicial de Panckoucke nas ilustrações e privilégios (a firma cedera 1/12 de sua participação de 50% a Suard) e 5/24 no empreendimento da *in-quarto*, passou a possuir 5/48 do empreendimento da *Méthodique*. Os editores setecentistas com freqüência dividiam seus empreendimentos em pequenas cotas, que podiam ser negociadas, trocadas ou vendidas. Após o contrato de 2 de janeiro de 1779 abrir-lhes novas possibilidades, os editores da nova *Encyclopédie méthodique* deram início a uma nova rodada de negociações. Naquele ano, Plomteux adquiriu a cota de um quinto de Deveria, e posteriormente comprou um décimo de um dos três outros sócios de Liège. Além desses três décimos, ele possuía 3/48 em decorrência de suas cotas do empreendimento da *in-quarto*. E, em junho de 1781, comprou os 5/48 da STN por 8 mil libras, apesar de, como explicou, "ser a tremer que faço novas despesas por um objeto que foi para mim até o momento apenas uma fonte de perdas, de desgosto e de inquietação".[31]

Esse tipo de retórica fazia parte do jogo. Três meses antes, Plomteux oferecera 5 mil libras, também "a tremer".[32] A STN originalmente estipulara para sua parte o valor de 21 875 libras, e a negociação desenrolara-se por quase um ano, entremeada das lamentações da STN, por ser forçada a baixar tanto o preço de um ativo tão valioso, e das queixas de Plomteux sobre "os riscos desses empreendimentos" e sua "triste experiência" com eles no passado.[33] Na verdade, 8 mil libras representavam provavelmente um preço justo por uma participação de aproximadamente um décimo no empreendimento, mas Plomteux tinha razão em tremer ao pagá-las, pois com isso seus direitos passavam a representar quase metade do empreendimento. O que aconteceu à outra metade é difícil saber. Duplain vendeu sua parte de 12/48 por 12 mil libras a Jossinet, de Lyon, que mais tarde a vendeu pelo mesmo preço a um terceiro, possivelmente Panckoucke. A julgar por alusões contidas nas cartas da STN, Panckoucke pode ter comprado cotas também dos outros empreendedores de Liège. Ele já possuía uma participação de pelo menos 3/48 em conseqüência de suas cotas da edição *in-quarto*, e falava do empreendimento "de que me tornei dono" como se fosse o sócio majoritário.[34]

A CONCEPÇÃO DA SUPREMA "ENCICLOPÉDIA" POR PANCKOUCKE

Panckoucke estava interessado em algo mais do que o controle. A *Encyclopédie méthodique* dominou sua imaginação e atiçou-lhe a paixão por *les grandes affaires*, como ele os chamava, além de seu apetite por lucro. A princípio, é verdade, ele expressara tão-somente desprezo pelo projeto de Deveria que, afirmara, nem mesmo resultaria em uma *Enciclopédia* genuína: "No fundo, essa *Enciclopédia* não é uma enciclopédia".[35] Mesmo depois de adquirir o controle do empreendimento originado em Liège, descrevia negativamente sua participação, justificando-a como uma manobra para defender a *Enciclopédia in-quarto*.[36] Mas essa atitude mudou à medida que ele se deixou absorver cada vez mais pelo negócio: "Trabalhamos na *Enciclopédia* de Liège, e não eu ficaria surpreso de que isso tenha êxito", escreveu à STN em janeiro de 1779.[37] Embora depois da reunião de fevereiro em Lyon ainda se pronunciasse com cautela a respeito das perspectivas da nova obra, seu otimismo cresceu rapidamente.[38] Em abril, parecia totalmente imerso na organização de sua nova *Enciclopédia* — e claramente a considerava "dele": "Sou o único à frente desse grande empreendimento [...] Conto [...] dar sem demora todos os passos necessários para esse grande empreendimento. Tive hoje uma conversa com dois eruditos, que fazem esperar que ele será bem-sucedido. Estou cumulado de tarefas e de negócios difíceis. O tempo é bem curto neste país aqui".[39] Estampou sua personalidade na obra, incorporando os projetos de Suard e Deveria a um plano que eclipsava ambos. "Dei uma reviravolta nesse negócio e espero que se fique contente com isso'', escreveu em junho.[40] ''Essa será a verdadeira *Enciclopédia*. Muitos homens de letras apreciam o meu plano, que não se parece nada com o plano de Liège.'' O que antes parecera o projeto visionário e temerário de um escriturariozinho agora prometia tornar-se a única *Enciclopédia* digna do nome — ''uma obra soberba e a verdadeira *Enciclopédia*''[41] — uma obra que faria a de Diderot e D'Alembert parecer insignificante.

Panckoucke fez das deficiências da *Enciclopédia* original o tema central de sua campanha para promover a *Méthodique*. Iniciou seu primeiro prospecto com uma citação das *Questions sur l'Encyclopédie*, de Voltaire, que com um débil elogio condenara a obra de Diderot, pronunciando-a um ''*sucesso, apesar de seus defeitos*'' (grifo de Panckoucke). ''O sr. de Voltaire desejava ardentemente uma nova edição da *Enciclopédia* em que os erros da primeira fossem corrigidos'', explicava o prospecto. ''Era para essa nova edição que ele havia feito suas *Questões sobre a Enciclopédia*.''[42] Se o apoio de Voltaire não fosse convincente o bastante — e quem não se deixaria influenciar por um pronunciamento do grande homem, então no auge no prestígio? — os que hesitavam em fazer sua assinatura poderiam refletir sobre o conselho do próprio Diderot, cujo relatório acerca dos defeitos de sua *Enciclopédia* poderia ser lido como uma propaganda em favor da de Panckoucke. Tendo originalmente encomendado o relatório com o intuito de promover seu plano para uma edição revista em 1768, Panckoucke fez dele um elemento crucial em sua campanha de vendas de 1781. O prospecto da *Méthodique* citava na íntegra as críticas de Diderot e mostrava como a *Enciclopédia* de Panckoucke as eliminaria, ponto por ponto. Panckoucke foi além em uma parte do material promocional restante. Os prospectos individuais dos dicionários que comporiam a *Encyclopédie méthodique* ressaltavam as impropriedades da abordagem de Diderot em cada tema desenvolvido pelos autores de Panckoucke. Até mesmo Jacques-André Naigeon, o discípulo de Diderot que preparou o dicionário de filosofia, revelou que o mestre ficara insatisfeito com seus próprios verbetes sobre temas filosóficos e planejara aperfeiçoá-los em uma edição posterior.[43] E Panckoucke assevcrava que os dez últimos volumes dos dezessete de texto na obra de Diderot eram pouco mais do que um trabalho de tesoura e cola, montado às pressas pelo cavaleiro de Jaucourt e uma equipe de copistas, que extraíram o material de obras de referência tradicionais.[44]

Panckoucke não menosprezou por completo a *Enciclopédia* original.[45] Ao contrário, alegou apreciá-la mais do que o próprio Diderot, pois desejava persuadir o público de que a *Encyclopédie méthodique* incorporaria todos os elementos positivos de sua antecessora, eliminando os negativos. Mas objetava à concepção de organização da *Enciclopédia* original, e não meramente à inadequação das informações nela contidas. O Discurso Preliminar de D'Alembert acertara ao identificar a origem daquela concepção na nova abordagem do conhecimento e da natureza iniciada por Francis Bacon, argumentava Panckoucke; mas o texto principal não levava em conta essa percepção, pois seguia a ordem alfabética em vez de organizar o material sistematicamente — ou seja, segundo o modo como o homem acumulara o conhecimento e elaborara as ciências. Diderot e D'Alembert haviam adotado a ordem alfabética por conveniência, e esse procedimento tivera suas razões no princípio, antes de perceberem a enormidade da tarefa a que se propunham, quando esperavam produzir apenas dez volumes de texto. Mas leitor algum poderia obter um quadro coerente de uma ciência vasculhando os dezessete volumes que Diderot acabara produzindo.

Panckoucke sanaria esse defeito organizando sua *Enciclopédia* em 26 subenciclopédias, cada uma abrangendo um ramo do conhecimento, da matemática e física ao comércio e "artes e ofícios". A idéia partira de Deveria, embora Panckoucke não citasse a fonte, mas ele modificou o plano original em um aspecto importante. Enquanto Deveria propusera reagrupar os verbetes da *Enciclopédia* de Diderot em tratados distintos, Panckoucke manteve a ordem alfabética em cada uma das subenciclopédias, ou *dictionnaires*, como os denominou. Desse modo, não pareceriam pálidas imitações dos tratados existentes e conservariam sua utilidade como obras de referência. Ademais, poderiam ser lidas como tratados, pois cada autor iniciaria seu dicionário com uma *table d'analyse*, expondo os principais conceitos de sua ciência e a ordem segundo a qual cada verbete deveria ser lido pelos que buscassem uma visão sistemática do tema. Por exemplo, o leitor que desejasse uma introdução à física iria ao dicionário de Monge e começaria com o verbete "Movimento", passando para "Velocidade", "Força" e assim por diante, na ordem recomendada por Monge. Outro leitor talvez desejasse saber o que é o "ar". As experiências de Lavoisier tornaram essa questão fascinante para muitos franceses instruídos, que percebiam o colapso iminente da velha teoria dos quatro elementos mas não conseguiam compreender a revolução na química responsável pela derrocada da antiga visão do universo. O leitor em dúvida deveria procurar o dicionário de química, o de física ou o de medicina? Panckoucke explicava que ele deveria ir direto à vigésima sétima parte da *Encyclopédie méthodique*, o *vocabulaire universel*, que não apenas serviria de índice para toda a obra, mas constituiria também um dicionário dos dicionários — um supremo repertório de todas as idéias e palavras da língua francesa, cada uma delas definida e classificada segundo seu lugar na estrutura do conhecimento. O *vocabulaire universel* mostraria que o "ar" apareceria como uma substância decomponível no dicionário VI (química) e como um elemento ativo no dicionário II (física).

Panckoucke evidentemente não se preocupou com a possibilidade de uma mesma coisa ser tratada de maneiras contraditórias em diferentes dicionários ou de que as visões contraditórias entre os cientistas e filósofos pudessem não ser removidas pela cuidadosa ordenação e distribuição da obra. Ao que tudo indica, as ligações entre palavras e coisas pareciam-lhe evidentes por si mesmas, e ele não se angustiou com a base epistemológica do empreendimento.[46] Sua abordagem era taxionômica e organizativa: se pudesse assegurar que cada palavra fosse colocada em seu lugar próprio em cada dicionário e que cada dicionário se inserisse no lugar adequado da *Enciclopédia*, ele produziria "uma biblioteca completa e universal de todos os conhecimentos humanos".[47] Essa ambição exaltou a imaginação de Panckoucke. Ele se envaidecia com a idéia de construir "um dos mais belos monumentos que os homens, em qualquer tempo, jamais tenham erguido à glória das letras, das ciências e das artes".[48] A glória caberia a ele, que tencionava planejar e montar a super *Enciclopédia*, e não meramente publicá-la. Chegou mesmo a propor-se a composição de alguns verbetes, inclusive uma história do enciclopedismo, que explicaria a evolução das edições.[49] Segundo a carta de um assinante, que Panckoucke publicou em seu material promocional, a obra o "imortalizaria".[50] Independentemente de Panckoucke ter ou não permitido em seus pensamentos íntimos que suas esperanças alçassem tão alto vôo, sua correspondência mostra que se identificou cada vez mais com o empreendimento à medida que este foi se tornando mais e mais grandioso, até eclipsar todos os seus negócios anteriores. Tamanho era seu arrebatamento em 1780 que ele provavelmente acreditava em seus próprios argumentos de vendedor, inclusive em todos os superlativos do prospecto, que prometia "a coletânea mais rica, mais vasta, mais interessante, mais exata, mais completa e mais coerente que se possa desejar".[51]

Panckoucke encarregou-se da tarefa com uma postura que era ao mesmo tempo a de um administrador e a de um filósofo, como ficava bem a um empreendedor do Iluminismo. Dividiu o universo cognitivo em suas partes constituintes — a princípio, vinte ramos do conhecimento, passando a 26 na época do lançamento do prospecto e chegando a superar cinqüenta no final — e cada um deles deveria ser abordado em um dicionário. A seguir, contratou várias pessoas para recortar duas cópias da *Enciclopédia* original e do *Supplément* e arquivar cada verbete segundo as 26 rubricas. Essa tarefa não só era demorada e árdua (levou cerca de um ano), mas requeria um excelente discernimento editorial, pois as rubricas de Panckoucke não coincidiam com os títulos dados aos verbetes do texto de Diderot. Para cortar e catalogar era preciso saber conduzir-se pelas fronteiras de todos os campos do conhecimento e decidir onde inserir os verbetes que caíssem em territórios disputados. De fato, não seria possível àqueles homens operar sem a supervisão de um polímata. Provavelmente esse papel coube a Suard. Embora Panckoucke não o mencionasse no prospecto em que descreveu o modo como elaborou a *Méthodique*, contratara Suard para realizar justamente aquele tipo de operação de recorte e classificação na *refonte* que haviam planejado produzir em associação com a STN em 1776. Como já mencionado, o trabalho de Suard chegara a um estágio avançado antes de o empreendimento da *Enciclopédia in-quarto* obrigá-lo a abandonar a tarefa. É provável que a tenha retomado ou, pelo menos, entregue o material a Panckoucke, quando este transferiu seu interesse da *in-quarto* para a *Méthodique*.

A seguir, Panckoucke passou a reunir uma equipe de enciclopedistas. Fez visitas às academias e salões parisienses, recrutando o melhor homem que pudesse encontrar em cada assunto a ser abordado. Essa campanha deve ter requerido muito jogo de cintura e muitas negociações, pois Panckoucke firmou contratos separados com o autor ou os autores de cada dicionário; entretanto, o prospecto indicava que procedera com organização baconiana. Tendo reunido seus peritos, explicava, Panckoucke pediu-lhes que decidissem acerca das fronteiras de suas ciências — tarefa nada fácil nos casos em que os campos se sobrepunham, como em matemática, física e química, ou em que o próprio tema não se desenvolvera ainda como uma disciplina autônoma, como na economia, que jazia latente sob o rótulo de economia política. Panckoucke apresentou então a seus autores os recortes extraídos da *Enciclopédia* original e do *Supplément*, o que lhes eliminou a necessidade de vasculhar todos os 21 volumes do texto original. Após cuidadoso estudo dos recortes, os autores puderam avaliar a cobertura dada anteriormente às suas áreas, decidindo os hiatos que deveriam ser preenchidos por estudos adicionais e quais conceitos básicos iriam receber um tratamento mais pormenorizado. Elaborariam uma lista de palavras-chave, cada qual merecendo um ensaio, em contraste com termos secundários, que seriam apresentados com definições nos moldes dos dicionários. A seguir, classificariam as palavras-chave segundo a ordem de importância, formando as *tables d'analyses* para orientar os leitores que desejassem estudar os dicionários como tratados. Escreveriam um discurso preliminar, explicando a história de sua matéria e as principais tendências na literatura sobre o assunto. E então comporiam seus textos. Os homens que Panckoucke encarregara dos recortes e classificações também elaboraram um "índice das palavras comuns e equívocas", que cada autor consultaria para evitar repetir ou contradizer o trabalho dos colegas.[52] No final, portanto, todas as partes se encaixariam em um todo harmonioso, formando a corrente ininterrupta de todo o conhecimento. O projeto de Panckoucke foi permeado por uma preocupação quase lineana com a denominação e catalogação e por uma convicção, como a de Condorcet, de que o conhecimento era progressivo, coerente e redutível às dimensões de uma única súmula que teria o dobro do tamanho do compêndio original de Diderot.

A *Encyclopédie méthodique*, tão harmoniosa na concepção de Panckoucke, acabou se tornando uma monstruosidade. Ela cresceu desproporcionalmente porque Panckoucke, como editor responsável, não conseguiu mantê-la sob controle. Esse papel de Panckoucke permanece obscuro, mas podemos vislumbrá-lo examinando os dossiês de um dos autores que ele recrutou, Auguste-Denis Fougeroux de Bondaroy, e dos colaboradores deste nos dicionários sobre temas botânicos.

Embora já tenha sido esquecido, Fougeroux de Bondaroy era tão imponente em sua época quanto o som de seu nome. Usufruía uma grande fortuna e se dedicava à botânica, tendo entrado para a Academia de Ciências seguindo os passos do tio, o eminente botânico Henri-Louis Duhamel du Monceau. Compôs ensaios sobre os ofícios para a *Description des arts et métiers* da Academia e sobre diversos outros temas, inclusive fisiologia e arqueologia. Mas era mais famoso por seu conhecimento sobre as árvores. Sua especialização nessa área levou Panckoucke a procurá-lo para trabalhar na *Méthodique*. Ao traçar seus primeiros planos para o dicionário de botânica, Panckoucke fora inicialmente procurar o grande naturalista Jean-Baptiste-Pierre Antoine de Lamarck. Mas como o trabalho deste na obra aumentou em tamanho e complexidade, Panckoucke decidiu desenvolver um dicionário separado para os leitores com interesse especial nas plantas cultiváveis. Assim, encomendou um dicionário de agricultura ao abade Alexandre-Henri Tessier, especialista em grãos e membro da Academia de Ciências, e a André Thouin, perito em jardinagem, membro também da Academia e do Jardin du Roi. Mas a agricultura também cresceu excessivamente, levando Panckoucke a procurar Fougeroux para escrever sobre silvicultura e árvores.[53]

Um contrato, assinado em 16 de fevereiro de 1781, estabeleceu as condições da tarefa. Fougeroux comprometeu-se a fornecer verbetes sobre "toda a parte da agricultura referente aos bosques, matas de exploração, semeaduras, plantações e regulamentação das florestas", copiando ou modificando como achasse melhor o material existente na *Enciclopédia* de Diderot. Em troca, Panckoucke assumiu compromissos precisos quanto ao pagamento: "E eu, Charles Panckoucke, prometo e comprometo-me a pagar ao sr. de Fougeroux a soma de 24 libras por cada folha *in-quarto* do dito dicionário, tipo cícero, semelhante àquele com o qual se imprimiu o *Dicionário de física* do sr. Brisson, quer esses artigos sejam inteiramente novos, quer sejam copiados na totalidade ou em parte do dito dicionário enciclopédico. O dito pagamento será feito metade à vista na medida da impressão de cada folha e a outra metade no fim da obra, em minhas letras para quatro, oito e doze meses. Além disso, darei ao sr. Fougeroux um exemplar completo dessa nova *Enciclopédia metódica*".

Essas eram as condições usuais, a julgar pelos doze outros contratos para a *Méthodique* que se encontram preservados. Panckoucke sempre pagava por peça — em geral, 24 libras por texto equivalente a uma folha *in-quarto* em paica, incluindo a revisão das provas. Em vários casos estipulou também prazos, mas não tardou a descobrir que era mais fácil registrá-los em contrato do que vê-los cumpridos.[54]

Após firmar o contrato com Panckoucke, Fougeroux começou a receber instruções e cartas circulares, que mantinham os autores informados sobre a situação do empreendimento. A primeira circular chegou-lhe às mãos em novembro de 1782, logo que Panckoucke completou a impressão da primeira leva de cadernos a serem remetidos para os assinantes, e mostrou que o entusiasmo do editor era imenso. ''Estou em condição, senhores, de fazer avançar esse empreendimento tão vigorosamente quanto desejais. E se se quiser secundar-me, respondo que ele estará terminado em três anos em vez de cinco. No próximo ano haverá 18 mil resmas de papel em estoque. Tratei com dezoito impressores que se obrigaram cada um a uma fonte nova, e essas fontes já estão entregues em parte. Há atualmente, incluído o volume de ilustrações, dez obras diferentes no prelo.''[55] Nas cartas subseqüentes, Panckoucke não se restringiu ao aspecto administrativo da publicação. Em julho de 1783, enviou a Fougeroux algumas ''observações imparciais'' sobre silvicultura. Um ano depois, forneceu uma ''pequena brochura'' para ser usada ''na parte dos bosques''.[56] Além disso, obteve informações junto a alguns de seus amigos influentes: ''O sr. de Malesherbes mandou vir enxertos de pereira de Turgovie. As melhores espécies de pereira para a sidra são:

a *carisi* }
a *gromenil* } na direção de St. Germain''.[57]

Enquanto transmitia informações a Fougeroux, Panckoucke providenciou para que um certo Teller d'Acosta esboçasse alguns dos verbetes. Fougeroux precisava de reforços, pois atrasara-se muito com relação ao cronograma, e toda vez que Panckoucke lhe pedia texto, replicava com queixas sobre suas responsabilidades familiares e sua dificuldade para coordenar seu trabalho com o de outros autores, particularmente Lamarck.[58] Nesse ínterim, porém, Teller enredara-se também em problemas. Delegara parte do trabalho a um assistente ainda menos conhecido, mas esse sistema de subcontratação não fora capaz de acelerar o fluxo de cópias. ''O tempo que me dais, senhor, é muito curto para prometer-vos um trabalho bem-feito para o final do ano'', Teller protestou em carta a Panckoucke.[59] ''Eu precisaria de pelo menos dois anos para reunir tudo que é necessário e para redigir.'' Em conseqüência, Panckoucke livrou-se dos auxiliares e instou Fougeroux a prosseguir sozinho: ''Tendes isso pronto em vossos papéis e nos do senhor vosso tio [Duhamel du Monceau]. O atraso me prejudicaria infinitamente. O público se queixa de que se lhe dá sempre a mesma coisa, e não posso estabelecer a confiança senão lhe mostrando que trabalhamos sobre todas as partes''.[60] O editor queria trabalho original, e rápido. Mas não tinha como intimidar um ilustre acadêmico de meia-idade. Embora se referisse com discrição ao pagamento, provavelmente não esperava que o dinheiro fosse motivar um homem tão rico como Fougeroux.[61] Panckoucke precisava lisonjear aquele botânico para arrancar-lhe o texto, pressioná-lo jeitosamente com bilhetes e marcar entrevistas, sempre mantendo um tom respeitoso: ''Panckoucke apresenta todos os seus respeitos ao sr. de Fougeroux [...] Roga-lhe o favor de lhe conceder um quarto de hora para conferenciar com ele''.[62]

Após quatro anos de bajulação, Panckoucke ainda não conseguira o dicionário de árvores e silvicultura; tentou, então, um ultimato muito obsequioso:

> Não me escreveis a carta que tivestes a bondade de me prometer e que seja para mim uma nova garantia de que terminareis esse dicionário dos bosques no tempo prescrito por meus compromissos com o público, ou seja, para 1788. Se mudastes de resolução, seria uma infelicidade para mim, para o público, para a obra. Mas, enfim, comunicando-mo imediatamente, procurarei alguém que vos possa substituir, e então essa parte seria fundida com a do sr. abade Tessier, pois não consentirei em fazer dessa parte um dicionário separado a menos que ela seja vossa obra e porque apenas vós podeis, senhor, por vossos conhecimentos nesse gênero, dar-lhe toda a perfeição de que é suscetível.[63]

Quando, passados mais dois anos, ficou evidente que essa tática falhara, Panckoucke encontrou outro colaborador para Fougeroux. Encomendou a Jean Senebier, botânico de Genebra, uma série de ensaios sobre fisiologia vegetal que acompanhariam palavras-chave do dicionário: ''*Ar, Bosques, Botões, Folhas, Flores, Frutos, Casca, Luz, Raiz, Seiva* e *Vegetação*''. Senebier, apesar de sua vasta cultura (traduzira Spallanzani e escrevera textos originais sobre bibliografia e história, além de biologia), era um modesto pastor e bibliotecário. Era seis anos mais novo do que Panckoucke, em contraste com Fougeroux, quatro anos mais velho e membro da Academia de Ciências. Com ele, portanto, Panckoucke podia adotar um tom mais peremptório e estabelecer diretrizes mais detalhadas:

> Sou apressado a imprimir. Há queixas de que dicionários não estão começados [...] Em vão digo que, ao associar outras pessoas ao meu trabalho, muitas partes serão infinitamente mais bem tratadas. O livreiro não está satisfeito. Esforcemo-nos então, senhor, suplico-vos, justamente e sem que a obra sofra com isso, por contentá-lo, e aqui estão, creio, os meios de consegui-lo.
>
> Em um dicionário, é possível remeter de uma palavra a muitas outras e formar por uma reunião um raciocínio que satisfaça o leitor. Como come-

> çamos, temos toda a liberdade da escolha de uma letra ou de uma outra, e eu preferiria uma quantidade de semelhantes chamadas, que dão a possibilidade de aperfeiçoar o trabalho.
>
> Penso ainda, senhor, que a física vegetal está ainda tão pouco esclarecida que seria muito presunçoso tomar um partido e decidir por um ou outro dos pontos de vista. Como dizeis muito bem, é preciso restringir-se ao relato das opiniões [...] Se conheceis alguns fatos que lhes tragam dúvidas, penso que seria preciso não os omitir, mas sem sustentar cada uma dessas opiniões de maneira que o leitor imagine que seja considerada como irrevogavelmente estabelecida [...]
>
> Na palavra "ar", o melhor seria, creio, considerá-lo naquilo em que é necessário à vegetação; e depois de ter relatado os pontos de vista que se sustentaram sobre a maneira pela qual ele se introduz nas plantas, anunciar dúvidas sobre essa parte, se as tiverdes. Parece, na verdade, que ele se introduza no interior das plantas por vários meios, que ali se decomponha; e é para dar a inteligência disso e de seu próprio ponto de vista que será necessário indicar aos leitores as descobertas que se fizeram sobre a decomposição do ar, sem entrar nos detalhes que pertencem aos dicionários de física e de química. Portanto, será muito bom estabelecer, a partir de vossas observações, como entra nas plantas apenas o ar invariável dissolvido na água que a luz elabora e faz sair sob a forma de ar puro [...]
>
> Não creio, senhor, nessa parte de que tratamos, dever falar da nova doutrina que substituiu o flogístico. A questão está muito embaralhada até aqui, e penso que ainda se está a disputar sobre as palavras, e é preciso limitar-se, como dizeis, a dar explicações sobre os fatos da vegetação, empregando as duas maneiras de se anunciar e esse discernimento ocorre naturalmente na palavra estiolamento.[64]

Essa carta mostra que Panckoucke agiu, pelo menos em algumas ocasiões, como o Diderot e o Le Breton da *Encyclopédie méthodique*. Não só trocou as tarefas e indicou como o autor deveria abordar um tema, mas também se infiltrou nos territórios mais disputados nos debates científicos da época. Ele praticamente ditou a Senebier quais os aspectos de que deveria duvidar e quais observar. Esse botânico concluíra recentemente uma série de experimentos que mostravam como a luz afetava a nutrição dos vegetais, alçando-se ao patamar dos cientistas da estirpe de Marcello Malpighi, Charles Bonnet, Joseph Priestley e Jan Ingenhousz, que desenvolveram a teoria química da fisiologia vegetal. Não obstante, Panckoucke, sem o menor constrangimento, deu-lhe lições sobre o fogo e o ar. De fato, chegou a alertá-lo contra declarar a inexistência do flogístico, muito embora outros colaboradores da *Encyclopédie méthodique* já houvessem condenado a teoria do fluido da combustão. Naturalmente, seria despropositado esperar que um homem de negócios como Panckoucke fosse capaz de assimilar a idéia do ciclo do oxigênio que Fourcroy e Guyton de Morveau estavam desenvolvendo junto com Lavoisier justamente naquela época. Panckoucke refugiou-se em uma postura teórica baconiana, segura e tentou deixar espaço em sua obra para sistemas científicos concorrentes. O que parece digno de nota é o fato de ele discorrer acerca de *air fixe* e *air pur* como se os tivesse conhecido no laboratório, e não o de empregar o vocabulário de sua época; ou ainda que dissesse a um ilustre botânico como escrever sobre *physique végétale*, e não que distribuísse as tarefas. Como editor, Panckoucke não foi adepto do *laissez-faire*.

No entanto, suas intervenções não aceleraram a produção dos autores. Em novembro de 1788, Panckoucke enviou-lhes outra circular:

> Senhores,
>
> Estou cumulado de queixas dos assinantes da *Enciclopédia*; hoje as coisas chegaram mesmo a um ponto que não devo mais vos ocultar o que se passa.
>
> A lentidão da publicação de algumas partes das quais nada ainda foi publicado, o atraso de várias outras, das quais se publicaram apenas alguns volumes, a incerteza do tempo em que a obra estará terminada, tornaram minha posição extremamente crítica [...]
>
> A sorte da *Enciclopédia*, senhores, depende inteiramente de vós. Tenho compromissos, desejo cumpri-los, nisso sacrificarei minha vida e minha fortuna; mas não posso nada sem vós, senhores. Não se trata mais de fazer vãs promessas, é um compromisso positivo e solene de vossa parte que reclamo.

Panckoucke observa que alguns dos autores não haviam produzido coisa alguma em seis anos, apesar dos prazos estipulados em seus contratos. Fougeroux comprometera-se e deixara de honrar o acordo durante exatamente aquele período, e Panckoucke lembrou-lhe, em um pós-escrito pessoal, que ele prometera "da maneira mais solene colocar no prelo este ano. É necessário que haja um meio volume este ano; o sr. de Lamarck está bastante avançado para isso".[65]

Essa é a última carta no dossiê de Fougeroux. Não foi publicado nenhum dicionário sobre árvores e silvicultura em 1788, nem em 1789 e nem nos anos restantes do século XVIII. Ele só foi publicado em 1821, não sob a autoria de Fougeroux, mas do botânico girondino Luois-Augustin-Guillaume Bosc. Julgando-se no dever de dar uma explicação aos assinantes que haviam sobrevivido a quatro décadas de revolução e guerra, Bosc revelou no prefácio que Panckoucke não pretendera produzir um dicionário separado sobre as árvores; ele contratara Fougeroux para escrever para o dicionário de agricultura, mas o autor se atrasara tanto na tarefa que a parte da *Enciclopédia* versando sobre agricultura só pôde ser lançada quando Panckoucke suprimiu os verbetes sobre árvores, deixando-os para serem cobertos por um dicionário subseqüente.

Longe de ter seguido o bem elaborado plano original de Panckoucke, a segmentação da *Enciclopédia* em dicionários ocorrera a esmo. A deselegância no tamanho e na forma da obra deveu-se ao fato de que o planejamento teve de ceder às fraquezas humanas, das quais Fougeroux foi o mais acabado representante: "O sr. Fougeroux de Bondaroy era idoso, era enfermo, e por caráter adiava sempre para o dia seguinte o que havia projetado fazer na véspera", explicou Bosc. "Assim, quando as primeiras folhas fornecidas por meus colaboradores Tessier e Thouin estavam prontas para ser entregues à impressão, ele não tinha ainda escrito uma linha." Depois de perder o primeiro prazo, Fougeroux prometera cumprir o segundo. Mas "apesar dessa promessa, a primeira parte da obra do sr. Fougeroux de Bondaroy não foi publicada em 1787, pois seu estado físico e moral agrava-se a cada dia. Ele pôde fornecer apenas, às insistentes solicitações do sr. Panckoucke, duas ou três folhas, das quais a metade não era dele; enfim a morte veio atingi-lo em 1789. Então a Revolução estourava; então o comércio livreiro aniquilava-se".[66]

OS AUTORES DA "ENCYCLOPÉDIE MÉTHODIQUE"

Não se pode considerar Fougeroux, ou qualquer outro dos autores de Panckoucke, o exemplo típico do enciclopedista. Eles formavam um grupo heterogêneo — médicos, advogados, professores, altos funcionários do governo, literatos — mas possuíam algo em comum: a preeminência. Embora hoje em dia a aura de sua celebridade já esteja bem empalidecida, na década de 1780 eles se destacavam como os mais ilustres intelectuais da França. Àquela época, a distinção intelectual tendia a ser medida pela participação nas sociedades acadêmicas parisienses, cuja influência sobre a vida cultural francesa estava então no auge. Dos 73 principais colaboradores da *Encyclopédie méthodique* em 1789, quinze eram membros da Academia de Ciências, sete da Academia Francesa, sete pertenciam a alguma das demais academias parisienses, dezoito à Société Royale de Médecine e oito à Société Royale d'Agriculture. A porcentagem de acadêmicos entre os colaboradores de Panckoucke era o dobro da encontrada entre os de Diderot.[67] Os autores de Panckoucke também eram membros de tantas outras academias nas províncias e fora do reino que não as arrolaram na íntegra sob seus nomes na *Méthodique*. Os dois autores do *Dictionnaire de physique*, por exemplo, foram apresentados na página de rosto simplesmente como membros da Academia de Ciências. Mas um deles, Joseph-Jérôme Lefrançois de Lalande, pertencia a sociedades acadêmicas de Berlim, Londres, São Petersburgo, Bolonha, Estocolmo, Göttingen, Roma, Florença, Cortona, Mântua e Haarlem. O outro, abade Charles Bossut, era membro de sociedades acadêmicas em São Petersburgo, Bolonha, Utrecht e Turim. Panckoucke fez da predominância de acadêmicos entre seus autores um argumento de venda para a obra:

"Cem autores da capital ocupam-se dela atualmente, e a maior parte é ou da Academia francesa, ou da das ciências, ou das inscrições",* vangloriou-se, com certo exagero, em seus textos de propaganda de 1789.[68] Não se contentou com imortais medíocres, recrutando os mais egrégios membros daquelas sociedades: o marquês de Condorcet, secretário perpétuo (isto é, permanente) da Academia de Ciências, Jean-François Marmontel, secretário perpétuo da Academia Francesa, Félix Vicq d'Azyr, secretário perpétuo da Société Royale de Médecine, Pierre-Marie-Auguste Broussonet, secretário perpétuo da Société Royale d'Agriculture, Antoine Louis, secretário perpétuo da Academie Royale de Chirurgie.

Essas academias constituíram a principal base institucional dos enciclopedistas e também lhes abriram caminho para ocuparem nichos especiais na complexa superestrutura do Antigo Regime. Quatro dos autores dos dicionários de biologia — Louis-Jean-Marie Daubenton, Jean-Baptiste-Pierre-Antoine de Lamarck, Antoine-François de Fourcroy e André Thouin — tinham cargos no Jardin du Roi além de pertencerem à Academia de Ciências. Com exceção de Lamarck, os outros três pertenciam à Société Royale d'Agriculture. E enquanto ocupava essas posições, Daubenton dava aulas no Collège Royal, e Fourcroy atuava como censor régio. Era com esse entrelaçamento de funções que se faziam as carreiras científicas no século XVIII, e assim os cientistas asseguravam sua manutenção. Os mais graduados *pensionnaires* da Academia de Ciências recebiam pensões de 2 mil libras em troca de seus serviços para o Estado. Concedendo patentes (privilégios) e desmascarando os impostores, por exemplo, eles atuavam como guardiães oficiais da linha que separava a atividade científica legítima da ilegítima.[69]

Vários enciclopedistas sustentavam-se ministrando aulas — não nas tradicionais faculdades das universidades, mas em escolas técnicas destinadas a atender às necessidades do Estado. O abade Bossut e Gaspar Monge ensinavam geometria na École du Génie, em Mezières. Jean-Pierre-François Duhamel dava aulas de metalurgia na École des Mines. Edme Mentelle e Louis-Félix Guinement de Kéralio lecionavam geografia e tática na École Militaire. Honoré-Sébastien Vial du Clairbois e Blondeau ensinavam engenharia, construção naval e matemática na École de la Marine. Esses homens discorriam em sala de aula sobre os mesmos assuntos que apresentavam na *Méthodique*; seus textos derivavam diretamente de sua atividade profissional. Tratava-se de uma nova tendência — no passado, as obras didáticas costumavam ser escritas por amadores — que deixou sua marca nos dicionários técnicos da *Méthodique*, escritos por profissionais técnicos. Jean-Marie Roland de la Platière, um *inspecteur des manufactures*, compôs a maior parte do vasto dicionário de *Arts et métiers*.

(*) Académie des Inscriptions et Belles-Lettres. (N. T.)

Nicolas Desmarets, também *inspecteur des manufactures*, escreveu o *Géographie physique*. De Surgi, ex-*premier commis des finances*, foi autor do dicionário de *Finances*. E Gaspard-Clair-François-Marie Riche de Prony, *inspecteur des ponts et des chaussés*, compôs o *Ponts et chaussés*. A principal exceção a essa regra foi o dicionário de comércio, escrito pelo abade Nicolas Baudeau, um fisiocrata célebre, mas que possuía apenas conhecimento teórico de sua matéria. Ele poderia ter aprendido muito com Panckoucke.

Panckoucke reuniu um notável grupo de médicos para escrever sobre medicina, e de advogados para escrever sobre direito. Ressaltou que o *Dictionnaire de médecine* fora composto por "vinte médicos, quase todos da Sociedade Real de Medicina".[70] Seu principal autor, Vicq d'Azyr, fizera da Société um grande centro de saúde pública e, com a ajuda de Turgot, colocara a prática médica a serviço do Estado. Como médico do conde d'Artois e mais tarde da rainha — dizia-se que Maria Antonieta chamava-o *mon philosophe* — ele se tornou uma espécie de cortesão e construiu um império.[71] Seus principais colaboradores — Dehorne, Charles-Louis-François Andry, Nicolas Chambon de Montaux, Jean Colombier, François Doublet, Dieudonné Jeanroi e Jean Verdier — conheciam a fundo os achaques da aristocracia. Quando Andry refletiu sobre sua carreira, dedicada toda ela a cuidar de pacientes nascidos em berço de ouro, declarou: "Eu afidalguei a medicina".[72] Os advogados recrutados por Panckoucke atuavam igualmente nas altas esferas. A maioria deles — homens como Pierre-Paul-Nicolas Henrion de Pansey, Jacques-Vincent Delacroix e o abade Antoine-René-Constance Bertolio — eram célebres advogados parisienses, embora pelo menos dois, Jean-Philippe Garran de Coulon e Jacques Peuchet, parecem ter sido homens de poucas posses, ávidos por trabalho. Talvez os primeiros tenham deixado o árduo trabalho preliminar para esses dois. Um *avocat au parlement*, Le Rasle, coordenou a produção dos textos, auxiliado por Antoine G. Boucher d'Argis, um eminente *conseiller au Châtelet*, que havia contribuído com mais de 4500 verbetes para a *Enciclopédia* de Diderot.

Os literatos que escreveram para a *Méthodique* provinham dos salões e academias da capital. Seus caminhos levavam todos à Academia Francesa e se cruzavam nas noitadas de terça-feira em casa do barão d'Holbach, rue Royale Saint-Roch, nos jantares de mme. de Marchais, no Pavillion de Flore, nas redações do *Mercure* e da *Gazette de France* e nas antecâmaras de Versalhes. Eles governavam a República das Letras, mas seu universo parece ter-se tornado menor durante os últimos anos do Antigo Regime, com o envelhecimento e a morte das grandes figuras do Iluminismo. Marmontel e Nicolas Beauzée, da Academia Francesa, produziram o único dicionário da *Méthodique* destinado à literatura propriamente dita. Suard e seu colega jornalista-acadêmico, o abade François Arnaud, originalmente haviam planejado produzir o dicionário de belas-artes; mas Arnaud afastou-se, e Suard mudou para o dicionário de música, que acabou delegando a outro de seus companheiros de salão, Pierre-Louis Ginguené. O dicionário de belas-artes foi então encomendado a um dos antigos colaboradores de Diderot, Claude-Henri Watelet, outro acadêmico, e após sua morte, em 1786, passou para um protegido de Diderot, Pierre-Charles Lévesque, da Académie des Inscriptions et Belles-Lettres. Antoine-Chrysostome Quatremère de Quincy, já consagrado como autoridade em arqueologia e arquitetura clássica, compôs o dicionário de arquitetura. Gabriel-Henry Gaillard, da Academia Francesa e da Académie des Inscriptions et Belles-Lettres, escreveu o dicionário de história. E Pierre-Louis Lacretelle, advogado e literato do *Mercure*, produziu o dicionário de metafísica, lógica, ética e educação. Estes filósofos da geração mais recente parecem ter provindo do círculo mais íntimo de Panckoucke e seu cunhado Suard. Jean-François La Harpe, que chegou a pertencer a esse círculo, observou com sua costumeira mordacidade que um "espírito de partido" ditara a escolha dos enciclopedistas feita por Panckoucke: "O livreiro Panckoucke, que está à frente do empreendimento, escolheu todos aqueles que lhe foram indicados pelo sr. Suard, seu cunhado; e é assim que todos os empreendimentos literários serão conduzidos, quando houver um livreiro à frente".[73] De fato, os filósofos que Suard recrutara para a *refonte* de Panckoucke em 1776 provavelmente compuseram o núcleo da equipe de Panckoucke na *Méthodique*. No mínimo, pertenciam todos ao mesmo mundo.[74]

Com toda a sua celebridade, esse mundo tinha lugar para alguns literatos menores, que provavelmente produziram boa parte do texto da *Méthodique*. É bem possível ter havido alguns repasses de trabalho, como sugerem as transações de Panckoucke com Fougeroux de Bondaroy. E quando os grandes astros de Panckoucke deixavam de fornecer os textos, ele os encomendava aos menos graúdos. Nicolas-Etienne Framery, escritor mercenário que com freqüência produzia textos encomendados por Panckoucke, trabalhou arduamente ao lado de Ginguené após Suard ter abandonado o dicionário de música. Quando Panckoucke precisava de um verbete sobre algum ofício ou profissão para o *Dictionnaire des arts et métiers*, pedia-o a Jacques Lacombe que, depois de se habilitar como advogado e se tornar mestre na corporação dos livreiros parisienses, juntou-se à equipe de escritores de Panckoucke. Embora conservando seu lugar na corporação, Lacombe parece ter sido um satélite dos negócios editoriais de Panckoucke, e produziu os mais frívolos dicionários da *Méthodique*: *Caças e pescas*, *Arte aratória*, *Distrações das ciências*, *Enciclopediana* e *Jogos matemáticos*. Estes foram mais um trabalho de montagem, que Panckoucke encomendou a Lacombe pensando em arrancar mais dinheiro dos assinantes com a produção de mais dicionários. Cogitou também de vendê-los como obras separadas, para explorar o mercado de literatura amena (a *Encyclopédiana* continha principalmente piadas, e as *Jeux mathématiques*, charadas). Ao eclodir a Revolução, Panckoucke encomendou um *Dictionnaire de l'Assemblée Nationale* a outro de seus enciclopedistas, Jacques Peuchet. Julgou que o mercado poderia absorver cinco volumes, mas Peuchet, advogado desempregado transformado em jornalista e burocrata revolucionário, produziu apenas um — na verdade, o volume 2, não indo além da letra *a* — antes de Panckoucke descartar o projeto.

Esses dicionários suplementares de amenidades não se enquadravam no estilo austero e erudito prevalecente na *Encyclopédie méthodique* e os autores que o compuseram diferiam dos demais enciclopedistas em um aspecto importante: ganhavam a vida escrevendo. A grande maioria dos autores de Panckoucke não sobrevivia desse modo. Recebiam pensões de suas academias, salários pelas aulas que ministravam, estipêndios de cargos honoríficos e subsídios de seus jornais.[75] Alguns enciclopedistas viviam de rendas, derivadas das fontes tradicionais de riqueza no Antigo Regime: terra, *rentes* e cargos públicos. O único deles a operar nos altos escalões do erário foi Watelet, o crítico de arte, que era recebedor-geral no complexo sistema de tributação do Estado. Watelet talvez tenha sido mais rico até do que o próprio Panckoucke, embora ao morrer deixasse dívidas de um milhão de libras.[76] Louis-Bernard Guyton de Morveau, que produziu o dicionário de química, deve ter desfrutado uma renda vultosa com seu cargo de *avocat géneral* no Parlamento de Dijon antes de mudar-se para Paris. Boucher d'Argis viveu também em grande estilo como conselheiro no Châtelet; ambos, como a maioria dos detentores de cargos públicos, provavelmente recebiam *rentes* de suas propriedades. Fougeroux de Bondaroy e Quatremère de Quincy eram, dentre os demais, os únicos que viviam como os *savants* tradicionais, aproveitando sua riqueza pessoal para dedicar-se exclusivamente ao prazer da busca do conhecimento. O restante do grupo de Panckoucke recebia pagamento por seus trabalhos como cientistas e artistas — mesmo que se tratasse de sinecuras, pois a França ainda não ingressara na era da leitura em massa e das pesquisas de base universitária.

O pagamento, em boa parte, provinha da Coroa. De fato, a dependência com relação ao Estado sobressai como o elemento dominante nas características econômicas e ocupacionais dos enciclopedistas. A grande maioria detinha algum tipo de cargo público e vários serviam diretamente à família real — Nicolas-Sylvestre Bergier como *confesseur du roi*, François Robert como *géographe du roi*, Marmontel como *historiographe du roi*, Vicq d'Azyr como *premier médecin de la reine*, Dehorne como *premier médecin* de mme. la Comtesse d'Artois, Desmeunier como *secrétaire ordinaire* de Monsieur (o futuro Luís XVIII, então conde de Provença), Beauzée como *secrétaire-interprète* de Monseigneur Comte d'Artois (o fututo Carlos X), Mentelle como *historiographe* de Monseigneur Comte d'Artois e Gaillard como *sécretaire ordinaire* de Monseigneur Duc d'Orléans. Doze dos 73 autores de Panckoucke eram censores régios. Esses homens encaravam o poder e o mecenato como fatos básicos da vida. De fato, Garat posteriormente descreveu Suard como "um intermediário e um embaixador entre o governo e a literatura".[77] O governo não tentava cooptar e corromper o talento, mas recompensá-lo; e Panckoucke, ao compor sua equipe de autores com homens do governo, meramente recrutou os que haviam recebido maior reconhecimento. Pelo menos a metade de seus autores vivia basicamente do que recebia do Estado, e quase todos eles gozavam de honrarias e honorários de cargos públicos. Ao contrário de sofrerem como "intelectuais alienados", serviam ao Estado e desfrutavam os benefícios com que ele prodigamente os recompensava.

DUAS GERAÇÕES DE ENCICLOPEDISTAS

O que distinguia os enciclopedistas de Panckoucke dos de Diderot? Essa questão implica a possibilidade de comparar dois importantes grupos de intelectuais: os homens que expressaram o Iluminismo em meados do século, quando o movimento irrompeu em público, e seus sucessores no ocaso do Antigo Regime, quando o Iluminismo converteu-se em revolução. Entretanto, comparações desse tipo são difíceis de fazer; como todas as formas de "prosopografia", elas podem iludir mais do que revelar, sendo necessário, portanto, mencionarmos algumas ressalvas antes de passar à análise.[78] Os enciclopedistas compuseram um grupo bastante heterogêneo, tanto na década de 1780 como na de 1750, para serem considerados representantes de toda uma geração de intelectuais. As duas *Enciclopédias* comportam demasiadas idéias, valores, teorias, ideologias, protestos e expressões de sentimentos para serem reduzidas a simples fórmulas. E seria o cúmulo da simplificação explicar o conteúdo da obra pelas origens sociais de seus autores. Não obstante, a *Enciclopédia* de Diderot foi reconhecida em sua época, e desde então estudada, como a suprema expressão do Iluminismo. A *Encyclopédie méthodique*, que praticamente não foi estudada, consistiu em uma tentativa consciente de ampliar a obra de Diderot.[79] Como explicado nos prospectos e discursos preliminares, cada livro fundamentou-se na idéia de que o mundo não se desenvolvia em uma progressão caótica, sendo composto por forças que podiam ser percebidas, reduzidas a princípios básicos e coerentemente ordenadas pela mente humana. Essa ordem racional poderia ser reproduzida em uma única obra — essa era a audaciosa mensagem do Discurso Preliminar de D'Alembert, da árvore do conhecimento que o acompanhava e até mesmo do subtítulo da obra: "dicionário raciocinado das ciências, das artes e dos ofícios". O método da *Encyclopédie méthodique* derivou da mesma fé na razão e os autores de ambas as obras compartilharam essa fé, por mais que possam ter discordado em outros assuntos. Considerando essas duas obras gigantescas, produzidas por duas numerosas equipes de autores e inspiradas pela mesma visão, não nos vemos diante de uma comparação entre coisas absolutamente díspares, mas entre dois produtos intelectuais comparáveis. E ao estudar os que as produziram, não estamos tentando usar a sociologia para solapar o raciocínio, mas compreender os mundos de onde emergiram as *Enciclopédias*.

Graças ao trabalho de vários estudiosos, notavelmente Jacques Proust, John Lough, Frank Kafker e Richard Schwab, foram identificados 160 colaboradores de Diderot. Pesquisando fontes similares, podemos reunir dados para a biografia de 63 dos 73 homens que Panckoucke arrolou em 1789 como "*auteurs de l'Encyclopédie actuelle*". Panckoucke forneceu os nomes e ocupações dos dez para os quais não obtivemos dados (seis eram médicos), mas acrescentou que mais 25 pessoas, que preferiram permanecer no anonimato, haviam contribuído com *articles considérables*, perfazendo o total de aproximadamente cem enciclopedistas ao eclodir a Revolução. Esse número poderia ser ampliado compilando as assinaturas no final de todos os verbetes, pois não só os autores principais delegaram trabalho a assistentes, mas também se dispersaram durante a Revolução e foram em parte substituídos por gente nova, que continuou o trabalho — quando não foi também substituída — até 1832. Mas um levantamento completo de todos os verbetes e autores só iria confundir o quadro dos autores de Panckoucke na década de 1780. Em 1789 ele já reunira toda a sua equipe, erigira a estrutura e completara parte da obra em todas as seções de seu "monumento", como o denominava. Os 73 colaboradores que arrolou naquela época realizaram o trabalho básico da obra, e podemos considerá-los os representantes da segunda geração de enciclopedistas em contraste com os 160 autores da geração de Diderot. A comparação traz problemas quanto à representatividade dos dados, adequação da base estatística, validade do esquema de classificação e risco de dar uma falsa impressão de precisão ao reduzir a gráficos e tabelas uma população flutuante de filósofos excêntricos. Porém, com cautela, e deixando um pouco de lado a descrença, podemos contornar esses problemas e chegar a algumas conclusões que fazem sentido.[80]

A comparação da distribuição etária nos dois grupos mostra claramente que os enciclopedistas de Panckoucke constituíam uma nova geração. Não só Panckoucke publicou seu primeiro volume 31 anos depois do de Diderot, mas também seus autores eram relativamente jovens. Quase a metade dos 63 autores cuja idade pôde ser determinada encontravam-se na casa dos vinte ou na dos trinta em 1782, data de publicação do primeiro volume; apenas dezesseis tinham mais de cinqüenta anos. A média de idade era 41, o suficiente para já terem progredido na vida ao serem recrutados por Panckoucke e para terem atingido o auge da carreira ao eclodir a Revolução. Panckoucke, que fez 46 anos em fins de 1782, pertencia ele próprio à geração revolucionária de enciclopedistas, em contraste com Diderot e D'Alembert, mortos em 1784 e 1783, com respectivamente setenta e 65 anos. Os primeiros enciclopedistas pertenceram à França de Luís XV. Se houvessem todos sobrevivido até 1782, sua média de idade seria de 66 anos.[81]

Panckoucke fez todo o possível para apresentar sua *Enciclopédia* como uma continuação da anterior, mas apenas oito de seus autores haviam contribuído para o texto original, e apenas cinco haviam escrito para o *Supplément*. A maioria dos enciclopedistas da segunda geração provavelmente conheceu a obra original lendo-a na juventude, quando ela já se tornara uma *cause célèbre* e até mesmo uma obra clássica. Quando Panckoucke enviou-lhes os recortes extraídos do texto de Diderot, reagiram como se houvessem recebido fragmentos de uma era remota. Por exemplo, Vicq d'Azyr, que estava com três anos ao ser lançada a primeira *Enciclopédia* e com dezessete quando Diderot publicou o último volume de texto, julgou ininteligíveis as observações sobre anatomia na obra antiga: "Depois de as ter reunido, o que exigiu um grande trabalho de minha parte, vi que essa coletânea não seria de nenhuma utilidade". Somente conseguiu dar sentido ao tema rearranjando as partes de maneira diferente e analisando-as sob uma nova perspectiva. A seguir, produziu um dicionário de anatomia comparada, em vez da obsoleta descrição dos órgãos humanos. Ademais, todos os verbetes de medicina na *Enciclopédia* de Diderot pareceram-lhe ultrapassados: "Aqueles que compararem nosso trabalho [...] com o de nossos predecessores verão que este último nos serviu muito pouco e que essa obra pode ser considerada como nova. A nosologia, a higiene, a medicina veterinária, a medicina legal, a jurisprudência da medicina e a biografia médica não existem de modo algum ou estão absolutamente truncadas na antiga *Enciclopédia*". Vários dos outros enciclopedistas mostraram reações semelhantes diante da obra de seus predecessores — não só em áreas como física e química, mas também fora do campo das ciências. Gaillard, que em 1751 estava com 25 anos, censurou a primeira *Enciclopédia* pela carência de menções à história; Robert, com catorze anos naquela data, ficou consternado com o tratamento dado à geografia na obra: "A geografia da *Enciclopédia in-folio* é defeituosa sob todos os aspectos: é um encadeamento de erros, de enganos e de inexatidões de toda espécie". Mesmo antes de a Revolução transformar seu mundo, os últimos enciclopedistas julgavam-se participantes de uma nova era intelectual.[82]

Ao contrário dos leitores, encontrados em todas as partes do reino, os enciclopedistas provinham principalmente do Norte e do Leste da França. Apenas nove dos 68 colaboradores da *Méthodique* cujas origens geográficas podem ser constatadas nasceram ao sul da linha que vai de Rennes a Lyon. A maioria dos locais de nascimento desses autores situa-se ao longo de um arco que se curva a partir de Picardia, passando por Champagne, Lorena e Borgonha em direção a Lyon. Dezoito autores eram naturais de Paris, apenas um de Montpellier, e nenhum provinha das grandes cidades do Midi: Marselha, Bordeaux e Toulouse. As cidades do Sul forneceram mais colaboradores para a primeira *Enciclopédia*, especialmente as da baixa Languedoc. Montpellier, um grande centro de ciência médica, deu a Diderot quatro colaboradores (e pelo menos onze autores estudaram ali), enquanto a Lorena, de onde saíram sete deles, foi um pouco menos fértil em enciclopedistas do que no caso da geração de Panckoucke. A região mais árida para ambas as *Enciclopédias* situava-se em um triângulo formado por Brest, Bayonne e Lyon, e, em ambos os casos, a área ao norte do Loire predominou em relação ao sul. Apenas a primeira *Enciclopédia* apresentou uma proporção significativa de colaboradores estrangeiros: dezesseis, dos quais sete provinham de Genebra. Panckoucke pode ter recrutado mais do que seu único botânico genebrino, mas não arrolou estrangeiros em sua lista de 1789, talvez por desejar salientar o caráter nacional do empreendimento.[83]

É muito mais difícil situar socialmente os enciclopedistas do que localizá-los geograficamente. Qualquer dos autores poderia pertencer a vários grupos distintos, dependendo de onde o classificássemos entre as categorias sociais flutuantes e sobrepostas do Antigo Regime: estado, status, classe, ocupação e riqueza. Mas as categorias sócio-ocupacionais usadas por Jacques Proust e Daniel Roche fazem justiça à complexidade da vida intelectual setecentista; quando aplicadas aos 73 autores de Panckoucke, elas possibilitam algumas comparações entre as duas gerações de enciclopedistas.[84]

Em ambas as obras houve significativa incidência de membros do primeiro e segundo estados, levando-se em consideração que sua proporção na sociedade francesa era pequena: compunham cerca de 2% da população, 29% dos primeiros enciclopedistas e 20% dos segundos. Esse peso parece menos notável quando se leva em conta que aqueles homens pertenciam ao mais elevado escalão de uma elite instruída em um país de maioria analfabeta, mas merece ser ressaltado, pois muitos estudiosos tratam a *Enciclopédia* como um produto da burguesia.[85]

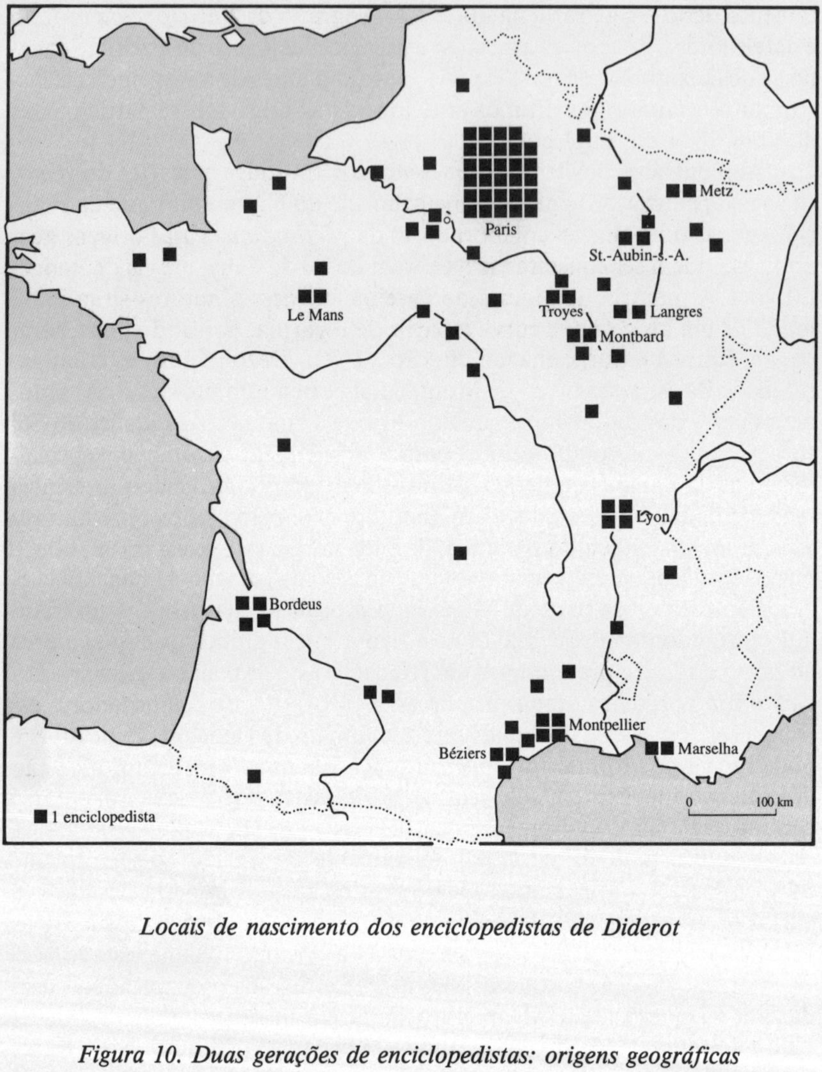

Locais de nascimento dos enciclopedistas de Diderot

Figura 10. Duas gerações de enciclopedistas: origens geográficas

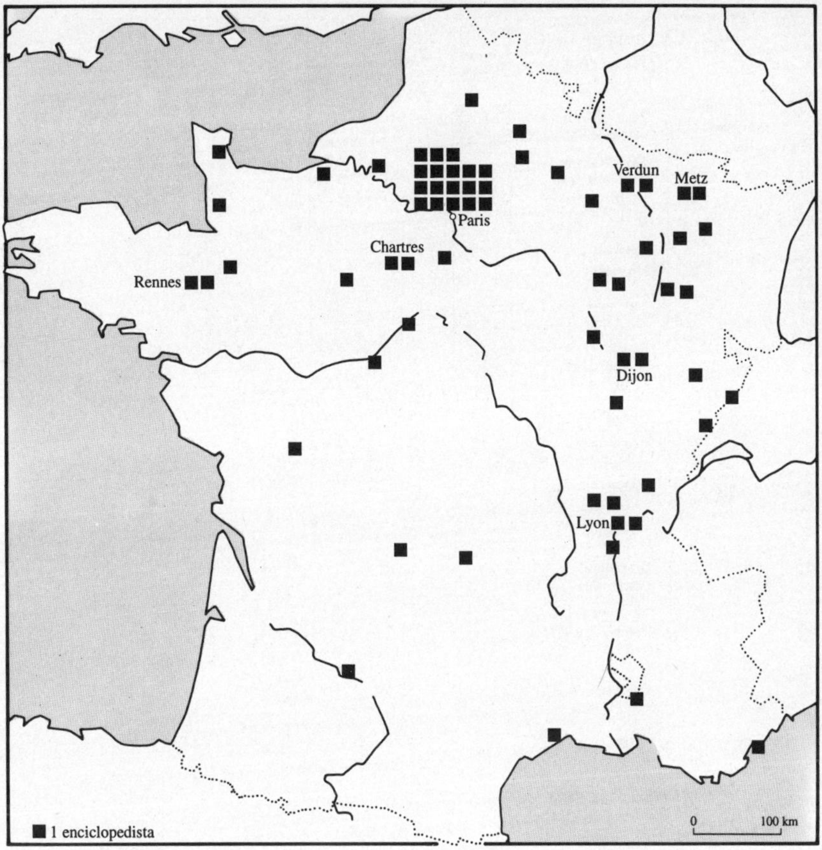

Locais de nascimento dos enciclopedistas de Panckoucke

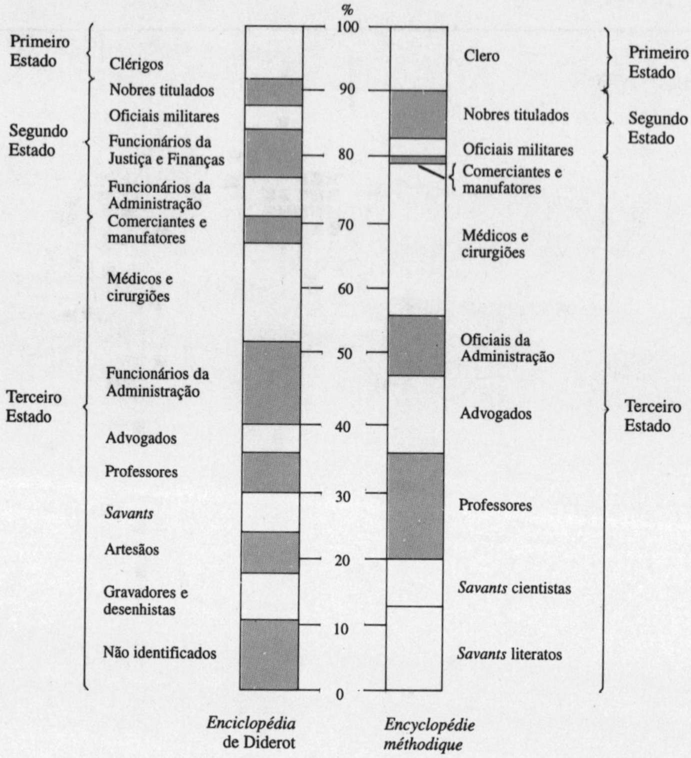

Figura 11. Duas gerações de enciclopedistas: posição social

Entretanto, os clérigos e nobres que colaboraram na *Méthodique* não podem ser tomados como típicos de suas ordens. Com exceção de Bergier, todos os clérigos eram abades. Haviam feito os votos religiosos, mas levavam vidas seculares — Bossut como professor, Bertolio como advogado, Baudeau como jornalista e assim por diante. Entre os nobres não havia grandes aristocratas. Pierre-Louis Ginguené era um literato empobrecido; Condorcet, Fourcroy e Lamarck labutavam arduamente como cientistas; Jean-Gérard de Lacuée, conde de Cessac, e François-René-Jean de Pommereul eram oficiais do exército. Todos os enciclopedistas nobres destacavam-se como sábios, e não como grandes senhores. Ao que tudo indica, nenhum deles possuía *seigneurie* ou auferia renda de alguma fonte que pudesse ser de algum modo associada ao feudalismo em 1789. Da primeira para a segunda *Enciclopédia*, a proporção de nobres caiu para a metade. Sinal de "aburguesamento"? Seria impróprio tirar conclusão tão grandiosa a partir de números tão pequenos, mas nenhuma das *Enciclopédias* deu preferência às ordens privilegiadas enquanto tais. Os privilegiados colaboraram nas mesmas condições de todos os demais enciclopedistas, ou seja, como membros da República das Letras.

Os colaboradores burgueses parecem ter sido tão estranhos ao capitalismo quanto seus nobres colegas com relação ao feudalismo. Nenhum deles tinha ligações com a manufatura ou indústria e apenas um exercia atividade no comércio: o livreiro Lacombe, que era provavelmente mais um escritor mercenário do que um homem de negócios. Na segunda geração de enciclopedistas não se incluiu nenhum trabalhador manual. Pelo menos 6% dos primeiros enciclopedistas eram artesãos, e boa parte dos 11% não identificados provavelmente também ganhava a vida em oficinas. Mas não eram operários na acepção moderna do termo, e sim mestres artesãos — homens que fabricavam relógios, flautas, sedas e jóias. Diderot fez justiça à importância daquele universo de trabalho pré-industrial; Panckoucke não deixou de lado essa ênfase, apesar de não haver arrolado artesãos entre seus enciclopedistas. Em vez disso, incorporou verbetes de Diderot, além dos extraídos da ainda mais extensa *Description des arts et métiers*, ao vasto *Dictionnaire des arts et métiers*, de Roland, em oito volumes. O futuro girondino mostrou-se tão insatisfeito quanto o restante de seus colegas com a obra de Diderot: "Sabeis como todas as partes que tratei, e que tenho ainda a tratar, foram-no mal na primeira Enciclopédia", escreveu a Panckoucke. "Os eruditos negligenciavam as artes, os artistas negligenciavam as letras; estes não eram capazes de expressar o que sabiam, aqueles não sabiam expressar o que ignoravam; daí resultou, nos princípios e nos fatos, um galimatias ininteligível a todo o mundo". Alegava ter sobrepujado todos os seus predecessores, inclusive Diderot, nos contatos que tivera com trabalhadores: "Tornei-me habitante das oficinas; fiz-me operário".[86] Seria um erro, portanto, deduzir com base na Figura 11 que a segunda *Enciclopédia* envolveu menos trabalhadores do que a primeira, especialmente porque Panckoucke não relacionou nenhum desenhista ou gravador entre seus colaboradores. Na verdade, ele reconhecia o valor dos artistas tanto quanto o dos *artistes* (trabalhadores especializados) para a produção da obra mas, assim como Diderot, não os considerava suficientemente importantes para citar seus nomes.[87]

A diferença mais significativa entre os dois grupos de enciclopedistas refere-se às categorias de grupos profissionais: médicos, advogados, professores e *savants*. Panckoucke usou proporcionalmente quase três vezes mais advogados do que Diderot e 50% a mais de médicos. O aumento da participação destes últimos (entre eles, um cirurgião, Louis) pode ter sido menos pronunciado do que parece no gráfico, pois dezoito dos médicos de Panckoucke trabalharam em apenas um de seus dicionários, o *Médecine*. Mas este acabou ocupando treze volumes, ultrapassando com vantagem todos os demais, exceto o de botânica, também com treze tomos. Portanto, os médicos produziram boa parte da segunda *Enciclopédia*. A proporção de professores também cresceu de uma obra para a outra. Como já explicamos, eles lecionavam matérias técnicas e, em alguns aspectos, lembravam os tecnólogos que contribuíram significativamente para as duas *Enciclopédias*. Ambos os grupos mesclavam-se aos *savants*, termo que então se aplicava aos homens que hoje em dia são chamados acadêmicos e cientistas. Os sábios de Panckoucke compuseram 20% de seus colaboradores, em contraste com 6% na obra de Diderot. Os dois grupos diferiram em mais dois outros aspectos: grande parte dos sábios da primeira *Enciclopédia* escreveu sobre matérias que não tinham relação com o modo como ganhavam a vida, como no caso de Watelet, e vários escreveram sobre temas que não tinham relação entre si, como no caso do cavaleiro de Jaucourt e do próprio Diderot. Amadores e generalistas desse tipo quase não existiram na *Méthodique*, onde os botânicos escreveram sobre botânica, matéria com a qual trabalhavam, e os literatos escreveram sobre literatura, da qual viviam. Os médicos, advogados, professores e sábios compuseram 70% dos enciclopedistas de Panckoucke. Eles se misturavam e pertenciam ao mesmo mundo — um mundo em que o conhecimento estava sendo dividido em campos dominados por alguns peritos eminentes. Um movimento de fechamento estava se apoderando da cultura francesa, liderado pelos autores da *Méthodique* — ou seja, por profissionais especializados, cuja predominância na segunda *Enciclopédia* mostra o quanto o profissionalismo avançara na segunda metade do século XVIII.[88]

DO VOLTAIRIANISMO AO PROFISSIONALISMO

O que Panckoucke ganhou em especialização, perdeu em *philosophie*. O elemento ausente na *Méthodique* foi Diderot, D'Alembert, Montesquieu, Voltaire, Rousseau, Turgot, Quesnay e D'Holbach — as grandes figuras da primeira *Enciclopédia*, que haviam morrido ou estavam com idade muito avançada para contribuírem para outra obra de peso. Os autores mais importantes do grupo de Panckoucke — Monge, Lalande, Fourcroy, Guyton de Morveau e Lamarck — tendiam a ser cientistas na moderna acepção do termo, e não filósofos no estilo de Voltaire. A distinção pode parecer arbitrária, pois na década de 1780 em muitos escritores o filósofo confundia-se com o cientista, notavelmente no caso do próprio Voltaire, e a "ciência" retinha sua conotação de conhecimento geral.[89] Ademais, Naigeon e Condorcet, que deram grandes contribuições à segunda *Enciclopédia*, podem ser considerados herdeiros intelectuais de Diderot e D'Alembert. Mas a obra de Panckoucke celebrou o amadurecimento de uma nova geração de intelectuais e seu estilo diferiu significativamente do da *Enciclopédia* dos filósofos.

O próprio Panckoucke imprimiu esse estilo na obra, tanto como autor quanto como organizador. Os verbetes que escreveu para a *Méthodique* tratavam de assuntos sublimes — *Discours sur le beau, le juste et la liberté, Discours sur l'existence de Dieu, Discours sur le plaisir et la douleur* — mas eram intelectualmente insípidos. Panckoucke discorria tranqüilamente sobre a existência de Deus, sem comunicar o menor senso de aventura e sem arriscar qualquer palavra que pudesse ofender um católico ortodoxo. Por vezes, parecia deísta: "Toda a natureza atesta um Deus", em outros momentos, pietista: "Diante do verdadeiro cristão, todas as concepções humanas não são mais que fraqueza e miséria para aquele cujo espírito tem por fim apenas a soberania do eterno: é da virtude o esforço mais sublime essa renúncia ao mundo, esse abandono de si mesmo, sobretudo nas pessoas de uma alta posição".[90] Suas idéias religiosas continham uma mistura de elementos derivados de seus pais jansenistas e de seus amigos filósofos, especialmente Buffon.[91] Numerosos representantes de sua geração empenharam-se em forjar uma visão de mundo coerente a partir de fontes tão incompatíveis, mas Panckoucke parece ter alcançado uma filosofia exeqüível sem grandes esforços. Em vez de mergulhar em áreas obscuras ou enredar-se em problemas lógicos, ele abordou seu tema como um literato. O belo, argumentou, é um padrão fixo, representando o ápice no desenvolvimento estético do homem. Sua expressão tem variado, mas apenas como resultado dos diferentes graus de civilização no passado, tendo como pontos máximos a Grécia de Péricles e a França de Luís XIV. A beleza será alcançada no futuro em proporção à capacidade de aperfeiçoamento da humanidade. E a descoberta de Panckoucke sobre a natureza do belo solucionaria todos os outros problemas que têm atormentado os filósofos por séculos. "Sendo verdadeiros esses pensamentos sobre o belo", concluiu, "As disputas eternas sobre essa palavra estão terminadas, e todas as questões mesmo que atormentam há tantos séculos os filósofos sobre o justo, o injusto, a virtude, o honesto, o útil, o decente parecem-me resolvidas, admitindo os mesmos princípios".[92]

O tema da liberdade inspirou Panckoucke a refletir sobre a necessidade de dominar as paixões, e não sobre questões sociais e políticas. Os homens, em sua maioria, são brutos, observou ele, especialmente nas classes mais baixas. Os trabalhadores manuais assemelham-se aos selvagens que, por sua vez, pouco diferem dos animais, em virtude da falta de instrução e das inclemências do tempo. Panckoucke derivou seu texto da *Histoire de l'Amérique*, de William Robertson, e não de Rousseau. Alguns selvagens são de tal modo insensíveis, explicou, que seria preciso mutilar-lhes os corpos e arrancar-lhes as unhas para fazê-los sentir a mesma dor sofrida por um europeu bem-nascido ao menor arranhão. O prazer e a dor aumentam em proporção à sensibilidade e civilização; a liberdade cresce com o refinamento, pois ela é a antítese da animalidade. Ao exaltar a nobreza da selvageria e atacar as artes e ciências, Rousseau descrevera a verdade às avessas. "O homem torna-se tanto mais livre quanto tem o espírito mais cultivado [...] quanto faz um grande uso de sua razão e de suas luzes: de maneira que se pode dizer que há tanto mais dessa liberdade de que falamos quanto a sociedade em que se vive é mais aperfeiçoada e que as artes e as ciências são aí mais florescentes." Ali estava uma base racional para a *Encyclopédie méthodique*, embora Panckoucke não o afirmasse explicitamente. Ao contribuir para o aperfeiçoamento das artes e ciências, sua obra promoveria a causa de toda a humanidade. Naturalmente, as pessoas que a comprassem seriam capazes de apreciar a mensagem melhor do que os homens que saíam à cata de trapos para a fabricação do papel, que transformavam os trapos em resmas, passavam as resmas pelas prensas, transportavam as folhas impressas atravessando montanhas, vales, rios e planícies por todo o território da Europa, de Paris a Moscou. Mas Panckoucke não fingiu ceder um lugar aos que labutavam e suavam em sua visão da boa vida. Ele consagrou seu Iluminismo à elite — aos homens aptos para a beleza, a bondade e a felicidade; pois, como concluiu, "o nascimento, a posição, a fortuna, o talento, o espírito, o gênio, a virtude são, portanto, as grandes fontes da felicidade".[93]

O polido Iluminismo advogado nos três artigos de Panckoucke não estabeleceu uma diretriz a ser seguida pelos outros 100 mil artigos da obra. A *Méthodique* era extensa demais para ser contida em uma ideologia; ademais, a influência que Panckoucke logrou exercer sobre a obra deveu-se a seu trabalho como organizador, e não como ensaísta. Embora cada autor formulasse seu texto (por vezes, como no caso de Senebier, com um alto grau de intervenção do editor), Panckoucke distribuiu as tarefas e moldou os dicionários concluídos em uma única *Enciclopédia*. As proporções da *Méthodique* como um todo indicam como Panckoucke visualizava a "topografia" intelectual de sua época. Seu esquema geral mudou constantemente, mas segundo a última e mais longa versão, que ele expôs em 1791, a estrutura foi a seguinte (os dicionários estão ordenados por tamanho):

História natural	9 vols.
Medicina	8 "
Jurisprudência	8 "
Artes e ofícios	8 "
Botânica	5 "
Antiguidades, mitologia	5 "
História	5 "
Metafísica, lógica, moral, educação	4 "
Economia política e diplomática	4 "

Arte militar	4	vols.
Arquitetura	4	"
Assembléia Nacional	4	"
Matemáticas	3	"
Química, metalurgia, farmácia	3	"
Agricultura	3	"
Geografia e história antigas	3	"
Geografia moderna	3	"
Teologia	3	"
Filosofia	3	"
Gramática, literatura	3	"
Finanças	3	"
Comércio	3	"
Marinha	3	"
Manufaturas	3	"
Física	2	"
Anatomia	2	"
Cirurgia	2	"
Bosques, florestas	2	"
Polícia, municipalidade	2	"
Belas-artes	2	"
Música	2	"
Minerais	1	"
Geografia física	1	"
Artilharia	1	"
Vias públicas	1	"
Montaria, caças, pescas	1	"
Enciclopediana	1	"
Diversões matemáticas e físicas	1	"
Ates acadêmicas	1/2	vol.

É claro que o tamanho não se presta como medida da importância intrínseca, especialmente porque alguns dicionários ultrapassaram os limites fixados por Panckoucke, mas este concebeu sua *Enciclopédia* com extremo cuidado e investiu somas vultosas na execução dessa concepção. Assim, as proporções globais da *Méthodique* fornecem uma indicação geral daquilo que julgava mais digno de ênfase — e talvez até mesmo das matérias que, segundo ele, seriam mais importantes para os interesses de um público instruído.

Evidentemente, Panckoucke esperava que seus clientes se interessassem muito pela biologia e ciências afins. Alocou uma proporção bem maior de seus recursos para a história natural e a botânica, que foram escritas por dois de seus mais renomados enciclopedistas (Daubenton e Lamarck). A seguir, privilegiou as ciências médicas e o dicionário de *Arts et métiers*, com sua ramificação *Manufactures*. Em contraste, a ciência que na época se desenvolvia do modo mais espetacular, a química, ficou com apenas três volumes, e a física, com dois. Assim, a *Méthodique* corrobora a afirmação feita por Mornet de que os leitores setecentistas desenvolveram um alto grau de interesse pelas ciências que pareciam aproximá-los da natureza — não a natureza das forças abstratas e matemáticas, mas a das viagens de estudos, coleções de rochas e *cabinets d'histoire naturelle.*[94] A *Enciclopédia* de Panckoucke ilustra, ainda, a preocupação setecentista de colocar a ciência a serviço do aperfeiçoamento da agricultura, da manufatura, da construção naval e dos transportes. As ciências humanas receberam tanta ênfase quanto as ciências utilitárias, ou aplicadas. Conquanto Panckoucke alocasse apenas três volumes para a literatura e a gramática, concedeu bastante espaço para a história, a filosofia, as belas-artes e para os clássicos. Em geral, as ciências suplantaram as demais matérias na *Méthodique*; ocuparam cerca de metade da obra, em contraste com as ciências humanas (25%) e com as que hoje seriam chamadas ciências sociais (13%), sendo o restante destinado a matérias heterogêneas, como as *arts académiques* (duelo, dança, equitação, natação).

Mais uma vez, a quantidade não implica qualidade. Somente se pode fazer justiça ao conteúdo intelectual desses 125 volumes depois de os ler e analisar, tarefa essa que ultrapassa os limites deste trabalho. No entanto, assim como se pode ter uma idéia da vida intelectual de uma universidade examinando seu corpo docente e os cursos que ela oferece, é possível desenvolver uma noção da cultura transmitida pela *Méthodique* estudando seus autores e a distribuição das matérias. Folhear a *Méthodique* é como perambular por uma universidade: primeiro, atravessamos o pequeno mas elegante edifício da Matemática; Artes e Música situam-se à esquerda, História e Literatura, à direita. As Ciências Naturais dominam um vasto quadrilátero próximo ao ginásio e à piscina e, mais além, vislumbram-se as faculdades de Direito e Medicina. Adentramos o mundo moderno, onde as matérias pertencem a departamentos e especialistas diplomados governam territórios cuidadosamente demarcados. Algumas áreas de estudo não haviam ainda assumido a forma moderna em 1791. Metalurgia e farmácia, por exemplo, ainda não se haviam desmembrado da química, e a cconomia, rudimentar, dispersava-se por três dicionários: *Economie politique et diplomatique, Finances* e *Commerce*. No entanto, considerada em seu conjunto, a *Enciclopédia* de Panckoucke ilustra a emergência da visão moderna da autonomia das disciplinas. A obra é enciclopédica em um sentido neutro: engloba tudo e põe cada coisa em seu lugar. Nesse aspecto, assemelha-se mais às enciclopédias de nossos dias — e certamente a obras do século XIX, como a *Encyclopédie moderne* (Didot Frères, Paris, 1846-8) e o *Grand dictionnaire universel du XIXe siècle* (Larousse, 1866-76) — do que à *Enciclopédia* de Diderot e D'Alembert. Esta última também apresenta um caráter global, mas, em vez de segmentar o conhecimento, trata as atividades intelectuais como partes de um todo orgânico, simbolizado pela árvore do conhecimento.

Diderot e D'Alembert denominaram "filosofia" o tronco central da árvore. Ele crescia a partir da faculdade da "razão", e um de seus afloramentos mais remotos era um pequeno ramo chamado "teologia revelada", que brotava próximo ao da "ciência dos espíritos benéficos e maléficos: adivinhação, magia negra". No *campus* conceitual de Panckoucke, a filosofia e a teologia ocupavam estruturas separadas, em três volumes. Panckoucke contratou um especialista para escrever sobre cada uma: Naigeon, discípulo ateu de Diderot, para a filosofia, e Bergier, o confessor do rei, para a teologia. Longe de se enredarem em debates, os dois concentraram-se em colocar suas casas em ordem arrumando a confusão da primeira *Enciclopédia*. Embora rendesse homenagem a Diderot, Naigeon condenou por amadorismo os verbetes filosóficos da obra original. Seu dicionário fornece um estudo abrangente das principais escolas de filosofia. É uma obra de referência densa, um tanto pretensiosa, que parece não ter encontrado dificuldade para ser aprovada pelo censor régio.[95] Bergier angariara a reputação de principal oponente dos filósofos; ao se encarregar desse dicionário, ressaltou sua firme intenção de expurgar as heresias responsáveis pela eficácia da obra de Diderot como instrumento do Iluminismo: "Em vários outros [artigos] expõem-se as objeções dos heréticos e suprimem-se as respostas dos teólogos católicos [...] Desses diversos defeitos resulta um maior, é que a doutrina da *Enciclopédia* é um encadeamento de contradições". E, como todos os enciclopedistas da segunda geração, criticou a falta de profissionalismo de seus predecessores. "Os artigos feitos por teólogos, sobretudo pelo sr. Mallet, são em geral bastante bons; os outros, compostos por literatos mal instruídos ou infiéis, foram servilmente copiados a partir dos controversistas protestantes ou socinianos."[96] Diderot deleitara-se com as contradições e regalara-se com os pontos em que as matérias se sobrepunham. Em vez de tratar a filosofia como matéria autônoma, ele a insuflara em tudo. A filosofia permeava toda a sua *Enciclopédia*, de A a Z, como um espírito animador. Ele a expressara com agudeza, irreverência e paixão, introduzindo-a nas entrelinhas, semeando-a em rincões inesperados e inserindo-a furtivamente em audaciosas remissões recíprocas como "ANTHROPOPHAGES [...] Vede EUCHARISTIE, COMMUNION, AUTEL etc.". A mordacidade de Diderot desapareceu nas vastas planícies de *Wissenschaft* que Panckoucke preparou para seus enciclopedistas.

Ao reforçar a tendência de compartimentar o conhecimento e profissionalizar a ciência, Panckoucke não deu as costas ao Iluminismo. O movimento intelectual associado aos filósofos incluía, tanto quanto a determinação de esmagar *l'infâme*, o compromisso de decifrar os segredos da natureza por meio da investigação científica. A *Méthodique* magnificou esse último aspecto do Iluminismo e eliminou o primeiro. Dessa maneira, obteve total aceitação pelo regime, pois as autoridades jamais haviam objetado à tentativa de Diderot para fazer um levantamento de todas as artes e ciências, mas apenas ao uso desse levantamento como cobertura para sua *philosophie* não ortodoxa. Panckoucke retirou essa cobertura e reordenou as ciências de modo a não ofender os detentores do poder. Uma vez isoladas em dicionários separados, matérias como a filosofia podiam ser mantidas dentro dos limites oficiais. Cada volume passou pela censura; de fato, doze dos 73 autores foram, eles próprios, censores. Não só a obra foi lançada "com aprovação e privilégio do rei", mas também, por concessão especial, Panckoucke recebeu um privilégio de prazo excepcionalmente longo: quarenta anos. Ele afirmou que nunca teria sido capaz de tamanha realização "se a administração não houvesse tido a bondade de secundar-nos nos diferentes pedidos que lhe fizemos".[97] Dedicou um dicionário a quase todos os ministros de Luís XVI. Em vez de ameaçar a ordem estabelecida, a *Encyclopédie méthodique* foi publicada com o selo de aprovação real, praticamente como uma publicação oficial.

O LANÇAMENTO DA MAIOR OBRA DO SÉCULO

O apoio oficial ao empreendimento seguramente favoreceu os interesses de Panckoucke como homem de negócios e, com o passar do tempo, ele foi se envolvendo cada vez mais com a *Méthodique*. Por diversas vezes remodelou a obra e reordenou suas partes, fazendo-a mais e mais abrangente. O projeto original de 1779 parecia pequeno em comparação ao gigantesco esquema de 1789-91, que acabamos de descrever. Podemos acompanhar a evolução do projeto ao longo daqueles dez anos por meio da correspondência de Panckoucke com a STN. Embora suas cartas não contenham informações suficientes para reconstituirmos toda a história da produção da obra, elas mostram como Panckoucke lançou o empreendimento e como este cresceu à medida que ampliava continuamente seus planos e postergava a data de sua concretização.

Panckoucke planejara originalmente publicar os cinco primeiros volumes da *Méthodique* em abril de 1779, mas, ao chegar a data, decidiu adiar a publicação dos volumes e do prospecto para dezembro. Tendo acumulado apenas alguns manuscritos em meados de junho, cancelou a decisão e protelou a publicação por mais um ano.[98] Em meados de julho, havia assinado contratos com três autores, arregimentado os censores e completado os planos para todos os vinte dicionários que, esperava ele, comporiam a íntegra da *Enciclopédia*.[99] Em agosto, julgou que conseguiria lançar os primeiros volumes em julho de 1780. Em outubro, assinara contratos para mais dois dicionários, e se absorvera de tal modo na *Méthodique* que negligenciou a *Enciclopédia in-quarto*, segundo queixas da STN.[100] Esse conflito de interesses desapareceu com a liquidação do empreendimento da *in-quarto* em fevereiro de 1780, mas os meses seguintes trouxeram mais complicações e atrasos. "Esse empreendimento está crivado de toda espécie de dificuldades", escreveu Panckoucke em setembro. "Entretanto, conto publicar-lhe o prospecto em 1781, mas não se publicará nada antes de dois anos. Não quero jogar minha fortuna ao acaso. As subscrições me decidirão."[101] Em fins de 1780, assinara os contratos para todos os vinte dicionários, mas cessara de discorrer com euforia sobre a *belle entreprise* que iria coroar sua carreira. A essa altura, sentia-se dividido entre a esperança e o desalento: "Já passei vinte contratos. É um enorme projeto que algumas vezes eleva-me a alma e em outros momentos a assusta".[102]

O otimismo de Panckoucke arrefeceu devido às dificuldades para coordenar e financiar a produção simultânea de vinte tratados. Embora raramente mencionasse seu trabalho nas cartas a Neuchâtel, não disfarçava o fato de que o começo fora ruim: "É um projeto de dura concepção e execução. Os dois volumes de física que publiquei não estão muito bem realizados e não podem convir a esse plano. O autor [é o sr. Brisson] não apreendeu bem o que era preciso fazer".[103] O fiasco do dicionário de Brisson ameaçou arruinar todo o empreendimento porque deveria ser o primeiro a ser concluído. Panckoucke esperara lançar sua campanha de assinaturas na esteira do sucesso daquela publicação e contava com a receita das assinaturas para financiar a produção dos outros dezenove dicionários. Assim, retirou a obra de Brisson da *Enciclopédia* e a vendeu como um livro separado, encomendando a Monge a produção de um novo dicionário de física e adiando novamente a campanha de assinaturas.[104]

Todas essas despesas extras e atrasos acarretaram recriminações dos outros editores que haviam investido na *Méthodique*, mas parece ter sido mais fácil para Panckoucke lidar com os sócios do que com os autores, que nem sequer conseguiam entrar em acordo acerca dos dizeres do prospecto geral. Este ainda não fora publicado em abril de 1781, quando Plomteux informou à STN a situação em Paris: "Vinte autores diferentes, quase nunca de acordo sobre suas operações, encontram a cada dia algumas mudanças a fazer. Tive que concordar com o sr. Panckoucke, e vós mesmos concordareis, que a coisa mais difícil do mundo é conciliar vinte homens de Letras, todos muito convencidos de suas opiniões e bem pouco dispostos a sacrificá-las aos interesses do livreiro. Não é mais o sr. Brisson que está encarregado da física. Foi preciso empregar um outro autor nessa parte essencial. Percebeis que essas mudanças devem modificar o plano e que seria uma coisa interminável para qualquer outro que não o sr. Panckoucke, a quem na verdade não se deve culpar. Sua coragem precisa ser apoiada, e é o que procurarei fazer por nossos interesses comuns".[105]

Em maio de 1781, Panckoucke providenciara os impressores e os fornecedores de papel, mas não decidira definitivamente o formato da obra e a tiragem. Resolveu publicar o prospecto e avaliar a reação do público antes de dar os últimos e irreversíveis passos do processo produtivo. Referia-se agora sombriamente à *Encyclopédie méthodique* como a obra que o levaria para o túmulo: "As enciclopédias envenenaram minha vida e me conduzirão ao túmulo. Eu ganhei, sem dúvida, mas os cuidados, as preocupações, as inquietudes, os trabalhos foram enormes".[106]

O prospecto finalmente foi lançado em dezembro de 1781. Ele mostrava o quanto o projeto crescera em tamanho e despesas desde que Panckoucke o adquirira dos editores de Liège em 1779. Panckoucke agora anunciava 26 dicionários em vez dos vinte, além do *Vocabulaire universel* e dos sete volumes de ilustrações. A obra seria disponível em dois formatos: um *in-quarto*, com três colunas por página e 42 volumes de texto, e um *in-octavo*, com duas colunas e 84 volumes. Os sete volumes *in-quarto* de ilustrações seriam idênticos para ambos os formatos, com preço idêntico: 672 libras. As assinaturas seriam encerradas em 1º de julho de 1782. Depois disso, a obra custaria 798 libras, e Panckoucke comprometeu-se a manter aquele preço no varejo, independentemente do que pudesse acontecer a ele ou a seus negócios, para proteger o investimento dos assinantes. Fariam uma excelente aquisição, alardeava ele: 50% a mais de texto do que a *Enciclopédia* original, pela metade do preço. Os assinantes pagariam pelos volumes à medida que fossem lançados, em várias remessas, 12 libras por volume de texto *in-quarto* e 24 por tomo de ilustrações. Desse modo, distribuiriam uma série de pagamentos relativamente pequenos, em geral de 24 libras cada um, ao longo de cinco anos, sem onerar seu orçamento — e favorecendo também o orçamento de Panckoucke, embora ele não mencionasse esta última consideração, pois precisava de um fluxo constante de capital para custear as operações de impressão. Prometia concluir a obra em 1º de julho de 1787 — ou seja, produzir em apenas cinco anos uma descomunal edição de 42 volumes *in-quarto* e 84 *in-octavo*, escritos, quase que na íntegra, pelos mais ilustres sábios da França e impressos, no melhor papel e com os mais elegantes tipos, pelos principais impressores parisienses.

Panckoucke não disse o quanto pagaria a seus autores, mas se os 26 contratos que firmou assemelharam-se a seus acordos iniciais com Fougeroux e outros, deve ter planejado gastar pelo menos 200 mil libras no texto.[107] Essa quantia parecia pequena em comparação com os custos de produção projetados. Obviamente, Panckoucke não poderia calcular com precisão o custo da impressão antes de saber o número de assinaturas vendidas. Mas poderia fazer uma estimativa aproximada. Supondo que produzisse 4 mil exemplares *in-quarto* e pagasse aos impressores e fornecedores de papel o mesmo preço que estipulara em seus contratos com Duplain, seus custos de produção apenas para a edição em formato *in-quarto* chegariam a 562 800 libras. Na verdade, as despesas com impressão eram muito mais elevadas em Paris do que nas províncias da Suíça — 30% ou 40% mais altas, afirmou Panckoucke mais tarde.[108] E a edição *in-octavo* da *Méthodique*, que requeria nova composição dos tipos, poderia ter levado as despesas de Panckoucke à casa dos 2 milhões de libras. Essa foi a estimativa que ele próprio apresentou no prospecto: "É um objeto de despesa de perto de dois milhões". Era uma quantia assombrosa, mesmo para alguém que recentemente liquidara as contas da *Enciclopédia* de Duplain, cujos custos de produção haviam atingido 1,5 milhão de libras. Empreendimentos em tal escala não ocorriam com freqüência no século XVIII. Assim, no prospecto, Panckoucke parecia estar respirando fundo antes de mergulhar em águas geladas e desconhecidas: "Uma edição completa da *Enciclopédia*, por ordem de matérias, pareceu-nos tão assustadora à primeira visão global que, por mais que tivéssemos o hábito dos grandes empreendimentos no ramo livreiro, foi apenas depois de ter pensado nisso muito maduramente e de ter considerado a possibilidade de sua execução sob todos os aspectos que a ela nos aventuramos e que resolvemos empreendê-la".[109]

O empreendimento da *Encyclopédie méthodique* tornou-se de tal modo entrelaçado com os das outras *Enciclopédias* que sua história não pode ser compreendida separadamente. A *Méthodique* foi ao mesmo tempo predecessora e sucessora da *Enciclopédia in-quarto*, pois originou-se do relatório escrito por Diderot em 1768 e da *refonte* de Suard, de 1776, mas somente tomou forma quando Panckoucke adquiriu o projeto de Deveria, em 1778. Enquanto fazia uma colagem dos projetos da *Enciclopédia*, Panckoucke inseria também outros gigantescos empreendimentos em sua grandiosa estratégia editorial. Em 1778-1779, durante alguns meses, quase monopolizou as obras de Voltaire, Rousseau e Buffon, além da *Enciclopédia*. Embora não seja possível acompanharmos todos esses empreendimentos até sua conclusão, é importante notarmos sua convergência, pois eles representam o florescimento final do Iluminismo sob o Antigo Regime. A produção das Luzes parece ter atravessado um período mais decisivo por volta de 1750, quando muitas das grandes obras foram para o prelo pela primeira vez. Porém, considerado como um processo de difusão, o Iluminismo passou por uma fase igualmente importante no final da década de 1770, quando os empreendedores bateram-se freneticamente para produzir volumosas edições das obras dos filósofos para uma espécie de "massa" de leitores — não as massas analfabetas, obviamente, mas os leitores comuns, espalhados por toda a Europa ocidental. Apesar de ter passado despercebida, essa segunda safra de publicações iluministas merece um estudo detalhado, pois representa o auge da divulgação das obras filosóficas antes da Revolução. A *Enciclopédia* desempenhou um papel fundamental nesse processo de difusão, tanto na década de 1750 como na de 1770, no formato *in-folio* e também no *in-quarto*, como uma coleção de heresias e igualmente como um compêndio das ciências. O elemento científico predominou na derradeira *Enciclopédia* do Iluminismo, mas Panckoucke sequer publicara a metade da obra antes de 1789, quando o destino de seu último empreendimento ligou-se ao da França em uma revolução que transformou a organização da cultura tanto quanto a sociedade e a política.

9
ENCICLOPEDISMO, CAPITALISMO E REVOLUÇÃO

A derradeira fase da história da *Enciclopédia* no século XVIII encerra um enredo de "ismos": enciclopedismo, capitalismo, jacobinismo e tendências afins, como profissionalismo e estatismo. Acompanhando a *Encyclopédie méthodique* ao longo dos tempestuosos últimos anos do século, surge a possibilidade de verificarmos como esses fenômenos abstratos atuaram em situações concretas e como a história do livro se insere no contexto mais amplo da história geral.

A EXTRAVAGÂNCIA DE PANCKOUCKE

Em dezembro de 1781, quando lançou o primeiro prospecto sobre a *Méthodique* e iniciou a campanha de assinaturas, Panckoucke deu-se conta de que poderia estar à beira de um desastre de 2 milhões de libras. Ainda assim, decidiu ir em frente. O prospecto obrigava-o a produzir uma edição *in-quarto* com 42 volumes em três colunas e uma *in-octavo* com 84 volumes do novo texto até 1º de julho de 1787. O público teria sete meses, de dezembro até julho de 1782, para adquirir a obra ao preço da assinatura, 672 libras — uma pechincha, alardeava o prospecto, considerando o que os assinantes receberiam em troca do dinheiro: a maior enciclopédia de todos os tempos, um compêndio de todos os conhecimentos humanos, a obra mais útil já escrita e que era, em si mesma, uma biblioteca.

Os argumentos de venda empregados por Panckoucke poderiam gerar desconfiança em quem conhecesse os bastidores da história de suas *Enciclopédias* anteriores. Os céticos até mesmo poderiam interpretar o prospecto como uma confissão implícita dos truques e fraudes subjacentes ao marketing da *Enciclopédia in-quarto*, pois Panckoucke reiterou vezes sem conta o que ele *não* faria para vender a *Méthodique*. Ele não reduziria o preço depois de encerradas as assinaturas. Não prorrogaria o prazo das assinaturas sob pretexto algum. Não publicaria separadamente nenhum dos dicionários, nem produziria versões subseqüentes da obra que pudessem desvalorizar o modelo de então. Não admitiria alterações nos requintados padrões de impressão e tipo de papel exemplificados nas páginas de amostra distribuídas com o prospecto. Não permitiria quebras no cronograma de produção: os dicionários seriam publicados e entregues regularmente, em 23 remessas, sendo os primeiros volumes em julho de 1782 e os últimos, sem falta, cinco anos mais tarde. E ele não tentaria arrancar mais dinheiro dos assinantes, que pagariam onze libras por volume de texto recebido, produzindo mais do que o número prescrito de tomos. Panckoucke considerou tão importante aplacar o receio que o público tinha deste último tipo de estratagema, que gerara o maior número de queixas dentre todos os ardis empregados por Duplain para espoliar os assinantes da *Enciclopédia in-quarto*, que prometeu enfaticamente manter o total de volumes em 42 para a edição *in-quarto* e 84 para a *in-octavo* ou, caso esse limite fosse ultrapassado em mais de três volumes de texto e um de ilustrações, fornecer os tomos extras gratuitamente. Cada promessa feita aos novos assinantes correspondia a um golpe baixo para os antigos, e Panckoucke descumpriria quase todas essas promessas no decorrer de sua gestão da *Méthodique* — não porque tencionasse fraudar seus clientes, mas em razão de o empreendimento escapar-lhe ao controle.[1]

Em março de 1782 já se tornara claro que o empreendimento tivera um péssimo começo: um número irrisório de assinaturas fora vendido — menos de trinta, no caso da edição *in-octavo* — enquanto Panckoucke calculara 5 mil assinaturas e precisava de aproximadamente 4 mil para cobrir seus custos. "Estávamos, nessa época, no desespero de ter-nos lançado a isso", explicou ele mais tarde.[2] "Nós a [a *Encyclopédie méthodique*] considerávamos como absolutamente desesperada. Entretanto, havíamos feito compras de papel consideráveis, quase todos os contratos estavam passados com os autores, e toda a nossa fortuna comprometida." Ele se defrontava com uma terrível escolha: reorganizar o empreendimento de algum modo que pudesse conquistar o público ou abandoná-lo, com um prejuízo de centenas de milhares de libras e um duro golpe em seu amor-próprio. A despeito da enormidade do investimento nos preparativos gerais e nos primeiros volumes, que deveriam ser lançados em julho, Panckoucke poderia ter salvo sua fortuna se houvesse admitido a derrota. Mas ele era um jogador. Decidiu aumentar a aposta e permanecer no jogo por mais uma rodada.

Em 16 de março, o *Mercure* anunciou que Panckoucke cancelara a edição *in-octavo* e publicaria a *in-quarto* com páginas de duas colunas em vez de três, como no projeto original. O formato de duas colunas seria muito mais agradável visualmente, mas iria requerer uma redução no tamanho do papel e a expansão do número de volumes. Agora Panckoucke prometia inserir o texto em 53 tomos, em "papier carré fin de Limoges", em vez de 42 volumes em papel "grand raisin". O tipo, *petit romain*, fundido especialmente para a obra por Fournier, de Paris, permaneceria o mesmo — assim como o preço. Mas quem desejasse adquirir essa *Enciclopédia* tipograficamente superior teria de se apressar, pois agora Panckoucke se via forçado a encerrar as assinaturas em 30 de abril. Uma segunda leva de assinaturas seria aberta em 1º de maio, mas ao preço de 751 libras. Mesmo com este último preço, a *Méthodique* continuaria sendo uma pechincha, assegurou ao público; quem não aproveitasse sua oferta até abril de 1783, quando seria irrevogavelmente encerrada a segunda série de assinaturas, teria de comprar a obra ao preço no varejo de 888 libras. Sem dúvida os que já haviam feito a assinatura poderiam solicitar a devolução do pagamento inicial (36 libras) se não aceitassem as novas condições de Panckoucke. Mas ele fez com que essas condições parecessem mais atraentes do que nunca, pois originalmente fixara o preço no varejo em 798 libras. Sua intenção era provocar uma corrida do público em busca das assinaturas, apostando no impulso de comprar mais barato. Tal estratégia não surtiria efeito se transpirasse a notícia de que o empreendimento estava à beira do colapso. Assim, Panckoucke descreveu sua campanha de assinaturas original como um tremendo sucesso; ele apenas a reorganizara a fim de satisfazer o desejo do público por um formato ainda melhor, explicou. A impressão continuava de vento em popa: já havia dois volumes no prelo, e teria havido doze se os fundidores houvessem sido capazes de fornecer os tipos mais rápido. O primeiro tomo de ilustrações estava quase concluído, e uma amostra do mesmo poderia ser inspecionada em sua loja no Hôtel de Thou por quem duvidasse de sua capacidade de executar o plano como prometera.[3]

Essa manobra, que Panckoucke posteriormente descreveu como um desesperado "último esforço para trazer de volta o público", aparentemente fez milagres.[4] Panckoucke mais tarde afirmou que a estratégia rendeu 5 mil assinaturas; segundo um relatório que publicou em 1788, 4042 assinantes adquiriram a obra ao preço de 672 libras antes de 1º de maio de 1782.[5] Nessa data, Panckoucke publicou um segundo prospecto geral, que reiterava as propostas do primeiro, exceto por algumas cláusulas a respeito do novo formato e do preço e de algumas observações discretas quanto ao tamanho da nova edição *in-quarto*. Em vez de oferecer-se para fornecer gratuitamente os volumes que excedessem o número estipulado, Panckoucke agora indicava que o texto poderia ocupar mais três ou quatro volumes além dos 53 que esperara produzir. Se isso ocorresse, os assinantes pagariam pelos volumes extras o preço de assinatura, onze libras cada um; e se, contrariando todas as expectativas, ele precisasse produzir ainda mais tomos, pagariam tão-somente seis libras por volume.[6] As assinaturas ao preço de 751 libras não foram numerosas. Apenas cerca de 808 pessoas adquiriram a obra antes de 31 de maio de 1786, quando Panckoucke encerrou as assinaturas — três anos depois do prazo que fixara.[7] Mas fora um feito notável ele ter conseguido vender quase 5 mil assinaturas depois de o mercado já ter absorvido 25 mil cópias da *Enciclopédia* original; e as prestações pagas pelos assinantes pareciam seguramente fornecer-lhe capital suficiente para dar continuidade à produção e auferir um bom lucro no final — se nada desse errado.

Entre 1782 e 1786, tudo parecia andar bem. Panckoucke encontrara uma fórmula para tirar proveito da demanda por uma *Enciclopédia* revista. A demanda seguramente existia, a despeito da proliferação das edições anteriores, pois a STN recebeu diversas cartas de livreiros franceses que consideravam a *Méthodique* superior e mais fácil de vender do que as *Enciclopédias* precedentes. Em março de 1780, logo depois de os primeiros boatos sobre uma "enciclopédia por ordem de matérias" terem sido espalhados pela rede de livreiros, Machuel, de Rouen, informou: "Há muitos descontentes com a edição *in-quarto*, e a nova que vai ser publicada é preferida". Carez, de Toul, fez a mesma observação um ano depois, o mesmo ocorrendo com Gachez, de Montauban, que se arrependeu de assinar a *Enciclopédia in-quarto*, "visto que nos propõem uma nova edição, que se faz em Paris por um método que, segundo minhas fracas luzes, tornará essa obra mais útil e mais perfeita". A julgar por essas cartas, Panckoucke tinha uma noção do que venderia: o público desejava uma *Enciclopédia* aperfeiçoada e reorganizada, e não somente a obra de Diderot pura e simples. Em 1788, Lair, de Blois, havia informado à STN que lamentava a extinção da *Méthodique* original de Liège — que Panckoucke secretamente adquirira — porque "teria sido admirável, se ela tivesse sido executada segundo o plano que eles me enviaram: 36 volumes *in-folio* ou 144 *in-octavo* com mais de 3 mil ilustrações: abandonar a ordem alfabética das palavras para seguir a das matérias era a verdadeira, a útil e a interessante *Enciclopédia*, que não se pode publicar tão cedo". Portanto, mesmo com toda a sua extravagância, o plano de Panckoucke realmente correspondeu à continuidade da demanda por enciclopedismo entre os leitores franceses setecentistas.[8]

Após conseguir bons resultados no mercado francês, Panckoucke voltou-se para o resto da Europa. Em 1783, Jacques Thévin, livreiro da corte da Espanha, foi a Paris para negociar a compra de trezentas cópias e os direitos para uma edição espanhola, com ilustrações fornecidas por Panckoucke. Ao retornar a Madri, ele e outro proeminente livreiro, Antonio de Sancha, publicaram uma tradução espanhola do prospecto e informaram ter vendido toda uma série de assinaturas, graças ao apoio do governo e do próprio Inquisidor Geral. Panckoucke acabou vendendo 330 *Enciclopédias* francesas na Espanha, e os espanhóis produziram onze volumes traduzidos da obra — uma indicação do quanto a Espanha de Carlos III diferia da de Carlos II, e talvez do quanto Panckoucke atenuara o texto de Diderot. Mas no verão de 1788 a Inquisição Espanhola confiscou todas as *Enciclopédias* no depósito do agente espanhol de Panckoucke, que fugiu para a França e se proclamou vítima do fanatismo. Embora Panckoucke acreditasse ter o apoio de um grupo especial de censores nomeados pelo Conselho de Castela, ele nunca recuperou as 330 cópias, e as autoridades espanholas ordenaram que se interrompesse a publicação da tradução.

Havia em Florença uma tradução italiana em andamento, e dizia-se que contava com um subsídio de 60 mil ducados concedido por Leopoldo, o esclarecido grão-duque da Toscânia. O próprio Panckoucke estava procurando obter um subsídio de Catarina II, da Rússia, e alardeava que os turcos tinham tamanha admiração por sua obra que também planejavam traduzi-la. Embora nenhum desses projetos tenha sido concretizado, eles indicam que o empreendimento estava alcançando êxito. A obra chegou a penetrar no mercado americano, com a ajuda de Thomas Jefferson, que adaptou o verbete sobre os Estados Unidos e recrutou vários assinantes, inclusive Franklin, Madison e Monroe.

O sucesso da *Méthodique* evidenciou-se ainda pelo número de contrafações que a obra inspirou. Panckoucke comentou, com uma ponta de orgulho, que sua *Enciclopédia* estava sendo falsificada em cinco locais em 1789: Pádua, Veneza, Milão, Nice e Liège. Poderia ter acrescentado a essa lista a edição suíça que, como já explicado, representava o típico modo de agir dos editores que se dedicavam à contrafação. O projeto de Liège também é um bom exemplo de falsificação da obra. Em uma carta circular impressa enviada aos principais livreiros da Europa, uma certa "Société Typographique de Liège", apoiada por um anônimo grupo de "négociants-entrepreneurs", oferecia-se para fornecer *Méthodiques* contrafeitas por 677 libras a cópia — 74 libras a menos do que o preço da obra na segunda série de assinaturas de Panckoucke. Prometia-se que "a edição que se propõe, feita escrupulosamente a partir da de Paris, será diferente dela apenas pela inferioridade do preço e pela superioridade da execução". Os editores de Liège também propuseram uma edição de luxo, com duzentas cópias, em papel de tamanho extragrande. E tentaram penetrar sorrateiramente no mercado de Panckoucke conquistando os intermediários. Ofereceram aos livreiros um desconto de 150 libras para cada cópia e uma cópia grátis a cada doze adquiridas, proporcionando um magnífico lucro de 2477 libras ao livreiro que conseguisse vender treze cópias ao preço no varejo. Por mais atraentes que parecessem, esses projetos de contrafação da *Méthodique* terminaram todos em fiasco. Expandindo e adaptando a versão italiana da obra de Panckoucke, os editores de Pádua prosseguiram com seu empreendimento até 1799, e os de Liège concluíram uma edição em oito volumes do dicionário de teologia em 1792.

Mas nenhum editor foi capaz de reproduzir toda a coleção de dicionários, não porque a avidez geral pelas contrafações houvesse arrefecido, mas porque a *Méthodique* tornou-se tão gigantesca que ameaçou sobrepujar a capacidade do próprio Panckoucke.[9]

A *Méthodique* padecia de gigantismo. A cada remessa enviada aos assinantes parecia crescer mais, tornar-se mais distante da conclusão, mais difícil de administrar e de vender. Não podemos saber como esse mal acometeu a obra, pois as fontes manuscritas são mais escassas após 1781, impossibilitando a reconstituição do enredo íntimo da história de sua publicação. Mas Panckoucke emitiu tantos prospectos, relatórios, *avis*, cartas circulares, folhetos e outros tipos de material publicitário que podemos acompanhar as linhas gerais dessa evolução.

Os autores revelaram-se o elemento mais difícil de administrar no empreendimento. Os textos que compunham geralmente eram extensos demais, chegavam com atraso e muitas vezes nem sequer eram entregues. O dicionário de física malfeito de Brisson arruinara o plano de Panckoucke para iniciar a publicação em 1781, e assim o prospecto fixou para julho ou agosto de 1782, "no mais tardar", a data da publicação da primeira remessa, prometendo que no mínimo seis volumes seriam lançados até o final daquele ano.

Mas em 10 de agosto Panckoucke publicou no *Mercure* um aviso aos assinantes: o primeiro volume, agora um dicionário de jurisprudência, não seria entregue antes de outubro, pois o autor, o abade Rémy, morrera deixando seus papéis em desordem e sem autorização para disporem dos mesmos. O principal sócio de Rémy falecera no ano anterior, e essas duas mortes não foram as únicas a assolar a *Méthodique*: Court de Gébelin foi-se em 1784, antes de ter produzido uma única palavra para seu volume sobre *antiquités*, o que adiou em três anos a publicação daquele dicionário, segundo Panckoucke. Guenau de Montbeillard morreu em 1785, deixando na maior confusão o dicionário sobre insetos. E em 1787 foi a vez de Watelet, obrigando Panckoucke a buscar nos tribunais e na casa do herdeiro o manuscrito do dicionário de *beaux-arts* que, depois de resgatado, teve de ser reformulado e publicado um ano mais tarde.[10]

Outros autores simplesmente abandonaram o empreendimento, como foi o caso de Fougeroux de Bondaroy. O abade Baudeau desistiu do dicionário de comércio, que foi repassado a um advogado, Guillaume Grivel. Digeon precisou ser substituído no dicionário de finanças por Rousselot de Surgy, um *premier commis de finances* aposentado.[11] Vicq d'Azyr continuou encarregado do enorme dicionário de medicina, mas delegou a composição do texto a tantos colegas que perdeu o controle do processo. A maioria de seus colaboradores deixou de entregar o trabalho a tempo, e os que cumpriram o prazo foram prejudicados pela negligência dos demais, pois Panckoucke recusou-se a pagar até que a íntegra do manuscrito fosse entregue para impressão. Tal situação gerou descontentamento entre homens como Fourcroy, que reclamou por não ser remunerado por seu trabalho.[12] No final, Panckoucke viu-se obrigado a censurar Vicq por negligência:

> Enquanto contardes com vossos associados, não caminhareis. Não fareis um volume em quatro anos. Eu vos dera o projeto de uma carta circular que aprovastes inicialmente e que não me devolvestes. Não irei ver o sr. Goulin, nem o sr. Caille, nem quem quer que seja, que não vós, senhor, com quem ficaria encantado de corresponder-me. Como podeis esperar, senhor, ter a tempo o manuscrito de todos os vossos colaboradores, quando eu jamais pude conciliar os autores da geografia, que eram apenas dois e que foi preciso separar? Se contais com a exatidão de vossos colaboradores, eles desolarão vossa vida; vós desolareis o público, os assinantes; e me impedireis de cumprir meus compromissos. É preciso fazer vosso livro com vossas luzes ou com os livros que existem, tendo às vossas ordens dois a três secretários inteligentes.[13]

As mortes e os descumprimentos de prazos forçaram Panckoucke a reformular vezes sem conta o seu cronograma de produção, fazendo a data da conclusão da obra parecer cada vez mais remota. Ele não cumpriu a promessa de publicar seis volumes até o final de 1782. De fato, sequer publicou a primeira remessa antes de novembro daquele ano e, quando ela finalmente foi entregue, decepcionou muitos assinantes, pois continha apenas o primeiro volume de jurisprudência, metade do primeiro volume de *arts et métiers* e metade do primeiro tomo de história natural. Não se podia ler volumes pela metade, e muito menos encaderná-los; no entanto, foi assim que Panckoucke entregou a maioria de suas remessas. Em janeiro de 1783, enviou a segunda remessa: a primeira metade do volume 1 de literatura e a primeira do volume 1 de geografia. Em abril de 1783, publicou a terceira remessa: o primeiro volume de ilustrações, o primeiro de comércio e a segunda metade do volume 1 de *arts et métiers*. Em agosto de 1783 publicou a quarta remessa: a segunda metade do volume 1 de geografia, a segunda do volume 2 de jurisprudência, a segunda do volume 1 de literatura e a primeira do volume 2 de *arts et métiers*. Prosseguiu nesse estilo até o final. Tal procedimento era-lhe conveniente, pois assim podia apressar os autores para que fornecessem ao menos uma parte do texto e conseguia publicar muitas partes simultaneamente, desse modo lançando seus dicionários mais ou menos ao mesmo tempo, em vez de enfileirá-los à espera da conclusão dos anteriores. Não só a produção de meios-volumes díspares permitia extrair capital mais rapidamente dos assinantes (Panckoucke vendia duas metades de volume pelo preço de um volume completo) mas, o que era mais importante, isso permitia evitar as contrafações — seria difícil falsificar e vender meios-volumes que eram lançados em intervalos bem espaçados. As únicas objeções à estratégia de Panckoucke provinham dos assinantes, que tinham de guardar pilhas e pilhas de folhas soltas, ordenadas e estocadas à espera do dia em que poderiam ser reunidas, encadernadas e organizadas na estante sob a forma de uma coleção coerente de volumes.[14]

Esse dia parecia cada vez mais distante, à medida que Panckoucke avançava em seus dicionários. Embora continuasse a produzir alguns meios-volumes a cada dois ou três meses, em maio de 1786 ele estava claramente atrasado em relação ao cronograma, pois lançara apenas 31 volumes de texto. Parecia impossível que conseguisse produzir os 22 restantes antes de expirar o prazo, em julho de 1787.[15] E o mais angustiante era que, com base no que já fora feito, ele podia perceber que tinha pela frente um caminho muito mais longo: não lhe seria possível inserir toda a sua *Enciclopédia* em 53 volumes de texto. Até mesmo as ilustrações estavam em excesso. Panckoucke já produzira cinco dos sete volumes de pranchas prometidos e não cobrira todas as *arts et métiers*, nem começara outros assuntos, notavelmente belas-artes e história natural, que requeriam numerosas ilustrações. O que dera errado? A culpa fora de Diderot, explicou Panckoucke em uma nota aos assinantes em maio de 1786. Ao examinarem seus temas, os novos enciclopedistas haviam descoberto muito mais deficiências na obra de seus predecessores do que fora previsto. Sentiram-se na obrigação de compensar essas carências da *Enciclopédia* original ampliando a abrangência da *Méthodique*. "Foi a grande imperfeição dessa primeira *Enciclopédia*, reconhecida e confessada pelo próprio sr. Diderot, que exigiu um aumento de volumes", concluiu Panckoucke. Ele já empregara exaustivamente esse argumento na publicidade inicial, mas reiterou-o nessa época a fim de apresentar o crescimento de sua *Enciclopédia* como uma benesse em vez de uma despesa adicional para os assinantes. A obra não seria duas, e sim três vezes maior que a de Diderot, anunciou triunfante; não teria 30 mil, mas 100 mil verbetes adicionais; conteria não 26, mas trinta dicionários-tratados definitivos... e por conseguinte não incluiria três ou quatro volumes extras, como previra de início, mas vinte. O custo adicional de seis libras por volume era algo sem importância, considerando que os assinantes receberiam a maior obra do século, que seria mais valiosa do que uma biblioteca de 20 mil volumes.[16]

A retórica de Panckoucke inflou junto com o preço, mas não persuadiu todos os assinantes, pois nos *avis* anexos às remessas seguintes parecia um homem acossado. Suas mensagens concentravam-se mais e mais nas críticas e queixas dos assinantes e apresentavam Panckoucke como uma espécie de mártir, vergado sob o peso de suas responsabilidades: "O público lançou-se nesse grande empreendimento pela confiança que teve em nós e que acreditamos ter merecido por 25 anos de trabalhos, que muitas vezes lhe foram úteis. Que ela no-la continue, essa confiança, que secunde nosso zelo e nossa coragem; precisamos disso para sustentar o peso desse enorme empreendimento".[17] Em dezembro de 1786, estava evidente que o "Atlas de la librairie" enredara-se em mais uma crise. Nenhum volume foi produzido nos seis meses seguintes. Quando Panckoucke retomou a publicação, em maio de 1787, atingira apenas o volume 38 do texto. Mas embora estivesse irremediavelmente atrasado em relação ao cronograma, decidiu prosseguir — e, na verdade, expandir a obra de trinta para 36 dicionários. A heráldica agora emergia como um dicionário separado do de história, a artilharia do de guerra, a música e a arquitetura do de belas-artes. Novas matérias, como *bois et forêts* e *arts académiques* (equitação, duelo, dança, natação) haviam requerido dicionários próprios. E os dicionários originais continuaram a crescer: o de finanças passou de um para três volumes, o de literatura, de dois para três, botânica, de dois para cinco, jurisprudência, de três para oito, *arts et métiers* de quatro para dez. A equipe de autores também se expandira: Panckoucke tinha dezoito homens trabalhando só no dicionário de medicina, e uma equipe básica de 73 pessoas. Ele os pressionava o mais possível, explicou, aguilhoando-os com os comentários sobre "os temores e as inquietações dos assinantes".[18] O clima deve ter-se tornado bem carregado, pois os autores não conseguiam produzir textos com rapidez suficiente para satisfazer seu empregador. "Nossa *Enciclopédia* vai mal", revelou Panckoucke a um amigo em 1783.[19] "Os autores não trabalham e isso me desola." Publicamente, atribuía os atrasos às deficiências da *Enciclopédia* original, "onde tudo é um verdadeiro caos". "Acredita-se que se faça um bom livro em um tempo determinado, como uma peça de tecido?", perguntou ele aos assinantes em seu Avis de maio de 1787. Ele não lhes lembrou que em 1782 estabelecera um sistema de produção para seus autores mediante uma série de contratos, onde se especificava o número de volumes a serem escritos e o tempo destinado à tarefa. Mas bastava os assinantes consultarem o prospecto para saberem que Panckoucke providenciara para que todos os textos fossem entregues em julho de 1785, de modo que a impressão pudesse ser concluída em julho de 1787.[20]

Em outubro de 1787, Panckoucke fez outra tentativa para salvar o empreendimento. Percebeu que mesmo que persuadisse os assinantes a reprimir a raiva pelo descumprimento do prazo, teria enorme dificuldade para fazê-los pagar o excesso de volumes. Àquela altura, ele publicara 42 dos 73 volumes de texto planejados, e os assinantes haviam pago, cada um, 644 libras. Com a próxima remessa, seriam atingidas as 672 libras que a maioria deles se comprometera em contrato a pagar. Como poderia Panckoucke impedi-los de cessar os pagamentos e exigir os volumes restantes gratuitamente, como ele prometera de início? Em vez de encarar de frente esse problema, Panckoucke procurou contorná-lo com uma tática a que chamou *combinaison*. Como atrativo especial, propôs entregar aos assinantes duas novas publicações, um atlas enciclopédico e uma série de ilustrações sobre história natural. Embora esse suplemento fosse opcional, nenhuma *Enciclopédia* estaria completa sem ele, ressaltou; os assinantes poderiam recebê-lo a um preço especial reduzido, juntamente com as remessas da *Méthodique* — desde que continuassem seus pagamentos. A maioria dos assinantes aceitou; assim, como Panckoucke mais tarde comentou, a manobra "salvou" a *Méthodique*, impedindo a interrupção do fluxo de capital.[21]

Na verdade, o suplemento meramente adiou em menos de um ano a hora de Panckoucke defrontar os assinantes. A crise assomou novamente em novembro de 1788. Nessa época, Panckoucke estava preparando a trigésima remessa, que conteria o qüinquagésimo terceiro volume do texto — ou seja, o último, segundo o prospecto. Entretanto, longe de ter concluído sua *Enciclopédia*, ele percebeu que chegara apenas ao meio do caminho. Agora calculava um excesso de 46 a 48 volumes, em vez dos vinte, o que levaria o texto a conter cerca de uma centena de tomos. Panckoucke estava em uma "posição extremamente crítica", explicou em uma carta circular a seus autores. Os assinantes crivavam-no de queixas. Alguns ameaçavam processá-lo se ele não lhes devolvesse o dinheiro. Os espanhóis haviam cancelado a encomenda das 330 cópias. Outros quinhentos simplesmente haviam deixado de receber suas remessas — uma espécie de greve de assinantes, que lhe reduzia drasticamente a receita. Em vez de usar os pagamentos das remessas para financiar a produção, ele tinha de recorrer a seu próprio capital. Suas despesas superavam as receitas em 150 mil libras, e ele incorria em um déficit de 60 mil libras anuais. Os gastos aumentavam e os prejuízos acumulavam-se por todo canto. "Mil acontecimentos que não pude prever nem calcular convenceram-me de que, depois de me ter encarregado da maior e da mais penosa tarefa que algum livreiro jamais ousou, podia restar-me apenas o desespero de a ter empreendido."

Ainda assim, ele quis fazer uma última tentativa de salvar sua *Enciclopédia*. Pediu a cada autor que acelerasse a produção do texto. Os que não fossem capazes de concluir o trabalho em três ou quatro anos deveriam demitir-se e encontrar um substituto. Os que o apoiassem precisariam preparar uma declaração sobre a extensão de seu texto e a data em que o concluiriam. Panckoucke reuniria essas declarações em um *Tableau*, mostrando exatamente o que ainda havia para ser feito, dicionário por dicionário, para que pudesse reconquistar os assinantes que duvidavam de sua capacidade de um dia terminar a obra. Panckoucke publicaria o *Tableau* com mais um apelo especial aos assinantes, solicitando uma prorrogação do prazo em três ou quatro anos e um acréscimo de 46 ou 48 volumes. Estava disposto a sacrificar "minha vida e minha fortuna" pela suprema *Enciclopédia*; e, com o apoio dos autores, ainda acreditava que a obra poderia ser salva.[22]

Panckoucke publicou o apelo em março de 1789. Alertou os assinantes de que teriam de decidir sobre uma questão de vida ou morte para a *Enciclopédia*. Ameaçado com processos na justiça, assolado por reclamações, esmagado pelos custos, teria de abandonar o empreendimento, a menos que eles concordassem com algumas medidas radicais para salvá-lo. Primeiro, pedia-lhes que pagassem um "supplément de souscription" no valor de 36 libras, que seriam creditadas por conta da última remessa de cadernos. A seguir, propunha reabrir as assinaturas e fornecer aos novos compradores os volumes que não haviam sido entregues aos quinhentos assinantes que haviam deixado de pagar, os quais seriam eliminados de sua lista se não se pusessem em dia com os pagamentos dentro de dois meses. Finalmente, anunciava que lançaria os dicionários como publicações separadas, a serem financiadas por mais assinaturas. Desse modo, poderia atrair compradores com interesses específicos que não desejavam adquirir toda a coleção de dicionários, e Panckoucke os supriria com seu excesso de estoque.[23]

Infelizmente, cada uma dessas medidas violava as condições do prospecto e expunha Panckoucke a processos legais movidos pelos assinantes. Para esquivar-se aos ataques nessa frente, ele mais uma vez recorreu a seus protetores em Versalhes. Um memorando sem assinatura, emitido por um subordinado do *Garde des sceaux*, aconselhava o chefe do sistema judiciário a dar proteção legal a Panckoucke: "Merecendo o senhor Panckoucke a proteção da administração por sua coragem e pela maneira como essa importante obra foi executada, eu proporia a Monseigneur que permitisse a continuação da subscrição e que autorizasse o senhor Panckoucke a pedir um suplemento aos assinantes". Em fevereiro seguiu-se um *arrêt du conseil* sancionando todas as manobras de Panckoucke. E em março Panckoucke publicou uma carta do *directeur de la Librairie* atestando que ele nada fizera de ilegal aos olhos dos que administravam a lei. Esse foi um caso clássico de recurso aos protetores e ao privilégio (ou "lei privada") a apenas dois meses da abertura dos Estados Gerais.[24]

Além de persuadir os assinantes a aceitar sua mais recente *combinaison*, Panckoucke precisou ganhar-lhes o apoio para uma política muito mais intragável na primavera de 1789: pediu-lhes que concordassem com sua decisão de expandir o texto para 124 volumes em 51 dicionários, em vez de cem volumes em 36 dicionários, como indicara em sua última estimativa, e de estender o prazo para 1791. Panckoucke não tentou encobrir o fato de que originalmente prometera inserir o texto em 53 volumes e publicá-lo até 1788. Mas salientou que todos os que lessem o *Tableau* anexo a seu apelo aos assinantes perceberiam que os autores da *Méthodique* não conseguiriam cobrir com perfeição as suas matérias sem escrever muito mais do que fora previsto em 1782. O *Tableau* corroborava esse argumento com um levantamento de cinqüenta páginas sobre todo o caminho a ser percorrido pela obra. Cada enciclopedista explicava por que precisava de mais tempo e espaço — e com isso fornecia informações reveladoras acerca do modo como trabalhava.

Guyton de Morveau descreveu a dificuldade de escrever os verbetes sobre química em uma época em que essa ciência passava por uma revolução: "Não sei como fazem aqueles que fornecem todos os anos um volume; quanto a mim, não saio de casa, não faço outra coisa, estou por inteiro nessa tarefa, ao ponto de negligenciar mesmo meus assuntos domésticos, e não avanço de modo nenhum. Quando chego a um artigo, encontro em minhas coletâneas três ou quatro vezes a sua extensão de notas, de materiais, de partes completamente redigidas, e preciso de semanas, de meses para o levar ao ponto que desejo".[25] De modo semelhante, Monge explicou que precisava postergar o dicionário de física até que pudesse compreender claramente a essência dos obscuros *fluides élastiques* que haviam acabado de emergir em seguida às noções ultrapassadas sobre ar, fogo e água.[26] Vicq d'Azyr constatou grande confusão nas ciências médicas e sentiu-se compelido a organizar seu próprio sistema de anatomia comparada, tarefa muito mais vasta do que previra. Lamarck usou argumento similar para justificar a expansão do dicionário de botânica. Ninguém, nem mesmo Lineu, tentara produzir uma descrição sistemática de todo o mundo vegetal como a que estava sendo preparada, afirmou. Seria uma façanha concluí-la até 1791 e mantê-la em cinco volumes em vez de dois, como fora previsto inicialmente (o trabalho acabou consumindo treze volumes). "Se executarmos exatamente o nosso plano", concluiu Panckoucke, "deve-se encontrar aí tudo que os homens conceberam, imaginaram, criaram desde que a arte de escrever foi inventada. Não deve haver aí uma única palavra, um único objeto dos conhecimentos humanos sobre os quais não se deva encontrar detalhes satisfatórios."[27]

Panckoucke provavelmente acreditava nessa propaganda, mas ela encerrava um propósito definido: persuadir os assinantes a pagar por quase o triplo do número de volumes que lhes fora proposto. Muitos deles possuíam recibos assinados por Panckoucke atestando que haviam efetuado o pagamento inicial de 36 libras correspondente a "672 libras preço de um exemplar completo".[28] Eles protestaram, citando as condições expostas no primeiro prospecto de Panckoucke, que prometia suprir gratuitamente todos os volumes excedentes, "a fim de que os assinantes estejam bem certos de que não se quer aproveitar, de maneira nenhuma, dessa indeterminação para aumentar à vontade, como aconteceu algumas vezes, o número dos volumes".[29] Essa cláusula deve ter sido concebida para dissociar a *Méthodique* da má reputação da *Enciclopédia in-quarto* de Diderot, pois nada enfurecera mais os assinantes de Duplain do que os custos extras que lhes haviam sido infligidos quando o editor ampliou o texto de 29 para 36 volumes. De fato, Panckoucke tentou promover a *Méthodique* contrastando-a com a *in-quarto*, que condenou chamando-a de inferior, como se nunca tivesse tido relação alguma com tal obra.[30] Entretanto, pouco depois de lançar a *Méthodique*, mostrou não ter mais escrúpulos do que Duplain em se tratando de manipular os assinantes e esquivar-se das obrigações. Em maio de 1782, tentou cancelar seu compromisso de limitar o tamanho da nova *Enciclopédia* inserindo uma cláusula no segundo prospecto afirmando que, embora houvesse planejado publicar o texto em 53 volumes, a obra poderia chegar a conter 57 — e, "se, contra toda a expectativa e pela perfeição da obra, estivéssemos necessitados de um maior número de volumes de textos, os assinantes pagariam por estes últimos volumes apenas seis libras, em vez de onze libras".[31] Também eliminou a comprometedora frase "preço de um exemplar completo" de seu lote seguinte de recibos. E como dera aos primeiros assinantes a escolha entre cancelar suas encomendas ou aceitar as condições da segunda série de assinaturas, considerava-se imune contra perseguições.

Não obstante, numerosos assinantes sentiram-se logrados. Haviam recebido 53 volumes e pago por eles; e a cada remessa adicional, bombardeavam Panckoucke com "cem cartas de queixas", ou simplesmente se recusavam a receber os livros.[32] Um livreiro de Dijon, Mailly, deu vazão à sua indignação em um panfleto que acusava Panckoucke de ganancioso. A produção de cada volume custava-lhe apenas quatro libras, argumentou Mailly, portanto Panckoucke lucrava sete libras a cada volume que publicava. Para não serem espoliados, os assinantes deveriam insistir em receber gratuitamente o resto da coleção — e mesmo assim, Panckoucke teria um lucro líquido de 33%. Panckoucke replicou que lhe custava seis libras produzir cada volume, e sete libras considerando os prejuízos acarretados por circunstâncias imprevistas, como o cancelamento das encomendas da Espanha. A maioria das assinaturas era vendida por intermédio de livreiros, que ficavam com duas libras de comissão para cada volume, deixando a Panckoucke menos do que duas das onze libras que os assinantes pagavam em cada volume. Ele iria vender os volumes extras por apenas seis libras cada um, e portanto seria o maior prejudicado com a expansão da *Enciclopédia*.[33]

Outros assinantes, porém, julgavam que ele os estava roubando de outros modos. Vários protestaram que os volumes continham muito menos do que "cerca de cem folhas" prometidas no prospecto. A diferença entre um volume *in-quarto* de 95 folhas (760 páginas) e um no mesmo formato com cem folhas (oitocentas páginas) poderia parecer insignificante e certamente era difícil de perceber, dada a técnica de Panckoucke de publicar meios-volumes, mas podia reduzir substancialmente os custos de produção, considerando que ele planejava publicar 5 mil coleções de 124 volumes. Após um raciocínio tortuoso, Panckoucke admitiu que os volumes continham em média 95 folhas. Com isso, poderia ter economizado pelo menos 100 440 libras, às custas dos assinantes.[34] Portanto, poderia muito bem ter tentado fugir do déficit diminuindo sub-repticiamente os volumes. É difícil acreditar que estivesse disposto a expandir sua *Enciclopédia* se esperasse perder mais dinheiro em cada um dos 66 volumes extras que planejava publicar. Entretanto, sem os seus livros contábeis e sua correspondência comercial, só podemos fazer conjeturas sobre a estratégia que adotou, sendo plausível acreditar em suas alegações de que se encontrava em um beco sem saída. "Essa obra tem muitos inimigos, não o ignoramos", escreveu Panckoucke em seu apelo aos assinantes. Falou sombriamente de panfletagens hostis, calúnias e "libelos". O que mais o angustiava, confessou, eram as ações na justiça. Atormentava-o o fantasma do caso de Luneau de Boisjermain contra os editores da primeira *Enciclopédia*: "Um processo, em nossa posição, parecer-nos-ia uma tão suprema injustiça, e a sorte de dois de nossos colegas, que morreram de desgosto e de desespero pelas dificuldades que experimentaram, atingiu tanto o nosso espírito que, se se pretende renová-los em relação a nós, consideramos a *Enciclopédia* destruída e aniquilada".[35]

Essencialmente, Panckoucke estava pedindo aos assinantes que aceitassem a duplicação e o atraso da *Méthodique*, que continuassem os pagamentos e que não o levassem aos tribunais quando lançasse seus novos projetos de assinaturas: "É preciso que se nos deixe toda a nossa liberdade, se se quer que a obra se conclua prontamente. Mal temos o bastante de todas as nossas forças para seguir todos os movimentos, todas as ligações dessa grande máquina; para vencer os obstáculos; para solicitar, apressar os homens de letras, os impressores, os gravadores; para responder, enfim, aos assinantes".[36] As palavras de Panckoucke quanto a ser arrastado para o túmulo pelas ações na justiça podem ter sido uma tentativa de dramatizar sua posição e ganhar a simpatia dos assinantes, mas o fato é que sua posição realmente parecia crítica e ele precisava mesmo defender-se de ataques nos tribunais.

Em princípios de 1789, um comerciante de Nancy, Pichancourt, processou o livreiro Bonthoux, que lhe vendera uma assinatura da *Méthodique*. Pichancourt exigia receber a íntegra da enciclopédia, no prazo e ao preço previstos no prospecto, ou então queria a devolução do que pagara. Argumentando que Panckoucke deveria assumir a responsabilidade por todos os prejuízos acarretados por sua incapacidade de honrar os compromissos, Bonthoux conseguiu fazer com que Panckoucke fosse citado como co-réu no tribunal *présidial* de Nancy. Panckoucke recusou-se a comparecer, alegando que casos semelhantes estavam em andamento em várias outras cidades e não poderia defender-se simultaneamente em todos os lugares. Recorreu, então, pela última vez, a seus protetores no governo. Requereu ao conselho real que lhe salvasse a enciclopédia — uma obra de incomensurável importância para o reino, "que tem a sanção de Sua Majestade" — e obteve um *arrêt du conseil* proibindo as cortes das províncias de julgar casos concernentes à *Méthodique*, quer eles envolvessem livreiros locais, quer o próprio Panckoucke. Todos os processos deveriam ser encaminhados diretamente ao Châtelet em Paris, onde Panckoucke poderia exonerar-se definitivamente, e qualquer um que buscasse justiça em outro lugar estaria sujeito à anulação do processo e a uma multa de mil libras.[37]

Essa sentença, ao que tudo indica, pôs fim às dificuldades legais de Panckoucke, mas ele não conseguiu um decreto régio obrigando todos os assinantes a receber suas remessas e efetuar os pagamentos. Em março de 1789, quinhentos dos 4850 assinantes haviam parado de pagar. Mas só para cobrir os custos Panckoucke precisava da receita de 4 mil assinaturas, ou pelo menos foi o que afirmou em seu apelo aos assinantes, onde os alertava que o atrito poderia arrasar a *Méthodique* se eles não a apoiassem.[38]

Mas os assinantes que haviam originalmente adquirido uma obra correspondente a 42 volumes *in-quarto* tinham razões para temer que ela fosse ampliada para mais de duzentos, não sendo concluída enquanto vivessem. A *Méthodique* estava crescendo como uma monstruosa erva daninha, invadindo as prateleiras e estendendo tentáculos que podiam prolongar-se indefinidamente, à medida que se desenvolviam as artes e as ciências. O dinheiro envolvido no empreendimento era tão colossal quanto a magnitude da obra. Cada assinante agora estava sendo conduzido a uma despesa de no mínimo 1422 libras.[39]

Se Panckoucke mantivesse apenas 4 mil assinaturas, sua receita seria de 5688 mil libras. Portanto, ele não estava exagerando quando escreveu que sua enciclopédia era "de todos os empreendimentos o maior que jamais se tenha executado no ramo livreiro".[40] Ela fazia a *Enciclopédia* de Diderot parecer pequena, assim como esta, com seus dezessete volumes, eclipsara totalmente sua predecessora, a *Cyclopaedia* de Ephraim Chambers, de dois tomos. Panckoucke jactava-se de que seu "edifício [...] não se assemelha mais à antiga (*Enciclopédia*) do que o palácio do Louvre a uma choupana ou São Pedro de Roma a uma capela".[41] Porém, mais descomunal que o tamanho da obra eram os riscos que ela continha. Um homem sensato teria reduzido seus prejuízos abreviando o empreendimento; um cauteloso o teria abandonado. Panckoucke mais do que duplicou sua escala, e esse lance, o maior de sua vida, ele o fez justamente quando a França fervilhava com a Revolução.

Panckoucke, em retrospectiva, percebeu que a escolha do momento para seu empreendimento não poderia ter sido pior: "Chegávamos então a um acontecimento para sempre memorável [...] A Revolução, que não tardou a eclodir, que derrubou tantos estados, fortunas, que destruiu as mais brilhantes esperanças, atingiu-me em todos os sentidos".[42] Na verdade, a Revolução não atacou Panckoucke abertamente, mas prejudicou sua *Enciclopédia* de três modos: afastou muitos de seus assinantes, dispersou vários autores e arruinou a maioria dos impressores. No entanto, ela não destruiu a obra. O modo como a *Méthodique*, seu editor e seus autores sobreviveram à Revolução permite vislumbrar algumas das complexidades nas transições do enciclopedismo ao jacobinismo.

A convocação dos Estados Gerais foi recebida com entusiasmo por Panckoucke. Como membro da assembléia eleitoral para o Terceiro Estado de Paris, ajudou a redigir o *cahier* de Paris e defendeu com veemência a reivindicação básica dos "Patriotas": o Terceiro Estado deveria exigir o voto por cabeça, e não por ordem, argumentou, mesmo que fosse preciso constituir-se separadamente como a nação.[43] Longe de prever que o novo sistema de governo prejudicaria sua *Enciclopédia*, anunciou em 27 de abril de 1789 que tomara providências para expandir e acelerar a produção. Graças a novos acordos com vinte fabricantes de papel, quarenta gravadores e 25 dos 36 impressores legalmente estabelecidos em Paris, dentro em breve poderia produzir de dois a quatro volumes por mês. Como em geral uma tipografia precisava de aproximadamente um ano para imprimir um de seus gigantescos volumes *in-quarto*, Panckoucke decerto tencionava produzir *Enciclopédias* a um ritmo extraordinário e em escala excepcional. Estava tentando pôr a seu serviço grande parte da capacidade de impressão (legal) da capital, em um supremo esforço para duplicar o tamanho do maior empreendimento da história editorial francesa a apenas uma semana da abertura dos Estados Gerais e a dois meses e meio da queda da Bastilha.[44]

Junto com a Bastilha ruíram também os antigos sistemas de produção e policiamento da palavra impressa na França. No lugar das 36 tipografias privilegiadas, proliferaram prensas por toda Paris; e em vez de produzirem livros de luxo, puseram-se a imprimir panfletos políticos e jornais. Duzentos e cinqüenta jornais foram para o prelo no último semestre de 1789, não fazendo o menor caso dos antigos censores, da velha corporação dos livreiros e dos consagrados privilégios de publicações como o *Mercure* e *Gazette de France*, ambas pertencentes a Panckoucke.[45] Para escrever e imprimir tantos periódicos era necessária não meramente a destruição das antigas restrições à imprensa, mas a transformação das condições de trabalho na atividade editorial. Em agosto, Panckoucke deu-se conta de que a revolução nas tipografias seria danosa à sua *Enciclopédia*, pois os impressores haviam posto de lado as cópias da obra para atenderem à demanda por notícias sobre a Assembléia Nacional.[46] Em novembro, Panckoucke expressou-se como quem estivesse lutando pela própria vida:

> Eu sou talvez, e devo dizê-lo hoje, o cidadão sobre o qual pesa mais violentamente a Revolução; pois não há mês em que minhas despesas não excedam minhas receitas em mais de 25 mil libras; mas acreditei dever redobrar os esforços, os projetos, os meios de crédito, as combinações, para sustentar uma máquina enorme, à qual a sorte de mais de seiscentas pessoas está ligada, convencido de que era impossível, dados os recursos imensos desse grande império, que as coisas não retomassem seu curso ordinário.[47]

No início de 1790, Panckoucke lamentou a generalizada "deserção de trabalhadores", que haviam abandonado seus antigos patrões para produzir os novos jornais, trabalhando por salários mais altos, de dia e de noite, em novos estabelecimentos espalhados por toda Paris. As antigas tipografias haviam passado a dedicar-se ao jornalismo ou fechado as portas. Um de seus principais produtores, que costumava imprimir por semana dez a doze das grandes folhas de duas colunas da *Méthodique*, suspendera as operações, e Panckoucke viu-se impossibilitado de deter a corrosão de seus próprios recursos, embora assumisse a postura de quem encarava seus prejuízos como um patriota: "Ninguém sofre mais do que nós com a Revolução; mas é preciso saber sofrer pela pátria".[48] Em fins de fevereiro, ele desistiu do empreendimento com edições separadas dos dicionários. Não conseguira vender 20 mil assinaturas, como esperava, mas 162 — o que não bastava sequer para cobrir o custo da publicação dos prospectos. E em vez de atrair novos assinantes, a *Enciclopédia* como um todo continuava a perder os antigos; o índice de desistências aumentava em conseqüência das dificuldades econômicas e da emigração. Observando diplomaticamente que alguns de seus assinantes encontravam-se então "ausentes do reino", Panckoucke prorrogou o prazo que dera aos clientes para buscarem suas remessas sem cancelar suas assinaturas — e essa prorrogação continuou nos anos seguintes, até deixar de ter sentido. Panckoucke reconheceu que tal situação, na verdade, significava que a atividade editorial nos moldes da que prosperara sob o Antigo Regime tornara-se inviável na Revolução. "O comércio livreiro foi, por assim dizer, aniquilado, as principais casas da capital obrigadas a suspender seus pagamentos", escreveu em 1791. "Muitos autores foram desviados de seus trabalhos por funções públicas; todas as tipografias logo foram ocupadas apenas com brochuras, panfletos e sobretudo jornais de toda espécie, cujo número, apenas na capital, eleva-se a mais de cem. Vi o momento em que a *Enciclopédia* ia ser abandonada."[49]

O que salvou Panckoucke foi ter transferido sua atenção da publicação de livros para o jornalismo antes de 1789 — com a notável exceção da *Méthodique* — e ter remado com a maré do jornalismo revolucionário após o 14 de julho. Em novembro de 1789, ele fundou o *Moniteur Universel*, que se transformou no mais importante jornal sobre notícias parlamentares na Revolução. Em junho de 1790, lançou *Le Gazzetin*, um jornal menos influente e mais radical, que funcionou como antídoto à sua semi-oficial *Gazette de France*. Mas a *Méthodique* continuou sendo o seu empreendimento máximo — o "grande empreendimento onde pus toda a minha fortuna", como ele a chamava — e foi preciso encontrar um modo de salvá-la em 1790.[50] Como nas crises anteriores, tratou de engendrar uma *combinaison*. Descobriu que a demanda por artistas e gravadores não acompanhara a procura por tipógrafos, e assim compensou o declínio na produção dos volumes de texto com o aumento na produção dos tomos de ilustrações. Com essa manobra, continuou a produzir as remessas e a obter capital; sobretudo, impediu uma evasão em massa dos assinantes, pois Panckoucke tinha certeza de que muitos desistiriam se interrompesse a produção.[51] Panckoucke também tentou conquistar os assinantes nessa época produzindo como chamariz os dicionários *Encyclopédiana*, uma antologia de truques e charadas, a obra sobre a Assembléia Nacional e um novo atlas que mostraria como a Assembléia estava retraçando o mapa da França. Por fim, Panckoucke procurou entender-se com seus impressores.

Paradoxalmente, foi-lhe mais difícil conseguir a impressão da *Méthodique* na época em que havia mais de duzentas tipografias em Paris do que quando funcionavam apenas 36. Os impressores que não lhe devolviam os textos ou não os punham de lado, exigiam cinco a seis libras adicionais por folha impressa (*feuille d'impression*), ou seja, quinhentas a seiscentas libras a mais pela produção de cada volume. Explicavam que precisavam pagar salários mais elevados aos empregados. A questão salarial tinha de ser abordada com cautela, pois já interrompera a produção da *Méthodique* por um período em fins de 1785 e 1786, quando uma disputa sobre pagamento na tipografia de P.-G. Simon, que estava imprimindo o *Dictionnaire des finances*, evoluíra para uma luta geral entre os compositores, que se recusaram a trabalhar nas cópias de Panckoucke em toda Paris, e os mestres-impressores, que puseram na lista negra e mandaram para a prisão o líder da "cabale", Pierre Caudou.[52] Naquela época, os mestres-impressores lograram manter o nível dos salários. Em 1789, porém, a explosão do jornalismo político acarretara a escassez de mão-de-obra, o que impossibilitou a resistência às exigências dos empregados, especialmente nas cerca de trinta tipografias onde eles trabalhavam à noite para produzir os jornais matutinos. Apesar de suas observações anteriores comparando os trabalhadores a selvagens e estes aos animais, Panckoucke mostrou-se compreensivo em face das reivindicações: "Os operários, é preciso convir, eram muito mal pagos antes da Revolução: com razão, aproveitaram as circunstâncias para melhorar sua sorte".[53] Concordou em aceitar o aumento nos custos da mão-de-obra, mas não em permitir que os mestres-impressores inflassem proporcionalmente sua margem de lucro e taxas adicionais (*étoffes*). Após duras negociações, no início de 1790, pediram-lhe a decisão definitiva. Panckoucke, ao que tudo indica, afirmou que pagaria no máximo oitenta libras por folha impressa; mas, ao que parece, essa quantia não foi suficiente, pois em 1790 Panckoucke deixou de fazer negócios com a maioria dos 24 impressores que haviam trabalhado para ele antes da Revolução. Seus nomes foram substituídos nos *avis* anexos às remessas posteriores da *Méthodique* por nomes de impressores das províncias: Frantin, de Dijon, Regnault, de Lyon e Couret, de Orléans, que era cunhado de Panckoucke. Embora o editor conservasse alguns de seus antigos impressores — seu sócio de longa data, Stoupe, Veuve Herissant e Laporte, este aparentemente um satélite de Panckoucke — abandonou seu plano de colocar o grosso das tipografias parisienses a serviço de sua *Enciclopédia*.[54]

Em vez disso, Panckoucke decidiu cuidar pessoalmente da impressão: embora continuasse a encomendar trabalho a impressores das províncias, montou sua própria tipografia para seus jornais e para a *Méthodique*. Os detalhes acerca desse novo empreendimento permanecem obscuros, mas sabe-se que em fins de 1790 Panckoucke estava imprimindo livros em grande escala. Em junho de 1790, anunciou que tomara providências para evitar outros atrasos na impressão da *Méthodique*; simultaneamente, o *Mercure* anunciou a criação da "Société Typographique Nationale", que resolveria os problemas enfrentados por sua *Enciclopédia*: "No meio das tipografias que se erguem por todo lado, não existe nenhuma, para vergonha do bom gosto, que uma boa obra possa encontrar livre, pelo menos a um preço razoável ou ordinário; não existe nenhuma que não tenha abandonado, afastado e que não recuse ainda toda obra de longo fôlego ou que não se prenda a um partido e a uma circunstância do momento".[55] Panckoucke claramente estava por trás da Société Typographique Nationale, e esta, por sua vez, representava uma tentativa de restaurar as práticas de impressão do Antigo Regime. Se os impressores revolucionários só pensavam em produzir literatura política de ocasião, Panckoucke queria imprimir livros no grandioso estilo de outrora. É difícil saber como se deu o financiamento, a contratação de empregados e a gestão desse empreendimento, mas o fato é que Panckoucke fez dele uma das maiores tipografias da Europa. Em 1794, empregava-se ali um número de trabalhadores grande o bastante para requerer dois contramestres. Havia 27 prelos, um vasto estoque de tipos, inclusive 7002 libras do *petit romain* usado na *Méthodique*, e bens de capital no valor de 58 515 libras. Panckoucke abandonara o grandiloqüente título de Société Typographique Nationale; desde março de 1791, vinha imprimindo *Enciclopédias* com o termo de impressão de "chez Panckoucke".[56]

Enquanto se debatia com os problemas da impressão do texto, Panckoucke enfrentava dificuldades ainda maiores para obtê-lo, pois a Revolução agravara os problemas que lhe vinham criando os autores desde o início do empreendimento. Em 1787, assinou uma série de contratos prorrogando o prazo em três ou quatro anos para os enciclopedistas que se haviam atrasado cada vez mais na tarefa depois de perderem o prazo original de julho de 1785. Em fins de 1788, negociou alguns acordos adicionais, determinando que os autores deveriam produzir seus textos a tempo de a impressão ser concluída em 1791. Para os vinte encarregados do dicionário de medicina, essa cláusula revelou-se impossível de cumprir. Obtiveram um adiamento do prazo para o final de 1791 assinando mais um contrato, em abril de 1789.[57] Mas em meados de 1790 ainda não haviam produzido uma página sequer, e outros autores registravam um atraso ainda maior: alguns não haviam produzido coisa alguma por nove anos, escreveu Panckoucke em uma circular impressa que distribuiu à sua equipe e aos assinantes em agosto de 1790. Nessa altura, ele considerava a Revolução a maior ameaça a seu cronograma; e se não conseguisse cumpri-lo, seguramente perderia assinantes. "O público de hoje não é o público do Antigo Regime", alertou os autores. Se as remessas não fossem entregues a tempo, esse novo público militante os acusaria de fraude, exigiria a devolução do dinheiro, arrastaria todos eles aos tribunais. Sem dúvida, muitos enciclopedistas poderiam defender-se com desculpas louváveis. Haviam abandonado sua tarefa para correr em auxílio da pátria. Mas agora a crise revolucionária passara, argumentava Panckoucke, e a crise da *Méthodique* se agravara. Os enciclopedistas deviam deixar de lado a tentação de seguir novas carreiras como jornalistas e altos funcionários do governo, deixar a política para os cidadãos ativos comuns, pois qualquer francês instruído podia encarregar-se dos negócios do Estado, agora que as vitórias de 1789 estavam sendo tranqüilamente consolidadas sob a nova monarquia constitucional. Mas quem mais poderia ajudá-lo a erigir esse monumento imortal à glória das artes e ciências? Os enciclopedistas deveriam atender às prioridades. Se não o fizessem, persistindo na incapacidade de distinguir entre o que realmente importava e as questões insubstanciais do momento, Panckoucke aconselhava-os a prestar atenção a seus contratos, pois ele podia forçá-los a honrar suas responsabilidades maiores. Poderia até mesmo arruinar-lhes a reputação, publicando os textos dos compromissos assumidos e não cumpridos. Entretanto, era-lhe odioso adotar medidas extremas, e se eles fizessem um último esforço, conseguiriam completar a suprema obra do século até o final de 1792.[58]

Panckoucke implorou, lisonjeou e ameaçou nesse mesmo estilo por mais um ano. Assinou novos contratos com Thouin, Tessier, Regnier e

Parmentier, que prometeram concluir o dicionário de agricultura até dezembro de 1792, com Guyton de Morveau e Fourcroy, que concordaram em terminar o dicionário de química em dezembro de 1793, e com os vinte enciclopedistas da área médica, que aceitaram 1º de janeiro de 1794 como novo prazo. Em meados de 1791, Panckoucke havia negociado e renegociado ao todo 171 contratos, e esperava concluir sua obra em 1794. Mas já não parecia tão otimista quanto à conclusão da Revolução, que acabara de enveredar por um mau caminho na esteira da fuga do rei para Varennes. Panckoucke encarara a Revolução como uma crise de curto prazo, esperando evitar danos à *Méthodique* recorrendo a uma providência temporária, o aumento na produção dos volumes de ilustrações. Também lograra produzir 26 tomos de texto entre janeiro de 1789 e julho de 1791, mas estes já estavam prontos para a impressão antes da queda da Bastilha, e havia já 22 meses que ele não recebia novas cópias. Seus autores, quando não arrebatados pela política revolucionária, viram-se forçados a escrever para ganhar a vida, tendo canceladas suas pensões e sinecuras. A *Enciclopédia*, para sobreviver, teria de prosseguir em novas bases, concluiu Panckoucke, pois a Revolução transformara a antiga República das Letras e transtornara todo tipo de relações, inclusive suas obrigações perante os assinantes e os compromissos dos autores para com ele. "A Revolução, como já dissemos, mudou todas as disposições, todos os contratos e tratados de uma certa natureza, e eles estão na situação de serem modificados", informou Panckoucke aos assinantes em julho de 1791. "É um acontecimento tão imprevisto que todo homem que negociou de boa-fé antes dessa época não pode ficar obrigado a compromissos dos quais a salvação pública o desviou. Portanto, devemos considerar os 22 meses de acontecimentos extraordinários que ocorreram como nulos, ou quase nulos, relativamente aos trabalhos literários."[59]

Panckoucke fez essas observações em uma carta aberta aos assinantes porque necessitava do apoio destes, mais ainda que dos impressores e autores. Explicou que perdera dinheiro a cada remessa publicada entre abril de 1789 e julho de 1791 — treze ao todo, com um déficit de 200 mil libras. Parecia não haver como escapar à crescente disparidade entre receita e despesa, já que ele também estava perdendo assinantes. Alguns deles haviam sido vitimados pela Revolução, mas a maioria provavelmente decidira que Panckoucke não conseguiria prosseguir na publicação ou que a *Méthodique* era um luxo a ser dispensado em tempos difíceis. Independentemente da causa, o índice de desistências elevara-se desastrosamente após 1789. Panckoucke perdeu mil assinaturas durante os dois primeiros anos da Revolução, perfazendo um total de 1700 desistências, ou seja, 35% de seus compradores.[60] Ele implorou aos assinantes remanescentes que ficassem ao seu lado naquela hora difícil. No longo prazo, a *Méthodique* representaria seguramente um excelente negócio, assegurou-lhes. Naquele momento, porém, a obra estava sendo atacada em duas frentes, a da produção e a do consumo. A Revolução só trouxera a Panckoucke "perdas, sacrifícios, infortúnios", e ele agora se identificava cada vez mais com os editores originais da *Enciclopédia* de Diderot, embora a tempestuosa experiência destes últimos sob o Antigo Regime parecesse amena em comparação com o que ele sofria durante a Revolução: "Essa *Enciclopédia* barrada desde os primeiros volumes, várias vezes suspensa, em que os livreiros tiveram, durante dez anos, sua fortuna exposta, e dos quais dois morreram de desgosto pelo processo que ela lhes ocasionou; essa *Enciclopédia*, digo, era para os editores e os empresários de uma dificuldade infinitamente menor que a nova". Não obstante, se os assinantes permanecessem fiéis, ele reformularia seus contratos, reajustaria o cronograma de produção e acabaria por "terminar esse grande monumento que há alguns anos constitui o tormento de minha vida e que estou todos os dias no desespero de ter empreendido".[61]

Embora não se possa enxergar a realidade por trás da retórica de Panckoucke, sua situação não pode ter sido absolutamente desesperadora, pois nesse caso teria abandonado a *Méthodique*. Talvez tenha-se aferrado à obra por motivos pessoais, e não financeiros, pois além de capital investira ali sua esperança e ambição, e desejava convertê-la na maior publicação de todos os tempos. De qualquer modo, o tom de suas circulares e avisos tornou-se significativamente mais sombrio em meados de 1791. Foram-se os esperançosos superlativos do período pré-revolucionário, a disposição em correr riscos de 1789 e o cauteloso otimismo de 1790. Escrevendo durante a crise de Varennes, Panckoucke parecia inseguro quanto à sorte de seu empreendimento máximo e da França, cujos destinos estavam ligados e cujos problemas se agravariam nos próximos dois anos.

Em fevereiro de 1792, quando Panckoucke enviou o aviso seguinte aos assinantes, a monarquia constitucional que fora improvisada após Varennes estava ruindo, e a França encontrava-se à beira de uma guerra desastrosa. A prolongada crise política prejudicara a economia em geral e a atividade livresca em particular, pois a indústria editorial revelou-se particularmente vulnerável às repercussões econômicas da Revolução. Não só o novo papel-moeda perdeu valor, mas também os trabalhadores das fábricas de papel e tipografias tinham de ser pagos com o papel-moeda do governo, os *assignats*, em valores nominais pequenos, que se desvalorizava mais lentamente do que as unidades maiores. A disparidade nas taxas de desvalorização atingiu duramente os editores, pois os fabricantes de papel exigiam pagamento em *assignats* de cinco libras, para não saírem perdendo com a taxa de câmbio ao pagarem aos empregados. Os trapeiros haviam triplicado seus preços (de noventa para 240 libras por 454 kg), e os fabricantes de papel também repassaram essa despesa para os impressores, pois a proliferação dos jornais revolucionários criara uma demanda tão grande por papel que os homens que controlavam a fase inicial do processo de produção, em que velhos trapos eram transformados em folhas impressas, podiam espoliar os que atuavam mais adiante no sistema produtivo. Os impressores que recebiam por jornada continuavam a forçar a elevação de seus salários. Costureiros e encadernadores quase duplicaram seus preços. E no extremo dessa linha de custos ascendentes estava Panckoucke. "Se a Revolução mudou a face de todas as coisas, aumentou um terço o preço de todos os gêneros, fez os *assignats* perderem 50%, estabeleceu nos câmbios uma diferença de 25% a 50%, eu não devo ser, sem dúvida, a única vítima de tantas mudanças", avisou aos assinantes. Ele concluiu que teria de aumentar o preço que cobrava de seis para nove libras o volume, a despeito das cláusulas da assinatura. Circunstâncias extraordinárias exigiam sacrifícios extraordinários, e em nenhum ramo a Revolução fizera mais estragos do que na indústria editorial.[62]

Nessa altura, Panckoucke pode ter recorrido a empréstimos — pelo menos, afirmou que um banqueiro parisiense de nome Gastinel, que estava encarregado das finanças da *Méthodique*, oferecera-lhe um empréstimo de 100 mil libras, e comentou que o empreendimento estava com um déficit de 717 547 libras. Panckoucke continuou a perder mais dinheiro a cada remessa enviada aos assinantes, pois as desistências agora somavam 2 mil. E ele nem sequer solucionara suas dificuldades com os autores, para os quais estava mais do nunca difícil deixar de lado sua participação na Revolução, embora mais uma vez prometessem concluir seus manuscritos em 1794 ou sofrer "todas as penas de direito e de indenização, sem que possam pretextar o caso de doenças, de ausências, de ocupações, sejam públicas, sejam particulares, de emprego na nova administração, de funções públicas". Nessa época, o tremendo esforço de manter o processo em marcha começava a manifestar-se. Panckoucke lamentava ter sacrificado todos os seus demais empreendimentos e exposto o total de sua fortuna para manter viva a *Méthodique*, "nas circunstâncias mais tempestuosas em que jamais se tenha encontrado o Império francês". Mas ele não conseguiu livrar-se do medo do fiasco. Deixou-se cair em grave depressão, que durou duas semanas e foi diagnosticada pelos médicos como um espantoso ataque de melancolia. "Essa cruel doença é conhecida sob o nome de vapores; tenho a infelicidade de estar sujeito a ela quase todos os anos; os ingleses a conhecem sob o nome de *spleen*; é proveniente de duas causas, de uma tensão demasiado grande no pensamento e da inércia do pensamento, ou da falta de exercício do corpo [...] O pesar devorava-me [...] Todos os momentos de minha existência eram dolorosos; minha imaginação via os objetos apenas sob as cores mais sombrias." Panckoucke podia estar tentando ganhar a compreensão dos assinantes, embora nunca antes houvesse feito uso de apelos com argumentos tão pessoais. Ou pode ter sido atormentado por sua melancolia de um modo análogo ao desespero que levou financistas a saltar de arranha-céus na década de 1930.[63]

De qualquer modo, enquanto a França mergulhava na guerra e os *sans-culottes* derrubavam a monarquia, Panckoucke tratava-se da melancolia e se fechava em silêncio. Publicou algumas remessas em maio e julho de 1792, mas só emitiu um relatório sobre sua situação em dezembro. Até então, havia publicado apenas 89 volumes e meio de texto, sofrendo um prejuízo de 900 mil libras; no entanto, ainda tinha esperanças de concluir a obra em 1794, embora a esse prazo viessem atreladas várias condições: se ele conseguisse dar conta dos custos crescentes (dobrara o preço das tarifas postais e do papel), superar uma grave escassez de papel e se "as circunstâncias atuais" não se agravassem. Nada mencionou sobre sua saúde, mas enfatizou os prejuízos: "É que ele [Panckoucke] é uma das grandes vítimas da Revolução, que ela lhe tira mais de um milhão e o fruto de quase quarenta anos de penosos trabalhos; que ele arriscou sua fortuna inteira para sustentar a *Enciclopédia*". E isso ele fez de modo a sugerir que merecia ser recompensado, como se seus prejuízos houvessem sido uma benesse para a Revolução e ele houvesse investido aquela enormidade de capital por patriotismo. "Ele foi um dos homens mais úteis na Revolução, proporcionando todos os dias ocupação a mais de seiscentas pessoas, a cem homens de letras, sessenta gravadores, duzentos operários impressores e a um número ainda maior de operários nas manufaturas de papel. Os novos infortúnios que ele acaba de experimentar pela suspensão dos pagamentos de uma das principais casas bancárias de Paris [Gastinel?] bastariam para fazer desaparecer qualquer idéia de hostilidade a seu respeito."[64] Três semanas depois, Panckoucke reabriu a campanha de assinaturas. Agora que a França convertera-se ao republicanismo, não havia Garde des Sceaux para eximi-lo da responsabilidade legal por esse ato. Ele inclusive admitiu sua ilegalidade, argumentando, porém, que não tinha escolha. Não podia deixar as pilhas de remessas não solicitadas pelos assinantes encalhadas nos depósitos enquanto seu capital se esvaía. Assim, propôs cancelar duzentas das assinaturas com desistência e revendê-las ao preço em vigor para os assinantes, que então estava em 1474 libras.[65]

Parece duvidoso que essa manobra tenha sido bem-sucedida e que Panckoucke tenha logrado deter a evasão de assinantes na marca dos 3 mil, sendo impossível sabê-lo ao certo, pois Panckoucke deixou de fornecer informações acerca da situação do empreendimento em seus avisos de 1793. Nesse ano, quando o Terror assolou a França, ele publicou e enviou apenas três pequenas remessas. Na terceira, em 9 de setembro, no auge do ultra-revolucionário movimento hebertista, Panckoucke elevou o preço dos volumes de texto para treze libras, mais que o dobro do que custavam em 1789, "vista a duplicação do preço de todos os objetos de comércio e das artes".[66] Ele também eliminou seu nome de todo o material de vendas e até mesmo das páginas de rosto dos volumes, o que serve como indicador do clima político no qual estava operando.

Na década de 1780, as páginas de rosto vinham ornadas com dedicatórias a ministros e ostentavam o imprimátur real, "AVEC APPROBATION ET PRIVILÈGE DU ROI". Exibiam dois endereços: "À PARIS, Chez PANCKOUCKE, Libraire, Hôtel de Thou, rue des Poitevins; À LIÈGE, Chez PLOMTEUX, Imprimeur des Etats". Em 1791 já não constava o nome de Plomteux, presumivelmente porque ele vendera suas cotas a Panckoucke. Após 1791, a transição para o Terror evidencia-se na comparação dos volumes 2 e 3 do dicionário de filosofia. Nenhum deles faz menção a privilégio. O volume 2, "PAR M. NAIGEON", traz o seguinte endereço:

> À PARIS,/ Chez PANCKOUCKE, Imprimeur-Libraire, Hôtel de Thou, rue des/ Poitevins [fio duplo] M. DCC. XCII.

No volume 3, "PAR LE CIT. NAIGEON", está impresso:

> À PARIS,/ Chez H. Agasse, Imprimeur-Libraire, rue des Poitevins. [fio duplo] L'AN DEUXIME DE LA RÉPUBLIQUE FRANÇAISE/ UNE ET INDIVISIBLE.

Panckoucke abandonara sua *Enciclopédia* nas mãos do genro.[67] Um contrato de 26 de janeiro de 1794 mostra que Panckoucke transferiu para Agasse não só a *Méthodique* — ilustrações, manuscritos e registros de assinantes — mas a íntegra de seus jornais, livraria e tipografia. Um levantamento efetuado seis dias antes em sua tipografia, "13 rue des Poitevins", revela a magnitude do patrimônio do qual ele abriu mão: uma grande variedade de tipos, 27 prensas totalmente equipadas e implementos de toda espécie, no valor de 60 015 libras. Sobretudo, Panckoucke renunciou à ambição de produzir a suprema obra de sua época. O século mudara sua trajetória, o enciclopedismo fora varrido pelo jacobinismo e Panckoucke finalmente decidiu afastar-se da torrente de eventos, colocando-se em uma posição de onde poderia tratar-se com segurança da melancolia.[68]

Esgota-se nesse ponto a documentação sobre a *Méthodique*. Mas o nome de Panckoucke nunca mais apareceu nas páginas de rosto da obra. Agasse conseguiu produzir mais alguns volumes sob o Terror, os termidorianos e o Diretório, mantendo-se bem próximo às linhas das facções políticas dominantes no *Moniteur*. Passado o termidor, Panckoucke mais uma vez pisa na arena pública, denunciando Robespierre e defendendo a criação de uma moeda forte o bastante para produzir a recuperação do comércio. Embora houvesse sido forçado a entregar sua baixela de ouro em troca de *assignats* durante o Terror, conseguira salvar boa parte de sua fortuna. Segundo o acordo com Agasse em 1794, os ativos de Panckoucke superavam o passivo em 822 mil libras, e em um folheto de 1795 ele alegou ainda possuir bens imóveis — a maioria proveniente de empreendimentos com propriedades nacionalizadas da Igreja — no valor de quase 300 mil libras. Nessa época, escrevia como um ferrenho termidoriano: "O reino de Robespierre foi horrível, o de uma contra-revolução o seria mil vezes mais".[69] Em 1797, anunciou seu apoio ao Diretório e passou a cortejar Bonaparte, primeiro publicando uma carta aberta elogiando a campanha na Itália e a seguir propondo a construção de uma ponte com pedágio entre o Arsénal e o Jardin des Plantes, que seriam decoradas com estátuas do jovem herói e dos outros conquistadores da Itália. Embora desse plano resultasse tão-somente uma arrasadora sátira por parte de Marie-Joseph Chénier, ele indicava que Panckoucke revivera e voltara a seu velho jogo de arquitetar projetos e buscar os favores dos poderes estabelecidos.

Panckoucke também lançou um novo jornal, *Clef du Cabinet des Souverains*, e preparou-se para retornar à publicação de livros com uma edição das obras de Marmontel. Ao que tudo indica, porém, não teve mais participação alguma na *Méthodique*, que permaneceu sob o controle de Agasse. Evidentemente, o velho "Atlas de la librairie" não se sentia com forças para retomar seu mais pesado fardo. Morreu em 19 de dezembro de 1798, aos 62 anos. Tendo aprendido a dançar conforme a música sob o Antigo Regime, ele posara de Patriota em 1789, de *feuillant* sob a monarquia constitucional, de jacobino durante o Terror, de termidoriano após o termidor e de bonapartista durante a ascensão de Napoleão. Embora não houvesse concluído a suprema publicação à qual devotara os últimos vinte anos de sua vida, não deixara que ela o arrastasse à falência. Mas a *Méthodique* arruinara-lhe a vida e a fortuna, ou pelo menos foi o que afirmou sua filha. Ela mais tarde descreveu a obra como "o empreendimento mais vasto do século XVIII [...] empreendimento acima das forças de um simples particular, e que custou ao seu editor sua fortuna, sua saúde e sua vida".[70]

Agasse continuou a publicar volumes da *Méthodique* de tempos em tempos até 1816, quando seu nome foi substituído nas páginas de rosto pelo de "Mme. Veuve Agasse". A viúva Agasse finalmente deteve o monstruoso crescimento da obra em 1832. Meio século antes, seu pai anunciara que a concluiria em cinco anos e com 42 volumes de texto. A *Méthodique* expandira-se para 53, 73, cem e 128 tomos antes de Panckoucke perder o controle sobre o empreendimento, e no final o texto ocupou 166 volumes. Na verdade, é difícil calcular com precisão o tamanho de um exemplar completo da *Encyclopédie méthodique*, com todas as ilustrações e material suplementar. No catálogo do British Museum, ela é mostrada como uma obra de 192 volumes; no da Library of Congress, de 199 volumes e na Beinecke Library, em Yale, de duzentos. As quantidades na bibliografia variam segundo o que se considera um volume, o que é considerado na contagem e qual cópia é examinada. Embora Panckoucke e a viúva Agasse fornecessem complexas instruções para a montagem e encadernação dos heterogêneos meios-volumes, não existe uma versão que sirva de modelo para a obra. Mas podemos com segurança aceitar a versão de um bibliógrafo, que a descreveu como sendo composta de "102 fascículos ou 337 partes, formando 166 volumes e meio de texto e 51 partes contendo 6439 ilustrações *in-quarto*".[71]

UM EDITOR DO ILUMINISMO NA REVOLUÇÃO CULTURAL

Essa foi a sina do mais poderoso editor da França e de sua mais grandiosa publicação durante a Revolução. Existiria nisso um significado subjacente? Poder-se-ia argumentar que se trata simplesmente de um exemplo das dificuldades de um empreendimento comercial em tempos de sublevação social. Houve ruptura na produção, declínio da demanda e colapso dos mecanismos de crédito. A Revolução afetou a indústria editorial com especial intensidade porque destruiu as velhas restrições artificiais sobre a imprensa e criou uma nova demanda por jornalismo político. Panckoucke personificou a transição entre as velhas e as novas maneiras de explorar a palavra impressa, pois sua *Enciclopédia* pertencia ao mundo das publicações pré-revolucionárias, ao passo que seus jornais acompanharam o ritmo da imprensa revolucionária. A *Méthodique* não teria podido sobreviver sem subsídios indiretos do *Moniteur*. Conquanto fossem ambos impressos na mesma tipografia, representavam estilos incompatíveis naquele ramo de negócios.

Tal interpretação parece válida, mas não se pode restringi-la a questões econômicas, pois adentra o campo mais vasto da história cultural. A Revolução Francesa foi, dentre outras coisas, uma revolução cultural. Panckoucke erigira seu império editorial no centro do sistema cultural do Antigo Regime. Ele e a Revolução estavam fadados a entrar em conflito, por mais que ele manobrasse e remodelasse suas *combinaisons*. O princípio fundamental da cultura no Antigo Regime, assim como o da sociedade, era o privilégio — ou seja, a "lei privada", ou o direito exclusivo de se dedicar a uma atividade. Longe de restringir-se à nobreza, o privilégio permeava todos os segmentos da sociedade francesa, inclusive aqueles onde a palavra impressa representava a maior fonte de renda. Os 36 impressores privilegiados de Paris mantinham um monopólio de sua atividade na capital e trabalhavam em associação com os mais poderosos livreiros, que por sua vez monopolizavam o comércio por intermédio de uma vasta corporação. Os próprios livros possuíam privilégios, ou direitos exclusivos à reprodução de seus textos, que os parisienses administravam de modo a excluir os membros das corporações das províncias. O jornalismo também era domínio dos privilégios, pois os editores de jornais parisienses detinham o direito exclusivo, outorgado por um privilégio real, de realizar a cobertura de determinados assuntos — relações exteriores e a versão oficial da política no caso da *Gazette de France* de Panckoucke, e literatura amena no caso do *Mercure*. Nenhum jornal podia ser publicado na França ou vendido fora do reino sem que seu dono recebesse a permissão do governo, se submetesse à censura e pagasse uma indenização ao jornal privilegiado cuja área invadira. O governo tratava os jornais como concessões especiais, como os *régies* pela cobrança de determinados tributos, e atrelava pensões à receita dos mesmos. Panckoucke pagava mais de cem pensões, superando 100 mil libras anuais, associadas a seus jornais. Elas eram pagas aos mais eminentes *savants* do país, os mesmos homens que escreviam para a *Méthodique* e dominavam as academias. E estas, por sua vez, eram também entidades exclusivas — corporações intelectuais, de fato, que proporcionavam status, renda e até mesmo, no caso da Academia Francesa, a "imortalidade". O sistema operava como um conjunto de corporações interligadas, e a chave de tudo era a "proteção", ou tráfico de influências, pois os privilégios derivavam do rei e eram concedidos por intermédio de *gens en place* — cortesãos e altos funcionários, como o *garde des Sceaux*, o *directeur de la librairie* e o *lieutenant-général de police*.[72]

Panckoucke tornara-se um dos grandes mestres desse sistema, e baseara seus empreendimentos com a *Enciclopédia* em uma estratégia de privilégio e proteção. No entanto, favoreceu as reformas liberais, mesmo em prejuízo da corporação, embora não de seus próprios interesses, como se evidencia por seu apoio aos decretos sobre a atividade livresca de 1777. Suas obras difundiram o Iluminismo — não o radical de Rousseau, sem dúvida, mas as tendências avançadas da ciência e da literatura representadas pela *Encyclopédie méthodique*. Seria incorreto descrevê-lo como um reacionário, e um anacronismo supor que elementos progressistas não poderiam ter germinado no seio da velha e fechada cultura corporativa. Mas tal cultura foi incompatível com a Revolução, e deixou sua marca na *Méthodique* — no privilégio da obra, por exemplo, que deve ter parecido "gótico" aos leitores revolucionários:

> *Luís, pela graça de Deus, Rei de França e de Navarra*: aos nossos amados e fiéis Conselheiros, Homens de nossas Cortes de Parlamento, Relatores ordinários de nosso Palácio, Grande Conselho, Preboste de Paris, Bailios, Senescais, seus Lugares-Tenentes Civis e outros nossos dispensadores de Justiça cabíveis: SALVE. Nosso amado senhor Panckoucke, Livreiro em Paris, fez-Nos expor que desejaria fazer imprimir e dar ao público uma obra intitulada *Enciclopédia metódica*; se nos aprouvesse conceder-lhe nossas Cartas de Privilégio para isso necessárias. POR ESSES MOTIVOS, querendo favoravel-

mente tratar o Expositor, Nós lhe temos permitido e permitimos pelos presentes fazer imprimir a dita obra [...] Pois tal é nosso prazer.[73]

Esse era o mundo de prazer régio e *féaux Conseillers* no qual Panckoucke prosperara e que fora arrasado pela Revolução. O sucesso de Panckoucke na manipulação do sistema converteu-se em um dos aspectos mais criticados nos ataques que lhe fizeram os jornalistas revolucionários. A um panfletista que o acusou de bajular J. C. P. Lenoir, ex-*lieutenant général de police* de Paris, Panckoucke respondeu: "Pode-se julgar se eu deveria lamentar o sr. de L......, que, diz-se, servia-me tão bem. Nunca vi senão uma única vez esse magistrado [...] Jamais obtive dele nenhum favor, nenhum decreto de Conselho; e posso dizer com a mais sincera verdade que, desde que existo no comércio, não solicitei a proteção nem a autoridade para favorecer meus empreendimentos em detrimento do público".[74]

Os leitores de Panckoucke não deveriam saber que ele invariavelmente promovia seus empreendimentos invocando a proteção de Lenoir e outras figuras da cúpula do governo, ou que as autoridades tratavam-no como um *protégé* em sua correspondência oficial.[75] Mas a condição semioficial da *Encyclopédie méthodique* evidenciava-se em suas páginas de rosto. Os seis primeiros volumes do dicionário de *Arts et métiers mécaniques* proclamavam-se "Dedicados e apresentados ao senhor Le Noir, Conselheiro de Estado, Lugar-Tenente-Geral de Polícia" (a dedicatória desapareceu no sétimo volume, que foi lançado em 1790). O de *Géographie* foi dedicado a Vergennes, o ministro do Exterior, até chegar ao volume 3 (1788), quando a dedicatória foi para seu sucessor, o conde de Montmorin. E o *Tableau* de Panckoucke de 1789 sugeria que esse dicionário fora praticamente escrito por gente do próprio ministério do Exterior.[76] O de *Jurisprudence* foi dedicado a Miromesnil, o *Garde des Sceaux*; *Grammaire et littérature*, a Le Camus de Néville, o diretor da Librairie; *Marine*, ao marechal De Castries, ministro da Marinha; *Economie politique et diplomatique*, ao barão de Breteuil, ministro da Maison du Roi; e o *Tableau encyclopédique et méthodique des trois règnes de la nature*, a Necker, o *directeur général des finances*, até 1790, quando seu nome foi discretamente eliminado. Panckoucke cortejara todas as mais poderosas figuras do reino; como se pode resistir à conclusão de que ele próprio devotou-se à estrutura de poder pré-revolucionária?

Jornalistas radicais como Desmoulins, Brissot e Carra concentraram os ataques exatamente nesse ponto, e Panckoucke tentou defender-se apresentando-se como paladino do progresso e da reforma. "Apontaram-me como um inimigo da Revolução atual, um partidário do sistema proibitivo e da censura", escreveu indignado no *Mercure* de 21 de novembro de 1789. "Sempre tive horror de um e do outro [...] Escrevi contra os privilégios exclusivos *eternos*, defendendo os privilégios limitados, sem os quais não poderia existir propriedade para os homens de letras nem para os livreiros." Estritamente falando, Panckoucke estava certo; embora houvesse explorado sem reservas seus privilégios, ele ajudou a reformar o antigo sistema de privilégios perpétuos sobre as obras. Mas os revolucionários não se contentavam com a reforma, ao contrário de Panckoucke, que favorecia medidas moderadas. Ele adentrou a Revolução com o mesmo espírito de *combinaison* que usara em seus empreendimentos editoriais — a preferência por manobrar e arquitetar expedientes em vez de procurar o confronto direto de forças.[77]

O grau em que o pendor de Panckoucke para as concessões e *combinaisons* traía-lhe a simpatia pelos costumes do Antigo Regime pode ser avaliado por sua tentativa de ressuscitar a corporação dos livreiros em 1790. Com a liberdade de imprensa instituída em julho de 1789, a Revolução destruíra a velha base da atividade livresca, deixando um vácuo administrativo, pois de imediato tornara obsoletos censores, inspetores de polícia e as *chambres syndicales*. Continuaram a existir associações de livreiros e impressores, mas em uma espécie de limbo jurídico, incapazes de defender seus monopólios ou fazer valer seus privilégios. Após a revolução municipal de 1789 ter transformado as autoridades legais nas cidades de toda a França, muitas questões permaneceram sem resposta. A atividade editorial já não era domínio de um patriciado comercial, mas poderia uma pessoa qualquer imprimir o que bem entendesse? A censura desaparecera, mas a liberdade incluiria o direito de reimprimir obras que haviam sido protegidas por privilégios? A direção da Librairie já não imperava, mas as novas autoridades iriam permitir libelos, pornografia, blasfêmia e sedição? Todo um novo ramo de atividade — que era vital para a Revolução — teria de ser organizado em novas bases; por conseguinte, o maior editor da França julgou necessário propor um plano para estabilizar a situação mediante uma feliz combinação entre o velho e o novo.[78]

Panckoucke reduziu a problemática da atividade livresca à questão de traçar "a verdadeira linha de demarcação que separa a liberdade da licença", e propôs resolvê-la restaurando em novas bases as corporações de livreiros.[79] As *chambres syndicales* abririam mão do direito de inspecionar as tipografias e as remessas de livros em busca de literatura proibida — direito esse que, de qualquer modo, a Revolução efetivamente já destruíra. Mas conservariam o poder de policiar o comércio para coibir as contrafações, pois para Panckoucke a proteção à propriedade estava acima de tudo. Os privilégios para as obras deveriam ser limitados a 28 anos, como na Inglaterra, mas teriam de ser absolutos. As *chambres syndicales* trabalhariam em conjunto com os governos municipais, e às municipalidades, que estavam na época sendo organizadas pela Assembléia Constituinte, deveria ser outorgado o poder de expurgar de contrafatores a atividade livresca, assim como de limpar as ruas de desordeiros. O abuso de liberdade vinha ganhando terreno por toda parte, sendo necessário reforçar o controle da autoridade executiva.

Se, por um lado, Panckoucke parecia ávido pelo revivescimento do antigo poder de polícia, por outro ele deixava claro que desaprovava o caráter "despótico" das velhas corporações.[80] Acreditava no livre comércio: "É a concorrência que faz baixar o preço de todas as coisas". E era de opinião que nenhuma corporação "aristocrática" deveria ser tolerada por um governo livre.[81] Qualquer pessoa deveria ser capaz de se tornar mestre-impressor se fosse aprovado em um exame e pagasse uma taxa de admissão. Mas essa taxa seria suficientemente elevada — talvez 3 mil ou 4 mil libras — para excluir a maioria dos trabalhadores. Na verdade, mais do que a liberdade de ingresso no ramo, Panckoucke desejava reduzir o "caos" nele imperante. E, após invocar uma espécie de liberalismo do tipo "laissez-faire" na denúncia às corporações, ele argumentou em favor da reabilitação das mesmas, como um profeta do renascimento gótico.

Panckoucke salientou, sobretudo, a necessidade de conquistar os trabalhadores com políticas paternalistas. Os empregados não eram capazes de enxergar além das gratificações do presente, explicou. Queriam ganhar dinheiro rápido, para isso arruinando a saúde em tipografias que imprimiam jornais à noite. E, o que era pior, jogavam uns contra os outros os empregadores, forçando a elevação dos salários e negligenciando o trabalho. Mas seria possível reconquistá-los para os métodos antigos, se os patrões cooperassem em um plano para domesticá-los. Primeiro, deveriam conceder-lhes um aumento uniforme e temporário dos salários. A seguir, aumentariam o tamanho e a estabilidade da força de trabalho, treinando novos trabalhadores em uma escola da corporação. Por 1500 libras anuais, seria possível contratar um padre que lhes ensinasse ortografia e os rudimentos do latim, possibilitando encontrar facilmente um bom compositor e um impressor capazes de ministrar a instrução técnica. A escola poderia formar de sessenta a oitenta trabalhadores em seis meses — e, mais importante, os novos empregados permaneceriam ligados a seus patrões, pois Panckoucke também propunha que os membros da corporação alocassem parte da remuneração para um fundo de aposentadoria dos trabalhadores. Um homem nunca abandonaria a tipografia se soubesse que o patrão tomara providências para ampará-lo na velhice, além de cuidar de sua educação. Ademais, o patrão auxiliaria a viúva do empregado, e talvez lhe reservasse um emprego para o filho, de modo que a lealdade seria alicerçada em várias gerações e as tipografias se converteriam em uma espécie de segundo lar. Os patrões também deveriam separar dos recursos da corporação o suficiente para garantir pensões para si próprios. Por fim, deveriam empreender uma campanha para eliminar as contrafações, trabalhando em conjunto com a polícia, os acadêmicos e os membros das corporações de outras cidades — pois Panckoucke ideava uma organização nacional que uniria parisienses e provincianos no esforço comum de proteger a propriedade literária. Para impulsionar esse projeto, prometia contribuir com 12 mil libras após a conclusão de sua *Enciclopédia* e pagar trezentas libras anuais como sua cota na organização.

Embora possa ter possuído alguma ligação com a proposta de uma "Société Typographique Nationale" e até mesmo com a criação de sua própria tipografia, o plano de Panckoucke não foi levado adiante. Entretanto, não deixa de revelar os elementos arcaicos e corporativistas no espírito de um editor progressista; além disso, esclarece a política de Panckoucke, pois ele associava a necessidade de ordem nas tipografias à ameaça de sedição em geral. O que mais o horrorizava naqueles mestres-impressores em cujas tipografias dominava a rotatividade e os altos salários era o material que produziam. Abominava imaginá-los destilando "nas trevas da noite esses venenos com os quais se procura corromper o espírito dos povos e desorientar sua razão".[82] Embora fosse contrário à volta da antiga censura, favorecia sanções retrospectivas contra o incitamento das massas. Curiosamente, argumentava que a França deveria moldar o tratamento dado à imprensa segundo o vigente na Inglaterra, onde os jornalistas haviam durante anos excitado as multidões, especialmente durante a agitação de Wilkite. Mas ele decerto não se deu conta do caráter bruto e radical do jornalismo britânico, pois em agosto de 1789 fez uma breve viagem à Inglaterra, retornando cheio de admiração pela firmeza das autoridades inglesas, que haviam condenado o editor do *Times*, acusado de difamação, a um ano de prisão e a uma multa de quinhentas libras esterlinas. Panckoucke claramente esperava que a Comuna de Paris fizesse o mesmo com Desmoulins e Marat. Entremeou seu plano para restaurar as corporações com uma catilinária contra "esses escritos incendiários, caluniosos, esses panfletos continuamente delatores, que se permitem, sem fundamento, incriminar pessoas de posição".[83]

Por trás da preferência de Panckoucke pelas corporações na atividade livresca estava uma profunda desconfiança no jornalismo revolucionário — como se poderia esperar, pois ele era mais vulnerável a ataques de radicais como dono do *Mercure* e da *Gazette de France* do que como editor da *Encyclopédie méthodique*. Pouco depois dos Dias de Outubro, ele publicou no *Mercure* uma carta aberta que revelava o grau de sua preocupação. Ele representava um estilo antigo de jornalismo, explicou. Desenvolvera suas publicações com base em privilégios, pagara pensões e submetera-se à censura. A Revolução destruíra tudo aquilo, e ele percebera que tinha de se adaptar à nova ordem. Estava disposto a competir abertamente com os novos jornais que proliferavam por toda parte, mas estes não se contentavam com a livre concorrência. Atacavam tudo, especialmente os jornais antigos, com uma ferocidade que acarretaria "a destruição de toda ordem, de toda regra''. Haviam tentado aliciar seus autores, subornar seus empregados, furtar suas listas de assinantes, chegando até mesmo a oferecer gratuitamente exemplares de seus próprios jornais aos assinantes que renunciassem aos periódicos que ele publicava. ''Não há esforços, pequenas artimanhas, meios ocultos que não se tenham empregado seja diretamente, seja indiretamente para destruir um estabelecimento em que empreguei uma parte de minha fortuna e que me custou dez anos de dificuldades, de cuidados e de combinações.''[84] Ademais, as artimanhas que empregavam em seu marketing eram menos perigosas do que as acusações injuriosas de sua política. Os novos jornalistas caluniavam e denunciavam de um modo que conduziria diretamente à licenciosidade. Para conservar sua liberdade, a França deveria espelhar-se na Inglaterra, onde não se precisava temer ''esses panfletos e essa torrente de folhas de todas as espécies de formatos, que podem ser impressos em menos de duas horas e com os quais todo um bairro, uma cidade inteira podem ser infestados em um tempo muito limitado''.[85]

Os ingleses haviam eliminado aquele tipo de literatura, acreditava Panckoucke, aplicando leis contra a difamação e manipulando os tributos, em vez de restaurar a censura. Durante sua viagem à Inglaterra em 1789, ele descobrira novos e admiráveis tipos de jornais: folhas muito grandes, com notícias atuais e anúncios publicitários, completamente diferentes dos pequenos folhetos denominados *journaux* na França, que eram escritos como ensaios e quase não continham anúncios. Os jornais ingleses constituíam empreendimentos magníficos; empregavam equipes de autores e turnos de tipógrafos, que trabalhavam segundo um rigoroso cronograma de produção em tipografias especializadas. Os jornais tinham ampla circulação, mesmo entre as classes menos favorecidas. Panckoucke espantou-se quando soube que trabalhadores comuns faziam coletas para comprar jornais, os quais liam e discutiam em grupos. Ele conhecera um pequeno agricultor nas proximidades de Bath que se mantinha notavelmente bem-informado acerca dos acontecimentos na França. No entanto, nenhum material sedicioso ia parar nas mãos daqueles leitores — ou pelo menos Panckoucke assim acreditava — porque jornais de grande circulação não podiam dar-se o luxo de serem sediciosos. Tinham muito a perder. Veriam seus negócios arruinados se fossem condenados por difamar um ministro ou atacar a Igreja ou o Estado. Pequenos jornais e panfletos podiam arriscar-se com heresias, mas o governo os havia aniquilado com impostos sobre o papel, os anúncios e o timbre — ''um meio muito simples de circunscrever a liberdade da imprensa nesses verdadeiros limites'', que Panckoucke recomendava à Assembléia Constituinte.[86]

Os ingleses haviam desenvolvido exatamente a combinação ideal para Panckoucke: negócios em grande escala e política moderada. Na verdade, ele não compreendia a fundo aquele gênero estrangeiro de jornalismo. Talvez nem fosse capaz de ler em inglês. Mas suas observações sobre a viagem revelam muito acerca da opinião que tinha da imprensa francesa, pois cumprimentou os ingleses por destruírem o tipo de jornalismo que a seu ver era o mais ameaçador na França: as radicais e irresponsáveis *feuilles volantes*. Tais publicações haviam sido úteis, admitia, mas no início da Revolução, quando o Antigo Regime estava sendo atacado. Chegara a hora de consolidar as vitórias de 1789 e restabelecer a ordem. O jornalismo deveria submeter-se à preponderância de empreendimentos sérios e de grande porte, como o *Moniteur*, assim como a atividade livresca deveria ser controlada por uma corporação experimentada e rica — e a política ser apanágio dos cidadãos "ativos" ou abastados.[87]

A argumentação de Panckoucke não foi tão direta, mas seus pronunciamentos sobre a imprensa mostravam que ele apoiava a onda reacionária que se apossara das classes abastadas em 1790 e 1791.[88] Publicou suas propostas para restaurar as corporações de livreiros e aniquilar com tributos os jornais radicais em janeiro de 1790, exatamente quando a Assembléia Constituinte debatia um projeto de Sieyès para a supressão dos libelos e sedições na imprensa. O projeto não se concretizou, mas a Assembléia adotou medidas contra os jornais de esquerda em julho de 1791; e em 23 de agosto de 1791 aprovou uma lei geral de imprensa que foi incorporada à constituição. A lei, de autoria de Jacques Thouret (irmão de Michel-Augustin Thouret, um dos enciclopedistas de Panckoucke), continha algumas cláusulas abrangentes contra a propaganda antigovernista. Contudo, sua eficácia foi nula. A monarquia constitucional nunca dissipou a confusão sobre como o poder da imprensa deveria ser encerrado em limites legais. E os jornalistas jamais deixaram de tomar liberdades que Panckoucke associava à licenciosidade. Dois de seus jornais, o *Mercure* e a *Gazette de France*, representavam a tendência mais antiga, séria e conservadora do jornalismo francês. Também seguiram uma linha conservadora, ou *feuillant*, durante os anos iniciais da Revolução. Em decorrência, foram alvo da imprensa radical, especialmente no período pós-Varennes, quando eclodiu uma nova luta pelo controle da opinião pública, colocando Panckoucke no papel de contra-revolucionário.

A princípio, Panckoucke procurou assumir uma posição neutra, acima do embate de partidos e ideologias. As opiniões expressas nos jornais eram as dos autores, não as dele, enfatizava. Permitia-lhes escrever como bem entendessem, contanto que assinassem os artigos e evitassem a calúnia. Não era aquela a maneira adequada de respeitar a liberdade de imprensa? Não obstante, se todos os "inimigos que a Revolução me deu" exigissem que ele definisse sua posição, ele os satisfaria: "Proprietário de jornais, dos quais uns passam por aristocratas, os outros por democratas, pretendem eles censurar-me pelos primeiros? Entretanto, declaro-lhes aqui por escrito o que muitas vezes disse de viva voz: 'Não sou nem aristocrata, nem democrata; sou, quero ser e morrer cidadão ativo da primeira monarquia livre e representativa'''.[89] Isso pode não ter sido altamente esclarecedor em meados de 1791, quando o clima político se mostrava por demais nebuloso. Porém, ao terminar o verão os *feuillants* haviam ganho o controle da situação, e Panckoucke expressou-se como se fosse um deles.

Chegou a candidatar-se à Assembléia Legislativa, apresentando-se como um indômito conservador. Jamais participara de uma sociedade popular ou convivera com gente da laia de Danton, declarou, e reconhecia a necessidade de um governo forte. Ele aumentaria o poder do rei e reabilitaria o respeito ao clero e à nobreza. De fato, era favorável à restauração dos antigos títulos e brasões. Sobretudo, desejava refrear a anarquia na imprensa: "A liberdade da imprensa, tal como existe pelo menos em Paris, é o escândalo da Europa, o terror dos homens honestos, é a de um povo desorientado, que parece não reconhecer nem lei, nem freio, nem autoridade".[90] O eleitorado parisiense rejeitou sua fórmula para a repressão, e Panckoucke retirou-se da política. Mas, embora breve, sua carreira política revela uma uniformidade em suas reações à revolução. Ele queria domesticar a força de trabalho, readquirir o controle da atividade livresca, dominar a imprensa e destruir a propaganda esquerdista. Todos esses esforços representam diversos aspectos de uma tentativa geral para conter a Revolução nos limites que ela atingira em fins de 1789.

Na realidade, a polêmica de Panckoucke com a imprensa revolucionária envolvia não apenas conflitos de interesses e princípios políticos, mas também uma discordância fundamental quanto à função da palavra impressa. Panckoucke dizia-se orgulhoso de seus contatos com os filósofos, seu sucesso em divulgar-lhes as obras e a influência de sua *Enciclopédia* sobre algumas das reformas da Assembléia Nacional.[91] Mas ficara consternado com a transformação da imprensa após 1789. Ele nem mesmo sabia como classificá-la. Não se assemelhava ao jornalismo que ele descobrira na Inglaterra ou ao que tradicionalmente vigorara na França. No verbete "Journaliste", a *Encyclopédie méthodique* reproduzira a definição fornecida por Diderot na primeira *Enciclopédia*: "Autor que se ocupa em publicar trechos e julgamentos de obras de literatura, das ciências e das artes, à medida que são publicadas".[92] Essa espécie quase se tornara extinta após a queda da Bastilha. Fora expulsa das tipografias por uma raça de homens mais rudes, que escreviam relatos diários dos acontecimentos políticos para jornais que continham *notícias*. Tentando encontrar uma palavra para descrever esse fenômeno, Panckoucke empregou *papiers-nouvelles*, anglicismo que não passou ao uso comum, mas que indica o quão diferente e inusitada pareceu a explosão do jornalismo político em 1789.[93] Cercado por aquele oceano de jornais estranhos, a *Encyclopédie méthodique* parecia tão antiga quanto as catedrais e palácios que Panckoucke tentava proteger. Ele ainda a proclamava ousadamente como "o maior monumento que jamais se tenha erguido à glória das ciências e das artes", mas a obra destacava-se como um gigantesco anacronismo em meio aos folhetos e jornais que inundavam o mercado literário.[94]

Como iria Panckoucke defender seu monumento quando os novos jornalistas o criticavam como "gótico"? Ele não poderia reescrever cem volumes para expurgar todos os vestígios de medievalismo, e um texto poderia parecer medieval ou moderno dependendo de ter sido escrito antes ou depois de 1789. Por exemplo, a última parte do dicionário de jurisprudência, em oito volumes, foi publicada em abril de 1789, pouco antes da destruição do velho sistema jurídico. Alguns meses depois, sua vasta coleção de verbetes sobre a justiça senhorial, os direitos feudais e as complexidades "das leis sálicas, ripuárias, borgonhesas e lombardas, assim como capitulações dos reis da segunda linhagem" faziam-na parecer um museu de costumes antiquados. Panckoucke tentou defender sua utilidade, explicando que a obra poderia ser consultada em disputas originadas da complexa legislação contra o feudalismo de 4-11 de agosto de 1789.[95] Mas tal argumento provavelmente pareceu forçado aos assinantes, que reclamaram por não desejar adquirir oito volumes que de súbito haviam-se tornado obsoletos por um decreto da Assembléia Nacional. Outros dicionários às vezes pareciam categoricamente contra-revolucionários. O dicionário de finanças trazia numerosas observações incriminadoras sobre o antigo sistema de tributação, e o de história tratava a nobreza com um respeito que parecia reacionário, mesmo quando comparado ao texto da *Enciclopédia* anterior. O historiador de Panckoucke, Gabriel-Henri Gaillard, da Academia Francesa, criticou seu predecessor, o Chevalier de Jaucourt, por solapar "uma instituição política vantajosa": o preconceito da superioridade pelo nascimento. "Ele procura ridicularizá-lo; ataca-o em sua origem; e, não contente em estabelecer que a natureza nos fez todos iguais pelo nascimento, a morte e o infortúnio, sustenta que ela contrariou tanto a lei que não haveria, com efeito, nem nobre, nem plebeu se os segredos da natureza estivessem desvendados."[96]

Sem dúvida, a *Méthodique* pré-revolucionária era tão enorme que nela se podia encontrar praticamente todo tipo de opinião — que houvesse passado pela censura — mas não se podia dissociá-la do regime que a vira nascer. Não obstante, Panckoucke procurou eliminar seus defeitos de nascença na propaganda para vender a obra durante os anos da Revolução. Não só extinguiu as antigas dedicatórias, mas tentou apresentar todo o empreendimento como um esforço patriótico. Em março de 1789, por exemplo, recomendou ao público o dicionário de *Police* alegando que a obra havia "merecido a mais lisonjeira aprovação de seu censor". Em janeiro de 1791, vendeu-o como um manual que poderia ser útil no estabelecimento das municipalidades revolucionárias.[97] Se determinado autor desempenhasse um papel proeminente na Revolução, Panckoucke mencionava-o em seu Avis, embora não houvesse tirado proveito da função ministerial de Roland, um de seus mais importantes enciclopedistas, provavelmente porque desejava manter distância das controvérsias envolvendo os girondinos.[98] Elogiou o segundo volume do dicionário de Mentelle sobre geografia antiga, em 1791, por abrir uma nova perspectiva para a história romana, "tratada a partir dos princípios dos direitos do homem, tão bem conhecidos atualmente", em contraste com a obra de historiadores anteriores, que haviam escrito sob a influência "das máximas monstruosas de nosso antigo governo".[99] Em 1791, Panckoucke ostensivamente presenteou com uma cópia da *Méthodique* a Assembléia Nacional, juntamente com uma doação de mil libras para a Guarda Nacional.[100] E em 1793 vendeu enciclopédias como se estivesse em campanha para vencer a guerra:

> Será honroso para a nação que, em meio aos distúrbios que a agitam e aos combates inevitáveis que é obrigada a sustentar pela manutenção da liberdade atacada externamente com tanto furor e internamente com tanta perfídia, ela possa, entretanto, vangloriar-se de ter levado a cabo o maior edifício que jamais se tenha erguido à glória dos conhecimentos humanos. Convinha à França conservar, mesmo em conjunturas tão ameaçadoras, sua supremacia nas letras, fazer, no seio das tempestades, o que nenhum outro povo poderia fazer na calma da paz, e com uma das mãos assentar o pináculo do templo das ciências, enquanto com a outra combate junto do berço da liberdade.[101]

Qualquer que fosse a mescla de suas metáforas, Panckoucke era capaz de mostrar a mesma ferocidade de um jacobino quando preciso. Ele soube como se adaptar à ocasião, identificar sua *Enciclopédia* com a causa nacional e fazer a obra parecer cada vez mais radical à medida que a Revolução pendeu para a esquerda. Mas seus pronunciamentos de 1790 e 1791 haviam mostrado que ele de fato pertencia à direita. Após retirar-se da política, tentou salvar seu maior empreendimento e sobreviver à Revolução manobrando em direção à esquerda. Embora essa estratégia tenha sido bem-sucedida, ela não transformou o caráter básico da *Encyclopédie méthodique*. A obra foi essencialmente um produto do Antigo Regime. Apesar das tentativas de Panckoucke para pintá-la com as cores da república, ela expressou uma contradição que permeou toda a cultura francesa na década de 1780: foi progressista, mas privilegiada, avançada nas ciências, mas dedicada a gente importante nas páginas de rosto — em suma, foi uma *combinaison* de elementos que pareceu incompatível depois da ascensão do jacobinismo.

O ÚLTIMO ENCICLOPEDISTA

Esse ponto merece ser enfatizado, pois já se afirmou que o enciclopedismo conduziu ao jacobinismo, não por meio de uma conspiração filosófica, como a imaginada pelo abade Barruel, mas por uma correspondência de pontos de vista.[102] Segundo C. C. Gillispie, a *Enciclopédia* de Diderot promoveu uma reação contra as ciências esotéricas e matemáticas em favor de uma versão vitalista ou "romântica" das ciências biológicas, e essa reação alimentou uma corrente antiintelectualista que emergiu com os jacobinos para destruir Lavoisier, as academias e tudo o que passara a ser apregoado como a aristocracia da mente. O ponto fraco dessa interpretação reside na conexão entre enciclopedismo e jacobinismo. É difícil mostrar como os dois "ismos" se teriam reunido, já que a maioria dos enciclopedistas originais morreu antes de 1793 e dado que os jacobinos não justificaram seus ataques contra os acadêmicos citando o texto de Diderot. Mas um importante ponto de contato pode ser procurado na história da segunda *Enciclopédia* do Iluminismo, cuja publicação atravessou a década de 1780, prolongou-se por todo o período revolucionário e adentrou o século XIX.

Embora a obra de Panckoucke diferisse da de Diderot, ela foi concebida como uma revisão e extensão da primeira *Enciclopédia*, desenvolveu-se a partir de um plano que Diderot originalmente arquitetara e foi considerada na época uma versão atualizada do enciclopedismo.[103] Como já explicado, a *Méthodique* realmente enfatizou a biologia, mas seus autores, notavelmente Lamarck, não abordaram seu tema com o espírito vitalista ou romântico de Diderot e Goethe. A *Méthodique* não menosprezou a matemática e a física. E seus volumes sobre química apresentavam o rigoroso e matemático sistema que Lavoisier desenvolvera em oposição ao vitalismo dos verbetes de Venel na primeira *Enciclopédia*. Ademais, os químicos de Panckoucke eram jacobinos ilustres: Guyton de Morveau, que serviu no comitê de Salvação Pública, e Fourcroy, o sucessor de Marat na Convenção. Panckoucke publicou seus dicionários mais esotéricos justamente quando o fervor da Revolução estava no auge — talvez por julgar que o jacobinismo de seus autores, Monge e Fourcroy, emprestaria aos livros uma certa legitimidade perante o governo revolucionário. Não teria lançado os volumes de física e química naquela época se esperasse com eles desagradar aos jacobinos; seus dicionários mais danosos eram provavelmente os que haviam conquistado a aprovação dos censores de Luís XVI, em especial os de jurisprudência e história. De qualquer modo, os jacobinos jamais acusaram a *Méthodique* de não ser democrática com o argumento de que a ciência nela contida estava além da capacidade de entendimento dos leitores comuns. No entanto, os verbetes científicos da obra eram mais abstrusos do que os da primeira *Enciclopédia*. De fato, a *Méthodique* expressava uma tendência geral de especializar e profissionalizar o conhecimento — torná-lo mais esotérico, e não menos — e, em vez de combater essa tendência, os jacobinos recrutaram os especialistas para produzir salitre, canhões e um sistema racional de pesos e medidas.

Uma segunda tentativa de encontrar conexões entre enciclopedismo e jacobinismo empregou a biografia de grupo.[104] Acompanhando as carreiras dos enciclopedistas que viveram o suficiente para presenciar o Terror, Frank A. Kafker tentou depreciar a tendência de alguns historiadores para apresentar os colaboradores de Diderot como radicais que criaram as bases ideológicas do jacobinismo. Kafker constatou que apenas um dos 38 enciclopedistas ainda vivos em 1793 acolheu de bom grado o Terror, enquanto oito resistiram e os demais em geral mergulharam na obscuridade, medo e repulsa. Evidentemente, pode não ser racional esperar rigorosa correspondência entre as reações daqueles homens à Revolução e as opiniões que haviam expressado quarenta anos antes em ensaios sobre artes e ciências. Mas é ainda mais difícil compreender por que as reações de 38 homens poderiam indicar o modo como todos os colaboradores originais se sentiriam caso ainda fossem vivos durante a Revolução. Não só 38 representam uma fração pouco significativa do grupo de Diderot — e não se pode saber o tamanho exato do grupo, que talvez tenha incluído trezentas pessoas — mas também eles escreveram uma porção insignificante da primeira *Enciclopédia*. Apenas quatro deles contribuíram em maior escala, e os colaboradores realmente importantes — os que escreveram a maior parte da obra — morreram todos antes do Terror. Assim como o próprio Diderot, eles pertenceram à geração que atingiu a idade madura em meados do século. Mas a segunda geração de enciclopedistas, os da *Méthodique*, amadureceu junto com os líderes da Revolução. Embora sua obra não possa ser equiparada à dos colaboradores de Diderot, podemos considerá-la representativa de uma fase posterior do enciclopedismo, quando este entrou em contato direto com o jacobinismo. Portanto, se existe algo que se possa aprender estudando o modo como um grupo de intelectuais reagiu à Revolução, as reações dos enciclopedistas de Panckoucke serão mais reveladoras.[105]

É claro que não se pode esperar encontrar muitas revelações acerca dos pensamentos mais íntimos de homens que viveram há quase dois séculos. Algumas fontes, como as memórias de Morellet e Marmontel, descrevem os medos, fantasias e até mesmo os pesadelos de um enciclopedista em meio ao Terror.[106] Mas vários deles prosseguiram em seu trabalho sem interrupção e sem deixar registros de como se sentiam com relação aos grandes eventos da época. Talvez tivessem pouco interesse pelo que se passava fora de seus estudos. Outros viram suas vidas invadidas pela Revolução, mas reagiram de maneiras contraditórias. Os indícios não permitem formar um quadro único; após tentar reuni-los, fica-se com uma variedade de imagens desconexas: Guyton de Morveau subindo em um balão para observar a posição do inimigo na batalha de Fleurus; Daubenton dissecando o corpo de um rinoceronte do ex-zoológico real perante um grupo de deputados da Convenção; Charles imerso em seu laboratório nas Tulherias quando os *sans-cullotes* invadiram o palácio em 10 de agosto de 1792 (pouparam-no em consideração a seu heróico passado de aeróstata); Lalande escondendo Dupont de Nemours no Observatório naquele mesmo dia e, após o Termidor, erguendo-se no Collège de France para denunciar o "vandalismo jacobino"; Fourcroy extraindo cobre para canhões dos sinos de antigos mosteiros; Mongez aplicando seus vastos conhecimentos de numismática à produção de moedas republicanas; Quatremère de Quincy sendo mandado diversas vezes para a prisão e conspirando com monarquistas desde a época dos *feuillants* até a revolta de Vendémiairie; e Vicq d'Azyr, tão horrorizado com a visão de Robespierre durante o Festival do Ser Supremo que (segundo um muito exagerado verbete em volume posterior da *Méthodique*) morreu em decorrência do choque.

Alguns casos são relativamente claros. Entre os colaboradores da *Méthodique* havia um que emigrou (Pommereul), um que foi guilhotinado (Boucher d'Argys) e três que escaparam por pouco da morte depois de aprisionados sob suspeita de serem contra-revolucionários (Desmarets, Ginguené e Quatremère de Quincy). Nenhum deles poderia ser classificado como adepto do Terror; e a classificação de vários outros enciclopedistas está ligada a seus antecedentes — muito debatidos entre os historiadores — pois desempenharam papel importante na política revolucionária. Desmeunier foi um influente Patriota na Assembléia Constituinte. Retirou-se em seguida da política, mas retornou, em companhia de Daubenton, como senador de Napoleão. Na Assembléia Legislativa, P.-L. Lacretelle e Quatremère de Quincy apoiaram os *feuillants* da direita, ao passo que Condorcet, Broussonet, Guyton de Morveau, Garran de Coulon e Lacuée de Cessac ficaram ao lado do esquerdista Brissot de Warville. Como ministro do interior nos primeiros meses da Convenção, Roland conduziu para a direita os girondinos, enquanto Monge, como ministro da Marinha, de um modo geral favoreceu a ascensão dos montanheses esquerdistas. O expurgo dos girondinos levou Roland e Condorcet ao suicídio, após fugirem de Paris. Mas seus antigos colaboradores na *Méthodique*, Monge, Fourcroy e Guyton de Morveau, desempenharam um papel crucial na organização da defesa nacional durante o Terror. Como se concentraram em problemas técnicos, não são em geral considerados montanheses ferrenhos. Mas envolveram-se profundamente com a política jacobina, ao contrário de Garran de Coulon, que se voltou para o menos controvertido trabalho de comitê. Por breves períodos na primavera de 1793 e inverno de 1794-5, Guyton de Morveau participou do Comitê de Salvação Pública. E na época do Diretório mais enciclopedistas assumiram cargos próximos ao centro do poder — Robert, Quatremère de Quincy, Garran de Coulon e Guyton de Morveau no Conselho dos Quinhentos e Fourcroy, Marmontel e Lacuée de Cessac no Conselho dos Anciãos.[107]

Claramente, entre os colaboradores da *Enciclopédia* havia muitos ativistas políticos, e não houve uniformidade em suas posturas durante a Revolução. Não só apoiaram diferentes facções ou partidos, mas também é quase impossível classificá-los, pois as fronteiras entre os partidos mudaram e se tornaram indefinidas. Alguns historiadores chegam mesmo a afirmar que não existiram partidos em uma forma coerente durante a Revolução. Essa interpretação, porém, conduz ao risco de reduzir as diferenças políticas, que eram importantes para os revolucionários, a um tipo de nominalismo.[108] Na verdade, podemos dividir os enciclopedistas segundo suas inclinações políticas em três categorias gerais: os oponentes da Revolução (que expressaram sua hostilidade ao movimento desde o princípio), os moderados (que apoiaram a monarquia constitucional e desconfiaram da revolução popular) e os republicanos (que favoreceram a radicalização após 10 de agosto de 1792, como girondinos, jacobinos radicais ou indivíduos não alinhados). Praticamente inexistem informações sobre dez dos 73 principais colaboradores arrolados por Panckoucke em 1789. Outros nove morreram antes de 1793, sobrando então 54 — uma amostra reduzida, porém representativa, da segunda geração de enciclopedistas.

Catorze dos 54 não assumiram uma postura política clara durante a Revolução. Dentre eles, sete aparentemente continuaram suas carreiras sem interrupção, quatro perderam renda ou emprego e três viveram na obscuridade. Parece provável que metade desse grupo tenha apoiado a Revolução, ao menos passivamente e até 10 de agosto de 1792; mas trata-se apenas de uma conjetura.

Sete enciclopedistas manifestaram desaprovação pela Revolução na fase inicial, mas mantiveram uma oposição passiva, exceto Pommereul, que emigrou (mas teve seu nome retirado da lista de emigrados em 1798, tornando-se prefeito e barão sob Napoleão), e Boucher d'Argis, que denunciou os Dias de Outubro de seu posto de magistrado no Châtelet e foi guilhotinado como contra-revolucionário em 23 de julho de 1794.

Quinze enciclopedistas podem ser considerados moderados. Pelo menos seis deles — Thouret, Lacretelle, Peuchet, Desmeunier, Kéralio e Quatremère de Quincy — trabalharam em favor de uma monarquia constitucional do tipo *feuillant*. Aceitaram a destruição do Antigo Regime, mas, como Panckoucke, favoreceram as reformas conservadoras. Os demais são de difícil classificação, pois aceitaram cargos oficiais mas não participaram ativamente da Revolução. Alguns podem ter sido bem radicais — por exemplo, Olivier e Bruguières, que Roland enviou em uma expedição científica ao Oriente Médio. Mas a maioria concentrou-se no trabalho científico, com a aprovação de vários governos revolucionários. Dentre estes incluíam-se os biólogos do Muséum d'Histoire Naturelle, Daubenton, Lamarck e Thouin. Se, o que é improvável, eles não compartilharam as opiniões radicais de seu colega republicano, Fourcroy, ainda assim certamente foram beneficiados pelas tentativas dos revolucionários para incentivar a botânica e a agronomia.

Dezoito enciclopedistas eram republicanos. Destes, cinco (Monge, Fourcroy, Guyton de Morveau, Doublet e Chaussier) eram associados aos jacobinos extremistas; cinco (Roland, Condorcet, Broussonet, Lacuée de Cessac e Mongez) favoreciam os girondinos; os outros oito (Garran de Coulon, Ginguené, Mentelle, Robert, Naigeon, Chambon, Bertolio e de Prony) não tomaram partido, embora a maioria provavelmente simpatizasse com alguma faceta do girondismo.

Essa divisão pode dar uma impressão errônea de precisão matemática; porém, mesmo levando em conta os casos indeterminados e os erros de classificação, ela conduz a duas conclusões. Primeira, que os enciclopedistas não agiram como um grupo, mas dispersaram-se por todo o espectro político. Segunda, que eles não se dispersaram de maneira uniforme, tendendo a concentrar-se nas posições de centro-esquerda, ou seja, em uma zona demarcada pelos *feuillants* (monarquistas constitucionais) à direita e pelos girondinos (republicanos moderados) à esquerda. Poucos dentre eles apoiaram o Terror, mas menos ainda foram favoráveis a qualquer tentativa contra-revolucionária para restaurar o Antigo Regime. No geral, foram mais radicais do que se poderia esperar.

Talvez o envolvimento dos enciclopedistas na Revolução possa ser estudado com mais proveito se examinarmos as instituições em vez das facções políticas e se nos concentrarmos no período posterior ao Termidor em vez de nos cinco primeiros anos da década revolucionária. Os enciclopedistas jacobinos haviam adaptado a química à fabricação de armas, desenvolvido a medicina militar e aplicado a matemática à defesa nacional. Seu êxito reforçou a tentativa, de 1793 até o Império, para reorganizar o conhecimento em função das necessidades do Estado. É claro que os enciclopedistas haviam servido ao Estado antes de 1789, como acadêmicos, censores, professores e administradores; e se poderia esperar que defendessem seus cargos contra ataques dos revolucionários. Entretanto, a maioria deles ajudou na derrocada das velhas instituições intelectuais e na criação das que as substituíram. Lamarck, Daubenton, Thouin e Fourcroy contribuíram para converter o antigo Jardin du Roi no Muséum d'Histoire Naturelle. Vicq d'Azyr e Antoine Louis começaram a remodelar a profissão médica participando do Comité de Salubrité da Assembléia Constituinte, e Fourcroy e Thouret continuaram a obra em 1794-5 organizando as Écoles de Santé. Cinco dos doze professores originais da École Parisiense, depois rebatizada de École de Médecine de Paris, haviam escrito sobre medicina para a *Méthodique*. Entre os primeiros professores da École Normale também havia um grupo significativo de enciclopedistas: Monge, Thouin e Mentelle. Monge foi o inspirador na criação da École Polytechnique, onde a ele se juntaram quatro de seus colaboradores na *Méthodique*: Fourcroy, Guyton de Morveau, Chaussier e De Prony. Monge, Fourcroy e Ginguené também desempenharam papel decisivo no Comité d'Instruction Publique da Convenção, que reorganizou o sistema de educação superior na França criando não só as grandes *écoles* de Paris, mas também a série de *écoles centrales* nos departamentos, onde ocuparam cátedras outros quatro enciclopedistas — Desmarets, Mentelle, Grivel e Bonnaterre. E, finalmente, quase todos os enciclopedistas que haviam pertencido às academias reais tornaram-se professores do Institut, criado como uma "enciclopédia viva" em 1795.[109]

As carreiras dos enciclopedistas apresentam uma extraordinária continuidade, atravessando regimes, superando divisões políticas, mudando das velhas para as novas instituições. Os caminhos conduzem diretamente do Jardin du Roi ao Muséum d'Histoire Naturelle, da Société Royale de Médecine às Écoles de Santé, das escolas técnicas da monarquia às grandes *écoles* da República e das academias reais ao Institut republicano. Trinta enciclopedistas — metade dos que estavam vivos em 1796 — entraram para o Institut, e 29 haviam pertencido às academias de Paris. A *intelligentsia* que dominara a cultura francesa no início da década de 1780 ressurgiu, mais forte do que nunca, no final da de 1790. Mas o poder de permanência da elite intelectual não ilustra o cediço provérbio francês "Plus ça change, plus c'est la même chose [Quanto mais a coisa muda, mais permanece a mesma]", pois as novas instituições diferiram significativamente das antigas. Apesar da notável coincidência dos homens que as integraram, elas eliminaram todos os vestígios de privilégios, corporativismo e aristocracia. A Revolução pôs fim às velhas cerimônias e distinções hierárquicas, aos acadêmicos honorários e aos requintados diletantes. Perpetuou uma velha elite, mas sob novas condições: a abertura das carreiras ao talento e o domínio do profissionalismo. Tais condições estavam presentes antes de 1789, mas tolhidas, mescladas a missas para São Luís, panegíricos a Luís XIV e patrocínio de aristocratas. No sistema educacional da República, os enciclopedistas evidenciaram-se como especialistas: cada homem em sua área, e cada área em seu lugar em um currículo modernizado. De modo semelhante, os enciclopedistas do Institut reuniam-se em "classes", agrupados segundo sua especialidade. A Revolução não eliminara o elitismo intelectual, mas lhe conferira nova organização, eliminando o privilégio e promovendo o profissionalismo.

Embora essa transformação tenha ocorrido de modo abrupto e violento nos anos de 1793 a 1796, suas origens remontam ao Antigo Regime — e, em parte, à *Encyclopédie méthodique*. Panckoucke não julgava que sua *Enciclopédia* representasse um avanço em relação à de Diderot porque fosse mais veemente ao deblaterar contra *l'infâme* ou defender a igualdade social — na verdade, em matéria de religião e política, a obra era mais cautelosa do que sua predecessora. Mas Panckoucke achava que a *Méthodique* expressava uma visão mais progressista do conhecimento, pois ele dividira a topografia do saber em áreas e para cada uma designara um especialista, com instruções para produzir a obra mais avançada possível dentro dos limites de sua especialização. Ao comercializar seu produto, Panckoucke arquitetara *combinaisons* de proteção e privilégio, estratégia que após 1789 pareceu reacionária. Entretanto, se visto sob a perspectiva da sociologia do conhecimento, seu empreendimento pode ser considerado avançado: ele organizou o material da *Enciclopédia* do mesmo modo como se organizavam os enciclopedistas do Institut — segundo critérios estritamente profissionais.

Pessoalmente, Panckoucke permaneceu conservador, mais do que a maioria de seus autores, a despeito da postura radical que exibiu após 1792. Mas sua *Enciclopédia* não pode ser identificada com uma ideologia explícica, seja ela jacobina, seja contra-revolucionária, e seus autores dispersaram-se por campos políticos diferentes. Não foi uma fé política comum que uniu os enciclopedistas e deu coesão a seu trabalho, mas uma corrente subjacente que conduziu todo o conhecimento em direção ao profissionalismo. O enciclopedismo como movimento permaneceu complexo e contraditório. Porém, como uma fase do desenvolvimento intelectual em fins do século XVIII, expressou a tendência de concentração do conhecimento entre especialistas, que foram cooptados para servir ao Estado — tendência esta que ganhara ímpeto sob Luís XVI, tornou-se crucial para a "salvação pública" em 1793-4 e não desapareceu da história após a Revolução Francesa.

10
CONCLUSÃO

Independentemente de a *Enciclopédia* ter ou não sido o maior empreendimento da história editorial, como acreditavam seus editores, ela se converteu em uma das mais grandiosas iniciativas do século XVIII. As primeiras edições *in-folio* constituíram negócios multimilionários; as edições *in-quarto* e *in-octavo* superaram-nas consideravelmente em tamanho, e a *Encyclopédie méthodique* assumiu proporções tão colossais que fez suas gigantescas predecessoras parecerem pequenas. A própria escala de publicação da *Enciclopédia* indica a importância do enciclopedismo pois, como unanimemente concordavam seus amigos e inimigos, a obra representava algo maior do que ela própria, um movimento, um princípio. Converteu-se na corporificação do Iluminismo. Estudando o modo como a *Enciclopédia* emergiu dos projetos dos editores, podemos acompanhar a materialização do Iluminismo, passando do estágio da especulação abstrata de autores e editores ao da aquisição concreta por um vasto público de leitores interessados. Os papéis da STN revelam cada fase desse processo. Fornecem todas as informações necessárias para reconstituirmos a produção e difusão da *Enciclopédia in-quarto*, de longe a maior do século XVIII, e mostram como ela esteve ligada a todas as demais, em um esforço contínuo para divulgar a *Enciclopédia* para um público cada vez mais amplo, no período de 1750 a 1800.

A PRODUÇÃO E DIFUSÃO DO ILUMINISMO

Discorremos pormenorizadamente sobre a produção da *Enciclopédia in-quarto* porque ela ilustra o modo como a maioria dos livros era produzida na era da prensa manual. Na época, a matéria-prima da literatura tinha muito mais importância do que em nossos dias. O papel não só representava até 75% dos custos de produção, mas também sua qualidade influenciava ativamente a decisão dos consumidores. A aquisição de livros no século XVIII diferia consideravelmente da que se vê em nossos dias, pois no Antigo Regime atentava-se muito para o aspecto físico das obras. O material com que se fabricava a página era tão importante quanto a mensagem nela impressa. Portanto, a história editorial deve levar em conta o ciclo do papel, uma história complexa que tinha início com os trapeiros mendigando panos velhos de linho no portão das casas burguesas e terminava com aqueles mesmos trapos retornando àquelas casas, transformados em páginas da *Enciclopédia*. Graças aos registros da STN, podemos acompanhar o fluxo do papel a partir de cada fábrica individualmente, passando pela tipografia e se convertendo em cópias da *Enciclopédia in-quarto*, hoje preservadas nas bibliotecas. Podemos observar as marcas d'água de determinadas fábricas com estilos próprios de produção, ou puxar fios de tecido que um dia compuseram as roupas brancas dos cavalheiros e damas. Podemos até mesmo identificar as impressões digitais nas páginas da obra e, procurando por algumas veredas esquecidas da história da classe trabalhadora, associá-las às vidas dos homens que a produziram — vidas sofridas, passadas na estrada, de tipografia em tipografia, pois os patrões trocavam as turmas de empregados do mesmo modo como consumiam papel: encomendavam *assortiments* de homens para tarefas específicas e os descartavam quando as concluíam.

Enquanto "le bourgeois", como os trabalhadores denominavam o patrão, concentrava suas preocupações nos lucros e prejuízos e o contramestre desdobrava-se para manter uma certa ordem no fluxo de trabalho da oficina, os empregados perseguiam seus próprios objetivos. Não forçavam o ritmo de trabalho nem lutavam para se transformar em "burgueses", pois sabiam que para eles a única mobilidade possível era a geográfica. Quando queriam fazer menos força para puxar a barra da prensa, usavam tinta em excesso nas formas. Se desejavam quebrar a monotonia de encher e esvaziar os componedores, iam para a taverna. E se ficavam fartos do vinho ou aborrecidos com o contramestre, partiam estrada afora para outra tipografia. Saber que Desgranges produziu determinada folha de papel logo depois de sua fábrica ter sido inundada, que Champy compôs os tipos para ela enquanto sua família temia que ele estivesse morrendo de tuberculose, que o jovem Kindelem a imprimiu logo após ter fugido com a empregada de seu patrão anterior — enxergar além da obra as vidas dos homens que a produziram é perceber a vastidão da experiência humana incorporada na *Enciclopédia*. Todo um universo teve de ser posto em movimento para concretizá-la. Trapeiros, coletores de nozes, financistas e filósofos desempenharam, todos, um papel na produção de uma obra cuja existência material correspondeu à sua mensagem intelectual. Como objeto físico e como veículo de idéias, a *Enciclopédia* sintetizou um sem-número de artes e ciências; representou o Iluminismo, de corpo e alma.

O papel dos editores de texto e anunciantes nesse processo merece estudo especial, pois mostra como foi o tratamento dado ao texto e como este foi apresentado ao público no decorrer de sua reprodução e difusão. Longe de manifestar preocupação pela integridade da versão original, o abade Laserre expurgou-a e moldou-a como convinha a ele e a Duplain. Assim, as edições de tiragem excepcionalmente grande da *Enciclopédia* — a *in-quarto* e a *in-octavo*, esta uma versão literal daquela — apresentam um caráter próprio, insuflado pelo lionês Laserre, em adição à receita básica preparada por Diderot. Obviamente, o editor original de Diderot também já havia adulterado o texto. Os editores setecentistas em geral mostravam-se arbitrários em relação à palavra escrita. Obras hoje consideradas clássicas eram reunidas ao acaso e reformuladas de edição em edição, ou até mesmo enquanto eram impressas, como quando Duplain reduziu para oitocentas páginas o tamanho de seus volumes expurgando o texto e depois os expandiu para mil páginas assim que descobriram a fraude.

De modo semelhante, os editores afirmavam o que bem entendiam nos anúncios publicitários. A publicidade da *Enciclopédia*, desde o primeiro prospecto de 1751 até o último folheto sobre a *Encyclopédie méthodique* por volta de 1830, é um aglomerado de meias-verdades, mentiras, promessas descumpridas e anúncios espúrios sobre edições falsificadas. Os editores mentiam com tanta freqüência e tão despreocupadamente que ficamos a imaginar se alguma vez chegaram a pensar na honestidade como política. Provavelmente nunca lhes ocorreu que deveriam sentir-se responsáveis por manter o público corretamente informado. De fato, o Estado francês incentivava-os a usar informações falsas em seus prospectos e páginas de rosto, para que pudesse fazer vista grossa aos livros que o clero e os parlamentos desejavam ver confiscados. As *permissions tacites* das autoridades concedidas a livros provenientes do exterior eram uma ficção legal que ninguém levava a sério, assim como qualquer pessoa "bem-informada" não acreditava nos protestos de Voltaire negando a autoria de seus panfletos. Publicar livros no século XVIII não era um jogo de cavalheiros, disputado segundo algum código de honra; como definiu um livreiro suíço, "malandragem" era o termo mais adequado.[1] O mundo em que viviam os editores da época era bem diferente daquele em que atuam seus colegas de hoje, e eles operavam com base em outras premissas. Na ausência da proteção dos direitos autorais, cercados por contrafatores, assolados por espiões e ameaçados por traidores, eles não podiam dar-se o luxo de ser verdadeiros. Por isso, diziam ao público o que julgavam necessário para vender seus livros. Tal comportamento não é bem visto por qualquer pessoa que hoje desaprove a publicidade enganosa porque mostra que ela vem de longa data. Antes do advento da atual indústria publicitária nos moldes ditados pela Madison Avenue não existiu uma idade de ouro da propaganda, ou pelo menos não no elegante século XVIII.[2]

Lidos como documentos históricos, os anúncios enganosos podem ser mais reveladores do que os *avis* honestos, pois mostram como os vendedores julgavam que seu produto atrairia os consumidores. Na propaganda para a *Enciclopédia in-quarto*, os editores enfatizaram que os leitores adquiririam em uma só obra um compêndio do conhecimento moderno e uma síntese da filosofia contemporânea. Nesse aspecto, puseram em prática a estratégia de Diderot e D'Alembert, que pretendiam promover a *philosophie* identificando-a com o conhecimento. Indagar se a *Enciclopédia* era uma obra de referência ou um manifesto do Iluminismo é propor um falso problema, pois ela tinha por objetivo combinar essas duas características, e foi apresentada como uma combinação das mesmas, tanto por seus promotores quanto pelos autores. Até onde se pode conhecer a reação dos leitores, parece que também eles consideravam nesses termos a *Enciclopédia*. Desejavam a *philosophie* tanto quanto a informação, e não trataram a *Enciclopédia* como se faz com as enciclopédias atuais — ou seja, uma compilação neutra de tudo o que existe de A a Z. Deve-se atentar para a percepção da obra na época, pois ela indica o grau em que a *Enciclopédia* foi identificada com o Iluminismo no século XVIII. Os editores basearam sua campanha de vendas nessa identificação. Esperavam que o público adquirisse a obra pelas razões citadas na publicidade: uma *Enciclopédia in-quarto* na estante proclamaria a posição de seu proprietário como homem culto e filófoso. A *philosophie* estava na moda em 1777; a comercialização de modismos intelectuais avançara consideravelmente, e esse avanço ocorrera segundo linhas traçadas por Diderot e D'Alembert. Em suma, o Iluminismo parecia estar penetrando bem fundo na sociedade francesa — mas em que grau, de fato?

A aquisição de livros pode servir apenas como um indicador aproximado dos gostos e valores do público leitor, podendo mesmo parecer descabido falar em "consumo" de livros. Mas a compra de um livro é um ato significativo, se considerada em termos culturais e econômicos. Ela fornece uma indicação da disseminação das idéias além da intelectualidade, à qual geralmente se limita a história intelectual. Já que nunca houve um estudo sobre a venda de uma obra setecentista, há de ser válido analisar as vendas da obra mais importante do Iluminismo.

O preço da *Enciclopédia* impôs um limite à sua difusão, pois ela permaneceu além do poder aquisitivo de camponeses e artesãos, muito embora alguns deles possam tê-la consultado em *cabinets littéraires*. Porém, à medida que a *Enciclopédia* progrediu de edição em edição, seu formato diminuiu, o número de ilustrações foi reduzido, a qualidade do papel tornou-se inferior e o preço declinou. E os sucessivos consórcios para publicar a obra ampliaram progressivamente a rede de assinantes, atingindo a cada nova edição setores mais remotos do público leitor. Na época do lançamento da *Enciclopédia in-quarto*, proclamaram que a obra deixara de ser um artigo de luxo e se pusera ao alcance do leitor comum. Mas quem eram os leitores da *Enciclopédia* na França setecentista, que parte do reino habitavam e a que ordem social pertenciam?

Para identificá-los, é necessário compilar estatísticas a partir da lista de assinaturas da *in-quarto*, que representa cerca de três quintos das *Enciclopédias* existentes na França e quase um terço de todas as existentes no mundo antes de 1789. O mapa das assinaturas (ver Figura 5) mostra que essa edição se disseminou por todo o país, apresentando, porém, vendas melhores em determinados locais: nas cidades mais do que nas vilas, nas artérias comerciais mais do que no interior, nos vales do Ródano e do Garonne mais do que nos do Loire e do Meuse, e mais numerosas sobretudo nas grandes capitais de província: Lyon, Montpellier, Toulouse, Bordéus, Rennes, Caen, Nancy, Dijon e Besançon. As únicas áreas em que a *in-quarto* não penetrou foram a Britânia além de Rennes, Landes abaixo de Bordéus e a região rural do Sudoeste circunscrita pelo Loire, o Cher e o Dordogne. É arriscado deduzir a distribuição social a partir da geográfica, mas alguns dos pontos intrigantes no mapa podem ser esclarecidos pela correspondência dos livreiros. Comparando os dois tipos de evidências, parece claro que a demanda pela *Enciclopédia* verificou-se principalmente nas cidades antigas onde se haviam estabelecido ricas dotações de instituições eclesiásticas e educacionais em fins da Idade Média ou nas que emergiram com a monarquia dos Bourbon como centros administrativos e culturais — sedes de parlamentos, academias e intendências. A *in-quarto* não logrou vendas numerosas nas cidades do futuro, onde já se faziam sentir os frêmitos da industrialização.

Os dois extremos do mercado da *Enciclopédia* são representados por Besançon, uma tradicionalista capital de província com cerca de 28 mil habitantes, onde foram adquiridas 338 cópias da *in-quarto*, e Lille, um centro industrial florescente de 61 mil habitantes, que absorveu apenas 28 cópias.[3] A julgar pelos correspondentes da STN, a explicação para tal disparidade é simples: manufatores e comerciantes não se interessavam por literatura. Na verdade, havia alguns comerciantes entre os assinantes da *in-quarto*, em Marselha e provavelmente em Lyon e Bordéus, embora sua pequena participação no Norte e no Nordeste indique que eles talvez tenham pertencido às oligarquias comerciais das cidades comerciais mais antigas, e não a uma sociedade industrial emergente. No caso do Franco-Condado, podem ser identificados 253 assinantes, ou seja, 65% do total. Apenas quinze deles eram comerciantes. A grande maioria pertencia à elite tradicional: os oficiais do governo, liderados pelos conselheiros do parlamento, e os militares, sobretudo os oficiais da guarnição de Besançon. As assinaturas feitas por oficiais régios foram tantas que a obra parece ter penetrado em toda a administração da província. Nas cidades pequenas, ela atraiu a intelectualidade composta por advogados, administradores e até mesmo os curas. Em Besançon, destinou-se às bibliotecas dos parlamentares, aos oficiais civis e militares, advogados médicos e padres. Metade dos assinantes de Besançon pertencia aos primeiros dois estados, embora a obra provavelmente tenha sido lida também por membros menos privilegiados das classes médias, seja por empréstimo, seja consultando-a nos *cabinets littéraires*. Em geral, porém, a *Enciclopédia* não penetrou na base da sociedade, circulando pelos setores médios e saturando as camadas superiores.

Esse quadro de difusão com concentração nos escalões mais elevados corresponde à estratégia do Iluminismo formulada por Voltaire e D'Alembert — um Iluminismo partindo de cima, que se infiltraria, por intermédio da superestrutura, dos salões e academias para o mundo dos figurões de cidadezinhas e dos senhores rurais — mas não passando daí.[4] Assim, a *Enciclopédia* começou como um produto de luxo limitado principalmente à elite da corte e da capital. Mas depois de assumir uma forma mais modesta e de seu preço baixar até as possibilidades da classe média, ela se disseminou pela *bourgeoisie d'Ancien Régime*, uma burguesia que vivia de rendas, cargos públicos e serviços, e não da indústria ou do comércio. A burguesia capitalista moderna também tinha poder aquisitivo à altura da *Enciclopédia*, e alguns comerciantes esclarecidos de fato a compraram, porém foram tão poucos que se tornam insignificantes em comparação com os *privilégiés* e profissionais liberais, que adquiriram a maioria das cópias. Por conseguinte, a receita de Voltaire para o Iluminismo parece ter-se aproximado bastante da realidade — mais do que a interpretação de alguns dos mais eminentes historiadores da França na atualidade, que em geral atrelam o Iluminismo à burguesia industrial e tratam a *Enciclopédia* como uma expressão da consciência de classe.[5] Nada poderia ter sido mais implacável e capitalista do que a *Enciclopédia* enquanto empreendimento, mas o público leitor da *Enciclopédia* não se compunha de capitalistas. Os leitores provinham dos setores da sociedade que desmoronariam mais rápido em 1789, do mundo dos parlamentos e bailios, da burocracia dos Bourbon, do Exército e da Igreja. Pode parecer paradoxal que uma ideologia progressista fosse infiltrar-se nos segmentos mais arcaicos e desgastados da estrutura social, mas a Revolução principiou com um paradoxo: o colapso no topo antes da revolta na base. E, embora alguns dos assinantes da *Enciclopédia* possam ter sido destruídos pela Revolução, a maioria provavelmente ganhou com ela, pelo menos no longo prazo, pois ela acabou controlada por advogados e pessoas proeminentes que a dirigiram segundo seus próprios interesses e que continuaram a dominar a França durante os cem anos seguintes, se não por mais tempo.

A difusão da *Enciclopédia* também é relevante para outra questão básica na interpretação da história francesa: o debate entre os que vêem o Iluminismo como um movimento abrangente que modificou a opinião pública em larga escala e os que o consideram um fenômeno relativamente superficial limitado a um pequeno círculo de intelectuais. A primeira tese remonta a polemistas como o abade Barruel, que atribuiu a Revolução a uma conspiração de filósofos e maçons, mas foi incorporada a estudos históricos sérios por Tocqueville e subseqüentemente elaborada por historiadores da literatura como Paul Hazard, Gustave Lanson e, em certa medida, Daniel Mornet. A segunda tese recentemente passou a predominar, graças à influência da história social e cultural desenvolvida pela chamada "escola dos *Annales*". Seguindo os passos de Lucien Febvre, que revolucionou a história literária com uma idéia paradoxal, *le livre retarde*,[6] os historiadores dos *Annales* estudaram a produção estatisticamente; constataram que a "inércia" tolheu a "inovação" na cultura literária geral do Antigo Regime. Apesar do interesse decrescente pela teologia e do aumento das publicações sobre ciências e artes, a maioria dos franceses continuou a ler os clássicos e os livros religiosos lidos por seus pais e avós: o Iluminismo não solapou as correntes antigas e profundas da cultura tradicional.

Essa discordância acerca do impacto global dos livros como uma força na história não pode ser resolvida mediante o estudo de uma só obra. Contudo, a história editorial da *Enciclopédia* pode mudar as bases do debate, revelando a riqueza de uma fonte inexplorada. Ao contrário dos textos impressos consultados pelos historiadores da literatura e dos registros oficiais analisados pelos historiadores dos *Annales*, os papéis dos editores colocam o pesquisador em contato direto com o mundo dos livros como ele existia no século XVIII. Evidentemente, os papéis da STN também contêm um viés: pendem para a modernidade e se afastam da literatura tradicional, e não será possível obter uma visão plena da *histoire du livre* no Antigo Regime antes de estudá-los sistematicamente em conjunto com outras fontes, entre elas os papéis da Chambre Syndicale e da Direction de la Librairie em Paris. Entretanto, pode-se aventar neste ponto uma conclusão preliminar. Após ler as 50 mil cartas trocadas entre a STN e livreiros de toda a Europa, fica-se com a convicção de que Voltaire e Rousseau de fato escreveram para um público enorme e que a história da *Enciclopédia*, quando estudada pelo método dos *Annales*, conduz a conclusões análogas às de Tocqueville. A história da transformação da *Enciclopédia* em um *best seller* demonstra a atração do Iluminismo em grande escala, entre as camadas superiores e médias da sociedade francesa, se não entre as "massas" que fizeram a Revolução em 1789.

Essa história, porém, não pode ser restrita à França. A STN vangloriava-se de ter vendido sua *Enciclopédia* por todos os cantos entre "os dois extremos da Europa",[7] e algumas cópias chegaram até a algumas regiões remotas da África e da América. Na realidade, a maioria das *En-*

ciclopédias vendidas fora da França provinha de outras edições, mas acompanhando as referências encontradas na correspondência sobre a edição *in-quarto*, pode-se ter uma idéia geral de sua importância relativa em diferentes partes do continente europeu. A *Encyclopédie d'Yverdon* dirigiu-se principalmente aos Países Baixos e ao Oeste da Alemanha; as edições italianas permaneceram em grande parte na Itália, embora algumas cópias tenham viajado tão longe quanto Londres e Copenhagen; a edição *in-octavo* obteve boas vendas por toda parte — tão boas, de fato, que a barata e pequena *Encyclopédie de poche* provavelmente foi a forma em que a maioria dos leitores travou conhecimento com o texto de Diderot além das fronteiras francesas. Embora pouco se conheça a respeito da difusão das duas primeiras edições *in-folio*, elas provavelmente foram para numerosas bibliotecas das cortes e mansões rurais de toda a Europa. Como observaram os próprios editores, as suntuosas edições *in-folio* e as diminutas *in-octavo* representam dois extremos na difusão social da *Enciclopédia*.

Infelizmente, porém, os livreiros não discorriam sobre sua clientela com detalhes suficientes para obtermos um quadro nítido da mesma, exceto em alguns casos. Sempre que os livreiros da Europa central e oriental se referiam aos clientes, citavam aristocratas. Evidentemente, as vendas da *Enciclopédia* além do Elba e ao longo do Danúbio atenderam a uma minúscula elite de cultura cosmopolita e afrancesada. Mas a obra penetrou mais fundo na ordem social dos países ocidentais. Em partes da Itália e Holanda ela provavelmente chegou às mãos de advogados e oficiais do governo de pequenas cidades, como ocorreu na França. Essas foram as áreas com maior densidade de *Enciclopédias*, onde os livreiros informaram haver também grande demanda por obras de Rousseau, Voltaire e até mesmo D'Holbach. A demanda existiu igualmente na Península Ibérica, mas a Igreja e o Estado uniram as forças para suprimi-la. Ao contrário do que se poderia esperar, o comércio de livros franceses enfrentou mais dificuldades na Espanha de Carlos III e em Portugal de Pombal do que em qualquer outra parte da Europa, inclusive na Itália, onde o Índex lembrava uma lista de *best sellers*.[8]

Embora seja impossível fornecer estatísticas para toda a Europa que sejam comparáveis às da França, podemos perceber intimamente as realidades do ramo livresco estudando as informações dos livreiros setecentistas. Eles operavam no coração do mercado, muito mais próximos da ação da oferta e demanda do que qualquer historiador poderia chegar. Obviamente, essa mesma proximidade pode tê-los cegado para determinados fatores, como por exemplo seus próprios gostos e valores. Contudo, a leitura de um número suficiente de suas cartas cancela as idiossincrasias e evidencia um quadro geral.

O Iluminismo emerge como um movimento que irradiou de Paris para a vanguarda cultural de determinados locais da Europa. Em 1770, já começara a passar por sucessivas ondas de popularização, atingindo todos os pontos das províncias da França e despertando interesse entre grupos situados em todas as posições dos setores médios da sociedade francesa. Ao cruzar a fronteira, concentrou-se em certas áreas onde a corrente cultural era mais forte, como os Países Baixos e a Renânia. Dali em diante, mais tênue, dispersou-se, atravessando as planícies do Norte europeu até os fiordes escandinavos e as estepes russas, para finalmente atingir remotos postos avançados, como a livraria de Lex, em Varsóvia, e a de Rudiger, em Moscou. Graças às cartas dos livreiros, podemos acompanhar os livros descendo o Reno, sendo estocados nos grandes depósitos de Amsterdã e Ostend e dali partindo para as lojas de Bertrand em Lisboa, White em Dublin e Philibert em Copenhague, ou ainda subindo o Báltico até Muller em São Petersburgo, ao menos até novembro, quando a neve cerrada cortava o fluxo de literatura por meio ano, com exceção de alguns volumes transportados de trenó vindos de Leipzig. Passando para zonas mais temperadas, podemos seguir as remessas pelo Elba e o Moldau, de Virchaux, em Hamburgo, para Gerle, em Praga, ou vê-las cruzando os Alpes até Reycends, em Turim, e descendo o Ródano para chegarem às mãos de Mossy e Gravier, em Marselha e Gênova. E finalmente, podemos acompanhá-las pelo Danúbio até Weingand, em Budapeste, onde Paris parecia estar a séculos de distância em comparação com a proximidade do Império Otomano e da incessante luta na frente oriental da cultura do Ocidente. Os livreiros percebiam que estavam participando de um vasto processo pelo qual as idéias transitavam por artérias comerciais, vertiam e penetravam nos rincões mais afastados do continente. Sabiam que eram agentes do Iluminismo, não por se sentirem comprometidos com a difusão das Luzes, mas porque negociavam com ele. Como escreveu a STN a Bruere, de Homburg,

> Jamais empreendimento desse gênero e dessa força teve mais sucesso e foi conduzido com tanta celeridade. Em menos de dois anos e meio e depois de ter renovado por duas vezes a subscrição, imprimimos 8 mil exemplares dessa *Enciclopédia*, dos quais nos resta apenas um pequeno número por vender. O público parecia esperar com uma espécie de impaciência que pudesse ser servido quanto a isso por bibliopolas menos rapaces que os primeiros editores. Gabamo-nos, nossos associados e nós, de o satisfazer a esse respeito, e concluireis, senhor, que se faltam as luzes filosóficas neste melhor dos mundos, certamente não será nossa culpa.[9]

A PUBLICAÇÃO DO ILUMINISMO E O ESPÍRITO DO CAPITALISMO

O ramo editorial no século XVIII possuía um caráter brutal. Após dez anos de reveses no mercado literário, os editores de Neuchâtel constataram que "este ofício aqui provoca mais bílis que outros".[10] Encolerizavam-se devido à necessidade de enfrentar as armadilhas de seu ramo de negócios. Como demonstra a história da *Enciclopédia*, os mais eminentes editores do Iluminismo operavam com base em suborno e extorsão, falsificação de contabilidade e roubo de listas de assinantes, espionagem mútua e manipulação de alianças maquiavélicas que davam ampla margem à traição e às intrigas. O esforço para vender *Enciclopédias* nas décadas de 1770 e 1780 tinha um quê de barroco, derivado talvez do *booty capitalism* dos séculos XVI e XVII. Mas houve também um elemento moderno na história comercial da *Enciclopédia* — mais moderno, de fato, do que o estilo de negócios descrito em seus verbetes sobre o comércio. Ler o que diz a *Enciclopédia* em COMMERCE, NÉGOCE ou LETTRE DE CHANGE é adentrar o mundo arcaico do *Parfait négociant*, de Savary. Mas estudar a correspondência dos editores da *Enciclopédia* é penetrar na *Comédia humana*.

O capitalismo, seja o das pilhagens ou o balzaquiano, tem por alicerce o princípio de ligar oferta e demanda. Assim, a luta para vender *Enciclopédias* sugere que a demanda pela obra se disseminara por todo o território francês. Foi a riqueza do mercado que desencadeou os embates entre os editores. E a ferocidade do combate confirma a impressão que nos fica ao ver as estatísticas de suas vendas: o público leitor estava ávido pelo enciclopedismo.

Na corrida para explorar o mercado de *Enciclopédias*, os editores viram-se impossibilitados de seguir uma trajetória direta. Precisaram mudar de direção segundo as rápidas alterações das circunstâncias — daí a linha de evolução truncada que conduziu da primeira à segunda edição *in-folio*, à reimpressão de Neuchâtel, a *refonte* de Suard, as três edições *in-quarto*, as duas *in-octavo*, a *Encyclopédie par ordre des matières* de Liège e finalmente à *Encyclopédie méthodique*. Três dessas enciclopédias nunca saíram da fase de planejamento. Ameaçados por edições concorrentes ou atraídos por empreendimentos mais promissores, os editores relegaram-nas ao limbo dos projetos esquecidos, onde foram fazer companhia à história da *Enciclopédia* que D'Alembert deixou de escrever, ao tratado sobre o protestantismo que Raynal não concluiu, ao artigo não publicado de Voltaire sobre o ministério de Turgot, ao incompleto *Dictionnaire de commerce* de Morellet e a muitas outras obras do Iluminismo que acabaram não se concretizando. O Iluminismo que realmente foi para o prelo representa apenas uma parte da produção planejada por seus empresários. Os editores tinham de iniciar e abandonar projetos, fazendo verdadeiros malabarismos. Sua profissão requeria decisões rápidas e muita habilidade, pois com um erro todo o negócio poderia desmoronar. Até mesmo Panckoucke, com um acervo no valor de 1 milhão e 400 mil libras, esteve momentaneamente à beira do colapso em 1777; os editores menos graúdos faliram com muita freqüência, especialmente durante a crise econômica que se abateu às vésperas da Revolução.[11]

Risco alto, prêmio alto — era essa a premissa de quem publicava obras iluministas. Aceitando-a, os editores da *Enciclopédia* passavam a jogar segundo duas diferentes estratégias: procuravam arrebatar o mercado com um produto novo e sensacional ou tentavam vender o texto antigo em versões mais baratas e em quantidades maiores. Panckoucke preferiu a primeira delas. Tratou a *Enciclopédia in-quarto* como um desvio no caminho de seu grande plano para remodelar a *Enciclopédia*, ao passo que Duplain reconheceu que ali estava um *best seller* sem precedentes, subordinando tudo o mais à exploração do mesmo. O relativo fiasco da política de Panckoucke e o sucesso da de Duplain conduzem à mesma conclusão: a demanda pela literatura do Iluminismo ultrapassara o pequeno círculo da clientela original de Diderot e chegara a um público menos privilegiado.

Estudando a estratégia dos empreendimentos editoriais, é possível compreender a mentalidade dos editores enquanto empresários. Porém, para interpretar os dados, faz-se necessário abandonar as idéias preconcebidas sobre o "homem econômico" e observar os homens no trabalho. A documentação é rica o suficiente para nos permitir acompanhá-los passo a passo, à medida que planejavam sua política e tomavam decisões. Podemos reconstituir seus cálculos a partir de memorandos e apontamentos — pedaços de papel cobertos de anotações: "esboço do empreendimento", "o que nos deve custar", "cálculo dos benefícios". E acompanhando a aritmética ficamos com uma idéia da racionalidade quase matemática com que procuravam maximizar os lucros. Eles não tinham dúvidas quanto ao poder de sua sede de lucro. Panckoucke descreveu Duplain como "um homem ávido [...] e que ama o dinheiro com furor". Duplain disse a Panckoucke que os sócios de Neuchâtel tinham um insaciável apetite por dinheiro: "Vossos suíços são homens famintos". E os suíços, para quem Panckoucke era pura e simplesmente um homem ganancioso, reconheceram que eram todos impulsionados pela mesma paixão "pelo dinheiro, que é o grande móbil de tudo".[12] Se os editores da *Enciclopédia* agiram como os outros homens de negócios de sua época, poderíamos pensar que os empreendedores setecentistas buscavam a fortuna com uma cobiça irrefreada difícil de se imaginar hoje em dia — assim como não é fácil avaliar a avidez dos nórdicos pelas pilhagens, a primitiva fascinação dos merovíngios pelas pedras preciosas ou outras expressões de mentalidades já extintas.[13] Não que o capitalismo moderno tenha tornado obsoleta a ganância, mas o fato é que os capitalistas pré-modernos pensavam e sentiam de um modo que hoje nos parece estranho.

Naturalmente, os editores eram impelidos por algo mais do que cálculos utilitários e o puro amor pela riqueza. Jean-Pierre Bérenger, da Société Typographique de Lausanne, desejava extrair até o último soldo da *Enciclopédia in-octavo* para poder aposentar-se e mudar para um pequeno chalé com pomar, jardim e gramados, onde pudesse assistir às travessuras dos netos. Duplain sonhava mais alto: um casamento suntuoso, um *château*, um título nobiliárquico. Transferiu sua riqueza do comércio e indústria para terras e posição social, especulando no longo prazo em favor de sua ascensão na sociedade. E depois de abandonar o comércio, nunca mais olhou para trás, nem mesmo após a morte da esposa: "O sr. Duplain abandonou absolutamente todos os negócios",[14] informou à STN seu sucessor, Amable le Roy, em 1784. "Ele encarrega-me de responder-vos que se tornou inteiramente estranho ao ramo livreiro, ao qual renuncia para sempre." O caso de Duplain não foi o único; o próprio Le Roy tentou imitá-lo,[15] e assim temos uma espécie de parábola sobre o ritmo lento da expansão econômica na França: Duplain, o perfeito burguês capitalista, converteu-se em um pseudo-nobre; o magnata moderno operou no seio de um arcaico sistema de valores, como outros homens o fizeram em outras eras, pois os que parecem mais à frente de seu tempo em alguns aspectos podem parecer retrógrados em outros, e as *mentalités* podem incluir misturas incongruentes de atitudes avançadas e antiquadas.[16] Panckoucke, é bem verdade, especulava com o espírito oitocentista de construção de impérios. Mas sua simpatia era para com o Antigo Regime — o esclarecido Antigo Regime, que promovera seu investimento no Iluminismo. Portanto, quando encarado sob a perspectiva da *Enciclopédia*, o espírito empreendedor mostra-se variado e complexo. Combinou elementos progressistas e anacrônicos de maneiras que ilustram a marcha descompassada do capitalismo.

A ENCICLOPÉDIA E O ESTADO

Foi preciso coragem para publicar a primeira edição da *Enciclopédia*. Os editores da segunda edição também precisaram enfrentar uma certa perseguição por parte do Estado. Mas os responsáveis pelas três edições *in-quarto* lutaram contra riscos meramente comerciais — os ataques externos dos editores piratas e os internos dos traidores. Do reinado de Luís XV ao de Luís XVI a política oficial mudou, e as autoridades francesas tenderam cada vez mais a tratar a *Enciclopédia* como um fenômeno econômico em vez de ideológico.

De qualquer modo, teria sido impossível para Duplain produzir e vender seus livros clandestinamente. Seu negócio era grande demais. Ao contrário dos editores anteriores, que haviam imprimido a segunda edição em Genebra, ele produziu a maior parte dos volumes da *in-quarto* em Lyon, usando dúzias de prensas, diversos depósitos e um verdadeiro exército de empregados de escritório, impressores e agentes de expedição. Assegurou-se de mandar cópias de cortesia às autoridades locais — De Flesselles, o intendente, e La Tourette, o inspetor de livros — e estes cooperaram com ele, ao passo que seus superiores trabalharam em estreita ligação com Panckoucke. O *directeur de la Librairie* praticamente colaborou com o "Atlas de la librairie". Panckoucke enviava instruções em nome de Neville a La Tourette, e este agilizava a liberação das remessas da *Enciclopédia in-quarto* em vez de confiscá-las. De fato, os intermediários consideravam aquelas remessas tão seguras que as usavam como camuflagem para obras proibidas que os funcionários do governo estavam tentando apreender. E enquanto os agentes alfandegários, a polícia e os inspetores de livros liberavam rápido os volumes da *in-quarto*, confiscavam as edições rivais — até Panckoucke orientá-los para abrirem o mercado à edição *in-octavo*. Longe de suscitar oposição entre as autoridades francesas, a *Enciclopédia in-quarto* foi anunciada, remetida e vendida em todas as partes do país com o apoio ativo dessas mesmas autoridades.[17]

Somente em duas ocasiões os editores da *in-quarto* chegaram a expressar dúvidas quanto a estarem imunes de perseguição na França. No verão de 1778, Duplain alertou os sócios de que o clero local poderia denunciá-lo: "Nossos depósitos estão cheios, de maneira que à menor delação ao clero seríamos pegos como ratos em uma ratoeira".[18] Mas enfatizou esse perigo para forçar os sócios a conceder-lhe em cláusula contratual um generoso "seguro" para a terceira edição, e portanto essas declarações podem ser consideradas exemplo de sua técnica de negociação, e não indicação de uma ameaça real — especialmente tendo em vista que o clero lionês manteve-se quieto durante toda a sua ruidosa operação.

O Parlamento de Paris, porém, representava um perigo mais concreto, não simplesmente devido às suas freqüentes tentativas de suprimir as obras iluministas mas também pelo apoio que deu aos inimigos de Panckoucke na corporação dos livreiros parisienses durante a agitação em torno das reformas de 1777. Em agosto de 1779, Panckoucke informou à STN que o parlamento talvez tentasse destruir a *in-quarto*: "O caso dos livreiros referente aos decretos [ou seja, os decretos de 30 de agosto de 1777, reformando a atividade livresca] está no Parlamento. Denunciou-se ali nossa *Enciclopédia in-quarto*. Acabo de escrever a Duplain para colocar tudo em segurança e suspender tudo. O ramo livreiro de Paris está irritado".[19] Os sócios de Neuchâtel, na realidade, receberam de bom grado essa má notícia. Despacharam prontamente uma carta para Duplain, sugerindo que ele transferisse toda a impressão para a segurança da tipografia da STN, e afirmaram exultantes que "se nossa edição viesse a ser proscrita, é provável que se vendesse melhor".[20] Mas Duplain descartou a ameaça como um "alarme falso", e prosseguiu suas operações lucrativas em Lyon.[21] Ele acreditava que o parlamento tencionava atacar os decretos da reforma, e não a *Enciclopédia in-quarto*. Panckoucke, porém, recebera a informação de uma fonte altamente privilegiada: "Asseguraram-me que a denúncia fora feita", repetiu ele em uma carta à STN. "O próprio magistrado [o Camus de Néville] acreditou nisso e por bondade consentiu em avisar-me. Tomei mesmo a precaução de mandar colocar aqui tudo à parte, em um depósito separado".[22] Embora não passasse de um susto, isso indica os limites das "proteções" de Panckoucke. Ele contava com total apoio em Versalhes. Mas os altos funcionários do governo preferiam agir nos bastidores em vez de confrontar abertamente o parlamento e o clero, que eram instituições independentes. A *Enciclopédia* ainda tinha inimigos, porém a influência destes declinara desde a década de 1750, deixando de se fazer presente no governo, onde Panckoucke encontrou seus mais fortes aliados.

Pode ter existido um elemento de "despotismo esclarecido" nessa aliança. Néville, Vergennes, Lenoir e os demais administradores de alto escalão do governo de Luís XVI simpatizavam com os princípios racionais e reformistas que a *Enciclopédia* passara a encarnar. Mas Panckoucke assegurou-se de que eles favoreceriam seu empreendimento por meio de pressões e tráfico de influências. Um aditamento ao Traité de Dijon autorizou-o a abrir caminho para a edição *in-quarto* na França com a distribuição de 240 libras antes do lançamento de cada volume, e um panfleto anônimo acusou Duplain de subornar Néville com 40 mil libras. Embora não haja provas concretas de que os editores subornavam os funcionários governamentais do mesmo modo que o faziam com os concorrentes, eles abriam os corredores do poder distribuindo dinheiro e *Enciclopédias* grátis — uma prática comum, que Panckoucke recomendou com insistência à STN.[23] Na verdade, Panckoucke não precisava recorrer à corrupção no conselho real, pois sua importância como magnata da imprensa bastava para dar-lhe acesso a Versalhes. Os livreiros consideravam-no "o favorito de todos os ministros",[24] e os ministros trabalharam com Panckoucke como se ele fosse "um funcionário que também tivesse uma pasta", especialmente durante a crise na época das reformas de 1777.[25] Enquanto reformista, Panckoucke tentou reduzir os privilégios ilimitados dos editores, embora enquanto editor ele se recusasse a ceder um palmo sequer na defesa de seu privilégio para a *Enciclopédia*. No Antigo Regime, a política e os *lobbies* com freqüência encerravam contradições e complexidades desse tipo. Mas independentemente da ambigüidade da posição de Panckoucke, ela permitiu-lhe dirigir seus empreendimentos com a *Enciclopédia* do epicentro do poder legítimo na França.

Esse aspecto merece ser enfatizado, pois muitas vezes o Iluminismo e o Estado francês foram interpretados como inimigos, e a condenação oficial da *Enciclopédia*, não obstante o êxito de Malesherbes em salvá-la, foi com freqüência citada como o exemplo máximo desse antagonismo. Tal interpretação deixa de levar em conta uma mudança no teor da administração francesa durante os últimos quinze anos do Antigo Regime. A perseguição à *Enciclopédia* na década de 1750 converteu-se em proteção dois decênios mais tarde. O sucessor de Malesherbes, Le Camus de Néville, promoveu ativamente as edições *in-quarto*. E Panckoucke, sucessor dos responsáveis pela primeira edição, alicerçou seu empreendimento no apoio governamental. Desde suas primeiras escaramuças com os contrafatores de Lyon, Genebra e Avignon, até seus acordos finais com os consórcios de Liège, Lausanne e Berna, Panckoucke apoiou-se em uma estratégia de proteção oficial e privilégio para defender seu mercado dos invasores. Embora Barret e Grabit o forçassem a pagar-lhes uma indenização, a vitória de Panckoucke na guerra das edições *in-quarto* e *in-octavo* demonstra a eficácia de sua política. Os editores da *Enciclopédia in-octavo* deram-se por vencidos, sacrificando 24 mil libras pelo direito de vender suas cópias na França. Como observou a STN, Panckoucke tinha as chaves do reino.[26]

Ao usarem sua influência em favor de Panckoucke, os altos funcionários de Luís XVI trataram a *Enciclopédia* como uma mercadoria. Permitiram que a obra passasse a um estado de neutralidade ideológica no que se referia à lei, e admitiram seu acesso ao jogo de interesses e tráfico de influências que caracterizavam as altas finanças e a política no Antigo Regime. Panckoucke, que no ramo editorial sabia melhor do que ninguém participar daquele jogo, conseguiu manobrar a vasta máquina do Estado até uma posição na qual poderia empregá-la na defesa de seus interesses. A própria força que antes fora usada para esmagar a *Enciclopédia* tornara-se crucial para sua difusão. O que se apresentara como uma evidente tendência no empreendimento da *Enciclopédia in-quarto* converteu-se em característica predominante na *Méthodique*, que se despojou dos últimos vestígios de clandestinidade e apareceu envergando o manto do privilégio real. A suprema *Enciclopédia* de Panckoucke foi impressa abertamente em quase todas as tipografias de Paris, anunciada e vendida como publicação semi-oficial e escrita por homens que não só deviam sua carreira ao Estado, mas também incluíam em seu grupo uma considerável proporção de censores régios. Os autores da *Méthodique* podem ter tido uma visão análoga à de Erasto sobre seus conhecimentos: colocaram o saber a serviço da Monarquia, e com raras exceções mostraram-se dispostos a fazer o mesmo pela República. Para alguns, essa posição permitiu prosseguir no trabalho após 1789. Para outros, ela representou um genuíno comprometimento com ideais revolucionários. Porém, em todos os casos, acompanhou a tendência à profissionalização que vinha dominando a velha república das letras. Os *privilégiés* tornaram-se profissionais, os *savants*, funcionários públicos. Se a experiência da segunda geração de enciclopedistas não demonstra ligação direta entre o enciclopedismo e o jacobinismo, ela indica um importante traço de continuidade na elite intelectual, do Antigo Regime à Revolução.

A REVOLUÇÃO CULTURAL

A história da publicação da *Enciclopédia*, de sua evolução de edição em edição e da conquista dos mercados literários em todas as partes demonstra que a obra máxima do Iluminismo foi um *best seller*, mas não fornece respostas fáceis a questões acerca das origens ideológicas da Revolução Francesa. A *Enciclopédia* era tão vasta e variada que não se pode saber o modo como ela afetou seus leitores, e seguramente não se pode supor que a leitura assídua daquelas primorosas páginas de caracteres elegantes contagiaria alguém com o jacobinismo. Não obstante, para o público leitor setecentista, a obra realmente representava algo coerente, um movimento. Ela mostrava que o conhecimento era ordenado, e não caótico, que o princípio ordenador era a razão, que trabalhava com os dados do sentido, e não a revelação manifestando-se por intermédio da tradição, e que os critérios racionais, aplicados às instituições contemporâneas, desmascarariam o absurdo e a iniqüidade por toda parte. Essa mensagem permeou a obra, mesmo nos verbetes técnicos, pois os detalhes sobre a fabricação de alfinetes e a construção de moinhos d'água assumiam um significado mais amplo quando considerados à luz do Discurso Preliminar e de certos verbetes-chave que salientavam a necessidade de ordenar o mundo cotidiano segundo princípios racionais derivados da própria experiência. Os altos funcionários de Luís XV perceberam claramente essa mensagem quando condenaram a *Enciclopédia*, e os deputados da Assembléia Constituinte expressaram-na ao remodelar os sistemas político, administrativo, legal e eclesiástico do país. A difusão da *Enciclopédia* entre um público geral de advogados, altos funcionários e figurões de cidadezinhas — o tipo de gente que liderou a Revolução — indica o grau em que o sistema de valores do Antigo Regime estava sendo solapado por uma ideologia incompatível.

Infelizmente, porém, as afirmações sobre "sistemas de valores" e "movimentos" acabam na dependência de conjeturas quanto a inexprimíveis climas de opinião, e em 1789 havia tanta coisa acontecendo que não se pode reconstituir as ligações entre a explosão revolucionária e as vendas da *Enciclopédia*. De fato, como proposição geral, nunca se pode deduzir padrões de comportamento de seres humanos a partir de padrões de vendas de livros. Pode não ser seguro aventurar-se além da proposição geral de que a ampla difusão das *Enciclopédias* foi sintoma de uma disposição generalizada para questionar a base ideológica do Antigo Regime e, em alguns casos, para aceitar uma mudança radical. Obviamente, os ministros de Luís XVI, assim como os deputados da Assembléia Constituinte, promoveram algumas reformas radicais, contribuindo também para a promoção das *Enciclopédias* de Panckoucke. As idéias dos enciclopedistas parecem ter sido aceitas por um importante segmento da elite pré-revolucionária, reforçando a tendência de inserção da mentalidade iluminista na estadística, tendência essa que atravessou o reinado de Luís XVI, adentrou a Revolução e penetrou no Império. O ressurgimento dos enciclopedistas na *inteligentsia* oficial do Diretório também ilustra a tendência de continuidade da década de 1780 para a de 1790. E sua fragmentação durante as fases iniciais da Revolução indica a impossibilidade de identificar o enciclopedismo com algum partido revolucionário. Longe de conduzir diretamente ao jacobinismo, o enciclopedismo não representou uma ameaça real ao Estado. De fato, se outras forças não houvessem destruído o Antigo Regime, o enciclopedismo poderia ter sido assimilado na França, e o reino poderia ter sobrevivido ao Iluminismo, do mesmo modo que outras sociedades têm logrado sobreviver a reviravoltas em seus sistemas de valores.

Um modo de sermos práticos na abordagem dessas questões gerais sobre a relação entre enciclopedismo e revolução, embora não as resolvendo, mas pelo menos examinando-as mais atentamente, é estudar a história da *Encyclopédie méthodique*. A segunda *Enciclopédia* foi uma extensão da primeira, e marca o ponto onde o "movimento" e a Revolução entraram em contato. Em 1789, o destino da obra parecia ligado ao do regime, pois a *Méthodique* assumira um caráter semi-oficial. Era um produto das proteções e do privilégio, publicado por graça do rei, censurado por oficiais régios, dedicado aos principais ministros de Sua Majestade, escrito em grande parte por acadêmicos reais, e impresso por 25 dos 36 impressores que detinham um monopólio concedido pelo rei sobre a produção de livros em Paris. Acompanhar os passos de Panckoucke e sua *Enciclopédia* atravessando a Revolução é assistir à derrocada de um sistema cultural.

Embora a princípio Panckoucke acolhesse de braços abertos a Revolução, percebeu logo após a queda da Bastilha que ela prejudicaria seu empreendimento supremo. Em 1790, a Revolução transtornara todos os seus acordos com os autores, impressores e assinantes. E em 1794 o levara à beira da falência, ao esgotamento nervoso e talvez até mesmo à fuga, pois ele transferiu seus negócios para o genro e retirou-se para uma semi-reclusão até o fim do Terror. Evidentemente, sua experiência pessoal não pode ser considerada sinônimo do destino do enciclopedismo, mas ela exemplifica um processo básico, uma mudança fundamental no papel da palavra impressa, que teve grande efeito sobre a *Enciclopédia*, bem como sobre a Revolução.

Da invenção do tipo móvel à tomada da Bastilha, o governo adotara diferentes métodos para controlar a imprensa. Enforcara impressores e livreiros, aprisionara-os, nomeara-os funcionários da Universidade de Paris e, por fim, organizara-os em uma corporação, com o direito exclusivo de produzir livros e a responsabilidade de policiar o comércio livresco. Em fins do século XVII, o governo concedeu exclusividade nos trabalhos de impressão em Paris a 36 mestres-impressores e outorgou aos livreiros parisienses o controle sobre a maioria dos privilégios para a edição de livros. Esse golpe de legislação tipicamente colbertista criou um patriciado privilegiado que monopolizou a produção livresca legal por todo o século XVIII, cooperando com censores régios e inspetores de livros e fazendo guerra aos editores provincianos e contrafatores como Duplain e a STN. O privilégio dos mestres-impressores foi extinto com a queda da Bastilha, ao mesmo tempo em que um insaciável apetite por notícias dominou o público leitor. Cerca de 350 jornais apareceram em Paris nos dois primeiros anos da Revolução, roubando o mercado dos requintados periódicos do Antigo Regime. Para produzi-los, bem como uma igualmente formidável avalanche de panfletos, surgiram aproximadamente duzentas tipografias, que revolucionaram a indústria da impressão em Paris.[27] Sua influência fez-se sentir por toda parte — no comércio de trapos em Borgonha, nas fábricas de papel de Auvergne e nas *tours de France* dos tipógrafos. Os trabalhadores forçaram a elevação dos salários, enquanto os patrões empenharam-se em lucrar com a demanda crescente por material impresso. Os custos subiram de 30% a 40% em dois anos, segundo Panckoucke, e a república das letras, assim como o mercado de trabalho, mergulhou no caos. Muitos autores ilustres subitamente foram privados de suas pensões, sinecuras e influência — quando não se voltaram também para o jornalismo revolucionário ou a política. Uma rude multidão de invasores assumiu o controle da imprensa, jogou aos ventos a censura e o privilégio e deu ao público o que ele queria: não livros, mas panfletos e jornais políticos.

Em conseqüência de sua atração pela política, os historiadores nunca atentaram muito para a revolução no ramo das publicações. Não é possível discorrer adequadamente sobre o tema neste trabalho; no entanto, seu caráter geral evidencia-se a partir das tentativas de Panckoucke para conduzir a bom termo sua *Enciclopédia* através de uma série de crises, de 1782 a 1794. Seu problema básico, como observou em 1791, advinha de ter planejado produzir a obra em um sistema que fora subitamente destruído. Panckoucke reagiu a esse revés de três modos: tentou contornar as dificuldades imediatas, assumir a liderança na reorganização da atividade editorial e reforçar o empenho dos conservadores para conter a Revolução nos limites da monarquia constitucional.

Os problemas mais prementes ele procurou resolver por meio de *combinaisons* — expedientes para manter o fluxo de texto e a produção das prensas e deter a perda de assinantes. Cada vez que o empreendimento começou a desmoronar, Panckoucke remendou-o de algum modo. Manteve-o em andamento, mas teve de subsidiá-lo com recursos de seus jornais, e provavelmente gastou com ele cerca de 1 milhão de libras, como afirmou. No final, a Revolução destruiu seu império editorial, mesmo não o tendo levado à falência ou à guilhotina. As propostas de Panckoucke para a reorganização da atividade livresca em 1790 não evoluíram além da posição que ele assumira em 1777, ou seja, a de permitir a empreendedores das províncias o acesso ao ramo editorial e de restringir a duração dos privilégios para a publicação de livros, porém garantindo que em sua vigência eles realmente fossem respeitados. Essa postura parecera liberal durante a agitação em torno da reforma na década de 1770, e gerara ressentimentos entre Panckoucke e os patriarcas da corporação dos livreiros. Em 1790, porém, ela parecia conservadora: a Revolução eliminara todas as restrições à atividade livresca, e a principal preocupação de Panckoucke era restaurar a ordem no ramo — essencialmente por meio da restauração da corporação. Argumentou que uma corporação reorganizada poderia manter os padrões das publicações, proteger a propriedade literária, disciplinar a força de trabalho e ajudar na supressão do abuso de liberdade. Não foi tão longe a ponto de pedir o retorno da exclusividade dos mestres-impressores e da censura. Mas julgava que a França poderia banir a propaganda radical à moda inglesa — com tributos proibitivos sobre jornais radicais e leis severas contra a difamação e a sedição. Eliminado o elemento radical e marginal, o ramo seria dominado por obras como a *Méthodique* e jornais como o *Moniteur*.

Panckoucke associou as "insurreições na imprensa" à sedição em geral.[28] Suas políticas revolucionárias foram combatidas na imprensa. Ele dominara a imprensa do Antigo Regime, e os principais políticos da Revolução — Mirabeau, Brissot, Robespierre, Desmoulins, Hébert e muitos outros — eram jornalistas. Para eles, Panckoucke representava uma nova espécie de aristocrata, um magnata da imprensa. Para Panckoucke, eles simbolizavam o abuso da liberdade. O conflito eclodiu abertamente durante a crise de 1791, quando Panckoucke replicou aos ataques que lhe faziam equiparando a desordem na imprensa à desordem nas ruas — uma fórmula empregada pelos *feuillants* para justificar a repressão. Em sua campanha para a Assembléia Legislativa, ele deixou claro que a seu ver a Revolução já avançara o suficiente em fins de 1789: a liberdade fora conquistada, devendo-se então coibir o abuso, proteger a propriedade e colocar as rédeas nas mãos de homens de recursos — os elementos respeitáveis do ramo editorial e a elite "ativa" da política. Após 1792, Panckoucke disfarçou suas verdadeiras opiniões, deu uma guinada para a esquerda, escondeu-se na obscuridade, tornou a emergir na direita e bandeou-se para o bonapartismo. Era um oportunista, mas possuía senso de direção. Com todas as idas e vindas, sua carreira ilustra uma linha de evolução na política que vai do reformismo esclarecido ao governo dos ricos, da França de Malesherbes à França de Balzac.

Panckoucke representa a transição entre esses dois mundos, e mostra como ela pode ter sido irregular e dolorosa. Embora ele parecesse encarnar o espírito empreendedor sob o Antigo Regime, não saudou a Revolução enquanto oportunidade de liberdade ilimitada de comércio no mercado literário. Em vez disso, tentou canalizar o fluxo de livros para as *chambres syndicales*. Manteve idéias corporativistas e conservadoras, enquanto a Revolução destruiu a estrutura corporativista da cultura — as corporações, academias e entidades privilegiadas de todos os tipos que haviam dominado a pintura, música, arquitetura, teatro, ciência e literatura. Panckoucke aprendera a conviver com o privilégio, a usá-lo em proveito próprio, a servir-se do tráfico de influências e a manipular proteções em um mundo que desmoronou em 1789. Tentou restabelecer a ordem ressuscitando velhas formas, como as corporações de livreiros, mas os revolucionários não admitiram concessões e *combinaisons*. Erradicaram todos os tipos de privilégios — não só nas academias e tipografias, mas no Exército e na Igreja, na política e na lei, e daí para baixo, até chegar à colheita do mais humilde camponês.

A *Enciclopédia* de Panckoucke e seus enciclopedistas ilustram o mesmo processo de transformação cultural. A *Méthodique* espelhou a organização social do conhecimento sob o Antigo Regime. Por intermédio de academias, corporações, censores e protetores, a cultura oficial do reino imprimiu diretamente sua influência sobre a obra. Ao mesmo tempo, os enciclopedistas produziram um levantamento sobre as ciências que foi o mais avançado possível em sua época. Após 1789, as formas oficiais pareciam incompatíveis com o conteúdo da *Enciclopédia*. Panckoucke eliminou da obra as dedicatórias a ministros e o imprimátur real e a vendeu como uma expressão da superioridade nacional em questões de intelecto. Em sua nova embalagem tricolor, a *Enciclopédia* correspondeu à nova forma que a Revolução estava impondo ao mundo do saber, bem como ao novo padrão para as carreiras dos enciclopedistas — pois, após se dispersarem durante a fase inicial da Revolução, os enciclopedistas reagruparam-se nas Grandes Écoles e no Institut, onde foram organizados segundo suas áreas de especialização, do mesmo modo que Panckoucke lhes havia encomendado seus dicionários. Juntaram-se como profissionais a serviço da nação, e não como epígonos de um corpo privilegiado. O grupo transformou-se, embora os indivíduos permanecessem os mesmos.

De modo semelhante, em toda a França as instituições estavam sendo remodeladas segundo novos princípios, e o mundo mental reordenava-se com a mudança das instituições — esse foi o processo geral exemplificado na história da *Enciclopédia*. Podemos observar linhas de continuidade do trabalho editorial de Diderot ao de Panckoucke, das publicações iluministas ao jornalismo revolucionário, das academias reais ao Institut National, e talvez até mesmo do enciclopedismo ao jacobinismo, mas as rupturas são igualmente significativas, pois mostram como se dilacerou um sistema cultural. A Revolução destruiu o privilégio, princípio fundamental do Antigo Regime, erigindo então uma nova ordem com base nos princípios da liberdade e igualdade. Tais abstrações podem soar vazias hoje, mas eram plenas de significado para a geração revolucionária de franceses. A história da *Enciclopédia* mostra como elas se expressaram na palavra impressa, se disseminaram na ordem social, se concretizaram em instituições e se incorporaram a uma nova visão do mundo.

APÊNDICES

A. CONTRATOS DOS EDITORES DA ENCICLOPÉDIA, *1776-1780*

Estes documentos encontram-se em dois dossiês, *"Encyclopédie"* (ms. 1233) e "Procès STN contre Duplain" (ms. 1220), nos papéis da STN. São apresentados em ordem cronológica, havendo alguns casos em que foi acrescido um título, dada a ausência do mesmo no manuscrito.

I. ACORDO DE SOCIEDADE ENTRE M. C. J. PANCKOUCKE, LIVREIRO EM PARIS, & A SOCIÉTÉ TYPOGRAPHIQUE DE NEUCHÂTEL NA SUÍÇA DE 3 DE JULHO DE 1776.

No ano de mil setecentos e setenta e seis, no terceiro dia do mês de julho, os abaixo assinados senhores Frédéric Ostervald, ex-*banneret* da cidade de Neuchâtel, Bosset DeLuzc, membro do Grande Conselho da dita cidade, e Jean Elie Bertrand, professor de letras, de um lado, e o senhor Charles Joseph Panckoucke, livreiro em Paris, atualmente em Neuchâtel, do outro lado, proprietário dos direitos e clichês do *Dicionário enciclopédico*, incluindo-se aí os discursos que servem de explicação, pela aquisição que deles fez conjuntamente com os senhores Dessaint e Chauchat, dos senhores Le Breton, David e Briasson, por auto de dezesseis de dezembro, mil setecentos e sessenta e oito, tornou-se único proprietário dos ditos direitos e clichês pela cessão que lhe fizeram os ditos senhores Dessaint e Chauchat, por auto de firma não reconhecida de primeiro de julho, mil setecentos e sessenta e nove, e vigésimo quarto dia de maio, mil setecentos e setenta e dois, a qual aquisição foi confirmada por um privilégio do Rei de França de doze anos em data de vinte de maio, mil setecentos e setenta e seis, sob o título de *Coletânea de ilustrações sobre as ciências, artes e ofícios*, estão de acordo sobre o que segue.

O dito senhor Panckoucke associou, como de fato associa, os ditos senhores Ostervald, Bosset DeLuze e Bertrand, anuentes, para metade na totalidade dos clichês, direitos e privilégio do *Dicionário enciclopédico*, tanto no presente quanto no futuro, assim como em uma nova edição de dois mil cento e cinqüenta do dito *Dicionário* ornado de um frontispício e dos retratos dos senhores Diderot e d'Alembert. A presente venda e cessão de interesse de metade é feita pelo preço e soma de cento e oito mil libras, dinheiro da França, pagável em dezesseis letras de seis mil setecentas e cinqüenta libras, mesmo valor, a vencer no primeiro dia de abril, primeiro de julho, primeiro de outubro, primeiro de dezembro, mil sete[centos] e setenta e sete, setenta e oito, setenta e nove e oitenta, que o dito senhor Panckoucke reconhece ter recebido.

O senhor Panckoucke declara que os três primeiros volumes dessa nova edição estão atualmente impressos em seus depósitos, assim como o primeiro volume das ilustrações composto de cento e quarenta e seis clichês, e que a despesa desses dois objetos é de setenta mil e oitocentas libras, das quais o senhor Panckoucke fez os adiantamentos e cuja metade se eleva a trinta e cinco mil e quatrocentas libras, que os ditos senhores compradores remeteram-lhe em seis de suas letras,

a primeira	em primeiro de agosto de	1777	de	++ 6000.—
segunda	em 1º de novembro de	1777		++ 6000.—
terceira	em 1º de fevereiro de	1778		++ 6000.—
quarta	em 1º de maio de	1778		++ 6000.—
quinta	em 1º de agosto de	1778		++ 6000.—
sexta	em 1º de novembro de	1778		++ 5400.—
			conjunto	++ 35400.—

E, por meio dos dois pagamentos acima, os ditos senhores compradores não terão nada a pagar pela impressão, papéis dos três primeiros volumes de textos, o primeiro tomo de ilustrações, assim como pelo frontispício e os dois retratos dos senhores Diderot e d'Alembert, que estão à frente do primeiro volume.

E, a respeito da presente sociedade, os ditos senhores abaixo assinados determinaram entre eles os artigos seguintes:

1. Os ditos senhores compradores não poderão renunciar aos seus interesses sem o consentimento por escrito do dito senhor Panckoucke, e, reciprocamente, o dito senhor Panckoucke compromete-se a permanecer interessado no empreendimento pelo menos em um terço.

2. Para simplificar as prestações de conta, os associados combinaram fixar um preço invariável para todos os objetos de despesa como segue. O preço de gravura de cada nova ilustração, que contém duas e algumas vezes três das antigas, a sessenta libras, desenhos e retoques incluídos; o preço do retoque das ilustrações antigas que se acreditar poder conservar a vinte e cinco libras; o preço da tiragem de cada milhar de ilustrações a quinze libras; o preço do papel das ilustrações a quinze libras a resma; o preço da impressão com dois mil cento e cinqüenta de cada folha do texto referente às ilustrações a trinta e oito libras; o preço de cada folha do texto a começar pelo tomo quarto a trinta e quatro libras; e o papel dos volumes de texto a dez libras.

3. Será alocada como despesas ordinárias aos três associados de Neuchâtel a soma de mil e quinhentas libras durante seis anos, a começar de primeiro de janeiro próximo, para gastos de empregados, porte de cartas, armazenamento etc.

4. Os gastos de prospectos, de cartas circulares, notícias de gazetas constituirão um objeto de despesas ordinárias.

5. O senhor Panckoucke encarrega-se de fazer os adiantamentos, de dirigir, cuidar e pagar a impressão de todos os volumes de ilustrações, o que lhe será creditado ao preço fixado no artigo 2; ele não poderá reclamar para esse objeto quaisquer pequenos gastos. Obriga-se expressamente a fazer os arranjos convenientes

para que esses volumes sejam publicados no tempo fixado pelo *Prospecto*, que os senhores associados assinaram e que permanece anexado ao presente auto.

6. Os senhores Ostervald, Bosset e Bertrand encarregam-se por seu lado de fazer os adiantamentos necessários para a impressão dos catorze volumes de texto com dois mil cento e cinqüenta, de os mandar corrigir, alçar, colacionar, armazenar, de pagar os gastos de caixeiro, guarda-livros e outros, o que lhes será creditado, como está dito nos artigos 3 e 4. Para esse fim, eles conseguirão os caracteres necessários para que os volumes sejam publicados exatamente no tempo fixado pelo *Prospecto*. Obrigam-se expressamente a empregar os mesmos caracteres do senhor Fournier, o jovem, que serviram aos três primeiros volumes, a ter deles sempre uma quantidade suficiente para substituir pouco a pouco os caracteres que se gastarão e a utilizar papel de França grande bastardo fino conforme ao do *Prospecto* assinado hoje em duplicata pelas partes, o qual servirá de padrão.

7. A venda dessa nova edição far-se-á particularmente em Neuchâtel, os prospectos e os avisos trarão o nome de Neuchâtel, obrigando-se o senhor Panckoucke a fazer passar em detalhe aos ditos compradores a lista de todos os correspondentes e a dos banqueiros, tabeliães e principais negociantes da Europa.

8. Os associados prestarão conta reciprocamente das vendas e subscrições, seja aos livreiros, seja aos particulares, sobre a base em que elas terão sido feitas e segundo o registrado por sua correspondência.

9. A expedição dos três primeiros volumes de texto e do primeiro das ilustrações far-se-á de Paris, a expedição dos outros volumes far-se-á de Paris e Neuchâtel. Far-se-á chegar a Paris um certo número de volumes de texto e a Neuchâtel um certo número de volumes de ilustrações para facilitar as expedições dos dois lados.

10. A Société levará em conta os adiantamentos que serão feitos na base de seis por cento e, a fim de colocar nesse empreendimento a maior ordem, cada um dos associados fornecerá sua conta de despesas todos os meses, a contar de primeiro de junho próximo, assim como a situação de suas receitas, tanto em dinheiro quanto em letras, sobre as quais se fará o reembolso dos adiantamentos, à medida que houver fundos e proporcionalmente aos ditos adiantamentos. No caso em que os fundos que entrassem não se mostrassem suficientes para reembolsar os senhores Ostervald, Bosset e Bertrand, que estão na situação dos maiores adiantamentos, do excedente de seus adiantamentos sobre os do senhor Panckoucke, este, depois de cada entrega, será obrigado a remeter-lhes a metade desse excedente em letras sobre Paris ou Lyon com prazo de sessenta dias, compreendido que essa cláusula ocorrerá apenas três meses depois de ter feito a segunda entrega, e não se considerarão como adiantamentos, tanto para as ilustrações quanto para o texto, senão as impressões feitas.

11. Os associados fixam o preço dessa nova edição em seiscentas libras para livreiros e em setecentas e vinte libras para o particular, e nenhum dos associados poderá vendê-la abaixo desse preço sob qualquer pretexto que seja. Além disso, dar-se-á aos livreiros o décimo primeiro exemplar grátis e aos particulares o sexto. A distribuição dos pagamentos para livreiros far-se-á da maneira seguinte, cada volume de texto a dezesseis libras, cada volume de ilustrações a trinta libras, com exceção do décimo primeiro, que terá o preço de vinte e oito libras. O preço para o particular será de acordo com o *Prospecto*.

12. As entregas far-se-ão também de acordo com o *Prospecto*. O crédito aos livreiros será de seis meses para qualquer número abaixo de três. Estender-se-á o crédito para os números mais consideráveis. O senhor Panckoucke confiará quanto a esse ponto na prudência de seus associados. Os pagamentos far-se-ão por letras de câmbio sacadas de Neuchâtel ao se fazer cada expedição. Far-se-á com que os particulares paguem o mais que for possível à vista.

13. Far-se-á a cada três meses um inventário geral dos depósitos para fazer-lhes o confronto, e depois da última entrega os exemplares não vendidos permanecerão em depósito para ser vendidos por conta da Société, a menos que por um consentimento unânime ela disponha deles de outra maneira.

14. Os senhores Ostervald, Bosset e Bertrand têm o direito de retirar suas letras com o desconto de seis por cento.

15. Não se publicará nenhuma notícia nem prospecto referente a esse empreendimento antes de primeiro de janeiro próximo, e se guardará a esse respeito o mais profundo segredo até a publicação do dito *Prospecto*.

16. Passar-se-á como despesas comuns uma soma de seiscentas libras, dinheiro da França, que será paga à câmara de caridade desta cidade para a distribuir aos pobres.

17. O senhor Panckoucke fornecerá um exemplar da *Enciclopédia* de Paris, antiga edição, para servir de manuscrito à impressão.

18. No caso em que os associados de Neuchâtel considerassem conveniente ao seu interesse reimprimir os *Suplementos* que se acaba de publicar em Paris para servir de continuação a esta edição, o senhor Panckoucke compromete-se a fornecer-lhes os clichês desses *Suplementos* retocados, mediante o preço de vinte e cinco libras por retoque. Essa reimpressão dos *Suplementos* só poderá começar dois anos depois da data do presente auto.

19. No caso de se julgar conveniente publicar em alguns anos uma nova edição corrigida do dito *Dicionário enciclopédico*, na qual se fundiriam todos os Suplementos, essa nova edição far-se-ia em parceria por todos os abaixo assinados.

20. Em caso de morte de um de nós durante a duração desse empreendimento, é convencionado que nossos herdeiros e sucessores estarão sujeitos aos mesmos deveres, e entrarão em todos os direitos resultantes da presente convenção.

21. Se ocorrerem algumas dificuldades entre os associados relativamente a este negócio, não será permitido a nenhum de nós, sob qualquer pretexto que seja, dirigir-se a nenhum tribunal; mas nos obrigamos reciprocamente a submeter nossas dificuldades a dois amigos comuns, os quais árbitros poderão, em caso de diferença de opinião, escolher eles próprios um sobreárbitro, e ao julgamento dos quais nos obrigamos a submeter-nos definitivamente e sem apelação.

22. A Société dará grátis os exemplares que serão necessários para o estabelecimento e a circulação da obra.

23. Os associados combinaram trabalhar de comum acordo para obter do Rei que ele favoreça a impressão dessa obra em Neuchâtel.

24. Enfim, como o uso geral desta cidade é de passar "com firma não reconhecida" todos os autos e acordos de sociedade na natureza deste, decidimos assinar o presente auto em duplicata para valer como se fosse feito por mão de tabelião, com reserva expressa de o fazer redigir diante de tabelião no caso em que isso

convenha a uma ou a outra das partes e em sua primeira requisição. Assim feito e passado em duplicata de boa fé em Neuchâtel no terceiro dia de julho de 1776.

Frédéric Ostervald C. Panckoucke
Bosset DeLuze
Jean Elie Bertrand

II. PARIS, 14 DE AGOSTO DE 1776, ACORDO FEITO COM O SR. SUARD A RESPEITO DA REDAÇÃO

Os abaixo assinados, senhor Suard da Academia Francesa e senhor Charles Joseph Panckoucke, livreiro, rua dos Poitevins, por outro lado, decidiram sobre o que segue.

1. O sr. Suard concorda e consente em encarregar-se da revisão e redação de uma nova edição do *Dicionário enciclopédico*, com os *Suplementos*, assim como dos artigos das enciclopédias estrangeiras que forem considerados dignos de ser conservados. O dito sr. Suard fará o trabalho conjuntamente com o sr. d'Alembert e com o sr. marquês de Condorcet, secretário perpétuo da Academia das Ciências de Paris, que se anunciará ter presidido com ele à edição. O sr. Suard obriga-se a fundir nessa nova edição uma parte dos materiais que reunira para o dicionário particular que se propunha a fazer sobre a língua francesa, conforme a aprovação dos eruditos nomeados acima.

2. O trabalho do sr. Suard e de seus co-associados abrangerá particularmente os volumes de texto. Ele terá a atenção de fazer relacionar as ilustrações aos textos e o texto às ilustrações, examinando cuidadosamente cada figura, cada ilustração e cada letra de chamada para corrigir todos os erros que se encontram sobre esse objeto na antiga *Enciclopédia*. Além dos co-associados acima, o sr. Suard associar-se-á a vários homens de letras de um mérito reconhecido e eminente, cada um em sua parte, como os senhores de Saint Lambert, Thomas, o abade Morellet, o abade d'Arnaud, Marmontel, de la Harpe, Petit, Louis etc., etc.

3. O manuscrito de cada volume será pago em dinheiro ao sr. Suard pela soma de cinco mil libras, a saber, mil libras por mês, a começar do primeiro momento em que houver entregue o manuscrito de uma porção do primeiro volume, e assim por diante de mês em mês. O restante do que lhe será devido será pago no fim de cada ano, em três pagamentos iguais, em seis, doze e dezoito meses. Ser-lhe-á paga ainda uma soma de mil e duzentas libras por ano, durante cinco anos, para um copista encarregado de transcrever não apenas uma parte de seu trabalho, mas também o trabalho dos diferentes colaboradores, aos quais se dará essa facilidade para acelerar a tarefa. O sr. Suard não poderá exigir nenhum pagamento pelos volumes de ilustrações.

4. Com esse pagamento de mil libras por mês, o sr. Suard pagará seus associados e as diferentes pessoas que houver empregado, não querendo o sr. Panckoucke tratar senão unicamente com ele quanto aos detalhes e despesas do empreendimento. O sr. Suard obriga-se, sobre as somas que deve pagar-lhe o sr. Panckoucke, a empregar pelo menos quarenta mil libras nos pagamentos das diferentes pessoas que empregará e ele os justificará por recibos.

5. Será entregue ao sr. Suard um exemplar da obra para ele e um para cada um dos colaboradores que terão parte na soma de quarenta mil libras estipulada acima.

6. O sr. Suard compromete-se muito expressamente a não deixar esmorecer o manuscrito e a fornecer pelo menos três volumes dele a cada ano. Obriga-se a que os tomos um e dois de textos estejam completos e nas mãos do impressor no primeiro dia de maio, mil setecentos e setenta e sete, mas, como o êxito desse empreendimento depende da execução exata de seus compromissos, é expressamente reservado que, no caso em que o sr. Suard não entregasse aos impressores o manuscrito da obra no tempo fixado acima, de maneira que a impressão se encontrasse suspensa, ele será obrigado a pagar aos impressores a inatividade na base de quinhentas libras por semana.

7. O sr. Panckoucke obriga-se a fornecer ao sr. Suard para o seu trabalho dois exemplares da *Enciclopédia* com os *Suplementos* e um exemplar da *Encyclopédie d'Yverdon*. Assim feito e passado de boa fé em duplicata em Paris, em catorze de agosto, mil setecentos e setenta e seis.

Aprovada a escrita
Suard Panckoucke

III. PARIS, 31 DE AGOSTO DE 1776, ADIÇÃO AO TRATADO COM O SR. PANCKOUCKE

Adição ao auto feito e passado em Neuchâtel no terceiro dia de julho de 1776, entre os senhores Frédéric Ostervald, Bosset DeLuze e Jean Elie Bertrand e Charles Panckoucke

1. Os senhores Frédéric Ostervald, Bosset DeLuze, Jean Elie Bertrand, tendo feito leitura de um memorando assinado pelos senhores d'Alembert, marquês de Condorcet, Suard, em data de 27 de julho de 1776 referente à revisão da *Enciclopédia*, são de opinião, assim como esses senhores, de seguir o plano dessa revisão e de abandonar o projeto que tinham de reimprimir a *Enciclopédia* tal como estava.

2. Os senhores Ostervald, Bosset DeLuze e Bertrand, como interessados pela maior parte nesse empreendimento, encarregam o senhor Panckoucke de tratar com o senhor Suard, de conformidade com o projeto que lhe enviam hoje, para o trabalho e o preço dessa revisão.

3. O senhor Panckoucke obriga-se a enviar-lhes a Neuchâtel os textos preliminares, prefácios, índices e outros artigos dos três primeiros volumes atualmente impressos, que se consente em sacrificar, não podendo tais textos, prefácios, índices servir para a nova edição corrigida, e o excedente dos ditos três volumes será vendido por resma, por conta da Société, o frontispício e os dois retratos serão juntados ao primeiro volume de ilustrações.

4. Os senhores Ostervald, Bosset DeLuze e Bertrand, a partir das advertências que lhes fez o senhor Panckoucke, de que era necessário, para evitar toda concorrência, interessar nesse empreendimento alguns livreiros, tanto da Holanda quanto de outros países, consentiram que o senhor Panckoucke conservasse apenas três

doze avos no dito empreendimento, e eles obrigam-se a retroceder-lhe um dos seis doze avos de seu interesse, nas condições combinadas em sua carta de primeiro de agosto e na do senhor Panckoucke do primeiro dia do mesmo mês deste ano.

5. Os associados de Neuchâtel serão encarregados da impressão dos três volumes que se consente em reimprimir no preço e nas condições acolhidas pelos outros, especialmente no artigo 6 do tratado feito em Neuchâtel em 3 de julho deste ano.

6. A expedição desses três volumes far-se-á de Neuchâtel, de maneira que haverá apenas os volumes de ilustrações que se expedirão de Paris.

7. Os três associados de Neuchâtel de comum acordo com o senhor Panckoucke, tanto em seu nome quanto no dos outros interessados a quem ele poderia ceder partes nesse empreendimento, fixam o preço dessa nova edição corrigida e revisada com o *Suplemento* em 24 libras o volume de texto *in-folio* e 36 libras o volume de ilustrações para os particulares, e para os livreiros em vinte libras o volume de texto e trinta libras o volume de ilustrações.

8. Tendo atualmente o senhor Panckoucke cerca de trezentos exemplares da edição de Genebra a serem vendidos, essa nova edição corrigida não poderá ser anunciada antes do dia primeiro de julho do próximo ano, tempo no qual serão publicados os dois primeiros volumes de texto e o primeiro das ilustrações, de maneira que todas as entregas far-se-ão de acordo com o prospecto, com a única diferença de que o que devia ser posto à venda em primeiro de janeiro de 1777 aparecerá em primeiro de julho e assim por diante.

9. As cláusulas 17 e 18 do tratado feito em Neuchâtel em 3 de julho deste ano são anuladas como inúteis.

10. Todas as outras cláusulas do dito auto que não foram infringidas pelo presente serão executadas em sua integridade.

11. O senhor Suard obriga-se a fornecer o manuscrito de cada volume na maior ordem, pronto para ser colocado no prelo, de maneira que não haja nada a modificar quanto ao estilo nem quanto ao fundo das coisas. Entretanto, como poderiam introduzir-se alguns erros, transposições, inadvertências etc., dos quais apenas um homem de letras poderia dar-se conta, o senhor professor Bertrand, um dos associados nesse empreendimento, consente em encarregar-se da revisão de todas as folhas antes e depois da impressão, e por esse trabalho ser-lhe-á paga uma soma de vinte mil libras, a saber, quatro mil libras em primeiro de janeiro de 1778 e assim por diante de ano em ano, até o inteiro pagamento.

Assim feito em duplicata em Neuchâtel, neste 31 de agosto de 1776
Frédéric Ostervald Bosset DeLuze Jean Elie Bertrand
C. Panckoucke

IV. 3 DE JANEIRO DE 1777: SEGUNDA ADIÇÃO AO AUTO DE 3 DE JULHO DE 1776

Segunda adição ao auto feito e passado em duplicata em Neuchâtel em 3 de julho de 1776 entre os senhores Frédéric Ostervald, Bosset DeLuze e Jean Elie Bertrand, os quais compõem a Société Typographique de Neuchâtel, de um lado, e o senhor C. Panckoucke, do outro lado.

1. Os abaixo assinados, tendo conhecimento de que o senhor Duplain, livreiro em Lyon, difundira sob o nome do senhor Pellet, livreiro em Genebra, e depois sob o nome de Nouffer et Compagnie, livreiros da mesma cidade, o pros-

pecto de uma pretensa nova edição revista da *Enciclopédia* em duas colunas e em 32 volumes *in-quarto*, dos quais três de ilustrações, combinamos reduzir para mil exemplares os dois mil que havíamos combinado tirar dessa obra tal como a havíamos projetado, ou seja, corrigida e revista, com os *Suplementos* e as ilustrações reduzidas, no teor da primeira adição ao nosso tratado, a qual foi assinada em 31 de agosto último.

2. O preço da impressão para esses mil exemplares será fixado em 26 libras em vez de 34 libras, e a impressão do texto referente às ilustrações será fixado em trinta libras em vez de 38 libras.

3. Ao lado dessa edição de mil exemplares *in-folio*, combinamos publicar uma com o mesmo caráter *in-quarto*, com uma ou duas colunas, a saber, 36 ou quarenta volumes de texto, cada um de 120 folhas, com três ou quatro volumes de ilustrações, e levar-lhe o número a três mil cento e cinqüenta exemplares.

4. Todas as cláusulas do auto referente à edição *in-fólio* manter-se-ão para a *in-quarto*, e eles fixam o preço de cada folha em 42 libras em vez de 34 libras e a impressão do texto das ilustrações em 46 libras em vez de 38 libras.

5. O preço de cada volume *in-quarto* será de doze libras para os particulares e dez libras para os livreiros, o sexto e o décimo primeiro grátis como para a *in-folio*.

6. O senhor Panckoucke mandará fazer com a maior diligência em Paris os primeiros volumes de ilustrações que devem servir para as duas edições, *in-folio* e *in-quarto*, e a gravura, a impressão e o papel dessas ilustrações lhe serão pagos como está dito no artigo 2 do auto de sociedade. Feito em duplicata em Neuchâtel, neste 3 de janeiro de mil setecentos e setenta e sete.

C. Panckoucke

A Société Typographique de Neuchâtel na Suíça

V. NEUCHÂTEL, 3 DE JANEIRO DE 1777, SUPLEMENTO À SEGUNDA ADIÇÃO FEITA AO AUTO DE 3 DE JULHO DE 1776

Suplemento à segunda adição ao auto feito e passado em duplicata em Neuchâtel, em 3 de julho de 1776, entre os senhores Frédéric Ostervald, Bosset DeLuze e Jean Elie Bertrand, os quais compõem a Société Typographique de Neuchâtel, de um lado, e o senhor Panckoucke, do outro lado, o qual suplemento contém artigos particulares à Société Typographique e ao senhor Panckoucke.

1. O senhor Panckoucke retrocedeu aos senhores da Société Typographique de Neuchâtel os doze avos que eles lhe haviam cedido pela cláusula 4 da primeira adição, de maneira que esses senhores permanecem interessados por metade no empreendimento.

2. As letras mencionadas no auto de sociedade de 3 de julho de 1776 foram anuladas e convertidas em 36 letras de ++ 3066-13-4 pagáveis à ordem do senhor Panckoucke no domicílio do senhor Batilliot, o mais velho, banqueiro em Paris, nos primeiros dias de cada mês dos anos 1778 e 1779 e 1780. As ditas 36 letras formam juntas a soma de ++ 110400, com a qual o senhor Panckoucke contentou-se. Feito em duplicata em Neuchâtel, em 3 de janeiro de 1777.

C. Panckoucke

A Société Typographique de Neuchâtel na Suíça

VI. TRATADO DE DIJON

14 DE JANEIRO DE 1777

Os abaixo assinados Joseph Duplain e Companhia, livreiro de Lyon, de um lado, e Charles Joseph Panckoucke, livreiro de Paris e proprietário dos direitos, clichês do *Dicionário enciclopédico* e do privilégio da coletânea de ilustrações sobre as ciências, artes e ofícios, fizeram entre eles o seguinte tratado de sociedade.

1. Os senhores Duplain e Cia., tendo tido o projeto de uma edição da *Enciclopédia in-quarto* com 32 volumes, cujo prospecto difundiu-se em todas as províncias, associaram o senhor Panckoucke, anuente, no dito projeto por metade e em todas as subscrições que receberam e, reciprocamente, o senhor Panckoucke lhes transmitiu todos os direitos que pôde transmitir para a execução do dito empreendimento.

2. A dita edição da *Enciclopédia* em 32 volumes *in-quarto*, caráter *philosophie*, compreenderá os *Suplementos* que se acaba de publicar em Paris, sem adição nem correção; não se fará mais que acrescentar na ordem alfabética todos os artigos do *Suplemento*.

3. Devendo a dita edição ser composta apenas de três volumes de ilustrações, o sr. Panckoucke fornecerá grátis à sociedade todos os clichês de sua edição *in-folio* que poderão servir a esta, particularmente os clichês das ciências matemáticas, como a geometria, a física, a mecânica etc. O retoque dessas ilustrações lhe será pago como será dito mais abaixo.

4. Essa edição *in-quarto* será tirada com quatro mil, a impressão far-se-á em Genebra e em diferentes cidades da Suíça segundo a conveniência do sr. Duplain, e, no caso em que se imprimissem alguns volumes em Lyon, eles serão expedidos para Genebra, a fim de que tudo seja colocado em um depósito comum.

5. A venda far-se-á particularmente sob o nome do senhor Pellet, livreiro em Genebra.

6. Colocar-se-á atualmente no prelo e a impressão será levada com a maior celeridade, de maneira que se possa publicar pelo menos oito volumes *in-quarto*, de cento e dez a cento e vinte folhas, a cada ano.

7. A primeira entrega de quatro volumes será colocada à venda apenas em primeiro de julho, a segunda, de igual número de volumes, no mês de dezembro e assim de seis em seis meses.

8. Para simplificar as prestações de contas e colocar nessa associação a maior clareza, convencionou-se fixar um preço invariavelmente para tudo. O preço da impressão da folha de quatro mil duzentos e cinqüenta é fixado em cinqüenta e quatro libras, a saber, o primeiro milhar a trinta libras e a tiragem de cada mil em oito libras; o preço do papel de dezoito a vinte libras em nove libras a resma à vista; o preço do retoque das ilustrações antigas que devem ser fornecidas pelo sr. Panckoucke em vinte e cinco libras e mantido até quatro mil de tiragem; o preço de cada nova ilustração em sessenta libras; o preço da tiragem de cada ilustração para mil em quinze libras; o preço do papel das ilustrações em catorze libras; o preço da impressão das explicações das ilustrações em cinqüenta e quatro libras a folha. No caso de uma tiragem maior, o aumento será proporcional.

9. Será paga por cada volume ao redator uma soma de seiscentas libras.

10. Estando o senhor Duplain e Cia. encarregado de todos os detalhes da impressão dos volumes de texto, o sr. Panckoucke o será da impressão, retoque, tiragem dos volumes de ilustrações, cuja expedição far-se-á de Paris.

11. O preço do depósito, secagem, alçagem, guarda-livros, gastos de viagem, empregado do sr. Duplain está fixado em duas mil libras por ano durante quatro anos. Os gastos de prospecto, porte de cartas etc. e outros serão alocados separadamente.

12. Os associados fixam o preço dessa edição em dez libras para os particulares para os volumes de texto, dezoito libras para os volumes de ilustrações, em sete libras e dez soldos para os livreiros, quinze libras e dez soldos para as ilustrações e os décimos terceiros exemplares grátis. É a esses diversos preços que eles prestarão contas.

13. Os associados fornecerão todos os meses o detalhe das subscrições vendidas.

14. Fechar-se-á a cada seis meses a conta de receita e despesa, e, no caso em que a receita exceder a despesa, como se tem motivo de esperar, a partilha do benefício far-ser-á entre os associados.

15. Estando o sr. Duplain atualmente em receita pelas subscrições que recebeu, encarrega-se de fazer os adiantamentos desta edição, e por segurança da metade dos adiantamentos que o sr. Panckoucke deveria fazer, este último obriga-se, no instante em que a impressão for começada, a fornecer ao sr. Duplain uma obrigação de vinte mil libras, pagável em um ano, a qual permanecerá em suas mãos, e no caso em que a despesa excedesse as primeiras receitas, o sr. Panckoucke dará conta dos juros à razão de cinco por cento ao ano, e no final do ano essa letra será renovada.

16. Fazendo-se esse empreendimento com riscos, perdas e fortunas dos associados, no caso em que ele sofresse perdas, elas lhes seriam comuns.

17. Tendo o sr. Panckoucke atualmente uma sociedade formada para uma nova edição da *Enciclopédia*, a qual deve ser refundida e revista por inteiro por seus antigos autores e pelos homens de letras mais consideráveis da capital, promete não publicar nenhum prospecto a esse respeito em dois anos a contar da presente data, sob pena de custas e indenização por perdas e danos.

18. Os srs. Duplain e Cia. terão o direito de interessar-se por três doze avos desse empreendimento do sr. Panckoucke, com os encargos, cláusulas e condições das pessoas que estão já interessadas nele, quando o empreendimento começar.

19. O sr. Panckoucke encarrega-se da entrada em Paris para os exemplares que ali se poderão vender e os associados dão reciprocamente sua palavra de honra quanto ao segredo do presente auto. Feito em duplicata sob suas assinaturas privadas, com promessa de passar auto diante de tabelião, à primeira requisição de um deles, em Dijon, catorze de janeiro de mil setecentos e setenta e sete

Assinaram C. Panckoucke e Joseph Duplain e Cia.

Retrocessão de 3 de fevereiro de 1777

Eu abaixo assinado declaro que o interesse de metade que o sr. Duplain cedeu-me na sobredita edição *in-quarto* pertence à sociedade que formei para uma nova edição da *Enciclopédia*, da qual é feita menção no artigo 17, de maneira que os srs. da Société Typographique de Neuchâtel, que são interessados por metade na edição projetada da *Enciclopédia* serão interessados em um quarto na edição do sr. Duplain e não terão nenhum fundo a fazer para o dito quarto.

Paris, 3 de fevereiro de 1777

C. Panckoucke

Adição de 23 de janeiro de 1777

Adição ao tratado sob assinatura privada passado em Dijon em catorze de janeiro, presente mês, entre o sr. Panckoucke e o sr. Joseph Duplain e Cia.

Tendo em vista as dificuldades por que passa a execução do dito auto, considerando-o o ministério como contrário aos interesses dos homens de letras, o sr. Thomas Leroi, associado aos srs. Duplain e Cia., estando de volta a Paris para afastar as dificuldades levantadas a respeito do sobredito auto, encarregou o sr. Panckoucke de fazer todas as diligências convenientes para superar os obstáculos que se encontrem nessa oportunidade, e com esse fim autoriza-o a oferecer a quem convier uma soma de cem pistolas por cada volume de texto, com o fim de obter as facilidades necessárias para a entrada dessa edição na França, com a condição de que o dito pagamento de cem pistolas só ocorrerá à medida que os volumes forem publicados, e o pagamento constituirá um objeto de despesas comuns. Feito em Paris neste 23 de janeiro de 1777.

Assinou Thomas Leroi

VII. PARIS, 28 DE MARÇO DE 1777, ACESSÃO DA SOCIETÉ TYPOGRAPHIQUE AO TRATADO DE DIJON ENTRE OS SRS. PANCKOUCKE, LIVREIRO EM PARIS, & JOSEPH DUPLAIN, LIVREIRO EM LYON

Nós abaixo assinados, o *banneret* Ostervald, Bosset DeLuze e o professor Bertrand, formando a Société Typographique de Neuchâtel na Suíça, comprometemo-nos com o sr. Panckoucke a subscrever o auto passado entre ele e os senhores Joseph Duplain e Companhia, livreiro em Lyon, na data de catorze de janeiro, mil setecentos e setenta e sete, relativamente a uma edição da *Enciclopédia* em 32 volumes *in-quarto*, e ratificamos todos os artigos do dito auto nas condições seguintes.

1. Que o sr. Duplain e Cia. nos darão para imprimir em Neuchâtel três volumes da dita edição, como ele o promete em sua carta de 16 de março corrente, os quais volumes serão pagos aos preços estipulados no auto e no instante em que os fornecermos alçados e colacionados, obrigando-nos expressamente a imprimi-los com um caractere fosco de *philosophie*, em belo papel de Auvergne e, enfim, de acordo com o modelo que nos fará passar o sr. Duplain, prometendo além disso zelar pela correção das provas e fornecê-las seis meses depois que o sr. Duplain nos houver entregue o manuscrito. Sujeitamo-nos ainda, relativamente a esses três volumes, a acrescentar-lhes os *Suplementos*, se esse trabalho convier ao sr. Duplain e se ele não assumiu compromissos a esse respeito. No caso de sermos encarregados dessa revisão, para esses três volumes ou mais, eles nos serão pagos a cada um seiscentas libras, de acordo com o dito auto do 14 de janeiro de 1777.

2. Que os senhores Duplain e Companhia comprometer-se-ão por escrito, como o prometem em sua carta de 20 de março de 1777, a não contrafazer direta

ou indiretamente a nossa nova edição revista, no caso em que não tivessem interesse em nossa dita edição, de acordo com a cláusula 18 do auto de Dijon.

3. Confirmamos pelo presente auto todos os artigos mencionados nos tratados anteriores, a saber, o auto de 3 de julho de 1776, a primeira adição de 31 de agosto de 1776 e a segunda de 3 de janeiro de 1777.

Feito em duplicata em Paris neste 28 de março, mil setecentos e setenta e sete
A Société Typographique de Neuchâtel na Suíça

C. Panckoucke

VIII. PARIS, 28 DE MARÇO DE 1777, TERCEIRA ADIÇÃO AO AUTO DE 3 DE JULHO DE 1776

Terceira adição ao auto feito e passado em duplicata em Neuchâtel em três de julho, mil setecentos e setenta e seis, entre os srs. Frédéric Ostervald, Bosset DeLuze e Jean Elie Bertrand, de um lado, e Charles Joseph Panckoucke, do outro lado.

1. Os senhores da Société Typographique de Neuchâtel nomeados acima retrocederam ao senhor Panckoucke os doze avos mencionados no artigo 7 da segunda adição datada de 3 de janeiro de 1777, de maneira que estão interessados no auto de 3 de julho de 1776 em apenas cinco doze avos, e eles não consentiram nessa retrocessão de um doze avos senão com a condição de que ele seria cedido ao senhor Suard, editor principal do empreendimento.

2. Por essa retrocessão de um doze avos, as trinta e seis letras de 3066-13-4 cada uma, mencionadas na dita segunda adição de 3 de janeiro de 1777, foram anuladas e convertidas em quarenta e oito notas promissórias, a saber

doze de mil libras cada uma em 1778	++ 12000.—
doze de duas mil libras cada uma em 1779	++ 24000.—
doze de duas mil libras cada uma em 1780	++ 24000.—
doze de duas mil seiscentas e sessenta e seis libras em 1781	++ 29326.—
uma de duas mil seiscentas e setenta e quatro libras em 1781	++ 2674.—
	++ 92000.—

Dizemos a soma de noventa e duas mil libras constituindo o preço de cinco doze avos.

3. Confirmamos pelo presente auto todos os artigos mencionados nos tratados anteriores, a saber, o auto de 3 de julho de 1776, a primeira adição de 31 de agosto de 1776 e a segunda de 3 de janeiro de 1777. Feito em duplicata em Paris neste 28 de março de 1777.

A Société Typographique de Neuchâtel na Suíça

C. Panckoucke

IX. CÓPIA DO COMPROMISSO DO SR. DUPLAIN EM DATA DE 28 DE MAIO DE 1777

Nós abaixo assinados, Joseph Duplain e Cia., obrigamo-nos a dar a imprimir à Société Typographique de Neuchâtel três volumes da *Enciclopédia in-quarto*, nas condições do tratado passado em Dijon, como também a não imprimir direta nem indiretamente a edição que o sr. Panckoucke prepara da mesma *Enciclopédia* com aumentos e correções, na qual temos uma parte, se, com o tempo, ela nos convém.

Lyon, 28 de maio de 1777.

Assinado J. Duplain e Cia.

Eu, abaixo assinado, declaro o presente conforme ao original.

C. Panckoucke

x. CÓPIA DO TRATADO PARA A *TABLE ANALYTIQUE* ENTRE O SR. DUPLAIN E O SR. PANCKOUCKE [29 DE SETEMBRO, 1777]

Nós abaixo assinados, Joseph Duplain e Companhia, livreiros em Lyon, de um lado, e Charles Panckoucke, livreiro em Paris, do outro lado, estamos de acordo sobre o que segue:

O sr. Panckoucke, proprietário de uma *Table analytique* e racional das matérias da *Enciclopédia* e dos *Suplementos*, o qual deve formar um volume *in-folio* em duas partes, obriga-se a enviar aos srs. Duplain e Companhia à medida da impressão da dita *Table* as folhas que sairão do prelo. As ditas folhas serão entregues ao sr. abade Laserre, que se encarrega de fazer o trabalho e as correções necessárias para com elas compor um índice em dois volumes *in-quarto* caractere pequeno, o qual servirá de índice à edição da *Enciclopédia in-quarto* sob o nome de Pellet na qual os srs. J. Duplain e Panckoucke estão interessados. Os srs. Joseph Duplain e Companhia e Charles Panckoucke associam-se a meias no empreendimento da dita *Table in-quarto*, que se fará com gastos comuns e a venda apenas pelo sr. Duplain, que o anunciará ao público por subscrição quando os últimos volumes da *Enciclopédia in-quarto* estiverem prestes a ser publicados.

Determinar-se-á então o preço desses dois volumes de índices assim como o da impressão e do papel. O sr. Duplain não poderá contabilizar nenhuma despesa de escritas, de empregados e de gestão particulares.

Está convencionado que se dará ao sr. De Laserre por seu trabalho 2400 libras pelos dois volumes, e está entendido que essa *Table in-quarto* não poderá ter mais de dois volumes.

O sr. Panckoucke fornecerá o clichê que [contém] a explicação detalhada do sistema dos conhecimentos humanos, e esse clichê será retocado e tirado à custa dos associados.

Os abaixo assinados empenham reciprocamente sua palavra de honra de guardar segredo sobre a execução desse índice e sobre as convenções particulares do auto.

Lyon, 29 de setembro de 1777.

Assinado C. P. J. Duplain & Companhia

Certifico o presente conforme o original.

Lyon, 13 de fevereiro de 1779.

Panckoucke

XI. AUTO DE 30 DE SETEMBRO DE 1777

Eu, abaixo assinado C. Panckoucke, livreiro em Paris, em conseqüência da declaração do sr. Joseph Duplain e Companhia de que eles venderam 4407 subscrições da *Enciclopédia in-quatro* sob o nome de Pellet e, depois de me haver assegurado disso por mim mesmo a partir do registro das subscrições, consenti, como de fato consinto, que eles tirem ainda um número de três resmas e dez mãos por folha, e que lhes será dada conta dos preços seguintes, a saber:

A impressão por folha para os volumes a recompor e tirar no número de três resmas e dez mãos a 33 libras.

Pelo aumento de tiragem sobre cada folha que não se recompõe e sobre as quais se tirarão três resmas e dez mãos, depois do número primeiro de oito resmas e dezesseis mãos, o dito aumento a dezessete libras e dez soldos.

E por cada resma de papel empregada nessa parte apenas de três resmas e dez mãos, nove libras e dez soldos em vez das nove libras e cinco soldos referidas em uma adição do primeiro auto passado em Dijon, de quinze de maio de 1777.

Eu, abaixo assinado C. Panckoucke, declaro ainda que aprovo o aumento que os ditos senhores Joseph Duplain e Companhia prometeram ao sr. abade De Laserre de 250 libras por volume a mais, visto o aumento do número de folhas de cada volume, que são hoje de 110 a 115 folhas e que não deviam ser inicialmente de mais do que noventa a 95 folhas, vistos também a promessa e o compromisso reiterado assumido pelo sr. De Laserre de fornecer a totalidade do manuscrito em todo o ano de 1779 no mais tardar, e considerando que por essa razão ele é obrigado a pagar à sua custa novos ajudantes. O dito aumento de 250 libras não poderá ser aumentado sob nenhum pretexto.

Lyon, neste 30 de setembro de 1777. Assinado C. Panckoucke

Eu abaixo assinado reconheço que o senhor Panckoucke entregou-me o presente consentimento. Lyon, neste 30 de setembro de 1777. Assinado Joseph Duplain

Declaro a presente cópia conforme ao original, que está em minhas mãos.

Lyon, 8 de outubro de 1777. C. Panckoucke

XII. CÓPIA DO TRATADO CONCLUÍDO COM BENARD GRAVADOR PARA AS ILUSTRAÇÕES DA *ENCICLOPÉDIA IN-QUARTO*

Paris, 28 de dezembro de 1777

Os abaixo assinados sr. Panckoucke, livreiro em Paris, de um lado, e o sr. Benard, gravador, rua St. Thomas, porta St. Jacques, do outro lado, estão de acordo sobre o que segue.

O sr. Benard encarrega-se de reduzir figuras etc. de 560 *in-folio*, primeira edição, para as gravar e mandar gravar com a mais perfeita exatidão possível nas figuras e letras, para 280 ilustrações duplas da *in-quarto*, que comporão três volumes deste último formato, os quais estão particularmente destinados a uma edição *in-quarto* publicada em Genebra sob o nome de Pellet, em 32 volumes, incluídos esses três volumes de ilustrações.

Ele admite e compromete-se a examinar as ilustrações de cada volume depois de uma primeira tiragem de 1500 para fazer recuperar as partes de gravura que se apagarem, a fim de que a segunda tiragem de 1500 seja perfeitamente semelhante à primeira.

Depois da tiragem de 3 mil provas de cada clichê em duas partes, e pela qual o sr. Benard responde, ele fará aplainar todos os clichês de cada um dos três volumes para fazer-lhes um retoque completo de figuras e de letras absolutamente conformes às dos três primeiros milhares de impressão de todas essas ilustrações, as quais serão tiradas uma segunda vez no número de 3 mil de cada clichê, dos quais o sr. Benard admite recuperar a gravura daqueles clichês que não poderão ser tirados no segundo número de 3 mil pelo qual ele responde.

Pelas ditas reduções de desenhos, de gravura desses mesmos desenhos diminuídos pelo menos pela metade do número daqueles das antigas ilustrações *in-folio*, da manutenção dessa gravura por duas tiragens de 1500 cada clichê, e também pelo aplainamento e completo retoque das figuras e letras de cada ilustração depois da primeira tiragem de 3 mil, com o fim de fazer-lhes uma segunda tiragem de 3 mil: o sr. Panckoucke compromete-se a pagar à vista ao sr. Benard, a cada entrega de vinte ilustrações terminadas, a soma de 66 libras cada ilustração dupla da *in-quarto*, as duplas contadas por duas; e a soma de 25 libras por ilustração a cada entrega de trinta ilustrações reaplainadas e retocadas depois da primeira tiragem de 3 mil. Compromete-se também a pagar-lhe à vista, ao receber a entrega de vinte ilustrações, uma soma de nove libras por cada uma das 47 ilustrações do primeiro tomo, que ele entregou anteriormente, pelas quais lhe foram pagas apenas 57 libras cada ilustração dupla da *in-quarto*.

O sr. Panckoucke encarrega-se igualmente de enviar ao sr. Benard dois exemplares dessa nova edição em 32 volumes, sendo que o primeiro lhe é devido de direito como redator e gravador das ilustrações dessa edição, e que ele lhe entregará à medida que os volumes forem publicados; e o segundo como indenização da condição sem equivalente na qual o dito sr. Benard está encarregado pelo presente tratado de responder por uma tiragem de 3 mil de cada um dos clichês retocados que compõem os três volumes de ilustrações dessa edição *in-quarto*. Feito em duplicata, em Paris, em 28 de dezembro de 1777.

Assinado Panckoucke
Benard

Aprovo o presente auto tanto em meu nome quanto no do sr. Duplain e Cia.
Paris, 28 de dezembro de 1777.
Assinado Merlino de Giverdy

O presente auto anula o precedente, o qual era assinado pelos srs. Leroy e de Giverdy.

XIII. ACORDO PARA SUPRIMIR A EDIÇÃO PIRATA DE BARRET E GRABIT, 24 DE JUNHO DE 1778

Nós abaixo assinados, Joseph Duplain e Cia., livreiros em Lyon, de um lado, e Joseph Sulpice Grabit e Jean Marie Barret, livreiros na mesma cidade, do outro lado, estamos de acordo sobre o que segue.

1. Que nós, Grabit e Barret, decidimos e prometemos cessar e interromper a edição da *Enciclopédia* que havíamos começado.

2. Enviar ao sr. Duplain e Cia. seis folhas já feitas da dita edição no número de quatro resmas e oito mãos.

3. Não entrar, favorecer nem nos interessar em nenhuma edição que pudesse ser empreendida dessa obra sob pena de 20 mil escudos de indenização, e eu, Barret, na qualidade de impressor, não poder imprimi-la sob a mesma pena.

4. Em conseqüência da desistência acima da parte dos ditos srs. Barret e Grabit e para indenizá-los, tanto dos gastos e adiantamentos que já fizeram quanto do benefício que teriam podido fazer, seja continuando sua edição, seja participando na do sr. Duplain, na qual ele lhes oferecia tomar parte, o dito sr. Duplain compromete-se a determinar aos ditos srs. Grabit e Barret a soma de 27 mil libras, das quais 3 mil neste corrente pagamento de Páscoa e 24 mil libras em pagamento de Páscoa, 1779.

5. Visto que os srs. Duplain e Cia. não dão a indenização acima senão para evitar a concorrência que nasceria necessariamente da parte da edição dos srs. Grabit e Barret, e a fim de melhor assegurar o sucesso da sua, no caso em que a primeira edição do sr. Duplain tirada em doze resmas e seis mãos viesse a não ser vendida inteiramente e que o sr. Duplain pudesse exibir quinhentos exemplares não vendidos, ocorrendo esse caso como resultado de alguma crítica feita da dita obra ou outra causa imprevista antes do final do prazo das promessas do sr. Duplain, os srs. Grabit e Barret renunciam às últimas 24 mil libras, das quais desobrigam o sr. Duplain e Cia., contentando-se com o primeiro pagamento de 3 mil libras.

6. Ocorrendo o caso em que o sr. Duplain pudesse exibir os quinhentos exemplares não vendidos de sua primeira edição mencionada acima, os srs. Barret e Grabit terão a liberdade de comprar, se o julgarem conveniente, os ditos quinhentos exemplares à razão da metade do preço da subscrição para o livreiro, e mediante a dita compra por parte dos ditos srs. Grabit e Barret, o sobredito pagamento de 24 mil libras efetuar-se-á e será executado pelo sr. Duplain.

7. Os srs. Grabit e Barret reconhecem ter recebido dos srs. Duplain e Cia. em conseqüência das presentes convenções sua promessa na data deste dia, à ordem dos srs. Grabit e Barret, da soma de 3 mil libras, pagável neste corrente pagamento de Páscoa, e para as 24 mil libras restantes, eles remeterão suas promessas da dita soma pagável no pagamento de Páscoa, 1779, à ordem dos srs. Grabit e Barret nas mãos do sr. Montoimat, tabelião dessa cidade, para aí ficar depositado até a época do dito pagamento. Assim decidido e feito em duplicata em Lyon em 24 de junho, 1778.

Conforme ao original, Paris, 14 de outubro de 1778.

C. Panckoucke

XIV. CÓPIA DO TRATADO ASSINADO EM PARIS A 10 DE OUTUBRO DE 1778 ENTRE OS SRS. PANCKOUCKE E DUPLAIN NO TOCANTE À TERCEIRA EDIÇÃO

Nós abaixo assinados Charles Joseph Panckoucke, livreiro em Paris, de um lado, e Merlino de Ghiverdy, negociando tanto em seu nome como no dos srs.

Joseph Duplain e Companhia, dos quais tem procuração com data do 31 de outubro de 1777 assinada Lagnier tabelião e seu colega, do outro lado, estão de acordo sobre o que segue.

1. Estando esgotada a primeira edição da *Enciclopédia in-quarto* com tiragem de 4 mil, da qual é feita menção no auto de Dijon de 14 de fevereiro de 1777; estando igualmente esgotada a segunda, da qual é feita menção em um auto de 30 de setembro de 1777, com tiragem de três resmas, dez mãos; os abaixo assinados estão de acordo em fazer uma terceira edição de quatro resmas, dezesseis mãos, à qual os srs. Duplain e Companhia prometem dar todos os seus cuidados; e a fim de que essa terceira edição seja perfeitamente completa, os ditos srs. Duplain e Companhia escolherão um revisor ao qual serão concedidas mil libras ao começar, mil libras no meio da obra e mil libras no final: ao todo 3 mil libras.

2. O preço da impressão dessa terceira edição será como das precedentes, de trinta libras para o primeiro milhar, e oito libras do mil em diante: e como a tiragem é de quatro resmas, dezesseis mãos, o preço da impressão de cada folha nesse número está fixado em 44 libras; e o preço de cada resma de papel em dez libras, em razão do aumento do preço do papel.

3. A impressão dessa terceira edição far-se-á em Lyon e em outras cidades da França; no caso de os srs. Duplain e Companhia julgarem conveniente mandar fazer alguns volumes em Genebra e na Suíça, a Société pagará os gastos de porte de Genebra a Lyon sobre as quitações e guias de remessa que serão fornecidas pelos srs. Duplain e Companhia. Os gastos de prospectos, portes de cartas e outros serão alocados separadamente.

4. Embora pelo auto de Dijon, artigo 11, tenha-se fixado o preço de depósito, secagem, alçagem, guarda-livros, gastos de viagem, empregado do sr. Duplain em 2 mil libras por ano, durante quatro anos, como se tiram hoje todas essas edições com 8 mil, está convencionado que o artigo das despesas acima seria levado a 16 mil libras em qualquer tempo que a edição termine.

5. Querendo o sr. Duplain e Companhia, segundo o auto de Dijon, de 14 de janeiro de 1777, artigo 4, lançar como despesa comum o preço do transporte a Genebra dos volumes impressos na França da *Enciclopédia* para as três edições, está convencionado que se dará conta aos ditos srs. Duplain e Companhia do preço do transporte dos volumes da *Enciclopédia* impressos em Lyon, e outras cidades da França, como se realmente tivesse sido transportados a Genebra; e esse preço será fixado segundo a taxa mais baixa dessa espécie de transporte. Por meio desse consentimento, os srs. Duplain e Cia. serão os únicos e pessoalmente responsáveis por quaisquer acontecimentos e gastos que possam ser ocasionados pela apreensão dos exemplares dessas edições, seja em Lyon, seja em seus depósitos.

O sr. Panckoucke consentiu na presente cláusula apenas na medida em que a Société Typographique de Neuchâtel der sua aprovação a ela; e, no caso de recusa de sua parte, a cláusula 4ª e a presente cláusula serão nulas, e os srs. Duplain e Companhia permanecerão em todas as suas pretensões, tanto em relação a esses gastos de transporte quanto relativamente aos preços de depósito, secagem, alçagem, guarda-livros, gastos de viagem, empregado dos srs. Duplain e Companhia que foram alocados pelo auto de Dijon, artigo 11, em 2 mil libras por ano durante quatro anos para 4 mil, os quais gastos os srs. Duplain e Companhia pretendem constituir para eles um objeto de despesa anual infinitamente mais considerável.

No caso de contestação, seja a esse respeito, seja para qualquer outro objeto relativo a esse empreendimento, está expressamente convencionado, e os associados obrigam-se a isso por sua palavra de honra, que se remeta a decisão de quaisquer dificuldades à arbitragem de três ou de cinco advogados de Lyon à escolha das partes interessadas e que a ela se submetam inapelavelmente.

6. O sr. Panckoucke dá seu consentimento ao auto passado entre os srs. Duplain e Companhia, de um lado, e Joseph Sulpice Grabit e Jean Marie Barret, do outro lado, na data de 24 de junho de 1778.

7. Tendo o sr. Duplain feito algumas despesas para prensas, elas serão um objeto de despesa comum, como também as viagens dos operários que as circunstâncias obrigaram a mandar vir de Paris.

8. O sr. Panckoucke consente em que se dêem grátis os volumes que excederem o número de 36, segundo o que foi combinado com os assinantes.

Feito em duplicata entre nós em Paris neste dez de outubro de 1778. Assinado C. Panckoucke

Merlino de Ghiverdy

XV. AUTO PASSADO EM LYON EM 10 DE FEVEREIRO DE 1779

Eu abaixo assinado Charles Panckoucke, livreiro em Paris, e Joseph Duplain e Companhia, livreiros em Lyon, fizemos um levantamento dos registros mantidos para a *Enciclopédia* em presença dos srs. da Société Typographique de Neuchâtel e reconhecemos que ele vendera o número inteiro das duas primeiras edições da *Enciclopédia* tiradas no número de doze resmas e seis mãos pelo qual o dito sr. Joseph Duplain e Companhia obrigam-se a nos dar conta na forma dos tratados na base de sete libras e dez soldos o volume de texto em folhas soltas e de quinze libras e dez soldos o volume de ilustrações também em folhas soltas, feita a dedução dos décimos terceiros exemplares que damos grátis; e reconhecemos que, estando quase feita a totalidade das despesas para essas duas primeiras edições e mesmo para a terceira, que se tira com quatro resmas e quinze mãos, o sr. Duplain e Companhia estão ainda em adiantamentos.

Os abaixo assinados decidiram, relativamente a essa terceira edição, colocá-la em sociedade, com exceção de mil exemplares dos quais o sr. C. Panckoucke toma quinhentos por sua conta particular e o senhor Joseph Duplain e Companhia quinhentos também por sua conta particular. Feito em duplicata em Lyon em 10 de fevereiro de 1779.

Assinado C. Panckoucke

J. Duplain & Cia.

A Société Typographique de Neuchâtel

Eu, abaixo assinado, declaro a presente cópia conforme ao original, que ficou em minhas mãos. Lyon, 13 de fevereiro de 1779.

C. Panckoucke

XVI. ACORDO ENTRE PANCKOUCKE E A STN, 13 DE FEVEREIRO DE 1779

O senhor Panckoucke, tendo tomado pelo auto acima a quantidade de quinhentos exemplares da terceira edição da *Enciclopédia*, por conta de sua companhia, os senhores da Société Typographique de Neuchâtel interessados por 5/12, digo, cinco doze avos, nos ditos quinhentos exemplares, decidiram, como de fato decidem, tomar por sua conta e risco a quantidade de duzentos e oito exemplares inteiros que formam os cinco doze avos do dito número de quinhentos. Por meio dessa partilha o sr. Panckoucke e a Société Typographique obrigam-se reciprocamente a manter rigorosamente o preço dessa obra tal como está estabelecido no prospecto para os livreiros.

Além disso, o sr. Panckoucke, desejando obsequiar os senhores da Société Typographique, consentiu, como de fato consente, em interessar a dita Société Typographique, anuente, em cinco oitenta avos na *Table* das matérias da *Enciclopédia in-quarto*, prometendo a dita Société confiar-se aos arranjos que o dito sr. Panckoucke fará com o sr. Joseph Duplain e Companhia relativamente à impressão e à venda dessa *Table*, de acordo com o auto passado em Lyon em 29 de setembro e 1777, que eles aprovam e do qual cópia lhes foi remetida; feito em duplicata em Lyon neste 13 de fevereiro de mil setecentos e setenta e nove.

Panckoucke a Société Typographique de Neuchâtel na Suíça

P.S. Por meio da partilha dos exemplares acima e da cessão feita pelo sr. Panckoucke de um interesse na *Table* das matérias da *Enciclopédia*, os senhores da Société Typographique de Neuchâtel assumem novamente o compromisso solidário de quitar suas notas promissórias montantes a noventa e duas mil libras mencionadas em um auto passado em Paris em vinte e oito de março de mil setecentos e setenta e sete; feito em duplicata em Lyon neste treze de fevereiro de mil setecentos e setenta e nove.

Panckoucke

A Société Typographique de Neuchâtel na Suíça

XVII. ACORDO COM PERRIN, 3 E 13 DE AGOSTO DE 1779

Nós abaixo assinados, Charles Panckoucke, livreiro em Paris, e Duplain, de Ste. Albine, estamos de acordo sobre o que segue, a saber:

Eu, Joseph Duplain, depois de ter prestado contas de viva voz ao sr. Panckoucke do estado da venda do *Dicionário da Enciclopédia*, incitei-o para terminar essa operação e aceitar a oferta que me fazem de comprar cerca de trezentos e oitenta exemplares que restam dessa obra em Lyon e cerca de duzentos em Paris que pertencem ao sr. Panckoucke ao preço de quatro libras cada volume de texto pagável e de oito libras cada volume de ilustrações, tudo em branco, o que eleva cada exemplar a cento e cinqüenta e seis libras, sob a condição que se reserva o comprador de que não se anunciará nenhuma edição aumentada desse livro até o mês de agosto de 1780, sob pena de todas as despesas e indenização por perdas e danos; e eu, Charles Panckoucke, crendo que convém à companhia terminar dessa maneira esse negócio, a fim de receber o produto líquido do objeto no fim desse ano em moeda corrente e letras que ele terá dado, autorizo o sr. Duplain a aceitar a oferta que lhe é feita de comprar o que resta da *Enciclopédia* ao preço de 156 libras cada exemplar pagável em valores à minha satisfação a vencer no decorrer de fevereiro de mil setecentos e oitenta, reservando-me apenas obter a ratificação da Société Typographique de Neuchâtel, meus associados; e se eu não dou oposição de sua parte aos presentes em quinze dias a contar do cinco de agosto de 1779, ou seja, no dia 20 deste mês, a presente autorização terá seu pleno e inteiro efeito para o sr. Duplain, e a venda que ele fará dos exemplares restantes será bem e devidamente feita por conta da companhia interessada na *Enciclopédia*.

Feito em duplicata em Paris neste 3 de agosto de 1779.

Assinado Duplain de Ste. Albine

Panckoucke

Eu, abaixo assinado Joseph Duplain, reconheço ter vendido e entregue ao sr. Perrin, representante em Lyon, o número de quatrocentos e vinte e dois exemplares da *Enciclopédia* completos, que estão em Lyon pertencentes à Companhia interessada na dita *Enciclopédia* e além disso o número de cento e sessenta exemplares do dito livro completos, que pertencem apenas ao sr. Panckoucke, que o sr. Panckoucke tem à sua disposição em Paris. Reconheço além disso ter recebido do dito sr. Perrin a soma de sessenta e cinco mil oitocentos e trinta e duas libras e sua promessa em fevereiro próximo pelos quatrocentos e vinte e dois exemplares da *Enciclopédia*, que estão em Lyon, que lhe entreguei, com exceção dos três volumes de ilustrações e do tomo 36, que lhe entregarei antes da expiração de três meses. Quanto aos cento e sessenta exemplares que estão em Paris, o sr. Panckoucke lhos entregará antes, a ele ou aos seus sucessores, contra valores à satisfação do dito sr. Panckoucke pagáveis em Paris e a vencer em fevereiro próximo pela soma de vinte e quatro mil e sessenta libras à razão de 156 libras cada exemplar; feito em duplicata em Lyon em 13 de agosto de 1779. Assinado J. Duplain

Assinado Perrin

Certifico o acima conforme ao original que tenho em mãos. Assinado Joseph Duplain

XVIII. ACORDO FORMAL DE 12 DE FEVEREIRO DE 1780

Nós abaixo assinados, Joseph Duplain, de um lado, e Charles Panckoucke livreiro de Paris, do outro, estamos de acordo sobre o que segue, a saber:

1. Eu, Charles Panckoucke, depois de ter tomado comunicação dos registros do sr. Duplain mantidos relativamente à *Enciclopédia* do sr. Pellet na qual eu tinha um interesse de metade, depois de ter reconhecido que o estado das vendas que o sr. Duplain me dera era muito justo e conforme à exata verdade, depois de me ter esclarecido sobre a venda dos quatrocentos e vinte e dois exemplares, que por minha ordem o sr. Duplain vendera ao sr. Perrin e de ter perfeitamente reconhecido que eles existiam e que se o sr. Duplain nos fez cessão do benefício que ele tinha o direito de exigir sobre esse negócio que lhe pertencia, é por efeito da generosidade de seus procedimentos, em conseqüência, para testemunhar ao sr. Duplain minha satisfação, cedi-lhe pelos presentes todos os meus direitos e pretensões, todos os de meus diversos associados sobre a *Table* da dita *Enciclopédia*, que foi publicado e anunciado em seis volumes *in-quarto*

sob o nome do sr. Le Roy, no qual eu me reservara um interesse de metade, que lhe cedo, reservando-me todos os meus direitos sobre a *Table in-folio*, dois volumes.

2. Mantenho-lhe, como de mister, seu interesse na *Encyclopédie méthodique* na forma do auto passado a esse respeito.

3. Abandono-lhe irrevogavelmente, tanto em meu nome como no de meus associados, todos os meus direitos e pretensões sobre o empreendimento da *Enciclopédia* do sr. Pellet, sobre os benefícios que dele resultarão, assim como todos os exemplares não vendidos que permanecem com o sr. Duplain e todas as folhas desemparelhadas provenientes da dita edição, não tendo a intenção de incluir nessa cessão os clichês, que permanecerão comigo assim como o privilégio.

E eu, Joseph Duplain, em conseqüência das cessões que me faz o sr. Panckoucke consinto

1. Em lhe dar como preço desses diversos objetos uma soma de 166 mil libras, em minhas promessas à sua ordem que lhe entreguei no momento, a saber

um terço em dezembro de 1780
um terço em outubro de 1781
e o saldo em agosto de 1782

2. Em fornecer durante seis meses a datar deste dia ao sr. Panckoucke e seus associados todas as folhas desemparelhadas que ele ou eles pedirem para completar seus exemplares.

3. Em acertar a conta das ilustrações do sr. Panckoucke amanhã durante o dia.

4. Consinto em encarregar-me da liquidação do dito empreendimento por minha conta e risco, sem ter nada a reclamar contra o sr. Panckoucke nem seus diversos associados, sob qualquer pretexto que seja, incluindo na dita liquidação todas as dificuldades que possam criar-me de qualquer natureza que possam ser, que poderiam ser levantadas pelos assinantes, e todos os créditos irrecuperáveis resultantes dos pagamentos suspensos ou atrasados, do resultado dos quais ele permanecerá o único responsável.

5. Em abandonar-lhe a convenção e as letras da Société Typographique de Lausanne que endossarei por sua conta e risco, desde que o sr. Panckoucke cumpra os encargos e convenções passados com a dita Société Typographique de Lausanne. Feito em duplicata e na promessa de executar o presente tratado segundo sua forma e teor em Lyon neste 12 de fevereiro de 1780.

Assinado Joseph Duplain e C. Panckoucke

Declaro a presente cópia conforme ao original. Lyon neste 13 de fevereiro e 1780. C. Panckoucke

XIX. DOCUMENTOS REFERENTES AO ACORDO INFORMAL

1. Levantamento dos registros das subscrições dado pelos srs. Regnault e Rosset da parte do sr. Duplain em 6 de fevereiro de 1780 [por Duplain]

Das 2 primeiras edições	. . . 6009	para	5570
a deduzir dado grátis	22		22
	5987	para	5548

Ci	5987	para	5548	a 294 l.	. . . 1 631 112 l.
3ª edição	580	pr.	526	a 294 l.	. . . 154 644
vendida pelo					
tratado feito em Paris	422	pr	422	a 156 l.	. . . 65 832
ao sr. Panckoucke	500	pr	500		
a J. Duplain	500	pr	500		
	7989		7496		
dado grátis	22		22		
deduzido acima	8011		7518		. . . 1 851 588 l.

2. Produto líquido do empreendimento tal como ele deve ser realmente [por Bosset]

Cada volume de 124 folhas, os 36 volumes 4464 folhas, a impressão 115 l., o papel 161-10. Cada folha de papel e de impressão custa 276-10:

as 4464 folhas		1 232 060 l.
volume de explicações		17 999
ilustrações		119 423
o abade Laserre & ao revisor		33 600
Barret		27 000
Porte para Genebra	20 000	
pequenos gastos	30 000	86 000
câmbio e desconto	36 000	
Despesa		1 516 082 l.

A edição produziu		8411 exemplares
a deduzir:		
folhas desemparelhadas	400	
exemplares divididos	1000	1822
vendidos a Perrin	422	
resto		6589
grátis		529
		6060

Receita		
os quais 6060 a 294 l.		. . . 1 781 640 l.
422 a 156 l.		65 832
		1 847 472
a recuperar de Perrin	48 828	
200 exemplares em depósito	30 000	98 828
venda de folhas desemparelhadas, Jossinet	20 000	1 946 300
a deduzir a despesa		1 516 082
		430 218
É preciso acrescentar aqui as *Tables*		
que se oferece retomar pelo mesmo preço		50 000
		480 218 l.

3. Quadro do que deveria caber-nos do empreendimento [por Bosset]

Por conta feita deve haver a dividir a	
soma de	. . . 480 000

a que se pode acrescentar ainda o resto da 3ª
edição, que está seguramente vendido; isto é,
a ½ dos 400 que contamos estar em depósito
ou em folhas desemparelhadas:
feito 200 exemplares dos quais deduzidos os 13ºˢ
feito 15 exemplares
resto 185 exemplares a 294 . . . 54 390
(N.B. sobretudo se lhe abandonamos as folhas
desemparelhadas) 534 390

De onde resulta que, contando as 34 390 l. tanto para o desconto como para o ágio pretendido do sr. Merlino, embora talvez sejamos nós que tenhamos interesses a reclamar, haveria 500 mil l. a dividir. Mas como há talvez 100 mil l. a receber e que serão pagas sem dúvida até primeiro de julho, dizemos que ele deve pagar-nos:

200 mil 1. para esse pagamento de Reis
50 mil para o de Páscoa vencendo em 3 de julho.

Aí estão, parece-me, as primeiras propostas de acomodamento que podemos fazer-lhe e sobre as quais nossa opinião é de não renunciar a menos que, dando-nos o inventário geral que pedimos, ele nos coloque no caso de ceder ou de abandonar-lhe a Table analytique.

4. Primeiro Memorando do sr. Plomteux

O sr. Duplain leva a totalidade das três edições da *Enciclopédia*, não incluídos aqueles a provir das folhas desemparelhadas, a 8011 exemplares. Pelo levantamento dos registros das subscrições consta que se haviam vendido em fevereiro de 1779, incluindo-se os exemplares grátis 7373 exemplares

Na lista das subscrições que acaba de ser
produzida pelo sr. Duplain encontra-se
não lançado no levantamento de
fevereiro de 1779 137
7510
Restavam então realmente de não vendidos
nessa época de fevereiro de 1779 apenas 501
8011 exemplares

O sr. Duplain, ocultando à sua companhia essa situação vantajosa, intimidando-a, ao contrário, sobre a cessação dos pedidos, encontrava o meio de incitá-la à partilha de mil exemplares. Ele não apenas vendeu por sua conta particular os quinhentos exemplares de sua parte; mas por uma nova perfídia ele encontrou o meio de trapacear sob o suposto nome de Perrin 422 exemplares, que permaneciam não vendidos, segundo ele. Obteve-os exagerando o descrédito de sua edição ao preço de 156 libras, ao passo que eles já estavam vendidos assim como esses quinhentos ao preço de 294 libras em subscrições recebidas por e em nome da Société.

Não tendo o sr. Panckoucke nenhuma participação nessas vendas, privado de seu benefício, perdendo metade sobre os 422 exemplares do suposto Perrin, exposto a dever dar pelo menor preço os quinhentos exemplares restantes da edição dos quais se teve a arte de encarregá-lo sozinho, e frustrado por todas essas artimanhas em mais de um quarto de sua propriedade, nem por isso deixa de seu encarregado por ser ávido associado de todos os gastos das três edições levadas, à força de artifício, a somas enormes, que asseguram ao sr. Duplain mais de 100 mil escudos de benefício, ao passo que não restam ao sr. Panckoucke, vítima de sua boa-fé e de sua confiança, mais que os tristes pesares de ter sacrificado três volumes já impressos, mais de 9 mil libras pagas por manuscritos, seus clichês, seus privilégios, e seu trabalho de mais de doze anos, que teria tornado esses títulos respeitáveis a qualquer outro que não o sr. Duplain, trabalho que assegurava o sucesso de um empreendimento do qual três quartos do benefício não podem saciar sua insaciável cupidez.

Tal é a situação do sr. Panckoucke que, reduzido à dura necessidade de entregar seu associado infiel à vindita pública, prefere fazer-lhe sacrifícios que possam salvá-lo do opróbrio.

5. Ostervald e Bosset em Lyon para a sra. Bertrand em Neuchâtel, 13 de fevereiro, 1780

[...] Apressamo-nos, senhor, em comunicar-vos o fim de nossa luta com Duplain, que felizmente terminou sem derramamento de sangue.

Depois de nós quatro termos esgotado todas as nossas refutações, apoiados por D'Arnal como tropa auxiliar; depois de termos sido obrigados a montar nós mesmos nossas contas a partir dos papeluchos de Duplain e do exame de nossos autos; depois de estar convencidos de que a venda de Perrin era uma suposta venda e uma trapaça de 48 mil libras que ele queria subtrair à sociedade e que o registro das subscrições recebidas que ele acaba de enviar-nos, comparado com aquele que levantáramos furtivamente, e sem que ele desconfiasse, há um ano, era falso; depois que o escrivão [Bosset] foi obrigado a fazer ontem uma vistoria na casa dele à frente dos homens da justiça, a saber, comissário, oficial público e procurador para exigir que seus livros sejam compulsados juridicamente da mesma maneira que seus depósitos, o que operou o reconhecimento da trapaça dessas 48 mil libras; à tarde, tendo seus próprios parentes e amigos saído no seu encalço para o fazer compreender que íamos perder sua reputação tanto aqui quanto em Paris, conseguimos fazê-lo dar pelo canal do sr. Panckoucke a soma de 200 mil libras em suas letras para dez, quinze e vinte meses, o que, pelo quadro que tínhamos do empreendimento e dos acessórios enormes de que estava sobrecarregado, faz-nos a todos considerar como uma felicidade ter terminado assim. Tendo-se obstinado sempre em não querer dar mais que 128 [mil] libras, alegando uma perda considerável a sofrer no fim desse negócio e processos a sustentar contra uma quantidade de assinantes etc. etc., foi preciso, para levá-lo a essa soma, abandonar-lhe o lucro a realizar sobre a *Table analytique*, que foi avaliada em 25 mil libras, sobre o qual ele já tratara com Le Roy, de maneira que vedes, senhora, que, bem involuntariamente, é preciso renunciar a esse empreendimento. Além disso, foi preciso aí incluir ainda 24 mil libras que os srs. de Lausanne pagarão pelo direito aduaneiro de sua *in-octavo*, mas que dizem respeito apenas ao sr. Panckoucke, ou à Société de Liège, em favor dos quais nós nos despojamos voluntariamente de nossos direitos sobre os privilégios da *Enciclopédia*, como sabeis, de maneira que o sr. Duplain dá 176 mil libras e o sr. Panckoucke, pelas 24 mil libras, é quem completa as 200 mil libras. Eis, senhora, de tudo isso o que resulta para nós: nossos 5/12 dessas 200 mil libras perfazem . . . 83 666 libras, que com o que recebemos anteriormente do sr. Panckoucke e a nossa parte dos três volumes vendidos à resma, feita a dedução do que se pagara ao sr. Suard, dariam mais ou menos o montante das 90 mil libras que pagamos ao sr. Panckoucke para entrar em seus privilégios em nossas letras, das quais cerca da metade ainda é a pagar no decorrer deste ano e do seguinte, por meio do que, esperando o sucesso da *Encyclopédie méthodique* na qual o sr. Panckoucke trabalha vigorosamente em Paris e que está no prelo, temos de lucro real o montante de nossos 208 exemplares que, avaliados em 250 libras, dariam cerca de 50 mil, o que, com efeito, é bem módico, depois de termos sido quase convencidos de que poderíamos duplicar essa soma, e que certamente o teria sido sem os erros imperdoáveis que houve na gestão desse negócio e nos tratados...

B. *ASSINATURAS DA "ENCICLOPÉDIA IN-QUARTO"*

A lista a seguir abrange 8010 das 8011 assinaturas da *Enciclopédia in-quarto* que seus editores tomaram como base para a liquidação de contas em Lyon, em fevereiro de 1780. Com exceção de alguns casos, são fornecidos os nomes dos livreiros que as venderam no varejo, e não os dos assinantes individuais, pois os editores comercializaram quase todas as cópias das três edições *in-quarto* por intermédio de livreiros, que venderam as assinaturas a seus clientes ao preço no varejo e adquiriram as *Enciclopédias* no atacado de Duplain, da STN ou de Panckoucke.

A lista foi transcrita da cópia feita pela STN do registro secreto de assinantes de Duplain (ms. 1220, Bibliothèque de la Ville de Neuchâtel), que mostra como ele falsificou a contabilidade. A seguir, foi confrontada com outras informações nos dossiês de Duplain, correspondências e livros contábeis da STN. Finalmente, os dados foram agrupados por cidade, possibilitando identificar o número de assinaturas que cada livreiro vendeu.

Embora algumas das vendas no varejo tenham sido efetuadas por pessoas que não eram livreiros, a parte I da lista pode servir como guia geral para indicar os livreiros mais ativos no comércio livresco francês por volta de 1777 (é aconselhável uma comparação com o *Manuel de l'auteur et du libraire*, Paris, 1777, que também arrola os livreiros por cidade, embora sem grande precisão). A parte II abrange as assinaturas vendidas fora da França. A parte III mostra as assinaturas vendidas diretamente pelos editores a determinados indivíduos, presumivelmente ao preço no varejo. Por fim, a parte IV identifica as 25 cópias dadas gratuitamente por Duplain e Panckoucke, como compensação a seus colaboradores ou presente a seus protetores.

Como os editores mantiveram o controle das vendas no atacado, os livreiros limitaram as vendas no varejo à sua própria clientela. Suas cartas confirmam que venderam as assinaturas nos mercados locais, em vez de negociá-las entre si ou exportá-las, como faziam quando se tratava de vendas no atacado. Por conseguinte, a lista fornece um quadro preciso da distribuição geográfica das cópias da *in-quarto*, exceto em uma localidade: Paris.

As vendas na capital francesa provavelmente foram um pouco menores do que as 575 assinaturas mencionadas na lista, pois é bem possível que Panckoucke não tenha vendido todas as suas cópias em Paris. Quando ele e a STN repartiram os quinhentos últimos exemplares da terceira edição, adquiriram um estoque que poderiam ter vendido a particulares ao preço no varejo ou a outros livreiros ao preço no atacado. As 208 cópias recebidas pela STN como sua parte nas quinhentas não constituem problema, tendo sido identificado seu destino nos livros contábeis da firma; elas foram incluídas na lista a seguir (85 foram vendidas na França e 123 em outros países europeus). Mas é impossível saber o paradeiro das 292 cópias em posse de Panckoucke. Segundo uma anotação de Bosset no final da lista da STN, Panckoucke deveria também receber 52 cópias que Duplain debitara à STN e que esta se recusara a aceitar, pelos motivos expostos no Capítulo VII. Panckoucke vendeu vinte cópias das duas primeiras edições, perfazendo um total de 364. Embora suas cartas indiquem que tentou vender a maioria de suas cópias em Paris, é provavel que tenha vendido algumas delas a livreiros de outras cidades. Portanto, a lista dá uma idéia um tanto exagerada sobre a aquisição da *in-quarto* em Paris. Porém, considerada como um todo, ela mostra a distribuição de cerca de 60% das *Enciclopédias* existentes na França e aproximadamente um terço das encontradas no mundo todo antes da Revolução Francesa.

I. Assinaturas na França

Abbeville (26)	
Pintiau	26
Aire (8)	
Dubois	8
Aix (6)	
Pacard	6
Alençon (34)	
Jouhann	34
Amiens (59)	
Mastin	59
Angers (109)	
Parizot	108
Merlet	1
Argentan (3)	
Lefrançois	3
Arras (26)	
Topino	26
Auch (65)	
Lacaza	65
Aurillac (13)	
Armand	13
Autun (39)	
Habert	39
Auxerre (10)	
Fournier	10
Auxonne (1)	
Laziers	1
Avignon (55)	
Aubanel	6
Guichard	40
Niel	9
Bar-le-Duc (13)	
Robert	13
Bayonne (16)	
Trebose	14
Fauvel Duhard	2
Beaunne (26)	
Bernard	26
Beauvais (8)	
Gaudet	8
Bergerac (13)	
Bargeas	13
Bergues (1)	
Vandelvegh	1
Besançon (338)	
Lépagnez cadet	338
Billom (2)	
De Bompar	1
Tiffalier	1
Bordéus (356)	
Bergeret	58
Chappuis frères	88
Gauvry	6
Labottière frères	165
Philipot	39

Bologne-sur-Mer (34)	
Battu	34
Bourg-en-Bresse (91)	
Robert & Gautier	91
Bourg-Saint-Andéol (4)	
Bandit	2
Guirmeau	2
Bourges (20)	
Debeury	20
Brest (20)	
Malas	20
Caen (221)	
Le Roy	208
Manoury	13
Cambrai (57)	
Berthoud	57
Carpentras (2)	
De Châteaubon	2
Castelnaudary (27)	
Borelly	27
Castres (28)	
Le Potier	28
Chalon-sur-Saône (67)	
De Livany	67
Châlons-sur-Marne (1)	
Pavier	1
Champagne (2)	
Le Marquis	2
Chartres (77)	
Jouanne	77
Châtillon (39)	
Cornillac Lamberc	39
Clermont (13)	
Del Croz	13
Colmar (2)	
Neukirck	2
Dijon (152)	
Benoit	4
Capel	131
Frontin	17
Dole (52)	
Chaboz	52
Douai (14)	
Tesse	14
Embrun (3)	
Moyse	3
Evreux (65)	
Ancelle	65
Falaise (45)	
Bouquet	45
Ganges (1)	
Pomaret	1
Grenoble (80)	
Cuchet	13
Veuve Giroud	66
Ducros de Châteaubon	1
Guéret (19)	
Piot	19
Joinville (1)	
De Gaulle	1
La Fère (15)	
Lunhit	8
Gentillon	7
La Flèche (39)	
Langres (26)	
Rouyer	26
Laon (17)	
Melleville	17
La Rochelle (59)	
Chabosseau	13
Pavie	43
Ranson	3
Le Havre (52)	
Batry	52
Le Mans (40)	
Robert la Commune	14
Monnoyer	26
Le Puy (39)	
Boisserand	39
Lille (28)	
Jacquiez	28
Limoges (3)	
Marc Dubois	3
Lisieux (27)	
De Launay	23
Mistral	4
Loudun (1)	
Malherbe	1
Lunéville (1)	
Richard	1
Laigle (3)	
Glacon	3

Lyon (1079)	
Arles l'aîné	25
Barret	15
Bousquet	64
Cizeron	9
Descherny	1
Faucheux	2
Grabit	14
Jacquenod	65
Perrin	62
Perisse	77
Rosset	94
Vatar	13
Cellier	26
Audambron de Salacy & Jossinet	585
Esparro	1
Chaulu	1
Pascal	40
Guiget (abade de La Croix-Rousse)	1
Charlet	1
Gay	2
Barraud	1
Macon (17)	
Garsin	17
Mantes (8)	
Testard	8
Marmande (1)	
Baillas de Lombarède	1
Marselha (228)	
Lallemand	13
Caldesaigues	52
Mossy	52
Roullet	28
Allié	1
Sube & Laporte	78
Ricard	4
Meaux (30)	
Charles	26
Prudhomme	4
Melun (1)	
Prévost	1
Metz (22)	
Gerlache	13
Marchal	9
Millau (8)	
Montbroussoux	6
Cousin de Mauvoisin	2
Montargis (26)	
Gille	26
Montauban (105)	
Beaumont	26
Crosilhes	78
Cazamex	1
Montbrisson (6)	
Baumont	6
Montpellier (169)	
Cézary	26
Rigaud Pons et Cie	143
Morlaix (1)	
Nicole	1
Mortagne (22)	
Le Peguchet	22
Moulins (52)	
Enaut	52
Nancy (121)	
Babin	91
Henry	2
Bonthoux	1
Mathieu	26
Le Gros	1
Nantes (38)	
Veuve Brun	4
Despilly	8
Vatar	26
Nîmes (212)	
Buchet	104
Gaude père et fils	105
Verot	3
Niort (58)	
Elies	58
Noyon (26)	
Despalle	26
Orléans (52)	
Couret de Villeneuve	39
Letourmy	13
Paris (575)	
Andriette & Ferino	17
Razuret	20
E. Rose	50
Sepolino	13

Bougy 14
Boscary 1
De la Rive 1
Esprit 9
Le Comte d'Orsey 1
Monnier 42
Panckoucke 364
Chavissiez 1
De la Motte 1
Bacher 1
Garçon 3
Le Comte 1
Boisgibault 2
Huguenin 1
Perregaux 1
Quandet de Lachenal 1
Batilliot 30

Perigeux (36)
Dubreuil 36

Peronne (15)
Laisney 15

Perpignan (52)
Goully 52

Poitiers (65)
Chevrier 65

Reims (24)
Petit 21
Prevoteau 3

Rennes (218)
Blouet 84
Robiquet 91
Remelein 43

Rethel (40)
Migny 40

Riom (46)
De Gouette 11
Coste 35

Roanne (26)
Boisserand 26

Rochefort (27)
Romme 27

Roquemaure (7)
Giraudy 7

Rouen (125)
Le Boucher 108
Ab. Lucas 16
Bourgeois 1

Saint-Chamond (2)
Dugas 2

Saint-Dizier (3)
Fournier 3

Saint-Etienne (13)
Bernard 13

Saint-Flour (24)
Veuve Sardine & Fils 24

Saint-Lô (7)
Fabulet 7

Saint-Omer (5)
Huguel 5

Saint-Quentin (16)
Hautoy 13
Desnoyer 1
Rigaut 1
Harlé 1

Saintes (26)
De Lys 26

Saumur (1)
De Goury 1

Sedan (2)
Bechet de Balan 2

Sète (13)
Michel 13

Soissons (52)
Varoquier 52

Estrasburgo (16)
Maynaurd 2
Turkheim 13
Gay 1

Tarbes (52)
Bourdin 52

Thiers (39)
Bernard 39

Toul (1)
Carez 1

Toulon (22)
Surre 21
Serjeans 1

Toulouse (451)
Gaston 130
Dalles & Vihac 6
Monavit 69
Sacarau 233
Robert 13

Tours (65)
Billaut fils 65

Troyes (53)
Sainton 52
André 1
Tulle (4)
Chirac 4
Valence (65)
Aurel 9
Muguet 26
Valenciennes (17)
Giart 13
Henry 4
Verdun (13)
Mondon 13
Versalhes (5)
Le Comte de Neuilly 1
De Barthès 1
Deloubignac 1
Le Gommelin 1
Diesbach 1
Vichy (2)
Giraud (curé) 1
Rouganne 1
Villefranche (37)
Vedeilhé 37

II. Assinaturas fora da França

Amsterdã (5)
Vlanc 1
Du Sanchoy 1
Rey 1
Changuion 2
Basiléia (1)
Tourneisen 1
Bruxelas (46)
Ricour 26
Le May l'aîné 20
Budapeste (1)
Weingand & Köpf 1
Copenhagen (4)
Philibert 3
Schlegel 1
Dublin (13)
Luke White 13
Frankfurt am Main (2)
Holweg & Laue 2

Genebra (284)
Nouffer & Bassompierre 177
Pellet 41
Scala 13
Teron L'aîné 52
Bruncke 1
Gênova (32)
Gravier 32
Hamburgo (2)
Virchaux 2
Haarlem (1)
Bosck 1
Haia (13)
Bosset 13
Homburg (3)
Bruere 3
Lausanne (3)
Grasset 1
Pott 2
Leyden (3)
Murey 1
Luzac & Vandamm 2
Liège (52)
De Mazeau 26
Plomteux 26
Lisboa (1)
Bertrand 1
Londres (13)
Durand 13
Madri (3)
Sancha 3
Maestricht (1)
Dufour & Roux 1
Mannheim (27)
Fontaine 26
La Nouvelle Librairie 1
Mantua (5)
Rome (professor) 5
Milão (1)
Carli 1
Moscou (4)
Rudiger 4
Munique (4)
Fritz 2
Daun (Count) 1
De la Luzerne 1

Nápoles (16)	
Société Typographique	16
Neuchâtel (39)	
Société Typographique	36
Convert	1
Saint-Robert	1
Fornanchoz	1
Nyon (2)	
Michel	2
Praga (5)	
Gerle	5
São Petersburgo (8)	
Weitbrecht	5
Muller	3
Soleure (1)	
De Berville	1
Turim (53)	
Guibert & Orgeas	13
Reycends frère	39
Laurent	1
Utrecht (1)	
Spruyt	1
Veneza (1)	
Zenaut	1
Varsóvia (31)	
Gröll	18
Lex	13
Worms (2)	
Wiechenhagen	2
Ypres (8)	
De Clerk	8

III. Vendas a particulares

Ollier	6
De Meyremand	1
Le Comte de la Tour du Pin	1
Fritz	1
Le Curé de Cherier	1
Veuve Rousset	1
Duser Chevalier de Saint-Louis	1
Genevois Dusoizon	1
Le Morhier	1
De Moutille	1
De Fontenay	1
De Mouty	1
Jouty	1
Cathelin	1
De la Loge	1
Duchaffaut	1
De la Chèze	1
De Fisson	1
Du Châtelet	1
Damberieu	1
Vasselier	4
Berage	8

IV. Cópias gratuitas

Panckoucke	4
De Flesselles intendant	1
La Tourette	1
Moyroud	1
Plingues	1
Prost de Royer	1
Miège	1
Laserre	1
Le Roy	1
Académie de Lyon	1
Mahieu	1
Morel	2
Merlino	1
Couterez	1
Revol	1
Champeaux	3
De Gumin	2
Duplain p. Berage	1

V. Totais

Assinaturas na França	7257
Assinaturas fora da França	691
Vendas a particulares	37
Cópias gratuitas	25
	8010

C. *INCIDÊNCIA DE ASSINATURAS NAS PRINCIPAIS CIDADES FRANCESAS*

A tabela a seguir abrange as 37 cidades em que foram vendidas pelo menos cinqüenta assinaturas e as 36 com população de no mínimo 20 mil habitantes. Para ilustrar a relação entre vendas e tamanho das cidades, estas foram classificadas por número de assinaturas e por população. Os traços indicam que a cidade possuía menos de 20 mil habitantes ou que nela houve menos de cinqüenta assinaturas, e o *x* nas três últimas colunas significa que a cidade era sede de parlamento, academia ou intendência. As academias de Bourg, Valence e Orléans foram fundadas somente em 1784; sendo assim, o *x* em seguida a seu nome na coluna de academias aparece entre parênteses. Avignon encontra-se na tabela, apesar de ser território papal, e Perpignan aparece como contendo um parlamento, embora seu tribunal fosse formalmente um Conseil Supérieur. Os dados populacionais foram extraídos do censo de 1806, que constitui a melhor fonte de informações acerca da importância relativa de todas as cidades francesas, grandes ou pequenas, mesmo no caso de projeções retrospectivas a 1780; ver Le Mée, René. Population agglomerée, population éparse au début du XIXe siècle. *Annales de démographie historique*, 1971, pp. 455-510.

Cidade	Nº de assinaturas	População (1806)	Classificação por assinaturas	Classificação por população	Parlamento	Academia	Intendência
Lion	1 079	111 840	1	2		x	x
Paris	575	580 609	2	1	x	x	x
Toulouse	451	51 689	3	8	x	x	x
Bordéus	356	92 966	4	4	x	x	x
Besançon	338	28 721	5	21	x	x	x
Marselha	228	99 169	6	3		x	
Caen	221	36 231	7	14		x	x
Rennes	218	29 225	8	19	x		x
Nîmes	212	41 195	9	11		x	
Montpellier	169	33 264	10	15		x	x
Dijon	152	22 026	11	29	x	x	x
Rouen	125	86 672	12	5	x	x	x
Nancy	121	30 532	13	18	x	x	x
Angers	109	29 187	14	20		x	
Montauban	105	23 973	15	25		x	x
Bourg	91	7 417	16	—		(x)	
Grenoble	80	22 129	17	28	x	x	x
Chartres	77	13 809	18	—			
Chalon-sur-Saône	67	11 204	19	—			
Auch	65	8 918	20	—			x
Evreux	65	9 511	20	—			
Poitiers	65	21 465	20	33			x

Cidade	Nº de assinaturas	População (1806)	Classificação por assinaturas	Classificação por população	Parlamento	Academia	Intendência
Tours	65	21 703	20	32			x
Valence	65	8 212	20	—		(x)	
Amiens	59	39 853	21	12		x	x
La Rochelle	59	18 346	22	—		x	x
Niort	58	15 066	23	—			
Cambrai	57	15 608	24	—			
Avignon	55	23 789	25	26			
Troyes	53	27 196	26	27			
Dole	52	8 462	27	—			
Le Havre	52	19 482	27	—			
Moulins	52	14 101	27	—			
Orléans	52	42 651	27	10		(x)	x
Perpignan	52	12 499	27	—	x		x
Soissons	52	8 126	27	—		x	x
Tarbes	52	7 934	27	—			

Cidades grandes com poucas assinaturas (não mencionadas na tabela anterior)

Cidade	Nº de assinaturas	População (1806)	Classificação por assinaturas	Classificação por população	Parlamento	Academia	Intendência
Nantes	38	77 226	—	6			x
Lille	28	61 467	—	7			x
Reims	24	31 779	—	16			
Metz	22	39 133	—	13	x	x	x
Toulon	22	28 170	—	22			
Brest	20	22 130	—	27			
Clermont-Ferrand	13	30 982	—	17			
Aix	6	21 960	—	30	x		x
Saint-Omer	5	20 362	—	35			
Versalhes	5	26 974	—	24			
Limoges	3	21 757	—	31			x
Estrasburgo	16	51 464	—	9			x
Lorient	0	20 553	—	34			
Arles	0	20 151	—	36		x	

D. *COLABORADORES DA "ENCYCLOPÉDIE MÉTHODIQUE"*

A tabela a seguir apresenta os 73 principais colaboradores da *Encyclopédie méthodique* arrolados por Panckoucke em 1789 no dicionário *Mathématiques*,

v. III, p. xxviii. Para dar uma idéia da estrutura da *Méthodique* como um todo, seus nomes foram colocados sob os títulos dos dicionários que compuseram. Assim, os enciclopedistas que colaboraram com mais de um dicionário aparecem mais de uma vez, e alguns dicionários, como *Médecine*, escrito por numerosos autores, tomam um espaço desproporcionalmente grande. No entanto, estes dicionários também foram os de maior tamanho: *Médecine*, com dezoito autores em 1789, acabou contendo treze volumes. Portanto, as contribuições dos autores de Panckoucke foram aproximadamente equivalentes, ao contrário dos colaboradores de Diderot, cujas participações variaram de um a várias centenas de verbetes.

Em 1789, Panckoucke já concluíra a estrutura da *Méthodique*, e seus autores haviam escrito cerca de metade do texto da obra, que só foi terminada em 1832. Assim, a tabela representa a obra como ela existiu no seu ponto crucial de desenvolvimento, já amadurecida, porém não mostra sua evolução ao longo do meio século em que foi produzida. Entretanto, os autores arrolados em 1789 de fato escreveram a parte principal da obra, e podem ser considerados representantes da segunda geração de enciclopedistas, a que vivenciou a Revolução Francesa.

A experiência desses autores variou muito, mas suas reações à Revolução podem ser classificadas de modo geral em três categorias. Os que foram contrários à Revolução expressaram sua oposição desde o princípio, embora poucos deles o fizessem abertamente. Os moderados apoiaram a monarquia constitucional e até mesmo, em alguns casos, a república. Mas nenhum deles participou ativamente da política depois de 10 de agosto de 1792, embora com freqüência continuassem trabalhando em algum tipo de cargo oficial e alguns se envolvessem na vida pública sob o Diretório. Os republicanos não julgavam que a Revolução fora longe demais em 1792, mas depois dessa data, em diferentes momentos, passaram a discordar dela. Os mais radicais dentre eles estão identificados com um *J* de jacobino, os mais moderados com um *G* de girondino, e o restante, cuja filiação política não está definida, são identificados com um *X*.

Devemos ressaltar que identificações políticas desse tipo dependem muito de conjeturas, havendo considerável desacordo entre os historiadores. A tabela destina-se a dar uma idéia geral de como os enciclopedistas reagiram à Revolução, e não a ser um placar preciso dos alinhamentos partidários. Omitem-se nela todas as indicações relativas às posições políticas dos catorze enciclopedistas cujas reações à Revolução não puderam ser determinadas: Andry, Goulin, Hallé, Huzard, Verdier, Grivel, Clairbois, Lacombe, Lévesque, Framery, Charles, Jeanroi, Duhamel e Gaillard. Destes, cerca da metade prosseguiu na carreira sem interrupção, portanto provavelmente não se mostraram hostis à nova ordem. Nove enciclopedistas morreram antes de 1793: Watelet, Colombier, Fougeroux de Bondaroy, Morvilliers, Beauzée, Bergier, Louis, Baudeau e Delacroix. Poucas informações podem ser encontradas sobre outros dez colaboradores: Caille, Chamseru, Dehorne, La Porte, Mauduyt, Saillant, De Surgy, Blondeau, Jabro e Le Rasle; muitos eram profissionais liberais de renome (seis deles, médicos), mas sua fama não foi suficiente para permitir-lhes mais do que uma breve menção nas fontes impressas. Assim, a análise da reação dos enciclopedistas à Revolução fica limitada a 54 casos: catorze cujas reações não podem ser determinadas, sete que se opuseram à Revolução desde o início, quinze que se inclinaram para a monarquia constitucional e dezoito que apoiaram a República — cinco como girondinos, cinco como jacobinos mais radicais e oito em alguma outra posição.

As frases em seguida ao nome do autor são de Panckoucke, e mostram como ele identificava os membros de sua equipe. A principal fonte para reconstituir a afiliação institucional foram os *Almanachs royaux* e *nationaux* das décadas de 1780 e 1790.

Dicionário e colaborador	Académie Française	Académie des Sciences	Outra academia parisiense	Société Royale de Médecine	Société Royale d'Agriculture	Censeur Royal	Institut	École de Santé	Outra École revolucionária	Anti-revolucionário	Moderado	Republicano
Mathématiques												
Abbé C. Bossut, de l'Académie des Sciences, 1730-1814		x	x			x	x			x		
M.-J.-A.-N. Caritat, marquis de Condorcet, de l'Académie des Sciences, 1743-1794	x	x										G
J.-A.-C. Charles, de l'Académie des Sciences, 1746-1823		x					x					
J.-J. Lefrançois de Lalande, de l'Académie des Sciences, 1732-1807		x				x	x			x		
Physique												
G. Monge, de l'Académie des Sciences, 1746-1818		x					x		x			J
Médecine												
F. Vicq d'Azyr, de l'Académie des Sciences, 1748-1794	x	x		x	x						x	
C.-L.-F. Andry, docteur en médecine, 1741-1829				x								
C.A. Caille, docteur en médecine, ?-1831				x								

N. Chambon de Montaux, docteur en médecine, 1748-1826		x						x
J.-F.-J. Roussile de Chamseru, docteur en médecine, 1750 ?-1823		x						
J. Colombier, docteur en médecine, 1736-1789		x						
A.-F. de Fourcroy, docteur en médecine, 1755-1809	x	x	x	x	x	x	x	J
J. de Horne, docteur en médecine		x		x				
F. Doublet, docteur en médecine, 1751-1795		x				x		J
J. Goulin, docteur en médecine, 1728-1799								
J.-N. Hallé, docteur en médecine, 1754-1822		x			x	x		
J.-B. Huzard. docteur en médecine, 1755-1839		x			x			
D. Jeanroi, docteur en médecine, 1730-1816		x						
J. J. De Laporte, docteur en médecine		x						
Mauduyt de la Varenne, docteur en médecine		x						
C. J. Sailant, docteur en médecine, 1747-1814		x						

Dicionário e colaborador	Académie Française	Académie des Sciences	Outra academia parisiense	Société Royale de Médecine	Société Royale d'Agriculture	Censeur Royal	Institut	École de Santé	Outra École revolucionária	Anti-revolucionário	Moderado	Republicano
M.-A. Thouret, docteur en médecine, 1749-1810				x				x			x	
J. Verdier, docteur en médecine, 1735-1820												
Anatomie												
Vicq d'Azyr: ver acima												
Chirurgie												
A. Louis, secrétaire perpétuel de l'Académie de chirurgie, 1723-1792			x			x						
Chimie, métallurgie, pharmacie												
L.-B. Guyton de Morveau, avocat-général honoraire, 1737-1816							x		x			J
J.-P.-F.-G. Duhamel, de l'Académie des Sciences, 1730-1816		x					x					
F. Chaussier, professeur de chimie, 1746-1828			x				x	x	x			J
Agriculture												
Abbé A.-H. Tessier, de l'Académie des Sciences, 1741-1837		x		x	x	x	x				x	

A. Thouin, jardinier en chef du Jardin du roi, de l'Académie des Sciences, 1747-1823	x		x	x	x		x	
Bois et Forêts								
A.-D. Fougeroux de Bondaroy, de l'Académie des Sciences, 1732-1789	x		x					
Histoire naturelle								
L.-J.-M. Daubenton, de l'Académie des Sciences, 1716-1800	x	x	x	x	x		x	
Abbé P.-J. Bonnaterre, 1752-1804						x	x	
Les animaux quadrupèdes								
Daubenton: ver acima								
Mauduyt: ver acima								
P.-M.-A. Broussonet, de l'Académie des Sciences, 1761-1807	x		x	x				G
Les poissons								
Daubenton: ver acima								
Les insects								
Mauduyt: ver acima								
G.-A. Olivier, docteur en médecine, 1756-1814				x			x	
Les vers, coquillages, zoophytes								
J.-G. Bruguières, docteur en médecine, 1750-1799				x			x	

Dicionário e colaborador	Académie Française	Académie des Sciences	Outra academia parisiense	Société Royale de Médecine	Société Royale d'Agriculture	Censeur Royal	Institut	École de Santé	Outra École revolucionária	Antirevolucionário	Moderado	Republicano
Botanique												
J.-B.-P.-A. de Lamarck, de l'Académie des Sciences, 1744-1829		x					x				x	
Minéraux												
Daubenton: ver acima												
Géographie physique												
N. Desmarets, de l'Académie des Sciences, 1725-1815		x			x		x		x		x	
Géographie et histoire anciennes												
E. Mentelle, géographe de Monseigneur Comte d'Artois, 1730-1815						x	x		x			x
Géographie moderne												
F. Robert, géographe ordinaire du roi, 1737-1819												x
N. Masson de Morvilliers, secrétaire du government de Normandia, 1740 ?-1789												

Antiquités							
Abbé A. Mongez, garde des antiques de Sainte Geneviève, 1747-1835							
Histoire							
G.-H. Gaillard, de l'Académie Française, 1726-1806	x	x	x	x			
Théologie							
N.-S. Bergier, confesseur de Monsieur, 1718-1790							
Philosophie							
J.-A. Naigeon, 1738-1810				x			x
Métaphysique, logique							
P.-L. Lacretelle, avocat, 1751-1824				x		x	
Morale							
Lacretelle: ver acima							
Education							
Lacretelle: ver acima							
Grammaire, littérature							
J.-F. Marmontel, de l'Académie Française, 1723-1799	x			x		x	
N. Beauzée, de l'Académie Française, 1717-1789	x						
Jurisprudence							
A.-J. Boucher d'Argis, avocat, 1750-1794					x		
Le Rasle, avocat							

Dicionário e colaborador	Académie Française	Académie des Sciences	Outra academia parisiense	Société Royale de Médecine	Société Royale d'Agriculture	Censeur Royal	Institut	École de Santé	Outra École revolucionária	Anti-revolucionário	Moderado	Republicano
J.-V. Delacroix, avocat, 1743-1792												
J.-P. Garran de Coulon, avocat, 1748-1816							x					x
P.-P.-N de Henrion de Pansey, avocat, 1742-1829										x		
Abbé A.-R.-C. Bertolio, avocat, 1750 ?-1812												x
Police et municipalité												
J. Peuchet, avocat, 1758-1830											x	
Finances												
De Surgy, premier commis des Finances						x						
Economie politique et diplomatique												
J.-N. Desmeunier, censeur royal, 1751-1814						x					x	
G. Grivel, avocat, 1735-1810									x			
Commerce												
Abbé N. Baudeau, 1730-1792 ?												
Grivel: ver acima												

Marine							
H.-S. Vial du Clairbois, ingénieur-constructeur, 1733-1816							
Blondeau, professeur de marine							
Art militaire							
L.-F.-G. de Kéralio, de L'Académie des Inscriptions, 1731-1793	x	x				x	
J.-G. de Lacuée, comte de Cessac, capitaine d'infanterie, 1752-1841			x	x			G
Jabro, lieutenant-colonel des grenadiers royaux							
Artillerie							
F.-R.-J. de Pommereul, capitaine d'artillerie, 1745-1823					x		
Ponts et chaussées							
G.-C.-F.-M. Riche de Prony, inspecteur des ponts et chaussées, 1755-1839			x	x			x
Arts académiques, manège, escrime, danse, natation — nenhum autor mencionado							
Vénerie, chasse, pêches							
J. Lacombe, avocat, 1724-1801							

Dicionário e colaborador	Académie Française	Académie des Sciences	Outra academia parisiense	Société Royale de Médecine	Société Royale d'Agriculture	Censeur Royal	Institut	École de Santé	Outra École revolucionária	Anti-revolucionário	Moderado	Republicano
Beaux-Arts												
C.-H. Watelet, de l'Académie Française, 1718-1786	x		x									
P.-C. Lévesque, de l'Académie des beaux-arts de Saint-Pétersbourg, 1736-1812							x					
Musique												
J.-B.-A. Suard, de l'Académie Française, 1734-1817	x					x				x		
N.E. Framery, intendant de la musique de Monseigneur Comte d'Artois, 1745-1810												
P.-L. Ginguené, 1748-1815							x					x
Architecture												
A.-C. Quatremère de Quincy, 1755-1849							x				x	
Arts et métiers												
J.-M. Roland de la Platière, inspecteur des manufactures, 1732-1793												G
Totais	7	15	7	18	12	30	5	12	7	15	18	

NOTAS

1. *INTRODUÇÃO: BIOGRAFIA DE UMA OBRA* (pp.13-39)

(1) Para exemplos das diferentes áreas de pesquisa nesse campo de estudos e para bibliografia adicional, ver Nota Bibliográfica.

(2) Essa afirmação não deve ser interpretada como se sugerisse que a história das publicações pode desprezar o conteúdo dos livros. Pelo contrário, este estudo visa mostrar a importância da compreensão não apenas dos textos, mas também do significado dos mesmos para seus leitores em épocas específicas do passado. Para referências sobre a literatura acerca da *Enciclopédia*, especialmente os trabalhos sobre as edições iniciais, ver Nota Bibliográfica.

(3) Arrêt du Conseil, 7 de fevereiro de 1752, citado em Lough, John. *The "Encyclopédie"*. Nova York, 1971, p. 21. O livro de Lough fornece um bom levantamento dos trabalhos sobre a história da *Enciclopédia* em sua fase inicial, e pode ser suplementado pelos trabalhos de Watts, Proust e Wilson, citados na Nota Bibliográfica.

(4) Arrêt du Conseil, 8 de março de 1759, citado em *ibid*, p. 26.

(5) Diderot escreveu essa crítica para atender a Charles Joseph Panckoucke, editor que estava solicitando permissão para produzir uma edição totalmente revista da *Enciclopédia* em 1768. O texto original de Diderot perdeu-se, mas parte dele foi publicado durante o processo movido por Luneau de Boisjermain e reimpresso nas *Oeuvres complètes* de Diderot, editadas por J. Assézat e M. Tourneux, Paris, 1875-7, v. xx, pp. 129-33.

(6) Soboul, Albert. *Encyclopédie ou Dictionnaire raisonné des Sciences, des Arts et des Métiers*. Paris, 1952, pp. 7-24. Soboul chega mesmo a considerar a estética de Diderot uma versão profética do realismo socialista na pintura (p. 179), embora admita que os filósofos não tenham conseguido alcançar o conceito de nação de Stalin (p. 149) e que o enciclopedismo precisaria esperar pelo stalinismo para atingir a perfeição total: "O espírito enciclopédico realiza-se livre e plenamente apenas na sociedade liberta do capitalismo e da exploração do homem pelo homem, a sociedade sem classes da qual a *Enciclopédia soviética* é o reflexo" (p. 23).

(7) Proust, Jacques. Questions sur l'*Encyclopédie. Revue d'histoire littéraire de la France*, nº 72, p. 45, jan-fev 1972. A "revolução" de Proust evidentemente evoluiria de uma análise social dos enciclopedistas para uma análise estruturalista de suas obras. Para estudos sobre os enciclopedistas como um grupo, ver Nota Bibliográfica.

(8) Essas porcentagens foram calculadas a partir das informações sobre os colaboradores em Proust, Jacques. *Diderot et l'"Encyclopédie"*. Paris, 1967, cap. 1 e Anexo 1, e Lough, John. *The contributors to the "Encyclopédie"*. Londres, 1973. Para mais detalhes, ver Capítulos VIII e IX.

(9) Os editores afirmaram que três quartos da edição foram destinados a assinantes estrangeiros, mas provavelmente exageraram a importância das vendas para o exterior para indicar que, ao se oporem a Luneau, estavam contribuindo para o bem-estar de toda a nação com a promoção de uma balança comercial favorável. Ver Lough, John. "Luneau de Boisjermain v. the publishers of the *Encyclopédie*"). *In*: Besterman, Theodore, editor. *Studies on Voltaire and the eighteenth century*. v. XXIII, 1963, pp. 132-3.

(10) Estimativas baseadas em fragmentos da contabilidade dos editores e outros documentos pertinentes ao caso Luneau, publicadas posteriormente em May, Louis-Philippe. "Histoire et sources de l'*Encyclopédie* d'après le registre de délibérations et de comptes des éditeurs et un mémoire inédit". *Revue de synthèse*, nº 15, pp. 7-110, 1938. Ralph H. Bowen afirma que esses documentos confirmam a alegação de Diderot de que as receitas totalizaram 4 milhões de libras, as despesas, 1,5 milhão de libras e os lucros, 2,5 milhões de libras. Ver Bowen, R. H. "The *Encyclopédie* as a business venture". *In:* Warner, Charles K., editor. *From the Ancien Regime to the Popular Front: Essays in the history of modern France in honor of Shepard B. Clough*. Nova York e Londres, 1969, pp. 19-20. Entretanto, Luneau manipulou os dados para indicar que os editores lograram os assinantes e, em uma leitura mais atenta, Lough ("Luneau de Boisjermain v. the publishers of the *Encyclopédie*", op. cit, p. 167) mostra que os gastos provavelmente foram de no mínimo 2 205 839 libras. De fato, os documentos de Luneau são por demais controversos para corroborarem conclusões definitivas, especialmente porque as dificuldades relativas ao recebimento de contas prejudicavam imensamente os lucros dos editores setecentistas, que faziam para isso uma provisão em suas declarações contábeis sob rubricas como *recouvrement* e *mauvais débiteurs*.

(11) Para os textos dos contratos e aditivos, ver May, "Histoire et sources de l'*Encyclopédie*", *op. cit.*, pp. 15-7, 25.

(12) Lough, "Luneau de Boisjermain v. the publishers of the *Encyclopédie*", *op. cit.*, pp. 133-40.

(13) Durand morreu em 1763, e os demais sócios dividiram entre si sua cota de um sexto; assim, em 1768, Le Breton possuía 10/18 do empreendimento, e David e Briasson detinham cada um 4/18. Panckoucke e seus dois sócios adquiriram, cada um, um terço do novo empreendimento. O relato apresentado a seguir sobre a história da publicação da *Enciclopédia* e do *Supplément* de 1768 a 1776 baseou-se principalmente nas obras de Watts, Lough, Clément e Birn citadas na Nota Bibliográfica.

(14) Em sua correspondência, os editores geralmente se referiam ao *Supplément* no singular, como indicado na página de rosto, mas às vezes falavam em *Suppléments*. Segundo o "Acte de Bouillon" original, de 12 de abril de 1771, no dossiê Marc-Michel Rey, Bibliotheek van de Vereeniging ter Bevordering van de Belangen des Boekhandels, Amsterdã, as cotas da sociedade criada para publicar o *Supplément* deveriam ser divididas da seguinte forma: 6/24 para Cramer e de Tournes, 6/24 para Rousseau, 3/24 para Rey, 3/24 para Robinet, 4/24 para Panckoucke e 2/24 para Brunet. Após os genebrinos saírem da sociedade, suas cotas foram divididas entre Panckoucke e Brunet. É impossível acompanhar a venda e revenda de cotas no empreendimento independente da reimpressão, mas Panckoucke conservou apenas a fração de uma fração de sua parte original no negócio. Em 26 de outubro de 1770, as cotas de Cramer e de Tournes somavam dois sextos, Lambet aparentemente possuía dois sextos, Rousseau, um sexto e Brunet detinha parte do um sexto restante juntamente com Panckoucke.

(15) Em carta de 16 de julho de 1779 à STN, Félice afirmou estar imprimindo 1600 cópias. Em 18 de janeiro de 1771, Gosse informou à STN que havia comprado três quartos da edição e que a Société Typographique de Berna comprara um quarto. E em carta de 30 de julho de 1771, observou que adquirira toda a edição. Seu filho, Pierre Gosse Junior, que o sucedeu em 1774, escreveu à STN em 16 de julho de 1779 que ainda estava recebendo as 1600 cópias, à medida que Félice ia terminando o trabalho. Essas referências sobre a

STN, bem como as subseqüentes, provêm dos papéis da Société Typographique de Neuchâtel, Bibliothèque de la Ville de Neuchâtel, salvo indicação em contrário.

(16) De início, Voltaire demonstrou tão-somente desprezo por Félice e sua *Enciclopédia*. Voltaire a D'Alembert, 4 de junho de 1769. *In*: Besterman, Theodore, editor. *Voltaire's Correspondence*. Genebra, 1962, v. LXXII, p. 60. Mas em 1771 ele já havia decidido que Félice suplantara Panckoucke: "Eles [os colaboradores de Félice] têm a vantagem de corrigir em sua edição muitos erros grosseiros, que pululam na *Enciclopédia* de Paris e que Panckoucke e Dessaint tiveram a imprudência de reimprimir. Esse erro capital força-os a apresentar um suplemento, que encarece o livro, e por uma vez ter-se-á a edição de Yverdon por um preço mais baixo. Quanto a mim, bem sei que comprarei a edição de Yverdon e não a outra". Voltaire to Gabriel Cramer [dez. 1770], *ibid.*, v. LXXVII, p. 163. Em 1777, Voltaire sugeriu que seu texto *Questions sur l'Encyclopédie*, que originalmente escrevera para o *Supplément* de Panckoucke, fosse incorporado à edição *in-quarto* desse editor; esse projeto, porém, não foi levado adiante. Ver Voltaire to Henry Rieu, 13 de janeiro de 1777, *ibid.*, v. XCVI, p. 27.

(17) Gosse à STN, 18 de janeiro, 1º de julho e 30 de julho de 1771. Para mais informações sobre Félice e seus conflitos com os editores rivais da *Enciclopédia*, ver Maccabez, E. *F. B. de Félice* (*1723-1789*) et son Encyclopédie (*Yverdon, 1770-1780*). Basiléia, 1903; Perret, J. P. *Les imprimeries d'Yverdon au XVIIe et au XVIIIe siècle*. Lausanne, 1945.

(18) Cramer a Rousseau, 23 de julho de 1771, citado em Lough, John. *Essays on the "Encyclopédie" of Diderot and d'Alembert*. Londres, 1968, p. 88.

(19) A íntegra do texto do complexo contrato firmado por Panckoucke, Cramer e De Tournes em Genebra no dia 13 de junho de 1775 encontra-se em Lough, *Essays*, *op. cit.*, pp. 102-8. É difícil saber por que Panckoucke teria comprado a parte dos genebrinos em vez de liquidar o empreendimento rateando os lucros segundo as cotas de cada um após a distribuição dos volumes finais. Ele provavelmente desejava concluir o empreendimento genebrino rápida e definitivamente para poder se dedicar a outras especulações. Seus pagamentos somaram, de fato, 130 mil libras, pagas ao longo de três anos, uma vez que deduziu os lucros correntes, avaliados em 70 mil libras, das 200 mil libras que concordara em pagar pelas cotas dos genebrinos. Ele também assumiu o controle de créditos a receber no valor nominal de 152 020 libras. Não se pode determinar o número exato de *Enciclopédias* adquiridas pelo editor, pois o contrato original da edição estabelecera uma tiragem de 2 mil cópias com uma sobra de 150 para cobrir as folhas defeituosas, e não há como descobrir o verdadeiro número dessas folhas.

(20) No dia em que Diderot foi preso, 24 de julho de 1749, os editores apelaram ao conde D'Argenson, o ministro que dera a ordem de prisão, salientando as conseqüências econômicas do ato: "Essa obra, que nos custará pelo menos 250 mil libras, estava a ponto de ser anunciada ao público. A detenção do sr. Diderot, o único homem de letras que conhecíamos capaz de tão vasto empreendimento e o único a possuir a chave de toda essa operação, pode acarretar a nossa ruína". Carta citada em Lough, John. *The "Encyclopédie"*. Nova York, 1971, p. 18.

(21) Circular de Pierre Gosse e Daniel Pinet, de Haia, 2 de agosto de 1769, enviada à STN. Em carta a Marc-Michel Rey, datada de 26 de outubro de 1770, Panckoucke indicava que a versão de Gosse sobre suas atividades não estava longe da verdade, pois explicava que por seis meses ele (Panckoucke), Dessaint e Chauchat haviam usado sua influência para obter permissão para publicar a *refonte*, esperando "que o governo permitisse a revisão da obra suprimindo os artigos que tinham podido desagradar". Carta citada em Clément, Fernand. "Pierre Rousseau et l'édition des *Suppléments* de l'*Encyclopédie*". *Revue des Sciences Humaines*, nº 86, p. 140, abr.-jun. 1957.

(22) Panckoucke a Rey, 26 de outubro de 1970, citado em *ibid.*, p. 141.

(23) *Ibid.*, p. 136. Os possíveis colaboradores citados no acordo incluem D'Alembert para física, Albrecht von Haller para anatomia, J.-J. de Lalande e Jean Bernouilli, o filho, para astronomia, Antoine Louis para cirurgia, Antoine Petit para medicina, L.-F.-G. de Keralio para tática, Philibert Gueneau de Montbéliard para artilharia, Nicolas de Beauzée para gramática e J.-F. de la Harpe para literatura. Quase todos eles foram recrutados por Panckoucke anos mais tarde para escrever a *Encyclopédie méthodique*, em alguns aspectos uma extensão do *Supplément*. Robinet não conseguiu recrutar vários dos autores mencionados no acordo, mas conseguiu como colaboradores muitos outros que não haviam sido indicados — cerca de cinqüenta ao todo, inclusive Condorcet e Marmontel, bem como autores menores como J.-L. Carra e J.-L. Castilhon, que escreveram, cada um, cerca de quatrocentos verbetes. Ver Lough, *The contributors to the "Encyclopédie"*, *op. cit.*, pp. 54-69.

(24) O privilégio, conferindo o direito exclusivo de imprimir e reimprimir a obra por doze anos, foi registrado no Registre des Privilèges da Communauté des Libraires et des Imprimeurs de Paris (mencionada doravante como corporação dos livreiros) em 10 de fevereiro de 1776. Bibliothèque Nationale, ms. Fr. 21 967, p. 94.

(25) Para uma explanação geral sobre os vários graus de legalidade na atividade editorial do século XVIII, ver Darnton, Robert. "Reading, writing, and publishing in eighteenth-century France: A case study in the sociology of literature". *Daedalus*, Winter 1971, pp. 214-56. Pode-se aprender muito acerca dos aspectos institucionais da atividade editorial no *Almanach de l'auteur et du libraire*. Paris, 1777, e no *Almanach de la librairie*. Paris, 1781, bem como nos decretos reais sobre a indústria livresca em Jourdan, A. J. L., Decrusy, O. O. e Isambert, F. A., editores. *Recueil général des anciennes lois françaises*. Paris, 1822-33, v. XVI, pp. 217-51; v. XXV, pp. 108-28.

(26) Diderot. *Au public et aux magistrats*. *In*: Lough, "Luneau de Boisjermain v. the publishers of the *Encyclopédie*", *op. cit.*, p. 132. Para sermos mais rigorosos, cabe mencionar que o arrêt du Conseil de 8 de março de 1759 revogou o segundo dos três privilégios, e em seu processo Luneau de Boisjermain alegava que as obrigações contratuais dos editores, que se baseavam no último privilégio, permaneciam, por isso, em vigor. Sua alegação, porém, girava em torno de minúcias legais ou de uma omissão do Conseil d'Etat, e o tribunal não a aceitou.

(27) Panckoucke a Rey, 26 de outubro de 1770. *In*: Clément. "Pierre Rousseau et l'édition des *Suppléments* de l'*Encyclopédie*", *op. cit.*, p. 140.

(28) Ver o texto do contrato em Lough, *Essays*, *op. cit.*, p. 67.

(29) STN ao *maréchal* de Metz, 22 de agosto de 1779.

(30) Bibliothèque Nationale, ms. Fr. 21 967, p. 122, registro de 29 de março de 1776: "Nosso amado sr. Panckoucke, livreiro, fez-Nos expor que desejaria fazer imprimir e dar ao público as obras intituladas *Coletânea das Ilustrações sobre as ciências, artes e ofícios in-folio*, *História geral das viagens*, do sr. abade Prevôt [ou seja, Prévost], se Nos aprouvesse conceder-lhe nossas cartas de privilégio para isso necessárias. Por esses motivos, querendo favoravelmente tratar o expositor, Nós lhe temos permitido e permitimos pelos presentes fazer imprimir as ditas obras tantas vezes quantas bem lhe parecer e vendê-las por todo o Nosso reino durante o tempo de doze anos consecutivos". Não existe registro dessa obra datado de 20 de maio de 1776, mas a referência feita por Panckoucke a essa data pode ter relação com sua aquisição definitiva do privilégio na Chancellerie, e não com seu registro na corporação.

(31) Como anunciado nas páginas de rosto, as ilustrações foram publicadas "com aprovação e privilégio do rei", mas seu título, *Recueil des planches sur les sciences, les arts libéraux, et les arts méchaniques, avec leur explication*, não indicava nenhuma ligação com a *Enciclopédia*, que havia sido proibida três anos antes do lançamento do primeiro tomo das pranchas.

(32) Segundo o texto publicado em Lough, *Essays*, *op. cit.*, p. 59, Le Breton e seus sócios afirmaram que "vendemos para sempre aos srs. Dessaint, Panckoucke e Chauchat

todos os nossos direitos nas reimpressões a fazer no futuro da dita obra da *Enciclopédia*, nossos ditos direitos tais como prosseguem e se comportam, que os ditos senhores compradores disseram conhecer bem e com os quais estão satisfeitos; em consequência do que o dito objeto é por nós vendido sem nenhuma garantia''. Poder-se-ia pensar que a posse dos clichês de cobre significava o controle *de facto* sobre as futuras edições, já que o texto de nada valeria sem as ilustrações. Cramer certa vez usou essa argumentação, em carta a Panckoucke (*ibid.*, pp. 94-5), mas ela não era muito convincente. As edições *in-quarto* e *in-octavo* incluíram apenas três dos onze volumes de ilustrações, e os editores de Livorno ofereceram-se para vender os tomos de texto sem os de ilustrações se os seus clientes assim o desejassem. O que Panckoucke desejava era um direito legal à obra, para que pudesse vender cotas desse direito e usá-lo para combater os concorrentes. Seu comportamento parece estranho apenas porque os conceitos modernos de legalidade e propriedade não se coadunam com as práticas setecentistas.

(33) O contrato de 26 de junho de 1770, mostrado em Lough, *Essays*, *op. cit.*, pp. 67-73, especificava que ''Os srs. Cramer e De Tournes não pretendem interessar-se senão na edição atual de 2 mil exemplares, e não pretendem nenhum direito de propriedade perpétua sobre os direitos e clichês da dita obra''.

(34) Artigo 22 do contrato no dossiê Marc-Michel Rey, Bibliotheek van de Vereeniging ter Bevordering van de Belangen des Boekhandels.

(35) Sobre a idéia de *combinaisons* de Panckoucke, ver o Capítulo IX.

(36) A *Gazette de Leyde* de 3 de janeiro de 1777 publicou um anúncio dos editores da *Enciclopédia in-quarto* afirmando que a edição *in-folio* de Paris estava sendo vendida na época por 1400 libras. Essa mesma quantia é mencionada com freqüência na correspondência da STN. Em 8 de junho de 1777, por exemplo, a STN observou a Considérant, livreiro de Salins, que a primeira edição se havia tornado extremamente rara, sendo comumente vendida por 1100 a 1500 libras. O prospecto para a reimpressão genebrina, de fevereiro de 1771, declarava que ''custa hoje até sessenta luíses [ou seja, 1440 libras], quando se pode encontrá-la, pois os primeiros volumes, entre outros, são de uma raridade extrema''. Lough, *Essays*, *op. cit.*, p. 76. Esse preço provavelmente incluía a encadernação, mas não o *Supplément* e a *Table*, que ainda não haviam sido lançados.

(37) A tiragem do *Supplément* foi estabelecida no contrato original de 12 de abril de 1771, mas pode ter sido modificada posteriormente. Ver Clément. ''Pierre Rousseau et l'édition des *Suppléments* de l'*Encyclopédie*'', *op. cit.*, p. 136; Birn, Raymond F. *Pierre Rousseau and the philosophes of Bouillon*. *In*: Besterman, Theodore, editor, *Studies on Voltaire and the eighteenth century*, 1964, v. XXIX, p. 122. Sobre o preço e a história da *Table*, ver Watts, George B. ''The *Supplément* and the *Table analytique et raisonnée* of the *Encyclopédie*''. *French Review*, nº 28, pp. 4-19, out. 1954.

(38) Em 8 de junho de 1777 a STN informou em carta a Droz, de Besançon, que o preço corrente da edição *in-folio* de Genebra havia diminuído para setecentas libras. Essa informação fora obtida em cartas de livreiros como Pavie, de La Rochelle, que pôs à venda uma *Enciclopédia* daquela edição por setecentas libras em 8 de fevereiro de 1777. Nessa época haviam sido iniciadas as assinaturas da edição *in-quarto*, mais barata, e Panckoucke, que possuía metade das cotas do empreendimento, vendera por 100 mil libras duzentas de suas últimas *Enciclopédias in-folio* de Genebra a Batilliot, um parisiense que especulava no ramo livresco. Batilliot, por sua vez, ofereceu as duzentas cópias a varejistas ao baixíssimo preço de seiscentos libras cada, com pagamento após três meses. Ver Batilliot à STN, 6 de fevereiro de 1777, e a circular impressa de Batilliot de 1º de dezembro de 1776, nos documentos da STN. Em 1786, quando Thomas Jefferson estava à procura de *Enciclopédias* para comprar em Paris, o preço era de 620 libras, incluídos o *Supplément* e a *Table* (ver Capítulo VI).

(39) Sobre a *Enciclopédia* de Lucca, ver Bongi, Salvatore. ''L'*Enciclopedia* in Lucca''. *Archivo Storico Italiano*, 3ª ser., nº 18, pp. 64-90, 1873; esse trabalho pouco informa

sobre os aspectos comerciais do empreendimento, mas observa que, ao iniciar a venda de assinaturas em novembro de 1756, Diodati fixou o preço em dois cequins por volume de texto e três cequins por volume de ilustrações. Como a coleção completa continha dezessete volumes de texto e onze de ilustrações, seu preço atingia provavelmente 67 cequins. Segundo as tabelas de conversão em Ricardi, Samuel. *Traité général de commerce*. Haia e Amsterdã, 1781, v. II, pp. 289, 293, o cequim valia na época onze libras tornesas, portanto a coleção custaria 737 libras, sem a encadernação, ao preço da assinatura em Lucca. Esse valor parece baixo, mas ao norte dos Alpes deveria ser bem mais elevado, devido aos custos de transporte. Informações adicionais podem ser encontradas em Weinert, H. K., editor. *Secondo centenario della edizione lucchese dell' Enciclopedia*, Florença, 1959, onde se indica uma tiragem de 1500 cópias (p. x).

(40) Sobre Aubert e sua relação com o arquiduque, ver Levi-Malvano, Ettore. "Les éditions toscanes de l'*Encyclopédie*". *Revue de littérature comparée*, n.º 3, pp. 213-56, abr.-jun. 1923; Lay, Adriana. *Un editore illuminista: Giuseppe Aubert nel carteggio con Beccaria e Verri*. Turim, 1973. Nenhum dos trabalhos, porém, fornece informações sobre o preço e a tiragem. Segundo um prospecto de 1769, Aubert comprometia-se a vender sua edição aos assinantes por 36 cequins, dez a menos do que o preço da edição de Lucca. Mas na época os editores originais haviam lançado apenas seis dos onze volumes de ilustrações, e assim o preço fixado por Aubert pode ter-se elevado bastante dez anos depois, ao terminar a impressão. Como ele originalmente estabelecera seu preço em 78% daquele cobrado em Lucca, seria razoável estimar que sua *Enciclopédia* custava por volta de 574 libras tornesas, talvez subestimando um pouco o verdadeiro preço. Os dados sobre a tiragem provêm de uma carta circular de Aubert, enviada em 6 de março de 1775 à STN anexa a uma carta de Gentil e Orr, agentes de expedição em Livorno.

(41) A queda no preço da edição *in-quarto* afetou apenas algumas cópias que ainda não haviam sido vendidas, as quais os editores dividiram entre si quando o empreendimento estava em vias de liquidação. Em 19 de novembro de 1780, a STN informou a Batilliot, de Paris, que possuía ainda sessenta cópias e que as estava pondo à venda por 240 libras cada em dinheiro ou 294 libras com pagamento em um ano. Três meses mais tarde, a STN vendeu trinta delas a Batilliot ao preço especial de duzentas libras cada, mantendo para o restante o preço de 240 libras até o final do estoque. Panckoucke, porém, liquidou seu estoque excedente por um preço mais baixo, e assim em março de 1780 a edição *in-quarto* podia ser adquirida em Paris por duzentas libras, segundo um relatório que dois sócios da STN enviaram daquela cidade a Neuchâtel em 31 de março de 1780.

(42) Embora os editores da edição *in-octavo* anunciassem inicialmente que a assinatura custaria 195 libras, o preço acabou por alcançar 225. Ver *Gazette de Berne*, 8 de abril de 1780. Esses editores, durante negociações sobre um acordo de comercialização com os editores da edição *in-quarto*, afirmaram diversas vezes que duplicariam sua tiragem para 6 mil cópias. Ver Société Typographique de Lausanne à STN, 16 de outubro e 11 de novembro de 1779; Bérenger, de Lausanne, à STN, 23 de novembro de 1779. No entanto, depois de o acordo ter sido definitivamente firmado em princípios de 1780, um dos sócios da STN relatou que a tiragem havia aumentado em apenas 2500 cópias. Ostervald a Bosset, ambos da STN, 4 de junho de 1780: "Sei por conhecimento certo que os homens de Lausanne e de Berna, que inicialmente a tiravam apenas com 3 mil, tiram-na agora com 5500, desde que foi obtida a entrada na França".

(43) Essas estimativas dependem de muitas conjeturas, especialmente quando se trata de calcular os *chaperons* e o volume de vendas na França em comparação com as vendas no exterior, como indicado pelos pontos de interrogação na tabela. Contudo, tais conjeturas podem ser corroboradas por numerosos dados qualitativos e quantitativos contidos nos papéis da STN, os quais fornecem a chave para calcular a difusão da *Enciclopédia* em geral (ver Capítulo VI). O tamanho dos *chaperons* variava, conquanto os manuais de impresso-

res informassem que eles costumeiramente incluíam um *main de passe* (25 folhas) para cada resma ou duas resmas (quinhentas ou mil folhas). Boulard, S. *Le manuel de l'imprimeur*. Paris, 1791, p. 72 e Momoro, A.-F. *Traité élémentaire de l'imprimerie, ou le manuel de l'imprimeur*. Paris, 1793, p. 91. O número total de *chaperons* parece impressionante: 625 *in-folio*, 514 *in-quarto* e trezentos *in-octavo*, sendo esta uma estimativa bem moderada (as referências sobre as tiragens das edições de Lucca, Livorno e Lausanne-Berna são dadas em números redondos, e por isso os *chaperons* calculados estão entre parênteses). A maioria dessas folhas apresentou defeitos, mas várias das não defeituosas poderiam ser combinadas para montar coleções completas, especialmente se algumas das lacunas fossem preenchidas com uma reimpressão. Já que muito provavelmente alguns editores montavam edições com sobras dessa maneira, e como as *Enciclopédias* em formato *in-octavo* podem ter sido impressas com uma tiragem de 6 mil em vez de 5500 cópias, o número total de exemplares da *Enciclopédia* existentes antes da Revolução Francesa pode ser estimado, por baixo, em 25 mil. Sobre a questão dos *chaperons* e das edições montadas com sobras, ver Darnton, Robert. "True and false editions of the *Encyclopédie*, a bibliographical imbroglio", apresentado durante o Colloque International sur l'Histoire de l'Imprimerie et du Livre à Genève.

2. *GÊNESE DE UM EMPREENDIMENTO EDITORIAL* (pp. 40-81)

(1) STN a Panckoucke, 25 de julho de 1769, incluído como memorando em uma carta da STN a Jean-Frédéric Perregaux, de 25 de julho de 1769.

(2) Em 11 de dezembro de 1764, um inspetor de polícia parisiense e uma companhia militar francesa invadiram três tipografias no teoricamente independente ducado de Bouillon. Birn, Raymond F. Pierre Rousseau and the "Philosophes" of Bouillon. *In*: Besterman, Theodore, editor. *Studies on Voltaire and the eighteenth century*, v. XXIX, p. 29.

(3) Um quarto fundador, Jonas-Pierre Berthoud, retirou-se passado um ano. Para informações sobre a firma e seus fundadores, ver Jeanprêtre, Jean. "Histoire de la Société Typographique de Neuchâtel, 1769-1798" Musée neuchâtelois, 1949, pp. 1-22; Rychner, Jacques. "Les archives de la Société Typographique de Neuchâtel". *Musée neuchâtelois*, 1969, pp. 1-24.

(4) STN a Perregaux, 25 de julho de 1769.

(5) Perregaux à STN, 13 de setembro de 1769.

(6) Ostervald à STN, 2 de junho de 1775.

(7) Panckoucke à STN, de Genebra, 12 de junho de 1775.

(8) Cramer e de Tournes haviam pago 76 451 libras por apenas um terço das cotas da segunda edição *in-folio*, enquanto a STN pagara 108 mil libras por metade das cotas da terceira edição proposta, bem como pelos *droits et cuivres*. A STN provavelmente conseguiu um preço melhor porque ainda havia para vender muitas cópias da edição anterior. Panckoucke, o dono de todas essas cópias, protegeu suas vendas futuras no contrato com a STN, ressaltando que a nova edição deveria permanecer "o mais profundo segredo" até 1º de janeiro de 1777; com isso, ele teria tempo suficiente para vender as cópias encalhadas da edição genebrina. O contrato também determinava à STN que pagasse a Panckoucke 35 400 libras pela metade do valor dos três primeiros volumes de texto e do primeiro tomo de ilustrações, bem como do frontispício e dos retratos gravados de D'Alembert e Diderot, que Panckoucke mandara imprimir em Paris. Os genebrinos haviam pago por esses volumes praticamente o mesmo preço, e Panckoucke os reembolsara por ocasião da liquidação de contas, em 13 de junho de 1775. Portanto, ele não logrou a STN cobrando duas vezes pelo mesmo item, como poderia parecer, mas conseguiu cobrir o custo dos volumes confiscados incorporando-os à nova edição.

(9) As discussões de Panckoucke em Genebra somente podem ser acompanhadas a partir de algumas anotações escritas por Bosset, intituladas "Observations de M. Bosset sur la refonte". Papéis da STN , ms. 1233.

(10) Sobre Suard e a integração do "Alto Iluminismo" aos estratos superiores do Antigo Regime, ver Darnton, Robert. "The High Enlightenment and the low-life of literature in prerevolutionary France". *Past and Present*, nº 51, pp. 81-115, 1971.

(11) Diderot. *Oeuvres complètes*. Ed. J. Assézat e M. Tourneux. Paris, 1875-7, v. XX, p. 130. Sobre o contexto e a recepção do relatório de Diderot, ver Bachaumont, L. P. de *et alii*. *Mémoires secrets pour servir à l'histoire de la République des Lettres en France de 1762 jusqu'à nos jours*. Londres, 1777-89, registro de 29 de junho de 1772 (citado doravante como Bachaumont).

(12) Panckoucke à STN, 4 de agosto de 1776. O propósito do relatório evidencia-se claramente em uma introdução ao mesmo, escrita por ou para Panckoucke. Diderot. *Oeuvres complètes*. *op. cit.*, v. XX, pp. 129-30.

(13) A versão do relatório na edição de Assézat-Tourneux das *Oeuvres complètes* de Diderot foi extraída de uma petição judicial de Luneau, e contém diversos traços onde foram suprimidas passagens e nomes próprios. Infelizmente, a cópia enviada por Panckoucke não permaneceu nos papéis da STN. Contudo, na carta anexa, Panckoucke não contestou a veracidade das passagens impressas por Luneau, e portanto a versão apresentada nas *Oeuvres complètes* é provavelmente acurada, dentro de suas limitações. Os estudiosos de Diderot salientaram corretamente a origem polêmica do relatório, mas não consideraram suas implicações para a biografia de Diderot. A carta de Panckoucke indica que Diderot pensava seriamente em editar o texto de uma versão totalmente nova da *Enciclopédia*, e não apenas do *Supplément*, apesar dos desmentidos contidos no próprio relatório, p. 131.

(14) Diderot a Sophie Volland, 31 de agosto (?), em Diderot. *Correspondance*. Ed. G. Roth. Paris, 1955----), v. 9, pp. 123-4. A antipatia de Diderot por Panckoucke é indicada também por um comentário que Ostervald relatou a Bosset em uma carta de 4 de junho de 1780: "Harlé [genro de Ostervald, comerciante de Saint- Quentin] ter-vos-á talvez falado dele [isto é, sobre Panckoucke] e ter-vos-á dito como a mim que Diderot lhe assegurara que era um homem de má-fé, oferecendo-se para fornecer a prova disso".

(15) Todos os mencionados no contrato pertenciam à Academia Francesa, exceto os dois que hoje em dia são menos conhecidos: Antoine Petit, médico famoso e membro da Academia de Ciências, e Antoine Louis, ilustre *secrétaire perpétuel* da Academia de Cirurgia. Ambos haviam colaborado com verbetes na área de ciência médica para a *Enciclopédia* original.

(16) D'Alembert estava respondendo a uma carta da STN, que foi extraviada, como a maioria da correspondência da firma relativa à *Enciclopédia* durante esse período.

(17) "Mémoire envoyé à Paris le 1e juin 1777", nos papéis da STN, dossiê *Encyclopédie*: "Prestando nossas humilíssimas ações de graça ao sr. D'Alembert pelo cuidado que se digna tomar por nossos interesses junto de S. M. o rei da Prússia, suplicamos-lhe que nos favoreça com sua poderosa recomendação, com o fim de obter de S. M. que lhe apraza dirigir um rescrito ao Conselho de Estado de seu Principado de Neuchâtel e Valangin, referindo que, informada de que se estabeleceu na capital uma tipografia considerável, Ela a toma sob sua alta proteção, para que ela possa trabalhar com todo o sucesso possível, concedendo-lhe não apenas a permissão de imprimir livremente a nova edição da *Enciclopédia* na qual se trabalha, mas aceitando além disso que essa grande obra lhe seja dedicada.

Será conveniente que esse rescrito nos seja endereçado e enviado diretamente, a fim de que possamos fazer uso dele em caso de necessidade e dá-lo a conhecer apenas no caso em que se quisesse atrapalhar-nos quanto a esse trabalho".

Ostervald e Bosset conheciam D'Alembert, e discutiram com ele seus projetos para a *Enciclopédia* durante uma viagem a Paris na primavera de 1777. Não foram preservados os registros dessas conversas, mas a STN faz alusões a elas em uma carta a Panckoucke, de 8 de fevereiro de 1778:

"Lembrei-vos também que o sr. D'Alembert nos havia prometido na última primavera fornecer uma história da *Enciclopédia*, novo trecho e que produzido por tal pluma daria um maravilhoso relevo ao nosso negócio?"

(18) O memorando de Bosset, intitulado "Observations de m. Bosset sur la refonte", examina o material enviado por Panckoucke com pormenores suficientes para dar uma idéia razoável sobre seu conteúdo, especialmente porque os esboços de contratos de Panckoucke serviram de base para os contratos que efetivamente foram preservados nos papéis da STN.

(19) Embora Suard houvesse aceito o contrato para a edição revista em 14 de agosto de 1776, só muito mais tarde concordou com as modificações impostas ao documento pelo acordo entre Panckoucke e a STN. Em 4 de novembro de 1776, Panckoucke escreveu à STN: "Junto aqui o auto que o sr. Suard finalmente assinou. Ele exigia mudanças. Mostrei-lhe que elas acarretariam demoras e que já tínhamos perdido tempo demais. Fi-lo sentir a necessidade do artigo da inatividade, a perda imensa que uma suspensão, ainda que de apenas um mês, acarretaria etc.".

(20) Panckoucke à STN, 4 de novembro de 1776. Regnault era um dos livreiros mais importantes de Lyon. Ele aparentemente comprou uma cota de 1/12 da reimpressão e concordou em convertê-la para a *refonte*, como fez a STN. Ver Regnault à STN, 27 de agosto de 1776. Rey vendeu sua cota de 1/12 de volta a Panckoucke algum tempo depois. Durante o breve período como seu sócio do empreendimento, a STN tentou estabelecer com ele uma forte união, mas ele não quis aliar-se a uma firma rival que às vezes produzia edições piratas de suas próprias obras. Ver STN a Rey, 25 de janeiro de 1777, dossiê Marc-Michel Rey, Bibliotheek van de Vereeniging ter Bevordering van de Belangen des Boekhandels.

(21) Panckoucke descreveu sua situação financeira em uma carta à STN de 4 de novembro de 1776, e Suard comentou suas operações em cartas de 18 de abril de 1777 e 11 de janeiro de 1779.

(22) Ver, por exemplo, a coleção de memorandos nos Archives de la Chambre Syndicale des Libraires et Imprimeurs de Paris. Bibliothèque Nationale, ms. Fr. 21 833.

(23) "Carnet de voyage, 1773, J. E. Bertrand". Papéis da STN, ms. 1058

(24) Diário de Emeric David intitulado "Mon voyage de 1787". Bibliothèque de l'Arsénal, Paris, ms. 5947.

(25) "Mémoire sur la Librairie de France fait par le sieur Guy pendant qu'il était à la Bastille", 8 fev. 1767, Bibliothèque Nationale, ms. Fr. 22 123.

(26) Jean Schaub à STN, 10 jan. 1775

(27) Panckoucke à STN, 6 nov. 1779

(28) Pierre-Joseph Duplain trabalhou intensivamente com obras ilegais até ser denunciado por um colega em 1773, quando uma *lettre de cachet* o obrigou a fugir para a Suíça. Em 1777, apareceu em Paris como *commissionnaire* e negociante clandestino, e ali salvou-se da falência comercializando os tipos mais lucrativos e perigosos de livros e manuscritos proibidos. Ver o dossiê de P.-J. Duplain, nos papéis da STN.

(29) Revol à STN, 24 de junho de 1780. Amable e Thomas le Roy também eram livreiros em Lyon, e trabalharam com Duplain na edição *in-quarto* da *Enciclopédia*.

(30) Duplain à STN, 3 nov. 1775. As demais informações contidas nesse parágrafo foram extraídas das 84 cartas que compõem o dossiê de Duplain nos papéis da STN.

(31) Duplain à STN, 3 nov. 1775; STN a Duplain, 9 nov. 1775.

(32) Ver o texto dos decretos de 30 de agosto de 1777 em F. A. Isambert, Decrusy, e Taillandier, A. H., editores. *Recueil des anciennes lois françaises*. Paris, 1822-33, v. XXV, pp. 108-28; para uma abordagem geral sobre a atividade editorial exercida pelos membros das corporações em contraste com a dos editores não afiliados, ver Darnton, Robert. "Rea-

ding, writing, and publishing in eighteenth-century France: A case study in the sociology of literature". *Daedalus*, 1971, pp. 214-56, Winter.

(33) Perregaux à STN, 17 dez. 1777.

(34) Indicando que tomava partido dos livreiros provincianos contra os parisienses, Panckoucke escreveu: "Os de Rouen fizeram agradecimentos por delegações. Seria de desejar que Lyon e as outras grandes cidades fizessem o mesmo. Como quer que seja, esses decretos não importam para o nosso negócio [ou seja, a *Enciclopédia*]".

(35) *Lettre de m. Panckoucke à messieurs le président et électeurs de 1791*. Paris, 9 set. 1791, pp. 23, 14. Panckoucke descreveu seu papel como reformador e discorreu sobre o memorando nas "Observations de M. Panckocuke", publicadas no *Mercure* de 21 de novembro de 1789. Imprimiu pessoalmente o memorando, ou pelo menos parte dele — uma argumentação comedida e racional em favor da limitação dos privilégios para os livros — na *Encyclopédie méthodique, Jurisprudence*, v. VI, pp. 813-7.

(37) Panckoucke à STN, 7 de julho de 1778. Em uma carta à STN de 4 de novembro de 1776, Panckoucke explicou: "Pago todos os anos ao sr. Duperron, diretor da Imprensa Real, de 70 a 80 mil libras. [...] Rogo-vos prestar atenção no fato de que eu estaria adiantado em mais de 80 mil libras no fim de 1777".

(38) Panckoucke delineou esse projeto, que teria necessitado da intervenção de D'Alembert para obter o apoio de Frederico II, no rascunho de uma carta à STN, de 25 de dezembro de 1776, que se encontra na Bibliothèque publique et universitaire de Genève, ms. suppl. 148: "Escrevei-me, senhores, se um francês católico romano pode comprar entre vós, no condado de Neuchâtel e de Valangin, terras, bens imóveis. Fazei-me saber também se o rei da Prússia pode lhe dar cargos, quais são aqueles que são de sua nomeação, quais são os que se compram, os que se dão, se não é preciso ser protestante para os ocupar, se atualmente há alguns deles vagos, os que exigem residência, se não bastaria estar aí alguns meses do ano etc. Não vos escondo, senhores, que estaria pensando muito em ir estabelecer-me com minha mulher e uma filha seis meses do ano junto de vós, isto é, do fim da primavera ao começo do outono, e voltar para passar o inverno em Paris. Como o sr. D'Alembert conta fazer uma viagem à Prússia no mês de maio, aproveitaremos esse momento para a nossa dedicatória [ou seja, da *Enciclopédia*], e eu desejaria aproveitá-lo eu mesmo para me proporcionar em vossa cidade uma situação que pudesse dar mais consistência às nossas operações. Aliás, tenho aqui o projeto de vender todo o meu acervo com exceção da *História natural* e do meu jornal. Atualmente, faz-se mesmo o meu inventário, e essa venda pode ser feita em um mês, de maneira que se ela ocorresse, eu não hesitaria em comprar a pequena casa do sr. Bosset de Luze, com algumas dependências. Mas como dependemos do mundo da opinião e que, vendendo aqui três quartos de meu acervo, eu não gostaria de ter o ar de ir estabelecer junto a vós uma casa livreira nova, desejaria um cargo honesto, que motivasse esse arranjo. Tivemos livreiros neste país que formaram estabelecimentos nos países de vários soberanos, mas todos tiveram cargos, que autorizaram suas iniciativas, e eu gostaria de estar no mesmo caso". Na versão final enviada à STN no dia seguinte, Panckoucke excluiu desta parte da carta tudo menos as duas primeiras sentenças; contudo, posteriores alusões em cartas que lhe enviou a STN mostram que havia comentado com Ostervald e Bosset a possibilidade de fixar residência em Neuchâtel.

(39) Bachaumont, registro de 2 de dezembro de 1786. E no registro de 6 julho de 1778, o *Mémoires secrets* comentava: "O sr. Panckoucke, em virtude do alvará que lhe concede o empreendimento do *Mercure*, nutre as maiores pretensões. Não se contenta em ter já englobado o *Journal Français*, o *Des Dames*, o *De Politique et de Littérature*; desejaria que os outros ainda se tornassem pelo menos tributários do seu em razão de sua primazia".

(40) STN a Panckoucke, 18 de dezembro de 1777; Panckoucke à STN, 22 de dezembro de 1777.

(41) Bachaumont, registro de 5 de dezembro de 1781.

(42) Ainda não se efetuou um estudo sobre a política e o tráfico de influências na corte de Luís XV e Luís XVI, mas podemos obter muitas informações a respeito desse tema surpreendentemente tão pouco estudado em Antoine, Michel. *Le conseil du roi sous le règne de Louis XV*. Genebra, 1970; Bosher, J. F. *French finances, 1770-1795: From business to bureaucracy*. Cambridge, Inglaterra, 1970.

(43) Bachaumont, registro de 17 de setembro de 1776. O *Mémoires secrets* considerou o tom da carta tão familiar que se poderia desconfiar de sua autenticidade, mas observou: "Explica-se isso dizendo que o sr. de Vergennes escreveu-a ele próprio, numa efusão do coração".

(44) Garat, D.-J. *Mémoires historiques sur la vie de m. Suard, sur ses écrits, et sur le XVIIIe siècle*. Paris, 1820, v. I, p. 274.

(45) Em sua *Lettre* de 9 de setembro de 1791, Panckoucke vangloriou-se de seu sucesso em divulgar as obras de Voltaire, Rousseau e Raynal: "Eu soube manipular tão bem os ministros do rei que as fiz circular livremente no reino" (p. 9; ver também p. 16, sobre as vendas de *Histoire philosophique*, de Raynal, e os comentários semelhantes em Bachaumont, registro de 16 de fevereiro de 1776). Obviamente, Panckoucke não usava sua influência meramente para difundir o Iluminismo. Um contrato entre Panckoucke e Stoupe, de 7 de maio de 1781, documento que se encontra na Bodleian Library, Oxford, ms. Fr. c. 31, mostra que ele adquiriu por 250 mil libras a participação majoritária em uma edição genebrina da *Histoire philosophique*. Panckoucke mencionou sua permissão especial para importar a *Enciclopédia* de Genebra em uma carta à STN de 5 de agosto de 1777.

(46) Barret à STN, 24 de outubro de 1779. Quatro anos depois, a STN fez a mesma proposta a Amable le Roy, de Lyon, recebendo resposta idêntica (Le Roy à STN, 17 de dezembro de 1783): "Eu não hesitaria em me interessar por ela para a minha atividade, se elas [vossas especulações] não estivessem dirigidas contra o sr. Panckoucke, que é o favorito de todos os ministros. Ele tem um privilégio autêntico sobre essa obra, e creio que esmagaria com seu crédito um livreiro nacional que participasse de vosso projeto".

(47) Essa campanha da STN verificou-se, em grande parte, após a firma encerrar seu empreendimento da *Enciclopédia* com Panckoucke. Vários dos agentes que trabalhavam para a STN informaram que Panckoucke bloqueou todas as tentativas de negociar uma permissão. Ver Thiriot à STN, 5 de maio de 1781 ("Panckoucke está irritado, nada avança com o chanceler") e comentários semelhantes em Le Senne à STN, carta sem data, evidentemente de maio de 1780.

(48) Bachaumont, registro de 31 de agosto de 1786. Sobre os outros incidentes mencionados, ver Bachaumont, registros de 5 de novembro de 1786, 13 de novembro de 1786, 2 de julho de 1773 e os comentários adicionais, impressos em forma de apêndice em Bachaumont, v. 27, pp. 278-9, sem data de registro. As informações de Bachaumont sobre a opinião pública são mais confiáveis do que as referentes aos eventos, mais a maioria dos historiadores do jornalismo setecentista foi obrigada a basear-se nelas, por falta de melhores fontes, com exceção dos próprios jornais. Para um apanhado geral sobre o assunto, ver Hatin, Eugène. *Histoire politique et littéraire de la presse en France*. Paris, 1859-61, 8 v.; Hatin, Eugène. *Biblographie historique et critique de la presse périodique française*. Paris, 1866, obras que não foram suplantadas pelo trabalho mais recente de Bellanger, Claude, Godechot, Jacques, Guiral, Pierre e Terrou, Fernand. *Histoire génerale de la presse française*. Paris, 1969, v. 1. Sobre a crise financeira de Panckoucke em 1777, ver sua *Lettre* de 9 de setembro de 1791, pp. 11, 29.

(49) Panckoucke à STN, 5 de maio de 1777. A STN pedira a ajuda de Panckoucke para conseguir a liberação de algumas cópias confiscadas de sua edição pirata da *Description des arts et métiers*. Panckoucke recusou, alegando que "isso seria comprometer-me. Permitiu-se a entrada direta em meus depósitos de vários fardos da *Enciclopédia*. Meus injustos colegas,

sabendo das ligações que tenho com vossa casa, suspeitaram que eles pudessem conter vossas *Artes*".

(50) Panckoucke à STN, 26 de dezembro de 1776. O relatório de Regnault e as outras cartas remetidas a Panckoucke ou por ele na época foram extraviadas dos papéis da STN, mas o acordo de Dijon e a correspondência subseqüente da STN deixam claro que Panckoucke considerava a edição *in-quarto* um sucesso comercial tão grande que ele preferia lucrar com ela a destruí-la.

(51) Na verdade, Duplain faria os pagamentos necessários e seria compensado pelo uso de seu capital recebendo por ele juros de 5%, que seriam pagos por Panckoucke; este também lhe emitiria, por garantia, uma promissória de 20 mil libras.

(52) Esse cálculo tem por base as cláusulas do contrato, e representa os custos e receitas projetados em 1777, e não os valores finais, que se revelaram muito mais elevados. A única informação não disponível é a do custo das pranchas, que pode ser estimado a partir do "Résumé des frais des planches", composto por Panckoucke em 1780 (papéis da STN, ms. 1233). Se todas as 4 mil cópias fossem vendidas ao preço de atacado, renderiam 968 088 libras, supondo um número máximo de décimas terceiras cópias gratuitas. Se vendidas todas ao preço do varejo, renderiam 1376 mil libras. Portanto, Panckoucke podia calcular com segurança que a receita bruta superaria 1 milhão de libras. Suas estimativas dos custos provavelmente foram mais complicadas, mas deixando de lado alguns detalhes e cálculos matemáticos, poderíamos apresentá-las da seguinte forma:

Gravação e retoque das pranchas	34 916 libras
Impressão das pranchas	16 414
Papel para as pranchas	17 737
Composição e impressão do texto	180 090
Papel para o texto	237 600
Despesas de Duplain durante quatro anos	8 000
Salário do *rédacteur*, quatro anos	2 400
Custo total	497 157 libras

(53) Esse relato fundamenta-se no rico dossiê de Batilliot, com 101 cartas, que se encontra nos documentos da STN. Em 13 de março de 1778, Batilliot informou à STN que só lhe faltava vender uma das cópias da *Enciclopédia* de Genebra, muito embora seus lucros houvessem sido prejudicados pela necessidade de abrir caminho para os livros em Paris por meio de subornos.

(54) Panckoucke à STN, 16 de junho de 1777. Ao estabelecer o preço de 60 mil libras pela *Table*, Panckoucke recorreu a uma típica "conversa de vendedor": "Comprei-lhe o manuscrito dos associados da *Enciclopédia* por 30 mil libras. [...] Proponho vender-vos esse índice, mas quero duplicar meu dinheiro". Na verdade, ele a comprara de De Tournes por 22 mil libras. Ver o texto do contrato em Lough, John. *Essays on the Encyclopédie of Diderot and d'Alembert*. Londres, 1968, p. 104.

(55) Panckoucke à STN, 4 de novembro de 1776; 16 de junho de 1777.

(56) Citações extraídas de: STN a Perregaux, 11 de fevereiro de 1777; Perregaux à STN, 19 e 28 de fevereiro de 1777; Ostervald e Bosset à STN, 7 de março de 1777. As cartas enviadas da França raramente mencionam pelo nome as pessoas, pois o governo francês tinha a má fama de violar correspondências.

(57) Guyot, Charly. *De Rousseau à Mirabeau. Pèlerins de Môtiers et prophètes de 89*. Neuchâtel, 1936, p. 103. Rousseau vivera na região na década de 1760, escrevendo eloqüentes descrições do local.

(58) As preparações para a viagem evidenciam-se na correspondência da STN com Pellier e Pochet, *commissionnaires* em Besançon, em fevereiro de 1777. Sobre a "revolução" no modo de viajar, ver Arbellot, Guy. "La grande mutation des routes de France au milieu du XVIIIe siècle". *Annales E. S. C.*, nº 28, pp. 765-91, maio-jun. 1973.

(59) STN a Perregaux, 11 de fevereiro de 1777.

60. Ostervald e Bosset à STN, 12 e 20 de março de 1777. Ver também os comentários semelhantes na carta que enviaram em 23 de março.

(61) Ostervald e Bosset à STN, 28 de fevereiro de 1777. O "abbé G." era provavelmente Grosier, um literato pouco conhecido, com quem a STN fazia contato.

(62) Bertrand a Ostervald e Bosset, 23 de fevereiro de 1777. A carta de Bertrand ilustra um fator que complicava as negociações entre os primeiros editores modernos: a desconfiança, misturada a uma percepção equivocada da realidade. Em 1777, Charmet era um homem idoso, que já perdera o domínio sobre sua área de trabalho. Equivocou-se a respeito de Capel, que acabou conseguindo 152 assinaturas em Dijon, e subestimou tremendamente a demanda pela *Enciclopédia* em seu próprio território, onde um jovem livreiro, Lépagnez, vendeu 338 assinaturas. Simultaneamente, porém, o relatório de Charmet parecia ser confirmado por outros relatórios que chegaram às mãos de Ostervald e Bosset em Paris. Em 10 de março de 1777, Panckoucke escreveu a Duplain que "o sr. Boucher, livreiro de Rouen que está atualmente aqui, não crê no sucesso de vosso empreendimento. Disse-o aqui a esses senhores, e esses relatórios fazem-nos crer que eu acreditei muito levianamente em vossas subscrições. Eles continuam convencidos de que se anunciassem sua edição, todos os vossos assinantes desertariam". Bibliothèque Publique et Universitaire de Genève, ms. suppl. 148.

(63) Ostervald e Bosset à STN, 28 de fevereiro de 1777.

(64) A *Addition* expressava essas provisões, com um estilo um tanto elíptico, da seguinte forma: "Tendo em vista as dificuldades por que passa a execução do dito auto, considerando-o o ministério como contrário aos interesses dos homens de letras, o sr. Thomas le Roy, associado aos srs. Duplain e Cia., estando de volta a Paris para afastar as dificuldades levantadas a respeito do dito auto, encarregou o sr. Panckoucke de fazer todas as diligências convenientes para superar os obstáculos que se encontrem nessa oportunidade: e com esse fim autoriza-o a oferecer a quem convier uma soma de cem pistolas por cada volume de texto, com o fim de obter as facilidades necessárias para a entrada dessa edição na França". Uma nota na margem, com a letra de Panckoucke, ao lado do artigo 17 do Traité de Dijon (o que menciona a necessidade de adiar o anúncio da edição revista por dois anos), dizia: "Foi a ordem expressa que me deu o magistrado [ou seja, Néville]. Ele desejou mesmo que se andasse mais depressa". Panckoucke evidentemente queria dizer que o diretor da Librairie o pressionara para acelerar a edição *in-quarto*, a fim de minimizar os prejuízos que ela causaria à equipe de autores de Suard. Os contemporâneos acreditavam que Panckoucke e Duplain, como outros editores, recorriam ao suborno. Um folheto anônimo, *Lettre d'un libraire de Lyon à un libraire de Paris* (1º de março de 1779), mencionava como sendo um boato corrente (p. 1): "Escrevi-lhe outrora, e todo o ramo livreiro de Lyon está informado disso, que Duplain deu 40 mil libras para ter a permissão de imprimir a *Enciclopédia*". Ver também os comentários semelhantes sobre Panckoucke, na página 8.

(65) Ostervald e Bosset à STN, 7 de março de 1777. No original é mencionada apenas a primeira letra dos nomes próprios.

(66) Panckoucke a Duplain, 10 de março de 1777. Bibliothèque Publique et Universitaire de Genève, ms. suppl. 148.

(67) Ostervald e Bosset à STN, 10 de março de 1777.

(68) Ostervald e Bosset à STN, 12 de março de 1777.

(69) Ostervald e Bosset à STN, 20 de março de 1777.

(70) Duplain a Panckoucke, 10 de março de 1777, no dossiê de Panckoucke contido nos papéis da STN.

(71) Duplain a Panckoucke, 16 de março de 1777.

(72) Ostervald e Bosset à STN, 24 de março de 1777.

(73) Ver "Troisième addition à l'acte du 3e juillet 1776", Apêndice A. VIII. O contrato de 3 de julho de 1776 também obrigava a STN a pagar 35 400 libras em seis prestações entre 1º de agosto de 1777 e 1º de novembro de 1778, para cobrir metade do valor dos três volumes de texto da edição genebrina, que Panckoucke recuparara da Bastilha. Muito embora os acordos subseqüentes tenham tornado esses volumes praticamente sem valor, a dívida não foi cancelada.

(74) Ostervald e Bosset à STN, 23 e 24 de março de 1777. Ver também os comentários semelhantes na carta que enviaram à STN em 4 de abril de 1777.

3. *O MALABARISMO COM AS EDIÇÕES DA ENCICLOPÉDIA* (pp. 82-111)

(1) Panckoucke à STN, 26 de junho e 8 de julho de 1777. Ver também comentários semelhantes nas cartas de Panckoucke à STN de 13 de maio e 16 de junho de 1777, e em Duplain à STN, 18 de agosto de 1777.

(2) Uma boa suposição para explicar a "segunda edição" encontra-se em Watts, George B. "The Swiss editions of the *Encyclopédie*". *Harvard Library Bulletin*, 1955, nº 9, p. 228. Esse autor, porém, como outros estudiosos do assunto, julgou que Pellet estava por trás do empreendimento. Lough concorda com a versão de Watts sobre essa complicada questão; ver Lough, John. *Essays on the Encyclopédie of Diderot and d'Alembert*. Londres, 1968, pp. 36-8. Para uma abordagem completa, ver Darnton, Robert. "True and false editions of the *Encyclopédie*, a bibliographical imbroglio", apresentado durante o Colloque International sur l'Histoire de l'Imprimerie et du Livre à Genève.

(3) Em carta à STN de 27 de agosto de 1777, Duplain emitiu suas instruções do seguinte modo: "Estamos decididos a tirar três resmas e dez mãos a mais. Consentireis por conseguinte, senhores, em tirar de cada folha que doravante colocardes no prelo ao todo doze resmas e seis mãos, e quando tiverdes terminado vosso volume, reimprimireis por favor tudo o que está feito e tirareis três resmas e dez mãos apenas". Em carta de 18 de agosto, ele afirmou que a impressão do volume 8 fora iniciada recentemente em Lyon e que os dez primeiros volumes deveriam estar completos em setembro, mas suas cartas não fornecem informações suficientes para determinarmos exatamente que proporção dos volumes anteriores passou por recomposição dos tipos e foi impressa com tiragem de 1750 cópias, nem quem os imprimiu.

(4) Panckoucke à STN, 9 de setembro de 1777. Panckoucke acrescentou que ele realmente acreditava nas informações de Duplain: "Deve-se esperar vender em Paris pelo menos mil. O próprio varejo, se corresponder às províncias, pode ser o dobro. Duplain escreveu-me para um aumento de tiragem que não teríamos o direito de impedir, mesmo que não tivéssemos razões para o querer. Assim como ele, estou bem certo de que se venderão esses 6 mil exemplares, e essa segurança deve convencer-vos, senhores, de que vos lancei em um excelente negócio, já que nesse número devemos duplicar, ou mais, nossos fundos".

(5) O novo preço de nove libras e cinco soldos por resma foi estipulado por uma Addition ao Traité de Dijon com data de 5 de maio de 1777. Esse documento não se encontra nos papéis da STN, mas seu conteúdo é claramente indicado pelo quarto parágrafo do acordo entre Panckoucke e Duplain de 30 de setembro de 1777 (ver Apêndice A. XI).

(6) Panckoucke à STN, 9 de setembro de 1777.

(7) O texto desta "Copie de traité pour la *Table analytique* entre M. Duplain et M. Panckoucke" encontra-se nos papéis da STN, ms. 1233. Uma carta da STN a Panckoucke

enviada em 3 de maio de 1778 indica que os sócios da STN na época não sabiam das providências secretas para a edição da *Table* em formato *in-quarto* e estavam dispostos a fazer acordo semelhante com Panckoucke sem o conhecimento de Duplain.

(8) Panckoucke à STN, de Lyon, 9 de outubro de 1777.

(9) Duplain à STN, 30 de setembro de 1777.

(10) O agente, Merlino de Giverdy, informou a Panckoucke em novembro que dentro de três meses poderia haver assinaturas suficientes para uma terceira edição. Panckoucke repassou a notícia à STN com um comentário exultante, do tipo que passava a constar em todas as suas cartas a respeito da edição *in-quarto*: "É um sucesso inacreditável". Ver Panckoucke à STN, 8 de novembro de 1777.

(11) Duplain à STN, 16 de janeiro de 1778. O texto não se encontra na carta de Duplain, sendo citado da *Gazette de Leyde* de 6 de fevereiro de 1778, onde a STN mandou imprimi-lo.

(12) STN a Panckoucke, 25 e 29 de janeiro de 1778.

(13) STN a Panckoucke, 22 de fevereiro de 1778.

(14) STN a Duplain, 29 de março de 1778.

(15) STN a Panckoucke, 9 de abril de 1778.

(16) *Ibid.*

(17) STN a Duplain, 15 de abril de 1778.

(18) Duplain à STN, 21 de abril de 1778.

(19) STN a Panckoucke, 3 de maio de 1778; STN a Duplain, 2 de maio de 1778.

(20) Duplain à STN, 9 de fevereiro de 1778.

(21) Este relato sobre a contenda da STN com Duplain fundamenta-se no alentado dossiê de D'Arnal, nos papéis da STN, bem como na correspondência entre a STN e Duplain.

(22) STN a Panckoucke, 7 de junho de 1778.

(23) Dentre essa série de cartas, as mais importantes são: D'Arnal à STN, 12 de junho; STN a D'Arnal, 17 de junho; STN a Duplain, 24 de junho; STN a Duplain, 8 de julho; STN a D'Arnal, 8 de julho de 1778.

(24) O diário de Favarger, sob o título de "Instructions et renseignements pour J. F. Favarger", encontra-se nos papéis da STN, ms. 1059.

(25) STN a Favarger, 11 de julho de 1778.

(26) Favarger à STN, 15 de julho de 1778.

(27) Duplain à STN, 10 de julho de 1778. Essa foi uma resposta à carta da STN de 8 de julho, que praticamente dava a Duplain um ultimato para que liquidasse sua dívida.

(28) STN a Duplain, 15 de julho de 1778.

(29) Favarger à STN, 23 de julho de 1778.

(30) Panckoucke à STN, 26 de junho de 1777.

(31) Favarger anexou um texto manuscrito do prospecto a uma carta à STN enviada em 23 de julho de 1778.

(32) O rascunho da proposta de Panckoucke, escrito com sua própria caligrafia, encontra-se nos papéis da STN, ms. 1233, sob o título "Addition à l'Acte du quatorze janvier mil sept cent soixante et dix-sept".

(33) Em suas "Observations sur l'Acte de M. Duplain", que ele enviou juntamente com o rascunho de Duplain em sua carta à STN de 7 de julho de 1778, Panckoucke explicou seus cálculos da seguinte maneira: "O preço de 38 libras por três resmas e dezesseis mãos está de acordo com o Auto de Dijon — trinta libras o primeiro milhar, oito libras o segundo. Há apenas quatro mãos de diferença. [...] Dez libras o papel; ele é muito raro, e eles não ganham cinco soldos a esse preço". Para acompanhar essa explanação, é preciso lembrar que os editores setecentistas comumente raciocinavam em resmas, e não em número de cópias. Duplain desejava imprimir cada folha 1900 vezes pelo equivalente do que teria custado a impressão com uma tiragem de 2 mil cópias, segundo o preço estipulado no Traité de

Dijon. A diferença de cem folhas, ou quatro mãos, na impressão de cada folha de texto atingia dezesseis soldos, ou seja, 104 libras por volume (os volumes normalmente continham cerca de 130 folhas), 3744 libras por toda a impressão. O custo de aumentar a verba para o papel em cinco soldos por resma pode ser assim calculado: como havia aproximadamente 130 folhas por volume e cada folha seria impressa 1900 vezes, cada volume conteria 247 mil folhas, ou 494 resmas, e a impressão como um todo dos 36 volumes da coleção conteria 17 784 resmas. Com cinco soldos adicionais por resma, o aumento nos custos do papel atingiria, portanto, 4446 libras. Os custos revelaram-se depois mais elevados, pois Duplain posteriormente aumentou a impressão em mais uma resma por folha. Mas esses cálculos ilustram o modo como raciocinavam os editores do século XVIII, começando sempre com custos padronizados por folha de texto, ou *feuille d'édition*.

(34) Favarger à STN, 15 de julho de 1778: "Ele me diz que tinha cerca de 1500 libras a ganhar ao mandar imprimir aqui e não conosco". A STN recebia pela impressão de acordo com o preço estabelecido no contrato, e não com o que Duplain pagava aos outros impressores.

(35) "Copie du project d'Acte proposé par M. Duplain pour la troisième impression", com data de 1º de julho de 1778, enviado por Panckoucke à STN em carta de 7 de julho de 1778.

(36) Panckoucke, "Observations", em sua carta à STN de 7 de julho de 1778.

(37) Duplain a Merlino, 19 de julho de 1778, citado da cópia mantida pela STN no dossiê de Duplain. Duplain usava o tratamento "tu" porque Merlino era seu primo.

(38) Panckoucke à STN, 21 de julho de 1778, e STN a Panckoucke, 28 de julho de 1778.

(39) Duplain à STN, 2 de setembro de 1778.

(40) STN a Duplain, 9 de setembro de 1778.

(41) STN a Panckoucke, 27 de setembro de 1778.

(42) As dificuldades da STN com Duplain no campo financeiro são explicadas em sua correspondência com D'Arnal, notavelmente na carta deste à STN de 24 de setembro de 1778.

(43) Duplain à STN, 9 de outubro de 1778: "Esperamos que o sr. Panckoucke tenha concluído o novo tratado a assinar para enviar-vos um novo volume, e ele diz que espera vossa ratificação. Isso não nos diz respeito. Tudo que podemos dizer ao sr. Panckoucke é que nossos gastos são imensos e que jamais teríamos pensado que fossem tão consideráveis. Portanto, tão logo saibamos que o sr. Panckoucke consentiu, o novo volume partirá".

(44) STN a Duplain, 14 de outubro de 1778.

4. *PIRATARIA E GUERRA COMERCIAL (pp. 112-47)*

(1) STN a Panckoucke, 7 de junho de 1778. A STN escreveu em termos semelhantes a Belin, livreiro parisiense, em 18 de abril de 1778: "Dir-se-ia, como o observais, que o sucesso da *Enciclopédia in-quarto* eletrizou todo o mundo de tal maneira que todos querem ter participação nesse grande dicionário".

(2) Duplain explicou sua estratégia à STN em uma carta enviada em 18 de agosto de 1777: "O único objetivo de nossa última viagem a Genebra foi de impedir a contrafação com que estávamos ameaçados. A única maneira de se garantir disso é anunciar a esses loucos que até fevereiro de 1779 teremos entregue tudo e que logo em seguida anunciamos uma edição aumentada pelos primeiros editores. Mal terão eles feito quatro ou cinco volumes no intervalo e haverá até nossa publicação inteira. Que farão eles? Como sua edição entrará na França? Ela encontrará grandes oposições. Todas essas razões ditas verbalmente e não por carta deterão os mais obstinados. Comunicai-as à Société de Lausanne, por favor".

(3) A única informação acerca desse projeto é um comentário superficial encontrado em uma carta à STN, de 6 de abril de 1778, enviada por um encadernador e livreiro de Tou-

louse de nome Gaston, que conseguira um número muito grande de assinaturas para a *Enciclopédia in-quarto* e que teria conseguido bem mais, segundo afirmava, se sua campanha não houvesse sido prejudicada por uma edição "que os livreiros de Toulouse mandam imprimir em Nîmes com o sr. Gaude".

(4) STN a Duplain, 23 de agosto de 1777.

(5) Panckoucke à STN, 9 de setembro de 1777. Ver também as informações sobre ameaças de contrafações em STN a Panckoucke, 31 de agosto de 1777.

(6) Barret à STN, 28 de dezembro de 1772.

(7) Essa trama complicada pode ser acompanhada com base, por um lado, na correspondência entre Grabit e a STN, e por outro entre as cartas da STN e Saillant e Nyon, em fins de 1773 e princípio de 1774.

(8) STN a Panckoucke, 7 de junho de 1778, e Panckoucke à STN, 7 de julho de 1778.

(9) Panckoucke à STN, 21 de julho de 1778.

(10) Panckoucke a Beaumarchais, 10 de março de 1781, ms. Fr. d. 31, Bodleian Library, Oxford.

(11) Essas informações foram extraídas dos enormes dossiês das duas firmas editoras, nos papéis da STN. Cada *société typografique* evoluiu por caminhos próprios, atraindo no percurso muitos sócios e investidores diferentes. Quando a Société Typographique de Berne foi fundada em 1758, ela possuía algumas características de clube literário. A Société Typographique de Lausanne sempre foi mais comercial e mais orientada para a França. Sua fundação é descrita em uma carta circular, emitida em 22 de fevereiro de 1774.

(12) STN a François Grasset, de Lausanne, 17 de março de 1777.

(13) *Gazette de Berne*, 19 de novembro de 1777. Ver também anúncio semelhante no *Journal Encyclopédique* de janeiro de 1778. O preço acabou por atingir 225 libras, pois o texto da edição *in-quarto* ocupou 36 em vez de 29 volumes, e os editores da *in-octavo* viram-se obrigados a fazer o mesmo.

(14) STN a Panckoucke, 18 de dezembro de 1777 e 22 de fevereiro de 1778.

(15) Duplain à STN, 11 de novembro de 1777.

(16) Essas informações provêm primordialmente do dossiê de Bérenger nos papéis da STN, e também do verbete sobre ele encontrado no *Dictionnaire historique et biographique de la Suisse*, Neuchâtel, 1924.

(17) Bérenger a Ostervald, 21 de novembro de 1777. Após discutir exaustivamente a situação, Bérenger sintetizou a posição de seus sócios do seguinte modo: "Que, de resto, eles não acreditavam nessa nova edição da *Enciclopédia* com um plano melhor, nem na proibição de entrada da deles na França; que se o sr. Panckoucke tinha crédito, não era o único; que eles haviam previsto esse inconveniente, que mesmo que existisse não os deteria, porque se faz entrar na França todos os dias um grande número de livros proibidos; que também não acreditavam nessa edição *in-octavo* que se anuncia em Genebra para intimidá-los; que, enfim, estavam decididos a prosseguir, tanto mais que dependia deles pôr-se em segurança, já que, se quisessem, ficariam encarregados apenas de um sexto do empreendimento".

(18) Panckoucke a Bosset, 19 de novembro de 1777. Em 11 de setembro de 1771, a França impôs uma tarifa de sessenta libras para cada cem quilos de livros em francês e em latim importados. Essa tarifa foi um golpe duríssimo para as vendas da *Enciclopédia in-folio* de Genebra.

(19) Panckoucke à STN, 19 de novembro de 1777. As palavras de Panckoucke revelam sua excitação mental ao deparar com uma importante decisão acerca de sua política editorial: "Poderíeis talvez acalmá-los com uma associação em alguns anos, dizer que participaríamos de seus empreendimentos, e que, suspendendo-a [a *Enciclopédia in-octavo*] este ano e nos dois seguintes, ela certamente acontecerá. [...] Talvez não fosse preciso temê-la. Inspirar-lhes-eis confiança exprimindo receio. Nossos 6 mil estão vendidos: que mais po-

deríamos esperar? Não é provável que as subscrições sejam retiradas. Sempre se preferirá dar quatro ou cinco luíses a mais e ter uma enciclopédia legível e de um formato conveniente. Asseguro- vos que vejo mais perigo em tentar uma conciliação do que em parecer indiferentes. De resto, espero o magistrado para mostrar-lhe o prospecto da *in-octavo* e ver os arranjos que haverá a fazer".

(20) Panckoucke à STN, 27 de novembro de 1777.

(21) A STN seguia a prática comum de anunciar um projeto como se já o houvesse concretizado, esperando pela reação dos potenciais compradores antes de iniciá-lo. Assim, depois que Serini, de Basiléia, escreveu afirmando que não encomendaria nenhuma cópia da edição *in-quarto* porque seus clientes preferiam a *in-octavo*, a STN respondeu, em carta de 24 de novembro de 1777, que produziria sua própria edição *in-octavo*: "Vemos que vossos comitentes preferem a *in-octavo*. Também empreendemos uma nesse formato cujo mérito não será inferior, mas sim o preço. Trabalhamos nos arranjos e o prospecto aparecerá antes de uma quinzena. Esperamos que essa segunda edição empreendida para esse objeto tenha mais sucesso entre vossas mãos que a primeira. Desejamo-lo tanto por vossa vantagem quanto pela nossa". Ver observações semelhantes em STN a Claudet, de Lyon, 22 de novembro de 1777.

(22) STN a Panckoucke, 7 de dezembro de 1777.

(23) A Société Typographique de Lausanne dirigiu esse ultimato a Pellet, para que ele o transmitisse a "vossos comitentes", e enviou uma cópia, sem comentários, em uma carta à STN com data de 20 de novembro de 1777.

(24) Bérenger a Ostervald, 15 de dezembro de 1777. Os editores de Lausanne descreveram suas negociações com Duplain em uma carta à STN de 23 de dezembro de 1777.

(25) Ostervald a Bérenger, 18 de dezembro de 1777.

(26) Ostervald a Panckoucke, 18 de dezembro de 1777, e Panckoucke à STN, 22 de dezembro de 1777.

(27) Duplain à STN, 22 de dezembro de 1777. Em 23 de dezembro, a STN alertou Duplain de que a edição *in-octavo* era realmente uma ameaça séria. Lausanne e Berna já haviam enviado a campo três ou quatro vendedores, que diziam ter obtido numerosas assinaturas. Ver também STN a Duplain, 28 de dezembro de 1777.

(28) Duplain à STN, 3 de janeiro de 1778.

(29) Bérenger a Ostervald, 2 de janeiro de 1778.

(30) STN a Panckoucke, 4 de janeiro de 1778.

(31) STN à Société Typographique de Lausanne, 8 de janeiro de 1778. Os editores de Lausanne responderam em tom semelhante, no dia 13 de janeiro.

(32) STN a Duplain, 28 de dezembro de 1777.

(33) Citação extraída da STN à Société Typographique de Lausanne, 9 de fevereiro de 1778. Suard trabalhou muito lentamente, e os suíços usaram outra tradução, vencendo Panckoucke no mercado francês. Em 1777 e 1779, a STN planejou a contrafação de edições de duas das obras favoritas de Panckoucke, a *Second voyage dans la mer du sud*, de Cook, e a *Histoire naturelle*, de Buffon. Acabou abandonando ambos os projetos, mas não por lealdade a Panckoucke.

(34) STN a Panckoucke, 10 de março de 1778. Panckoucke e a STN debateram a situação em uma série de cartas, de janeiro a junho de 1778.

(35) STN a Panckoucke, 3 de maio de 1778.

(36) Em sua carta a Panckoucke de 5 de maio de 1778, Pfaehler fez a oferta parecer o mais atraente e conveniente possível: "Sem dúvida gozareis com isso de um benefício muito considerável sem muita dificuldade e risco, enquanto cuidamos da impressão, da expedição, da correspondência, enfim, de todo o mercantil. Ao fim de certo tempo retirareis o benefício sem outros cuidados nem embaraços que não o de ter feito um investimento módico". Bibliothèque Publique et Universitaire de Genève, ms. suppl. 148.

(37) STN a Panckoucke, 7 de junho de 1778.

(38) Société Typographique de Berne à STN, 14 de junho de 1778.

(39) STN a Duplain, 24 de junho de 1779. A STN também o informa de que ele havia subestimado a capacidade de venda da edição *in-octavo*: "Essa edição, conduzida com o dinamismo de que o sr. deu mostra, teria obtido um sucesso tão resplandecente quanto a ediçaõ *in-quarto*."

(40) Bérenger à STN, 23 de junho de 1778, e Société Typographique de Berne à STN, 25 de junho de 1778.

(41) Société Typographique de Berne à STN, 1º de julho de 1778: "Depois de haver consultado os senhores nossos interessados na *Enciclopédia* e depois de ter examinado tudo de um lado e do outro, eles consideraram que será preciso limitar-nos à nossa edição, que está quase toda vendida fora da França, de que desistimos inteiramente. Teria havido talvez um meio de pôr-se de acordo ainda, se tivésseis podido introduzir alguma segurança em caso de mudança no ministério, ou se não tivésseis rejeitado nossa proposta de associação para um quarto de tudo fazendo os investimentos necessários ou para a metade dos exemplares que entrarão na França. [...] Avisamos hoje o sr. Panckoucke de ter rompido a negociação para a *Enciclopédia*".

(42) Bérenger a Ostervald, 1º de julho de 1778.

(43) Panckoucke à STN, 22 de dezembro de 1777.

(44) STN a Panckoucke, 25 de janeiro de 1778.

(45) Société Typographique de Berne à STN, 14 de junho e 1º de julho de 1778.

(46) STN a Panckoucke, 22 de fevereiro de 1778: "Cremos que é muito oportuno que façais saber, seja diretamente, seja por uma terceira pessoa, ao sr. Bornand, caixeiro-viajante dos livreiros de Lausanne, vossa resolução de usar de vossos direitos e as medidas já tomadas para tornar eficaz vossa oposição. É um meio seguro de detê-lo sem mais nada, se é que existe um".

(47) STN a Panckoucke, 7 de dezembro de 1777.

(48) A maioria das cartas de Panckoucke escritas nesse período já não podem ser encontradas, sendo, portanto, difícil acompanharmos suas atividades; no entanto, as cartas que lhe escreveu a STN por vezes aludem a uma promessa feita por Neville: emitir ordens especiais contra a edição *in-octavo*. Em 3 de maio de 1778, por exemplo, a STN escreveu: "Será muito bom que as ordens sejam dirigidas aos inspetores nas diferentes câmaras sindicais, vista a autoridade que os novos regulamentos lhes atribuem".

(49) Sob a rubrica "grátis", a lista de assinantes (ver Apêndice B) incluía 25 cópias destinadas a facilitar o acesso da edição *in-quarto* à França. Pelo menos dez delas foram presenteadas a pessoas de Lyon, e quatro a protetores de Panckoucke em Paris e Versalhes.

(50) Panckoucke a La Tourette, 18 de julho de 1777, extraído de uma cópia feita por Panckoucke, que se encontra na Bibliothèque Publique et Universitaire de Genève, ms. suppl. 148. Embora Panckoucke possa não ter realmente enviado essa carta, o seguinte documento, que a acompanha nos arquivos genebrinos, não deixa dúvida de que Néville cooperou na campanha de proteger a edição *in-quarto* bem antes de a *Enciclopédia in-octavo* tornar-se uma ameaça. Perrin (secretário de Néville) a Panckoucke, 19 de julho de 1777: "O sr. De Néville encarrega-me, senhor, de devolver-vos a carta aqui inclusa que lhe confiastes. Esse magistrado não vê inconveniente em enviá-la, mas o sr. De la Tourette não está atualmente em Lyon. Ele vai chegar no dia primeiro em Paris, e o sr. De Néville não crê que seja oportuno escrever aos funcionários da câmara sindical. Se quiserdes vir amanhã de manhã ou terça-feira às dez da manhã, pensareis com o sr. De Néville em tomar um outro partido. Recebi esta noite os três exemplares [ou seja, as cópias grátis dos primeiros volumes da *in-quarto*] da câmara sindical. Enviei um imediatamente ao sr. conde de Vergennes".

(51) Essas informações fundamentam-se no dossiê de Revol, que se encontra entre os papéis da STN. A citação provém de sua carta à STN de 5 de julho de 1778.

(52) STN a Panckoucke, 25 de janeiro de 1778: "Trata-se de empregar todos os meios que temos em mãos. [...] Um dos mais essenciais é de zelar com o maior cuidado para que não se introduza na França nenhum exemplar da *in-octavo*, pois os livreiros de Lausanne estabelecem sempre como fato que ela entrará apesar de nós. Os escritórios de *Frambourg*, de *Jougne, Moret* e *Coulonge* são os principais dos que respondem pelas nossas fronteiras. Convencemo-nos de que sabereis tomar as medidas mais eficazes para impedir esse contrabando".

(53) STN a Panckoucke, 21 de maio de 1778.

(54) Favarger à STN, de Pontarlier, 8 de julho de 1778.

(55) STN a Favarger, 11 de julho de 1778.

(56) Favarger à STN, 15 e 21 de julho de 1778.

(57) STN a Favarger, 11 de julho de 1778.

(58) Favarger à STN, 15 de julho de 1778.

(59) Panckoucke à STN, 21 de julho de 1778.

(60) Favarger à STN, 23 de agosto de 1778.

(61) Bosset à STN, de Paris, informando sobre uma conversa com Panckoucke, 22 de maio de 1780.

(62) Champmorin à STN, 26 de novembro de 1780.

(63) Chaurou à STN, 15 de janeiro de 1779.

(64) Jean-Pierre-Louis Trécourt a Pierre Rousseau, 23 de fevereiro de 1780. Trécourt assumira a administração rotineira da Société Typographique de Bouillon no lugar de Rousseau, que estava em Paris, tendo-se afastado parcialmente dos negócios. Nessa carta, Trécourt alerta Rousseau de que eles haviam falhado no fornecimento de *Enciclopédias in-octavo* aos assinantes franceses, abandonando aquele mercado. Em uma carta de 18 de agosto de 1780, menciona o confisco de um grande carregamento de cópias da *in-octavo* pela Chambre Syndicale de Nancy. Ambas as cartas encontram-se nos Archives Weissenbruch da Bibliothèque du Musée Ducal, em Bouillon, e foram gentilmente indicadas pelo dr. Fernand Clément, de Bouillon.

(65) Duplain a Merlino de Giverdi, 14 de outubro de 1778, extraído de uma cópia enviada à STN por Panckoucke.

(66) Le Roy mencionou os confiscos em uma conversa com Mallet Dupan. Mallet à STN, 1º de outubro de 1779.

(67) Serini à STN, 27 de março de 1779.

(68) STN a Duplain, 7 de abril de 1779. Ver também STN a Panckoucke, 24 de junho de 1779: "Na Alemanha, a edição *in-octavo* que tanto desprezastes causou-nos o maior dano".

(69) STN a Dufour et Roux de Maestricht, 14 de agosto de 1780. Em uma carta a Champmorin, de Saint Dizier, de 12 de novembro de 1780, a STN salientou que a Associação da *in-quarto* havia vendido *Enciclopédias* "em todas as cidades de província onde há câmara sindical e mesmo em Paris, sem nenhuma precaução, e jamais houve qualquer impedimento". Essa afirmação é corroborada pelo registro de confisco de livros mantido pela Chambre Syndicale de Paris. Bibliothèque Nationale, ms. Fr. 21 933-4.

(70) Société Typographique de Berne à STN, 14 de março, 15 de junho e 13 de dezembro de 1779; STN à Société Typographique de Berne, 12 de junho de 1779.

(71) Société Typographique de Lausanne à STN, 9 de outubro de 1779.

(72) STN à Société Typographique de Lausanne, 11 de outubro de 1779.

(73) Société Typographique de Lausanne à STN, 21 de outubro de 1779.

(74) Bérenger a Ostervald, 15 de outubro de 1779; Ostervald a Bérenger, 21 de outubro de 1779.

(75) Bérenger a Ostervald, 5 de novembro de 1779.

(76) STN à Société Typographique de Lausanne, 17 de novembro de 1779.

(77) Bérenger a Ostervald, agosto de 1779 (sem data exata).

(78) Bérenger a Ostervald, 23 de novembro de 1779.

(79) Ostervald a Bérenger, 29 de novembro e 20 de dezembro de 1779 e 3 de janeiro de 1780; Bérenger a Ostervald, 10 e 31 de dezembro e 15 de janeiro de 1780.

(80) Panckoucke à STN, 6 de janeiro de 1780. Panckoucke estava se referindo à ordem de Neville para que os *inspecteurs de la Librairie* apreendessem todas as cópias da *Enciclopédia in-octavo*. Panckoucke também indicou, em uma carta à STN de 2 de dezembro de 1779, que andava muito preocupado a respeito das negociações de Duplain com os editores de Lausanne: "Duplain acaba de escrever-me que estava às vésperas de negociar com os livreiros de Lausanne, que lhe ofereciam mil luíses pela entrada na França. Comuniquei-lhe imediatamente que não fizesse nada, já que, por uma soma módica, seria retirar-nos todas as esperanças da *Encyclopédie méthodique*, na qual se trabalha com vigor e cuja parte física está mesmo no prelo. Como o sr. Duplain foi muito longe com esses senhores de Lausanne, como sua carta parece mesmo anunciar um encontro, rogo-vos o favor, senhores, de velar sobre tudo que se passar".

(81) As principais cláusulas do acordo encontram-se descritas em anotações feitas por Ostervald e Bosset na reunião de Lyon (papéis da STN, ms. 1220) e na carta que enviaram à STN, de Lyon, em 29 de janeiro de 1780. Ver também os comentários complementares em Panckoucke à STN, 31 de março de 1781.

(82) Ver Watts, George B. "The Swiss editions of the *Encyclopédie*". *Harvard Library Bulletin*, nº 9, pp. 230-2, 1955; Lough, John. *Essays on the Encyclopédie of Diderot and D'Alembert*. Londres, 1968, pp. 40-1.

(83) A circular encontra-se em uma carta de Panckoucke à STN de 31 de março de 1781. Panckoucke emitia anualmente essas cartas circulares impressas, anunciando suas mercadorias à grande clientela de livreiros varejistas. Elas revelam como Panckoucke passou a atuar como empresário atacadista, pois diferem dos catálogos impressos e difundidos por outros atacadistas por oferecerem apenas um punhado de obras muito extensas, tais como a *Histoire naturelle*, de Buffon, e o *Abrégé général des voyages*, de La Harpe, em vez de todo um acervo de obras. Estudando as séries de *lettres circulaires* encontradas no dossiê de Panckoucke em Neuchâtel, o biógrafo poderia ser capaz de acompanhar a evolução de seus empreendimentos e suas estratégias de mercado.

(84) Panckoucke à STN, 31 de março de 1871.

5. *A FABRICAÇÃO DO LIVRO* (pp. 148-195)

(1) STN a Panckoucke, 20 de agosto de 1778.

(2) Esse número tem por base a tiragem total de 8525 cópias, estipulada nos contratos das três edições. O número de cópias completas deve ter sido menor, devido às perdas por defeitos. Panckoucke responsabilizou-se pela produção dos três volumes de ilustrações em Paris.

(3) Ver STN a Ranson, de La Rochelle, 24 de maio de 1778: "Pellet, que não é mais que um simples impressor, é um testa-de-ferro para nós"; e STN a Graffenried, de Avrenches, 6 de março de 1780: "Este [Pellet] não passava de nosso intermediário, encarregado de nossa parte de imprimir alguns volumes [...] Pellet tinha comissão também de coletar subscrições, e está aí tudo a que seu interesse ficou reduzido". A quantia cobrada por Pellet pelo uso de seu nome na página de rosto é mencionada nas anotações de Bosset intituladas "Dépenses", relativas às despesas do empreendimento, que se encontram nos papéis da STN, ms. 1220. E o colofão de Pellet aparece no fim dos volumes 2, 7, 11 e 31 da primeira edição *in-quarto*, na Bibliothèque de la Ville de Neuchâtel. Nessa cópia, os únicos outros volumes com colofão são os tomos 3 e 8 (Bassompierre, de Genebra) e 14 (Société Typographique de Genève).

(4) Duplain a Panckoucke, 16 de março de 1777 (de uma cópia enviada à STN por Panckoucke); Barthélemy Chirol, de Genebra, à STN, 17 de julho de 1778.

(5) A princípio, Panckoucke duvidara que Duplain seria capaz de persuadir as autoridades a permitir-lhe imprimir na França: "Ele solicita obter-lhes a permissão em Lyon, e eu sei que não a obterá". Panckoucke à STN, 4 de julho de 1777. Mas em 5 de agosto de 1777 Panckoucke informou à STN: "À força de solicitações, conseguiu-se imprimir alguns volumes em Lyon".

(6) Favarger à STN, 21 de julho de 1778.

(7) Duplain à STN, 21 de janeiro de 1779: "Eis a enumeração das prensas que temos na terceira edição: seis com Bélivre, quatro com Labbe (?), quatro com Chavanne, seis com Vatan, oito em Trévoux, quatro com Goeri, três com Dégoutte, seis com Pellet antes de quinze dias, três com Cuty, nove com Cuchet".

(8) Champmorin, de Saint Dizier, à STN, 17 de julho de 1780.

(9) *Gazette de Leyde*, 7 de outubro de 1777. Ver também comentários semelhantes nas notícias de 3 de janeiro e 11 de fevereiro de 1777.

(10) Segundo os livros contábeis, a STN usou 1762 resmas para o volume 24 da primeira e segunda edições e 669 resmas para o volume 19 da terceira edição. Concentrando-se exclusivamente nessa tarefa, uma equipe de cinco compositores conseguiu compor os tipos para o volume 24 entre 6 de junho e 7 de novembro de 1778. Os impressores, grupo que variou de tamanho, imprimiram esse volume simultaneamente com outros quatro projetos em grande escala, além de outros serviços pequenos, que foram, todos, compostos pelos outros seis compositores da tipografia.

(11) Sobre a compra da "maison Brun" pela STN com o intuito de expandir a tipografia para imprimir a *Enciclopédia*, ver STN a Pettavel, 22 de julho de 1776; mme. Bertrand, da STN, a Bosset, 21 de maio de 1780; Bosset a mme. Bertrand, 29 de maio de 1780. Sobre a compra das prensas, ver as cartas da STN a La Roche Valtar de 8 de setembro, 24 de setembro, 6 de outubro, 12 de outubro e 24 de novembro de 1776 e 17 de setembro de 1777. Favarger examinou as prensas durante uma viagem a Lyon em 1776. Considerou-as mais vantajosas do que prensas novas, que custariam trezentas libras sem as platinas e levariam um mês cada uma para serem produzidas por Tardy, o melhor fabricante de prensas da cidade. Favarger à STN, 25 de agosto de 1776.

(12) As transações com os tipos podem ser estudadas em detalhes no dossiê de Vernange, que contém 21 cartas, e nas respostas da STN, particularmente as cartas de 26 de junho, 8 de julho e 4 de setembro de 1777. Ver também STN a Duplain, 26 de abril de 1777, e Bonnant à STN, 14 de novembro de 1777. Em geral, a STN encomendava seus tipos por peso e por grupos de *feuilles*, pagando cerca de 25 soldos por libra lionesa, de quatorze onças. A STN forneceu a Vernange duas amostras de letra *m*, para que ele fundisse os tipos segundo a altura da amostra.

(13) As cartas mais importantes no dossiê de Langlois são: Langlois à STN, 27 de outubro de 1777, 22 de janeiro, 5 de fevereiro, 2 de maio e 17 de setembro de 1778. Duplain fazia questão de que seus impressores usassem a melhor tinta parisiense: "Empregais a tinta de Paris? É preciso não usar outra e dirigir-vos aos senhores Prévost-Langlois, um e outro comerciantes de tinta em Paris, sem outro endereço". Duplain à STN, 9 de fevereiro de 1778.

(14) Essas observações quanto ao papel fundamentam-se em um estudo pormenorizado dos dossiês de 23 *papetiers* e *marchand papetiers* de Neuchâtel; entretanto, sua função aqui é apenas esboçar um tema que será abordado extensamente na tese de Jacques Rychner. Informações preciosas sobre todos os aspectos da produção livresca, bem como referências à literatura na bibliografia analítica, são encontradas em Gaskell, Philip. *A new introduction to bibliography*. Nova York e Oxford, 1972.

(15) Panckoucke à STN, 9 de outubro de 1777.

(16) Duplain à STN, 3 de janeiro de 1778.

(17) D'Arnal à STN, 21 de dezembro de 1777. A STN tentou adquirir papel de seis dos treze *marchand papetiers* de Lyon, mas foi em vão. Com uma resposta típica, um deles,

Dumond, escreveu em 16 de dezembro de 1777: "Esses papéis são muito raros atualmente e aumentados pela procura que o sr. Duplain manda fazer deles em todas as fábricas. Vós vos ocupais disso tarde demais, fora da época".

(18) A expressão "casar" provém do rico jargão dos papeleiros setecentistas. Por exemplo, em uma carta à STN, em 7 de setembro de 1778, Jean-Georges Schertz, negociante de papel de Estrasburgo, prometeu manter o mesmo grau de brancura no papel de todas as fábricas que trabalhavam para ele: "Se faltar um pouquinho, a diferença será tão pouca coisa que não se perceberá. Eu sei que é preciso poder casá-los".

(19) A conversão pode ser feita dividindo a quantidade de papel total que cada fornecedor remeteu pela quantidade de papel necessária para uma *feuille d'édition*. Como cada folha foi impressa 6150 vezes, uma *feuille d'édition* requeria 12,3 resmas de papel. As 149,5 resmas de Schertz, divididas por 12,3, representam 12,1 *feuilles d'edition*. Portanto, uma cópia-modelo do volume 24 conteria 12,1 folhas de Schertz, embora as verdadeiras cópias pudessem conter bem mais ou bem menos, dependendo de como o papel foi distribuído para os impressores. A longa e difícil tarefa de inspecionar a cópia da *Enciclopédia in-quarto* de Neuchâtel contou com a ajuda de Jacques Rychner, cuja perícia na leitura de marcas d'água revelou-se crucial para o sucesso do trabalho.

(20) Com um gracejo cediço dos fabricantes de papel, Morel informou à STN em carta de 2 de maio de 1778: "Os papéis que farei para vós não terão nenhuma marca. Serão bastardos de nome e de fato".

(21) Morel à STN, 30 de novembro de 1777, 2 de maio, 16 de maio e 1º de julho de 1778.

(22) Gurdat à STN, 2 de março de 1778.

(23) Desgranges à STN, 9 de janeiro de 1779.

(24) STN a Laserre, 19 de outubro de 1777. Ver também STN a Duplain, 20 de setembro de 1777: "Sobre o artigo do manuscrito, que vai faltar-nos, se não o recebermos em oito dias, pedimo-vos o favor de fornecê-lo e de fazer de maneira que tenhamos sempre uma certa provisão".

(25) STN a Duplain, 30 de julho de 1777.

(26) Laserre à STN, 4 de agosto de 1777. Em uma carta à STN, em 1º de outubro de 1777, Laserre novamente queixou-se por ser criticado pelas costas, afirmando que forneceria um texto melhor no futuro, pois contratara mais *aides* (evidentemente, copistas e copidesques), e faria questão de que todo o texto fosse lido três vezes antes de ser mandado para os impressores.

(27) STN a Panckoucke, 27 de julho de 1777; 1º de maio de 1777.

(28) Panckoucke à STN, 8 de novembro de 1777.

(29) STN a Panckoucke, 16 de novembro de 1777.

(30) STN a Laserre, 19 de outubro de 1777; Laserre à STN, 28 de janeiro, 6 de abril, 10 de junho e 24 de outubro de 1778; *Nouveau Journal Helvétique*, julho 1778, pp. 38-42. A julgar pelos papéis da STN, resenhas de livros forjadas foram tão comuns no século XVIII quanto, segundo Balzac, no século seguinte.

(31) H. A. Gosse à Société Typographique de Lausanne, 11 de abril de 1778, em Genebra, Archives d'Etat, Commerce F. 62. Ao mencionar 33 volumes, Gosse evidentemente referia-se aos 29 originais mais os quatro volumes extras que Duplain planejava cobrar dos assinantes, ou talvez ele possa ter-se enganado, querendo dizer 32 — os 29 volumes de texto e os três de ilustrações anunciados originalmente por Duplain.

(32) Laserre à STN, 4 de agosto de 1778. Laserre reconheceu as *suppressions* com expressões semelhantes em uma carta à STN, em 10 de junho de 1778. Em uma carta de 4 de agosto, revelou alguns detalhes de seu trabalho como editor de texto: "Declaro-vos que desde o 9º volume não há nenhum que não tenha sido previamente lido por quatro pessoas diferentes, das quais uma está inteiramente ocupada em verificar as citações, quase sempre de-

feituosas. Erros escapam apesar dessas precauções. Mas essa é uma conseqüência necessária da precipitação com a qual se é obrigado a trabalhar [...] Eu remeti à *Descrição* [*das artes*] do sr. Bertrand em quase todos os artigos de artes e ofícios, e essa é ainda uma das coisas que nos foi censurada pelos censores que a inveja armou contra nós".

(33) STN a Panckoucke, 14 de março de 1779.

(34) O trecho a seguir descreve tão-somente os principais aspectos da produção de livros na STN, não pretendendo substituir a análise pormenorizada que será apresentada na tese de Jacques Rychner. Sobre os outros dois editores do início da era moderna cuja riqueza de documentação compara-se à da STN, ver McKenzie, D. F. *The Cambridge University Press, 1696-1712*. Cambridge, Inglaterra, 1966; Voet, Leon. *The golden compasses*. Amsterdã, 1969-72, 2 v., um relato sobre a prensa plantiniana em Antuérpia nos séculos XVI e XVII.

(35) Offray, um compositor que trabalhava para Félice, em Yverdon, a seu amigo Ducret, compositor na STN, 20 de dezembro de 1777, citado em Rychner, Jacques. "A l'ombre des Lumières: coup d'oeil sur la main-d'oeuvre de quelques imprimeries du XVIIIème siècle". *Studies on Voltaire and the eighteenth century*, CLV (1976), 1949.

(36) STN a Claudet, 8 de maio de 1777.

(37) STN a Perregaux, 24 de junho de 1777.

(38) A STN discutiu esses estratagemas com seus agentes de recrutamento, notavelmente com Pyre, o livreiro parisiense. Ver Pyre à STN, 16 de junho de 1777; STN a Pyre, 1º de julho de 1777.

(39) Marcinhes à STN, 11 de julho de 1777.

(40) Pyre à STN, 16 de junho de 1777.

(41) Durante uma viagem de negócios pela França, Ostervald alertou a STN de que um de seus aprendizes podia ser agente da Société Typographique de Berne. Ostervald à STN, 25 de abril de 1780. Procurou também agradar Beaumarchais, informando-lhe que os empregados de sua tipografia em Kehl tendiam a aceitar suborno de editores que desejavam obter antecipadamente cópias da obra de Voltaire produzida em Kehl, visando à contrafação. Ostervald a Bosset, 3 de maio de 1780. À mesma época, a STN foi avisada de que a polícia parisiense infiltrara-se em sua tipografia. Ver J.-P. Brissot à STN, 23 de abril de 1781, 26 de julho de 1781 e 12 de janeiro de 1782, bem como a exposição acerca dessa correspondência em Darnton, Robert. "The Grub Street style of revolution: J.-P. Brissot, police spy". *Journal of Modern History*, nº 40, pp. 322-4, 1968.

(42) STN a Pyre, 1º de julho de 1777; STN a Bosset, 30 de agosto de 1779.

(43) STN a Duplain, 2 de julho de 1777.

(44) Duplain à STN, 10 de dezembro de 1778.

(45) STN a Turcheim, de Estrasburgo, 4 de setembro de 1977.

(46) Contat, Nicolas (cognome Le Brun). *Anecdotes typographiques d'un garçon imprimeur*. Editado por Charles Barber. Oxford Bibliographical Society, 1979, parte II, cap. 2. Essa passagem prossegue citando o relatório escrito sobre salários, que circulava pela Panier Fleury, fornecendo aos trabalhadores informações detalhadas sobre os pagamentos por folha na composição. Por exemplo: "Primeiramente, o grande romano *in-quarto*, *in-octavo* e *in-duodecimo* paga-se [...] 3 [libras] e 10 [soldos]. O mesmo, com notas e adições [...] 4 [libras] e 10 [soldos]".

(47) STN a Turkheim, de Estrasburgo, 4 de setembro de 1777. A importância de manter uma boa reputação perante os trabalhadores evidencia-se também na anotação feita em 27 de maio de 1777 no diário de J.-F. Favarger, o agente da STN. Favarger acabara de visitar a Société Typographique de Berne, esperando recrutar secretamente alguns trabalhadores, quando deparou com empregados que Bernois aliciara da STN. "Vi Pfaeler, o caçula, que me acompanhou à tipografia deles, onde encontrei Christ e Brosé, daqueles que nos abandonaram com ele. Ele não pôde impedir-se de divulgar [nossa] tipografia na minha

frente. Eu o fiz calar-se, mas não é preciso mais para incitar os outros a não vir." Favarger, Carnet de voyage, papéis da STN, ms. 1150.

(48) Duplain à STN, 28 de maio de 1777.

(49) Claudet à STN, 18 de junho de 1777. Ver também as cartas de Claudet de 6 de junho e 30 de julho de 1777.

(50) STN a Vernange, 26 de junho de 1777.

(51) Vernange à STN, 3 de junho de 1777.

(52) STN a Vernange, 8 de julho de 1777.

(53) Em uma carta à STN, de 17 de setembro de 1777, Pyre declarou-se um "inimigo figadal do corpo do ramo livreiro". Ele era um livreiro com um negócio pequeno e pouco importante, que sofria com a oligarquia dos grandes negociantes da corporação. As cartas mais importante acerca de sua atividade como recrutador são: STN a Pyre, 1º de junho de 1777; Pyre à STN, 15 de junho, 16 de junho e 1º de julho de 1777; STN a Pyre, 1º de julho de 1777.

(54) Os livros de salários, denominados *Banque des ouvriers*, nos papéis da STN, ms. 1051, fornecem informações sobre a composição e impressão de todas as folhas produzidas pela STN de 1770 a 1782. Eles constituem a principal fonte da explanação a seguir sobre o trabalho e os trabalhadores.

(55) Duplain à STN, 31 de outubro de 1777. Os pagamentos de *voyage* nem sempre eram efetuados um mês depois da chegada dos recrutas. Em uma carta a Vernange, de 24 de maio de 1777, a STN afirmou que pagaria pela viagem após três meses de trabalho na tipografia.

(56) Em uma nota ao lado do registro de 13 de setembro de 1777 no livro de salários, Spineux escreveu: "Paguei ao sr. Erb [provavelmente o "Bergue" mencionado por Pyre como sendo o companheiro de viagem de Jean, em uma carta de 2 de julho] para viagem 42 *batz*. Eu os retirara do sr. Jean, vindo de Paris e que partiu para Yverdon".

(57) Thomas à STN, 19 de julho de 1778.

(58) Embora as cartas versando sobre recrutamento indiquem que os trabalhadores mudavam de emprego para obterem melhores salários, elas às vezes aludem a motivos mais frívolos. Em uma carta a Vernange, de 24 de maio de 1777, a STN comentou que os homens podiam ir para Neuchâtel com o intuito de provar o vinho local; em uma carta a Pyre, de 14 de outubro de 1777, afirmou que às vezes saíam de Paris porque tinham curiosidade de conhecer a Suíça. O compositor Offray disse que ele e seus companheiros trocavam de emprego "por capricho" na carta citada na nota 35 acima. E os caprichos não se limitavam aos impressores. Em 17 de agosto de 1777, Vernange escreveu à STN: "Conheceis tão bem quanto eu o que é estar exposto aos caprichos dos operários. Tenho um que caiu doente e um outro que, por seu desregramento, foi obrigado a exilar-se da cidade". Comentários semelhantes aparecem em algumas cartas de fabricantes de papel.

(59) Mme. Bertrand a Ostervald e Bosset, em Paris, 12 de fevereiro de 1780.

(60) O declínio evidencia-se claramente nas cartas e encomendas que a STN recebeu de livreiros de toda a França na década de 1780. Por exemplo, em 31 de março de 1780, Pierre Machuel, de Rouen, escreveu: "A venda [...] está totalmente morta e novos correspondentes — pois a maior parte [dos antigos] faliu — não pagam nada, e os bons não pedem mais nada [...] Os depósitos estão mais que cheios, e morre-se de fome junto deles [...] Os únicos felizes são aqueles que tiverem sido os editores da *Enciclopédia*. Mas atualmente o tempo passou para os outros".

(61) As referências provêm do livro de salários, nos registros respectivamente de 14 de fevereiro e 25 de julho de 1778, 16 de janeiro e 20 de fevereiro de 1779.

(62) Pyre à STN, 16 de junho de 1777.

(63) Pfaehler, da Société Typographique de Berne, à STN, 3 de março de 1772.

(64) Favarger à STN, 26 de julho de 1778.

(65) STN a Marcinhes, 7 de julho de 1777. A STN prosseguiu: "É muito importante para nós saber o que se paga por mil de tiragem e composição de cada folha da *Enciclopédia* nas tipografias de Nouffer e Pellet. Querei no-lo informar. Convir-nos-ia saber em que número ela é tirada".

(66) Marcinhes à STN, 11 de julho de 1777. Caisle, ou "Quelle", como ele era mencionado no livro de salários, chegou a Neuchâtel logo depois — seguido, uma semana mais tarde, por uma carta de Pellet afirmando que ele saíra da cidade sem pagar uma dívida de 22 florins. Marcinhes informou com certa incorreção o salário dos compositores genebrinos, não incluindo nos valores fornecidos no pagamento pela imposição. Ele enviou também informações sobre a tiragem genebrina, pois a STN suspeitava de fraude: "Pellet tira de sua parte 4 mil e catorze mãos, Nouffer e Bassompierre o mesmo. Eis o que Bassompierre assegurou-me e o que me confirmaram todos os operários com quem falei".

(67) Amable Le Roy à STN, 22 de julho de 1777.

(68) Pellet à STN, 23 de julho de 1777.

(69) As únicas exceções a essa regra verificavam-se no caso de tiragens incomumente grandes ou pequenas, nas quais o trabalho preparatório requeria um volume extraordinariamente pequeno ou grande de trabalho em proporção à impressão. Assim, quando a STN aumentou a tiragem da *Enciclopédia* de 4 mil para 6 mil cópias, elevou o pagamento dos impressores de sessenta para 86 *batz*, em vez de noventa *batz*, pela impressão de cada fôrma. Analogamente, quando se tratava de trabalhos pequenos, a STN pagava aos impressores dois *batz* por cem impressões, preço um pouco maior do que os costumeiros quinze *batz* por milhar. Isso explica o registro seguinte no livro de salários, em 24 de abril de 1779:

"Para o governo	Dois cartazes 300 ao todo	...6 [*batz*]
	Licenças militares 100	...2 [*batz*]"

(70) Sobre textos contemporâneos acerca do sistema de *paquet*, ver o verbete PAQUET na *Enciclopédia*; Momoro, A.-F. *Traité élémentaire de l'imprimerie, ou le manuel de l'imprimeur*. Paris, 1793, pp. 247-8; Boulard, S. *Le manuel de l'imprimeur*. Paris, 1791, pp. 96-7.

(71) Ruhr recebia um salário semanal de 105 *batz*, ou quinze libras tornesas, por tarefas especiais, tais como correções extraordinárias (*remaniements*) na *Enciclopédia*. O livro de salários em 4 de outubro de 1777, por exemplo, mostra que seu trabalho naquela semana incluiu "recomposição [...] em seis paquês da Enciclopédia".

(72) Nouffer à STN, 23 de julho de 1777. Embora Nouffer se expressasse de outro modo, seus números quanto à impressão correspondem aos da carta de Pellet de 23 de julho, citada acima. A tiragem de 4 mil cópias exigiu 8 mil impressões para cada *feuille d'édition* que, a quatro florins por milhar (preço de Pellet), totalizaram 32 florins. Os últimos seis soldos (metade de um florim genebrino comum) correspondem aos seis *cruches* mencionados por Pellet, e cobriram as folhas restantes. Portanto, o preço de Nouffer, 32 florins, era o mesmo de Pellet, como se confirma pela observação de Pellet de que sua tiragem valia 97 *batz* de Neuchâtel (três vezes 32).

(73) A tentativa feita pela STN para ajustar os componentes de sua escala salarial evidencia-se em uma observação no livro de salários, escrita em 26 de julho de 1777, pouco após a chegada da carta de Nouffer:

Composição de Genebra	. . . 49-2
Paginação	. . . 8-2
acrescentado ao preço de Genebra	. . . 1-
	batz 59

Ao decidir como reajustar essas proporções, a STN não empregou a taxa de câmbio bruta de três *batz* por florim genebrino mencionada por Pellet. Como Nouffer, a STN calculou tendo como padrão o luís de ouro francês, equivalente a 24 libras tornesas, 51 florins genebrinos e 168 *batz* de Neuchâtel. Ver Ricard, Samuel. *Traité général du commerce*. Amsterdã, 1781, v. I, pp. 105-11 e 121-3. Portanto, o florim valia de fato 3294 *batz*, e os salários de quinze florins pelo trabalho de *paquet* em uma folha pago em Genebra equivalia a 49 *batz* e dois *creuzer*, quase exatamente o que a STN pagava; mas os genebrinos pagavam quatro *batz* e um *creuzer* a mais do que a STN pela imposição. Os impressores normalmente calculavam que a imposição deveria perfazer um sexto dos custos da composição. Ver Boulard, *op. cit.*, p. 61.

(74) Para informações sobre os salários na França durante os últimos anos do Antigo Regime, ver Labrousse, C.-E. *Esquisse du mouvement des prix et des revenus en France au XVIIIe siècle*. Paris, 1932, pp. 447-56. Os dados apresentados em Rudé, George. *The crowd in the French Revolution*. Oxford, 1959, pp. 21-2 e 251 também são úteis, embora não se apliquem ao período anterior a 1789. A partir desses e de outros dados, Pierre Léon distinguiu três estratos de trabalhadores no Antigo Regime: os pobres, que ganhavam menos de vinte soldos, e muitas vezes menos de dez soldos por dia, um grupo intermediário, que recebia entre vinte e trinta soldos, e a elite, que ganhava mais de trinta soldos. Ver a contribuição de Léon em Labrousse, C.-E. *et alii*. *Histoire économique et sociale de la France*. Paris, 1970, v. II, p. 670. Ainda que os historiadores franceses tenham apresentado estimativas de salários diários típicos, não forneceram séries estatísticas dos ganhos ao longo de períodos de tempo prolongados. Assim, a história do trabalho no Antigo Regime permanece demasiado incipiente para que se possa fazer comparações com o rico material existente em Neuchâtel. McKenzie e Voet também usaram a idéia de "aristocracia trabalhadora" ao estudarem os salários dos impressores em Cambridge e Antuérpia. Ver McKenzie, *op. cit.*, v. I, p. 83; Voet. *op. cit.*, v. II, p. 341.

(75) Em uma carta à STN, de 15 de abril de 1780, Pyre estabeleceu os custos típicos da produção de uma folha em paica (*cicéro*), com tiragem de mil cópias, presumivelmente no formato *in-octavo*, da seguinte forma:

composição	... 8 libras
impressão, a 2 libras e 10 soldos por milhar	... 5
total	... 13
"étoffes" (custos fixos)	... 6-10
lucro	... 5- 5
custo total	... 23-15

O impressor Emeric David, de Aix, fez quase exatamente os mesmos cálculos em um diário que escreveu durante uma viagem pela França, em 1787: "Mon voyage de 1787", Bibliothèque de l'Arsénal, ms. 5947, fol. 50. Segundo Contat, *op. cit.*, parte I, cap. 9, os empregados que ganhavam por tempo em Paris recebiam cinco soldos por dia, equivalentes aos dezessete *batz* e dois *creuzer* pagos aos "empregados de consciência" pela STN. Evidentemente, os compositores mais habilidosos podiam fazer jus a salários relativamente mais elevados do que os trabalhadores que ganhavam por peça na Suíça.

(76) A produção mais alta de uma equipe de impressores em Cambridge no início do século XVIII atingiu apenas 20 700 impressões, mas em geral a produtividade dos compositores e impressores em Cambridge variava tanto quanto a dos trabalhadores de Neuchâtel. Ver McKenzie, *op. cit*, v. I, cap. 4.

(77) Livro de salários, 29 de novembro de 1778. Essa quantia era igual ao pagamento por meio dia de trabalho para os empregados "de consciência".

(78) Ao tratar da renda real ou "efetiva", os historiadores valeram-se da suposição de que os trabalhadores franceses tiravam folga durante um número enorme de dias de festas, sem receber salário — 111 dias por ano, segundo G. M. Jaffé e George Rudé. Rudé, *op. cit.*, p. 251. Mas não parece provável que fossem observados muitos daqueles feriados. Segundo Lefrançois de Lalande, "Supõem-se trezentos dias de trabalho por ano, já que se

folga nessa espécie de manufaturas apenas aos domingos e festas principais". Lefrançois de Lalande, J. J. *Art de faire le papier*. Paris, 1761, p. 84. O livro de salários da STN não traz informações sobre a produção diária, mas a *Copie de lettres* da STN mostra que seus empregados do escritório e os diretores da firma não paravam o trabalho em 25 de dezembro e 1º de janeiro. As únicas indicações de festividades oficiais nos papéis da STN são alguns registros pouco expressivos no livro contábil intitulado *Petite Caisse*, ms. 1048. Por exemplo, em 27 de dezembro de 1777: "uma garrafa para os operários ... 6 [soldos]".

(79) Como os salários por tempo de trabalho permaneceram constantes, o número de dias trabalhados por um empregado que ganhava por tempo pode ser determinado pelo seu pagamento semanal. Ademais, Spineux geralmente anotava os casos em que os empregados por tempo não trabalhavam a semana inteira; por exemplo, no registro de 13 de junho de 1778: "Pataud 5 dias ... 87 [*batz*] 2 [*creuzer*]". Registrava também a produção desses empregados segundo o pagamento por peça, subtraindo-a como *ouvrage* do total bruto do *banque* da semana, com isso indicando que os homens recebiam apenas seu salário por tempo, e não preenchiam semanas incompletas trabalhando sob o regime de pagamento por peça.

(80) O verbete LABEUR, na *Enciclopédia*, indica o quanto esse trabalho orientava-se para a tarefa a ser realizada: "Termo em uso entre os companheiros-impressores; eles chamam assim um manuscrito ou uma cópia impressa formando uma seqüência de trabalho considerável e capaz de os manter muito tempo em uma mesma tipografia".

(81) Ver na *Enciclopédia* o verbete PROTE, de Brullé, o contramestre da tipografia de Breton, e a exposição mais detalhada das funções do contramestre em Contat, *op. cit.*, parte I, cap. 4 e parte II, cap. 10.

(82) Era com o intuito de manter o equilíbrio que a STN pedia a seus recrutadores que enviassem números proporcionais de compositores e impressores. A necessidade de impressores era maior que a de compositores nas épocas de tiragens elevadas, e por isso durante a impressão da *Enciclopédia* a STN não seguiu a fórmula convencional de dois compositores para dois impressores. Em 8 julho de 1777, seus diretores instruíram Vernange: "Precisamos de dois impressores para um compositor".

(83) Como exemplos da literatura histórica sobre esse tema, ver Thompson, E. P. "Time, work-discipline, and industrial capitalism". *Past and Present*, nº 38, pp. 56-97, 1967; Pollard, Sidney. "Factory discipline in the Industrial Revolution". *Economic History Review*, nº 16, 2nd. ser., pp. 254-71, 1963; McKendrick, Neil. "Josiah Wedgwood and factory discipline". *Historical Journal*, nº 4, pp. 30-55, 1961. E para exemplos de estudos na área de sociologia do trabalho, ver Nosow, Sigmund e Form, William H., editores. *Man, work, and society. A reader in the sociology of occupations*. Nova York, 1962; Cass, Eugene L. e Zimmer, Frederick G., editores, *Man and work in society*. Nova York, 1975.

(84) Por exemplo, o impressor Huché deixou a STN após receber seu *banque* em 6 de junho de 1778, tendo impresso uma fôrma da *Enciclopédia* e duas da Bíblia. Mas ele não completara cinco *marques* (1250 impressões) da última fôrma da Bíblia, que a STN estava imprimindo com tiragem de 3 mil cópias. Assim, aquela tarefa teve de ser feita na semana seguinte por Pataux, e Spineux registrou no livro de salários em 13 de junho: "Pataux — Adiantamento feito para Huché, cinco marcas ... 18 [*batz*] 3 [*creuzer*]".

(85) Não há dúvida de que essa e outras impressões digitais semelhantes foram feitas por impressores, e não por leitores da *Enciclopédia*. As impressões foram produzidas com tinta e muitas vezes desaparecem em meio à encadernação — ou seja, foram feitas enquanto as páginas estavam sendo produzidas como folhas. Ademais, alguns assinantes queixaram-se por receber cópias onde apareciam impressões digitais dos impressores.

(86) Tonnet à STN, 12 de novembro de 1777. A julgar pelo dossiê de Tonnet, nos papéis da STN, seus negócios no ramo de tipografia e livraria não eram vultosos. Mas na *Gazette de Berne* de 23 de dezembro de 1780, ele afirmou que sua firma compunha-se de três prensas e de um acervo de 40 mil volumes, que ele desejava vender por 10 mil libras.

(87) STN a Tonnet, 16 de novembro de 1777. No registro de Spineux no livro de salários em 6 de setembro de 1777 lê-se: [''Reter todo o pagamento de m. Kindelem''.

(88) Duplain à STN, 31 de outubro de 1777.

(89) STN a Duplain, 7 de fevereiro de 1778. A STN prosseguia sua crítica com as seguintes palavras: ''Mas o que nos impressionou particularmente é que os caracteres não são os mesmos que utilizamos para a impressão do 6º volume, sobre os quais estávamos combinados. Fiéis aos nossos compromissos nesse ponto, preferimos adiar nosso trabalho por vários meses de preferência a faltar a eles empregando uma fonte ''philosophie'' inteiramente nova e muito ampla de que dispúnhamos. Esse artigo capital merece a maior atenção de vossa parte, senhor; e se daí resultar algum prejuízo para o empreendimento, bem mais que de nossas pretensas folhas muito escuras, vós vos lembrareis, por favor, que hoje vos observamos isso.

''Quanto às folhas desemparelhadas, eis uma ampla nota, proveniente principalmente das folhas rasgadas por ter sido o empacotamento malfeito, outras cujo papel se tornou amarelo, que não foram substituídas convenientemente. Tudo isso apresenta matéria para muitas reflexões, mas por enquanto não recebemos o manuscrito prometido e necessário, e não podemos senão vos expor ainda que é muito de vossos interesses não deixar inativas nossas onze prensas que, o que quer que penseis, trabalham pelo menos tão bem quanto muitas outras, e além disso estamos providos de belíssimos papéis [...] P.S. As vinhetas são horríveis e mal tiradas''.

(90) STN a Panckoucke, 8 de fevereiro de 1778; STN a D'Arnal, 8 de fevereiro de 1778.

(91) Duplain à STN, 21 de janeiro de 1778: ''Na verdade é preciso, senhores, que estejais cegos para que uma obra feita sob os vossos olhos saia de vossas mãos com tantas imperfeições. Vosso tomo 6 é abominável, e ele o é de uma maneira a arruinar a sociedade inteira se o publicarmos. Mas como não queremos que ela [ou seja, a associação da *Enciclopédia in-quarto*] sofra com a vossa negligência e com o pouco conhecimento que têm as pessoas a quem confiais a direção de vossa tipografia, prevenimo-vos de que ele está aqui por vossa conta e de que por nenhum preço o compraremos. Ainda que vosso caractere houvesse servido dez anos, não sairia tão cheio e tão encarvoado. Os operários que empregastes não procuraram mais que fazer folhas, e para ir mais depressa e poupar o trabalho de tirar, carregam sua fôrma de tinta de maneira que sem esforço a letra sai — mas como? — como um borrão, sem regularidade, sem traços [...] Rogamo-vos suspender absolutamente tudo que fazeis, devolver-nos o manuscrito e nós continuaremos. Não era preciso que vos encarregásseis de uma operação que não estáveis em condição de fazer e que nos expusésseis a uma ruína inevitável''.

(92) Para mais detalhes sobre a disputa e sua resolução, ver Duplain à STN, 9 de fevereiro de 1778; D'Arnal à STN, 4 de fevereiro de 1778; STN a D'Arnal, 8 de fevereiro de 1778. ''Já que o negócio está acertado, esqueceremos de bom grado o que sua vivacidade pôde fazê-lo escrever de muito pouco comedido na esperança de que ele não esquecerá mais, no futuro, as considerações que as pessoas honestas devem-se mutuamente. Escrevemos-lhe consecutivamente duas cartas que o farão compreender que sabemos tão bem quanto ele julgar o trabalho das tipografias.''

(93) Champmorin à STN, 26 de novembro de 1780.

(94) Isso explica um comentário típico acerca da importância da boa tipografia, em uma carta à STN enviada por Gaspard Storti, livreiro de Veneza, em 22 de julho de 1780: ''É o impressor que pode dar muita ajuda ao bom êxito''.

(95) Para um bom resumo da literatura bibliográfica que fundamentou o texto a seguir, ver Gaskell, *op. cit.*

(96) Dizia-se entre os impressores que o termo *''ours''* originara-se com um dos primeiros enciclopedistas, um certo Richelet, durante a impressão da primeira edição de Diderot. Enquanto Richelet examinava algumas folhas recém-impressas em uma pilha ao lado da

prensa, um dos impressores deixou escapar a barra, que retornou violentamente à posição anterior e derrubou Richelet. Ele reagiu chamando o impressor de *"ours"* (urso), e os impressores então inventaram um termo correspondente, *"singe"* (macaco), para designar os compositores. Ver Momoro, *op. cit.*, pp. 308-9; Balzac, Honoré de. *Illusions perdues*. Paris, Editions Garnier, 1961, p. 4. O nome de Richelet não consta em nenhuma lista dos colaboradores de Diderot; no entanto, as listas existentes são muito incompletas.

(97) A produção de três equipes na semana de 24-29 de abril de 1778 fornece mais um exemplo das variações do trabalho na *presse*. Georget e seu "segundo" imprimiram apenas uma fôrma da *Enciclopédia* (6 mil impressões) naquela semana, enquanto Albert e seu "segundo" produziram três fôrmas (18 mil impressões), além de 525 impressões do *Journal Helvétique*. Gaspard e seu "segundo" completaram uma série mais variada de tarefas: uma fôrma da *Enciclopédia* (6 mil impressões), uma da *Voyage*, de Cook (1500 impressões), uma dos *Elémens d'histoire*, de Millot (2 mil impressões) e uma folha da *Feuille d'avis* local (250 impressões).

(98) Roland Barthes interpreta as ilustrações de maneira oposta — como cenas intensamente humanas, uma "espécie de legenda dourada do artesanato", na qual os homens dominam as máquinas — porém não fornece provas de sua argumentação. Barthes, Roland; Mauzi, Robert; Seguin, Jean-Pierre. *L'univers de l'Encyclopédie*. Paris, 1964, p. 11. Evidentemente, precisamos considerar que o próprio Diderot provinha de uma família de artesãos especializados, e o principal verbete na *Enciclopédia* sobre impressão, IMPRIMERIE, foi escrito por Brullé, o contramestre da tipografia de Le Breton. Mas o texto do verbete, bem como os outros verbetes versando sobre os ofícios, não revelam muito a respeito dos trabalhadores enquanto seres humanos e nada mencionam a respeito de suas cerimônias, humor e tradições. Existem muitas razões para acatarmos a opinião corrente de que a *Enciclopédia* reabilitou a dignidade dos ofícios, mas não se pode associar essa tendência a um incipiente populismo ou igualitarismo revolucionário, como em Gillispie, C. C. *A Diderot pictorial encyclopedia of trades and industry: Manufacturing and the technical arts in plates selected from l'Encyclopédie*. Nova York, 1959, 2 v.; Gillispie, C. C. "The *Encyclopédie* and the Jacobin philosophy of science". In: Clagett, Marshall, editor. *Critical problems in the history of science*. Madison, 1959, pp. 255-89. Pelo contrário, ao reduzir o trabalho artesanal à sua base tecnológica — ou remodelá-lo para tornar-se condizente com uma tecnologia mais racional — a *Enciclopédia* eliminou um de seus aspectos fundamentais: sua cultura.

(99) Muitas informações quanto ao ambiente das tipografias setecentistas podem ser obtidas nas fontes contemporâneas citadas ao longo deste capítulo, especialmente Momoro e Contat, que discorrem pormenorizadamente sobre o jargão dos impressores. Ver também o glossário na *Encyclopédie méthodique, Arts et métiers mécaniques*. Paris, 1784, v. III, pp. 475-636. Ver ainda o primeiro capítulo de *Ilusões perdidas*.

(100) Bertrand a Ostervald, 23 de fevereiro de 1777. Sobre a conduta suspeita de mme. Spineux, que permanecera em Paris após o ingresso de Spineux na STN, ver Ostervald e Bosset à STN, 28 de fevereiro de 1777. Três anos antes, porém, mme. Spineux parecera um modelo de devoção ao marido ao escrever à STN que ele não chegara a tempo para visitá-la em Paris: "obsequiareis uma mãe de família aflita e se sabeis onde está meu marido rogo-vos que aceiteis indicar-mo". Carta sem data, recebida pela STN em outubro de 1774. O dossiê de Spineux revela muito acerca de sua vida familiar e seu caráter, que parece ter sido o de um homem severo, íntegro e generoso.

(101) Colas à STN, 15 de agosto de 1777; 27 de fevereiro de 1779; 25 de agosto de 1779. Colas poderia até mesmo ter sido o contramestre "Colas" mencionado nas *Anecdotes typographiques*, ed. Barber, parte I, cap. 9: "É um operário original que se faz de grande personagem".

(102) Rocca, de Genebra, à STN, 17 de julho de 1781, e uma carta sem data de Rocca, recebida pela STN em 26 de julho de 1781.

(103) Champy, de Arbois, à STN, 10 de julho de 1779. Embora a resposta da STN a essa carta tenha sido extraviada, o jovem Champy provavelmente não estava gravemente enfermo, já que o livro de salários mostra que ele continuou a trabalhar sem interrupção.

6. *DIFUSÃO* (pp. 196-254)

(1) Duplain à STN, 20 de dezembro de 1778.

(2) Duplain à STN, 9 de junho de 1778.

(3) Duplain et Compagnie à STN, 17 de março de 1778.

(4) Duplain à STN, 24 de março de 1778.

(5) Favarger à STN, 15 de agosto de 1778.

(6) Favarger à STN, 1º de outubro de 1778: "Os livreiros desta cidade que compraram dessa terceira edição protestam com muito vigor porque o sr. Duplain quer expedir-lhes indiferentemente volumes tomados do meio do corpo da obra. Eles não os pagarão em noventa dias, porque acontecerá que o assinante que tiver recebido os dois primeiros volumes não se interessará [em ter] no momento o 12º ou 14º sem ter os intermediários, e o deixará, sem o pagar, no livreiro, que por isso não será menos obrigado a pagá-lo, o que colocará o dito livreiro na situação de fazer grandes adiantamentos, que a metade deles não poderá fornecer. Eles têm já mil dificuldades de retirar ou mandar retirar os que lhes chegam por encomenda, pois estou convencido, a partir do que vi, de que a metade do que foi publicado até o momento está ainda por retirar do particular. O livreiro não deixou de pagá-lo. Eles concluem daí que o sr. Duplain, nessa marcha, tem vontade de ir mais depressa. Ora, eles acham que ele já vai depressa demais, que faria muito melhor em se apressar menos e ter mais gosto na escolha de seus impressores, pois o público está muito descontente com uma parte dos volumes que ele já entregou".

(7) Duplain à STN, 20 de dezembro de 1778.

(8) *Annales politiques, civiles, et littéraires du dix-huitième siècle*, nº 15, v. II, p. 465, 1777.

(9) Muitas informações sobre essas polêmicas podem ser encontradas nos dossiês de Pierre Gosse Junior e Pinet e no de Mallet du Pan, nos papéis da STN e em *Mémoires secrets* de Bauchamont, registros de 8 de agosto, 6 de setembro e 17 de setembro de 1777 e 6 de outubro de 1778.

(10) STN a Ranson, de La Rochelle, 24 de maio de 1778.

(11) STN à Società Letteraria e Tipografica di Napoli, 26 de janeiro de 1778. A STN prosseguiu explicando que manteria o número estipulado de volumes aumentando-lhes o tamanho. O efeito da denúncia de Linguet sobre os napolitanos evidencia-se no tom preocupado da carta que enviaram à STN em 6 de janeiro de 1778: "M. Linguet, em seus Annali nº 15, previne o público contra a edição *in-quarto* de Genebra da *Enciclopédia* e aposta que nem metade dos 29 volumes chegará a ser publicada. Este é um fato que merece sérias considerações, principalmente porque os editores não incorporaram as correções de Yverdon, que são boas".

(12) Em uma carta datada de 14 de março de 1778, a STN assegurou Duplain de "que não há nenhum perigo a correr da parte de Linguet e que ele se limitará aos sarcasmos que soltou em seu jornal [...] O sr. Mallet, com o qual estamos particularmente ligados, partiu recentemente para ir encontrar Linguet em Londres, com o qual está associado em seu jornal; e ele nos deu sua palavra de que não apareceria mais nada contra o nosso empreendimento, e somos muito levados a crer que se ele tivesse sabido que estávamos interessados nisso, não teria feito essa invectiva". A leitura atenta dos *Annales* de 1777 e 1778 leva-nos à conclusão de que Linguet de fato cessou o ataque à *Enciclopédia in-quarto*. Embora as cartas de Mallet desse período tenham sido extraviadas, seu dossiê mostra que ele era ami-

go íntimo de Ostervald. Ele procurou negociar a paz na guerra das edições *in-quarto* e *in-octavo* em janeiro de 1778. E em junho, quando havia retornado de Londres para supervisionar a edição dos *Annales* de Lausanne, tentou fazer com que Linguet divulgasse a edição da STN da *Description des arts et métiers*. A seguir, os sócios de Neuchâtel enviaram uma solicitação lisonjeira ao próprio Linguet, enquanto indicavam a um de seus clientes mais habituais que esperavam fazer alguns "acordos" importantes com Linguet e ao mesmo tempo asseguravam Panckoucke de que estavam "bem decididos a não estabelecer nenhuma ligação com tal homem". Ver STN a Linguet, 30 de maio de 1778; STN a Charmet, de Besançon, 3 de maio de 1778; Mallet à STN, 6 de junho de 1778.

(13) Panckoucke à STN, 27 de novembro de 1777.

(14) "Memoire pour les éditeurs de l'*Encyclopédie* de Genève en 32 vol. format in-4º", sem data, 2 pp.

(15) Os "Avis" citados foram impressos em páginas não numeradas no início dos volumes da *Enciclopédia in-quarto*. As cartas circulares encontram-se nos papéis da STN, ms. 1233, e uma cópia do prospecto da STN para a terceira edição pode também ser encontrada em Case Wing Z 45.18, Newberry Library, ser. 7, Chicago. As razões subjacentes à mudança de estratégia de Duplain se evidenciam nas seguintes cartas: Duplain à STN, 10 de julho de 1778; STN a Duplain, 15 de julho de 1778; Favarger à STN, 21 e 23 de julho de 1778. Favarger escreveu a última carta em uma cópia do prospecto de Duplain para a edição "de Neuchâtel", que a STN reimprimiu e distribuiu entre seus próprios correspondentes.

(16) Duplain publicou esse anúncio na *Gazette de Leyde* de 20 de abril de 1779.

(17) Duplain à STN, 31 de março de 1779. Duplain calculou a data do anúncio de modo a coincidir com a época em que os assinantes houvessem terminado de pagar pelos 29 volumes estipulados nos contratos de venda e estivessem prestes a pagar pelos volumes extras. Ver Duplain à STN, 17 de abril de 1779.

(18) STN a Panckoucke, 5 de abril de 1779: "Depois de ter lido e examinado esse aviso, ele nos pareceu um meio bastante hábil de incitar os curiosos a assinar a terceira edição da *Enciclopédia* no receio de pagar mais caro se esperassem o aparecimento daquela que se anuncia".

(19) Panckoucke à STN, 25 de abril de 1779.

(20) *Registre des privilèges et permissions simples*, Bibliothèque Nationale, ms. Fr. 22001, pp. 141, 146, 150, 164, 183, 225 e 266. Obviamente, já existia o termo *Enciclopédia* em títulos anteriores à publicação da obra de Diderot, mas a incidência de seu uso nos registros da corporação mostra que a *Enciclopédia* de Diderot gerou um modismo para esse título.

(21) Panckoucke à STN, 22 de dezembro de 1778.

(22) Duplain à STN, 22 de dezembro de 1778.

(23) Duplain à STN, 21 de abril de 1778.

(24) *Journal Helvétique*, março de 1778.

(25) Panckoucke à STN, 26 de junho de 1777. Sobre as dificuldades encontradas por Favarger, ver Favarger à STN, 23 de agosto de 1778, e Duplain à STN, 10 de novembro de 1778.

(26) Panckoucke à STN, 8 de julho de 1777.

(27) Em 11 de maio de 1777, por exemplo, Duplain escreveu à STN: "Enviamo-vos aqui incluso o prospecto que mandareis imprimir tal e qual no mesmo número que a *Gazette de Berne*, entendendo-vos com o jornalista quanto às despesas de correio [...] O mesmo prospecto [...] servir-vos-á para o Norte, a Alemanha, a Inglaterra, a Holanda e todos os outros países para os quais desejais enviá-lo. Mandai tirar-lhe o número que precisardes".

(28) Papéis da STN, Brouillard B, registro de 1º de dezembro de 1778; "Carnet de voyage" de Favarger, ms. 1059.

(29) Brouillard B, registro de 28 de novembro de 1778. Uma cópia desse prospecto pode ser encontrada em Case Wing Z 45.18, ser. 7, Newberry Library, e uma cópia da impressão desse mesmo prospecto feita por Duplain, enviada de Lyon por Favarger à STN jun-

tamente com sua carta de 23 de julho de 1778, encontra-se no dossiê de Favarger, nos papéis da STN.

(30) Os dados sobre o número de cópias foram extraídos do "Banque des ouvriers" da STN, registros de 31 de outubro, 1º de agosto e 28 de novembro de 1778, 5 de junho e 10 de julho de 1779 e 22 de janeiro de 1780.

(31) A STN mencionou essas despesas em uma carta a Duplain, enviada em 26 de junho de 1779. O texto do anúncio de meia página foi publicado na *Gazette de Leyde* de 20 de abril de 1779. A tiragem do *Journal Helvétique* foi calculada com base no "Banque des ouvriers" da STN. Sobre as assinaturas do *Mercure*, que podem ter dobrado em 1789, ver Panckoucke à STN, 21 de julho de 1778, onde Panckoucke afirma que haviam atingido 6500 exemplares, e *Mémoires secrets*, de 6 de outubro de 1778, onde a estimativa é de 7 mil exemplares.

(32) Os custos de publicidade da STN podem ser calculados com base em Brouillard B, registros de 8 de fevereiro, 3 de maio, 13 de junho e 28 de novembro de 1778, e no "Compte courant" da STN relativo a todo o trabalho com a *Enciclopédia* que a firma realizou para Duplain (ms. 1220). O registro de 8 de fevereiro de 1778 no Brouillard fornece um exemplo de custos diversos e escrituração:

Enciclopédia in-quarto deve aos seguintes, prospectos e avisos inseridos nos papéis públicos referentes à 3ª subscrição:

para Pagamento [dos operários], composição e tiragem de avisos e de prospectos		. . . 4-10
para *Journal Helvétique* 1778, inserção do aviso		. . . 6-
para Lucros e Perdas: Papel de posta pour dit	. . . 3-	
Porte e franquia de aviso na Holanda, em Bâle, Schaffhausen e Berna"	. . . 4-10	
Direitos aos três jornalistas da Suíça	. . . 21	
	. . . 28-10	. . . 28-10
		39 (libras)

Jean-Baptiste d'Arnal, comerciante suíço em Londres, informou à STN em 19 de abril de 1782 que mandara publicar o anúncio em dois números do *Morning Herald*, "que é o jornal mais na moda; isso me custou 38 *schellings*". Ele anexou também uma cópia do texto impresso. O texto dos outros anúncios foi encontrado mediante o estudo da *Gazette de Leyde*, *Gazette de Berne* e do *Journal Helvétique* do período 1777-80.

(33) Duplain à STN, 31 de março de 1779.

(34) *Gazette de Leyde*, 20 de abril de 1779.

(35) Ostervald a Panckoucke, 9 de maio de 1779.

(36) Panckoucke à STN, 22 de dezembro de 1778. Evidentemente, a tolerância limitada conferida a essa publicidade significava que os editores tinham de restringir o elemento ideológico em seus prospectos e anúncios; entretanto, não o eliminaram totalmente.

(37) STN a Pyre, 1º de maio de 1777.

(38) STN a Bosset, 28 de agosto de 1779. Para explanações adicionais sobre esse tema, ver o Capítulo IX.

(39) Nesse exemplo, a frase foi extraída de um anúncio na *Gazette de Leyde*, de 6 de fevereiro de 1778. Às vezes, os anúncios informavam que as assinaturas poderiam ser adquiridas com Pellet ou com a STN, mas em geral remetiam os assinantes aos livreiros.

(40) Gaston à STN, 6 de abril de 1778.

(41) Panckoucke à STN, 19 de novembro de 1777.

(42) STN ao cardeal Valenti, de Roma, 12 de julho de 1779.

(43) STN a Abert, 1º de maio de 1777.

(44) STN a Charmet, 19 de junho de 1777.

(45) Tonnet à STN, 8 de novembro de 1769. Neste caso, Tonnet referia-se a outra obra,

mas sua observação aplica-se à *Enciclopédia*. Os livreiros também distribuíam amostras da página de rosto, embora em sua correspondência que trata da *in-quarto* não mencionem essa técnica comum.

(46) Charle à STN, 8 de dezembro de 1777. Como indica esse comentário, os livreiros empenhavam-se para conseguir a décima terceira cópia grátis; portanto, a cláusula que previa essa bonificação era eficaz para estimular seus esforços de venda.

(47) Società Letteraria e Tipografica di Napoli à STN, 17 de fevereiro de 1778. Essa carta inclui uma cópia do prospecto e uma longa explanação sobre o mesmo.

(48) Fournier à STN, 5 de outubro de 1777, 30 de maio de 1780 e 20 de junho de 1780.

(49) De Gaulle à STN, 3 de maio e 13 de agosto de 1777.

(50) Mondon à STN, 20 de março e 26 de setembro de 1778, 9 de abril de 1780.

(51) Machuel à STN, 11 de abril de 1779.

(52) Mathieu à STN, 30 de março de 1779.

(53) STN a Rigaud, 23 de novembro de 1777; Rigaud à STN, 9 de março de 1778.

(54) A seqüência de informações errôneas dadas a Lair pode ser reconstituída com base em suas cartas à STN, com datas de 14 de dezembro de 1773, 21 de setembro de 1774, 23 de março de 1777, 15 de maio de 1777, 18 de fevereiro de 1778 e 11 de novembro de 1778.

(55) Mossey à STN, 16 de maio e 4 de agosto de 1777. As "ordens" a que se referiu Mossy provavelmente diziam respeito à *Encyclopédie d'Yverdon*, que era estritamente proibida na França e também fora publicada em formato *in-quarto*.

(56) Carez à STN, 17 de dezembro de 1781; Sens à STN, 5 de março de 1777: "Quanto à *Enciclopédia*, a pessoa para a qual a queríamos [a cópia da edição *in-folio*] mandar vir, com os rumores que correm de que a *Enciclopédia* de Genebra em formato *in-quarto* acontecerá e de que o livreiro Panckoucke de Paris entendeu-se com o que lhe projetou a edição, disse-nos que de bom grado daria preferência à edição *in-quarto*, o que é causa igualmente de que vos peçamos que não no-la envieis".

(57) Chauron à STN, 22 de dezembro de 1778.

(58) Citações extraídas das cartas de Favarger à STN, com datas de 21 e 26 de julho, 2 de agosto, 13 de setembro e 28 de outubro de 1778.

(59) Favarger à STN, 23 de julho, 13 de setembro e 15 de agosto de 1778.

(60) André à STN, 22 de agosto de 1784.

(61) Favarger à STN, 15 de agosto de 1778. Gaudier considerou ímpia a Bíblia de Favarger por tratar-se de uma edição protestante.

(62) Para as fontes dessa informação, ver Capítulo I.

(63) STN a Rudiger, de Moscou, 31 de maio de 1777.

(64) Essas frases, que apareceram em todos os prospectos e anúncios, são citadas do primeiro "Grand prospectus" publicado pela STN no *Journal Helvétique* de maio de 1777, pp. 76, 78.

(65) Essas observações têm por base o exame de várias cópias em bibliotecas da Suíça, França, Holanda, Grã-Bretanha e Estados Unidos.

(66) As informações sobre os "orçamentos" dos artesãos e os preços do pão foram extraídas dos trabalhos de C.-E. Labrousse, Pierre Léon, Albert Soboul e George Rudé. Ver especialmente Labrousse, C.-E. *Esquisse du mouvement des prix et des revenus en France au XVIIIe siècle*. Paris, 1932, pp. 447-63, 582-606, e o estudo de Steven L. Kaplan sobre o pão e os padeiros, a ser publicado em breve, cujo autor me permitiu generosamente o acesso ao texto. Para estimativas sobre a alfabetização, que são ainda mais complicadas do que as referentes ao consumo de pão, ver Fleury, Michel e Valmary, Pierre. "Les progrès de l'instruction élémentaire de Louis XIV à Napoléon III d'après l'enquête de Louis Maggiolo (1877-1879)". *Population*, n.º 12, jan.-mar. 1957, pp. 71-92; Furet, François e Sachs, W. "La croissance de l'alphabétisation en France XVIIIe-XIXe siècle". *Annales. E.S.C.*, n.º 29, maio-jun. 1974, pp. 714-37.

(67) Proust, Jacques. *Diderot et l'Encyclopédie*. Paris, 1967, pp. 59, 81-116.

(68) Darnton, Robert. "The high Enlightenment and the low-life of literature in pre-revolutionary France". *Past and Present*, nº 51, p. 87, 1971.

(69) Durey de Morsan a Ostervald, 17 de abril de 1778.

(70) Os cálculos baseiam-se em informações extraídas de Marion, Marcel. *Dictionnaire des institutions de la France aux XVIIe et XVIIIe siècles*. Paris, 1923, p. 446; Sée, Henry. *La France économique et sociale au XVIIIe siècle*. Paris, 1933, pp. 64-6, 162; Dawson, Philip. *Provincial magistrates and revolutionary politics in France, 1789-1795*. Cambridge, Mass., 1972, cap. 3.

(71) Panckoucke à STN, 8 de novembro de 1777.

(72) STN a Panckoucke, 20 de agosto de 1778.

(73) Machuel à STN, 31 de março de 1780; Rigaud à STN, 22 de novembro de 1779; Dufour à STN, 2 de agosto de 1780; Resplandy à STN, 2 de janeiro de 1778; D'Arnal à STN, 12 de novembro de 1779.

(74) Lair à STN, 11 de novembro de 1778: "O sr. Witel, genro do sr. Fauche, seu associado, disse-me que vendera mais de 3 mil nas poucas províncias da França que ele não fez mais do que atravessar, sem aqueles que esperava vender em Paris, para onde se dirigiu ao sair daqui em 14 de setembro".

(75) Gaston à STN, 6 de abril de 1778. Embora nenhum desses *annonces* tenha produzido resultados concretos, eles ilustram a magnitude da demanda por *Enciclopédias* de baixo preço e a luta entre os livreiros para explorá-la.

(76) STN a Panckoucke, 18 de dezembro de 1777; Panckoucke à STN, 22 de dezembro de 1777.

(77) Panckoucke à STN, 25 de abril de 1779. Duplain queixou-se das vendas de seus sócios em uma carta à STN com data de 21 de janeiro de 1779: "Se vós e o sr. Panckoucke vos movimentásseis tanto quanto nós, reconheceríeis facilmente que esse livro é ainda o melhor dos livros e vender-se-á até o último [...] Mas o sr. Panckoucke não se movimenta". Panckoucke expressou seu descontentamento em carta a Duplain de 22 de dezembro de 1778, que se encontra na Bibliothèque Publique et Universitaire de Genève, ms. suppl. 148: "Vossa edição já está tão desacreditada que duvido muito que eu consiga vender os quinhentos exemplares. Parece que é uma grita geral [...] Presumo que poderei vender aqui algumas centenas, mas a edição não é estimada, e aqui se aprecia a grande correção". Ver comentários semelhantes em Panckoucke à STN, 24 de dezembro de 1778 e 18 de março de 1779.

(78) O estudo quantitativo e geográfico da cultura francesa setecentista remonta a Daniel Mornet, F. de Dainville e ao estudo sobre alfabetização de Magiollo, citado na nota 66 acima. Suas variações mais recentes incluem pesquisas sobre o ramo livresco (ver especialmente Furet, François *et alii*. *Livre et société dans la France du XVIIIe siècle*. Paris e Haia, 1965-70, 2 v.), sobre educação (ver Chartier, Roger, Julia, Dominique, Compère, Marie-Madeleine. *L'éducation en France du XVIe au XVIIIe siècle*. Paris, 1976) e sobre a elite intelectual das províncias (ver a série de artigos de Daniel Roche, culminando em sua magistral tese, *Le siècle des lumières en province. Académies et académiciens provinciaux, 1680-1789*. Paris e Haia, 1978). O texto a seguir faz uso de todas essas obras. Para estatísticas populacionais, o censo de 1806, apesar da data avançada, continua sendo o mais confiável indicador geral da população por volta de 1780. Ver Le Mée, René. "Population agglomérée, population éparse au début du XIXe siècle". *Annales de Démographie Historique*, 1971, pp. 455-510.

(79) Ver Chartier, Julia e Compere, *L'education en France*, *op. cit.*, caps. 2 e 3, e especialmente o mapa das escolas dos Frères des Ecoles Chrétiennes, na página 79, que guarda uma boa correspondência com o mapa da difusão da *Enciclopédia in-quarto*.

(80) As vendas da *Enciclopédia in-quarto* também foram fracas em Colmar, que possuía um Conseil Supérieur, e em Estrasburgo, o núcleo da atividade livresca na Alsácia. Mas nesta última região o comércio de livros orientava-se mais para a Alemanha do que

para a França, apesar do afrancesamento da elite da província. Pode ter acontecido, também, de a *Encyclopédie d'Yverdon*, que era estritamente proibida na França central, ter apresentado vendas melhores do que a *in-quarto* na Alsácia.

(81) A peculiar mistura de obras protestantes e iluministas nas encomendas de Buchet, Gaude e Crosilhes se evidencia em dezenas de cartas que enviaram à STN. Em 5 de setembro de 1776, por exemplo, Buchet encomendou 26 cópias de uma Bíblia protestante e treze cópias de *Le christianisme dévoilé*. Em 30 de março de 1779, ele se queixou da severidade das inspeções da corporação local, "que não deixa entrar em nossos depósitos nada do que é suscetível de ser apreendido. Como essa Bíblia (não é) tolerada pelo fanático [*sic*], que compõe essa nova inquisição, não se deixará de fazer uma autuação e de interditar-me para sempre, se eu não tivesse a sábia precaução de a evitar". Nîmes, com seus 41 195 habitantes, era a décima primeira cidade francesa em população, e ficou em nono lugar em assinaturas da *Enciclopédia* — um bom resultado em comparação com Orléans, que era um pouco mais populosa mas adquiriu apenas a metade do número de *Enciclopédias*.

(82) Ver Bechet de Balan à STN, 9 de março de 1777.

(83) Sobre a predominânia da Igreja na vida de Angers ver McManners, John. *French ecclesiastical society under the Ancien Régime. A study of angers in the eighteenth century*. Manchester, Inglaterra, 1960.

(84) Ver Goubert, Pierre. *L'Ancien Régime*. Paris, 1969, v. 1, cap. 10.

(85) Os estudos recentes em história urbana evidenciam que essas duas cidades realmente podem ser consideradas modelos dos dois extremos de mercado literário. Ver especialmente Fohlen, Claude. *Histoire de Besançon*. Paris, 1965; Trenard, Louis. *Histoire d'une métropole. Lille. Roubaix. Tourcoing*. Toulouse, 1977.

(86) Essa descrição tem por base o *Almanach historique de Besançon et de la Franche-Comté pour l'année 1784*. Besançon, 1784; e também Fohlen, *op. cit.* Fohlen caracteriza Besançon como "uma cidade [...] onde as idéias filosóficas haviam penetrado relativamente pouco, o apego às tradições estava fortemente enraizado" (p. 260).

(87) Charmet à STN, 12 de maio de 1777; Lépagnez à STN, 13 de maio de 1777: "27 exemplares são bem suficientes para Besançon, mesmo movimentando-me o mais possível".

(88) O papel dos prospectos servia de modelo para o da obra, e Lépagnez salientou que seus clientes prestavam grande atenção à qualidade do papel quando compravam os livros. Lépagnez à STN, 30 de junho e 28 de agosto de 1777.

(89) Lépagnez à STN, 28 de fevereiro de 1779.

(90) Lépagnez à STN, 14 de dezembro de 1779.

(91) Lépagnez à STN, 30 de agosto de 1780: "Não acrediteis, peço-vos, que eu tenha aqui um grande consumo de livros. Juro-vos que, depois da *História universal*, da *História eclesiástica*, aquela da Igreja galicana, da Bíblia de Vance, da *Enciclopédia* e do Rousseau, o resto me deixa numa desocupação há dois anos".

(92) Charmet à STN, 18 de outubro de 1775.

(93) A lista foi impressa e encadernada no volume 1 da cópia da *Enciclopédia in-quarto* existente na Bibliothèque Nationale, Z.2658. Foi publicada novamente em Lough, John. *Essays on the Encyclopédie of Diderot and d'Alembert*. Londres, 1968, pp. 466-73.

(94) A julgar por suas altas patentes e, na maioria dos casos, seus títulos aristocráticos, não havia plebeus entre os militares assinantes, mas alguns dos *parlementaires*, em sua maioria conselheiros no tradicionalista, se não reacionário, parlamento de Besançon, podem ter provindo de famílias que ainda não haviam conquistado a nobreza hereditária. Ver Egret, Jean. "La révolution aristocratique en Franche-Comté et son échec (1788-1789)". *Revue d'Histoire Moderne et Contemporaine*, nº 1, pp. 245-71, 1954. Em sua *Histoire de Besançon*, p. 210, Claude Fohlen conclui: "Essa nobreza de toga ocupa a primeira posição, na ausência de uma nobreza de espada, numericamente pouco importante, e de uma burguesia quase inexistente", mas não cita nenhuma fonte para fundamentar essa afirmativa.

Compilando informações dos almanaques de Besançon e de outras fontes, Daniel Roche estimou a população de homens adultos com as seguintes proporções: clero, 9,9%, nobreza, 2,4%, profissionais liberais, altos funcionários públicos não nobres e administradores, 4,5%, burgueses que viviam de rendas, 3,7%, comerciantes e manufatores, 2,9%, artesãos, trabalhadores manuais e criados, 76,1%. *Les lumières en province*, Troisième partie: Annexes et illustrations.

(95) Barre à STN, 15 de setembro de 1781; Gosselin à STN, 7 de julho de 1775; Bechet de Balan à STN, 9 de março de 1777; Volland à STN, 23 de julho de 1780. Após ressaltar a falta de interesse pela literatura entre seus colegas comerciantes em sua carta de 15 de setembro de 1781, Barre acrescentou: "No entanto, tenho amigos que não desprezam as letras". Ele acabou vendendo dezesseis cópias da *Enciclopédia in-quarto*. Entre seus clientes deve ter havido alguns comerciantes, pois ele observou em uma carta de 7 de agosto de 1781: "Eu a forneci a todos os meus amigos". No entanto, um livreiro de Nantes, Vallet fils aîné, em carta de 19 de agosto de 1779 queixou-se à STN de que estava encontrando grande dificuldade para vender a *Enciclopédia*, e Pelloutier, comerciante da mesma cidade, alertou a STN em carta de 2 de fevereiro de 1785 que não esperasse encomendas de livros dos comerciantes das Antilhas, "região onde as pessoas ocupam-se demais em ganhar dinheiro para procurar adquirir espírito".

(96) Por exemplo, a STN recebeu as seguintes informações sobre vendas: em 9 de julho de 1777, de Harlé, de Saint-Quentin, a informação sobre uma venda feita para o conde de la Tour du Pin Chambli; em 27 de novembro de 1781, de Volland, de Bar-le-Duc, uma venda a um "gentilhomme" em Bar e ao cavaleiro de Jobart, capitão reformado de Nancy; em 12 de agosto de 1777, de Robert, Bar-le-Duc, vendas ao cavaleiro de Longeau, *lieutenant des maréchaux de France* em Bar, ao barão de Bouret, cavaleiro de Malte em Bar, a m. de Trouville, *chanoine de la Madeleine* em Verdun e a Baudot, *procureur du roi* em Bar; em 7 de fevereiro de 1781, de Entretien, de Lunéville, uma venda a um advogado, cujo nome não foi registrado; e em 20 de março de 1778, de Mondon, Verdun, vendas a oito pessoas, "todas da primeira classe", inclusive um *officier du régiment de Bresse*. Em 1º de outubro de 1778, Favarger informou uma venda a Baillas, de Lambrède, *commis des guerres* em Marmande, próximo a Toulouse; em um registro com data de 9 de junho de 1780, a STN anotou uma venda a um advogado de Nancy, Le Gros, e em sua lista de assinantes Duplain identificou seis indivíduos: "o cura de Cherier", "Dusers, cavaleiro de são Luís", "Guiget, abade da Cruz Dourada em Lyon", "o conde d'Orsey em Paris", "o conde de Neuilly em Versalhes" e "Giraud, cura em Vichy".

(97) Boisgibault à STN, 11 de julho de 1781 e 4 de abril de 1781. Sobre o papel do parlamento na pré-revolução, ver Egret, Jean. *La pré-revolution française* (*1787-1788*). Paris, 1962.

(98) Chaudepied de Boiviers à STN, 21 de junho de 1777.

(99) Gerlache descreveu seu *cabinet* em várias cartas à STN, notavelmente em uma carta sem data recebida em maio de 1777.

(100) Choppin à STN, 25 de abril e 28 de julho de 1780.

(101) Mercier, L.-S. *Tableau de Paris*. Amsterdã, 1783-9, 12 v., v. 4, p. 3. A profusão de *cabinets littéraires* merece ser estudada em maior profundidade. Para algumas referências adicionais, ver Mornet, Daniel. *Les origines intellectuelles de la Révolution française* (*1715-1787*). 5ª ed. Paris, 1954, pp. 310-2.

(102) Citações extraídas de Weingand e Köpf à STN, 17 de setembro de 1781 e 6 de março de 1784.

(103) Rüdiger à STN, 12 de julho de 1787.

(104) Weitbrecht à STN, 16 de novembro de 1778.

(105) Muller à STN, 17 de agosto de 1778. Embora essas afirmações sobre as encomendas de livros de Muller possam parecer vagas, estão fundamentadas, bem como todas as

demais afirmações semelhantes acerca da demanda por literatura, em cuidadosa leitura de extensos dossiês, e podem ser corroboradas por estatísticas baseadas nos livros contábeis da STN.

(106) Citado de Lex à STN, 13 de maio de 1780, 31 de março de 1779 e 19 de janeiro de 1778; Gröll à STN, 16 de junho de 1781; Lex à STN, 31 de março de 1779.

(107) Gerle à STN, 7 de março de 1778. Gerle reiterou suas dificuldades com os volumes extras em uma carta enviada em 26 de agosto de 1780: "As altercações que tive com meus assinantes por vossa edição da *Enciclopédia* e seu descontentamento por ter de pagar quatro volumes a mais que na edição de Pellet [Gerle confundiu-se neste ponto] foram tão longe que se quis devolver-me a obra inteira ou forçar-me a perder esses quatro volumes eu mesmo". Gerle queixou-se dos censores em cartas de 28 de julho e 20 de novembro de 1779, mas em 21 de abril de 1781 afirmou esperar grande melhora em seus negócios, graças às reformas de Joseph II.

(108) STN a Duplain, 7 de abril de 1779 e STN a Panckoucke, 24 de junho de 1779.

(109) Serini à STN, 27 de março de 1779. Ver também as observações desalentadoras nas cartas que Serini enviou à STN em 22 e 29 de novembro de 1777: "Esse empreendimento [a *Enciclopédia in-quarto*] teria sido excelente, mas será desperdiçado por duas diferentes edições. O ramo livreiro na Suíça vem [de fazer] uma verdadeira pilhagem". Sobre os negócios da STN com seus outros agentes, ver STN a Gerle, 13 de dezembro de 1179; STN a Petitpierre, 13 de março de 1779; STN a Steiner, 24 de abril de 1779.

(110) Bosset à STN, 24 de julho de 1779. Embora a história social e cultural de Mainz tenha sido estudada extensivamente, pouco se conhece a respeito dos hábitos de leitura de seus habitantes durante o século XVIII. Ver Dreyfus, F. G. *Sociétés et mentalités à Mayence dans la seconde moitié du XVIIIe siècle*. Paris, 1968, pp. 495-7.

(111) Wolff à STN, 27 de setembro de 1779. Assim como Wolff, os livreiros alemães geralmente escreviam em francês, e suas mensagens eram compreensíveis apesar de gramaticalmente incorretas.

(112) La Nouvelle Librairie de la Cour et de l'Académie de Mannheim à STN, 4 de julho de 1787. Ver também Deinet, de Frankfurt Am Main à STN, 30 de junho de 1779; Hollweg & Laue, de Frankfurt, à STN, 23 de setembro de 1780; Société Typographique de Cologne à STN, 22 de agosto de 1782.

(113) Bruere à STN, 12 de agosto de 1779. Embora possuísse uma pequena livraria, Bruere não era um livreiro, mas um letrado, protegido do *landgrave* de Hesse Homburg.

(114) Bosset à STN, 24 de julho de 1779. Em uma carta a Bruere, de 19 de agosto de 1779, a STN afirmou considerar economicamente inviável a edição alemã devido ao alto custo do papel na Alemanha, bem como ao custo da tradução.

(115) Bruere à STN, 12 de fevereiro de 1781. Bruere também adquiriu pelo menos doze assinaturas da *Enciclopédia in-octavo*, e em carta de 19 de outubro de 1780 afirmou que comprava livros para as bibliotecas do *landgrave* de Hesse Cassel, do conde de Bückburg e do príncipe de Phillipsthal.

(116) Citações das cartas de Virchaux à STN com datas de 9 de janeiro de 1779, 25 de novembro de 1780, 9 de dezembro de 1778, 4 de setembro de 1779, 2 de agosto de 1780 e 26 de maio de 1780.

(117) Philibert à STN, 24 de junho de 1777. Dois anos mais tarde, em uma carta enviada em 29 de junho de 1779, Philibert informou: "Não é minha culpa se não tive subscrições para vossa edição da *Enciclopédia*. É bastante anunciada, mas aqui tudo caminha lentamente e se quer ver antes de se decidir a comprar. Assim, é inútil propor subscrições. No entanto, eu contava ter algumas, mas a edição *in-octavo* veio barrá-la".

(118) Schlegel à STN, 30 de maio e 12 de julho de 1777.

(119) D'Arnal à STN, 5 de fevereiro de 1782.

(120) Em uma carta de 4 de dezembro de 1777, Durand afirmou que a edição de Livorno era preferida, apesar de custar trinta guinéus, porque continha uma série completa de ilustrações.

(121) Bosset, de Amsterdã, à STN, 3 de setembro de 1779: "Eles [irmãos Romberg] obtiveram um passaporte das duas nações, e não há risco nenhum". Talvez Bosset estivesse fazendo referência às autoridades dos Habsburgo e da Grã-Bretanha.

(122) Bosset relatou seus negócios com os livreiros holandeses em cartas de 30 de agosto, 3 e 7 de setembro de 1779.

(123) Bosset à STN, 13 de setembro de 1779.

(124) Embora a *Enciclopédia* de Félice estivesse fracassando no mercado holandês, Pierre Gosse Junior escreveu audaciosamente à STN em 5 de setembro de 1777: "Quanto à vossa *Enciclopédia abreviada* [uma sarcástica referência aos cortes feitos por Laserre] *in-quarto*, não ignorais que estou interessado na *Encyclopédie in-quarto d'Yverdon*, e como ela é sempre muito aceita e a considero preferível a qualquer outra, não me encarregarei de nenhuma antes que os poucos exemplares que dela restam, dos quais meu caro pai é o único possuidor, estejam vendidos e que eu não os possa mais adquirir".

(125) Murray Frères à STN, 8 de dezembro de 1780.

(126) Changuion à STN, 24 de dezembro de 1781.

(127) Elias Luzac & Van Damme à STN, 2 de junho de 1780.

(128) Aubertin à STN, 12 de novembro de 1779.

(129) Aubertin à STN, 22 de setembro de 1780. Poucos anos antes, contudo, os Países Baixos ainda haviam dado a impressão de constituírem um bom mercado para a *Enciclopédia*. Chatelain et Fils, de Amsterdã, que haviam vendido sessenta cópias da primeira edição, informaram a Dessaint, de Paris, em 29 de junho de 1769, que o mercado holandês estava maduro para uma outra edição (Archives de Paris 5 AZ 2009). E na primeira carta circular a respeito da *Encyclopédie méthodique* (janeiro de 1778), Deveria, de Liège, afirmou que a demanda continuava grande em cidades como Ghent, onde o livreiro Gimblet vendera mais de 250 cópias das edições anteriores. Amsterdã, Bibliotheek van de vereeniging ter bevordering van de belangen des bockhandels, Dossiê Marc Michel Rey.

(130) Mallet à STN, 4 de outubro de 1777.

(131) Em 8 de fevereiro de 1780, Reycends escreveu à STN, em um francês desajeitado, típico dos livreiros estrangeiros: "Como aqui, desde a reforma da Universidade de Coimbra assim como da inauguração de uma Academia das Ciências e das Artes nessa cidade, os portugueses começam a ter um pouco mais de gosto pela leitura dos bons livros, tanto latinos quanto franceses e de outras línguas, é o que nos anima a procurar estabelecer correspondências em todas as cidades principais da Europa, para por esse meio estar mais bem providos".

(132) Sancha à STN, 26 de fevereiro de 1778, 2 de abril de 1778, 14 de janeiro de 1779, 12 de julho de 1779.

(133) Mallet à STN, 4 de outubro de 1777: "Como a Inquisição proibiu parte dela, onde estão todos os artigos referentes à religião, não os podemos vender sem permissão, e nesse caso eu vo-la pedirei". A permissão nunca foi dada.

(134) Caris à STN, 14 de janeiro de 1774. Alguns anos mais tarde, um dos Caris, que se mudara para Avignon, tentou em vão remeter algumas obras de Voltaire e uma *Encyclopédie d'Yverdon* para a livraria em Cadiz. Todos os livros foram mandados de volta, informou à STN em carta de 18 de agosto de 1780: "não podendo ser postos em uso pelo veredicto fulminante da Inquisição, tão tolo quanto maldoso".

(135) J. Lullin, de Chambéry, à STN, 8 de maio de 1777: "No que se refere à nova *Enciclopédia* [...] nossos censores não querem permitir-me introduzi-la; criam-me dificuldade sobre tudo".

(136) STN ao cardeal Valenti, 12 de julho de 1779.

(137) Gentil et Orr, de Livorno, à STN, 6 de março de 1775.

(138) Società Letteraria e Tipografica di Napoli à STN, 17 de fevereiro de 1778, incluindo uma cópia do prospecto.

(139) Società Letteraria e Tipografica di Napoli à STN, 17 de fevereiro de 1778: "Na *Enciclopédia* francesa há muitíssimas coisas inexatas, inúteis e mal digeridas que seria melhor suprimir ou alterar". Os napolitanos também recomendaram o aperfeiçoamento da edição de Livorno aos editores da *in-quarto*: "Na edição de Livorno há muitas coisas que merecem ser adaptadas, entre outras um belo artigo de *Caserta* feito em Nápoles". Os diretores de Lausanne procuraram agradar aos napolitanos, prometendo incorporar todas as suas revisões à edição *in-octavo*; no final, porém, os verbetes sobre a Itália nessa edição meramente reproduziram o texto da *in-quarto*.

(140) Bongi, Salvatore. "L'*Enciclopedia* in Lucca". *Archivio Storico Italiano*. 3ª ser., nº 18, pp. 64-90, 1873. Esse artigo fornece informações preciosas sobre Ottaviano Diodatti, o principal empreendedor da edição de Lucca, e suas relações com o senado de Lucca e o papa, mas pouco revela sobre a difusão dessa edição. Franco Ventury afirma que ela se esgotou depressa, sendo adquirida especialmente por bibliotecas italianas. Franco, Venturi. "L'*Encyclopédie* et son rayonnement en Italie". *Cahiers de l'Association Internationale des Études Françaises*, nº 5, p. 16, julho 1953. Entretanto, John Lough alega que o empreendimento não prosperou, deparando com dificuldades na produção e lentidão nas vendas. Ver Lough, John. *Essays on the "Encyclopédie" of Diderot et d'Alembert*. Londres, Nova York e Toronto, 1968, pp. 22-3. Na verdade, pouco se conhece a respeito das edições italianas. Algumas informações sobre a edição de Livorno podem ser coligidas da correspondência de seu principal editor, Giuseppe Aubert, cujas cartas foram publicadas em Lay, Adriana. *Un editore illuminista: Giuseppe Aubert nel carteggio com Beccaria e Verri*. Turim, 1973. A correspondência de Aubert constitui a principal fonte em Levi-Malvano, Ettore. "Les éditions toscanes de l'*Encyclopédie*". *Révue de Littérature Comparée*, nº 3, pp. 213-56, abril-junho 1923. Levi-Malvano sustenta que ambas as edições italianas foram um sucesso comercial, e fornece algumas informações sobre as assinaturas da edição de Livorno. Elas chegavam a seiscentas em dezembro de 1770, das quais havia oito em Roma, vinte em Parma, muitas mais em Florença e Milão e vinte na França. O autor também menciona quatro projetos para traduzir a *Enciclopédia* para o italiano e mostra como o grão-duque da Toscânia favoreceu os editores de Livorno.

(141) Marc Coltellini, de Livorno, à STN, 18 de novembro de 1769.

(142) Aubert à STN, 21 de julho de 1777. A referência às 1500 cópias e os detalhes sobre os tipos e as prensas provêm de uma carta circular enviada à STN em 6 de março de 1775 por Gentil et Orr, de Livorno. Nessa circular, os editores solicitavam trabalhos de impressão, mas como também informavam que veriam com bons olhos as ofertas para aquisição dc todo o seu negócio, pode-se deduzir que a firma não estava prosperando.

(143) STN a Vincenzo, de Bergamo, 30 de setembro de 1779.

(144) Gravier à STN, 6 de junho de 1777, 2 de agosto de 1777, 6 de março de 1779 e 15 de julho de 1780. Gravier era um importante atacadista e varejista, e ele continuou a reunir encomendas para a *Enciclopédia* até 1785. Forneceu uma cópia a um cliente na Córsega e contrabandeou outra para a Espanha.

(145) Reycends Frères à STN, 9 de janeiro de 1777.

(146) Giraud et Giovine à STN, 31 de janeiro de 1778.

(147) Galeazzi à STN, 25 de setembro de 1779: "Não me convém absolutamente encomendar um exemplar sequer da edição *in-quarto* da *Enciclopédia*, visto que nosso país já está repleto, e além do mais a edição de Lausanne, por ser menos volumosa, conquistou a preferência de muita gente". Ver também Galeazzi à STN, 17 de abril de 1779.

(148) Bouchard à STN, 26 de junho de 1781. Bouchard avaliara o mercado da mesma maneira quatro anos antes, em carta de 27 de maio de 1777: "Quanto ao manifesto da *Enciclopédia*, o sr. Duplain de Lyon participou-me [*sic*] há mais de dois meses. Aqui a temos

a todo preço, vista a edição de Lucca e a reimpressão de Livorno, o que encheu a Itália". Fez as mesmas observações em cartas de 3 de março de 1778, 15 de dezembro de 1778 e 2 de março de 1779. Giuseppe Pagani e figlio, de Florença, responderam com entusiasmo ao prospecto, mas também não conseguiram vender nenhuma cópia da *in-quarto*.

(149) Storti à STN, 19 de agosto de 1780.

(150) Francesco Poggliali, livreiro em Roma, informou à STN que estava se empenhando muito para vender a *Enciclopédia in-quarto*, mas que seus clientes haviam sido desencorajados por um boato de que havia uma tradução italiana sendo produzida em Siena. Pogliani à STN, 29 de dezembro de 1779: "Por enquanto devo informar-lhe que, na cidade de Siena, entrou no prelo a tradução italiana da *Enciclopédia*, que irá provocar algum encalhe de sua edição". Na verdade, a tradução italiana, tal como a alemã, nunca se concretizou.

(151) Como em muitos outros casos, Duplain supriu erradamente as encomendas dos napolitanos, deixou de responder as cartas que eles lhe enviaram e finalmente replicou-lhes com ameaças e insultos quando protestaram contra o tratamento recebido. "O procedimento dos srs. Duplain et Comp. desgostou-nos em extremo." Queixou-se à STN a Società Letteraria e Tipografica di Napoli, em carta de 12 de outubro de 1778.

(152) Para um estudo completo da vida intelectual na Itália setecentista, ver Venturi, Franco. *Illuministi italiani*. Milão, 1958.

(153) Pestre à STN, 20 de dezembro de 1777, e Meuron à STN, 2 de janeiro de 1783.

(154) Ostervald e Bosset aludiram às suas negociações com Franklin em uma carta enviada de Paris à STN em 14 de abril de 1780. Posteriormente, em 1783, consultaram Franklin acerca do estabelecimento de um ponto de venda para suas obras nos Estados Unidos, mas essas negociações, conduzidas em nome da STN pelo abade Morellet, em Paris, não produziram resultados concretos. Ver Morellet à STN, 25 de março e 31 de maio de 1783, e um bilhete de Morellet mencionando apenas a data "25" — evidentemente, 25 de fevereiro de 1783.

(155) Jefferson a John Fitzgerald, 27 de fevereiro de 1781; Jefferson a James Hunter, 28 de maio de 1781; Amable e Alexander Lory a Jefferson, 16 de dezembro de 1780, em *The Papers of Thomas Jefferson*. Editor Julian P. Boyd. Princeton, 1950, v. 5, pp. 15, 311-2, v. 6, p. 25; v. 4, p. 211.

(156) Jefferson a Charles-François d'Anmours, 30 de novembro de 1780, *ibid.*, v. 4, p. 168.

(157) Jefferson a Madison, 8 de fevereiro de 1786, *ibid.*, v. 9, p. 265. Madison replicou em 12 de maio de 1786 (v. 9, p. 518): "Uma cópia da Antiga edição da *Enciclopédia* é desejável pelas razões que menciona, mas como eu precisaria gratificar meu desejo nesse sentido às custas de uma outra coisa que me fará mais falta, terei de contentar-me por ora com a nova Edição".

(158) Jefferson comprou três cópias da *Enciclopédia in-octavo* por 528 libras, uma verdadeira pechincha. Aparentemente, duas delas foram adquiridas para amigos seus. Jefferson a William Short, 27 de abril de 1790, e Jefferson a Martha Jefferson Randolph, 20 de janeiro de 1791, *ibid.*, v. 16, p. 388, v. 18, p. 579. Como exemplo da leitura comparativa dos textos feita por Jefferson, ver Jefferson a David Rittenhouse, 30 de junho de 1790, *ibid.*, v. 16, p. 587. Sobre a biblioteca de Jefferson, ver Sowerby, E. Millicent. *Catalogue of the library of Thomas Jefferson*. Washington, 1952-9, 5 v., que mostra que Jefferson possuía a *Cyclopaedia* de Ephraim Chambers e uma edição *in octavo* da *Enciclopédia* de Diderot, bem como uma coleção quase completa da *Encyclopédie méthodique*.

(159) Para um exemplo da literatura psicológica e sociológica sobre a leitura, ver Waples, Douglas. *What reading does to people*. Chicago, 1940. Os trabalhos mais recentes, inclusive os estudos de teoria da comunicação, não parecem ter avançado muito no tema, pelo menos não para um leigo. Mas os estudiosos da literatura apresentaram algumas hipóteses sugestivas. Ver Fish, Stanley. *Self-consuming artifacts*. Berkeley, 1972; Ong, Walter. "The writer's audience is always a fiction". *PMLA*, nº 90, pp. 9-21, 1975; Rosbottom,

Ronald C. "A matter of competence: The relationship between reading and novel-making in eighteenth-century France". *Studies in Eighteenth-Century Culture*, nº 6, pp. 245-63, 1977.

(160) Heinrich Friedrich von Storch, citado em Belin, Jean Paul. *Le mouvement philosophique de 1748 à 1789*. Paris, 1913, p. 370. Essas afirmações, que foram passadas de historiador para historiador, não devem ser consideradas literalmente.

(161) Girardet à STN, 27 de janeiro de 1778.

(162) Panckoucke à STN, 4 de agosto de 1776.

(163) Panckoucke à STN, de Lyon, 9 de outubro de 1777: "O favor do público é sem igual. Pessoas que não sabem ler aqui subscreveram".

(164) Malherbe, de Loudun, à STN, 14 de setembro de 1778.

(165) As citações foram extraídas do anúncio na *Gazette de Leyde* de 10 de agosto de 1779, publicado em nome de uma "Société Typographique de Londres". A ligação de Gosse com esse grupo evidencia-se nos anúncios subseqüentes no mesmo periódico, em 24 de agosto de 1779 e 16 de maio de 1780. Durante sua viagem pelos Países Baixos, Bosset ficou sabendo que a "Société Typographique de Londres" era uma fachada para as operações de Gosse. Bosset à STN, de Bruxelas, 13 de setembro de 1779.

(166) Stendhal. *Vie de Henry Brulard*. Editor Henry Martineau. Paris, 1949, v. 1, p. 379. Essa referência foi gentilmente fornecida pelo sr. Joseph Gies.

(167) Padres de muitas províncias podem ter adquirido a *Enciclopédia* com tanta freqüência quanto os do Franco-Condado. Segundo Louis Madelin, uma lista com quarenta assinantes da *Enciclopédia* em Périgord continha nomes de 24 curas. Madelin, L. *La Révolution*. Paris, 1913, p. 18. E eram do clero seis dos 42 proprietários de *Enciclopédias* que Daniel Mornet identificou em seu estudo das bibliotecas particulares. Mornet, D. "Les enseignements des bibliothèques privèes (1750-1780)". *Revue d'Histoire Littéraire de la France*, nº 17, pp. 465, 469, 1910. Na correspondência da STN ocasionalmente encontram-se referências a padres, como esta, por exemplo, extraída de uma carta de Antoine Barthès de Marmonières, enviada em 12 de outubro de 1784: "Um bom padre rogara-me que vos pedisse pelo menor preço possível vossa *Enciclopédia* de Genebra".

7. *A LIQUIDAÇÃO DAS CONTAS* (pp. 255-306)

(1) STN a Panckoucke, 20 de agosto de 1778.

(2) STN a Panckoucke, 7 de junho de 1778; Panckoucke à STN, 21 de julho de 1778.

(3) Panckoucke enviou a cópia à STN em uma carta com data de 6 de novembro de 1778, com a seguinte explicação: "Podeis avaliar, senhores, a alma vil de Duplain pela carta aqui inclusa. Estava bem combinado que, encarregando-nos desses quinhentos, ele não faria mais nenhuma negociação em Paris. Vedes como ele mantém a palavra [...] De vosso lado, é preciso escrever a toda parte para os vender na província. Não temos tempo a perder [...] Não faleis a Duplain da carta acima. Tudo isso servirá na ocasião. Uma desavença atual serviria apenas para nos prejudicar".

(4) Panckoucke à STN, 22 de dezembro de 1778. Panckoucke indicou que a operação de salvamento fora trabalhosa: "Não poderíeis crer quanto ainda os negócios de Batilliot atormentaram-me". Mencionou-a pela primeira vez em carta de 6 de novembro de 1778: "Batilliot acaba de passar por uma falência enorme, mas se sairá bem. Colocamo-nos 5 a 6 e o garantimos. É um homem valoroso que nos importa conservar". Os livreiros setecentistas com freqüência eram vítimas de falências, muitas delas fraudulentas, e por isso alertavam seus aliados quando previam a iminência de uma bancarrota. Assim, em 22 de novembro de 1778, decorridas apenas algumas semanas depois de tramar com Batilliot contra Panckoucke, Duplain preveniu a STN que tivesse cautela com ambos: "Dir-vos-emos no maior segredo e por dedicação a vós que os srs. Milon de la Fosse, banqueiros em Paris, fracassam, e que Batilliot está nisso com uma soma enorme. Tememos muito as conseqüên-

cias para nosso amigo Panckoucke, e como sabemos que negociais com Batilliot, dizemo-vos duas palavras sobre isso".

(5) Duplain à STN, 9 de fevereiro de 1778.

(6) STN a Panckoucke, 15 de dezembro de 1778 e Panckoucke à STN, 3 de janeiro de 1779.

(7) Panckoucke à STN, 22 de dezembro de 1778.

(8) STN a Panckoucke, 15 de dezembro de 1778. Àquela época, Duplain acabara de pedir a Panckoucke que fornecesse algumas cópias extras das ilustrações e estava recusando à STN qualquer trabalho de impressão na terceira edição — duas indicações, para os sócios de Neuchâtel, de que a tiragem era maior do que Duplain afirmava.

(9) Panckoucke à STN, 3 de janeiro de 1779. A informação de Regnault sobre a tiragem, que mais tarde revelou-se inexata, foi mencionada nessa carta. Panckoucke comunicou suas exigências a Duplain em cartas de 22 e 26 de dezembro de 1778, preservadas na Bibliothèque Publique et Universitaire de Genève, ms. suppl. 148. Duplain explicou sua recusa à STN em uma carta datada de 21 de janeiro de 1779. Observou que a impressão da terceira edição estava tão adiantada — chegara ao volume 16 — que a associação teria grande prejuízo se reduzisse a tiragem.

(10) Panckoucke à STN, 22 de dezembro de 1778: "Não se pode enganar-nos sobre a venda. As ilustrações são nossa segurança".

(11) Duplain à STN, 20 de dezembro de 1778: "Enfim, confessar-vos-emos que é o último negócio que faremos com ele". Duplain deve ter enviado algumas cartas coléricas a Panckoucke, a julgar pela mensagem que este lhe enviou em 22 de dezembro de 1778: "Entendamo-nos, conciliemo-nos, e não nos destruamos". Bibliothèque Publique et Universitaire de Genève, ms. suppl. 148.

(12) Panckoucke à STN, 22 de dezembro de 1778.

(13) Panckoucke à STN, 7 de janeiro de 1778 (erro na data — o correto é 1779), em resposta à carta da STN de 29 de dezembro de 1778.

(14) Ostervald a Panckoucke, 25 de fevereiro de 1779. Ostervald prosseguiu: "Por mais desagradável que seja sempre um acontecimento desse gênero nas nossas circunstâncias, não deixaremos de seguir nossos negócios segundo o plano que nos dirigiu até aqui".

(15) Panckoucke a Ostervald, 7 de março de 1779.

(16) Panckoucke à STN, 11 de janeiro de 1779, com uma cópia da carta de Duplain datada de 31 de dezembro de 1778; STN a Panckoucke, 17 de janeiro de 1779.

(17) As negociações sobre a *Encyclopédie méthodique* são discutidas pormenorizadamente no Capítulo VIII. Embora os sócios da edição *in-quarto* não tenham registrado por escrito sua reunião em Lyon, suas transações podem ser reconstituídas com base em referências encontradas nos papéis da STN.

(18) Panckoucke fez sua oferta original à STN em carta de 16 de junho de 1777. Acabou publicando sozinho a edição *in-folio* da *Table*, em dois volumes, impressa por Stoupe em 1779. Ver a circular de Panckoucke de 31 de julho de 1779 e sua carta à STN de 21 de julho de 1778.

(19) Ostervald e Bosset aludiram à cópia secreta da lista de assinaturas em uma carta a mme. Bertrand, em 13 de fevereiro de 1780, que se referia ao "registro [...] que copiamos furtivamente, e sem que ele desconfiasse, há um ano". A cópia encontra-se nos papéis da STN, juntamente com documentos afins sobre as reuniões de Lyon de 1779 e 1780, sobre as quais discorremos no final deste capítulo. Um dos documentos, um memorando de Plomteux de fevereiro de 1780 (ver Apêndice A. XIX), deixa claro que Duplain pintou um quadro extremamente sombrio da terceira edição durante a reunião de fevereiro de 1779.

(20) Como essa questão não deixa de ter uma certa importância para a história da impressão e para a bibliografia analítica, parece-nos válido citar a seguinte passagem do "Mémoire contre Monsieur Duplain" que a STN apresentou aos árbitros encarregados de

finalmente decidir suas disputas em fevereiro de 1780: "Todos sabem que todas as vezes que se trabalha em uma tipografia, acontecem sempre várias folhas de papel defeituosas ou que os operários sujam, estragam e rasgam, sem falar daquelas que servem para as provas. Essa é a razão pela qual aquele que fornece o papel acrescenta-lhe um certo número a mais do que é preciso, e esse excedente chama-se *chapelet* ou *chaperon*. Aqui a Société invoca com toda a confiança o uso geralmente aceito em todos os lugares onde se faz rodar prensas e suplica aos senhores árbitros que façam declarar nesse caso tal livreiro dessa cidade que julgarem oportuno convocar. Existe diferença apenas no número de folhas assim acrescentadas como *chaperon*. Algumas vezes ele chega a uma mão por resma; o mínimo é uma mão por duas resmas".

(21) Esse caso foi discutido em dezenas de cartas e memorandos ao longo de quase dois anos. As cartas mais importantes para a interpretação do mal-entendido original são: STN a Duplain, 16 de março de 1778; Duplain à STN, 13 de outubro de 1778; STN a Duplain, 17 de outubro de 1778; Duplain à STN, 20 de outubro de 1778; Duplain à STN, 18 de fevereiro de 1779.

(22) Duplain à STN, 28 de julho de 1778.

(23) As mais importantes dentre as numerosas cartas e extratos trocados entre as duas partes com respeito a esse assunto são: STN a Duplain, 15 de julho de 1778; Duplain à STN, 24 de julho de 1778; Duplain à STN, 28 de julho de 1778; STN a Duplain, 28 de julho de 1778; Duplain à STN, 7 de agosto de 1778; STN a Duplain, 26 de agosto de 1778; Duplain à STN, 2 de setembro de 1778.

(24) Duplain à STN, 10 de julho de 1778.

(25) STN a Plomteux, 1º de maio de 1779. Para mais informações sobre a revisão de Laserre, ver o Capítulo V.

(26) *Ibid.*

(27) Duplain à STN, 17 de abril de 1779.

(28) STN a Plomteux, 1º de maio de 1779.

(29) Duplain à STN, 1º de dezembro de 1778; STN a Duplain, 5 de dezembro de 1778: "Aliás, não estamos dispostos a fazer adiantamentos, tendo necessidade [de] nossos fundos; e quanto ao que nos anunciais sobre o benefício que podemos ter sobre a impressão, vós, senhores, tendes um bem mais considerável sobre a quantidade de volumes que sabemos que mandastes imprimir abaixo do preço estipulado".

(30) STN a Panckoucke, 25 de fevereiro de 1779 e 23 de março de 1779.

(31) Panckoucke à STN, 1º de junho de 1779.

(32) STN a Duplain, 24 de abril de 1779.

(33) STN a Duplain, 22 de novembro de 1778. Em 29 de novembro de 1778, a STN alertou Panckoucke de que "a província está saciada, o que soubemos por um de nossos empregados, que está de volta de uma viagem que fez às províncias meridionais da França, onde vendeu apenas um par".

(34) STN a Duplain, 10 de abril de 1779.

(35) As discussões a respeito dos preços cobrados evidenciam-se nas seguintes cartas: Duplain à STN, 18 de fevereiro de 1779; Duplain à STN, 17 de abril de 1779; STN a Panckoucke, 2 de maio de 1779. O papel de Regnault no empreendimento permanece obscuro, mas uma carta que a STN lhe escreveu em 6 de junho de 1779 mostra que ele e Panckoucke esperavam levar sua briga ao tribunal. As observações da STN sobre a brochagem encontram-se nas cartas a Bosset, de 7 de agosto de 1779, e a Noel Gilles, 15 de agosto de 1779. Panckoucke ofereceu crédito em troca de um pequeno aumento no preço da *Enciclopédia in-quarto* em uma circular datada de 31 de julho de 1779. E a redução de preços em Lyon foi informada em cartas da STN a Bosset, 16 de setembro de 1779, e D'Arnal à STN, 12 de novembro de 1779. Nessa época, porém, apenas algumas cópias ainda não haviam sido vendidas, parecendo improvável que muitas delas tenham sido comercializadas a um preço tão

baixo, especialmente fora da região de Lyon, onde as vendas eram mais numerosas. Como mencionado no capítulo anterior, Jefferson constatou que a *Enciclopédia in-quarto* estava sendo vendida por 380 libras em Paris, no ano de 1786 — ou seja, praticamente no mesmo nível do preço de assinatura original.

(36) Panckoucke à STN, 7 de março de 1779, e STN a Panckoucke, 14 de março de 1779.

(37) Duplain a Panckoucke, 12 de março de 1779, de uma cópia anexa à carta de Panckoucke à STN escrita em 18 de março de 1779.

(38) STN a Panckoucke, 23 de março de 1779 e 14 de março de 1779. Ver também STN a Duplain, 24 de abril de 1779.

(39) Panckoucke à STN, 18 de março de 1779, que inclui uma cópia da proposta de Duplain extraída da carta de Duplain a Panckoucke escrita em 12 de março de 1779.

(40) STN a Panckoucke, 23 de março de 1779. A STN também apoiou Panckoucke na resolução de reter o terceiro volume das ilustrações "a título de espantalho" e garantiu-lhe que guardaria seus segredos: "Somos de vossa opinião sobre manter reservas até o encerramento, e não vos comprometeremos jamais".

(41) "Lettre commune à Messieurs les intéressés", 1º de abril de 1779.

(42) STN a Duplain, 7 de abril de 1779, e Panckoucke à STN, 25 de abril de 1779.

(43) Sobre esse breve período de calmaria nas relações entre os sócios, ver Duplain à STN, 17 de abril de 1779; STN a Duplain, 24 de abril de 1779; STN a Panckoucke, 2 de maio de 1779; Panckoucke à STN, 1º de junho de 1779. Nesta última carta, Panckoucke concordou em enviar as ilustrações devido à suprema importância de manter ocultas suas suspeitas, evitando um rompimento declarado com Duplain.

(44) Sobre as condições desse acordo, ver os contratos de 3 e 13 de agosto de 1779, no Apêndice A. XVII; sobre as negociações, ver Panckoucke à STN, 3 de agosto de 1779; Duplain à STN, 3 de agosto de 1779.

(45) Panckoucke à STN, 3 de agosto e 13 de agosto de 1779.

(46) Duplain à STN, 2 de setembro de 1779.

(47) Duplain conservou a versão original do contrato de 13 de agosto e enviou cópias aos sócios. Como o contrato não previa que as décimas terceiras cópias fossem gratuitas, seria possível afirmar que Perrin adquirira suas cópias por aproximadamente 60% do preço normal no atacado.

(48) STN a Bosset, 30 de agosto de 1779, e STN à Société Typographique de Lausanne, 1º de junho de 1779.

(49) A história dos preparativos para a edição *in-quarto* da *Table* é de grande interesse, especialmente para a história da tipografia, mas sua inclusão neste trabalho exigiria uma digressão por demais extensa. As mais importantes dentre as numerosas cartas sobre o tema, todas escritas em 1779, são: STN a Panckoucke, 25 de fevereiro; Panckoucke à STN, 7 de março; STN a Panckoucke, 14 de março; Panckoucke à STN, 18 de março; STN a Panckoucke, 23 de março; STN a Panckoucke, 9 de maio; Panckoucke à STN, 1º de junho; Panckoucke à STN, 3 de agosto; STN a Bosset, 7 de agosto; Duplain à STN, 2 de setembro; Duplain à STN, 9 de setembro; STN a Panckoucke, 19 de setembro; Duplain à STN, 20 de setembro; STN a Panckoucke, 30 de setembro; STN a Panckoucke, 15 de outubro; Duplain à STN, 9 de novembro.

(50) Panckoucke à STN, 10 de setembro de 1779, citando uma carta que recebera recentemente de Duplain.

(51) Panckoucke à STN, 10 de setembro de 1779 (grifo de Panckoucke). Por algum motivo, talvez por estar aborrecido, Panckoucke escreveu à STN duas cartas no mesmo dia, versando sobre suas suspeitas. A segunda versão comentava: "Pedi a Duplain o nome do comprador da *Enciclopédia*. Nomeou-me um certo Perrin. Temo ainda que seja uma peça que nos prega e que ele próprio seja o comprador sob o nome desse Perrin. Como quer que possa ser, é preciso usar até o fim de todas as reservas possíveis. Será preciso que esse Perrin se faça conhecer, sua residência, sua condição. Desejo que minhas suspeitas não sejam fundadas".

(52) Sobre o aviso da STN a Beaumarchais, ver Ostervald e Bosset, 3 de maio de 1780; sobre suas relações com Brissot, ver Darnton, Robert. "The Grub-Street style of revolution: J. P. Brissot, police spy". *Journal of Modern History*, nº 40, pp. 301-27, 1968.

(53) STN a Panckoucke, 19 de setembro de 1779, Bibliothèque Publique et Universitaire de Genève, ms. suppl. 148.

(54) D'Arnal à STN, 24 de setembro de 1779.

(55) D'Arnal à STN, 28 de setembro de 1779.

(56) D'Arnal provavelmente incluiu os relatos de suas investigações na correspondência particular que manteve com Bosset, seu sogro; essa correspondência não foi preservada.

(57) STN a Panckoucke, 19 de setembro de 1779, Bibliothèque Publique et Universitaire de Genève, ms. suppl. 148.

(58) Panckoucke à STN, 2 de outubro de 1779.

(59) Panckoucke à STN, 11 de outubro de 1779; STN a Panckoucke, 15 de outubro de 1779.

(60) Duplain à STN, 11 de outubro de 1779.

(61) Duplain à STN, 11 de outubro de 1779: "Eu receava que as *confusões* enormes que se fizeram em meus depósitos, nos envios, exigidas pela prontidão da operação, que obrigou a empregar todo o tipo de pessoas, nos houvessem privado de muitos exemplares e nos houvessem posto na situação de fazer uma nova recolha que aqui está. Como o tomo 36 vai terminar, vou mandar arrumar as folhas desemparelhadas [*défets*], e o que vai surpreender-vos é que tenho dois depósitos cheios. É uma questão de saber, então, se a companhia vai seguir minha opinião, que é de refazer as folhas que completarão os exemplares; e creio que com uma despesa muito módica faremos cem, talvez 130, talvez mais exemplares ainda [...] Quanto a mim, senhores, minha opinião é que se trabalhe imediatamente nas folhas desemparelhadas [*défets*], que se refaçam as folhas que produzirão com uma grande vantagem exemplares completos, e que se vendam a 156 libras os exemplares saídos líquidos da operação, se o sr. Perrin, que comprou os outros, quiser". O termo *défets* era usado imprecisamente para designar tanto as folhas danificadas como as que sobravam de cópias que apresentavam defeitos. Um número grande de defeitos gerava um bom volume de folhas excedentes, possibilitando, assim, a montagem de uma edição com esses refugos.

(62) Panckoucke à STN, 25 de outubro de 1779. Panckoucke tornou a salientar esse ponto em uma carta à STN escrita em 31 de outubro de 1779: "A tiragem das ilustrações da *Enciclopédia* é de 8600. Portanto, é preciso que haja 8600 de texto". Como já mencionado, os sócios da STN anteriormente já pensavam que Duplain pudesse estar mentindo quanto à tiragem das edições, mas como ele se mostrou disposto a dar-lhes a imprimir um volume da terceira edição, suas suspeitas foram postas de lado. Entretanto, ele poderia mandar imprimir cópias extras daquele volume, ou ainda poderia ter encomendado uma tiragem incomumente grande daquele volume nas duas primeiras edições.

(63) STN a Panckoucke, 9 de maio de 1779.

(64) STN a D'Arnal, 23 de junho de 1779. "Leur" refere-se a "Duplain et compagnie". As firmas normalmente usavam o tratamento no plural em sua correspondência comercial.

(65) D'Arnal à STN, 27 de junho de 1779.

(66) Panckoucke à STN, 27 de setembro de 1779; STN a Panckoucke, 3 de outubro de 1779; Panckoucke à STN, 15 de outubro de 1779.

(67) Bosset a mme. Bertrand, 13 de fevereiro de 1780.

(68) Grande parte das anotações pode ser encontrada em dois dossiês contidos nos papéis da STN, intitulados "Procès STN contre Duplain" e "Dossier Encyclopédique".

(69) Em 14 de novembro de 1779, Panckoucke escreveu à STN: "Ele [Duplain] acaba de escrever-me que, desejando evitar-me um processo, exortou Perrin a retroceder-me os 160 exemplares de minhas *Enciclopédias*, que ele queria em Paris a 156 libras sem porte.

Aceitei essa retrocessão, que me confirma cada vez mais que tudo isso não passa de um jogo e que Perrin é apenas um testa-de-ferro. Estou bem certo de que aí não houve nenhum processo e nem poderia haver". Nove dias depois, Duplain alertou Panckoucke: "Estais errado, meu bom amigo, em não acreditar no processo instaurado contra vós, com razão, pelo sr. Perrin". Em 27 de novembro, Panckoucke replicou enfaticamente, sem revelar o que sabia sobre Perrin, que mantinha sua versão a respeito dos custos de transporte, mas aceitaria a devolução das cópias em disputa. No mesmo dia, enviou uma cópia de ambas as cartas à STN que, já farta das intimidações e dos blefes de Duplain, não achou graça na ironia da situação. Em retrospectiva, parece estranho Panckoucke ter aceito o acordo de Perrin. Mas no verão de 1779, a situação ainda se mostrava confusa — e àquela época, Panckoucke acreditava que Duplain produzira cerca de 8400 cópias completas, e não 8011 — portanto, provavelmente parecia plausível que a venda a Perrin os livrasse das últimas cópias em um momento em que o mercado se encontrava saturado.

(70) Sobre as cartas aos livreiros, ver Ostervald e Bosset à STN, de Paris, 10 de março de 1780: "Foi preciso escrever várias cartas de Lyon para nos certificar pelas cartas dos assinantes da falsidade dos registros". Para um exemplo das respostas que receberam, ver Ranson, de La Rochelle, à STN, 19 de fevereiro de 1780. O custo da falcatrua para a facção de Panckoucke pode ser estimado de formas variadas. O total de 287 532 libras representa o valor das 987 cópias ao preço de atacado sem deduzir o valor das décimas terceiras cópias dadas gratuitamente, muito embora Duplain provavelmente houvesse vendido várias dúzias de cópias com tal bonificação. A metade das cotas do empreendimento em posse do grupo de Panckoucke dava-lhes o direito a metade daquela quantia menos o pagamento de 65 832 libras a "Perrin", totalizando 77 934 libras. Mas Panckoucke e seus aliados apresentaram uma argumentação diferente para exigir a compensação, como se verá adiante.

(71) Os papéis da STN não contêm um relato completo sobre essa investigação, mas a STN foi enfática na acusação — "nós [o] sabemos e estamos em condição de prová-lo" — em um depoimento que apresentou aos árbitros de seu caso contra Duplain. "Dernières observations" e "Mémoire contre m. Duplain", no dossiê "Procès STN contre Duplain".

(72) Como já mencionado, os sócios suspeitaram que Duplain imprimira cópias extras em várias ocasiões anteriores à data da reunião final. O *règlement* preliminar de 10 de fevereiro de 1779 afirmava que haviam sido impressas 6150 cópias das duas primeiras edições, como estipulado nos dois primeiros contratos. Mas informava que a terceira edição estava sendo impressa com 2375 cópias, embora o terceiro contrato estabelecesse a tiragem de 2400. A correspondência comercial dos sócios ao longo dos meses seguintes contém várias referências contraditórias acerca do tamanho da terceira edição. Por exemplo, em 18 de fevereiro de 1779, Duplain instruiu a STN para imprimir o volume 19 da terceira edição com quatro resmas e dezessete mãos (2425 cópias) "para suprir as imperfeições das duas primeiras edições". E em carta a Panckoucke, de 23 de março de 1779, a STN calculou o "montant de l'édition" em 2360. A contabilidade final de Panckoucke relativa às ilustrações, que ele denominava "o termômetro do negócio", indicou que elas foram impressas com tiragem de 8600 cópias, como ele afirmara; entretanto, pode ter havido mais folhas danificadas na impressão das pranchas do que na do texto. Levando tudo isso em consideração, uma estimativa mais precisa da produção bruta provavelmente seja de 8525 cópias. O ponto crucial era o número de cópias danificadas. Bosset afirmou que Duplain vendera cópias defeituosas no valor de 54 390 libras em um memorando que escreveu para os sócios, "Tableau de ce qui devrait nous revenir de l'entreprise".

(73) Sem adentrarmos nos extensos cálculos que fundamentam essa estimativa, podemos salientar duas considerações. Devido à impressão efetuada pela STN, Duplain lucrou com a diferença entre os custos de impressão contratuais e os efetivos no caso dos 32 volumes das 6150 cópias das duas primeiras edições e dos 35 volumes das 2375 cópias da terceira edição. Duplain teve de possibilitar algum lucro aos impressores que trabalharam para ele,

mas obrigou-os a aceitar condições rigorosíssimas, particularmente no caso da terceira edição. A observação de Favarger foi incluída em uma carta à STN enviada em 15 de julho de 1778: "Ele me diz que há cerca de 1500 libras de ganho para ele por mandar imprimir aqui e não conosco".

(74) As anotações, com a caligrafia de Bosset, encontram-se em folhas soltas anexas ao memorando da STN intitulado "Dernières observations à l'article des 13me et 2 livres 10 sous par exemplaire", no dossiê "Procès STN contre Duplain".

(75) Duplain informou suas despesas em uma "Premier compte" apresentada em 28 de janeiro; também podemos encontrá-las ns anotações feitas por Bosset na ocasião, embora haja certa discrepância entre essas anotações e alguns outros documentos. No documento "Griefs contre m. Duplain", a STN protestou veementemente contra as 3 mil libras pagas a Laserre por seu trabalho na terceira edição. Não está claro por que Duplain teria alocado 33 150 libras para Laserre pelas duas primeiras edições em vez das 30 600 libras determinadas nos contratos.

(76) A STN resumiu suas queixas a respeito da administração de Duplain no documento "Griefs contre m. Duplain".

(77) Plomteux à STN, 16 de agosto de 1779: "Paguei exatamente meu investimento e teria acreditado que, tendo chegado a vender 7500 exemplares, deveria haver um dividendo dos benefícios que um negócio tão brilhante deve ter rendido".

(78) Qualquer tentativa de estimar as falcatruas de Duplain deveria levar em consideração o fato de que ele estava defraudando uma sociedade em que formalmente possuía metade das cotas, sendo a outra metade de Panckoucke. Portanto, o valor real do custo para os sócios era a metade do valor das falcatruas. Calculando nessa proporção, os sócios poderiam exigir o reembolso das seguintes quantias:

77 934 libras	pelas 978 assinaturas não declaradas
30 102	por Audambron e Jossinet
63 648	pelas folhas fictícias
171 684 libras	

Eles possuíam provas de todas essas fraudes, além de contar com eloqüentes provas circunstanciais de que as despesas declaradas em excesso por Duplain e outras trapaças do gênero haviam-lhes custado aproximadamente mais 157 mil libras.

(79) Sobre os preparativos, ver Panckoucke à STN, 22 de novembro de 1779 e 6 de janeiro de 1780; D'Arnal à STN, 11 de janeiro de 1780. A STN inicialmente esperara que a reunião ocorresse em julho ou agosto de 1779, insistindo com Plomteux para que comparecesse em uma carta de 1º de maio, na qual enfatizavam o perigo de serem logrados por Duplain e a importância, para Plomteux, de "fortalecer-nos com vosso apoio. Crede-nos, a coisa vale a pena". Plomteux estava em Paris tratando de negócios quando foi informado sobre a data definitiva da reunião. "Sinto toda a necessidade que temos de prestarmo-nos mutuamente nossos auxílios", escreveu de Paris à STN em 11 de dezembro de 1779.

(80) Duplain a Panckoucke, 23 de novembro de 1779, cópia anexa à carta de Panckoucke à STN, 27 de novembro de 1779.

(81) Duplain a Panckoucke, 27 de dezembro de 1779, cópia anexa à carta de Panckoucke à STN de 2 de janeiro de 1780.

(82) O rol completo dos sócios variou ao longo do tempo, não sendo possível conhecê-lo na íntegra. Rey retirara-se da Associação em fins de 1777, e Suard, ao que tudo indica, cedera sua cota de 1/24 de volta a Panckoucke. Em uma carta à STN escrita em 2 de dezembro de 1779, Duplain enumerou "os srs. Plomteux, Regnault, Grabit, Bougy que, creio, são todos seus co-associados [de Panckoucke]". O nome de Bougy não aparece em outros documentos. É difícil imaginar como poderia Grabit ter adquirido uma participação no empreendimento da *Enciclopédia in-quarto* depois de ter ameaçado produzir uma edição con-

trafeita da obra em conjunto com Barret. E Regnault, que havia brigado com Duplain e Panckoucke, parece não ter comparecido à reunião. De qualquer modo, o principal sócio de Panckoucke era a STN que, na verdade, era dona de uma parte maior no empreendimento do que ele próprio. Em uma carta a Neuchâtel, de 13 de fevereiro de 1780, Ostervald e Bosset descreveram o grupo anti-Duplain como "nós quatro [...] apoiados por D'Arnal como tropa auxiliar", ou seja, Panckoucke, Plomteux, Ostervald e Bosset.

(83) Ostervald e Bosset a mme. Bertrand, 29 de janeiro de 1780.

(84) Mme. Bertrand a Ostervald e Bosset, 5 de fevereiro de 1780.

(85) "Tableau de ce qui devrait nous revenir de l'entreprise", memorando sobre tática que Bosset escreveu em seqüência a seu "Produit net de l'entreprise tel qu'il doit être réelement". Panckoucke apresentou um memorando semelhante a Bosset e Ostervald, que o intitularam "Aperçu de l'*Encyclopédie* fait à Lyon par m. Panckoucke" (30 de janeiro de 1779, no "Dossier encyclopédique", papéis da STN). Este documento é menos mordaz que o de Bosset, sendo, porém, interessante em dois aspectos: apresenta um valor para os gastos totais ainda mais baixo que o de Bosset (1 314 493 libras) e estima o tamanho das três edições em 8450 cópias. Bosset calculou a fraude de Perrin em 48 828 libras subtraindo do preço no atacado das 422 cópias o pagamento a Perrin e um desconto pelas décimas terceiras cópias fornecidas gratuitamente.

(86) Sobre estas últimas manobras, ver a carta de Ostervald e Bosset a mme. Bertrand, de 13 de fevereiro de 1780.

(87) "Griefs contre m. Duplain: "Pelo quadro detalhado que foi feito, consta que o sr. Duplain teve de benefício líquido, antes de qualquer partilha e do qual tem o dinheiro, mais de 400 mil libras". Como os associados de Panckoucke detinham 50% do negócio, teriam direito a metade daquela quantia.

(88) Ostervald e Bosset a mme. Bertrand, 13 de fevereiro de 1780.

(89) Essas transações evidenciam-se no contrato final e nos documentos a ele anexos (ver Apêndice A. XVIII). Os *défets*, porém, acarretaram complexos desentendimentos entre Le Roy, a STN, Panckoucke, Duplain, D'Arnal e Revol. Basta dizer que os ex-sócios continuaram a discutir sobre o tema, com processos e pedidos de arbitragem, durante mais dois anos. Numerosos assinantes nunca receberam novas cópias em substituição às que lhes foram remetidas com folhas a menos ou danificadas, e conseqüentemente alguns deles recusaram-se a efetuar seus últimos pagamentos. Le Roy constatou que seu estoque de *défets* era insuficiente para supri-los. E Panckoucke concluiu: "Duplain enganou-nos falsificando a cláusula do auto [o contrato final, de 12 de fevereiro de 1780]. Le Roy comprometeu-se apenas a fornecer o que os depósitos produzissem". Panckoucke à STN, 22 de janeiro de 1782. Mas, em última análise, recomendou que se resignassem: "É certo que ele [Duplain] colocou à disposição seus depósitos de folhas desemparelhadas e que ali se fizeram para nós as averiguações às quais ele se obrigara por seus contratos. Ele não estava obrigado a outra coisa. Não está dito na última transação passada em Lyon que ele será obrigado a fornecer as folhas desemparelhadas quando elas faltarem. Não se falou de reimpressão [...] Esses exemplares imperfeitos não são absolutamente sem valor". Panckoucke à STN, 7 de outubro de 1782.

(90) Essas informações sobre o ajuste entre Duplain e a STN têm por base o dossiê "Procès STN contre m. Duplain", que contém os acordos contratuais quanto ao arbitramento, com datas de 14 e 18 de fevereiro de 1780, meia dúzia de memorandos e extratos de contas que a STN submeteu aos árbitros e a "Sentence arbitrale" de 21 de fevereiro de 1780. Os litígios comerciais, que eram decididos por *juges consulaires*, não eram tão prejudicados pelos custos e atrasos quanto os que eram levados aos bailios e parlamentos, mas com freqüência os livreiros preferiam seu ainda mais eficiente sistema paralelo de justiça.

(91) Ostervald e Bosset a mme. Bertrand, 28 de fevereiro de 1780 e também 22 de fevereiro de 1780. Na "Sentence", os árbitros identificaram-se como "Christophe de la Ro-

chette, advogado, ex-escabino; Joseph-Marie Rousset, ex-escabino; Claude Odile Joseph Baroud, advogado no parlamento, conselheiro do rei, tabelião em Lyon; Jean-Baptiste Brun, negociante em Lyon". Resumiram os argumentos que cada parte apresentou para as disputas, mas não deram uma apreciação de cada item isoladamente. A quantia global de 56 mil libras que determinaram como pagamento à STN evidentemente incluía remanescentes das contas de impressão que Duplain não pagara. Os ajustes para este último pagamento foram complicados pela recalcitrância da STN em aceitar notas promissórias de Duplain e pela necessidade que a firma tinha de dinheiro vivo. Mediante uma complexa série de avais e operações na Bolsa, a STN converteu uma nota promissória de Duplain com data de vencimento ainda distante em um ativo líquido de 50 657 libras, que depositou, como tantas outras vezes, em sua conta junto a D'Arnal. Para mais detalhes, ver Brouillard C., registro de 29 de fevereiro de 1780.

(92) Ostervald e Bosset à STN, 15 de fevereiro de 1780. As transações com os editores de Liège são relatadas no Capítulo VIII.

(93) Sobre esses cálculos, ver Ostervald e Bosset à STN, 13 de fevereiro de 1780.

(94) Ostervald e Bosset à STN, 28 de fevereiro de 1780.

(95) Ostervald e Bosset à STN, 15 de fevereiro de 1780.

(96) Mme. Bertrand a Ostervald e Bosset, 27 de fevereiro de 1780. Em novembro de 1779, os diretores da STN pensaram em produzir uma edição contrafeita de uma das obras de Barret, ou pelo menos em chantageá-lo com essa ameaça, e Panckoucke os incentivara, para "forçar esse corsário a devolver-nos o dinheiro que nos extorquiu. É um homem de uma insigne má-fé". Panckoucke à STN, 6 de novembro de 1779.

(97) O texto da declaração encontra-se em STN a Ostervald e Bosset, 14 de fevereiro de 1780.

(98) Ostervald e Bosset à STN, 15 de março de 1780. Em 31 de março de 1780, Ostervald e Bosset informaram Neuchâtel de que Duplain acabara de chegar a Paris e "se queixa amargamente de nós, e ele pode ter razão". Um ano depois, Barret e Le Roy desentenderam-se tão seriamente a respeito de seu empreendimento conjunto com a *Table* que levaram suas disputas ao tribunal. Barret ganhou o processo, oferecendo-se então para sabotar, com um acordo secreto entre ele e a STN, a campanha de vendas de Le Roy, a quem caracterizava como "sucessor do sr. Duplain e seu digno aluno". Mas os editores de Neuchâtel estavam por demais escaldados pelas transações com os três lioneses, e recusaram a oferta. Ver Barret à STN, 17 de junho de 1781.

(99) STN a Ostervald e Bosset, carta sem data, provavelmente escrita em abril de 1780; Ostervald e Bosset à STN, 14 de abril de 1780.

(100) STN a Bosset, 16 de maio de 1780. Ver também Ostervald a Bosset, 14 de maio de 1780.

(101) Bosset à STN, 2 de junho de 1780; Ostervald a Bosset, 8 de junho de 1780.

(102) Panckoucke à STN, 1º de junho de 1779.

(103) Morellet à STN, 31 de maio de 1783. Morellet também objetou dizendo que o ataque da STN prejudicaria os autores de Panckoucke, notavelmente Marmontel, seu amigo íntimo, que estava pensando em ter obras suas publicadas pela STN.

(104) Monory à STN, 25 de dezembro de 1783.

(105) *Gazette de Berne*, 24 de dezembro de 1783. Nessa época, Heubach já reorganizara a Société Typographique de Lausanne sob o nome de Jean-Pierre Heubach et Compagnie. Ele continuou a valer-se dos serviços de Bérenger e a manter a associação com as outras duas firmas suíças.

(106) Em 10 de janeiro de 1784, Heubach enviou à STN uma cópia sem data dessa carta, que foi escrita por Bérenger. Heubach explicou que Bérenger levara a proposta a Panckoucke "na última quarta-feira", com a aprovação de Berna, mas não tivera tempo de submetê-la à STN. Um mês depois, as três firmas aparentemente concordaram em princípio

com as condições propostas. A STN queria reforçar a manobra com uma contrafação de outra das obras de Panckoucke, mas as demais objetaram que agressão em excesso poderia tirar de Panckoucke a disposição em negociar. Société Typographique de Berne e J.-P. Heubach à STN, 17 de janeiro de 1784.

(107) Heubach informou a STN sobre a resposta de Panckoucke em carta de 10 de fevereiro de 1784. Essa é a última referência encontrada nos papéis da STN sobre Panckoucke, que nessa época já rompera relações com a firma suíça.

(108) Heubach à STN, 1º de março de 1784.

(109) Heubach à STN, 7 de junho de 1784.

(110) STN a Ostervald e Bosset, 14 de fevereiro de 1780; Ostervald e Bosset à STN, 8 de fevereiro de 1780.

(111) Ostervald e Bosset à STN, 20 de fevereiro de 1780.

(112) Panckoucke à STN, 10 de novembro de 1780; Ostervald e Bosset à STN, 20 de fevereiro de 1780. Ver também Panckoucke à STN, 6 de novembro de 1778, sobre a "alma vil" de Duplain, e comentários semelhantes feitos por Plomteux em uma carta à STN escrita em 22 de março de 1781.

(113) Revol à STN, 24 de junho e 8 de maio de 1780; Pierre Joseph Duplain à STN, 29 de maio de 1782. Cabe notar, também, o comentário de Revol em uma carta enviada em 13 de agosto de 1780: "O sr. Duplain mandara aprisionar o sr. Gautier [um livreiro de Bourg-en-Bresse]. Ignoramos as circunstâncias".

(114) *Mémoire à consulter et consultation pour le sieur Joseph Duplain, libraire à Lyon*. Lyon, 1777, p. 5.

(115) Duplain à STN, 15 de setembro e 9 de outubro de 1778.

(116) A julgar por informações fornecidas por Favarger em carta à STN de 15 de julho de 1778, Duplain provavelmente ganhou cerca de 100 mil libras com a impressão. E, segundo F.-Y. Besnard, "retiramo-nos de bom grado dos negócios quando se amealharam 3 mil a 4 mil libras de renda", ou seja, um capital de aproximadamente 80 mil libras. *Souvenirs d'un nonagénaire*, citado em Sée, Henry. *La France économique et sociale au XVIIIe siècle*. Paris, 1933, p. 162. A firma atacadista e varejista de livros que Duplain herdou do pai parece ter sido bem grande para os padrões de Lyon. Ele a vendeu a Amable le Roy por uma quantia não revelada. Embora as últimas fases da carreira de Duplain sejam obscuras, podemos reconstituir-lhe alguns passos com base em cartas de Le Roy, Revol, Panckoucke, Bosset e Ostervald.

(117) Em 10 de março de 1777, Panckoucke inseriu alguns cumprimentos em uma carta comercial a Duplain: "Vós vos casais, meu caro amigo; cumprimento-vos por isso. A futura é jovem, bonita, amável; eu vo-los redobro. O casamento é o verdadeiro estado da felicidade, quando nele se sabe governar-se bem. Rogo-vos apresentar minhas homenagens respeitosas à senhorita que será vossa dama quando receberdes esta carta. Falemos de nossos negócios". Bibliothèque Publique et Universitaire de Genève, ms. suppl. 148.

(118) Em 10 de julho de 1779, Panckoucke comentou com a STN que Duplain e esposa estavam fazendo um de seus passeios a Paris: "Todo o mundo está descontente com o sr. Duplain; seu luxo revolta muita gente". O autor anônimo da *Lettre d'un libraire de Lyon à un libraire de Paris*, 1º de março de 1779, observou (p. 9): "Fala-se das riquezas dos livreiros de Paris, mas existem dois que tenham carruagem como a de Duplain?". E referindo-se a Comtois, um dos criados de Duplain, Revol notou: "Os criados ressentem-se da impudência do patrão". Revol à STN, 25 de novembro de 1780.

(119) Em uma carta à STN, em 18 de novembro de 1780, Revol descreveu Duplain como "à espera de sua partida para a província, onde conta fixar-se". E na *Lettre d'un libraire de Lyon* há um breve comentário (p. 9) sobre "o sr. Duplain, que há alguns anos tinha apenas 40 mil libras e que atualmente é bastante rico para pensar em comprar uma terra".

(120) Sobre o enobrecimento de Duplain, ver Panckoucke à STN, 10 de julho e 1º de junho de 1779: "Ele acaba de comprar um cargo de mordomo do rei de 115 mil libras. Passou oito a dez dias aqui, mas eu o vi apenas algumas horas. Sua recepção absorveu todos os seus instantes [...] Não tivemos a felicidade de encontrar sua linda mulher". Na verdade, Duplain pode ter adquirido sua nobreza anteriormente, com a compra do cargo de *sécretaire du roi*, por 80 mil libras. Pelo menos, assim foi afirmado na *Lettre d'un libraire de Lyon*, p. 9, que o descreve como um rico arrivista "que está atualmente em Paris para se fazer dotar de um cargo de mordomo do rei ou da rainha, cargo que ultrapassa 100 mil libras de recursos; que, para ter a espécie de nobreza requerida por esse cargo, compra um cargo de secretário do rei de 80 mil libras". Em carta a Panckoucke, de 24 de junho de 1779, a STN também indicou que Duplain comprara dois cargos: "É um homem perigoso, que careceria de boa-fé [...] ou [...] seria estorvado em seus pagamentos por aqueles que terá sido obrigado a fazer por seu sabonete de plebeu e seu cargo de mordomo".

(121) L. S. Mercier à STN, 5 de setembro de 1783.

(122) *Illusions perdues*, Paris, 1961, p. 304. Ver também p. 309: "Dauriat é um patife que vende 150 ou 160 mil francos de livros por ano, é como o ministro da literatura [...] Sua avidez, tão grande quanto a de Barbet, exerce-se sobre massas. Dauriat tem maneiras polidas, é generoso, mas é vaidoso; quanto a seu espírito, isso se compõe de tudo que ele ouve dizer à sua volta; sua loja é um lugar excelente de freqüentar". Embora essa descrição refira-se a um editor da Restauração, ela se aplica perfeitamente a Panckoucke e sua loja, como foram descritas em Garat, D.-J. *Mémoires historiques sur la vie de m. Suard, sur ses écrits, et sur le XVIIIe siècle*. Paris, 1820, v. 1, pp. 271-5. O Panckoucke mencionado no texto era provavelmente Charles Louis, o filho do editor da *Enciclopédia*, mas Balzac pode muito bem ter tido em mente o Panckoucke pai, que era uma figura legendária nos círculos editoriais e literários freqüentados por Balzac antes de escrever as *Ilusões perdidas*, em 1836. Os autores e livreiros balzaquianos guardam forte semelhança com seus predecessores setecentistas.

(123) Panckoucke escreveu traduções dos clássicos, artigos sobre química e biologia e ensaios gerais, que publicou na *Encyclopédie méthodique*. Para uma lista de suas publicações e seu próprio relato sobre o contato que mantinha com os filósofos, ver sua *Lettre de m. Panckoucke à Messieurs le président et électeurs de 1791*. Paris, 9 de setembro de 1791. Garat afirmou, com certo exagero, que Panckoucke mantinha excelentes relações com os filósofos e que poderia ter-se tornado filósofo também. Garat, *op. cit*, v. 1, pp. 270-3.

(124) Beaumarchais a Jacques-Joseph-Marie Decroix, um financista de Lille que tomou parte nas negociações, 16 de agosto de 1780, Bodleian Library, Oxford, ms. Fr. d. 31 (grifo de Beaumarchais). Cabe notar, também, a opinião de Diderot, relatada por Ostervald em uma carta a Bosset, de 4 de junho de 1780: "Em uma palavra, aspiro apenas a que não tenhamos mais interesses com esse homem aí [Panckoucke], depois, veremos. Harlé [genro de Ostervald] talvez vos tenha falado dele e vos terá dito, como a mim, que Diderot assegurara-lhe que era um homem de má-fé, oferecendo-se para prová-lo". Gabriel Cramer queixou-se amargamente do modo como Panckoucke administrou a edição *in-folio* de Genebra, referindo-se a ele como "esse homem baixo e injusto". Cramer a Louis Necker de Germagny, 25 de maio de 1777, em Besterman, Theodore, editor. *Voltaire's correspondence*. Genebra, 1965, v. 96, p. 189.

(125) Plomteux à STN, 16 de agosto de 1779.

8. *A SUPREMA ENCICLOPÉDIA* (pp. 307-356)

(1) Suard à STN, 11 de janeiro de 1779. Suard descreveu da seguinte forma seu trabalho: "Ocupei-me mais de um ano em comparar a *Enciclopédia* original com o *Supplément*,

com a de Yverdon e com outros dicionários; mandei fazer índices de várias obras; recolhi um grande número de notas, que deveriam servir para corrigir ou aumentar diferentes artigos da nova *Enciclopédia* à medida que a redação se fazia etc. Tenho várias pastas preenchidas com meu trabalho; mas não podendo esse trabalho ter por si próprio qualquer conjunto, não pode ser apresentado sob uma forma regular". As obras de referência que ele usou são mencionadas na carta de Panckoucke à STN de 17 de janeiro de 1779.

(2) *Prospectus d'une édition complète de l'Encyclopédie, rangée par ordre des matières et dans laquelle on a fondu tous les Suppléments et corrigé les fautes des éditions précédentes*. Amsterdã, 1778, dossiê Marc Michel Rey, Bibliotheek van de vereeniging ter bevordering van de belangen des boekhandels, Amsterdã, citações das pp. 1, 2, 3.

(3) Embora o prospecto fosse anônimo, a circular anexa, com data de janeiro de 1778, foi assinada por Deveria, que se identificou como "Libraire & Compagnie, rue de Ravet, derrière le Palais, à Liège". A circular também se encontra no dossiê Marc Michel Rey, *ibid.*

(4) *Prospectus*, *op. cit.*, p. 4.

(5) *Mémoire pour les éditeurs de l'Encyclopédie de Genève en 32 vol. format in-quarto portant réfutation d'un Prospectus de l'Encyclopédie en 36 vol. in-folio & 144 vol. in-oitavo, projetté par un libraire de Liège, sous le nom d'Amsterdam*. Papéis da STN, ms. 1233.

(6) Fracassaram todas as tentativas de encontrar uma cópia desse tratado em Genebra, Paris, Lyon, Amsterdã e Liège. Mas suas principais condições, como as do que o sucedeu, um contrato firmado em 2 de janeiro de 1779, podem ser deduzidas com base nas cartas de Panckoucke e outros documentos preservados em Neuchâtel. Merlino de Giverdi assinou o contrato por Duplain, e a STN aceitou-o com uma declaração formal enviada a Panckoucke em 18 de julho de 1778.

(7) Panckoucke à STN, 7 de julho de 1778.

(8) A STN declarara sua posição já em 22 de fevereiro de 1778, quando escrevera a Panckoucke sobre o boato de que os editores de Liège haviam projetado um empreendimento com a *Enciclopédia* e depois abandonado os planos. "Estamos muito contentes de saber que os projetos dos livreiros de Liège estejam abandonados. Será sempre um obstáculo a menos a superar. Quanto ao que se refere à nossa revisão, pensamos em geral como vós, senhor, e nossa idéia jamais foi de publicar atualmente o prospecto do grande negócio, já que seria querer renunciar de livre e espontânea vontade e em pura perda ao benefício da terceira subscrição da *in-quarto*, que acabamos de propor ao público benévolo. Mas estimamos, como dizíamos em nossa última, que seria necessário tomar desde já e entre nós nossas medidas e ter tudo pronto para que, desde a expiração do corrente ano, estejamos em condição de anunciar nossa revisão." A seguir, a STN expressou sua reação negativa ao acordo com Liège em uma carta enviada a Panckoucke em 14 de julho de 1778: "Vemos com pesar que, a partir de um plano tão difícil e cujo sucesso vos parece incerto, tenhamos renunciado à nossa idéia de revisão, que sempre nos pareceu uma coisa muito boa, mesmo depois da edição de Lyon. Não teria havido meio de vender, como a Duplain, a participação no privilégio por um certo número de anos?".

(9) Panckoucke à STN, 21 de julho de 1778.

(10) STN a Panckoucke, 28 de julho de 1778.

(11) STN a Panckoucke, 25 de agosto de 1778. O empreendimento com as ilustrações nunca se concretizou, deixando de ser mencionado nas cartas de Panckoucke porque fora suplantado pelo acordo que ele firmou com os editores de Liège em 2 de janeiro de 1779 e pela aquisição por Duplain de todos os direitos sobre as ilustrações originais.

(12) Embora ainda haja muito a ser dito sobre a edição de Kehl de Voltaire, as linhas gerais dessa história evidenciam-se em três artigos de George B. Watts: "Panckoucke, Beaumarchais, and Voltaire's first complete edition". *Tennessee Studies in Literature*, nº 4, pp. 91-7, 1959; "Catherine II, Charles-Joseph Panckoucke, and the Kehl edition of Voltaire's *Oeuvres*". *Modern Language Quarterly*, nº 17, pp. 59-62, 1956; "Voltaire, Christin, and Panc-

koucke". *The French Review*, nº 32, pp. 138-43, 1958. Ver também Morton, Brian N. "Beaumarchais et le prospectus de l'édition de Kehl". *Studies on Voltaire and the eighteenth century*, nº 81, pp. 133-49, 1971; Barber, Giles. "The financial history of the Kehl Voltaire". *The age of the Enlightenment: studies presented to Theodore Besterman*. Londres, 1967, pp. 152-70.

(13) STN a Panckoucke, 1º de novembro de 1778.

(14) STN a Panckoucke, 13 de novembro de 1778. Ver também STN a Panckoucke, 15 de setembro e 1º de novembro de 1778; STN a Perregaux, 8 de agosto de 1778.

(15) Panckoucke à STN, 22 de novembro de 1779. A recente aquisição do *Mercure* por Panckoucke também determinou sua decisão: "Essa operação leva-me a realizar o plano que sempre tive de vender meu acervo, com exceção da *História natural*". Panckoucke à STN, 7 de julho de 1778.

(16) A observação de Panckoucke sobre as *Mémoires* foi uma resposta a um boato, informado pela STN, de que o manuscrito das *Confissões* fora queimado.

(17) Panckoucke à STN, 22 de dezembro de 1778: "Os embaraços de minha venda tomaram-me também muito tempo. Ainda tenho cinco ou seis artigos a vender, e trabalho nisso. Espero não ter no fim de janeiro mais que meus jornais e o Buffon. Ainda assim, procuro um interessado para este último". Não está claro o modo como foi feita e a época em que ocorreu a venda das obras de Buffon, mas em sua *lettre circulaire* de 28 de fevereiro de 1781 Panckoucke lembrou a seus clientes que "O Buffon me pertence apenas pela metade". A referência às 350 mil libras encontra-se em Panckoucke a Duplain, 26 de dezembro de 1778, Bibliothèque Publique et Universitaire de Genève, ms. suppl. 148. Embora seja impossível saber as condições das finanças de Panckoucke nessa época, circulava o boato de que ele estava "às vésperas de falir". *Mémoires secrets*, registro de 20 de maio de 1779.

(18) Panckoucke à STN, 6 de novembro de 1778.

(19) Panckoucke a Duplain, 26 de dezembro de 1778, Bibliothèque Publique et Universitaire de Genève, ms. suppl. 148. Embora Panckoucke pedisse 300 mil libras a Duplain e 200 mil à STN, as ofertas eram mais ou menos equivalentes, pois ele também exigiu da STN quinhentos exemplares grátis. Sua carta a Duplain prosseguia com uma proposta alternativa de metade das cotas no empreendimento com a edição de Voltaire, com uma cláusula complexa prevendo a restituição das notas promissórias de sua carteira de títulos. Ele não subestimou o valor de seu "tesouro": "Falais de uma tiragem de 4 mil. Não sois de boa-fé, meu amigo. Tirareis doze, quinze, 20 mil, e não duvidais disso. Estou bem certo de que quando o prospecto tiver sido publicado, e ele está inteiramente pronto, ficareis convencido disso. Ali contei a história do manuscrito. Vós mesmos me assegurais em vossas cartas anteriores que teríamos cada um 400 a 500 mil libras de benefício, mas eu vos asseguro que há o dobro e o triplo a esperar e que não me iludo absolutamente. Como esse empreendimento é o único grande negócio que resta no ramo livreiro e como o encaro como um meio de me sair bem do comércio com uma fortuna proporcional aos grandes meios que empreguei nessa profissão, estou bem decidido a me desfazer dele apenas quando me for oferecida uma enorme vantagem".

(20) Para a versão de Panckoucke acerca de sua transação com Beaumarchais, ver *Lettre de m. Panckoucke à Messieurs le président et électeurs de 1791*. Paris, 9 de setembro de 1791, pp. 17-8.

(21) Panckoucke à STN, 1º de junho de 1779. Em sua resposta, enviada em 6 de junho de 1779, a STN tentou justificar-se com as seguintes palavras: "Agimos apenas segundo o que nos havíeis aconselhado de negociar com o sr. Du Peyrou, que se deixou levar pelo sr. De Girardin, e este pelo sr. De Moultou de Genebra que, estando de posse de uma parte dos manuscritos, quis ter participação no empreendimento e vê-lo executado sob os seus olhos". Ver também STN a Girardin, 24 de janeiro de 1779; STN a Duplain, 20 de fevereiro de 1779.

(22) Panckoucke à STN, 10 de julho de 1779.

(23) Panckoucke à STN, 6 de novembro de 1778.

(24) Panckoucke à STN, 22 de dezembro de 1778. Ele e os editores de Liège só assinaram o contrato desse novo acordo em 2 de janeiro de 1779.

(25) Panckoucke a Duplain, 22 e 26 de dezembro de 1778. Bibliothèque Publique et Universitaire de Genève, ms. supp. 148. Na carta de 26 de dezembro, Panckoucke afirmou: "Esse negócio acarreta necessariamente, para os nossos interesses comuns, uma diminuição na tiragem da terceira edição". Em 24 de dezembro de 1778, ele escreveu à STN: "O acerto com os livreiros de Liège deve fazer-nos mudar de plano".

(26) STN a Quandet de Lachenal, 3 de abril de 1781.

(27) STN a Quandet de Lachenal, 1º de abril de 1781.

(28) Quandet de Lachenal à STN, 9 de abril de 1781.

(29) STN a Plomteux, 3 de abril de 1781; Plomteux à STN, 14 de abril de 1781.

(30) STN a Plomteux, 3 de abril de 1781. A STN foi ainda mais direta na carta a Quandet de Lachenal de 1º de abril de 1781, quando explicou que Panckoucke primeiro vendera as ilustrações "a ele e a certos sujeitos que desconhecemos", a seguir trapaceara no adiamento de seus pagamentos e, por fim, "tudo isso feito, o sr. Panckoucke, que aliás foi *prêtre* e *martin* nesse negócio, como explicarei qualquer dia, tendo excluído seus pretensos associados, dispôs-se a executar seu plano e a tratar com diversos eruditos para lhe servir de colaboradores".

(31) Plomteux à STN, 26 de junho de 1781 e 1º de maio de 1781: "Adquiri em Lyon, como vos comuniquei, 4/20, que me foram cedidos pelo sr. Deveria, para o qual havíamos transmitido nossos direitos. Um outro interessado no empreendimento cedeu-me depois dois outros vigésimos, de maneira que meu interesse na *Enciclopédia metódica* é atualmente de 6/20, independentemente dos 3/48 que me restavam ao mesmo título que a vós pela parte dos clichês". Uma coleção de contratos entre os editores e os autores da *Méthodique*, que se encontra na Kennedy Spencer Research Library, University of Kansas, ms. 99, mostra que Deveria subscreveu contratos, juntamente com Panckoucke e Duplain, até julho de 1782, quando seu nome deixa de aparecer nos documentos. Portanto, ele presumivelmente permaneceu associado ao empreendimento durante algum tempo após a venda de sua parte de 20% a Plomteux.

(32) Plomteux à STN, 22 de março de 1781. As negociações começaram de fato em agosto de 1780.

(33) Plomteux à STN, 17 de janeiro de 1781; STN a Plomteux, 31 de maio de 1781: "Compreendereis facilmente, senhor, que não pudemos experimentar senão muito desgosto em renunciar assim a direitos que deveriam render-nos uma soma incomparavelmente mais alta e em vender a preço vil o que nos fizeram pagar tão caro".

(34) Panckoucke a Duplain, 26 de dezembro de 1778. Bibliothèque Publique et Universitaire de Genève, ms. suppl. 148. Como já mencionado, Rey vendeu sua parte de 1/24 no empreendimento da *Enciclopédia in-quarto*; Regnault provavelmente fez o mesmo, pois seu nome deixa de aparecer na correspondência relativa à *in-quarto* em 1777. Se foi Panckoucke quem lhes adquiriu as cotas, como parece provável, a parte que lhe cabia na *in-quarto* teria passado para 5/24.

(35) Panckoucke à STN, 7 de julho de 1778.

(36) Panckoucke à STN, 3 de janeiro de 1779: "O auto dos livreiros de Liège foi assinado ontem, embora tudo estivesse decidido há mais de dez dias. Fiz inserir que os prospectos só seriam publicados em junho com os primeiros volumes. Por esse lado estamos salvos".

(37) Panckoucke à STN, 17 de janeiro de 1779.

(38) Panckoucke à STN, 7 de março de 1779: "Como os benefícios da edição de Liège não estão próximos, não desejaria que pusésseis nisso atualmente um valor muito grande".

(39) Panckoucke à STN, 25 de abril de 1779.

(40) Panckoucke à STN, 1º de junho de 1779.

(41) Panckoucke à STN, 15 de junho de 1779.

(42) Panckoucke publicou uma versão ligeiramente resumida do *Grand Prospectus* original da *Méthodique* no *Mercure de France*, 8 de dezembro de 1781. Lançou-a também em forma de folheto e a reimprimiu no início do primeiro volume do dicionário *Beaux-Arts* da *Encyclopédie méthodique*.

(43) "Ele lamentava não ter dado a essa parte da história dos progressos do espírito humano uma atenção e cuidados que correspondessem à importância do objeto; e se propunha a suprir isso em uma segunda edição. Seu plano era vasto e bem concebido." "Tableau et apperçu du nombre de volumes de discours & de planches que doit avoir l'*Encyclopédie* par ordre de matières", no dicionário *Mathématiques*, v. III, p. 16 da *Encyclopédie méthodique*.

(44) "Représentations du Sieur Panckoucke, Entrepreneur de l'*Encyclopédie méthodique*", na *Encyclopédie méthodique*, *Mathématiques*, v. III, p. iv: "O sr. cavaleiro de Jaucourt, possuidor de uma biblioteca bastante considerável, cercou-se de uma dúzia de copistas e de secretários, que ele mandava transcrever os diferentes artigos dos livros que lhes indicava. Os dez últimos volumes, se se lhes excetuam os artigos de artes mecânicas, de filosofia e de matemáticas, foram quase inteiramente compostos dessa maneira".

(45) Ver especialmente o elogio um tanto hipócrita de Panckoucke à *Enciclopédia* original em uma passagem do prospecto que se seguiu à crítica de Diderot sobre a obra. *Mercure*, 8 de dezembro de 1781, p. 53.

(46) Após explicar o plano de introduzir cada dicionário com uma *table d'analyse*, o prospecto concluía: "Por esse meio, o leitor vê, por assim dizer, numa única olhadela o quadro de cada ciência, e a ligação de todas as palavras que com ela se relacionam, ou antes, de todas as idéias que são os seus elementos". Dicionário *Beaux-Arts*, v. I, p. vii.

(47) *Mercure*, 8 de dezembro de 1781, p. 150.

(48) *Beaux-Arts*, v. I, p. v.

(49) *Ibid.*, p. xlviii. A história do enciclopedismo projetada por Panckoucke pode ter derivado da escrita por D'Alembert, que teria sido publicada na *refonte* de Suard em 1776. Panckoucke certamente apresentava-se como o mentor da *Méthodique*, e não meramente como seu editor. Ver, por exemplo, seu *Avis* de outubro de 1787, reimpresso no dicionário *Beaux-Arts*, v. I, p. lxxxi: "Não fizemos aqui simplesmente as funções de livreiro, fizemos o plano da *Enciclopédia* atual, a distribuição de todas as partes, compusemos a primeira, a segunda e a última divisão do grande prospecto que foi publicado".

(50) *Mathématiques*, v. III, pp. xviii-xix.

(51) *Beaux-Arts*, v. I, p. iv.

(52) *Ibid.*, p. vi.

(53) Esse relato deriva do *Tableau et aperçu* de Panckoucke sobre seu trabalho no dicionário *Mathematiques*, v. III, pp. 7-8; o texto provavelmente faz a proliferação das ciências botânicas na *Méthodique* parecer mais racional do que o foi na realidade. Para informações sobre Fougeroux, ver *Biographie universelle*, editores J. F. e L. G. Michaud, Paris, 1811-52, v. XIV, pp. 496-7. Grande parte do que exporemos a seguir fundamenta-se no dossiê Fougeroux-Panckoucke, Case Wing Z 311.P188, Newberry Library. Documentos afins podem ser encontrados em várias coleções em Paris, Amsterdã, Oxford e Laerence, Kansas — o que indica o quanto estão dispersos os papéis sobre a *Méthodique*.

(54) O contrato de Fougeroux encontra-se em Schenking Diedrichs, fol. 362, Universiteits-Bibliotheek, Amsterdã. O documento inclui uma cláusula de prazo, que posteriormente foi anulada, segundo uma nota na margem escrita com a caligrafia de Panckoucke. Existem treze contratos semelhantes na Kenneth Spencer Research Library, University of Kansas, ms. 99, inclusive o contrato de Panckoucke com Tessier, de 15 de fevereiro de 1781, que contém quase exatamente as mesmas palavras do contrato com Fougeroux.

Em alguns casos, porém, Panckoucke deixou de seguir as condições usuais. Pagou de trinta a 48 libras por folha pelos dicionários com muitos colaboradores. No contrato para o dicionário de finanças, firmado em 23 de junho de 1780 com Digeon, *directeur des fermes*, ele especificou que o assunto deveria ser abordado "de uma maneira filosófica".

(55) Carta circular, manuscrita, "à MM. les auteurs de l'*Encyclopédie méthodique*", 18 de novembro de 1782, Case Wing Z 311.P188, Newberry Library.

(56) Panckoucke a Fougeroux, 26 de julho de 1783, *ibid.*

(57) Panckoucke a Fougeroux, 27 de junho de 1784, *ibid.*

(58) Fougeroux a Panckoucke, 30 de janeiro de 1783, Schenking Diederichs, fol. 363, Universiteits-Bibliotheek, Amsterdã.

(59) Teller a Panckoucke, 1º de julho de 1783, Case Wing Z 311.P188, Newberry Library.

(60) Panckoucke a Fougeroux, 1º de julho de 1783, *ibid.* Ver observações semelhantes em Panckoucke a Fougeroux, 10 de julho de 1783.

(61) Panckoucke a Fougeroux, a quem ele tratou na terceira pessoa, 3 de julho de 1783: "Farei um depósito bancário todo mês por seu manuscrito dos bosques, se ele o desejar". *Ibid.*

(62) Panckoucke a Fougeroux, 3 de julho de 1783, *ibid.*

(63) Panckoucke a Fougeroux, 12 de fevereiro de 1786, *ibid.*

(64) Panckoucke a Senebier, 10 de novembro de 1788, *ibid.*

(65) Circular de novembro de 1788, *ibid.*

(66) Anúncio no *Dictionnaire de la culture des arbres et de l'aménagement des forêts*, pp. v-vi. Ver também Panckoucke a [Senebier], 22 de outubro de 1789, Archives de Paris, 8 AZ 278.

(67) Dos 141 autores do grupo de Diderot identificados por John Lough em *The contributors to the "Encyclopedie"*, Londres, 1973, havia catorze membros da Academia de Ciências, doze da Academia Francesa e cinco de outras academias parisienses. Levando-se em conta os que pertenciam a mais de uma academia, chega-se a um número aproximadamente igual ao dos acadêmicos do grupo de Panckoucke, grupo este que era 50% maior.

(68) Panckoucke, *Abrégé des représentations et du mémoire sur l'Encyclopédie qui doit paraître le 14 ou le 21 mars* (1789), Case Wing Z 311.P188, Newberry Library. As informações deste parágrafo e dos seguintes foram extraídas da própria *Encyclopédie méthodique*, do *Almanach royaux* da década de 1780 e de várias biografias e dicionários biográficos. Dentre estes últimos, a *Biographie universelle*, de Michaud, ainda não encontrou substituto, muito embora não seja confiável; excelente para o caso das figuras mais famosas é *The dictionary of scientific biography*, editado por Charles C. Gillispie, Nova York, 1970-6, 14 v.

(69) Ver Hahn, Roger. *The anatomy of a scientific institution: the Paris Academy of Sciences, 1666-1903*. Berkeley, 1971, esp. cap. 3.

(70) Panckoucke, "Sur le retard que l'*Encyclopédie* a éprouvé de la part de plusieurs auteurs", no dicionário *Histoire*, v. I, p. 8. Na verdade, Panckoucke arrolou apenas dezoito autores do *Dictionnaire de médecine* em 1789, e apenas onze deles eram membros da Société Royale de Médecine.

(71) Ver o verbete sobre ele, de autoria de P. Huard e M. J. Imbault-Huard no *Dictionary of scientific biography*, *op. cit.*, v. XIV, pp. 14-7.

(72) *Biographie universelle*, *op. cit.*, v. I, p. 687. Para as especialidades de cada colaborador, ver as identificações fornecidas no início do dicionário *Médecine*, v. I.

(73) La Harpe. *Correspondance littéraire*. Paris, 1801, v. III, p. 302. La Harpe, que se desentendera com Suard durante a disputa sobre a música de Gluck e Piccini, objetou que "partes muito importantes são confiadas a homens muito medíocres", notavelmente Condorcet, Naigeon e o abade Baudeau. *Ibid.*

(74) Para informações sobre esse mundo literário, ver as autobiografias de Morellet, Marmontel e Garat. Dos onze autores mencionados no contrato para a *refonte* de Suard, seis aparecem no prospecto original de Panckoucke para a *Méthodique*: Suard, Arnaud, Marmontel, Louis, Condorcet e D'Alembert. Panckoucke explicou que "a saúde e as diversas ocupações do sr. D'Alembert não lhe permitem compartilhar nosso trabalho; mas pelo menos ele prometeu enviar-nos diferentes adições que fez há muito tempo a vários de seus artigos de matemáticas e que destinara às futuras edições da *Enciclopédia*; por esse meio, ele participará ainda da edição do dicionário que anunciamos". *Beaux-Arts*, v. I, p. viii. D'Alembert morreu em 1783, sem tempo de dar suas contribuições. Um sétimo membro do grupo de Suard, Antoine-Léonard Thomas, morreu em 1785, após passar quatro ou cinco anos tratando da saúde nas províncias. Os outros quatro, La Harpe, Morellet, Saint-Lambert e Petit não participaram da equipe de Panckoucke para a *Méthodique*.

(75) Esta última fonte de renda foi mais importante do que em geral se imaginava. O governo, que outorgava privilégios aos periódicos, vinculava pensões às receitas obtidas com essas publicações e as concedia a literatos eminentes. Panckoucke afirmou que seus jornais subsidiavam mais de cem *pensionnaires*. "Mémoire pour M. Panckoucke relatif aux journaux dont il est propriétaire", no dicionário *Histoire*, v. I, p. 29.

(76) Bosher, John F. *French finances 1770-1795: from business to bureaucracy*. Cambridge, Inglaterra, 1970, p. 106.

(77) Garat, Dominique-Joseph. *Mémoires historiques sur la vie de M. Suard, sur ses écrits, et sur le XVIIIe siècle*. Paris, 1820, v. II, p. xxii; ver também v. II, p. 90.

(78) Ver Stone, Lawrence. "Prosopography". *Daedalus*, inverno 1971, pp. 46-79.

(79) O único estudo importante é Watts, George B. "The *Encyclopédie méthodique*". *Publications of the Modern Language Association of America*, nº LXXIII, pp. 348-66, 1958. Embora seja baseado em apenas algumas fontes impressas, o trabalho traz a marca da excelente visão de Watts acerca da atividade editorial setecentista.

(80) As identificações que Panckoucke fez de seus 73 autores encontram-se no dicionário *Mathématiques*, v. III, p. xxviii. Para informações adicionais, ver o Apêndice D.

(81) A média de idade dos colaboradores de Diderot foi computada a partir das estatísticas demográficas relativas a 118 deles, apresentadas em Lough. *The contributors to the "Encyclopédie", op. cit*. Evidentemente, essas médias constituem apenas uma medida aproximada da diferença de idade que separava os dois grupos. Mesmo a idéia de "geração" permanece ambígua, embora por um longo tempo tenha servido de conceito organizador na história literária francesa. Ver Cherparck, Clifton. "The literary periodization of eighteenth-century France". *Publications of the Modern Language Association of America*, nº 84, pp. 321-8, 1969.

(82) Sobre essas reações, ver as cartas e demais documentos dos autores, que Panckoucke incluiu em seu "Tableau et aperçu". Naturalmente, devemos levar em consideração o fato de que Panckoucke desejava fazer com que sua *Enciclopédia* desse a impressão de ser muito superior à de Diderot. As observações de Vicq d'Azyr encontram-se nas pp. 2-3, e as de Robert, na página 12.

(83) Não se pode, obviamente, desenvolver uma geografia cultural com base em 63 locais de nascimento, mas essa configuração confirma outros estudos cartográficos. Ver, por exemplo, Chartier, Roger, Compère, Marie-Medeleine, Julia, Dominique. *L'education en France du XVIe au XVIIIe siècle*. Paris, 1976, especialmente cap. 3. A configuração, porém, não se amolda à dos assinantes da *Enciclopédia*, descrita no Capítulo VI. Sobre os enciclopedistas do Sul, ver Proust, Jacques. *L'Encyclopédisme dans le Bas-Languedoc au XVIIIe siècle*. Montpellier, 1968. Embora nos textos escritos por Panckoucke não se encontrem laivos de nacionalismo, ele enfatizou a importância nacional da *Méthodique* em 1789: "É um monumento nacional, que serve de modelo aos estrangeiros". Avis referente à trigésima primeira remessa, abril de 1789, no dicionário *Manufactures*, v. III, p. xiv. Ver tam-

bém "Représentations du sieur Panckoucke, entrepreneur de l'*Encyclopédie méthodique*, à Messieurs les souscripteurs de cet ouvrage", em *Mathématiques*, v. III, p. xiii.

(84) Sobre esse esquema classificatório, ver Proust, Jacques. *Diderot et l'Encyclopédie*. Paris, 1967, cap. 1; Roche, Daniel. "Milieux académiques provinciaux et société des lumières". *In*: Furet, François, ed. *Livre et société*. Paris, 1965-70, v. I, pp. 93-184; Roche, Daniel. "Encyclopédistes et académiciens". *In*: Furet, *op. cit.*, v. II, pp. 73-92.

(85) Ver especialmente Soboul, Albert. *Textes choisis de l'Encyclopédie*. Paris, 1952, e a interpretação marxista ortodoxa de Jean Luc, I. K. Luppol e V. P. Volguine, exposta criticamente na obra mais importante sobre o tema: Proust, *Diderot et l'Encyclopédie, op. cit.*, pp. 11-3. O próprio Proust adota uma interpretação marxista sobre a *Enciclopédia* e os enciclopedistas, embora reconheça a dificuldade de compreender esse fenômeno impalpável e elusivo que foi a burguesia setecentista.

(86) "Tableau et apperçu", pp. 48-9.

(87) Houve uma ocasião, em 1791, em que Panckoucke rendeu homenagem a "srs. Fossier e Deseve, desenhistas muito hábeis", e a seu principal gravador, "O sr. Benard, chefe gravador, a quem a *Enciclopédia* deve as maiores obrigações, que lhe acompanhou os trabalhos com um zelo esclarecido e uma constância infatigável, dirigiu sozinho toda a gravura, tendo como subordinados sessenta gravadores, que o secundaram nesse trabalho muito longo, muito difícil pela imensidão dos detalhes que abarca". Panckoucke, "Sur le Tableau encyclopédique et méthodique des trois règnes de la nature", no dicionário *Histoire*, v. V, p. 14. É claro que se no gráfico de barras referente aos autores de Panckoucke houvessem sido computadas essas 63 pessoas, as proporções teriam sido bem diferentes. É possível, também, que os gravadores da *Enciclopédia* de Diderot tenham representado uma proporção maior entre os colaboradores do que os 7% mostrados no primeiro gráfico de barras.

(88) O termo "profissionalismo" é empregado aqui para indicar que o indivíduo se sustenta com base em uma especialização em determinada área de estudo. Não o usamos na acepção mais rigorosa adotada pelos sociólogos. Ver Parsons, Talcott. "Professions". *In*: Sills, David L., ed. *International encyclopedia of the social sciences*. Nova York, 1968, v. XII, pp. 536-47.

(89) Ver a primeira definição de "ciência" na edição clássica pré-revolucionária do *Dictionnaire de l'Académie Française*. Paris, 1778, v. II, p. 484: "Conhecimento que se tem de alguma coisa. 'Sei isso de ciência certa. Isso ultrapassa a minha ciência.'".

(90) "Discours sur l'existence de Dieu", no dicionário *Logique, métaphysique et morale*, v. I, p. 358; "Discours sur le plaisir et la douleur", *ibid.*, v. II, p. 50.

(91) Sobre Buffon, ver "Discours sur l'existence de Dieu", em *Logique, métaphysique et morale*, v. I, p. 358; sobre as origens jansenistas de Panckoucke, ver sua *Lettre de m. Panckoucke à Messieurs le président et électeurs de 1791*, p. 25.

(92) "Discours sur le beau, le juste, et la liberté", em *Logique et métaphysique*, v. I, p. 238.

(93) *Ibid.*, p. 239 e "Discours sur le plaisir et la douleur", p. 45. Para a comparação de Panckoucke sobre os selvagens e "nossos homens fortes da alfândega, nossos carregadores", ver *ibid.*, pp. 40-1.

(94) Mornet, Daniel. *Les sciences de la nature en France au XVIIIe siècle*. Paris, 1911. Ver também Roger, Jacques. *Les sciences de la vie dans la pensée française du XVIIIe siècle*. Paris, 1963.

(95) Ver o prospecto de Naigeon em *Beaux-Arts*, v. I, p. xxxv; sua carta a Panckoucke de 16 de fevereiro de 1788 em *Mathématiques*, v. III, pp. 15-23; e o próprio dicionário de filosofia, que mostrou mais ousadia nos dois volumes publicados após 1789.

(96) *Beaux-Arts*, v. I, p. xxxiv.

(97) *Mathématiques*, v. III, p. vii.

(98) Panckoucke à STN, 15 de junho de 1779.

(99) Panckoucke à STN, 10 de julho de 1779.

(100) Panckoucke à STN, 15 de outubro de 1779.

(101) Panckoucke à STN, 28 de setembro de 1780.

(102) Panckoucke à STN, 10 de novembro de 1780.

(103) Panckoucke à STN, 31 de março de 1781.

(104) Os papéis da STN contêm uma *lettre circulaire* de Panckoucke com data de 28 de fevereiro de 1781 na qual ele oferece aos livreiros europeus o *Dictionnaire général, universel & raisonné de physique*, de Brisson, sem indicar que a obra chegou a ter ligação com a *Encyclopédie méthodique*.

(105) Plomteux à STN, 14 de abril de 1781.

(106) Panckoucke à STN, 8 de maio de 1781. Nessa época, Panckoucke já havia recorrido aos sócios em busca de capital adicional. Plomteux tentou esclarecer a situação, que se tornara bastante obscura, em uma carta à STN enviada de Paris em 1º de maio de 1781: "O sr. Panckoucke reservou-se a gestão de todo o negócio, fez contrato aqui com os impressores e os papeleiros e fornecerá a cada ano uma conta de todo o empreendimento. Meu investimento será de 5 mil libras por mês, a começar em outubro ou novembro próximo, e continuará na mesma base até que as subscrições possam prover à despesa. Portanto, é do sucesso do empreendimento que dependem os fundos maiores ou menores que será preciso adiantar e que não podem ser atualmente fixados. Já não se está certo do número da tiragem, nem do formato. O gosto do público, que se pressentirá pelo prospecto, determinará um e outro. Percebeis, senhores, e vós mesmos reconheceram em Lyon, que não era possível empreender um negócio dessa importância sem fazer algumas tentativas para discernir os meios de o fazer ter êxito. É o que tinha [feito] o projeto do Dicionário de física que foi preciso sacrificar. Aí está tudo que sei".

(107) Panckoucke escreveu posteriormente: "Apenas o manuscrito dessa obra custanos mais de 600 mil libras, embora, em nossos primeiros cálculos, houvéssemos acreditado que não nos custaria nem mesmo 200". "Représentations du sieur Panckoucke, entrepreneur de l'*Encyclopédie méthodique*, à Messieurs les souscripteurs de cet ouvrage", 1789, em *Mathématiques*, v. III, p. viii.

(108) *Ibid.*, p. xiii.

(109) *Mercure*, 8 de dezembro de 1781, p. 248.

9. *ENCICLOPEDISMO, CAPITALISMO E REVOLUÇÃO* (pp. 357-404)

(1) Uma leitura atenta do prospecto evidencia que Panckoucke orientou sua campanha de vendas com base no medo que o público tinha de ser logrado pelas mesmas técnicas que ele e Duplain haviam empregado no marketing da edição *in-quarto*. Ver especialmente a passagem na página 151 da versão no *Mercure* de 8 de dezembro de 1781, que começa com as seguintes palavras: "Embora sempre tenhamos cumprido com a mais escrupulosa exatidão os compromissos que assumimos com o público, entrementes, como ele está hoje mais precavido do que nunca contra toda espécie de subscrição, consideramo-nos obrigados, em um empreendimento dessa importância, a lhe dar todas as garantias que podem estabelecer uma confiança recíproca, seja quanto à execução da obra de acordo com o *Prospecto*, seja quanto ao tempo da entrega dos volumes, seja quanto ao seu número, seja, enfim, para fixar irrevogavelmente o preço".

(2) Panckoucke, "Nouveaux éclaircissements", *Mathématiques*, v. III, p. xx. Panckoucke deixou claro que não fora simplesmente a edição *in-octavo* que fracassara, pois enfatizou que em março de 1782 ele havia acumulado apenas "um pequeno número de assinantes desses dois formatos". Mais tarde, afirmou que as assinaturas para os dois formatos, tomados

em conjunto, atingiam apenas quatrocentas a quinhentas vendas. *Manufactures, arts et métiers*, seconde partie, v. III, p. xliv. Ver também *Beaux-Arts*, v. I, p. lx: "Observaremos que o público não quis saber de nenhum desses formatos [...] e que no mês de março de 1782 estávamos no desespero de nos ter lançado nesse grande empreendimento e que o considerávamos como absolutamente impossível".

(3) *Mercure*, 16 de março de 1782.

(4) Panckoucke, "Eclaircissements relatifs à un premier titre d'une souscription à 672 *livres*", *Mathématiques*, v. III, p. lx.

(5) "Lettre de M. Panckoucke, en date de novembre 1788, écrite aux auteurs de l'*Encyclopédie*", *Mathématiques*, v. III, p. xiv. Esse número inclui uma quantidade indeterminada de pessoas que haviam originalmente assinado a *Enciclopédia* de Deveria. Panckoucke deu-lhes a oportunidade de escolher entre aceitar suas condições ou tentar obter a devolução de seus pagamentos iniciais junto a Deveria, cujo papel no empreendimento recebeu apenas um reconhecimento irrisório no prospecto original. Ver *Mercure*, 8 de dezembro de 1781, p. 152. Para a observação de Panckoucke acerca das 5 mil assinaturas, ver *Manufactures*, v. III, p. xliv. De fato, o total parece ter sido 4850.

(6) Panckoucke reimprimiu o texto do segundo prospecto em *Beaux-Arts*, v. I, pp. li-lviii.

(7) Panckoucke não revelou a magnitude da segunda série de assinaturas, mas em sua "Lettre [...] aux auteurs", de 1788, afirmou que a primeira série incluiu 4042 assinantes. Em sua nota "Sur les prétendus bénéfices actuels de cet ouvrage", impressa em *Mathématiques*, v. III, p. xvi, afirmou que "constituem mais de cinco sextos da totalidade".

(8) Machuel à STN, 31 de março de 1780; Carez à STN, 17 de dezembro de 1781; Gaches à STN, 3 de janeiro de 1782; Lair à STN, 11 de novembro de 1778.

(9) Para informações sobre os vários projetos para a *Enciclopédia* fora da França, ver Thiriot à STN, 8 de abril de 1783; *Mercure*, 28 de março de 1789; "Représentations du sieur Panckoucke, entrepreneur de l'*Encyclopédie méthodique*, à messieurs les souscripteurs de cet ouvrage", em *Mathématiques*, v. III, p. xiii; "Lettre de m. Panckoucke à messieurs les souscripteurs de l'*Encyclopédie*", em *Histoire*, v. v, p. 1; o Avis de Panckoucke na trigésima e quadragésima oitava remessas, em *Manufactures*, v. III, p. xi, xlii; *Correspondance littéraire, philosophique et critique par Grimm, Diderot, Raynal, Meister, etc.*, editado por Maurice Tourneux, Paris, 1880, v. XIII, p. 135; *Mémoires secrets*, registros de 25 de agosto de 1783 e 12 de janeiro de 1787. A citação foi extraída de uma circular impressa, enviada à STN anexa a uma carta por J. J. Tutot e C. J. Renoz, de Liège, em 16 de dezembro de 1783. Tutot e Renoz eram os cabeças da Société Typographique de Liège, que parece ter sido criada primordialmente para fazer uma contrafação da *Méthodique*. Sobre a participação de Jefferson no verbete de J. N. Démeunier sobre os Estados Unidos na *Méthodique*, ver *The papers of Thomas Jefferson*, editado por Julian P. Boyd, Princeton, 1950, v. x, pp. 3-11. Jefferson sugeriu que Panckoucke nomeasse um agente na Filadélfia para captar assinaturas. Jefferson a David S. Franks, março ou abril de 1783, *ibid.*, v. VI, p. 258. Porém, como ele observou em uma carta a Francis Hopkinson, de 26 de janeiro de 1786 (*ibid.*, v. IX, p. 224), foi-lhe difícil obter bons serviços de Panckoucke, mesmo em Paris: "Solicitei por diversas vezes ao sr. Panckoucke as três remessas de sua *Enciclopédia* ainda não entregues. A última resposta esta noite, depois de indagar dez vezes ao longo do dia, é que ele me enviará tanto as suas como as do dr. Franklin amanhã à noite".

(10) Panckoucke originalmente emitiu seus Avis em forma de folhetos e de artigos no *Mercure*, mas posteriormente os reimprimiu em determinados volumes da *Méthodique*. Vários dos folhetos podem ser consultados em Case Wing Z 45.18, ser. 7, Newberry Library. A comparação das três versões dos textos mostra que Panckoucke não os alterou; portanto, por conveniência, eles podem ser citados como aparecem na *Méthodique*. As informações acima, por exemplo, provêm do Avis encontrado na décima oitava e na vigésima

segunda remessas aos assinantes, que foram reimpressos em *Beaux-Arts*, v. I, pp. lxxv e lxxxi; foram extraídas, ainda, do "Tableau et apperçu" publicado por Panckoucke no início de *Mathématiques*, v. III. Sobre as dificuldades de Panckoucke com o manuscrito de Watelet, ver sua carta ao herdeiro deste, o conde d'Angiviller, escrita em 15 de março de 1787, ms. Fr. c.31, Bodleian Library, Oxford: "Acabo de mandar endereçar-vos um exemplar da tradução do Lucrécio, dois volumes *in-quarto*, e do Mengs, também dois volumes *in-quarto*, que mandei fazer para a obra do sr. Watelet, que está no prelo há três anos. Fiz um adiantamento para essa edição de mais de 40 mil libras. Suplico-vos, senhor conde, que deis vossas ordens, a fim de que os manuscritos sejam entregues sem demora ao sr. Dussault".

(11) Ver os contratos de Grivel, Digeon e Rousselot de Surgy na Kenneth Spencer Research Library, University of Kansas, ms. 99.

(12) Fourcroy trabalhou no dicionário de medicina antes de se encarregar do de química em maio de 1791. Nessa época, ele dependia dos pagamentos de Panckoucke, e protestava quando não os recebia: "Sabeis que trabalhei sem descanso na *Enciclopédia* desde 1787. Encontro-me na situação atualmente de ter feito a matéria de mais de um volume, e entretanto não recebi ainda 400 libras, porque não há, com efeito, um décimo de meu trabalho impresso. Acreditei que, a partir de nossas convenções de 1789, ir-se-ia muito mais depressa do que se tinha ido até ali, e não me queixei. Fostes testemunha do ardor que pus em defender os interesses da *Enciclopédia* e do zelo que procurei acender entre os meus colegas. Embora eu tenha sido em parte bem-sucedido, já que se imprimem atualmente três meios volumes ao mesmo tempo, isso caminha tão lentamente em relação ao que fiz particularmente que os adiantamentos de meu tempo e de meu trabalho tornam-se-me onerosos e que não posso continuar com a mesma atividade sem ser em parte indenizado [...] A situação de meus negócios exige que eu receba uma parte do preço de meu trabalho à medida que ele é terminado. Rogo-vos, portanto, que me façais saber se posso pedir-vos 150 libras por mês de hoje a um ano ou dezoito meses. Fiz pelo menos 4 mil libras de manuscrito entregue ao sr. Faure e depositado com o sr. Vicq. Permaneço trabalhando na continuação, e estou na letra D, enquanto se imprime bem devagar a letra A, que ainda não está acabada [...] É preciso que eu esteja seguro de uma certa soma por ano para que possa entregar-me a esse trabalho com o mesmo ardor". Panckoucke anotou no topo dessa carta: "Rogo ao sr. Vicq d'Azyr fazer a leitura desta carta e reitero-lhe meu pedido para marcar-me dia e hora para acertar nossos assuntos". Fourcroy a Panckoucke, 31 de outubro de 1790. Bibliothèque Historique de la Ville de Paris, ms. 815.

(13) Panckoucke a Vicq d'Azyr, sem data. Archives de Paris, 8 AZ 278.

(14) As datas e conteúdos das 26 primeiras remessas podem ser determinadas com base em informações contidas nos Avis de Panckoucke e em seu artigo intitulado "Epoques où ont paru les vingt-six premières livraisons", todos reimpressos em *Beaux-Arts*, v. I, pp. lxii-xcvii. A objeção dos assinantes quanto à estratégia editorial de Panckoucke evidencia-se nas tentativas deste para responder às queixas nos Avis, notavelmente no Avis da quarta remessa, *ibid.*, p. lxiv.

(15) O prospecto de 1º de maio de 1782 obrigava Panckoucke a concluir a produção "em cinco anos, a contar de 1º de julho deste ano". Entretanto, em uma cláusula subseqüente, afirma que os assinantes receberiam a coleção completa até dezembro de 1787 "no mais tardar". *Beaux-Arts*, v. I, p. lviii.

(16) Avis de maio de 1786, *Beaux-Arts*, v. I, p. lxxvi.

(17) Avis de maio de 1787, *Beaux-Arts*, v. I, p. lxxix.

(18) *Ibid.*

(19) Panckoucke ao conde de Lacepède, 24 de agosto de 1783, em Hahn, Roger. "Sur les débuts de la carrière scientifique de Lacepède". *Revue d'Histoire des Sciences*, nº 27, p. 352, 1974.

(20) Panckoucke mencionou as condições dos contratos originais em seu prospecto de maio de 1782, reimpresso em *Beaux-Arts*, v. I, p. lviii.

(21) "Réponse de m. Panckoucke à m. le comte d'Hulst", em *Mathématiques*, v. III, p. xix. Panckoucke forneceu uma explicação um tanto confusa sobre sua proposta no Avis de outubro de 1787, em *Beaux-Arts*, v. I., pp. lxxxviii-xcii. Essencialmente, ofereceu-se para creditar nas contas dos assinantes que pagariam 672 libras os pagamentos por eles efetuados, até que, em um ajuste final, ele os ressarciria em volumes excedentes do texto. Mas Panckoucke deu a entender que o atlas e as ilustrações seriam uma bonificação a eles concedida para compensar a diferença de 79 libras entre o custo de sua assinatura e a dos que pagariam 751 libras. Na verdade, como ele quase reconheceu, estava meramente tentando abrandá-los, "de maneira que os pagamentos correntes continuarão a ocorrer". *Ibid.*, p. xci. Também inseriu discretamente no Avis a observação de que os volumes 5 e 6 de ilustrações continham 169 ilustrações a mais do que o prometido, o que lhe dava o direito de cobrar proporcionalmente mais dos assinantes.

(22) "Lettre de m. Panckoucke en date de novembre 1788", *Mathématiques*, v. III, pp. xiii-xv. Nessa carta, Panckoucke calculou que havia perdido trezentas assinaturas na Espanha. Mas em sua "Lettre de m. Panckoucke à messieurs les souscripteurs" (1791) em *Histoire*, v. I, ele escreveu: "A Inquisição apoderou-se de meus depósitos. Ali perdi 330 subscrições".

(23) Avis de 28 de março de 1789, em *Manufactures*, v. III, pp. x-xi; Panckoucke, *Abrégé des représentations et du mémoire sur l'Encyclopédie*. Paris, 1789, em Case Wing Z 45.18, ser. 7, Newberry Library; *Mercure*, 7 de março e 30 de março de 1789.

(24) O memorando encontra-se nos Archives Nationales, V1 549, fol. 334; o *arrêt* está na fol. 357. Nessa caixa existem vários informes sobre a *Méthodique* que mostram o quanto Panckoucke mobilizou eficazmente seus protetores no início de 1789.

(25) "Tableau et apperçu", *Mathématiques*, v. III, p. 5. Panckoucke acrescentou que o dicionário de química conteria três ou quatro volumes em vez de dois, como originalmente planejado: "Tendo a química mudado inteiramente há alguns anos, não era possível oferecer ao público uma simples revisão de uma obra impressa há mais de vinte anos".

(26) *Ibid.*, p. 2.

(27) Avis de outubro de 1787, em *Beaux-Arts*, v. I, p. xci; "Représentations du sieur Panckoucke, entrepreneur de l'*Encyclopédie méthodique*, à messieurs les souscripteurs de cet ouvrage", *Mathématiques*, v. III, p. xiii.

(28) Ver o modelo do recibo no *Mercure* de 8 de dezembro de 1781, p. 153.

(29) *Ibid.*, p. 155.

(30) *Abrégé des représentations*, *op. cit.*, p. 19.

(31) Prospecto de 1º de maio de 1782, em *Beaux-Arts*, v. I, p. lviii. Panckoucke também publicou o prospecto original nesse volume, mas omitiu a cláusula fundamental acerca dos volumes extras.

(32) Panckoucke, "Représentations", *Mathématiques*, v. III, p. xi.

(33) Panckoucke, "Sur les prétendus bénéfices actuels de cet ouvrage", *Mathématiques*, v. III, pp. xv-xvii.

(34) Com uma tiragem de 5 mil cópias, Panckoucke poderia ter economizado 6200 resmas, no valor de pelo menos 62 mil libras, reduzindo cada volume em cinco folhas. E como os custos da mão-de-obra teriam chegado a no mínimo 62 libras por *feuille d'impression*, ele teria poupado mais 38440 libras com a impressão. Estas estimativas têm por base os custos de produção da *Enciclopédia in-quarto*, sendo, portanto, moderadas. No *Mercure* de 6 de março de 1790, Panckoucke afirmou que seus custos de impressão atingiam quarenta libras e cinco soldos nas primeiras mil impressões — muito mais do que os custos da *Enciclopédia in-quarto* (trinta libras para as primeiras mil impressões), como se poderia esperar de um trabalho efetuado em Paris.

(35) Panckoucke, "Sur les prétendus bénefices...", *op. cit.*, *Mathématiques*, v. III, p. xvi. Panckoucke reiterou o mesmo tema em "Représentations", *ibid.*, p. xii: "Nem sequer poderíamos suportar a idéia de um processo no futuro. É necessário que não vivamos no temor de ver recomeçar um dia os ataques que a falta de previdência suscitaram aos primeiros empreendedores e que fizeram morrer de desgosto e de dor os srs. Briasson, pai e filho, e abreviaram os dias do sr. Lebreton".

(36) *Ibid.*, p. x.

(37) *Arrêt du conseil* de 23 de setembro de 1789, Archives nationales, v6 1145. Ver também o memorando anônimo, presumivelmente escrito por um subordinado do *Garde des Sceaux* que era grande protetor de Panckoucke, com data de 9 de setembro de 1789, em v1 553.

(38) "Lettre de m. Panckoucke à messieurs les souscripteurs", *Histoire*, v. v, p. 3.

(39) Panckoucke, *Abrégé des représentations*, *op. cit.*, p. 14.

(40) Panckoucke, *Représentations*, *op. cit.*, p. i. Obviamente, devemos levar em conta o estilo hiperbólico de Panckoucke. Houve outras obras gigantescas nos séculos XVII e XVIII, notavelmente *Grosses vollständiges Universal-Lexicon aller Wissenschaften und Künste*. Halle e Leipzig, 1732-50, de 64 volumes, mas não parece provável que qualquer uma delas tenha atingido a tiragem de 5 mil cópias. Por sua vez, é bem possível que as edições com tiragens excepcionalmente grandes ocorressem na impressão de obras relativamente pequenas, como o *Gentleman's Magazine*, que Charles Ackers publicava em Londres com cerca de 10 mil exemplares. Ver McKenzie, D. F. e Ross, J. C. *A ledger of Charles Ackers, printer of the London Magazine*. Londres, 1968, pp. 12-8.

(41) *Mercure*, 15 de dezembro de 1792.

(42) "Lettre de m. Panckoucke à messieurs les souscripteurs", *Histoire*, v. v, p. 2.

(43) Panckoucke, *Observations sur l'article important de la votation par ordre ou par tête*, citado por Panckoucke no *Mercure*, 21 de novembro de 1789, pp. 81-2.

(44) Avis de 27 de abril de 1789, em *Mathématiques*, v. III, pp. xv-xvi. É impossível saber quantas prensas havia em Paris em 1789 e quantas delas estavam trabalhando na *Méthodique*, mas a impressão da obra de Panckoucke teria dominado o ramo se a Revolução não houvesse eclodido. A composição dos tipos da *Méthodique* era demorada, pois os volumes em formato *in-quarto* eram grossos (cerca de 760 páginas), com duas colunas e tipos pequenos (*petit romain*). Como a edição de Panckoucke continha 5 mil cópias e as tiragens comuns alcançavam de mil a 1500, a impressão de cada volume provavelmente levava pelo menos três vezes mais tempo do que a da maioria dos livros — e Panckoucke estava planejando produzir 124 volumes, mais ou menos ao mesmo tempo. Para a afirmação de Panckoucke sobre demorar mais de um ano a impressão de um volume, ver *Beaux-Arts*, v. I, p. lxvi.

(45) Ver Hatin, Eugène. *Histoire politique et littéraire de la presse en France*. Paris, 1859, caps. 2-8; Bellanger, Claude, Godechot, Jacques, Guiral, Pierre e Terrou, Fernand. *Histoire générale de la presse française*. Paris, 1969, v. I, pp. 405-86.

(46) Avis de 31 de agosto de 1789, *Manufactures*, v. III, p. xviii.

(47) *Mercure*, 24 de outubro de 1789.

(48) Avis de 8 de fevereiro de 1790, *Manufactures*, v. III, p. xxii. Dentre as cartas pessoais enviadas por Panckoucke nesse período, as poucas ainda preservadas mostram-no já não tão patriota, mas com as mesmas dificuldades financeiras. Em 22 de outubro de 1789, ele escreveu a Senebier: "Estamos aqui nas inquietações contínuas. O bem é ainda incerto e o mal é horrível. Paga quem quer. Os tribunais estão sem ação. Sustentar a *Enciclopédia* custa-me, há dez meses, 100 mil escudos de minha fortuna. Se eu tivesse a infelicidade de suspender, a obra seria destruída e eu perderia a esperança de recuperar minhas despesas". Archives de Paris, 8AZ 278.

(49) "Lettre de m. Panckoucke à messieurs les souscripteurs", *Histoire*, v. v, pp. 2-3. Ver também o *Mercure* de 27 de fevereiro de 1790.

(50) Avis de 27 de abril de 1789, *Manufactures*, v. III, p. xiv.

(51) "Mémoire en faveur de m. Panckoucke". *Mercure*, 4 de dezembro de 1790; "Lettre de m. Panckoucke", *Histoire*, v. v, pp. 2-3.

(52) Chauvet, Paul. *Les ouvriers du livre en France des origines à la révolution de 1789*. Paris, 1959, pp. 193-201.

(53) "Lettre de m. Panckoucke", *Histoire*, v. v, p. 3.

(54) Panckoucke, "Sur l'état actuel de l'imprimerie: Lettre de m. Panckoucke à mm. les libraires et imprimeurs de la capitale". *Mercure*, 6 de março de 1790. Panckoucke observou que a composição dos tipos da *Méthodique* custava-lhe dezessete libras por folha, e a impressão, seis libras por mil folhas. Ele também tinha de pagar o equivalente à metade dos custos de mão-de-obra em *étoffes* e a um quarto desses mesmos custos como lucro para o mestre-impressor. Supondo que a tiragem da *Méthodique* àquela altura houvesse sido reduzida para 4 mil cópias, os custos de impressão (excluindo o papel) teriam atingido 71 libras e quinze soldos por *feuille d'impression*, ou cerca de 7175 libras por volume.

(55) *Mercure*, 12 de janeiro de 1790. Ver também o Avis de Panckoucke de 14 de junho de 1790, em *Manufactures*, v. III, p. xxiii.

(56) Ver Darnton, Robert. "L'imprimerie de Panckoucke en l'an II". A ser publicado na *Revue Française d'Histoire du livre*; Avis de Panckoucke de 21 de março de 1791, em *Manufactures*, v. III, p. xxiii. Panckoucke publicara algumas obras com seu termo de impressão já em 1780, e expandiu sua tipografia em escala gigantesca em 1790.

(57) Avis de maio de 1787, em *Beaux-Arts*, v. I, p. lxxviii; "Lettre de m. Panckoucke, en date de novembre 1788, écrite aux auteurs de l'*Encyclopédie*", em *Mathématiques*, v. III, p. xv; Panckoucke, "Sur le retard que l'*Encyclopédie* a eprouvé de la part de plusieurs auteurs", em *Histoire*, v.v, p. 8.

(58) Panckoucke imprimiu trechos da circular de 5 de agosto de 1790 em seu relatório "Sur le retard que l'*Encyclopédie* a éprouvé", em *Histoire*, v. v; citação da p. 9.

(59) *Ibid.*, p. 8. Ver também as observações em "Lettre de m. Panckoucke", *Histoire*, v. v, pp. 3-4: "Todos os autos, todos os contratos, todos os empreendimentos que essa Revolução atingiu não estão no caso de ser anulados ou pelo menos modificados?".

(60) "Lettre de m. Panckoucke", *Histoire*, v. v, p 2. Panckoucke relatou seus prejuízos de modo a indicar que entre os assinantes havia um número significativo de aristocratas. Em sua "Lettre", p. 4, explicou: "A Revolução desgraçadamente atingiu a *Enciclopédia*, tira-me quase mil assinantes que, pela perda de seu estado ou de sua fortuna, ou estando ausentes do reino, estão na impossibilidade de retirar suas entregas". Na "Réponse de m. Panckoucke à m. le Baron de...", *Mathématiques*, v. III, p. xvii, ele se referiu a assinantes "eminentes [...] que ocupam posições importantes".

(61) Citações de "Lettre de m. Panckoucke", *Histoire*, v. v, pp. 3, 7, 5.

(62) Avis de 13 de fevereiro de 1792, incluindo uma carta circular de Panckoucke "A messieurs les souscripteurs", com data de 11 de fevereiro de 1792, em *Manufactures*, v. III, p. xli.

(63) *Ibid.*, citações das pp. xlii, xlvi.

(64) *Mercure*, 15 de dezembro de 1792.

(65) *Mercure*, 6 de janeiro de 1793.

(66) Avis de 9 de setembro de 1793, em Case Wing Z 45.18, ser. 7, nº 16, Newberry Library. O Avis explicava que "o papel, que em 1789 custava-nos apenas dez libras e dez soldos e onze libras, custa atualmente vinte, 21 e 22 libras, e estamos ameaçados de um aumento muito próximo. A impressão e a tiragem também aumentaram mais de um terço".

(67) No volume VII, p. vi do dicionário *Agriculture*, publicado em 1821, Louis-Augustin-Guillaume Bosc, que se mantivera em contato com a família de Panckoucke du-

rante a Revolução, explicou que Panckoucke transferira seus negócios para Agasse após ter sido "forçado em primeiro lugar a diminuir o ritmo, em seguida a suspender a impressão da *Enciclopédia metódica*".

(68) Darnton, "L'imprimerie de Panckoucke en l'an II", *op. cit*.

(69) Panckoucke, *Mémoire sur les assignats et sur la manière de les considérer dans l'état de baisse actuelle*. Paris, An II, "3ème édition corrigée", p. 17. Panckoucke afirmou que vendera uma casa de campo nas proximidades de Bolonha por 30 mil libras em espécie, que ainda possuía outra em Bolonha, "pela qual recusei 200 mil libras em *assignats* porque, não incluídos o mobiliário e a biblioteca, avalio-a em 100 mil libras em dinheiro", e que comprara a Abbaye des Prémontrés em Paris por 191 mil libras, das quais devia ainda 100 mil. *Ibid*., pp. 18, 22, 37. Embora pareça improvável que tenha perdido a maior parte de sua fortuna, sua filha posteriormente afirmou que fora arruinado pela Revolução e que seus comentários ostensivos acerca da doença poderiam ter sido uma tentativa de reaver o crédito. Ver também Panckoucke, *Sixième mémoire sur l'assignat*. Paris, 4 frimário Ano IV.

(70) Veuve Agasse, folheto intitulado *Encyclopédie méthodique ou bibliothèque universelle de toutes les connaissances humaines*, publicado na década de 1820, em Case Wing Z. 45.18, ser. 7, nº 1, Newberry Library. Sobre a ponte em honra a Napoleão, ver *Oeuvres de M. J. Chénier*. Paris, 1825, v. IV, pp. 461-70; sobre os planos para publicar a obra de Marmontel, ver Lenel, S. *Un homme de lettres au XVIIIe siècle. Marmontel*. Paris, 1902, p. 544. Um verbete com informações confiáveis sobre Panckoucke confirma os comentários de sua filha, afirmando que Panckoucke deixou "pouca fortuna". Ver Michaud, J.-F. e L. G., editores. *Biographie universelle*. Paris, 1811-62, v. XXXII, pp. 63-4.

(71) Grässe, Johann Georg Theodor. *Trésor de livres rares et précieux*. Dresden, 1859-69, v. I, p. 474. Para informações detalhadas e conclusivas sobre a composição da obra na década de 1820, quando a viúva Agasse julgou-a completa, com exceção de seis volumes de texto e algumas ilustrações, ver seu folheto *Encyclopédie méthodique ou bibliothèque universelle de toutes les connaissances humaines*.

(72) Sobre as pensões pagas por Panckoucke, ver seus ensaios "Sur le *Mercure de France* et quelques nouveaux journaux ou papiers-nouvelles" e "Sur les journaux et papiers anglais" no *Mercure*, 24 de outubro de 1789 e 30 de janeiro de 1790; ver também seu breve folheto *Lettre à messieurs les pensionnaires du Mercure de France*. Paris, 15 de outubro de 1791. Panckoucke afirmou que pagava em taxas sobre o papel o mesmo que em pensões, e quando pediu à Assembléia Constituinte permissão para imprimir suas sessões, ressaltou que "100 mil escudos de encargos que ele paga ao governo ou aos autores merecem alguma consideração". *Archives pariementaires de 1787 à 1860*, ed. M. J. Madival, E. Laurent e E. Clavel. Paris, 1875, v. VIII, p. 45, sessão de 23 de maio de 1789.

(73) O privilégio, com data de 7 de junho de 1780, aparece no início do primeiro volume do *Recueil de planches*.

(74) "Observations de m. Panckoucke". *Mercure*, 21 de novembro de 1789, pp. 33-4.

(75) Em junho de 1789, Panckoucke solicitou ao *Garde des Sceaux* que lhe fosse outorgado o direito de importar alguns volumes da *Méthodique* que estavam sendo impressos em Liège por Plomteux sem ter de submeter-se à costumeira inspeção alfandegária. Um memorando com data de 6 de junho de 1789, provavelmente escrito por de Maissemy, o *directeur de la Librairie*, pronunciava-se favorável ao pedido de Panckoucke: "Parece-me que o sr. Panckoucke faz negócios grandes demais e depende demais do governo para pretender permitir-se alguma fraude; a fraude, aliás, não faz o gênero de suas especulações". Archives Nationales, v1 553.

(76) "Tableau et apperçu", *Mathématiques*, v. III, p. 12: "O sr. conde de Vergennes, convencido da importância da coisa, animado por um zelo esclarecido pelos progressos dos conhecimentos úteis, considerando sobretudo que a *Enciclopédia* é uma obra nacional, que exige os auxílios do governo; esse ministro dignou-se abrir-nos o gabinete das relações

exteriores relativamente às trocas, tratados de paz e estipulações de Estado a Estado; muniu-nos dos documentos, notícias e informações de que pudéssemos ter necessidade na confecção dessa obra".

(77) *Mercure*, 21 de novembro de 1789, pp. 81-2. Para um exemplo dos ataques dos jornalistas a Panckoucke, ver *Révolutions de Paris*, 24 de setembro de 1791, pp. 587-9; quanto à opinião de Brissot sobre Panckoucke, ver Brissot, J.-P. *Mémoires*, ed. Claude Perrot. Paris, 1911-2, v I, pp. 84-8. Panckoucke declarou-se caracterizado por um "esprit de combinaisons" em seu relatório "Sur le retard que l'*Encyclopédie* a éprouvé de la part de plusieurs auteurs", *Histoire*, v. v, p. 11.

(78) Embora as corporações fossem abolidas na noite de 4 de agosto de 1789, os decretos daquela data em sua versão final não mencionaram a abolição, que só passou a vigorar formalmente em 2 de março de 1791. Contudo, a imprensa foi de fato libertada do controle da corporação e do Estado imediatamente após o ataque à Bastilha.

(79) Panckoucke, "Sur les chambres syndicales", *Mercure*, 23 de janeiro de 1790, p. 181. Este ensaio e sua continuação, "Sur l'état actuel de l'imprimerie", publicado no *Mercure* em 6 de março de 1790, constituem a principal fonte para a explanação a seguir.

(80) "Sur les chambres syndicales", *op. cit.*, p. 176.

(81) "Sur l'état actuel de l'imprimerie", *op. cit.*, p. 38.

(82) *Ibid.*, p. 35.

(83) "Sur les chambres syndicales", *op. cit.*, p. 180. Não está claro o propósito da viagem de Panckoucke, mas com ela surgiram boatos de que estava ligado a uma conspiração contra-revolucionária, o que negou indignado no *Mercure* de janeiro de 1790.

(84) Panckoucke, "Sur le *Mercure de France* et quelques nouveaux journaux ou papiers-nouvelles". *Mercure*, 24 de outubro de 1789, pp. 98-9.

(85) Panckoucke, "Sur les journaux et papiers anglais". *Mercure*, 30 de janeiro de 1790, pp. 233-4.

(86) *Ibid.*, p. 232.

(87) Para exemplos de comentários sinceros nesse sentido, ver "Sur les chambres syndicales", *op. cit.*, p. 180; "Sur le *Mercure de France*", *op. cit.*, p. 104.

(88) Sobre o caráter dessa reação, ver Michon, Georges. *Essai sur l'histoire du parti feuillant, Adrien Duport*. Paris, 1924.

(89) "Mémoire pour m. Panckoucke relatif aux journaux dont il est propriétaire", *Histoire*, v. v, p. 28. Embora esse artigo esteja com data de 1º de julho de 1791 na *Méthodique*, Panckoucke já o publicara em um panfleto, e divulgara uma versão anterior do mesmo no *Mercure* de 4 de dezembro de 1790.

(90) *Lettre de m. Panckoucke à messieurs le président et électeurs de 1791*. Paris, 9 de setembro de 1791, p. 6. Ver também, de Panckoucke, *Projet d'une adresse au roi, tendante à ramener le calme et la paix, à empêcher la guerre, et à rétablir Louis XVI dans l'esprit de la nation*. Paris, 15 de agosto de 1791. Esta foi uma obra de caráter marcadamente *feuillant*, na qual Panckoucke deblaterou contra Marat, Fauchet, os jacobinos, os *Cordeliers* e "mil panfletos, mil jornais odiosos, onde seus autores permitiram-se vomitar as mais atrozes injúrias contra os príncipes" (p. 4). Panckoucke argumentou que uma monarquia constitucional com um forte executivo erradicaria a sedição e também completaria as reformas de 1774-89, como se a conclusão mais feliz para a Revolução fosse o revivescimento do reformismo dos Bourbon.

(91) *Lettre de m. Panckoucke à messieurs le président et électeurs de 1791*, *op. cit.*, pp. 6, 16-9; Panckoucke, "Sur une opinion qui commence à se répandre dans le public, que la Révolution rend inutiles plusieurs dictionnaires de l'*Encyclopédie méthodique*", *Histoire*, v. v., p. 21.

(92) *Grammaire et littérature*, 1784, v. II, p. 386.

(93) "Sur le *Mercure de France*", *op. cit.*, pp. 97-100.

(94) "Lettre de m. Panckoucke", *op. cit.*, *Histoire*, v. v, p. 2.

(95) Panckoucke, "Sur one opinion", *op. cit.*, pp. 18-21, citação da p. 19.

(96) *Histoire*, 1784, v. I, pp. i-ii.

(97) Avis de 28 de março de 1789 e de 4 de janeiro de 1791, em *Manufactures*, v. III, pp. xi, xxxii.

(98) Ver o Avis de 21 de dezembro de 1789 sobre P.-L. Lacretelle; o de 8 de fevereiro de 1790 sobre Rabaut de Saint-Etienne; e o de 19 de setembro de 1791 sobre Volney, todos em *Manufactures*, v. III.

(99) Avis de 29 de novembro de 1790, *Manufactures*, v. III, p. xxx.

(100) *Moniteur*, 2 de agosto de 1791.

(101) *Mercure*, 6 de janeiro de 1793. Os argumentos de venda de Panckoucke não devem ser interpretados como significando que inexistia o jacobinismo nos volumes lançados no período revolucionário. Ver, por exemplo, as observações militantes do republicano Naigeon em *Philosophie*, 1792, v. II, p. 154.

(102) A mais ousada interpretação geral sobre a ciência, o enciclopedismo e a Revolução Francesa encontra-se em Gillispie, Charles C. "The *Encyclopédie* and the Jacobin philosophy of science". In: Clagett, Marshall, ed. *Critical problems in the history of science*. Madison, Wis., 1959, pp. 255-89. Ver também Williams, L. Pearce. "The politics of science in the French Revolution", bem como os comentários críticos de Henry Gerlac em *ibid.*, pp. 291-320. Ver, adicionalmente, Williams, L. Pearce. "Science, education and the French Revolution". *Isis*, n.º 44, pp. 311-30, 1953. Para mais detalhes sobre a tese de Gillispie, ver Gillispie, C. C. "Science in the French Revolution". *Behavioral Science*, n.º IV, pp. 67-73, 1959; Gillispie, C. C. *The edge of objectivity: An essay in the history of scientific ideas*. Princeton, 1960, cap. 5. Para um excelente relato, com uma bibliografia completa, sobre a Academia de Ciências durante a Revolução, ver Hahn, Roger. *The anatomy as of a scientific institution*. The Paris Academy of Sciences, 1666-1803. Berkeley, 1971.

(103) Ver, por exemplo, a recepção dada à *Méthodique* na correpondência de Grimm e La Harpe, em Tourneux, Maurice, ed. *Correspondance littéraire, philosophique et critique par Grimm, Diderot, Raynal, Meister etc.* Paris, 1880, v. XIII, p. 135; La Harpe, Jean-François. *Correspondance littéraire*. Paris, 1801, v. III, p. 301: "É uma *Enciclopédia* nova, edificada sobre os fundamentos da antiga".

(104) Kafker, Frank A. "Les Encyclopédistes et la Terreur". *Revue d'Histoire Moderne et Contemporaine*, n.º 14, pp. 284-95, 1967. Ver também Proust, Jacques. *Diderot et l'"Encyclopédie"*. Paris, 1967, pp. 38-43; Lough, John. *The contributors to the "Encyclopédie"*. Londres, 1973, especialmente pp. 51-3. O problema básico na análise dos enciclopedistas originais como um grupo reside na impossibilidade de saber quantos eram eles no total. Consultando o *Inventory of Diderot's "Encyclopédie"*, de Richard Schwab, Lough identificou 142 colaboradores, mas esse é um número mínimo, que poderia ser expandido consideravelmente a partir do estudo mencionado adiante na Nota Bibliográfica. Robert Shackleton, por exemplo, compilou 277 identificações. Ver Shackleton, R. "The *Encyclopédie* as an international phenomenon". *Proceedings of the American Philosophical Society*, n.º CXIV, 1970, p. 390. Ainda assim, não se conhecem os autores de aproximadamente dois quintos dos verbetes, e as contribuições dos autores conhecidos são tão heterogêneas que tornam enganosas as afirmações estatísticas. Um terço deles escreveu apenas um verbete, em contraste com Jaucourt, que compôs 17 mil, ou seja, cerca de um quarto do número total de verbetes.

(105) O relato a seguir tem por base as informações tabuladas e descritas no Apêndice D. Seria tedioso arrolar todo o material bibliográfico consultado, mas é importante mencionar dois dicionários bibliográficos: Gillispie, Charles, ed. *The dictionary of scientific biography*. Nova York, 1970-6, 14 v., e o mais extenso, porém menos confiável, trabalho de Michaud, J. F. e L. G., editores. *Biographie universelle*. Paris, 1811-62, 85 v. Para infor-

mações sobre Fourcroy, que foi provavelmente o enciclopedista mais importante na reorganização das instituições científicas, ver Smeaton, W. A. *Fourcroy, chemist and revolutionary*. Londres, 1962. Para bibliografias de dois outros enciclopedistas importantes, ver Launay, Louis de. *Un grand français. Monge fondateur de l'École Polytechnique*. Paris, 1933; Baker, Keith M. *Condorcet: From natural philosophy to social mathematics*. Chicago e Londres, 1975. Para um estudo recente sobre os médicos na Revolução, ver Vess, David M. *Medical revolution in France*. Gainseville, Fla., 1975.

(106) Ver especialmente Morellet, André. *Mémoires*. *In*: *Collection des mémoires relatifs à la Révolution*. Paris, 1820-5, v. VII, p. 20-9.

(107) Para um relato completo acerca das divisões políticas durante a fase mais crítica da Revolução, ver Patrick, Alison. *The men of the First French Republic. Political alignements in the National Convention of 1792*. Baltimore e Londres, 1972, que suplantou a interpretação revisionista de Sydenham, M. *The Girondins*. Londres, 1961. Ainda muito se pode aprender sobre o envolvimento político dos enciclopedistas com base nos trabalhos mais antigos de Aulard e Mathiez, *Les députés à l'Assemblée Législative de 1791*. Paris, 1900, e Kuscinski, A. *Dictionnaire des conventionnels*. Paris, 1916-9.

(108) Ver as obras de Patrick e Sydenham citadas na nota 107 e, para mais detalhes sobre o alinhamento político dos enciclopedistas, consultar as informações no Apêndice D.

(109) Hahn, *The anatomy of a scientific institution*, *op. cit*., p. 297. Em sua proposta original para o Institut National, de 10 de setembro de 1791, Talleyrand parecia repetir os argumentos que Panckoucke usou para vender a *Encyclopédie méthodique*: "O instituto apresentaria uma espécie de enciclopédia sempre discente e sempre docente; e Paris veria em seus muros o monumento mais completo e mais magnífico que jamais tenha sido erguido às ciências". *Archives parlementaires*, v. XXX, p. 465. Para mais informações sobre a participação dos enciclopedistas nas instituições intelectuais da República, ver Apêndice D.

10. CONCLUSÃO

(1) Serini, de Basiléia, à STN, 29 de novembro de 1777.

(2) O caráter dos anúncios da *Enciclopédia* pode ser deduzido pelo contexto em que se inseriam. Um deles, publicado na *Gazette de Leyde* em 27 de junho de 1777, aparecia logo antes do Avis de um certo sr. Pastel, anunciando que "ele descobriu um remédio dos mais seguros e dos mais eficazes, do qual é o único possuidor, para curar não apenas as doenças venéreas mais inveteradas e abandonadas pelo mercúrio, mas ele é ainda específico nas doenças crônicas, que foram sempre incuráveis; tais são os humores frios, o escorbuto, o leite derramado das mulheres e os dartros de toda natureza, que ele cura, não de uma maneira duvidosa, mas radical". De modo semelhante, um anúncio sobre sebo de urso, remédio infalível para a calvície, apareceu no verso de um anúncio sobre a *Enciclopédia in-quarto* no *Morning Herald* de Londres, que Jean-Baptiste d'Arnal recortou e enviou à STN anexo a uma carta de 19 de abril de 1792.

(3) A lista principal dos assinantes indica 338 cópias da *in-quarto* vendidas em Besançon, mas apenas 137 delas aparecem na lista de assinantes individuais publicada por Lépagnez. Outros assinantes do Franco-Condado na lista de Lépagnez adquiriram 116 das cópias. Das restantes não é possível conhecer o destino.

(4) Essa estratégia evidencia-se na correspondência entre os dois filósofos, que foi estudada em detalhes em Pappas, John N. *Voltaire and d'Alembert*. Bloomington, 1962 [Indiana University Humanities Series, nº 50].

(5) Ver, por exemplo, Labrousse, Ernest. *Histoire économique et sociale de la France*. Paris, 1970, v. II, pp. 716-25; Soboul, Albert. *Encyclopédie ou dictionnaire raisonée des sciences, des arts, et des métiers. Textes choisis*. Paris, 1952, pp. 7-24; Soboul, A. *Précis d'histoire de la Révolution Française*. Paris, 1962, pp. 52-9.

(6) A frase foi formulada em Dupront, Alphonse. "Livre et culture dans la société française du 18e siècle: réflexion sur une enquête". *In*: Furet, François *et alii*. *Livre et société*. Paris e Haia, 1965-70, v. I, pp. 232, 219; no entanto, a idéia remonta a uma tese desenvolvida por Febvre e Henri-Jean Martin em *L'apparition du livre*. Paris, 1958. Sobre a inércia e o retardamento cultural, ver o Avertissement de Furet em *Livre et société*; ainda na mesma obra, ver Furet. "La 'librairie' du royaume de France au 18e siècle"; Brancolini, Julien e Bouyssy, Marie-Thérèse. "La vie provinciale du livre à la fin de l'Ancien Régime".

(7) STN a Perregaux, 11 de janeiro de 1778.

(8) O mercado alemão é o mais difícil de caracterizar. Embora as cartas dos livreiros indiquem a existência de uma demanda considerável por *Enciclopédias*, pelo menos na Renânia, historiadores alemães afirmam que o pietismo permanecia muito forte para que a *Enciclopédia* pudesse exercer grande atração, especialmente entre as classes médias do Norte. Ver Schalk, F. "Le rayonnement de l'*Encyclopédie* en Allemagne". *Cahiers de l'Association Internationale des Etudes Françaises*, n.º 2, pp. 85-91, maio 1952; Engelsing, Rolf. *Der Bürger als Leser. Lesergeschichte in Deutschland 1500-1800*. Stutgart, 1974, pp. 121-36. Salvatori Bongi sustenta que as duas edições italianas apresentaram boas vendas na Itália, mas apenas entre a elite: "Príncipes, patrícios, prelados e frades disputaram entre si a acolhida festiva do filosófico". Mas não cita provas, e suas afirmações não se aplicam às *Enciclopédias in-quarto* e *in-octavo*, mais baratas, que venderam bem ao sul dos Alpes. Bongi, Salvatori. "L'*Enciclopedia* in Lucca". *Archivio Storico Italiano*, 3. ser., 1873, n.º 18, p. 90.

(9) STN a J. G. Bruere, de Homburg, 19 de agosto de 1779.

(10) Bosset à STN, 12 de maio de 1780.

(11) Sobre a fortuna de Panckoucke e a falência que quase o vitimou, ver Panckoucke à STN, 16 de junho de 1777 e 22 de novembro de 1779. O governo concedeu-lhe uma suspensão temporária dos pagamentos mediante um *arrêt de surséance*, de 4 de abril de 1777. Panckoucke não o usou, mas atravessou um período de pânico, descrito em sua *Lettre de m. Panckoucke à messieurs le président et électeurs de 1791*. Paris, 9 de setembro de 1791, p. 11: "Eu acabava de passar por uma falência de 340 mil libras. Considerei-me perdido; a perturbação apossou-se de mim, meus amigos, sr. De Buffon, solicitaram eles próprios esse decreto. Obtive-o; mas logo, restabelecido de meu primeiro terror, não fiz dele uso algum". Os papéis da STN e os registros de falências nos Archives de Paris contêm muitas informações acerca da crise econômica no ramo editorial durante a década de 1780.

(12) Panckoucke à STN, 7 de março de 1779; Duplain a Panckoucke, 27 de dezembro de 1779, de uma cópia em Panckoucke à STN, 2 de janeiro de 1780; Ostervald e Bosset à STN, 10 de abril de 1780.

(13) Bloch, Marc. *La Société féodale. La formation des liens de dépendance*. Paris, 1949, p. 34; Duby, Georges e Mandrou, Robert. *Histoire de la civilisation française*. Paris, 1958, v. I, p. 17.

(14) Le Roy à STN, 29 de janeiro de 1784. Essa é a última referência a Duplain nos papéis da STN. Pesquisas em Lyon não descobriram referências sobre ele após 1784.

(15) *Ibid*. "Acabo de contrair um casamento, que interrompe o curso de minhas viagens [...] Sendo minha intenção, a partir do casamento que acabo de fazer, ceder meu comércio a meu irmão, não convém a ele nem a mim dirigir nossa indústria para outros artigos que não os de nosso acervo".

(16) Ver Le Goff, Jacques. "Les mentalités, une histoire ambigüe". *Faire de l'histoire*, n.º 3, p. 79, Paris, 1974.

(17) Os editores da *Enciclopédia in-quarto* valeram-se desse apoio em sua campanha de vendas. Ver STN a Barthes, de Versalhes: "Podemos, sem correr nenhum risco, ocuparnos publicamente desse objeto, já que temos permissão mesmo exclusivamente de introduzir e de vender nossa edição no reino".

(18) Duplain à STN, 24 de julho de 1778. Sobre a cláusula do "seguro", ver Capítulo III.

(19) Panckoucke à STN, 18 de agosto de 1779.

(20) STN a Bosset, 28 de agosto de 1779.

(21) D'Arnal à STN, 29 de agosto de 1779; Duplain à STN, 2 de setembro de 1779: "Damos pouca importância a uma denúncia ao Parlamento, que aliás apresenta poucos motivos de temor, visto que entra em férias até o mês de dezembro".

(22) Panckoucke à STN, 10 de setembro de 1779.

(23) O ataque a Duplain encontra-se na injuriosa, porém bem-informada *Lettre d'un libraire de Lyon à un libraire de Paris*, 1779, p. 1: "Comuniquei-vos outrora, e todo o ramo livreiro de Lyon está informado disso, que Duplain deu 40 mil libras [a Néville] para ter a permissão de imprimir a *Enciclopédia*". Os papéis da STN contêm numerosas observações a respeito de presentes a altos funcionários. Quando os editores da STN solicitaram ajuda para obter a liberação de algumas cópias confiscadas de sua edição contrafeita da *Description des arts et métiers*, por exemplo, Panckoucke aconselhou-os a agradar o primeiro secretário de Néville: "Ele é simplório. Enviai-lhe algumas guloseimas. Fazei-o conhecer vossa intenção de aumentar sua biblioteca, e se a isca tiver sucesso, obtereis mais facilmente por esse caminho do que por qualquer outro o que desejais". Panckoucke à STN, 18 de agosto de 1779.

(24) Le Roy à STN, 17 de dezembro de 1783.

(25) D. J. Garat. *Mémoires historiques sur la vie de m. Suard, sur ses écrits et sur le XVIIIe siècle*. Paris, 1820, v. II, p. 274.

(26) STN a Panckoucke, 7 de dezembro de 1777.

(27) "Lettre de m. Panckoucke à messieurs les souscripteurs", em *Histoire*, v. V, p. 3: "Asseguraram-me, e ofereceram-me fornecer a lista delas, que há atualmente em Paris mais de duzentas tipografias. Havia apenas 36 privilegiadas antes da Revolução [...] Quase todas estão ocupadas com jornais".

(28) "Mémoire en faveur de m. Panckoucke relatif aux journaux dont il est propriétaire", no *Mercure*, 4 de dezembro de 1790, p. 9.

Nota da figura 9: A única ambigüidade diz respeito às datas das 137 vendas, presentes na segunda lista e não na primeira. Teriam elas ocorrido ao longo dos doze meses seguintes a fevereiro de 1779? Nesse caso, a lista de fevereiro de 1779 cobriria 98% das vendas e não o total de 8011 assinaturas. Segundo o memorando de Plomteux e algumas outras anotações de Bosset, contudo, as 137 vendas já haviam sido efetuadas na época da compilação da lista secreta. Ademais, dezesseis das 137 assinaturas pertenciam às duas primeiras edições, seguramente já esgotadas àquela altura. Assim, Duplain tinha razão ao queixar-se do declínio do fluxo de assinaturas durante os últimos doze meses do empreendimento, pois todas as assinaturas possíveis já estavam adquiridas. O próprio sucesso das vendas lhe possibilitou fraudar os sócios, fingindo que a terceira edição havia sido um fracasso.

NOTA BIBLIOGRÁFICA

Este livro fundamentou-se sobretudo nos papéis da Société Typographique de Neuchâtel, preservados na Bibliothèque de la Ville de Neuchâtel, na Suíça. A perspectiva de Neuchâtel revela muito sobre a atividade editorial e o comércio livresco no Antigo Regime mas, considerando a possibilidade de distorções, ela foi suplementada com pesquisas nos seguintes arquivos:

PARIS: Bibliothèque Nationale, Archives de la Chambre Syndicale des Libraires et Imprimeurs de Paris, 21863-4 (Panckoucke e a *Encyclopédie méthodique*), 21933-4 (confisco de livros proibidos), 21958, 21966-7, 22001 (privilégios para publicação de livros). Coleção Anisson-Duperron, 22073 (Duplain e Veuve Dessaint), 22086 (a *Méthodique*), 22100 (o confisco dos volumes 1 a 3 da *Enciclopédia in-folio* de Panckoucke).

Archives Nationales, V 1549, 553, V 61145 (a Direction de la Librairie e a *Méthodique*).

Archives de Paris (antigo Archives du Département de la Seine), 5AZ 2009, 8AZ 278 (correspondência de Panckoucke).

Bibliothèque Historique de la Ville de Paris, ms. 770-1, 776, 779, 815 (correspondência de Panckoucke).

GENEBRA: Bibliothèque Publique et Universitaire, ms. suppl. 148 (papéis de Panckoucke).

Archives d'Etat, Commerce F61-3 (papéis de Gosse).

AMSTERDÃ: Bibliotheek van de vereeniging ter bevordering van de belangen des boekhandels, dossiê Marc Michel Rey (o *Supplément* e a edição *in-folio* de Genebra).

Universiteits-Bibliotheek, Schenking Diedrichs (correspondência de Panckoucke).

OXFORD: Bodleian Library, ms. French c.31, d.31, Don. d. 135 (correspondência de Panckoucke).

CHICAGO, ILLINOIS: Newberry Library, Case Wing ms. Z 311.P188 (Fougeroux de Bondaroy e Panckoucke), Z 45.18, ser. 7 (circulares e catálogos de livreiros).

LAWRENCE, KANSAS: Kenneth Spencer Research Library, ms. 99 (contratos para a *Méthodique*).

A literatura sobre os enciclopedistas e a *Enciclopédia* é tão vasta que muitas bibliotecas atuais não têm espaço físico para acomodá-la, não sendo possível, portanto, resumi-la neste trabalho. Para uma orientação bibliográfica e uma boa síntese da literatura sobre o tema, ver Proust, Jacques. *Diderot et l'Encyclopédie*. Paris, 1967; Wilson, Arthur. *Diderot*. Nova York, 1972.

Apesar da proliferação de trabalhos na área, a história da publicação da *Enciclopédia* permanece obscura, devido à escassez de fontes. Para informações básicas sobre as origens e a evolução da primeira edição, ver Venturi, Franco. *Le Origini dell'Enciclopedia*. Florença, 1946; Gordon, Douglas H. e Torrey, Norman L. *The censoring of Diderot's Encyclopédie and the re-established text*. Nova York, 1947; Schwab, R. N. "Inventory of Diderot's *Encyclopédie*". *Studies on Voltaire and the eighteenth century*, v. LXXX, 1971. Alguns fragmentos dos papéis dos editores originais foram publicados em May, Louis-Philippe. "Histoire et sources de l'*Encyclopédie* d'après le registre de délibérations et de comptes des éditeurs et un mémoire inédit". *Revue de Synthèse*, nº 15, pp. 1-109, 1938. Entretanto, a documentação é demasiado escassa para alicerçar interpretações econômicas sólidas, como as aventadas em Bowen, Ralph H. "The *Encyclopédie* as a business venture". In: Warner, Charles K., editor. *From the ancien régime to the popular front: essays in the history of modern France in honor of Shepard B. Clough*. Nova York, Londres, 1969, pp. 1-22, ou ainda as apresentadas em Torrey, Norman L. "L'*Encyclopédie* de Diderot, une grande aventure dans le domaine de l'édition". *Revue d'Histoire Littéraire de la France*, nº 51, pp. 306-17, 1951. As poucas conclusões a que se pode chegar, com base em um exame minucioso desse material, quanto à história comercial e aos leitores da primeira edição encontram-se em Lough, John. "Luneau de Boisjermain v. the publishers of the *Encyclopédie*". *Studies on Voltaire and the eighteenth century*, v. XXIII, pp. 115-73, 1963. Ver também Kafker, Frank A. "The fortunes and misfortunes of a leading French bookseller-printer: André-François Le Breton, chief publisher of the *Encyclopédie*". *Studies in Eighteenth-Century Culture*, nº 5, pp. 371-85, 1976.

A história editorial das edições subseqüentes começou a tornar-se perceptível após George B. Watts ter descoberto algumas cartas e arquivos notariais importantes em Genebra. Ver Watts, George B. "Forgotten folio editions of the *Encyclopédie*". *French Review*, nº 27, pp. 22-9, 243-4, 1953-4; ————. "The Swiss editions of the *Encyclopédie*." *Harvard Library Bulletin*, nº 9, pp. 213-35, 1955; ————. "The Genevan folio reprint of the *Encyclopédie*". *Proceedings of the American Philosophical Society*, nº 105, pp. 361-7, 1961; ————. "The *Supplément* and the *Table analytique et raisonnée* of the *Encyclopédie*". *French Review*, nº 28, pp. 4-19, 1954-5. Estudando alguns papéis da Société Typographique de Bouillon e de Marc Michel Rey, Fernand Clément e Raymond F. Birn desvendaram a história da publicação do *Supplément* e sua relação com a *Enciclopédia in-folio* de Genebra. Ver Clement, F. "Pierre Rousseau et l'édition des *Suppléments* de l'*Encyclopédie*". *Revue des Sciences Humaines de la Faculté des Lettres de l'Université de Lille*, nº 86, pp. 133-43, 1957; Birn, R. F. "Pierre Rousseau and the philosophes of Bouillon". *Studies on Voltaire and the eighteenth century*, v. XXIX, 1964. John Lough reuniu esse material em uma série de artigos bem documentados, compilados em *Essays on the Encyclopédie of Diderot and d'Alembert*. Londres, 1968; *The Encyclopédie in eighteenth-century England and other studies*. Newcastle upon Tyne, 1970. Sobre as edições *in-quarto* e *in-octavo*, ver Darnton, Robert. "The *Encyclopédie* wars of prerevolutionary France". *American Historical Review*, nº 78, pp. 1331-52, 1973; esse artigo é um trabalho preliminar para o presente volume. Os problemas das edições *in-quarto* e *in-octavo* "perdidas" e as edições produzidas com refugos são apresentadas com mais detalhes em Darnton, Robert. "True and false editions of the *Encyclopédie*, a bibliographical imbroglio", apresentado no Colloque International sur l'Histoire de l'Imprimerie et du Livre à Genève.

Os editores e protetores das edições italianas foram estudados em Bongi, Salvatore. "L'*Encyclopedia* in Lucca". *Archivo Storico Italiano*, 3. ser., nº 18, pp. 64-90, 1873; Levi-Malvano, Ettore. "Les éditions toscanes de l'*Encyclopédie*". *Revue de Littérature Comparée*, nº 3, pp. 213-56, 1923; Lay, Adriana. *Un editore illuminista: Giuseppe Aubert nel carteggio con Beccaria e Verri*. Turim, 1973. Entretanto, a menos que sejam descobertas novas fontes, não parece provável que se possa conhecer muito a respeito da produção e difusão das *Enciclopédias* italianas. As informações sobre a *Encyclopédie d'Yverdon* são um pouco mais ricas, graças ao trabalho de Perret, J. P. *Les imprimeries d'Yverdon au XVIIe et au XVIIIe siècle*. Lausanne, 1945; e também ao de Maccabez, E. *F. B. de Félice (1723-1789) et son Encyclopédie (Yverdon, 1770-1780)*. Basle, 1903.

Apenas alguns papéis da *Encyclopédie méthodique* foram encontrados em locais bem distantes uns dos outros, como Amsterdã, Oxford, Paris, Chicago e Lawrence, Kansas. Mas o texto da *Méthodique* contém material suficiente, principalmente os reimpressos *avis* aos assinantes, para permitir a reconstituição da história de sua publicação. Também neste caso, Watts abriu caminho para estudos adicionais em seu artigo "The *Encyclopédie méthodique*". *Publications of the Modern Language Association of America*, nº 73, pp. 348-66, 1958, e em vários ensaios sobre Panckoucke, culminando com uma biografia: Charles Joseph Panckoucke, "L'Atlas de la librairie française". *Studies on Voltaire and the eighteenth century*, v. LXVIII, Genebra, 1969. Sobre Panckoucke, ver também Kulstein, David I. "The ideas of Charles-Joseph Panckoucke, publisher of the *Moniteur universel*, on the French Revolution". *French Historical Studies*, nº 4, pp. 304-19, 1966; Tucoo-Chala, Suzanne. "La diffusion des lumières dans la seconde moitié du XVIIIe siècle: Ch.-J. Panckoucke, un libraire éclairé (1760-1799)". *Dix-huitième siècle*, 1974, pp. 115-28. Um relato completo sobre a carreira de Panckoucke encontra-se em Tucoo-Chala, S. *Charles-Joseph Panckoucke & la librairie française 1736-1789*. Pau e Paris, 1977. Infelizmente, esse trabalho foi publicado após a conclusão deste livro, e sua explanação sobre os empreendimentos com a *Enciclopédia* carece de exatidão.

Embora não existam dados sobre a difusão da *Enciclopédia* além dos apresentados no Capítulo VI deste livro, muitos estudiosos procuraram esboçar a divulgação do enciclopedismo com base em fontes literárias. Vários desses estudos foram publicados em um número especial dos *Cahiers de l'association internationale des études françaises*, nº 2, maio 1952. Ver especialmente os artigos de Jean Fabre sobre a Polônia, Jean Sarrailh sobre a Espanha e Gilbert Chinard sobre a América, além de duas obras subseqüentes, mais completas: Mortier, Roland. *Diderot en Allemagne (1750-1850)*. Paris, 1954; Guyot, Charly. *Le rayonnement de l'Encyclopédie en Suisse française*. Neuchâtel, 1955.

As análises sociológicas sobre os enciclopedistas como um grupo tendem a enredar-se em dados pouco representativos e esquemas de classificação imperfeitos. O estudo mais despretensioso e útil é o de Lough, John. *The contributors to the Encyclopédie*. Londres, 1973. Para opiniões contrastantes acerca do caráter e do número dos colaboradores de Diderot, ver Proust, *Diderot et l'Encyclopédie*, capítulo 1 e apêndice I; Shackleton, Robert. "The *Encyclopédie* and Freemasonry". *The Age of Enlightenment: Studies presented to Theodore Besterman*. Londres, 1967, pp. 223-37; ————. *The Encyclopédie and the clerks*. Oxford, 1970; Kafker, Frank A. "A list of contributors to Diderot's Encyclopedia". *French Historical Studies*, nº 3, pp. 106-22, 1963; ————. "Les Encyclopédistes et la Terreur". *Revue d'Histoire Moderne et Contemporaine*, nº 14, pp. 284-95, 1967; May, Louis-Philippe. "Note sur les origines maçonniques de l'*Encyclopédie* suivie de la liste des Encyclopédistes". *Revue de Synthèse*, nº 17, pp. 181-90, 1939; Kubawara, Takeo, Turumi, Syunsuke e Higuti, Kiniti. *Les collaborateurs de l'Encyclopédie, les conditions de leur organisation*. Kyoto, 1951.

Os estudos franceses na área de *histoire du livre* derivam, em parte, da obra de Daniel Mornet, especialmente de seu estudo estatístico das bibliotecas setecentistas, "Les enseignements des bibliothèques privées (1750-1780)". *Revue d'Histoire Littéraire de la France*, nº 17, pp. 449-96, 1910. Mornet encontrou cópias da *Enciclopédia* e de obras afins, como o *Dictionnaire*, de Bayle, em número suficiente para concluir (p. 455): "O século XVIII foi com toda a certeza, por uma tendência profunda, um século enciclopédico". Desde então, porém, numerosos estudos estatísticos — de *inventaires après décès*, catálogos de bibliotecas, solicitações de privilégios e *permissions tacites* reais e artigos em periódicos setecentistas — têm ressaltado o elemento arcaico e não esclarecido da cultura literária do século XVIII. O exemplo mais importante dessa tendência é Furet, François *et alii*. *Livre et société dans la France du XVIIIe siècle*. Paris e Haia, 1965 e 1970, 2 v. Para um levantamento da literatura sobre este novo subgênero histórico, por dois de seus melhores autores, ver Chartier, Roger e Roche, Daniel. Le livre. "Un changement de perspective". *Faire de l'Histoire*, nº III, pp. 115-36, Paris, 1974; para mais detalhes, ver o número especial da *Revue Française d'Histoire du Livre*, nova série, nº 16, juil-sept. 1977. A tendência quantitativa nos trabalhos franceses é levada ao extremo em Estivals, Robert. *La statistique bibliographique de la France sous la monarchie au XVIIIe siècle*. Paris e Haia, 1965. No entanto, existem estudos mais convencionais, a maioria deles de caráter regional; ver, por exemplo, Ventre, Madeleine. *L'imprimerie et la librairie en Languedoc au dernier siècle de l'ancien régime 1700-1789*. Paris e Haia, 1958; Quéniart, Jean. *L'imprimerie et la librairie à Rouen au XVIIIe siècle*. Paris, 1969; Moulinas, René. *L'imprimerie, la librairie et la presse à Avignon au XVIIIe siècle*. Grenoble, 1974. Para informações sobre o comércio livresco setecentista, o trabalho essencial é Martin, Henri-Jean. *Livre, pouvoirs et société à Paris au XVIIe siècle (1598-1701)*. Genebra, 1969. Um relato superficial, baseado em fontes impressas, encontra-se em Pottinger, David T. *The French book trade in the ancien regime*. Cambridge, Mass., 1958.

Para um breve levantamento geral da literatura sobre a produção de livros, além de uma bibliografia analítica, ver Gaskell, Philip. *A new introduction to bibliography*. Oxford, 1972, que pode ser consultado como leitura adicional para os trabalhos de sir Walter Greg, Fredson Bowers, R.B. McKerrow, Graham Pollard e outros. Os estudos mais importantes na preparação deste volume foram McKenzie, D. F. "Printers of the mind". *Studies in Bibliography*, nº 22, pp. 1-75, 1969; ————————. *The Cambridge University Press, 1696-1712*. Cambridge, Inglaterra, 1966; Voet, Leon. *The golden compasses*. Amsterdã, 1969 e 1972, 2 v.; De Roover, Raymond. "The business organization of the Plantin Press in the setting of the sixteenth-century Antwerp". *De Gulden Passer*, nº 24, pp. 104-20, 1956. Ainda mais importantes foram os manuais de impressores setecentistas: Momoro, A.-F. *Traité élémentaire de l'imprimerie ou le manuel de l'imprimeur*. Paris, 1793; Boulard, S. *Le manuel de l'imprimeur*. Paris, 1791; numerosos verbetes da *Enciclopédia*, que foram reimpressos em Barber, Giles. *Book making in Diderot's Encyclopédie*. Westmead, Farnborough, Inglaterra, 1973; Contat, Nicolas [Le Brun]. *Anecdotes typographiques d'un garçon imprimeur*. Editado por Giles Barber. *Oxford bibliographical society*, 1979, que é a autobiografia de um chefe de tipografia no século XVIII. Em Chauvet, Paul. *Les ouvriers du livre en France des origines à la revolution de 1789*. Paris, 1959, pode-se aprender muito sobre a vida dos impressores que trabalhavam por jornada. Mas para um relato completo, baseado em fontes procedentes diretamente da tipografia, será preciso aguardar a publicação da tese de Jacques Rychner sobre a Société Typographique de Neuchâtel, cuja importância para os estudos bibliográficos equivalerá à do trabalho de D. F. McKenzie sobre a Cambridge University Press. Para uma interessante amostra do conteúdo dessa tese, ver Rychner, J. "A l'ombre des Lumières: coup d'oeil sur la main d'oeuvre de quelques imprimeries du XVIIe siècle". *Studies on Voltaire and the eighteenth century*, nº CLV, pp. 1925-55, 1976.

ÍNDICE REMISSIVO

ESTA OBRA FOI COMPOSTA PELA HELVÉTICA EDITORIAL EM ENGLISH TIMES E IMPRESSA PELA PROL EDITORA GRÁFICA EM OFF-SET SOBRE PAPEL PÓLEN SOFT DA COMPANHIA SUZANO PARA A EDITORA SCHWARCZ EM AGOSTO DE 1996.